奉贤年鉴

2011

上海市奉贤区人民政府 主办

上海市奉贤区史志编纂委员会 编

学林出版社

图书在版编目(CIP)数据

奉贤年鉴.2011/ 上海市奉贤区史志编纂委员会编.
—上海:学林出版社,2011.10
ISBN 978-7-5486-0212-5

Ⅰ.①奉… Ⅱ.①上… Ⅲ.①奉贤区-2011-年鉴
Ⅳ.①Z525.13

中国版本图书馆CIP数据核字(2011)第160995号

奉贤年鉴(2011)

编　　者—— 上海市奉贤区史志编纂委员会
责任编辑—— 宋黎刚
装帧设计—— 倪　荣

出　　版—— 上海世纪出版股份有限公司
学林出版社(上海钦州南路81号3楼)
电话:64515005　传真:64515005
发　　行—— 新华书店 上海发行所
学林图书发行部(上海钦州南路81号1楼)
电话: 64515012 传真: 64844088
印　　刷—— 上海图宇印刷有限公司
开　　本—— 890×1240 1/16
印　　张—— 28.75
字　　数—— 104万
版　　权—— 2011年10月第1版
2011年10月第1次印刷
印　　数—— 2000
书　　号—— ISBN 978-7-5486-0212-5 / Z·15
定　　价—— 200元
Http://www.fxtong.gov.cn

上海市奉贤区史志编纂委员会

主　　任	时光辉	区委书记、区人民政府区长
副 主 任	程云华	区委常委、区政协副主席、区委统战部部长
	钱雨晴	区人民政府副区长
	周龙华	区委办公室主任
	宗　斌	区人民政府办公室主任
	丁惠义	区委办公室副主任 区人民政府地方志办公室主任

《奉贤年鉴》编辑部

主　　编	丁惠义
副 主 编	周生明
编　　辑	丁惠义　周生明　赵宏元　马莉苑 张　彪　沈红梅　曹　杰　李红伟
刊名书法	金仲江
刊徽设计	荣德芳

审稿单位　上海市地方志办公室

编辑部地址：上海市奉贤区南桥镇解放中路502号
电话：021-37537123　　邮政编码：201400
http：//www.fxtong.gov.cn

撰稿单位分管领导名单（以姓氏笔画为序）

丁春瑜	丁惠义	万　泉	马长江	卫连清
方有林	王　洋	王少峰	王军花	王炳海
王善山	王森龙	王德火	冯　捷	叶晓宏
叶潮龙	乔文华	邢正才	刘　胜	刘　杭
孙连进	庄永明	朱卫芳	朱国强	汤士龙
何　雯	何　伟	何大庆	何振华	何燧初
吴　戈	吴红梅	吴沛萍	吴裕华	吴雅奎
张　红	张　宏	张　征	张　峰	张仁荣
张开明	张文权	张秀英	张辉凤	张德葵
李建伟	李树卫	杨中平	杨汉荣	杨军民
杨安安	杨秀英	杨建平	汪海芳	沈　燕
沈俭英	沈春梅	肖卫国	苏　军	苏徐平
邵　杉	陆卫平	陆仁军	陆金莲	陆新贤
陈　鲜	陈立峰	陈秀华	陈学哲	陈建平
陈建国	陈洪明	陈祖明	陈继援	周宗波
周宝妹	周金华	周晓春	宗全林	易继伟
郁　琳	金　祎	金春元	侯国华	姚　远
柏　敏	洪　光	胡　君	胡　敏	赵彩芹
钟洪葵	项　华	项　震	夏　天	徐建龙
徐明云	徐　俊	翁春元	顾国良	高　翔
高建华	屠　晓	屠国文	康志信	曹志伟
曹国平	盛建平	盛家庭	章洲海	黄金龙
黄保卫	傅艺艺	储中杰	童丽君	董　旭
董学华	董明喜	韩冬梅	褚继平	熊　雄
蔡春晖	潘胜忠	薛祖亮	戴光岳	戴苏菊
瞿利东				

编辑说明

一、《奉贤年鉴》创刊于2000年，是由奉贤区人民政府主办、奉贤区史志编纂委员会主持编纂、奉贤区人民政府地方志办公室负责编辑的地方综合性年鉴。

二、《奉贤年鉴2011》为第十二卷，记录了2010年度奉贤自然、政治、经济、文化、社会生活等方面的基本情况，为研究地方历史留下了宝贵资料，也为中外人士了解奉贤提供了丰富信息。

三、《奉贤年鉴》框架结构为栏目、分目、条目三级排列。栏目编排原则按事类排序，考虑到政治部类篇幅较大，故作二段安排。编排中一般将较重要和极具奉贤特色的栏目靠前排列。条目按时间顺序排列，同一时间的按事件的重要性排列。本卷年鉴共设栏目33个，分目172个，收录条目1470条，图表121张，随文照片123帧。

四、本年鉴卷首彩色图片分设荣誉奖项、撤县建区十周年、主要数据、重要政务、十大要闻、政府实事、重大工程建设、精彩世博八个部分。卷末附录中设文件选目和2010年报刊摘要，将区委、区政府的重要文件和报刊媒体对奉贤的报道收录在内。

五、本年鉴中一些常用的专用名词简称，在编辑说明后专设"专用名词解释"，文中不再单独注释说明。

六、本年鉴"人物"栏目设"新任领导简介"、"组织机构领导名录"、"新闻人物"、"逝世人物"等分目。先进集体和先进个人则收录在"荣誉榜"中，以国家级、市级、区级排序。

七、本年鉴统计资料由区统计局提供。正文中的数据由各单位提供，但主要数据已按统计口径修改。为保持文献原貌，卷首十大要闻、政府实事中的数据均不作变动。某些数据，由于统计口径不一，可能略异。凡因统计口径、方法、时间不同造成与条目中数据不一致时，均以2011年出版的《奉贤区统计年鉴》为准。

八、本年鉴的索引采用主题分析索引法，按主题词首字拼音字母顺序排列。本年鉴一经出版，即可在"奉贤史志"网上浏览下载。

九、本年鉴的编辑出版，得到全区各镇（开发区）、各部门的大力支持与配合，在此深表谢意！由于编辑水平有限，不足之处恳请广大读者批评指正。

《奉贤年鉴》编辑部

2011年9月

专用名词解释

1.“一二三四”关键性工作：“一”指加快城乡一体化进程；“二”指南桥新城、海湾地区规划建设；“三”指临港产业园区奉贤分区建设、星火开发区产业能级提升、上海化学工业区奉贤分区纳入一体化管理；“四”指金海路与虹梅南路贯通越江工程、林海公路工程、轨道交通5号线延伸工程、区中心医院升级迁建工程。

2.“三化两建设”：新型工业化、新型城市化、城乡一体化，大力推进社会建设、加快服务型政府建设。

3.“三区一基地”：滨海产业集聚区、滨海知识创新区、滨海生态居住区和上海国际游艇母港基地。

4.“三区联动”：大学校区、产业园区、公共社区“三区联动”。

5.“接二连三”：农业从单一的状态向第二、第三产业延伸，形成多元业态，提高农业附加值。

6. 社会建设工作“1+X”文件：“1”就是区委、区政府制定下发的《关于进一步加强社会建设的实施意见》，“X”就是由相关部门牵头制定的专项工作文件。

7.“3+2”城市管理模式：“3”指环卫作业单位、市容管理部门、城管执法部门3个职能部门；“2”指网格监督中心、督察机关2个监督部门。

8.“6+8”重点产业：新能源、生物医药、新材料、航空零配件、重大装备、智能电网六大产业，输配电、电子信息、精细化工、汽车配件、物流装备、游艇制造、光仪电、农副产品加工八类产业。

9.“三项重点工作”：社会矛盾化解、社会管理创新、公正廉洁执法。

10.“三重一大”：重大问题决策、重要干部任免、重大项目投资决策、大额资金使用。

11.“大联动”：奉贤区城市综合管理和应急联动，是集城市服务、管理、执法为一体的综合管理。在不改变现有行政管理组织体制、不改变各部门行政管理职责的前提下，通过一线队伍整合、职能融合、管理联动、信息沟通、资源共享等举措，实现信息采集、指挥高效正确，处置快速及时。

12.“四个坚决防止发生”：坚决防止发生暴力恐怖事件，坚决防止发生严重影响政治稳定的重大事件，坚决防止发生重大人员伤亡的恶性事件和重大事故，坚决防止发生规模型、群体性的社会安全事件。

13.“两个先行、两个同步”：基础设施建设先行、环境工程先行；社会事业发展同步、产业发展同步。

14.“一湖两池”：南桥新城“上海之鱼”水上项目以及海湾旅游区和化工奉贤分区的两个港池。

15.“三大组团”：南桥新城组团、东部区域组团、海湾区域组团。

16.“两路一带”：百齐路、育秀路、中央绿化带。

17.“两点一线”：两点指南桥新城和奉城中心镇，一线指浦星公路。

18.“两规合一”：整合土地利用总体规划和城市总体规划，优化规划布局。

19.“一报告两评议”：处级单位党委（党组）在开展年度总结、考核时，要专题报告当年度干部选拔任用工作情况，并在一定范围内接受对党委（党组）干部选拔任用工作和新选拔任用干部的民主评议。

20.“七个有”标准化建设：是指“两新”组织党建工作要做到有支部办公地、有活动场地、有电教设施、有制度设置、有学习资料、有宣传窗口、有工作台账。

21.“一堂二站三卡四会”：宅基课堂，村（居）民服务指导站、来奉党员（人员）服务指导站，联系服务卡、需求记载卡、结果问效卡，决策听证会、矛盾协调会、信访代理会、村（居）务评议会。

22.“两个实有”：实有房屋、实有人口。

23.“三下乡”活动：科技、文化、卫生下乡活动。

24.“三个阳光”：阳光账户、阳光财务、阳光收入。

25.“三找”、“三定”：找差距、找问题、找隐患，定措施、定责任、定期限。

26.“三支一扶”：大学生在毕业后到农村基层从事支农、支教、支医和扶贫工作。

27.“三田”：田头超市、田头学校、田头研究所。

28.“世博礼包”：上海世博会正式运行期间，市政府为所有的上海常住户口居民每户免费赠送一张世博会参观券，另外免费赠送一张200元的交通纪念卡等。

29.“四个一”：一次大讨论、一次世博征文活动、一个报刊世博专栏和一次世博宣讲活动。

30.“唱响群文四季歌”：“春之声”大篷车文艺下乡演出、“相约滨海之夏”广场文化系列活动、“滨海秋韵”高雅艺术演出活动、“冬日暖阳”文化拜年群文活动。

31.“两非”：非医学需要的胎儿性别鉴定、非医学需要的人工终止妊娠。

32.农村集体“三资”：农村集体资金、资源、资产。

33.教育经费“三个增长”：各级人民政府教育财政拨款的增长应当高于财政经常性收入的增长，并使按在校学生人数平均的教育费用逐步增长，保证教师工资和学生人均公用经费逐步增长。

2010奉贤区 荣誉奖项

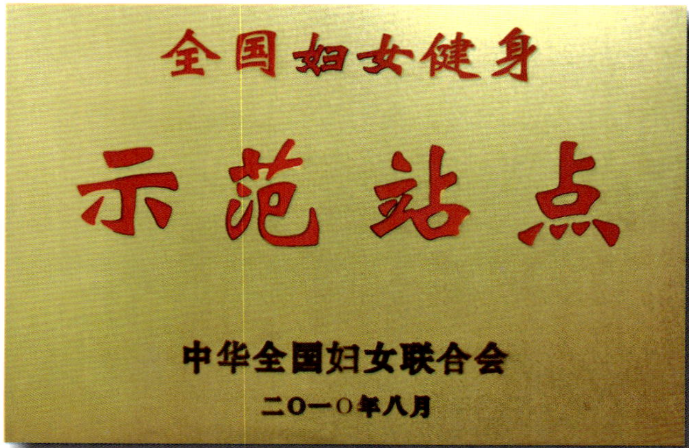

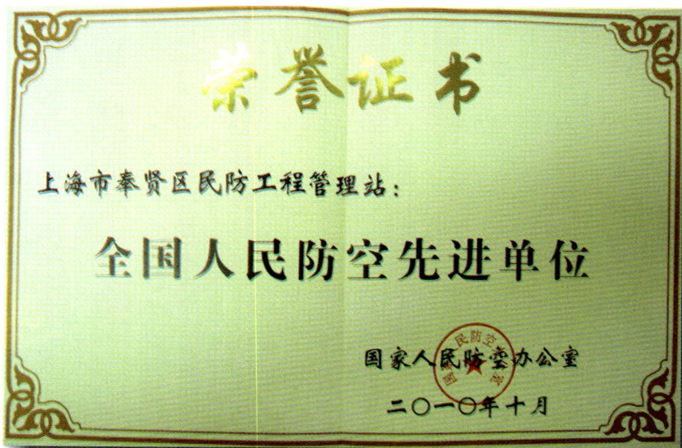

2010年全民健身活动
优秀组织奖
国家体育总局
二〇一〇年十二月

Special Olympics
奉贤区残疾人联合会:
荣获2006-2010年全国特奥工作
先进单位
中国残疾人联合会 国家体育总局
二〇一〇年九月

2010年度发展海洋经济
先进单位
国家海洋局东海分局
二〇一一年三月

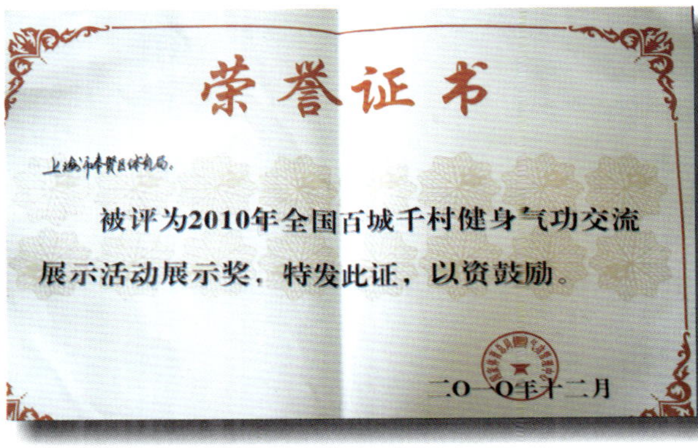
荣誉证书
上海市奉贤区体育局:
被评为2010年全国百城千村健身气功交流展示活动展示奖，特发此证，以资鼓励。
二〇一〇年十二月

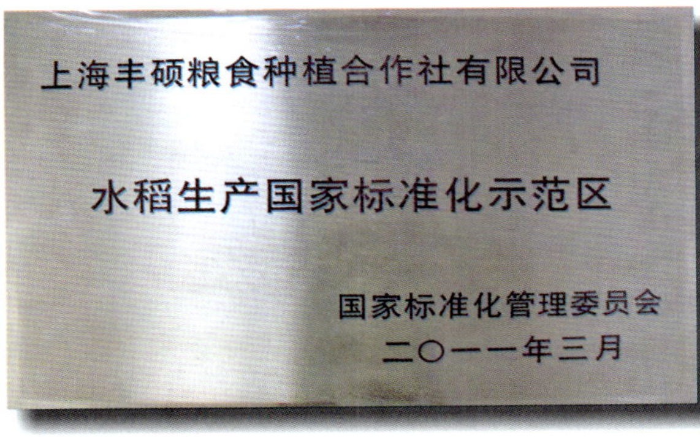
上海丰硕粮食种植合作社有限公司
水稻生产国家标准化示范区
国家标准化管理委员会
二〇一一年三月

中国特色村
上海市奉贤区潘垫村
成员号:0196
中国村社发展促进会特色村工作委员会
二〇一〇年十月六日

杨王村
中国十佳小康村
中国小康村推介活动组委会
二零一零年十月

中国幸福村
上海奉贤杨王村
APCRD
APEPA
中国村社发展促进会特色村工作委员会
亚太农村社区发展促进会
亚太环境保护协会APEPA
2010年10月

奉贤撤县建区十周年主要数据

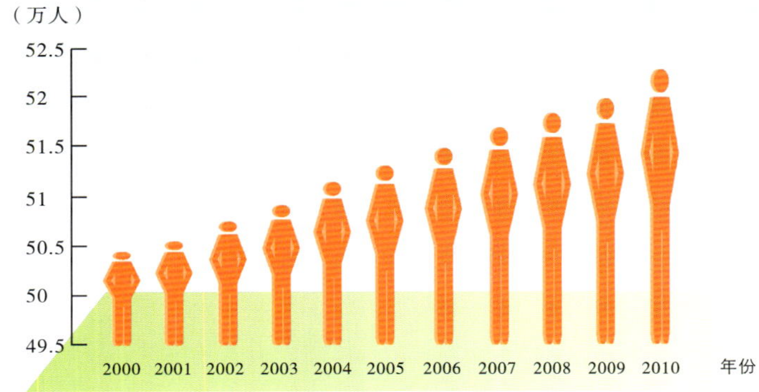

户籍总人口

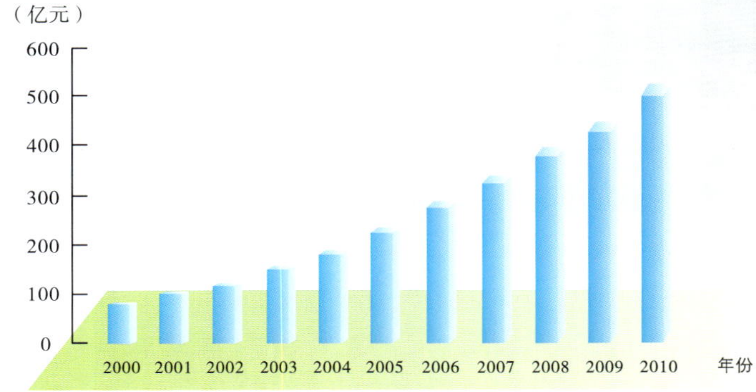

全区增加值

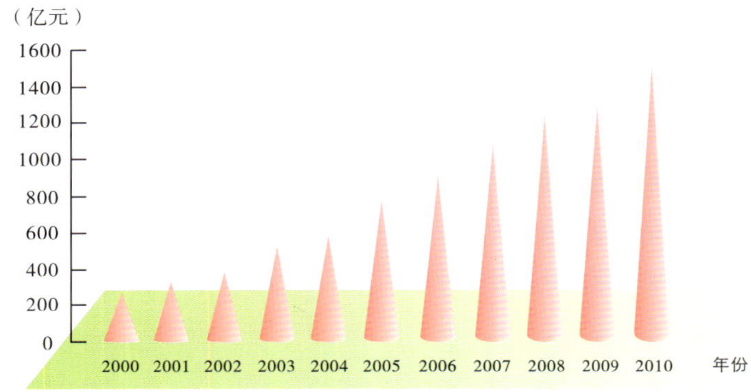

工农业总产值（现行价格）

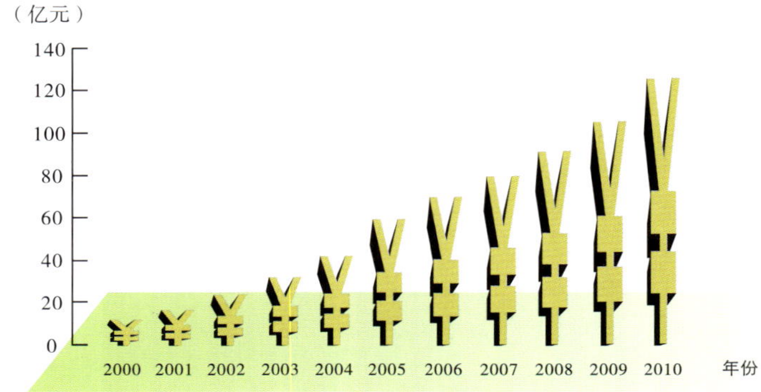

税　收

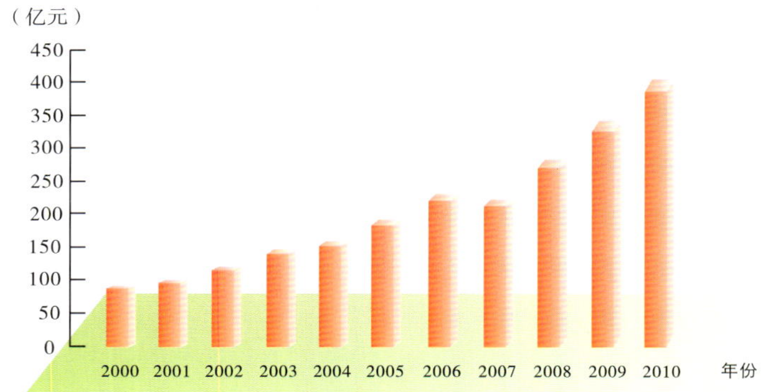

城镇居民储蓄余额

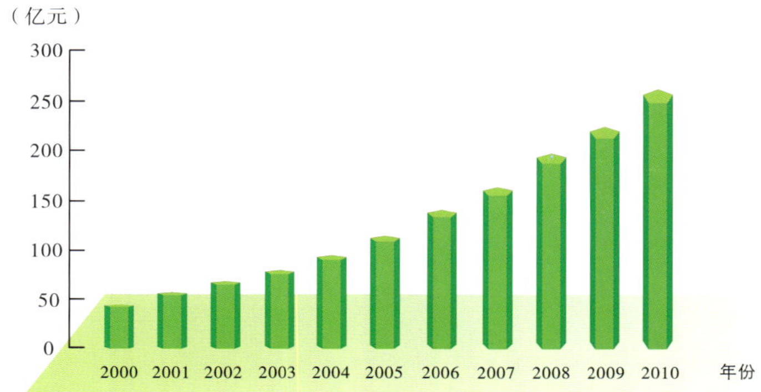

社会消费品零售总额

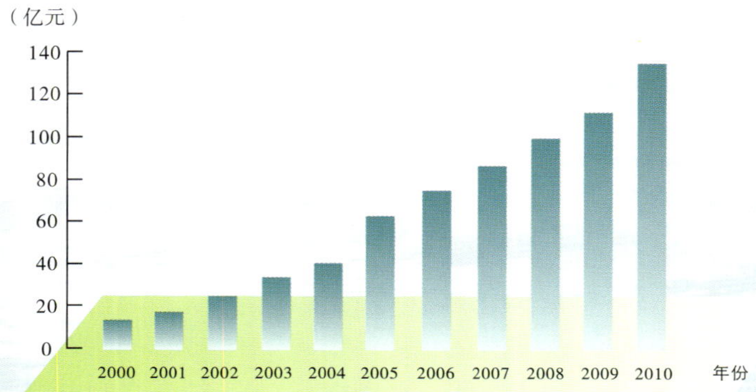

财政收入

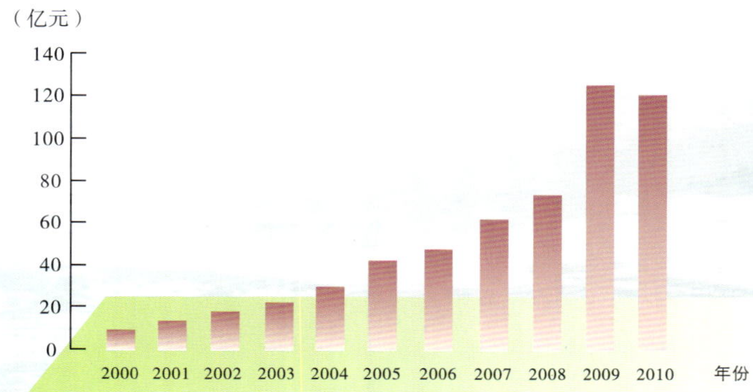

财政支出

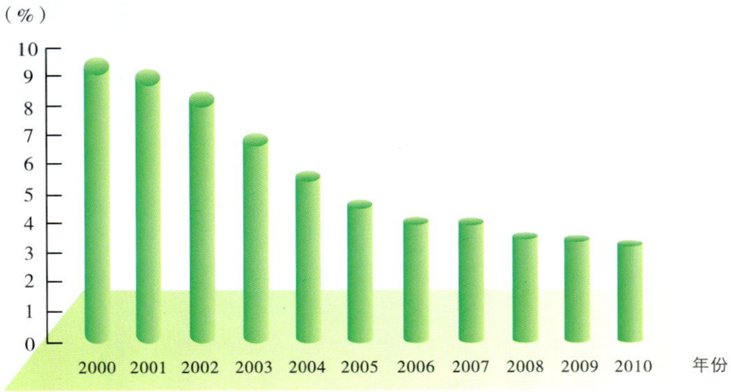

第一产业比重

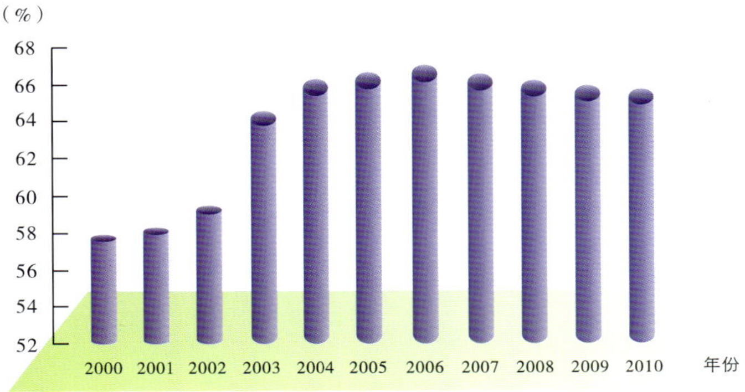

第二产业比重

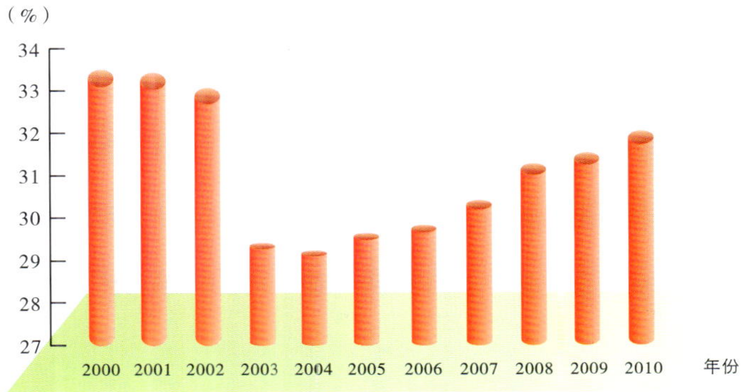

第三产业比重

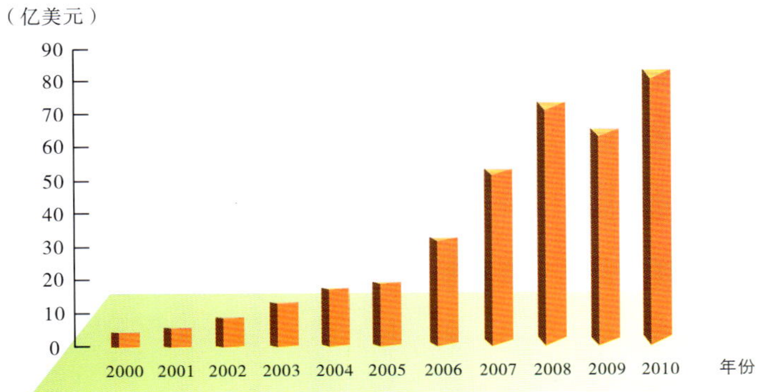

外贸进出口总额

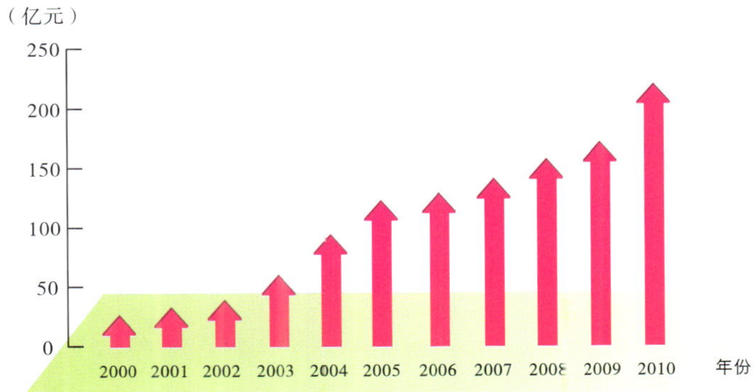

固定资产投资总额

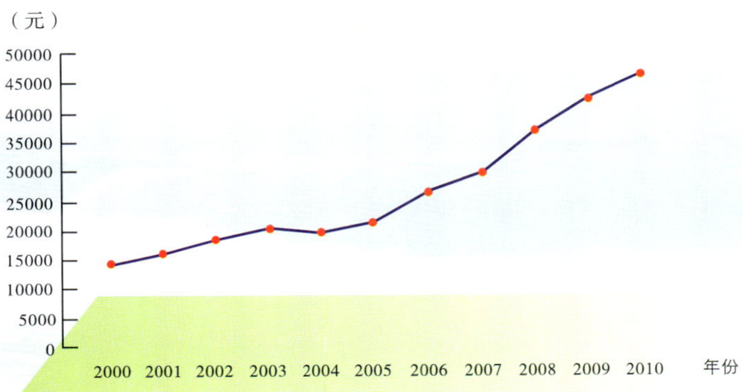

城镇职工年平均工资

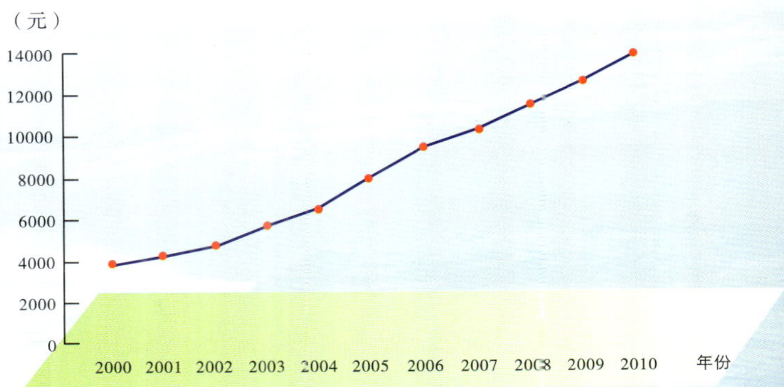

农民人均收入

2010奉贤区 主要数据

区域面积 720.44平方公里

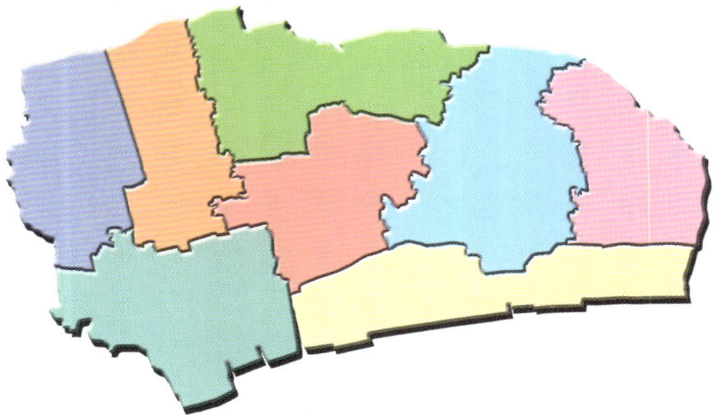

增加值 增长12.1%

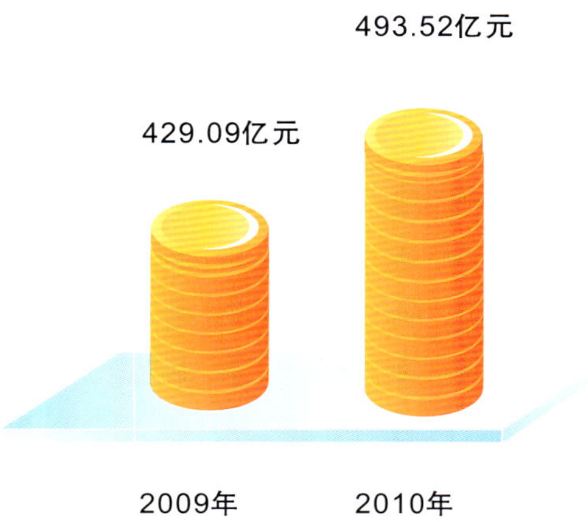

社会消费品零售总额 增长17.7%

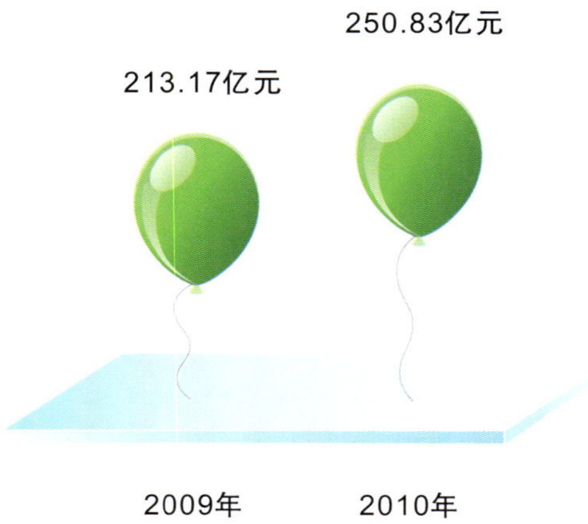

外贸进出口总额 增长28.8%

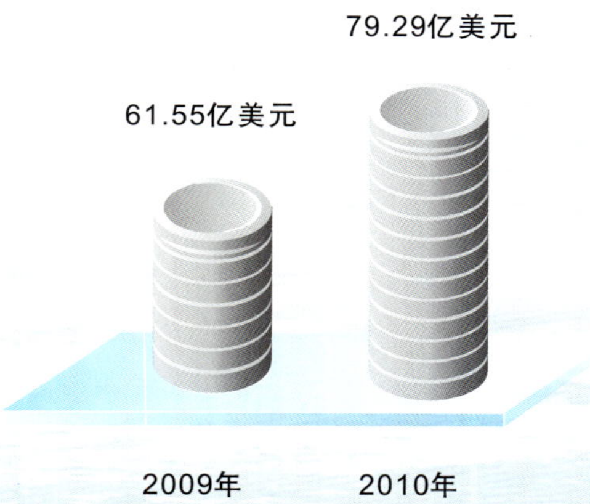

全社会固定资产投资总额 增长26.8%

人口状况 密度724.27人/平方公里

国内生产总值结构比重

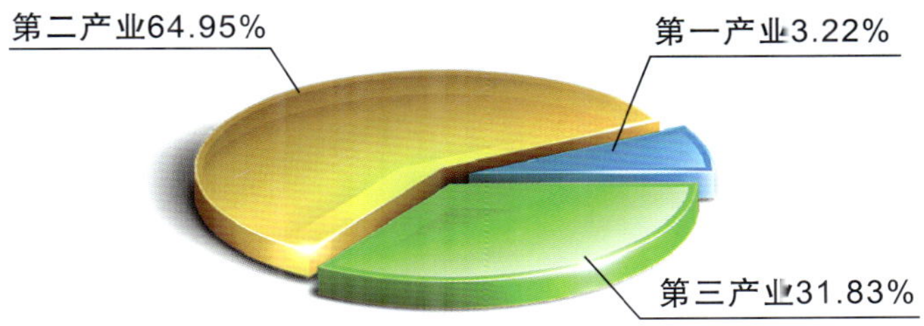

财政收入 增长19.5%

城镇职工年平均工资 增长9.2%

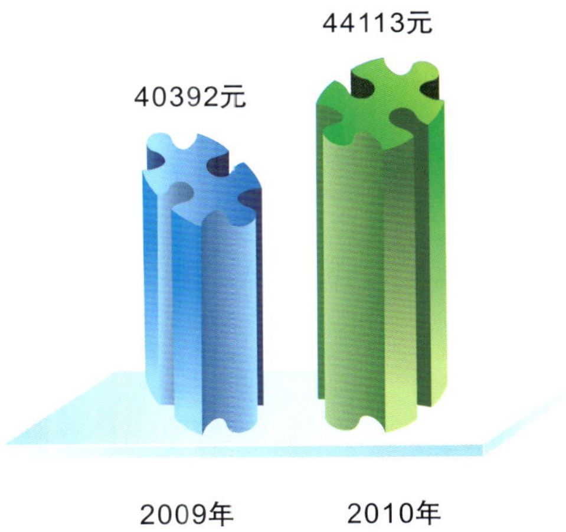

农民人均纯收入 增长10.4%

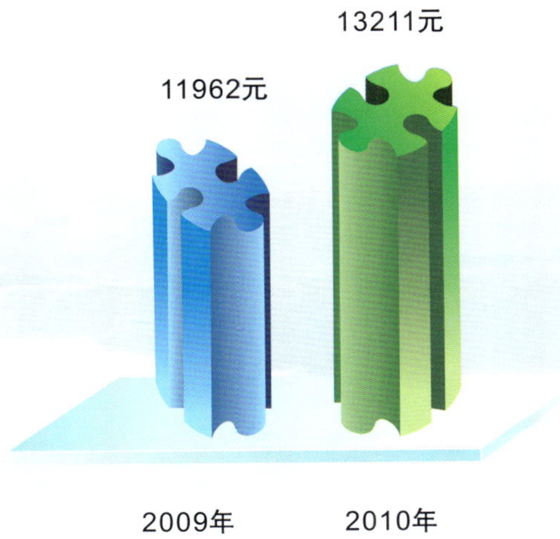

年末城乡居民储蓄 增长18.7%

11月16日，全国人大常委会副委员长、中国红十字会会长华建敏为奉贤区红十字老年护理工作题词“大爱在心，善行天下” （区红十字会 供稿）

3月27日，全国政协副主席、民革中央常务副主席厉无畏（前）宣布2010上海奉贤菜花节开幕 （王 英摄）

8月4日，中共上海市委副书记、市长韩正（左二）调研南桥新城规划建设情况
（南桥新城 供稿）

10月22日，中共上海市委副书记殷一璀（左四）到奉贤调研社会建设、党建工作
（金汇镇 供稿）

1月20日，中共上海市委常委、上海警备区司令员江勤宏（中）少将到江海敬老院慰问（方国政 摄）

5月27日，中共上海市委常委、常务副市长杨雄（前排中）调研奉贤“十二五”规划[illegible]制和南桥新城规划建设情况（南桥新城 供稿）

5月24日，上海市副市长胡延照（左三）调研奉贤农业　　（王　英 摄）

7月2日，上海警备区司令员彭水根少将检查五四民兵哨所　　（方国政 摄）

2010奉贤区 十大要闻

1 **全**面完成“十一五”规划目标。在“十一五”期间，奉贤实施“三区一基地”发展战略，大力推进“一二三四”关键性工作，实现经济社会又好又快发展，人民生活水平进一步提高，三次产业增加值年均增长17%，每月工业产值及财政收入、引进重大项目均突破百亿元目标，农村居民收入年均增长10.9%。（图1）

1

老年农民喜领农保养老金　（王菊萍　摄）

2

世博志愿服务工作总结表彰大会　（陶　勇　摄）

2 **圆**满完成各项世博工作。在“迎世博、办世博”过程中，奉贤区以弘扬“贤文化”为旗帜，切实加强城市管理，形成城乡综合管理长效机制，促进城市文明程度和市民文明素质提升，世博城市文明指数综合测评荣获市郊“六连冠”；完成参与9个国家馆日活动和接待世博参展方来奉文化交流活动，接待国内外宾客代表团113批3213人次；累计出动100万人次开展各类志愿者活动；精心组织社区文化进世博园区、园区文化进社区活动，出色完成世博园区奉贤专场活动，观众达10万余人次。（图2、图3）

3

11月30日，公安奉贤分局举行以“崇高的荣誉”为主题的2010年世博安保工作表彰奖励大会　（奉贤报社　供稿）

南桥新城生态城市指标体系评议会　（南桥新城 供稿）

3　**南**桥新城规划获市政府批准，新城建设取得重大进展。南桥新城核心生态区的重大项目“上海之鱼”、中小企业总部大厦、区中心医院迁建工程、百联南桥二期等一批重大项目相继开工、开业。南桥新城是上海市“十二五”期间重点推进的三大市郊新城之一，以“低碳、生态、智慧、宜居”为城市发展理念，规划面积约84平方公里，人口规模预计可达75万人~100万人。（图4、图5、图6、图7）

恒盛湖畔二期工程开工　（南桥新城 供稿）

建设中的“上海之鱼”滨水步道　（南桥新城 供稿）

3月23日，举行南桥新城低碳生态建设研讨会
（南桥新城 供稿）

2010奉贤区 十大要闻

8

奉贤首家在创业板上市企业上海凯宝药业股份有限公司 （王菊萍 摄）

4 **奉**贤区以“调结构、转方式、促发展”为主线，加快产业结构调整，工业经济实现快速增长。全年工业投资规模首次突破百亿元大关，达到103.99亿元，比上年增长24.54%，成为除浦东新区之外全市郊区第一个突破百亿元大关的区县。全区实现规模以上工业总产值1293.2亿元，比上年增长17.8%。（图8）

9

8月26日，奉贤区贤文化研究会成立 （宋心泰 摄）

10

《古华乡贤》

11

大型历史广播剧《言子与奉贤》

5 **奉**贤全面加强社会建设和管理。首次以区委全会决议形式通过《关于进一步加强社会建设的实施意见》，加强社会建设和服务型政府建设，扩大就业和提高社会保障水平，教育、卫生、文化等社会事业均衡化发展水平进一步提高，“贤文化”建设深入推进，人民群众进一步共享经济社会发展成果。（图9、图10、图11）

6

9月29日，上海市大型居住社区南桥基地正式开工建设。前期动迁和安置工作进展顺利，动迁安置基地4个标段的动迁工作全面完成，建筑总量达150万平方米的动迁安置基地预计两年内竣工交付使用。作为上海23个基地之中规划面积最大的大型居住社区，南桥基地将用三个五年时间建成人口规模23万的城市综合新区，建成后将有助于把南桥新城打造成为上海南郊的核心新城及服务长三角南翼及大浦东开发的重要交通枢纽和门户城市。（图12、图13、图14）

积极推进大型居住社区动迁安置基地建设 （陶　勇　摄）

文艺演出助阵大型居住社区动迁宣传 （奉贤报社 供稿）

大型居住社区效果图 （奉贤报社 供稿）

2010奉贤区 十大要闻

5月21日晚10时，闵浦二桥公路层面正式通车
（聂志成 摄）

通车后的闵浦二桥公路层面　（建交委 供稿）

7　**5**月21日，黄浦江上首座公路、轨交两用桥闵浦二桥公路层面正式通车。该桥为黄浦江上第九座大桥，轨道交通5号线将通过该桥跨过黄浦江延伸至奉贤。（图15、图16）

8　**11**月25日，奉贤召开人才工作会议，从奉贤发展战略高度规划“十二五”人才工作，坚持“人才强区”战略和“人才优先”方针，全面建设国际人才高地，努力开辟出一个人才辈出、人尽其才、才尽其用的良好局面，为奉贤“十二五”经济社会的腾飞提供有力的人才保障和智力支撑。（图17）

奉贤区人才工作会议　（人保局 供稿）

9 **第**六次全国人口普查资料显示，奉贤常住人口首次超过100万，达到108.42万人，这标志着奉贤区经济社会发展达到了一个新阶段。（图18、图19）

普查员在居民家中登记户籍资料　（王菊萍　摄）

人口普查培训班　（王菊萍　摄）

10 **奉**贤区进一步加强农业基础建设，粮食生产又获丰收，9666.67公顷水稻平均亩产达580千克，创历史新高。（图20、图21）

市、区水稻专家对南桥镇水稻千亩示范田进行实割产验收　（屠　平　摄）

庄行农民收割大麦　（王菊萍　摄）

2010奉贤区 政府实事

招聘会现场人头攒动　　（奉贤报社 供稿）

残疾职工与公司签订劳动合同　　（王菊萍 摄）

1 **新**增就业岗位37843个，为年度计划的126.14%。其中，失地农民、农村富余劳动力非农就业20556人，为年度计划的205.56%。全面推进新农保试点工作，2010年农民养老金人均提高60元/月，新农保参保率达到98%。对全区一户多残困难残疾人家庭实施救助，累计为3185户次发放帮困卡，并为这些家庭购置生活必需品。（图1、图2、图3）

柘林镇华亭村村民正在领取调整后的补助金
（王菊萍 摄）

危房综合改造　　（奉贤报社 供稿）

检修路灯，方便居民出行
（奉贤报社 供稿）

2 **改**善集资房、直管公房住户的居住条件，完成113万平方米集资房综合整治，为年度计划的113%；完成2.9万平方米直管公房综合改造，为年度计划的103.57%。完成92户农村低收入户危旧房翻建、修缮，为年度计划的127.78%。（图4、图5、图6）

整治后的居民小区
（奉贤报社 供稿）

天然气改造施工现场 （建交委 供稿）

3 **完**成南桥老城区6个居民小区5027户居民天然气改造工作，为年度计划的100.54%。（图7）

4 **完**成村庄改造2816户，为年度计划的112.64%。完成3174户农村生活污水处理工程。完成整治农村宅前宅后河道260千米和黑臭河道22千米。推进6个村重点受涝区域农田水系综合整治工程。（图8、图9）

改造后的柘林镇观工路 （建交委 供稿）

金汇港花角大桥拆除工程现场 （建交委 供稿）

新增公交线路7条　　（建交委 供稿）

新型公交站牌启用　（陶　勇　摄）

5 **大**力发展公共交通建设，调整优化南桥4路、南桥5路、莲庄线、莘团线、莘邵线、莘海线、沪海专线、塘邵线、塘四线、江平线、海湾3线等11条公交线路。新辟南桥10路、南桥12路、虹桥枢纽5路、四团1线、柘林2线、西五B线（平庄公路）、南庄线（南庄公路）等7条公交线路。（图10、图11）

南桥镇发展村农家会所　　（南桥镇 供稿）

南桥镇益民社区老年活动室
（南桥镇 供稿）

6 **新**建25家农家会所；完成20家老年活动室标准化创建并对外开放；完成46个村级社区事务代理室创建；完成20个食品安全示范村创建。（图12、图13）

奉贤区"万户家庭学礼仪"五年行动暨2010年妇联"两大行动"总结大会（妇　联 供稿）

7 **继**续实施"万户家庭学礼仪"五年培训计划（2006~2010年），完成市民培训21406人，为年度计划的214.06%，其中来奉人员7769人，占培训总数的36.29%。为退休妇女和生活困难妇女免费筛查妇科病、乳腺病27685人，为年度计划的110.74%，并为5名宫颈癌、9名乳腺癌、1名输卵管癌重症困难妇女申请到市妇联、市慈善基金会等单位发起的"姐妹情"手术减免项目；为28名妇科重症困难妇女每人争取到市妇联妇科重症救助款2000元。（图14）

8 **完**成南桥新城树园新苑幼儿园和市工业综合开发区聚贤幼儿园的建设。完成红十字救护员培训953人，为年度计划的136.14%；完成群众性现场初级急救培训6629人，为年度计划的110.48%。（图15、图16）

聚贤幼儿园（沈红梅 摄）

5月27日，南桥镇红十字救护培训工作启动（杨　珺 摄）

农村有线电视实现“户户通”（奉贤报社 供稿）

9 **推**进农村公共设施建设。完成37个村有线电视工程建设，实现全区农村有线电视“户户通”全覆盖。完成南桥镇益民村社区公共运动场和西渡社区公共运动场2个社区公共运动场建设。（图17、图18、图19）

西渡社区公共运动场（南桥镇 供稿）

南桥镇益民村公共运动场（南桥镇 供稿）

10 **推**进社区市民电子健康档案信息系统工程建设，已完成系统软件、中心机房、系统网络构架、系统集成等招标工作，以及各医疗卫生单位相关人员软件系统的专业培训工作。市政府将“市民电子健康档案信息系统”建设列为2011年市政府重大工程项目，2011年将全面推进市民电子健康档案信息系统建设。（图20）

相关人员接受培训（奉贤报社 供稿）

2010奉贤区 重大工程建设

闵浦二桥

2010年，列入区重大工程项目35个，其中市级2个、区级33个，计划总投资265亿元。5月，闵浦二桥公路层面正式通车。10月，上海市应用技术学院一期、二期工程竣工并投入使用。轨道交通5号线奉贤延伸段地下通道工作井开工。林海公路奉贤段基本建成。虹梅南路—金海路越江工程地下连结墙完成87%。区中心医院迁建工程顺利推进，门急诊楼、行政楼、2号病房楼、后勤楼、辅助楼结构封顶。15万平方米的南方国际商业广场二期工程竣工并投入使用。10月，“上海之鱼”鱼形水域“金海湖”一期工程开工。完成“两路一带”民防工程桩基施工。总投资90亿元的“三一重工”上海产业中心一期工程结构封顶。临港滩涂圈围工程进入抛石阶段。年底，上海生物制品研究所项目开工建设。

“三一重工”上海产业中心效果图

林海公路施工现场

百联南桥购物中心

曙光中学新校舍结构封顶

上海市应用技术学院图文信息中心

区中心医院迁建工程

轨道交通5号线奉贤延伸段部分高架路段完成预制梁架设

2010奉贤区 精彩世博

全面落实迎世博600天行动计划，在上海市文明指数八次综合测评中勇夺郊区县六连冠。组织世博会42个国际参展方代表到奉参加文化交流活动。参与结对参展国国家馆日等活动。接待来自友好城市和对口支援地区代表团110余批3200余人次。完成“社区文化进世博”等各项演出任务。落实交通保障方案，方便市民观博。以“贤文化”为引领，志愿者工作展现奉贤特色。水、电、气、通信等公共服务正常开展，城市运行平稳有序。抓好市容环境整治，深入实施城市网格化管理，整治违法建筑27万平方米，市容市貌明显改善，顺利通过国家卫生区创建的技术评估。强化安全生产监管，切实做好道路交通、建筑施工、消防、特种设备、地下空间等安全工作，加强食品药品监管，安全生产形势平稳受控。推进实有人口、实有房屋大查访。实施重大事项社会稳定风险分析和评估。开展区领导包案、下访等活动，有效排查调解处理各类矛盾纠纷，社会保持和谐稳定。

2010“相约滨海 相

世博安保工作动员大会

反恐综合演练

世博会国际参展方在奉贤活动

团区委举办窗口服务青年迎世博微笑接力活动

上海世博会UBPA案例协调人到奉贤开展交流活动

博”专场文艺汇演

举行志愿者上岗仪式

世博城市文明志愿服务大行动出征仪式

文明办、团区委领导中秋慰问站点志愿者

奉贤区老年骑游队千里骑游宣传世博

要　　目

奉贤区政区图

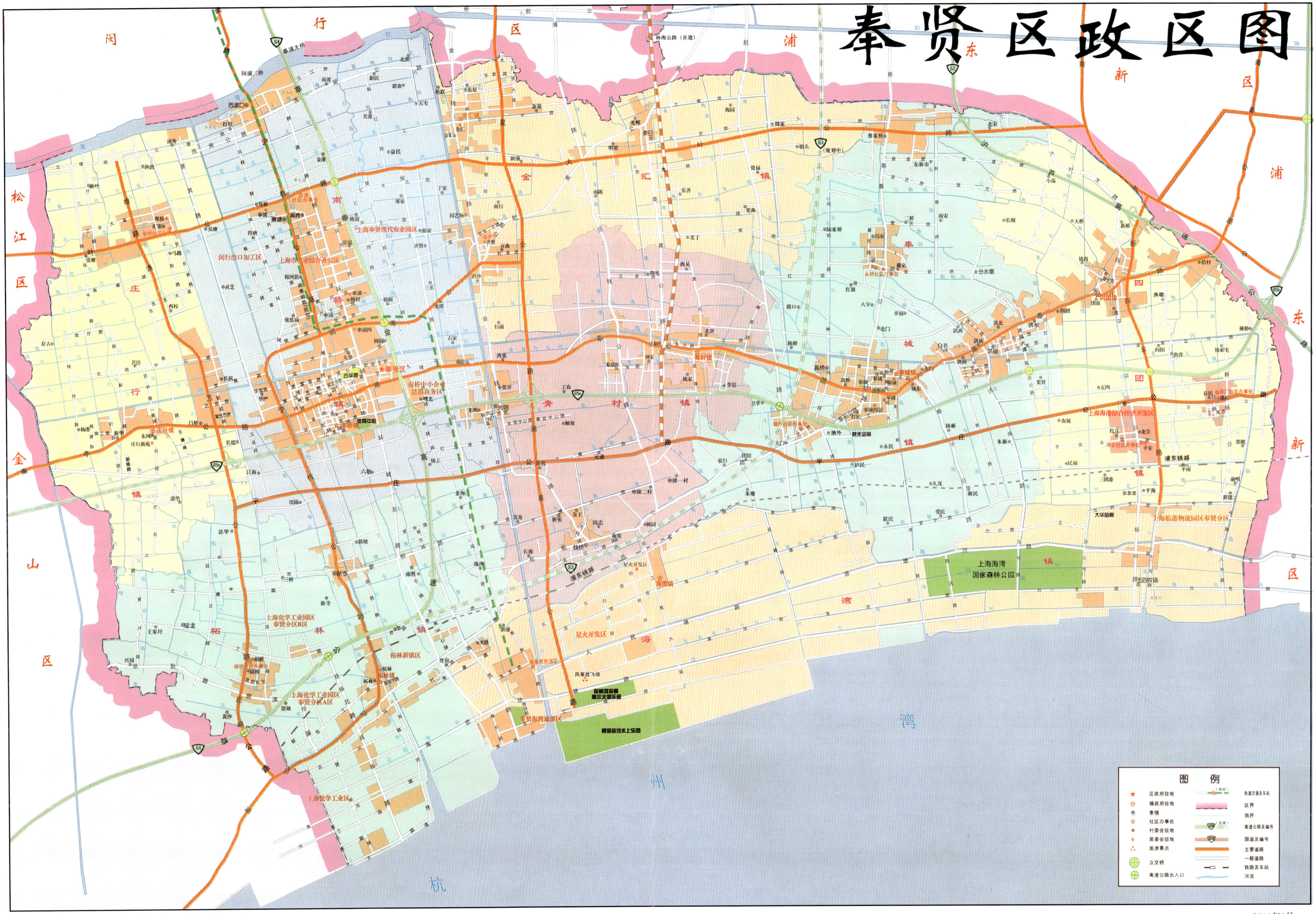

2011年9月

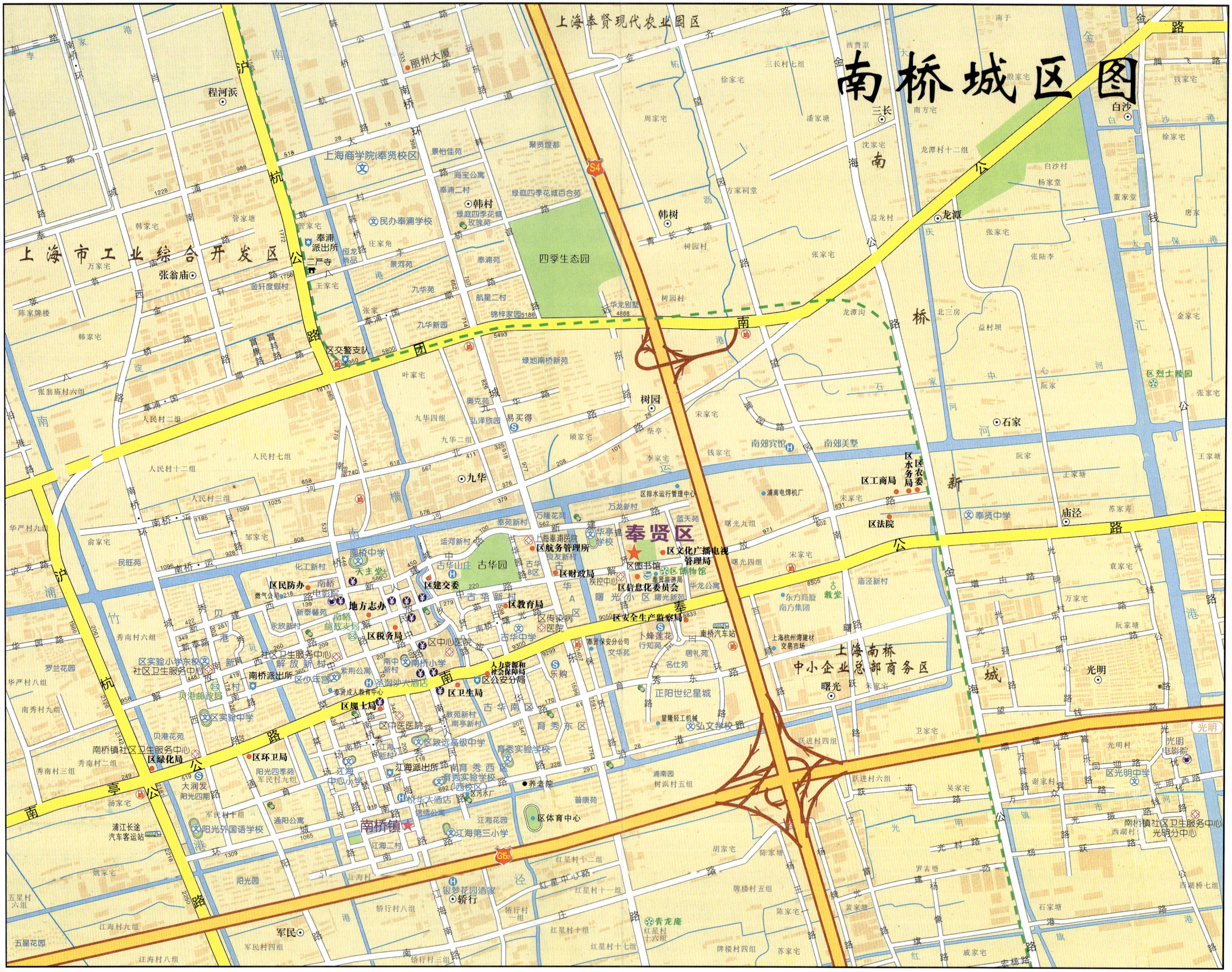
南桥城区图
上海奉贤现代农业园区
上海市工业综合开发区
上海商学院(奉贤校区)
四季生态园
奉贤区
南桥镇
上海南桥
中小企业总部商务区
丽州大厦
程河浜
张翁庙
韩村
韩树
树园
九华
三长
白沙
龙潭
石家
庙泾
光明
曙光
蔀行
军民
古华园
南郊宾馆
区交警支队
区法院
区工商局
区水务局
区农委
区民防办
地方志办
区税务局
区建交委
区教育局
区财政局
区航务管理所
区文化广播电视管理局
区图书馆
区信息化委员会
区安全生产监察局
区卫生局
区规土局
区环卫局
区绿化局
区公安分局
区体育中心
区中心医院
区中医医院
区烈士陵园
区实验中学
区致远高级中学
奉贤中学
南桥中学
弘文学校
阳光外国语学校
江海第三小学
民办奉浦学校
南郊美墅
正阳世纪星城
南桥汽车站
浦江长途汽车客运站
南桥派出所
江海派出所
奉浦派出所
沪杭公路
南亭公路
南奉公路
南团公路
金汇港
浦南运河
S4
G15

目　　录

特　　载

大事记

概　　貌

中共上海市奉贤区委员会

上海市奉贤区人民代表大会

上海市奉贤区人民政府

政协上海市奉贤区委员会

中共上海市奉贤区纪律检查委员会

招商引资

经济园区·上市公司·集团公司

工业·建筑业

农业经济

对外经济与口岸管理

商贸・旅游

银行・证券・保险

民主党派·工商联·人民团体

公安·司法·保密

军事・民防

城镇建设与管理

环境·水务

经济行政管理

财政·税务·审计

科技·信息化

教　　育

文　　化

卫生·体育

社会生活

镇·社区

人　　物

荣　誉　榜

统计资料

附　　录

索　　引

宣传彩页目录

Main Contents

Specials

Major Events

General Introduction

Fengxian District Committee of CPC

Fengxian District People's Congress

Fengxian District People's Government

Fengxian District Committee of the Chinese People's Political Consultative Conference

Fengxian District Committee for Discipline Inspection of the Communist Party of China

Merchant-inviting and Fund-introducting

Development Zones Listed Company · Enterprise Group

Industrial Economy · Construction Industry

Agricultural Economy

Foreign Economy and Port management

Commerce Trade · Tourism

Banking · Securities · Insurance

Democratic Parties · Mass Organization

Public Security · Judicatory · Secrecy Maintenance

Military · Civil Defense

Urban Construction and Management

Environment · Water Conservancy

Economy Administrative Management

Finance · Taxation · Auditing

Science and Technology · Information Construction

Education

Culture

Public Health · Sports

Social Life

Towns · Community

Personality

Honor List

Statistical Materials

Appendices

Index

中共上海市奉贤区委常委会2010年工作报告

——2010年12月30日在中共上海市奉贤区第二届第十七次全会上

中共上海市奉贤区委书记　张立平

12月30日，区委书记张立平在中共上海市奉贤区第二届委员会第十七次全体会议上作工作报告　（方国政　摄）

2010年是奉贤人民团结鼓劲、乘势而上的重要一年。在中央和市委的坚强领导下，区委常委会坚持以邓小平理论和"三个代表"重要思想为指导，深入贯彻落实科学发展观，围绕"五个确保"要求，牢牢抓住发展机遇，团结带领广大党员干部群众，推动经济社会又好又快发展，圆满完成世博工作任务，促进民生持续改善，保持社会和谐稳定，全面实现"十一五"规划目标并高质量谋划好"十二五"发展，取得了经济建设、政治建设、文化建设、社会建设以及生态文明建设和党的建设的新成效，为加快推进"三区一基地"建设打下更加坚实的基础。

一、全力以赴抓好世博工作，不断提升城镇文明水平

积极主动地抢抓世博机遇，全面完成迎博办博的各项工作，不断完善城镇管理长效机制，着力提升奉贤整体形象。

圆满完成世博安保工作。坚持把世博安保工作作为压倒一切的首要政治任务，着力构建符合奉贤实际的安保工作组织体系，全面实现了"四个坚决防止发生"目标。完善自上而下的世博安保组织网络，确保岗位职责明确，责任包干落实，工作有效推进。严格执行世博安保工作例会制度，促进部门之间通力协作、齐抓共管，把全区各方面力量整合到世博安保工作中来。认真抓好海防安全和重点目标防范，切实加强重点人员管控。加强世博安保群防群治队伍建设，充分发挥世博巡防员积极作用，扎实推进世博安保各项工作。深入开展平安志愿者服务活动，积极营造"平安世博"浓厚氛围。

学习世博理念弘扬世博精神。主动对接世博、融入世博、服务世博，注重宣传、学习、推广世博经验，广泛组织干部群众参观世博城市最佳实践区，以"四个一"活动为抓手积极推广世博理念。探索建立低碳建筑指标体系，更加科学地指导城市规划设计。积极办好上海低碳城市高峰论坛，邀请城市最佳实践区案

例馆馆长来奉介绍经验，进一步提升城市建设管理理念。注重弘扬世博精神，提升精神文明创建工作水平，完成市、区两级文明序列创建考评工作。

利用世博效应展示奉贤形象。激励全区人民满怀热情当好“东道主”，认真抓好内宾及外事接待工作，圆满完成9个结对国家馆日活动，组织世博会国际参展方人员来奉参加“贤之礼”文化交流活动，接待国内宾客代表团共110多批3200多人次。精心组织社区文化进园区、园区文化进社区活动，出色完成世博园区市民广场奉贤专场演出，吸引观众达10多万人次。稳妥做好赠票赠卡活动，认真组织群众文明观博，鼓励和引导市民为上海世博会和奉贤城市文明形象增光添彩。有序组织世博志愿服务工作，累计近100万人次参加各类志愿服务活动，充分展示奉贤志愿者“见贤思齐、奉献世博”的精神风貌。

切实提升城镇管理水平。始终保持“世博先锋”的昂扬斗志，全面完成迎世博600天行动计划。推动条块结合、形成合力，建立健全市容环境应急保障机制，推动网格化管理向各镇、开发区延伸，注重城市顽症治理，促进城市环境更加整洁、有序。完善南桥城区“3+2”城市管理模式，在全区范围推行“飞行保洁法”试点，促进形成城乡综合管理长效机制。世博城市文明指数测评取得郊区“六连冠”佳绩，成功实现创建国家卫生区工作一次性通过技术评估。

二、加快转变发展方式，努力保持经济又好又快发展

主动对接市“四个中心”建设，坚持以工业化为龙头，以大项目为重点，全区规模以上工业总产值月月超百亿元，全年工业固定资产投资超过百亿，主要经济指标增幅继续位居全市前列。全年可实现增加值493.52亿元，比上年增长12.1%；可实现规模以上工业总产值1298亿元，同比增长18.4%；可实现财政收入127.23亿元，同比增长19.5%，其中地方财政收入40.43亿元，同比增长26.5%；社会消费品零售总额250.8亿元，同比增长17.7%。

切实加强对经济工作的领导。坚持集中精力抓发展，坚决贯彻落实中央和市委重大决策部署，研究完善经济工作考核指标体系，力促转方式、调结构。始终紧紧咬住力争目标，逐月对经济走势进行分析比对，及时研究应对举措，推动经济发展不断攀登新的台阶。年初召开全区经济工作会议，邀请在奉企业经营者参加，广泛营造团结鼓劲、乘势而上的浓厚氛围。年内组织区四套班子领导和全区处级以上干部先后两次开展企业大走访活动，帮助企业解决发展中遇到的困难和问题。在加强为企业服务的同时，积极运用各种活动、各类媒体，加大对外宣传力度，展示奉贤良好投资环境，特别是抓住2010上海民营企业100强发布会在奉举行的机会，进一步扩大奉贤在民营企业中的影响力。

积极推进产业优化升级。坚持将推进高新技术产业化作为促进产业结构优化升级的关键举措，坚定不移地推动发展方式由外延扩张向内涵提升转变。推动建立新能源、生物医药、新材料、航空配套等四个市级产业基地，加强与中国商飞集团、中国医药集团等行业领军机构的合作对接，新能源产业产值位列全

张立平到区老年福利院陪老年人一起吃年夜饭
（蔡新康　摄）

张立平冒着烈日走访野外训练的部队官兵
（蔡新康　摄）

张立平到奉贤中学看望新疆班的少数民族学生
（余童欢　摄）

市前茅。聚焦重大产业项目，推动“三一重工”一期项目启动、上海生物制品研究所项目正式签约。注重提升产业园区功能，促进产业项目向重点产业园区集中集聚。完善科技创新体制机制，鼓励企业加大技术改造力度，成立院士专家工作站，新建4家市级企业技术中心和8家区级企业技术中心。加大节能减排力度，深入推进南桥和海湾地区企业调整，完成塘外化工区整体搬迁，超额30%以上完成减排总量，全区万元生产总值综合能耗下降2.3%。

加快发展现代服务业。把加快现代服务业发展作为调整产业结构的重要内容，积极谋划现代服务业发展布局，着力在重点领域和关键环节实现突破。创新优化金融服务，大力支持企业上市工作，促进超日成功上市、广电通过发行审核。完善中小企业总部商务区开发机制。探索生产性服务业功能区建设。着力打造“一湖两池”游艇服务基地，探索推进物联网、云计算等产业发展。继续发挥“海、农”特色，成功举办菜花节、伏羊节、风筝节、黄桃节等旅游节庆活动，海湾国家森林公园正式开园。认真贯彻落实房地产宏观调控政策，促进房地产市场健康发展。

扎实推进“三农”工作。坚持把新农村建设放在突出位置，召开全会通过新一轮新农村建设三年行动计划。继续推动现代农业“接二连三”发展，成功获得国家级黄桃原产地品牌，推进区域特色农产品基地建设，新增35家农民专业合作社。切实抓好粮食高产创建工作。市农科院奉浦新院区正式揭牌，带动深化“三田”工作，提高农产品销售和农业科技服务水平。积极推动农村集体建设用地流转试点，全面推进土地承包经营权流转工作，促进农村土地资源的盘活利用。有序开展村庄归并试点工作，规范农民建房管理，建设农村污水处理工程，逐步改善农民居住环境。积极推动新一轮城乡结对帮扶工作，不断完善经济薄弱村帮扶机制。严格落实支农惠农政策，多渠道促进农民增收，农村居民年人均可支配收入同比增长10.9%，连续6年增幅超过城镇居民。

三、聚焦南桥新城建设，推动区域统筹发展

坚持以规划为先导，认真落实“两个先行、两个同步”要求，全面推进南桥新城建设，辐射带动全区统筹发展，为推动城乡一体化提供强劲动力。

深入推进新城规划编制和完善。积极争取市委、市政府对新城发展的关心支持，从战略层面对新城的功能定位、城市规模、空间布局等方面进行深入研究，完成南桥新城的规划修编。明确“低碳、生态、智慧、宜居”的城市发展理念，推动完成重点建设区域的控详规划及水系、交通、绿化、地下空间等专项规划编制。落实产城融合发展的要求，明确“复合社区”发展策略，委托国内外知名设计机构开展城市设计，推动城市功能的完善和提升。注重规划衔接，保持相互协调、相互融合。

有力推进新城开发建设。坚持基础设施和环境建设先行，积极推进轨道交通5号线和虹梅南路—金海公路越江工程建设，实现闵浦二桥公路层正式通车，确保林海公路奉贤段建设基本完成，推动“上海之鱼”湖面工程顺利开工，明确中央生态林地建设方案，促进新城交通布局更加合理，环境建设呈现新的面貌。坚持产业发展和社会建设与新城开发同步推进，推动中小企业总部大厦基础建设，百联南桥购物中心二期正式开张，区中心医院迁建工程和中小幼学校建设顺利推进，为实现产城融合发展、社会事业协调发展目标打下良好基础。有序安排土地出让和开发，集中开工住宅和商业地产项目达100万平方米。

坚持民生优先推进动迁工作。把动迁工作当成确保大型居住社区等重大项目顺利推进的基础工作，同时也作为保障群众切身利益的重大民生工程。召开专题会议动员部署，成立动迁工作领导机构，配强区镇两级动迁力量，不断完善“阳光动迁”推进机制，深入细致地做好政策解读、宣传引导工作，广泛形成合力推进动迁工作，完成动迁面积接近80%。按照“选址优先、指标优先、腾地优先、建设优先”的原则抓好动迁安置工作，年内实现145万平方米动迁基地开工建设。合理制定大型居住社区基地动迁补偿安置方案，切实保障动迁群众正当权益，让他们共享新城发展成果。

着力推动区域统筹发展。注重发挥新城辐射带动作用，以促进区域协调发展为目标启动全域规划研究，初步形成三大组团的发展思路。积极谋划海湾地区保护性开发的发展战略，争取纳入上海市重点规划。深化完善“两规合一”工作，对全区土地利用进行整体布局，加大对闲置土地和历史违法用地的处置力度，促进土地节约集约使用。合理分配建设用地指标，优先满足“三区一基地”重点项目、重大市政工程、社会事业设施和新农村建设需求。注重完善区域路网，两港大道、瓦洪公路、浦卫公路改建等工程相继建成投入使用。启动金汇港南闸改造工程建设。

四、坚持以保障和改善民生为重点，着力加强社会建设

召开全会研究落实中央、市委关于加强社会建设的要求，形成社会建设“1+X”指导意见，着力解决人民群众最关心、最直接、最现实的利益问题，推动和谐社会建设。

积极推进社会事业发展。坚持将发展社会事业作为社会建设的基础性工作，不断加大投入，促进均衡发展。统筹配置区内教育资源，加快建立紧密型办学资源联盟，加大引进优质教育资源的力度。完成曙光中学迁建主体工程。抓好来奉农民工同住子女义务教育工作，加强对无证办园点的疏导管理。加强与市级医疗机构合作，注重医疗卫生软件建设，加大高层次人才的培养、引进力度，优化配置区内医疗卫生资源，鼓励全科团队进社区、送医送药上门等惠民利民措施，推动卫生服务向纵深发展。加强公共文化基础设施建设，建成南桥镇社区文化活动中心，实现有

线电视“户户通”全覆盖。发挥“贤文化”引领作用，邀请文化名家来“言子讲坛”开讲授课，丰富群众精神文化生活。积极推动群众性体育发展，切实提升竞技体育水平，在第十四届市运会上取得佳绩。

着力加强公共服务和社会保障。坚持以人为本，从解决人民群众切身利益问题入手，加大财政对民生工作的投入力度。切实抓好大中专毕业生、农村富余劳动力和就业困难人员就业，提升就业培训工作的实效性和针对性。广泛宣传促进就业政策，引导就业观念转变，鼓励创业带动就业。全年新增就业岗位约37500个，城镇登记失业率控制在4.3%以内。有序推进工资集体协商工作，促进一线职工收入稳定增长。大力推进安居工程，改进物业管理。年内整修113万平方米农民集资房，改造2.8万平方米危旧直管公房，落实3000多户在外过渡动迁户的安置工作，积极推动5.9万平方米保障性住房建设，完成南桥老城区5000多户天然气改造工程。加强医疗保险、农村养老保险管理，完善社会救助和优抚保障机制，提高民生保障水平。完善养老服务设施，落实为老惠老服务。认真抓好第六次人口普查工作。

扎实开展群众思想教育工作。充分认识到新时期群众工作的重要性，召开专题会议全面部署群众思想教育工作。坚持发挥各级党组织作用，把教育群众与服务群众、解决实际问题与解决思想问题结合起来，加强群众思想教育载体建设，巩固和拓展“区有场馆、镇有中心、村有农家会所”的教育阵地，逐步扩大村民学校、市民学校、职工学校的覆盖面，南桥镇建立了370个“宅基课堂”。注重总结鲜活经验，推动教育方法创新、教材备课创新、教育机制创新和工作理念创新，形成“一堂二站三卡四会”群众工作法。加强群众思想教育队伍建设，组织编制更有针对性的宣讲教材，形成教学相长的良性互动。深入开展“感动奉贤”年度十大人物和百佳好事评选活动，努力倡导和弘扬“敬奉贤人、见贤思齐”的精神。加强新闻宣传和舆论引导工作，营造团结鼓劲、昂扬向上的良好舆论环境。

全力确保社会和谐稳定。始终坚持将稳定工作作为第一责任，深化“平安奉贤”创建活动，扎实推进平安建设实事项目。深入推进“三项重点工作”，努力维护司法为民、公正执法的良好环境。开通区委领导信箱畅通民意反映渠道，加大信访矛盾化解力度。健全“大调解”工作体系，注重发挥律师队伍在政策宣传引导和矛盾预防化解中的作用。积极开展重大事项社会稳定风险评估。完善群防群治工作机制，进一步夯实综治维稳基层基础，不断健全社会面防控体系。深入开展严打整治专项行动，切实强化反邪教工作，加大毒品预防和管控力度，增强动态环境下治安防控能力，着力维护人民群众生命和财产安全。切实抓好“两个实有”工作，积极创新来奉人员服务管理工作机制，促进来奉人员和谐融入奉贤。加强安全生产管理，有效预防和控制各类安全事故。努力创建全国双拥模范城，不断创新奉贤双拥工作特色。

张立平陪同市领导到工厂企业一线视察

（方国政　摄）

张立平到奉贤报社看望辛勤工作的编辑记者

（方国政　摄）

张立平与区委办公室的同志一起欢度春节

（惠　音　摄）

五、加强民主政治建设，扎实推进依法治区

坚持依法治区方略，充分调动各方面积极性和创造性，大力发展基层民主，扎实推进社会主义民主政治建设。

着力加强服务型政府建设。在巩固行政效能和机关作风建设成果的基础上，将加强服务型政府建设摆上重要议事日程，作为进一步优化区域发展环境的重要抓手。理顺权责关系，逐步完善区、镇两级政府机构改革“三定”方案。规范行政行为，完善绩效评价体系，不断提高行政效能。通过政府网站、政务公开栏、手机报等多种渠道，深化政务公开工作。积极推进镇财区管工作，促进各镇（开发区）财政预算更加规范。抓好清产核资等国资改革基础性工作。成功举办政府管理创新前沿论坛，积极借鉴先进经验推动服务型政府建设。开展服务型政府建设专项课题研究，探索推进行政服务中心建设。

注重发挥人大和政协积极作用。坚持把支持人大依法履行职能，支持政协围绕团结和民主的主题履行职能作为加强社会主义民主政治建设的重要内容。分别调研制定《关于进一步加强人大工作的实施意见》和《关于进一步加强政协工作的实施意见》，先后召开人大、政协工作会议作出工作部署。定期听取区人大和区政协党组的工作汇报，坚持重大决策充分听取区人大和区政协的建议。支持人大依法监督和政协民主监督，切实提高人大代表书面意见和政协委员提案的办理质量。支持区人大围绕完善“两级政府、三级管理”体制、推进农民宅基地置换工作等问题深入调研，区政协围绕加强南桥新城建设、加快发展生产性服务业等方面开展专题调研，形成了一批高质量的调研成果。发挥区人大党组和区政协党组在人大和政协工作中的领导核心作用，促进人大和政协工作增强有效性。

切实巩固和加强统一战线。高度重视统一战线工作，牢牢把握大联合、大团结主题，动员广大统一战线成员在服务经济社会发展中贡献力量。拓宽与党外人士的联系渠道，支持各民主党派加强自身建设，协助中国农工民主党成立奉贤区委，推进多党合作事业健康发展。完善民族宗教工作三级网络，加强宗教活动场所建设管理，不断夯实民族宗教工作基础。发挥工商联和海外联谊会作用，成立欧美同学会奉贤分会、专业知识分子联谊会，不断增强涉侨团体和新社会阶层的凝聚力。加强对台交流交往，推动对台工作深入开展。积极推进优秀中国特色社会主义事业建设者评选工作，启动“百企助百老”感恩活动，促进非公有制经济健康发展和非公有制经济人士健康成长。积极培育社区统战“三区联动”特色基地，探索统一战线服务新农村工作新模式、新途径。

加强法制建设和基层民主建设。坚持将加强法制建设和发展基层民主作为落实依法治区方略的基础性工程，深入开展“法治城区”创建活动，切实推动依法治区进程。加强法制宣传教育，全面完成“五五”普法各项工作任务，进一步增强了基层干部群众的法制观念和依法办事能力。推进村务公开和民主管理工作的规范化、制度化，下大力气推动“难点村”治理工作。加强对村（居）干部进行培训，切实提高村（居）干部的整体素质。加快社区事务受理中心标准化建设，积极推进社区事务代理室创建工作。发挥工会、共青团、妇联等人民团体在各项工作中的积极有效作用。

六、以改革创新精神加强和改进党的建设，进一步提高党的建设科学化水平

认真贯彻落实十七届四中全会精神，始终坚持以改革创新精神和求真务实的态度加强常委会自身建设和党建各项工作，为各项事业顺利推进提供坚强保证。

坚持在加强党建中创新。注重巩固学习实践科学发展观活动成果，在形成长效机制的同时创新工作方法，不断增强各级党组织的战斗力。在思想政治建设中，坚持弘扬理论联系实际的学风，系统制定中心组学习计划，切实增强学习的针对性和有效性，并积极组织开展领导干部宣讲活动，引导广大党员更加自觉地贯彻落实科学发展观。在干部选拔任用中，认真贯彻实施“四项监督”制度，逐步扩大竞争性选拔干部范围，切实改进领导干部任职前公示，积极推行处级单位“一报告两评议”工作，进一步树立选人用人的正确导向，注意调动不同年龄段各类干部的积极性。在基层党建工作中，有序推进基层党组织“公推直选”，逐步开展农民专业合作社党建试点和社区党建联建试点，全面推行村级重大议事规则和居民区党员代表议事会制度，积极开展党组织向党员报告并接受评议工作，同时逐步完善干部激励机制，切实加强干部培训，着力夯实加强党的执政能力建设的基础工程。

扎实开展创先争优活动。坚持重在解决问题，重在取得实效，将创先争优活动作为加强党的先进性建设和基层组织建设的有效抓手。组织全区各级党组织和广大党员紧扣中心工作，紧密结合岗位工作实际，重点突出“世博先锋行动”这个阶段性主题，扎实开展各项活动。对照党建工作要点和“三找”、“三定”要求，探索开展创先争优工作点评，为加强各级党组织建设提供经常性动力。准确把握不同领域党组织工作的着力点，在农村基层党组织中推行党员设岗定责，在居民区党组织中设立楼道党小组，在机关党员中开展学习型机关创建和周六回社区义务劳动，在“两新”组织和经济园区积极推动“七个有”标准化建设。加强和改进离退休干部党支部建设，建立健全“四个就近”的老干部管理服务体系。集中表彰世博工作先进组织和个人，切实加大宣传力度，掀起创先争优活动的新高潮。

切实加大人才工作力度。积极实施人才强区战略，召开人才工作会议，明确人才工作的指导方针、目标任务和重大举措。推进人才规划编制，坚持服务发展、以用为本、内育外引、优化环境，统筹加强人才队伍建设。围绕“6+8”产业，将人才优先发展的要求具体化、项目化，推进人才政策落实到位，促进人才带动产业发展。制定人才租、住房补贴等政策和操作办法，231 人获租住房补贴，95 人得到医疗服务卡，5 名高级人才子女就学问题得到解决。加强对领军人才、

拔尖人才、青年尖子的评选表彰和考核工作，切实抓好储备人才、大学生村官和“三支一扶”大学生招录、管理服务工作。

深入推进反腐倡廉建设。坚持从严治党，用坚强的党性和优良的作风保障各项工作顺利推进。深入开展“讲党性、重品行、作表率”主题教育活动，认真抓好《廉政准则》的学习教育，努力营造廉荣腐耻的思想观念和文化氛围。制定下发《2010 年奉贤区党风廉政建设和反腐败工作部门分工》，进一步健全和完善党政领导带队检查党风廉政责任制落实和巡察工作的制度，切实加强对“廉洁办博”有关纪律执行情况和厉行节约要求落实情况的监督检查，认真落实领导干部廉洁自律各项规定。坚决惩治腐败，加大查办违纪违法案件的力度。推进行政机关勤政廉政建设，严格控制行政性成本支出。加强农村基层党风廉政建设，农村廉政环境逐步改善。高度关注民生，大力整治损害群众利益的不正之风。积极配合市委巡视组做好巡视各项工作。

在全面抓好经济社会发展各项工作的同时，坚持正确把握当前与长远的关系，坚持问题导向、需求导向和项目导向，科学制定“十二五”规划建议，努力谋划好奉贤发展的全局性、战略性、关键性问题。及早启动编制准备工作，委托市政府研究中心、市发展研究院开展“十二五”规划基本思路研究，组织区四套班子领导牵头开展了 19 个重点课题的调研，进一步准确把握奉贤在全市“四个中心”建设中的定位，适应融入长三角一体化发展的新要求，取得了高质量的研究成果。在此基础上，广泛听取各方意见，认真组织相关单位和部门负责同志参加专题讨论会，邀请党代表、人大代表、政协委员、老同志、民主党派和无党派人士代表以及市相关部门的专家领导参加大讨论活动，积极借助区内区外力量谋划“十二五”发展战略。经过充分征求意见、反复修改完善，召开全会审议通过“十二五”规划建议，对奉贤发展面临的形势作出了清晰的战略判断，强调今后五年是奉贤乘势而上发展的重要战略机遇期，明确了加快推进“三化两建设”的核心要求。规划建议凝聚了全区上下的集体智慧，体现了全区人民的共同意愿，是引领奉贤创新驱动、转型发展的框架性蓝图，必将指引全区上下更加奋发有为地为实现“三区一基地”建设宏伟目标而努力奋斗。

张立平慰问在节日中值勤的环卫工人

（姜林新　摄）

同志们，以上报告的是常委会今年以来的主要工作。我们充分认识到，今年工作所取得的成绩来之不易，是中央和市委正确领导、全区党员干部群众团结奋斗的结果，也离不开市属单位、驻奉部队的大力支持。同时，我们也清醒地认识到，我们的工作与中央、市委要求和人民的期待还有不少差距，主要表现在：产业结构不尽合理，企业自主创新能力不够强，转变经济发展方式还需下大力气；区镇两级可用财力与社会事业、公共基础设施建设不适应，城乡一体化的任务依然艰巨；民生领域仍有不少亟待解决的问题，社会建设和管理水平还需进一步提高；干部队伍建设和基层党建工作与奉贤发展的形势任务要求还不相适应。

希望同志们对区委常委会的工作提出意见和建议，帮助我们把今后的工作做得更好。

（文中主要数据已按 2010 年统计公报作了修改）

上海市奉贤区人民政府2010年工作报告

——2011年2月22日在上海市奉贤区第三届人民代表大会第八次会议上

上海市奉贤区人民政府区长　时光辉

2011年2月22日，区长时光辉在奉贤区第三届人民代表大会第八次会议上作政府工作报告

（方国政　摄）

各位代表：

现在，我代表奉贤区人民政府，向大会作政府工作报告，请予审议，并请各位政协委员和其他列席人员提出意见。

一、2010年工作回顾

2010年，区政府在市委、市政府和区委的正确领导下，高举中国特色社会主义伟大旗帜，以邓小平理论和“三个代表”重要思想为指导，深入贯彻落实科学发展观，围绕“三区一基地”建设总目标，团结带领全区人民，坚定信心，拼搏奋进，努力做好各项工作，胜利完成了区三届人大六次会议和“十一五”规划确定的目标任务。

全区实现增加值493.5亿元，可比增长15%。财政收入127.2亿元，同比增长19.5%；其中地方财政收入40.4亿元，同比增长26.5%。规模以上工业企业总产值1314亿元，同比增长27%。全社会固定资产投资总额208亿元，同比增长26.8%。社会消费品零售总额250.8亿元，同比增长17.7%。外贸直接出口总额47亿美元，同比增长30.9%。

一年来，主要做了以下几方面工作：

（一）着力转变经济发展方式。大力开展招商引资，积极与中国国药集团、徐工集团等企业联系洽谈，一批重大项目相继落户，上海生物制品研究所项目成功签约，“三一重工”一期项目、莱士血液制品项目顺利推进。在市区设立服务点，加强商贸型企业招商工作。全年实现内资实业型项目到位资金76.3亿元；实现合同外资4.1亿美元，到位资金3亿美元。开展企业大走访活动，帮助企业排忧解难。加强重大项目跟踪服务，完善项目审批绿色通道，促进产业项目尽快落地。全年工业固定资产投资总额达到104亿元，创历史新高。加快完善园区基础设施，进一步提升管理服务水平，产业集聚加速形成。全力推进高新技术产业化，制定实施新材料等重点产业规划，成立上海奉贤生物医药产业基地院士工作站。推动科技进步，申报市级企业技术中心4家、市级以上科技项目307项，申请专利2022件。完成第二届区长质量奖评审。全区企业获得市质量金奖2个、市名牌8个、著名商标4个。加快推进企业上市，凯宝药业、柘中建设、超日太阳能成功上市，广电电气通过上市审核。扎实推进节能减排工作，设立重点区域产业结构调整专项资金，完成塘外化工区企业整体搬迁，全区共淘汰劣势企业65家。单位能耗进一步降低，顺利完成“十一五”节能降耗累计下降20%的目标任务。超额完成“十一五”期间污染物总量减排的控制目标。加快发展商贸服务业，百联南桥购物中心二期建成开业。积极发展生产性服务业，成功申报“南郊生产性服务业功能区”。推进金融后台建设，形成金融产业发展规划。加强监测分析，推动房地产市场健康发展。成功举办菜花节、风筝会、上海旅游节花车巡游进奉贤等活动。南郊宾馆被评为五星级旅游饭店，都市菜园创建为国家AAAA级旅游景区，上海海湾国家森林公园正式开园。全区旅游业实现营业收入25.1亿元，同比增长15.9%。

（二）圆满完成世博工作任务。深入实施迎世博

600天行动计划，在上海市文明指数八次综合测评中勇夺郊区县六连冠。组织世博会42个国际参展方代表来奉参加文化交流活动。做好结对参展国国家馆日活动组织以及“世博礼包”发放等工作。接待来自友好城市和对口支援地区代表团共110多批3200多人次。圆满完成“社区文化进世博”等各项演出任务。落实交通保障方案，方便市民观博。志愿者服务工作得到市民好评。水、电、气、通讯等公共服务正常供应，城市运行平稳有序。抓好市容环境整治，深入实施城市网格化管理，整治违法建筑27万平方米，市容市貌明显改善，顺利通过国家卫生区创建的技术评估。根据世博安保总体要求，强化安全生产监管，切实做好道路交通、建筑施工、消防、特种设备、地下空间等安全工作，加强食品药品监管，安全生产形势平稳受控。推进实有人口、实有房屋大查访。实施重大事项社会稳定风险分析和评估。积极开展区领导包案、下访等活动，有效排查调处各类矛盾纠纷，社会保持和谐稳定。

（三）加快推动城市化发展。完成南桥新城总体规划修编并获市政府批准同意，同步开展控制性详细规划、专业规划和专项规划编制以及重点区域城市设计。完成“上海之鱼”项目一期湖面开挖，中小企业大厦、“两路一带”地下民防工程等开工建设，市政道路、公建配套等设施进一步完善。积极开展地块招商，新城范围内住宅和商业地产项目加快推进。全力推动市大型居住社区奉贤南桥基地建设，145万平方米动迁安置房基地全面开工。闵浦二桥公路桥顺利通车。轨道交通5号线奉贤段西渡站配套工程完成基础建设，望园路、金海湖等站点范围的管线搬迁开始实施。虹梅南路—金海路越江工程工作井全面建设。林海公路奉贤段基本建成，奉贤与中心城区及大浦东的道路交通联系更加紧密，路网结构日趋完善。金汇港南闸改造工程正式动工。推进西部污水厂扩建工程建设。铺设区级污水管网23.7公里，城镇污水处理率达到83%。

（四）扎实推进新农村建设。制定实施《奉贤区推进社会主义新农村建设2010～2012年三年行动计划纲要》。农业生产喜获丰收。创建国家级水稻、蔬菜标准化示范区2个。新认定市级农业产业化龙头企业2家。新组建农民专业合作社35家。新增“田头超市”市区销售店3家。奉贤黄桃获国家地理标志产品保护。供应世博会农产品合格率达到100%。大力扶持种源农业，启动低碳循环农业试点。制定出台《关于实行农村集体建设用地流转提高土地节约集约利用水平的意见》，开展庄行镇新叶村宅基地归并试点。稳定和完善农村土地承包关系工作全面开展，区、镇两级农村土地承包经营权流转管理服务中心挂牌成立。有效提升农村土地承包纠纷调解仲裁工作。村级财务规范化管理实现全覆盖。农业要素交易所正式运营。基本完成村庄规划编制。推进6个村重点受涝区域农田水系综合整治。完成农村生活污水处理工程3174户、村庄改造2816户。整治宅前宅后河道260公里、黑臭河道22公里。启动青村镇小城镇发展改革试点。

（五）有效改善民生。实施积极的就业政策，全年新增就业岗位3.78万个，城镇登记失业率控制在4.3%以内。城镇、农村居民家庭人均可支配收入分别达到23940元和13180元，同比分别增长10.3%和11.6%。全面实施安居工程，开工建设5.9万平方米保障性住房，完成113万平方米农民集资房和2.9万平方米直管公房整修，居民居住条件进一步改善。有效解决低电压问题，确保居民生活用电。完善社会保障制度，积极开展新型农村社会养老保险制度试点，农民养老金每人每月增加60元。农村合作医疗人均筹资水平达到690元，补偿水平进一步提高。做好来奉从业人员参加本市城镇职工基本养老保险的各项工作。认真落实社会救助政策，健全综合帮扶机制，救助覆盖面继续扩大。社会福利事业和老龄工作不断深化，全区养老床位达到3839张。全国残疾人社区康复示范区创建工作通过验收。

时光辉亲切慰问在节日加班的环卫工人　（姜林新　摄）

（六）大力发展社会事业。坚持教育优先发展，保证教育经费“三个增长”。全区义务教育入学率达到100%，高中阶段教育入学率达到98.6%。师资队伍素质全面提高，教育质量稳步提升。曙光中学迁建工程结构封顶，中小学校舍安全工程有序推进。大力引进国内外优质教育资源，与世界外国语中学和福山路外国语小学等签订合作办学协议。区中心医院升级迁建和奉城医院原地改建工程等顺利推进。启动孕产妇系统保健全覆盖管理。完成村卫生室新型农村合作医疗实时报销点建设。严厉打击非法行医行为。加强疾病预防控制，各类传染病发病率保持历史较低水平。启动医学重点和特色专科建设，医疗卫生服务质量和技术水平不断提升。加强公共文化设施建设，实现社区文化活动中心、农村综合文化活动室和有线电视“户户通”全覆盖。基本完成区经营性文化事业单位改制。弘扬地域特色文化，做好“滚灯”、“吴歌”等非物质文化遗产的保护和传承工作。“唱响群文四季歌”等群众性文化活动蓬勃开展。建成社区公共运动场2个、农民健身工程35个，全区经常性体育锻炼人口占比达到45%。承办第十四届市运会射箭、风筝等赛事，夺得市运会金牌25枚，创历史最好成绩。户籍、流动人口计划生育率分别达到99.4%和93.1%。妇女儿童事业健康发展。红十字会在政府人道工作领域的助手作用进一步显现。开展第六次人口普查。对口支援和合作交流工作有序开展。工会、共青团、妇联、工商联等人民团体的作用积极发挥。人民武装、国防动员和双拥工作得到加强。民族、宗教、侨务、对台、档案、地方志等各项工作进一步发展。

（七）不断提升政府管理服务水平。在国家行政学院的支持下，成功举办政府管理创新前沿论坛，学习借鉴其他地区先进经验，推动服务型政府建设。落实市政府取消和调整的行政审批事项，审批效率进一步提高。贯彻《国务院关于加强法治政府建设的意见》，规范行政决策程序，严格行政问责，推进依法行政。加快电子政务建设，加强政府信息公开。制定实施《关于进一步加强行政效能监察的意见》，深入开展纠风专项治理，机关作风不断改进。廉政工作继续加强，公务员队伍建设不断强化。推进财政资金管理制度改革，深化“小金库”专项治理，行政性支出得到有效控制。加强审计监督，强化国有资产管理。做好政府融资平台清理工作。自觉接受区人大的法律监督和区政协的民主监督，全面完成人大代表书面意见和政协提案的办理工作。

各位代表，2010年是实施“十一五”规划的最后一年。回顾“十一五”，奉贤经历了极不平凡的五年。我们有效应对国际金融危机的巨大冲击，牢牢把握上海世博会举办的良好机遇，通过全区人民的不懈努力，完成了“十一五”规划各项目标任务，实现了经济社会健康较快发展，谱写了奉贤发展史上的新篇章！这些成绩的取得，是市委、市政府和区委正确领导，区人大、区政协监督支持的结果，是全区人民团结一致、奋力拼搏的结果，也是社会各界关心支持的结果。在此，我向工作和生活在奉贤、在各自岗位上辛勤劳动的全区人民，向大力支持政府工作的人大代表和政协委员，向各民主党派、工商联和社会各界人士，向驻奉部队和单位，向海内外各界朋友，表示最崇高的敬意和最诚挚的感谢！

经过五年的奋斗和探索，我们深深体会到，要实现奉贤经济繁荣、社会和谐，必须坚持转变方式、科学发展，不断优化产业结构，努力壮大经济实力，切实提高经济发展质量和效益；必须坚持抢抓机遇、自我加压，立足区情实际，积极争取各方支持帮助，推动区域经济社会发展实现新突破；必须坚持群众观念、以人为本，切实加强社会建设，努力保障和改善民生，让人民群众共享改革发展成果；必须坚持不畏艰难、团结鼓劲，凝聚全区人民的智慧和力量，形成共克时艰的强大合力，不断开创竞相发展的新局面；必须坚持改革开放、探索创新，着力加强政府自身建设，不断完善体制机制，努力提升政府服务发展的能力和水平。成绩来之不易，经验弥足珍贵。我们将在今后的工作中加以坚持和发扬。

时光辉在节日期间慰问贫困户家庭

（蔡新康　摄）

时光辉到区老年人活动中心看望学员

（蔡新康　摄）

在总结成绩的同时，我们也清醒地认识到，工作中还有诸多困难和问题，前进的道路上还存在不少风险和挑战。主要有：资源环境约束日益凸显，经济发展转型压力不断加大；农村地区发展相对滞后，城乡二元结构矛盾仍较突出；社会事业发展尚不均衡，民生保障任务依然艰巨；政府职能转变还不到位，管理服务水平亟需提高。对这些问题，必须在今后工作中予以高度重视，并认真加以解决。

二、2011年主要工作

2011年是实施“十二五”规划的起步年，也是改革创新的突破年。在世界经济的影响下，国内经济运行不确定因素仍然较多。上海经济总体保持平稳较快发展势头，但也面临一些突出矛盾和问题。当前，奉贤正处于加快转型发展的关键阶段，既要增强机遇意识，乘势而上，又要增强忧患意识，攻坚克难，努力开创科学发展的新局面。

做好2011年政府工作，要全面贯彻落实党的十七大、十七届历次全会和中央经济工作会议精神，以邓小平理论和“三个代表”重要思想为指导，深入贯彻落实科学发展观，紧紧围绕“三区一基地”建设总目标，把创新驱动、转型发展贯穿经济社会发展各个环节，着力推进新型工业化、新型城市化和城乡一体化，切实加强社会建设和服务型政府建设，为“十二五”规划的顺利实施开好局、起好步。

综合各方面因素，今年全区经济社会发展的主要预期目标是：增加值比上年增长13%以上，地方财政收入增长12%以上，规模以上工业企业总产值增长15%以上，单位增加值综合能耗下降3.6%左右，城镇登记失业率控制在4.3%以内，农村居民家庭人均可支配收入增长10%以上。

为实现上述目标，2011年要着力做好以下五方面工作：

（一）加快转变发展方式，提高经济发展质量和效益

牢牢把握上海深入推进“四个中心”建设的良好机遇，把结构调整作为转型发展的主攻方向，大力培育新兴产业，全力推进新型工业化，努力实现发展速度与效益的有机统一。

突出重点抓招商，切实提高项目质量。围绕重点产业，组建专业招商团队，加强招商人员培训。完善产业招商的联系、跟踪和反馈机制，紧盯重大产业项目，积极争取行业领军企业落户奉贤。加大奉贤投资环境推介，深入开展会展招商、中介招商、网络招商和以商引商，探索产业基金招商。加大外资引进力度，吸引更多外资企业的地区总部、营运中心和研发中心落户，进一步提高招商引资质量。

整合资源促集聚，努力实现产业园区转型升级。继续推行重大项目审批绿色通道，加强跟踪服务，促进项目早日建成投产。大力发展“6+8”重点产业，确保六大高新技术产业的规模企业产值增长17%以上，八大优势产业的规模企业产值增长16%以上。完善产业园区开发运行机制，注重提高投入产出率，推动产业向园区集中，逐步形成有特色的产业集聚，努力提高产业园区对全区经济发展的贡献度。大力提升上海奉贤经济开发区（市工业综合开发区和现代农业园区）的产业能级，拓展产业链，促进园区经济可持续发展。加快临港奉贤园区开发建设，完善配套设施，争取更多大型企业落户。大力推进游艇制造基地建设，提高化工区奉贤分区产业发展能级。加快星火开发区产业结构调整，有序推进扩区工作。积极推进海港综合经济开发区、奉城工业园区等产业园区建设。加快淘汰劣势企业，加大对存量土地和标准厂房的“二次招商”力度。

激发活力谋创新，积极推动高新技术产业化。进一步完善重点产业扶持政策，以科技创新促进产业转型发展。鼓励企业进行工艺流程改造、核心技术研发和自主品牌创建，力争新增高新技术企业30家、科技小巨人企业8家。申报市级以上创新基金项目60项、高新技术成果转化项目30项、农业科技创新项目10项。加强知识产权保护，保持专利申请数量良性增长。继续推进“质量兴区”战略，引导企业实施卓越绩效管理，不断提高质量管理水平。鼓励和扶持企业利用资本市场发展壮大。注重人才引进和培养，完善政策体系和服务网络，充分发挥人才在经济转型升级中的积极作用。推进“三区联动”，引导鼓励创新人才、创新要素、创新成果向科技园区和优势企业集聚。

优化布局助提升，有效推进第三产业发展。加快推进南桥中小企业总部商务区和生产性服务业功能区建设，积极培育金融后台服务、电子商务、文化创意、现代物流、会展旅游等现代服务业。坚持产城融合发展，依托南桥新城的综合优势，集中建设高品质、现代化的商务楼宇和综合商业设施，着力构建现代服务业集聚区。加强房地产市场监管，促进房地产业持续健康发展。加大商旅文等产业联动，以菜花节、风筝会、黄桃节等品牌节庆活动为载体，推进景区（点）、宾馆、旅行社标准化建设，着力打造大海湾、庄行等旅游集聚区，进一步提升奉贤的旅游品质。

（二）学习借鉴世博理念，推进新型城市化建设

认真学习世博会绿色、环保等理念，借鉴国内外先进的城市发展经验，积极探索“城市，让生活更美好”的新模式、新道路，努力提升城市化水平。

高标准建设南桥新城，促进区域组团联动发展。坚持“低碳、生态、智慧、宜居”的建设理念，实现新城控制性详细规划全覆盖，着重做好核心区城市设计。注重低碳生态、绿色环保、网络智能等技术的应用，进一步完善南桥新城建设指标体系。有序推进“上海之鱼”项目整体开发，加快中小企业大厦建设，实现区中心医院迁建工程竣工，抓紧做好南桥新城公共交通枢纽建设前期准备。全力以赴推进市大型居住社区奉贤南桥基地建设，全面完成动迁任务，加快动迁安置房基地建设，妥善安置在外过渡动迁户。积极争取大型居住社区轨道交通配套。配合重大工程项目，加快周边基础设施和配套建设。做好土地出让工作，促进出让地块开工建设。有效整合基础设施、公建配套、产业园区等各类资源，促进各区域均衡协调发展。加快发展南桥新城组团，着力打造城市和产业发展新高地；发挥社会事业资源集中和产业集聚的优势，形成东部地区组团联动发展格局；加快杭州湾北岸保护性开发，推动海湾地区组团联动发展。同时，做好奉城镇、柘林镇规划修编工作，完善区域发展思路。

着力推进重大工程建设，完善城市基础设施体系。完成轨道交通5号线奉贤段动迁工作，确保南桥新城范围内站点的地下空间开发建设顺利进行。推进虹梅南路—金海路越江工程建设，全面完成沿线动迁工作。林海公路建成通车。积极做好S3公路、闵浦三桥建设和浦星公路拓宽的各项前期准备和配合工作，促进项目早日开工。继续支持国家电网建设。扩大供水集约化成果，全面推进自来水深度处理工艺改造，启动南桥新城大型居住社区动迁基地供水管网建设，实施海湾镇供水改造工程。推进污水管网建设和纳管工作，完成西部污水处理厂扩建工程。

健全常态长效管理机制，优化城乡市容环境。加快把世博经验转化为城市管理长效机制，完善城市管理的各项标准和规范，在世博期间形成良好市容环境的基础上，进一步提升城市管理水平。加强对城市管理顽症的综合治理，加大违法建筑整治力度，不断巩固和扩大国家卫生区创建成果。采取有效措施，缓解老城区"停车难"等问题。在南桥镇率先建立"大联动"机制，提升城市综合管理能力和应急联动水平。积极推进市容环境管理质量月考评公示制度。拓展网格化管理，实现社区全覆盖。启动建设固体废弃物综合处置中心，推进生活垃圾分类处理和无害化处置。做好城区主要道路和广场的绿化景观建设，新增绿化面积128公顷，确保通过上海市园林城区复验。全面完成第四轮环保三年行动计划，落实污染物总量减排措施，不断改善环境质量。

完善城市公共安全体系，确保城市有序运行。严格落实安全生产责任制，加强安全隐患排查整治，以

时光辉看望部队子弟兵　　（方国政　摄）

时光辉参加百联南桥购物中心二期开业活动　（许　辉　摄）

建设工程、特种设备、交通运输、城市燃气、危险化学品等为重点，定期开展安全大检查，落实整改措施，坚决防止重特大事故发生。加强建筑建材市场管理，严格执行法定建设程序，抓好从业人员安全教育和培训，进一步规范建筑市场秩序。加强消防宣传，增强防火安全意识，加强消防基础设施建设，提高奉贤的火灾防御能力。大力加强食品药品安全工作，保障居民饮食用药健康安全。扎实做好防汛防台工作，确保安全度汛。完善应急管理体系，充分发挥区应急救援支队作用，切实提高突发事件应急处置的质量和效率。加强公共安全教育和应急演练，提高居民应急避险与自救互救能力。

（三）坚持城乡统筹，加快社会主义新农村建设

按照"城乡规划布局一体化、基本公共服务均等化"的要求，加大工业反哺农业、城市支持农村力度，全面实施《奉贤区推进社会主义新农村建设2010—2012年三年行动计划纲要》，促进农村经济社会又好又快发展。

大力发展现代农业，增强农村经济活力。积极发展高效生态农业，加快粮食、蔬菜、畜禽、水产基地建设，着力打造一批高水平、规模化设施粮田和蔬菜基地，提高农业综合生产能力。稳定粮食生产，保障蔬菜供应，确保地产农产品价格稳定。健全农产品安全监管长效机制，确保农产品质量安全。加大不规范畜禽场整治力度。推行低碳循环农业试点，建设优势农产品种源基地，着力提升农业科技水平。健全"三田"服务机制，加快推进基层农业服务体系建设。规范农民专业合作社发展，探索建立村级区域性合作社，提高合作社为农服务能力。完善农业要素交易所系统建设，加快发展交易业务，培育壮大农业要素市场。

推进农村改革创新，促进农民持续增收。制定实施农村集体建设用地流转和土地整理复垦计划，推进庄行镇新叶村宅基地归并试点，开展金汇镇宅基地置换试点，提高土地节约集约利用水平。在总结试点经验的基础上，加快区内高压走廊和浦东铁路沿线宅基地归并工作。稳定和完善农村土地承包关系，充分发挥区、镇农村土地承包经营权流转管理服务中心作用，引导农村土地规范有序流转。深入推进青村镇小城镇发展改革试点。加强农村集体"三资"管理，积极探索村级集体经济股份制改革，增加农民财产性收入。不断拓展非农就业渠道，支持农民自主创业，促进农民收入持续增长。

完善农村基础设施，改善农民生产生活条件。优化村庄规划，完成居民点规划编制，规范农民建房。加强农田水利设施配套建设，提高农业防灾抗灾能力。继续推进标准化乡村公路建设和危桥改造。结合宅基地置换归并和集体建设用地流转，完成农村生活污水处理工程4300户、村庄改造3000户。不断优化公共服务资源配置，加大对农村社会事业发展的投入力度，全面提升教育、医疗、文化等各项事业发展水平，加快推进城乡基本公共服务均等化。

(四)加强社会建设,着力保障和改善民生

坚持以人为本,努力解决关系人民群众切身利益的民生问题,大力发展社会事业,不断提高人民群众生活质量和幸福感,促进社会和谐安定。

加大保障力度,努力改善人民生活。实施更加积极的就业政策,加强职业技能培训,确保大中专毕业生、就业困难人员和农村富余劳动力等群体就业形势稳定。加大政策扶持力度,营造良好的创业环境,促进创业带动就业。规范用工行为,构建和谐劳动关系。全面推进新型农村社会养老保险工作,进一步提高合作医疗人均筹资水平。完善来奉人员综合服务管理机制。健全社会救助运行机制,完善分类救助政策,提升规范化管理和服务水平。做好结对帮扶工作。加强为老服务,新增养老床位200张,创建社区老年活动室10家。进一步拓展"阳光家园"服务项目,提升残疾人就业保障水平。整修农民集资房92万平方米,改造直管公房2.8万平方米。结合市大型居住社区奉贤南桥基地建设,大力实施安居工程,加快保障性住房建设,做好经济适用房的申请和受理工作。进一步完善和规范动迁政策和行为,切实保障群众合法权益。完成5000户南桥老居住区天然气改造任务。加强物业管理,提升物业服务水平。坚持公交优先原则,调整优化公交线路,方便市民出行。坚决贯彻落实市委、市政府工作部署,加强价格行为监管和预测,保持物价总水平基本稳定。全面完成政府实事项目。

坚持教育优先发展,提升教育综合水平。深化教育资源联盟机制,统筹规划、合理调整资源布局,促进教育均衡优质发展。加强师资队伍建设,强化素质教育,不断提升教育质量和水平。建成并启用新曙光中学,全面完成中小学校舍安全工程。加大引进力度,争取一批优质教育资源项目落户奉贤。实施第二轮学前教育三年行动计划,推进民办三级幼儿园和学前儿童看护点建设。加大校园周边环境综合治理,为未成年人健康成长营造良好环境。构建"医教结合"特教服务网络,完成特殊教育三年行动计划。进一步提升民办农民工子女学校办学水平。以就业为导向,整合资源,加快发展职业教育,努力提升职业教育为区域经济社会发展服务的能力。

健全公共卫生服务体系,提高居民健康素质。积极稳妥推进区域医药卫生体制改革,加强公共卫生服务体系建设。健全突发公共卫生事件应急机制,加强重大疾病预防控制,确保各类传染病发病率处于历史较低水平。加快推进区中心医院升级迁建工作,完成奉城医院改建工程,加快区精神卫生中心建设。深化社区卫生服务综合改革,加强卫生资源纵向整合,加大全科医生、社区(乡村)医生培养力度。强化重点领域卫生监督,严厉打击非法行医行为。发挥中医药在医疗、预防、康复中的特色作用。完成健康城区建设三年行动计划。

大力发展文化体育事业,丰富群众精神生活。围绕庆祝建党90周年,结合撤县建区10周年,做好新闻宣传工作,深化"贤文化"内涵建设。推进文化体制改革,规范社区文化活动中心、村级文化活动室运行管理,健全公共文化资源配送机制。继续举办"言子讲坛"等系列活动,广泛开展各类群众性文化活动。有效保护和传承文化遗产。强化市场监管,规范文化市场。加大境外卫星电视设施专项整治力度。深入推进公共体育设施建设与管理,开展全民健身运动,提高市民身体素质。深化品牌赛事活动,认真做好第七届全国城市运动会承办工作以及上海市第七届农民运动会参赛工作,举办2011年中国上海国际大众体育节风筝会。

加强社会管理,确保区域和谐稳定。强化社会组织管理,完善社区管理体系。全面完成"难点村"治理工作。扎实推进第三轮"平安奉贤"创建,深入开展严打整治,夯实综治维稳基层基础,不断创新和完善工作机制,建立健全不稳定因素排查机制,集中力量解决影响社会和谐稳定的源头性、根本性、基础性问题,提升人民群众的安全感。高度重视初信初访,深入开展区领导下访和包案工作,加大矛盾纠纷排查调处力度,推动疑难复杂信访问题的化解和缓解,妥善处置群体性事件。稳妥推进信访事项核查终结工作。扎实推进禁毒工作。做好重大事项社会稳定风险分析和评估。全面启动"六五普法"工作,增强全民的法律素质和法治意识。

积极推动各项事业发展,促进社会全面进步。进一步深化人口和计划生育工作综合改革,稳定低生育水平,切实提高出生人口素质。发挥全国实施妇女儿童发展纲要示范区引领作用,完成妇女儿童发展纲要、规划终期评估。构建红十字应急体系,推动红十字事业上新台阶。开展新一轮文明城区创建。加快推进区档案馆新馆和基层档案室建设。做好对口支援与合作交流工作。进一步支持工会、共青团、妇联、工商联等人民团体的工作。加强国防动员和国防教育,以全国双拥模范城的申报迎评为抓手,进一步提升双拥工作水平。继续做好民族、宗教、侨务、对台和地方志等各项工作。

(五)加强服务型政府建设,切实提高行政效能和服务水平

把政府职能转变作为加强服务型政府建设的重中之重,推进政府管理理念、管理体制和管理方式的转型,努力建设服务优良、程序规范、廉洁透明、办事高效、综合成本合理、人民群众满意的政府。

抓住重点领域和关键环节,深入推进改革。深化国资国企改革,推动国有(集体)企业资产重组,强化国有(集体)企业监管,促进国有资产保值增值。积极推进开发区体制改革,实行政企分开。做好与市财税体制改革对接工作,增强财政政策导向功能,优化财政分配机制,将财政资金的保障重点进一步向转方式、调结构、惠民生倾斜。全面推进"镇财区管",进一步加强和规范政府采购工作。严格控制会议、公费出国、公务用车等经费支出。认真执行政府项目投资管理办法,完善项目评估、咨询、监理和跟踪审计机制,提高财政资金使用效益。根据国家和市关于加强地方政府融资平台公司管理工作的要求,认真做好融

资平台清理工作，探索新型融资方式。规范政府性债务管理，健全完善政府性债务监控和偿债机制，开源节流，切实防范和化解债务风险。

加快政府职能转变，提高服务经济社会发展水平。深化与企业的沟通联系，健全企业走访长效机制，落实发展专项资金，完善服务平台，帮助企业解决困难。大力培育和扶持企业上市，力争年内再实现3家企业上市。加强中小企业担保体系建设，跟踪做好担保公司设立工作，充分发挥小额贷款公司、村镇银行、创业投资引导基金的作用，进一步拓展中小企业融资渠道。继续深化行政审批制度改革，完善并联审批流程，大力推行告知承诺制，不断提高行政效能。进一步完善服务体系，积极谋划建设区级服务中心。

坚持依法行政，规范政府行为。完善政府决策制度，努力提高决策的科学化、民主化、规范化。依法行使权力，坚决纠正各种违法行政行为。不断加强行政执法队伍建设，强化法制意识，切实提高依法行政能力和水平。加强土地管理，有效遏制违法用地现象。完善电子政务建设。加大对政府投资项目、公共政策和公共服务信息的公开力度，不断提高行政透明度。完善考核评价体系，健全监管机制，充分发挥监察、审计的监督职能，自觉接受人大的法律监督和政协的民主监督，主动接受舆论监督和公众监督，促进各项工作规范开展。加强廉政建设和行政效能建设，深入开展纠风工作，进一步完善民主评议政风行风等制度，切实推进机关作风建设。扎实做好人大代表书面意见和政协提案的办理工作。

时光辉参加金汇港南闸改造工程开工仪式

（许 辉 摄）

三、关于《上海市奉贤区国民经济和社会发展第十二个五年规划纲要（草案）》的说明

二届区委十六次全会审议通过了《中共上海市奉贤区委关于制定上海市奉贤区国民经济和社会发展第十二个五年规划的建议》（以下简称《建议》），区政府根据《建议》精神，制定了《上海市奉贤区国民经济和社会发展第十二个五年规划纲要（草案）》（以下简称《纲要（草案）》），提请本次大会审议批准后颁布实施。下面，我就两个问题作简要说明。

（一）关于“十二五”规划的总体考虑

“十一五”时期奉贤经济社会的持续健康较快发展，为奉贤新一轮发展奠定了良好基础。“十二五”时期是奉贤发展的重要战略机遇期，是产业转型的加速推进期、城市功能的大幅提升期和城乡一体化的关键突破期。《纲要（草案）》根据区委《建议》，全面分析发展形势，提出了“十二五”发展的指导思想和主要目标。

奉贤“十二五”发展的指导思想是：高举中国特色社会主义伟大旗帜，以邓小平理论和“三个代表”重要思想为指导，深入贯彻落实科学发展观，按照上海实现“四个率先”、建设“四个中心”和城乡一体化发展的总体要求，牢牢抓住奉贤发展战略机遇期，坚持以科学发展为主题，创新驱动、转型发展，围绕“三区一基地”建设总目标，以新型工业化、新型城市化和城乡一体化建设为动力，把改善民生作为出发点和落脚点，以社会建设为支撑，以服务型政府建设为保障，加快建设布局合理、功能协调、环境优美、实力强劲的现代化滨海新城。

“十二五”时期奉贤经济社会发展的主要目标是：加快形成二三一产业融合发展的现代产业体系，经济实力快速提升，努力成为上海重要的战略性新兴产业发展基地、生产性服务业集聚新高地、现代都市农业示范区；初步形成以南桥新城为核心的现代滨海城镇体系，服务功能不断完善，实现城镇组团互动发展、产城融合发展；着力构建城乡一体化的发展格局，努力化解二元结构矛盾，缩小城乡差距，促进形成经济社会发展协调、公共服务均衡、城乡功能互补的良好局面；加大社会建设力度，稳步改善民生，提高社会服务和公众参与水平，维护社会和谐稳定；不断优化制度环境，切实提高公共服务和社会管理能力，努力建设公正、透明、高效和面向社会的服务型政府。

“十二五”时期，我们按照科学发展的要求，提出增加值年均增长率预期为13%以上。《纲要（草案）》提出的指标包括经济发展、城市建设、绿色生态、科技创新、民生保障和政府管理等方面的内容，体现了创新驱动、转型发展的导向、重点和决心。

（二）"十二五"时期的主要任务

《纲要（草案）》对"十二五"工作进行了全面部署，提出了明确的任务和政策举措。下面，我着重对推进新型工业化、新型城市化、城乡一体化，加强社会建设和服务型政府建设五个方面作进一步说明：

立足创新驱动，大力推进新型工业化。党的十七届五中全会指出，加快转变经济发展方式，是关系国民经济全局紧迫而重大的战略任务。上海"十二五"时期也将把结构调整作为转型发展的主攻方向。对于奉贤来说，要加快向以创新驱动为主的发展方式转变，促进产业结构调整，加快提升工业化水平，形成三次产业融合发展的格局。《纲要（草案）》提出，奉贤要把发展先进制造业作为产业结构优化的重要抓手，完善产业园区开发运行机制，优化"6+8"产业发展布局，聚焦高新技术产业，推动传统产业转型升级，走技术含量高、附加值高、产业链长、资源消耗低、环境友好的新型工业化道路，力争使奉贤成为上海重要的先进制造业基地。同时，按照二三一产业融合发展方针，大力发展生产性服务业，着力提升现代服务业能级；有效发挥农业"接二连三"优势，着力提升农业现代化水平。

聚焦南桥新城，全力推进新型城市化。"十二五"是我国城市化步伐加快的重要阶段，市委、市政府也把推进郊区新城建设作为上海新一轮发展的重要战略举措。《纲要（草案）》提出，奉贤要聚焦南桥新城开发建设，积极打造上海服务长三角南翼以及大浦东开发的门户和枢纽、杭州湾北岸地区的综合性服务型核心城市。坚持"低碳、生态、智慧、宜居"和"产城融合"的城市发展理念，按照"基础设施先行，环境工程先行"、"社会事业与新城开发同步推进，产业发展与新城开发同步推进"的要求，高质量建设市政设施，同步发展社会事业，推动建设一批高标准、规模化的公共设施，进一步完善产业结构、商业形态和功能性服务，不断提升城市综合功能，为投资者和城市居民营造高品质的投资和生活环境。

加快新农村建设，扎实推进城乡一体化。"十二五"是上海加大郊区发展力度、加快城乡一体化发展的关键时期。《纲要（草案）》提出，坚持把加快社会主义新农村建设、推进城乡一体化作为奉贤实现跨越式发展的重要突破口，统筹考虑全区产业结构、人口规模、生态环境、资源利用和基础设施等因素，加快实现城乡规划布局一体化，积极推动南桥新城、东部区域和海湾区域三大组团联动发展。深化农村改革，推动重点领域的制度创新，多渠道促进农民增收。加强农村环境综合整治，促进农村社会事业全面发展，不断改善农民生产生活条件。积极推进城乡基础设施和公共服务一体化建设，努力实现城乡基本公共服务均等。

坚持惠民优先，切实加强社会建设。中央多次提出，必须在经济发展的基础上，更加注重社会建设，着力保障和改善民生，推进社会体制改革，扩大公共服务，完善社会管理，促进社会公平正义。《纲要（草案）》提出，要把社会建设放在更加突出的位置，更加注重民生，让人民群众安居乐业，共享奉贤经济社会发展成果。抓好民生和保障工作，千方百计扩大和稳定就业。加快完善医疗、住房保障、救助、养老等多层次社会保障体系，努力提高社会保障水平。加快公共服务设施建设，促进社会事业均衡发展。完善社区管理体系，规范提升社区事务受理服务中心、社区卫生服务中心、社区文化活动中心和社区生活服务中心建设。加强人口综合服务，不断创新和完善来奉人员服务管理工作机制。深入推进"平安奉贤"创建，健全社会治安防控体系及重大事项社会稳定风险分析和评估制度，完善社会公共安全和群体性事件的预防预警和应急处置体系，提高社会综合治理和公共安全水平。

着力转变职能，不断加强服务型政府建设。党的十七大报告明确提出了"加快行政管理体制改革，建设服务型政府"的要求，中央和市委在"十二五"规划《建议》中也都提出了深化行政管理体制改革，建设法治政府和服务型政府的任务。从实际情况看，我区在政府服务方面还存在差距，要实现"十二五"规划目标，必须加强服务型政府建设。《纲要（草案）》提出，要以转变政府职能为核心，深化行政管理体制改革，以制度创新和先行先试为手段，构建服务型政府评估指标体系，建立区域发展环境、公共服务供给水平、社会公平正义三大指标体系。深化行政审批制度改革，建立区级服务中心，大力推进电子政务建设，构建网上行政审批管理和服务平台，全面提高行政效能。健全行政监督体系和问责制度，完善科学合理的绩效评估，不断提高政府服务水平。

"十二五"时期，要继续保持奉贤良好的发展势头，解决前进中面临的问题和困难，还必须坚持以创新促转型，以转型促发展。要深入实施"科教兴区"战略，加快科技创新，加大制度创新，促进构建企业为主体、市场为导向、产学研相结合的技术创新体系；要深入实施"人才强区"战略，加大人才培养和引进力度，不断优化人才队伍结构，为经济社会发展提供有力支持。

各位代表，美好蓝图已经绘就，宏伟目标催人奋进。让我们更加紧密地团结在以胡锦涛同志为总书记的党中央周围，高举中国特色社会主义伟大旗帜，以邓小平理论和"三个代表"重要思想为指导，深入贯彻落实科学发展观，在中共奉贤区委的领导下，抢抓机遇，团结拼搏，砥砺前行，开拓创新，全面推进"三区一基地"建设，为奉贤在更高起点上实现新发展而努力奋斗！

（文中主要数据已按2010年统计公报作了修改）

（本栏目编辑　丁惠义）

1 月

5 日 中共中央政治局委员、上海市委书记俞正声到奉贤调研南桥新城规划和建设情况。

6 日 上海市奉贤区国家税务局稽查局和上海市地方税务局奉贤区分局稽查局挂牌成立。

7 日 举行“蓝天下的至爱——新年慈善‘一日捐’”活动，全区各方捐款2611.12万元。

同日 上海市电力公司奉贤供电公司挂牌成立。

同日 新疆阿瓦提县现代农业产业化考察团到奉贤考察。

8 日 区首家上市公司——上海凯宝药业股份有限公司在深圳证券交易所举行上市挂牌仪式。

15 日 召开奉贤2010新闻界朋友迎新恳谈会，中央、市级及香港20家主流媒体负责人和40余名记者应邀参加。

同日 举行2009年度“感动奉贤”十大人物表彰会。

同日 举行奉贤现代农业园区与上海生物制品研究所生物疫苗项目签约仪式，该项目总投资15亿元。

19～22 日 召开区政协三届四次会议。会议听取和审议《政协上海市奉贤区第三届委员会常务委员会工作报告》和《政协上海市奉贤区第三届委员会常务委员会关于提案工作情况的报告》，审议通过《政协上海市奉贤区第三届委员会第四次会议决议》。

20～22 日 召开区三届人大六次会议。会议听取并审议《政府工作报告》《人大常委会工作报告》《法院工作报告》和《检察院工作报告》，并通过相关决议；审查并批准《奉贤区2009年国民经济和社会发展计划执行情况及2010年国民经济和社会发展计划》《奉贤区2009年预算执行情况和2010年预算报告》。依法补选孙静为区人民检察院检察长。

20 日 中共上海市委常委、上海警备区司令员江勤宏少将率警备区慰问团到奉贤慰问烈军属、特困生和困难群众。

21 日 古华公园荣获上海市文明示范公园称号，成为全市首批12家示范公园之一。

26～27 日 云南省红河州石屏县党政代表团到奉贤考察。

28 日 上海柘中建设股份有限公司在深圳证券交易所举行A股上市仪式。

31 日 全国政协常委、政协经济委员会副主任、中央统战部原副部长、全国工商联党组书记胡德平，全国工商联副主席谢伯阳一行到奉贤视察企业发展情况。

2 月

1 日 召开市委大口工作党委与奉贤区经济薄弱村结对帮扶活动总结恳谈会。结对帮扶工作三年，各帮扶单位共提供帮扶资金和物资2660.5万元。

2 日 上海超日太阳能科技股份有限公司荣获奉贤区首届区长质量奖。

9 日 上海市人大常委会副主任王培生一行到奉贤检查元旦春节期间帮困送温暖工作。

2 月 奉贤区内的上海广电电气（集团）股份有限公司、上海德朗能电池有限公司、上海双桦汽车零部件股份有限公司、上海阿波罗机械制造有限公司4家企业获中国企业创新成果奖。同时，奉贤区人民政府获“扶持中小企业创新发展成绩显著地方政府”奖。

3 月

3 日 受西南暖湿气流和北方较强冷空气的共同影响，出现区历史上年最早的一场暴雨，日降水量52.1毫米。

4 日 召开深入学习实践科学发展观活动总结大会。

8 日 召开中共奉贤区第二届委员会第十四次全体会议。

同日 奉贤区与卢湾区开展城乡结对活动，双方签署新一年城乡结对协议。

10日 举行奉贤职工“奉献世博会,展示主人风采”立功竞赛活动启动仪式。

18日 德国汉斯·赛德尔基金会驻上海项目负责人到奉贤考察职业教育。

19日 举行南桥新城住宅和商业地产项目集中启动仪式。

22日 召开世博工作动员大会。

22～30日 举办2010年奉贤区文化科技卫生三下乡“宣传大篷车”活动。

23日 上海低碳城市高峰论坛在奉贤举行。

25日 启动“百年妇运万人迎博”万名妇女迎世博清洁家园集中行动。

27日 上海奉贤菜花节在庄行镇开幕,4月12日闭幕,接待游客43.2万人次。

同日 举行“创意产业发展”报告会,全国政协副主席、民革中央常务副主席厉无畏作报告。

同日 上海自来水奉贤有限公司在第三水厂举行三期工程通水庆典,同时关闭奉贤最后一座镇级水厂——金汇镇水厂。至此,奉贤集约化供水目标胜利实现。

3月 青村镇解放村的黄桃,被农业部批准为一村一品特色产业,解放村被农业部列为一村一品特色产业项目示范村。

4月

3日 国务院参事陈全训,国资委职业经济研究中心主任温亚震,全国政协委员、全国工商联原副主席沈建国,国务院研究室原局长郭振英一行到奉贤调研并出席健康产业发展研讨会。

6日 举行“海豹一号”海防防渗透反恐演练。

13日 区环保局与上海洁申实业有限公司就《关于联合建立奉贤区突发环境事件应急救援队伍的实施方案》举行签约仪式,标志着区环保部门正式拥有一支应对突发环境事件的专业应急救援队伍。

19日 举行深入推进“世博先锋行动”暨党员志愿者奉献世博誓师大会。

20日 总投资1.296亿美元的博禄塑料(上海)有限公司举行开业庆典。

同日 国家质检总局正式批准并公告“奉贤黄桃”为地理标志保护产品,“奉贤黄桃”成为全区首个地理标志保护产品。

20～24日 全国爱卫办专家到奉贤进行创建国家卫生区技术评估。

22日 第七届全国反邪教协会秘书长联席会议在奉贤召开。

27日 召开庆祝“五一”国际劳动节暨表彰大会。

28日 斯必克(上海)流体技术有限公司在南桥镇西渡经济园区举行落成典礼。丹麦驻上海总领事苏珊娜(Susanne)女士出席典礼。

4月 《奉贤风光》《话说上海·奉贤卷》《追寻先贤的足音》3部体现“贤文化”建设的图书出版。

5月

6日 上海市副市长胡延照与区基层干部座谈,听取新农村建设以及调结构、转方式等方面的意见和建议,并慰问承担上海世博会相关工作的奉贤区干部群众。

10日 申隆生态园、百枣园、庄行乡村旅游景区和申亚瑞地怡园等4家成为奉贤首批上海市“世博农家”。

12日 上海市政协副主席周太彤到奉贤开展信访工作调研,推进信访突出矛盾化解工作。

同日 区创卫办接到国家爱卫办“关于奉贤区通过国家卫生区创建”的正式书面通知,标志着奉贤创卫工作基本成功。

13日 区劳动人事争议仲裁院揭牌。

17日 由农业部、国土资源部、国家统计局组成的检查组到奉贤检查耕地保护目标责任履行情况。

21日 黄浦江上首座公路与轨道交通两用桥——闵浦二桥正式实现上层公路桥面通车。

24日 上海市副市长胡延照到奉贤考察蔬菜生产情况。

27日 中共上海市委常委、常务副市长杨雄,市政府副秘书长周波到奉贤调研“十二五”规划衔接及南桥新城规划、建设等情况。

29日 由世界健康论坛组委会主办的系列活动——中医药秘方发展研讨会在奉贤召开。

同日 生态园林环闭式中华养生基地杏福林举行揭幕仪式。

31日 国家监察部副部长郝明金到奉贤督查安全生产工作。

5月 在北京召开的第五届中国诚信企业家大会上,索谷电缆集团公司董事长倪健生获得中国十大诚信企业家“诚信中国北斗奖”。

同月 区检察院在青村敬老院举行未成年人社会观护基地签约仪式,区第一个未成年人社会观护基地宣告成立。

同月 市首个社区反邪教宣传示范点在工业综合开发区第一社区举行揭牌启动仪式。

6月

9日 中共上海市委政法委副书记、市综治办主任、市社控部主任林化宾到奉贤调研世博安保及综治工作情况。

同日 全国十县(市、区)人大工作研讨会第二十一次会议在奉贤召开。

12日 台湾新党主席郁慕明到奉贤洽谈在奉投资项目。

13日 首部以“贤文化”为主题的大型历史广播剧《言子与奉贤》举行首发仪式。

17日 举行上海科普教育发展基金会流动科技馆落户奉贤南桥捐赠仪式。

同日 召开2010年度专业技术领军人才、拔尖人才和青年尖子命名表彰会,39 名专业技术人才受到表彰。

18 日 举行奉贤生物医药基地院士专家行活动。

24 日 以县委书记孙文锴为团长的北京市延庆县考察团到奉贤考察。

7 月

2 日 上海警备区司令员彭水根少将到奉贤调研海防建设和武装部建设。

8 日 上海庄行伏羊节在庄行乡村旅游景区开幕。8 月 29 日闭幕,吸引游客 18 万人次。

13 日 中共中央政治局委员、上海市委书记俞正声,市委常委、市委秘书长丁薛祥一行到奉贤就产业发展、海湾规划建设、种源农业发展等开展调研。

14 日 召开中共奉贤区第二届委员会第十五次全体会议。

23 日 湖南省副省长徐明华一行到奉贤考察现代农业园区。

28 日 上海奉贤生物医药产业基地院士专家工作站在奉贤现代农业园区揭牌成立。

29 日 区政府与上海城建(集团)公司签署战略合作框架协议。

7 月 公安奉贤分局在全国首创开设“涉案财物认领”网站。

同月 区首个太阳能发电项目——上海柘中太阳能光伏发电项目获市发改委批复。该项目总投资 6322 万元,预计年上网发电量 210 万千瓦。

8 月

4 日 中共上海市委副书记、市长韩正到奉贤调研南桥新城规划、建设情况。

10 日 上海市副市长赵雯到奉贤调研区旅游事业“十二五”规划。

10～16 日 出现历史上持续时间最长、强度最高的高温天气,35℃以上高温持续 7 天,日最高气温平均 36.9℃,12～14 日的最高气温均超过 38℃,13 日极端最高气温 38.5℃。

11 日 召开卢湾——奉贤深化城乡结对工作恳谈会,并举行街道、镇新一轮城乡结对项目协议书签约仪式。

12 日 中共上海市委常委、组织部部长沈红光一行到奉贤调研南桥新城建设推进情况和部分企业生产经营情况。

16 日 奉贤区贤文化研究会成立。

17 日 全国政协常务委员、民革上海市委主委、市政协副主席高小玫到奉贤调研。

18～28 日 举行南上海特色农产品交易市场首届黄桃节活动,上海市副市长胡延照参加。

19～28 日 上海世博会“社区市民活动”奉贤专场文艺演出在世博园区社区市民广场举行,共演出 30 场。

25 日 举行上海市大型居住社区南桥基地动迁工作培训暨动员大会,标志着大型居住社区南桥基地动迁工作启动。

28 日 2010 年上海市民营企业 100 强发布会在奉贤举行,奉贤区内 10 家民营企业榜上有名。

9 月

15 日 以国家安全监管总局调度统计司司长支同祥为组长的国务院安委会第十督查组到奉贤督查安全生产工作。

16 日 英国诺丁汉大学副校长克里斯汀·恩组教授到奉贤考察。

19 日 中共中央政治局委员、上海市委书记俞正声,市委副书记、市长韩正等市领导和各区(县)委书记、区(县)长一行 50 余人到奉贤调研区“十二五”规划情况。

同日 上海市副市长赵雯视察位于海湾旅游区的上海师范大学旅游学院。

25 日 上海市政协副主席周太彤、市信访办副主任李余涛一行到奉贤调研信访工作。

26 日 2010 上海旅游节第十三届旅游风筝会在海湾旅游区开幕。10 月 7 日闭幕,接待游客 10.4 万人次。

27 日 奉贤区首批 10 个医学重点专科和 10 个医学特色专科项目授牌、颁证。

28 日 2010 上海金秋品米节开幕。

同日 召开建立健全土地流转市场工作会议,奉城、四团、柘林、青村四镇的农村土地承包经营权流转管理服务中心揭牌。至此,全区各镇土地流转市场全面建立。

29 日 新一轮上海市大型居住社区 23 个基地之一的奉贤区南桥基地正式开工建设。

同日 召开杨浦——奉贤城乡结对联动发展恳谈会,双方签订城乡结对联动发展共同建设新农村框架协议。

30 日 百联南桥国际购物中心二期开业。

9 月 由解放军报社等联合举办的 2010 年全国国防后备力量建设新闻人物评选揭晓,区委书记张立平获此殊荣。

同月 古华公园和南桥镇光明村户外健身点被全国妇联命名为全国妇女健身示范点。

同月 ‘云计算”项目签约奉贤庄行镇。

同月 ‘上海之鱼”项目正式动工。

10 月

19 日 奉贤区“国家标准化管理委员会蔬菜生产标准化示范区项目”和“国家标准化管理委员会水稻生产标准化示范区项目”两个示范区顺利通过国家标准验收。

20～21 日 “政府管理创新前沿论坛”在奉贤举行,100 余位来自中央有关部门和各省市地方政府领导代表,高等院校、行政和有关研究机构的专家学者出席论坛。

22 日 中共上海市委副书记殷一璀，市委副秘书长刘卫国、姚海同，市委组织部副部长冯小敏、市社会工作党委书记施南昌、市委研究室副主任傅爱明等一行到奉贤调研，就社会建设、党建工作等方面召开专题座谈会。

22～24 日 上海市第十四届运动会射箭比赛在奉贤举行。奉贤代表团在射箭项目上获得全市第一。

23 日 在 2010 中国改革和发展论坛暨第十届中国改革人物颁奖盛典上，落户上海市工业综合开发区的上海索谷电缆集团有限公司执行董事、副总裁林志彬被评为中国改革优秀人物。

10 月 在第五届全国特奥会比赛中，惠敏学校 4 名学生参加轮滑项目竞赛，共获 12 金 3 银。

同月 新一轮城乡党组织结对帮扶工作启动。

11 月

1 日 区第六次全国人口普查入户登记工作启动。

同日 上海市第四届中小企业“品牌企业”、“品牌产品”揭晓，奉贤区内 63 家企业上榜。

6～7 日 上海市第十四届运动会风筝比赛暨 2010 中国上海国际大众体育节上海国际友人风筝会，在海湾旅游区国际风筝放飞场举行。

7 日 上海市沿海规模最大的水闸——金汇港南闸改造工程开工仪式在海湾旅游区举行。

10 日 召开中共奉贤区第二届委员会第十六次全体会议。全会审议并通过《中共上海市奉贤区委关于制定奉贤区国民经济和社会发展第十二个五年规划的建议》。

15 日 上海市人民检察院检察长陈旭到青村镇视察镇检察工作室。

16 日 全国人大常委会副委员长、中国红十字会会长华建敏到奉贤视察红十字老年护理工作。

18 日 中共上海市委第五巡视组进驻奉贤开展巡视。

同日 上海超日太阳能科技股份有限公司在深圳证券交易所中小板块正式挂牌上市。

23 日 国际红十字运动创始人亨利·杜南家族第四代成员贝尔纳带领杜南·莫瓦尼埃协会成员到奉贤考察红十字发展情况，参观奉城红十字老年护理院。

25 日 召开中国农工民主党上海市奉贤区委员会成立大会，选举产生中国农工民主党奉贤区第一届委员会。

同日 上海市深化城乡党组织结对帮扶推进会在奉贤召开。

26 日 区首个镇级妇女维权三方联合调解工作站在奉城镇揭牌成立。

28 日 由国内首家工业市场连锁运营商——多元集团投资建设的上海多元工贸城举行全球招商启动暨百家企业入驻签约仪式。

29 日 上海市政协副主席吴幼英率领 60 余名市政协委员到奉贤视察城乡一体化发展和南桥新城建设情况。

11 月 由《解放日报》记者陶健和《奉贤报》记者张敏共同采写的新闻作品《短短一个月“拒资”十亿元》获第二十届中国新闻奖一等奖。

同月 亚东石化（上海）有限公司、上海恒逸聚酯纤维有限公司、上海永进电缆（集团）有限公司 3 家企业入围上海百强企业。

12 月

1 日 区召开世博志愿服务工作总结表彰大会，一批世博志愿服务先进集体、个人和项目受到表彰。

2 日 占地 2.97 公顷的区保障性住房基地开工建设。

6 日 中国台湾台北县环保局局长邓家基率代表团到奉贤考察。

8 日 中国动漫影视创意产业发展论坛在奉贤举行。

9 日 跨地区动漫影视创意产业联动发展圆桌会议在海湾旅游区举行。

同日 2010 年度“感动奉贤”十大人物揭晓。

17 日 上海市首家村级档案馆——青村镇陶宅村档案馆举行成立揭牌仪式。

17～18 日 全国新型农民培训联系点华东地区协作组成立会议在奉贤举行。

30 日 召开中共奉贤区第二届委员会第十七次全体会议。

12 月 奉贤区成功创建为全国残疾人社区康复示范区。

同月 奉贤区连续第六次获得市郊文明指数测评第一。

同月 南桥镇杨王村荣获“中国幸福乡村”称号。

（本栏目编辑　马莉苑）

概 貌

地理建置

【地理位置】 奉贤区位于上海市南部，东与浦东新区接壤，西与金山区毗邻，南临杭州湾，北与闵行区相隔黄浦江。距上海市中心人民广场42千米，距浦东国际机场30千米，有13.7千米长的江岸线和31.6千米的海岸线，是风光秀丽的滨海滨江地区。全区土地面积720.44平方千米，区属耕地面积26877.3公顷。境内水陆交通便捷，浦南运河横亘东西，金汇港纵贯全境，水系发达；公路铺展成网，总长1208千米，公路网络密度高；越黄浦江交通，有奉浦大桥、闵浦二桥和西渡、邬桥2个轮渡口。区人民政府所在地南桥镇解放东路928号。 （惠 音）

【奉贤由来】 奉贤之得名，据清乾隆《奉贤县志》载，“奉贤者以其地有奉贤街，相传子游曾至其地故以名”。清道光十五年（1835年）秋八月知县杨本初《重修文庙碑记》：“邑以奉贤名，崇文教也，先贤言子实启之。”清同治九年（1870年）五月知县韩佩金《奉贤县重建文庙碑》：“奉贤为先贤言子游历地，文学之才，弦歌之化，风流余韵，至今为后人所矜式。”《民国奉贤县志稿》记载，奉贤县因“士民以先贤子游曾游斯地，历代崇奉，故名之”。方志学家胡道静在《奉贤县志·序二》解释说：“奉贤命名，有其历古传说，谓孔门高徒言偃尝过此地。所以古城青村有言子祠堂；衢道又有奉贤一街，十口相传，云即子游经行讲学所到。逮至建县，援为嘉名。事于史传，未见记述，然古史缺文，何其多矣；传说之成佳话，又何伤其为传说也”。近年区政府倡导“贤”文化，号召市民“崇奉贤人，见贤思齐”。 （惠 音）

【历史沿革】 距今约4000年，奉贤境内已有人类栖息。清雍正四年（1726年）置奉贤县，辖原华亭县东南部白沙、云间乡。民国年间隶江苏省第三区行政督察专员公署。1933年冬，南汇县15个乡镇的2333.3公顷农田划入奉贤县，县境从此滨浦。解放后隶属于苏南行政公署松江专区，1952年隶属江苏省松江专区，1958年3月，撤松江专区，改隶苏州专区。1958年11月划归上海市。2001年8月24日，奉贤撤县建区。 （惠 音）

【文化名人】 奉贤古往今来孕育了一代代仁人志士，宋代重臣卫泾，官至吏部尚书、御史中丞。元末府吏袁凯，明初授为监察御史，博学多才，诗学杜甫，时称“诗人之冠”，所赋《白燕》诗以工丽著称，被誉为“袁白燕”。张弼是明初著

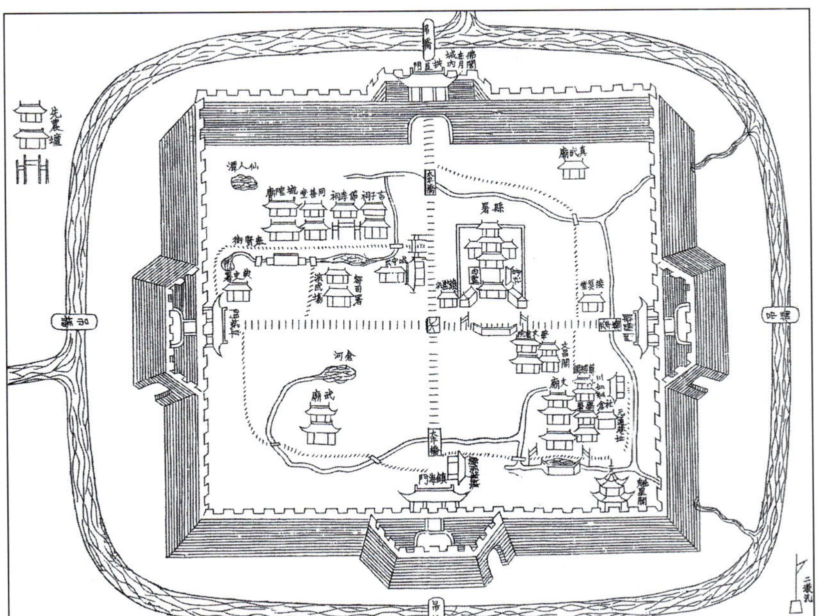

清光绪年间奉贤县城图

名书法家，人称“吴中草圣”。脍炙人口的《杜十娘怒沉百宝箱》由《负情侬传》改写而成，原作者宋懋澄系奉贤牛桥村人。明代学者何良俊，所著《四友斋丛说》保存了珍贵明代史料。黄之隽在清雍正年间历任翰林院编修、福建督学、右中允、左中允等职，曾参与重修《明史》，任《江南通志》总裁。清代、民国时期，奉贤画坛、书界人才辈出，齐贤镇人尤士芬祖孙三代擅画善书，名闻乡里。庄行镇人庄仁咏、庄仁鸿、庄枕泉的书画，颇有造诣。当代有中国盐类矿床地质学奠基人、学部委员袁见齐，计算机专家朱汉强，地震预测专家张国民，畜牧业专家姚龙涛，核反应堆专家袁履正，航天火箭发动机专家顾雪林，生物遗传工程专家蒋兴村，气象专家钱林清，医学专家钱桂生等；文化艺术界名人有宣传画家钱大昕，方志专家姚金祥，舞蹈家周洁，电影作曲家徐景新，芭蕾舞蹈家王才军，歌唱家孙美娜，古筝演奏家滕春江，金山农民画画家吴彤章、张新英，农民诗人王海等。

（惠　音）

【历史古迹】 相传，春秋时吴王夫差曾葬三女于南桥之北，今三女冈遗址仍有迹可寻。元末以后，境内先后建有南园、一邱园等10余所园林，皆小巧玲珑，大多毁于战火。有柘林、江海两处古文化遗址。始筑于清代的华亭东石塘为上海市文物保护单位。在南桥镇和奉城镇尚有元明时的佛阁和古城墙遗迹可供观瞻。有宋代至清代建造的石拱桥12座，百年以上古银杏31株，邬桥社区有株古牡丹已生存近400年，可谓“花中长者”。

（惠　音）

【行政区划】 解放初期，全县设6个区、1个县属镇（南桥）、72个乡。1957年撤区并乡，全县有1个镇（南桥）、15个大乡、290个农业生产合作社。1958年起建立人民公社，实行“政社合一”。次年建奉贤盐场。1961年，由新寺公社析出胡桥，建胡桥公社。1962年，增设齐贤、塘外公社。1979年建新海公社（1984年5月改名奉新乡，今海湾旅游区）。至1983年初，全县有1个县属镇、18个公社、1个盐场。是年5月，政社分设；新寺乡析5村1队（海洋渔业队）和盐场组建为柘林乡。1985年奉城改为县属镇。1985～1986年，农民集资建成邵厂、洪庙集镇，邵厂乡、洪庙乡同时成立。1994～1995年，全县各乡渐次改为建制镇。2008年8月24日，撤县建区。2002年4月，奉贤区镇级行政区划调整，22个镇撤并为16个镇。2003年11月，行政区划又一次调整，16个镇撤并为7个镇。2005年9月16日，海湾镇挂牌成立。2008年对村和居委会作较大幅度调整，至2010年末，全区共有8个镇，6个开发区（含上海市星火开发区），178个村民委员会，92个居民委员会。

（惠　音）

2010年奉贤区行政区划和人口情况表

镇（开发区）名	区域面积（平方公里）	村民委员会（个）	居民委员会（个）	常住人口数（人）	户籍人口数（人）
南桥镇	114.66	17	43	361269	127431
奉城镇	109.91	41	9	176995	86580
庄行镇	70.00	16	3	62446	44277
金汇镇	71.72	18	5	108343	52433
青村镇	73.15	24	3	89186	51002
柘林镇	95.66	15	3	62633	40396
四团镇	72.92	21	4	65441	50525
海湾镇	112.42	0	7	28473	10562
上海市工业综合开发区		9	8	57354	19033
上海市化工区奉贤分区		2	4	15436	12423
上海奉贤海湾旅游区		1	1	29353	12317
上海奉贤现代农业园区		9	1	16750	13482
上海海港综合经济开发区		5	1	10484	11797

注：资料摘自全国第六次人口普查快报，常住人口总数1084163人。

（惠　音）

【名优产品】 奉贤地方风味小吃，素以三官堂的豆腐，沿海的虾酱、青蟹、“黄甲老虎”（一种海鱼），庄行镇的粽子，南桥的乳腐肉，高桥的天花粉等最为驰名。目前有的失传，有的产量甚少，代之而起的有神仙酒、对虾、草虾、草莓等。清乾隆《奉贤县志》记载：“青村罾网最著，渔人赖以利用，即他邑也争购之”。民国初期，奉城陈姓所编网具在国货展览会上受到嘉奖。庄行乡烟墩村一带所编“龙凤”、“吉祥”花纹图案的竹席、床沿、漆篮等技艺高超。农副业特产，原以高桥天花粉、青村港大蒜、邬桥崩瓜、柘林铁梗青篙、头桥二桥“工字”河蟹、漴缺鲫鱼、沿海一带的青蟹（俗称黄甲）等著称。解放以来，随着地理环境和种植、养殖业的变化，高桥天花粉等悄然隐名，新的物产却脱颖而出，比较闻名的有蜜

梨、方柿、黄桃、葡萄等，其中“奉贤黄桃”于2010年成为国家地理标志保护产品。（惠　音）

民族人口

【民族构成】 全区汉族常住人口107.39万人，占总人口的99.05%。有少数民族49个，人口10262人，其中苗族2168人、回族1603人、土家族1424人、壮族808人、满族538人、侗族518人、布依族472人、彝族427人、蒙古族317人、朝鲜族254人、维吾尔族252人。2000年以后新增的少数民族有哈萨克族、傣族、水族、羌族等18个民族。少数民族人士中有市人大代表1人，区人大专职常委1人、区人大代表1人，区政协常委1人、政协委员4人。（黄　燕）

【人口现状】 2010年全国第六次人口普查显示，全区常住人口108.42万人，在上海市18个区县中列第9位，其中外来人口52.72万人。全区户籍总户数20.56万户，户籍总人口52.18万人，比上年增加3027人，其中非农业人口33.73万人，占总户籍人口64.6%，比上年增加7572人。户籍出生人口3106人，出生率5.97‰，死亡人口3790人，死亡率7.28‰，人口自然增长率为-1.31‰。户籍人口人均期望寿命81.74岁，比上年缩短0.31岁。（刘成成）

自然环境

【自然条件】 奉贤区临江濒海，属于亚热带季风气候，常年主导风为东南风，气候温暖，日照充足，四季分明，雨水充沛。空气质量在上海内陆部分为最好，空气降尘量是上海市中心的十分之一。区内地势平坦，属于长江三角洲冲积平原。常年降雨量1162.0毫米，无霜期225天，常年平均气温15.7℃。（顾品强）

年丰路和望园路口的迎世博花坛　（惠　音　摄）

【年度气候】 年内气温偏高，降水量、日照时数均略偏多。年度平均气温16.5℃，比常年偏高0.8℃，年平均气温已连续15年偏高。月平均气温最高为8月30.2℃，最低为1月5.1℃。年极端最高气温38.5℃（8月13日）。年极端最低气温-7.1℃（1月14日），延续了近年来极端最低气温较低的趋势。各月平均气温以偏高为主，气温偏高较明显月份有2月和9月；年内气温偏低月份有4月和6月。年内冬季、夏季和秋季平均气温均明显偏高，春季气温略偏低。冬季（2009年～2010年2月）平均气温6.1℃；夏季（6～8月）和秋季（9～11月）平均气温分别27.0℃和18.9℃；春季（3～5月）平均气温为13.6℃。全年≥35℃高温日数偏多，高温出现14天（分别是7月3天、8月11天），比常年偏多10.6天，8月12～14日连续3天出现日最高气温≥38℃酷热天气，其强度创历史之最。年内日最低气温≤-5℃的严寒天气仅出现1天（1月14日-7.1℃）。年度降水量1233.8毫米，比常年偏少71.8毫米。月降水量偏多和偏少月份各占一半，偏多月份有2月、3月、7月、9月、10月和12月，其他月份均偏少。3月降水偏多，为215.7毫米，是常年1.1倍；8月降水偏少，为30.2毫米。汛期降水与常年持平，表现为雨水分布不均，梅雨期降水明显，伏旱期长。6～9月汛期降水量570.9毫米，与常年585.3毫米相近；梅雨期6月17日～7月17日，持续31天，比常年偏长5天，梅雨量339.9毫米，比常年偏多92.3毫米。全年降水日数139天，与常年136.3天相近。日照时数偏多月份有1月、3月、6月、8～9月、11～12月，其他月份偏少。8月、12月日照时数偏多。晴天日数占全年43%，明显多于阴天和多云日数。影响奉贤的台风有2个，分别是第6号热带风暴“狮子山”和第13号台风“鲇鱼”。全年出现降雪日数9天，比常年偏多3.1天；积雪日数出现3天，最大积雪深度4厘米（2月15日）。雷暴、雾霾天气频发，雷暴日数和雾霾日数分别31天和49天，均比常年明显偏多。年度日雨量≥50毫米的暴雨出现2天，日最大雨量76.1毫米（9月1日）。干旱与连阴雨呈交替出现，特别是梅雨偏长、偏多和梅雨后遭遇高温伏旱天气不利于农作物正常生长。（顾品强　费　蕾）

【气象评述】 （1）冬季结束晚，入春偏晚。2010年4月17日入春，比常年推迟20天，为1959年有气象观测纪录以来入春最晚的一年。（2）延续暖冬，但出现阶段性低温。冬季（2009年12月～2010年2月）平均气温比常年偏高1℃，为暖冬年，年极端最低气温-7.1℃（1月14日），呈延续近10年极端最低气温偏低的趋势，低温造成区内电力负荷猛增，自来水管爆裂，特别是1月12日雨雪天气过后，体感湿冷。（3）雷暴、雾霾天气频发。年雷暴日数31天，分别比常年和上年偏多6.1天和4天。全年大雾日数32天，比常年少3.9天；年内灰霾日数17天，比常年多11.6天（2倍）。（4）3月出现历史上最早的一场暴雨。受冷暖空气激烈交汇影响，3月3日雷雨交加，日降水量52.1毫米，3月1～9日出现持续9天低温阴雨天气，造成农田渍害及作物轻度冻害。（5）梅雨量偏多，梅雨期持续时间长。6月17日入梅，7月17日出梅，梅雨期比常年偏长5天，梅雨量339.9毫米，比常年多92.3毫米。梅雨造成农田不同程度渍害，对蔬菜生长及正处于果实膨大和成熟期的水果有一定影响。（6）夏季高温明显，伏旱期长。≥35℃高温初日7月1日，终日8月16日，高温历时1个半月，全年高温出现14天，其中8月1～3日最高气温持续超过37℃，8月12～14日最高气温持续在38℃以上，均为历史所罕见；7月18日～8月26日无透雨，伏旱持续40天，也为历史少有。因持续高温和干旱，作物秧苗出现高温烧苗，部分蔬菜提早落市，市民中暑数量增多，用电负荷屡创历史新高。（7）年内台风影响偏轻。9月1日，受第6号热带风暴“狮子山”外围环流影响，区内普降阵雨，柘林、南桥等镇局部短时出现大暴雨，最大降水量76.1毫米；10月23日受第13号台风“鲇鱼”外围云系影响，普降大到暴雨。这两次台风影响时其最大风力分别为6级和7级。（8）秋收秋种期间天气晴好，利于秋粮收获和麦子、油菜适期播栽。10月26日～11月29日连续35天维持多晴少雨天气，对水稻的收晒及麦子、油菜适期播种移栽十分有利；11月30日下了一场透雨（日雨量为16.5毫米），利于小麦出苗和油菜活棵。（9）入冬晚，12月15日出现入冬后首场大雪。伴随强寒潮天气侵袭，奉贤12月14日进入冬季，入冬为历史上最晚一年。12月15日出现初雪，至17日连续3天出现积雪，最大积雪深度4厘米。因温度低部分道路出现结冰，导致车辆行驶速度明显放缓，南桥城区多条道路出现拥堵现象，交通事故增多。（10）霜期和初冰期。日最低气温≤4℃的终霜日为4月16日，比常年晚13天，初霜日为11月26日，比常年晚12天，全年无霜冻期天数为223天，日最低气温≤0℃的初冰日为12月8日，比常年推迟7天。

（顾品强　费　蕾）

【环境质量】 年内环境空气质量继续保持良好水平，全年优于二级（优良）天数占94.1%（其中世博期间空气优良率99.1%，位列全市第一），二氧化硫、二氧化氮年平均浓度为国家一级标准，可吸入颗粒物年平均浓度为国家二级标准。区域环境降尘比上年下降1.12吨/平方公里，主要污染因子仍为可吸入颗粒物和降尘。水环境质量与上年相比基本持平。从主要河流4个考核断面监测数据分析，水质从Ⅴ类上升到Ⅳ类标准，均达到水环境功能区要求。（肖　伟）

【江潮水位】 年内黄浦江最高水位为4.33米，出现在10月9日；杭州湾最高潮位为5.35米，出现在7月13日。均属于平水年份的正常潮位。代表奉贤中部地区的南桥水文站最高水位3.29米，年平均水位2.66米；代表东部地区的中港水文站年最高水位3.54米，年平均水位2.62米。两者最高水位均出现在非汛期的10月份，由台风引起强降雨形成。

（王勇二）

【水质现状】 年内区域骨干河道水质类别属Ⅴ类至劣Ⅴ类，其中泰青港水质污染相对较轻，属Ⅴ类。污染类型仍以有机污染为主。点源污染是全区河道水质污染的重要原因，工业企业废水及城镇生活污水排放量增加，处理率与达标率低下，是导致区内水体污染严重的直接原因。（王勇二）

国民经济

【国民经济稳定发展】 全区实现增加值493.5亿元，比上年增长12.1%，经济呈现企稳回升态势。第一产业增加值15.9亿元，比上年增长2.1%；第二产业增加值320.6亿元，比上年增长12%，对增加值贡献率62.8%；第三产业增加值157.1亿元，比上年增长13.2%，对增加值贡献率35.1%。第一产业增加值、第二产业增加值和第三产业增加值，分别占全区增加值3.2%、65%和31.8%。

（刘成成）

【财政收入平稳增长】 全区财政总收入127.23亿元，比上年增长19.5%，其中区级地方财政收入40.43亿元，比上年增长26.5%。税收收入119亿元，其中增值税49.09亿元，比上年增长2.4%；营业税20.84亿元，比上年增长20.9%；个人所得税13.49亿元，比上年增长43.3%；企业所得税29.82亿元，比上年增长49.8%。

（刘成成）

【固定资产投资增长快速】 全年完成全社会固定资产投资总额208亿元，比上年增长26.8%。从产业投向看，第一产业投资1.4亿元，比上年增长271.3%；第二产业投资105.9亿元，比上年增长26.0%，所占比重50.9%；第三产业投资100.7亿元，比上年增长26.5%，所占比重48.4%，其中房地产业投资73.2亿元，比上年增长87.1%。（刘成成）

【实现农业总产值39.7亿元】 全年实现农业总产值39.7亿元，比上年增长6.2%。其中种植业产值19.2亿元，比上年增长1.8%；林业产值0.9亿元，比上年增长35.1%；畜牧业产值11.4亿元，比上年增长6.9%；渔业产值7.8亿元，比上年增长13.5%；农林牧渔服务业产值0.4亿元，比上年增长17.9%。种植业、林业、畜牧业、渔业、服务业的产值比例分别为48.4∶2.4∶28.6∶19.5∶1.1。

（刘成成）

【实现工业增加值298.3亿元】 全年实现工业增加值298.3亿元，比上年增长12.2%。完成工业总产值1408.3亿元，比上年增长16.8%。其中规模以上工业企业总产值1297.6亿元，比上年增长18.4%。占全区工业总产值92.1%。 （刘成成）

【工业产业集聚效应凸显】 八大高新技术产业规模以上企业完成工业总产值336.9亿元，比上年增长15.1%，占全区规模以上工业企业总产值26%。新能源、新材料、生物医药增长速度较快，分别增长106.3%、23.6%、18.3%，超过全区工业总产值增长速度。六大重点发展行业规模以上企业完成工业总产值425.9亿元，比上年增长15.9%，占全区规模以上工业企业总产值32.8%。其中工业产值居前三位的行业是精细化工、输配电和汽车配件，分别占规模以上企业工业总产值14.7%、9.3%和5.5%。增长较快行业为汽车配件、精细化工，分别增长37%和24%。 （刘成成）

【实现建筑业增加值22.3亿元】 全年建筑业完成增加值22.3亿元，比上年增长8.9%。全区具有资质等级的总承包和专业承包建筑业企业214家，完成建筑业总产值115.1亿元，比上年增长21.6%；竣工产值44亿元，比上年下降13.0%。房屋建筑施工面积603.8万平方米，比上年增长23.2%；竣工面积142.7万平方米，比上年下降31.9%。 （刘成成）

【实现金融业增加值20.7亿元】 全年实现金融业增加值20.7亿元，比上年增长16.1%。至年末，全区共有银行分支机构15家，新增2家，分布经营网点113个，新增23个。证券业5家，新增1家，分布经营网点5个。至年末，全区各项存款余额789.6亿元，比年初增长24.6%。各项贷款余额550亿元，比年初增长24.8%。全年证券交易总额958.6亿元，比上年增长5.2%；其中A股成交944.7亿元，比上年增长6%。 （刘成成）

【实现社会消费品零售总额250.8亿元】 全年社会消费品零售总额250.8亿元，比上年增长17.7%，其中，吃类商品零售额87.2亿元，增长18.5%；穿类商品零售额40.8亿元，增长15.3%；用类商品零售额86.7亿元，增长17.2%；烧类商品零售额9.8亿元，增长12.4%。批发和零售业零售额162.4亿元，增长17.2%；住宿和餐饮业零售额49.3亿元，增长17.3%。全年批发和零售业实现增加值37.7亿元，增长28.8%。实现商品销售总额645.6亿元，比上年增长17.8%。城乡集市贸易成交额26.3亿元，比上年增长22.5%。 （刘成成）

【实现交通运输和邮政业增加值10.6亿元】 全年实现交通运输和邮政业增加值10.6亿元，比上年增长42.1%。全区共有陆运企业81家，营运汽车4186辆，营业利润29.6亿元。调整、优化线路9条，新辟线路7条（其中城乡巴士6条）。新建候车亭50座、新建出租车扬招站牌100个、公交站牌100个、新建港湾式候车站10座。全年邮政业务总量1.06亿元，比上年下降27.6%。全年收寄函件540.4万件，包件10万件，特快专递51.4万件，汇票41.1万件。全年投送各类邮件2071.2万件，比上年增长5.6%，投送各类报刊2234.3万件，比上年增长5%。 （刘成成）

五星级酒店南郊宾馆 （惠 音 摄）

【接待游客533.1万人次】 全区拥有星级宾馆6家，新增1家五星级宾馆南郊宾馆。“十一五”期间，成功创建国家AAAA级旅游景区2个、国家AAA级旅游景区2个。全年共接待游客533.1万人次，比上年增长18.8%，旅游收入25.1亿元，比上年增长15.9%。其中旅馆饭店接待客人97.7万人次、营业收入12.6亿元，分别比上年增长33.4%和34%；旅游景点接待游客405.7万人次，营业收入10.4亿元，分别比上年增长18.4%和1.4%；26家旅行社接待游客29.6万人次，营业收入2.1亿元，分别比上年下降9.2%和增长4.7%。 （刘成成）

【投资开发房地产73.2亿元】 全年实现房地产业增加值16.7亿元，比上年下降19.0%。全年房地产开发投资73.2亿元，比上年增长87.1%。房屋施工面积458.3万平方米，比上年增长35.4%，其中新开工面积172.9万平方米，比上年增长168.1%；房屋竣工面积139.1万平方米，比上年下降43.5%。商品房销售面积86.5万平方米，下降33.3%；商品房销售额96.6亿元，比上年上升3.2%。住宅销售面积76.9万平方米，比上年下降34.1%。商品房空置面积31.1万平方米，增长28%。 （刘成成）

【新批外商投资项目151个】 全年新批准外商直接投资合同项目151个，比上年增长24.8%；吸引合同外资金额4.2亿美元，比上年下降18.6%，降幅11.3个百分点；实际到位金额3.2亿美元，比上年下降17.5%。第二产业共吸收外商直接投资13056万美元，占全区新批项目合同利用外资63.6%。全年批准总投资500万美元以上直接投资项目13个，合同金额13380万美元，占新批项目合同外资65.2%，比上年下降12.8个百分点。投资项目数从国别和地区看，中国香港（46个）、日本（19个）、中国台湾（15个）位列前三位。 （刘成成）

【外贸进出口总额79.3亿美元】 全年进出口总额79.3亿美元，比上年增长28.8%。其中出口总额47.0亿美元，增长30.9%；进口总额32.3亿美元，增长26%。全年外商投资企业出口36.3亿美元，增长30.5%，占出口总额77.2%。机电产品出口24.3亿美元，增长52.9%。加工贸易增长最快，出口27.8亿美元，增长32.5%；一般贸易出口18.1亿美元，增长5.1%；其他贸易出口1.2亿美元，增长8.5%。出口额位列首位国家为日本，增幅最大地区为欧洲。 （刘成成）

城市化建设

【重大工程项目扎实推进】 年度纳入重大工程建设项目35个，工程投资总额250亿元。闵浦二桥建设顺利推进，公路层于5月21日通车，上海应用技术学院（一、二期）、南方国际商业广场二期2个项目已竣工，林海公路奉贤段前期工作有序开展。奉贤西部污水处理厂扩建工程、“两路一带”地下民防工程、“三一重工”、“上海之鱼”等4个项目开工。 （刘成成）

【道路网络内优外联】 全区公路总里程1208千米，其中高等级公路89.2千米。对接市区道路，推进轨道交通5号线奉贤段和虹梅南路—金海路越江工程建设。完善区域路网，浦卫公路（金山区界-湖滨公路）于11月竣工通车；完成瓦洪公路（浦东区界—大叶公路）、航塘公路（浦东区界—大叶公路）、平庄公路（金山区界—浦卫公路）工程方案研究及立项等前期手续办理。改善农村环境，加快农村危桥改造和道路建设。乡村公路日常养护累计完成574.3万平方米，日常养护费用1386.7万元；乡村公路大中修项目完成道路38条，建造桥梁1座，完成投资2984.8万元。 （刘成成）

【公用事业服务能力提高】 全区自来水日供水能力56.1万立方米，比上年增长16.3%。全年售水总量9798.7万立方米，与上年持平。其中生活用水3489.7万立方米，比上年下降1.5%。全年用电量61.3亿千瓦时，比上年增长19.1%。其中大工业用电44.9亿千瓦时，居民生活用电5.3亿千瓦时。天然气推广持续推进，至年末全区天然气管线长度633千米，天然气销售量5240万立方米，比上年增长17.5%。天然气家庭用户6.4万户，比上年增长23%。全年液化气销售量2.3万吨，比上年增长7%。 （刘成成）

【推进环境保护工作】 推进第四轮环保三年行动计划，全年投入资金8.93亿元，启动项目72个，其中完成25个；未启动9个。整体项目启动90%，完成31.25%。组

古华公园中的言子讲学景点 （惠 音 摄）

织落实各类建设项目的环境审批，发出行政许可968个，其中环境影响评价文件755个，建设项目试生产审批65个，竣工验收148个。项目投资总额292.96亿元，其中环保投资4.42亿元，完成环保验收项目总投资额145.3亿元，其中环保投资2.15亿元。（刘成成）

【绿化环卫建设加强】 建成园林绿地面积2456.16万平方米；公共绿地368.59万平方米；绿化覆盖率24.86%；绿地率24.56%。环卫基础设施进一步加强，至年末，建成公厕164所，垃圾箱桶8100只，环卫机械251辆。农村地区共有垃圾收集容器间684个，垃圾收集桶1.5万个，农村地区建有公厕331所，农村家庭卫生设施普及率90%。垃圾无害化处理量达到846吨/日，比上年增长5.8%，无害化处理率100%。（刘成成）

社会事业

【科技创新活力激发】 组织申报市级以上科技项目307个，191个项目批准立项，获得资助资金6434.3万元。10家企业被认定为市级科技小巨人，获得资助资金1100万元，为历年之最。30家市级科技小巨人企业累计产值82.2亿元，比上年增长29.3%，骨干龙头企业地位日趋显现。申请专利2022个，其中发明专利342个，实用新型专利1075个，外观设计专利605个。全区有高新技术企业228家，其中市级认定159家，区级认定69家。（刘成成）

【教育事业均衡发展】 全区有幼儿园59所，入园幼儿22760人，教职工2275人；小学33所，学生30477人，教职工2043人；九年一贯制学校20所，小学生15892人，初中生12507人，教职工2341人；十二年一贯制学校1所，小学生515人，初中生212人，高中生581人，教职工99人；高中5所，高中生5584人，教职工712人。成人培训机构35个，其中公办培训机构10个，成人职业培训学生56514人，教职工264人；社会力量办学中等及以下培训机构25个，成人职业培训学生14516人，教职工335人。义务教育阶段农民工同住子女39421人，比上年增加3156人，其中公办学校就读26810人，比上年增加1915人，农民工同住子女在公办学校就读比例68.01%。（刘成成）

【文化事业蓬勃发展】 全年演艺活动154场，参演人员1.01多万人次，观众人次48.64万人。其中在世博园区“贤城和韵”奉贤区专场演出中吸引观众3.6万人次。各镇、各文艺团队以各种形式开展各类文化活动1260余场，参与12.86万人次。图书馆藏书56.75万册，比上年增长6.7%，总流通123万多人次，总书刊文献外借69万册次。影剧院新建1个，完成改造1个，放映电影4948场，观众30.87万人次，放映收入542万元。有线电视终端用户25万户，其中农村有线电视用户8.8万户，农村有线电视入户率82%，实现农村有线电视“户户通”。（刘成成）

【卫生服务能力得到提升】 有各类医疗卫生机构68所。其中公立医疗卫生机构35所，包括区级医院5所、社区卫生服务中心（分中心）24所、专科防治所和妇幼保健所、急救中心、疾病预防控制中心、卫生监督所、采供血机构各1所；民营医疗机构5所、内设医疗机构21所、个体诊所7所。全区各类医疗机构卫生技术人员3860人，其中执业（助理）医师1470人，注册护士1479人；实有床位4553张。共计诊疗376.08万人次，比上年增长9.8%；出院8.03万人次，比上年增长3.94%；区级医院手术1.77万人次，比上年增长9.9%。社区卫生服务向纵深推进，为农村60岁以上参加合作医疗农民和低保家庭高血压患者免费体检3.5万人次，出院病人回访6000余人次，举办社区健康讲座856次，提供中医适宜技术服务4.7万人次。（刘成成）

【全民健身运动深入开展】 全年完成农民体育健身工程50个，社区公共运动场2个。历年累计建成健身苑点473个，社区公共运动场19个，农民体育健身工程192个。全区体育场地面积119.01万平方米，人均体育场地面积2.3平方米。竞技体育水平明显提升，参加国家、市级各类比赛32次，参赛人数2300余人次，获得57块金牌65块银牌64块铜牌。完成十四届市运会参赛工作，奉贤区体育健儿取得25.25块金牌、26.125块银牌、24.5块铜牌的好成绩，代表团以932总分获得历史性突破。（刘成成）

【社会福利事业稳步发展】 参加城镇基本养老保险14.84万人，参加城镇基本医疗保险10.83万人，参加失业保险10.32万人，参加工伤保险10.23万人，参加生育保险10.23万人，外来人员参加综合保险16.04万人。参加农村合作医疗13.3万人，应保尽保率99.6%。参加小城镇社会保险单位4240户，参加小城镇养老保险和医疗保险3.61万人（不包括退休人员）；参加失业保险10.32万人。享受城镇最低生活保障金79485人次，发放保障金2470.3万元；享受农村最低生活保障金38651人次，发放救助资金499万元，对重残无业人员发放补助金1474万元；医疗救助3355人次，发放救助资金1861.9万元；资助学生1565人，发放助学资金483.9万元。全区有养老机构27家，共有床位3839张，老年日托机构8家，标准化老年活动室268个，居家养老服务社19家，服务人员1563人，服务对象7000人。（刘成成）

（本栏目编辑　丁惠义）

中共上海市奉贤区委员会

综　述

年内，区委团结带领广大党员干部群众，不断赢得和扩大发展机遇，实现乘势而上的发展目标。整合各方力量，全力以赴做好世博各项工作。坚持将城市文明指数测评工作与创卫工作紧密结合，取得城市文明指数测评郊区“六连冠”和创卫工作一次性通过技术评估的佳绩。加快转变发展方式。研究完善经济工作考核指标体系，推动经济平稳较快发展。全区规模以上工业总产值月月超百亿元，全年工业固定资产投资超过百亿元，主要经济指标增幅继续位居全市前列。借助区内区外力量谋划“十二五”发展战略，召开全会审议通过“十二五”规划建议。召开全会研究落实中央、市委关于加强社会建设的要求，形成社会建设“1+X”指导意见，坚持以保障和改善民生为重点，着力加强社会建设。深化“平安奉贤”创建活动，扎实推进平安建设实事项目。开通区委领导信箱畅通民意反映渠道，健全“大调解”工作体系。开展重大事项社会稳定风险评估。完善群防群治工作机制，开展严打整治专项行动；切实强化反邪教工作；加大禁毒预防和管控力度；增强动态环境下治安防控能力，创新来奉人员服务管理工作机制。加强安全生产管理，有效预防和控制各类安全事故。努力创建全国双拥模范城。规范行政行为，深化政务公开工作，完善绩效评价体系，着力加强服务型政府建设。逐步完善区、镇两级政府机构改革方案，推进镇财区管工作，抓好清产核资等国资改革基础性工作。分别调研制定《关于进一步加强人大工作的实施意见》和《关于进一步加强政协工作的实施意见》，注重发挥人大和政协积极作用。牢牢把握大联合、大团结主题，切实巩固和加强统一战线。深入开展法治城区创建活动，全面完成“五五”普法各项工作任务。推动“难点村”治理工作，加强对村（居）干部培训，推进村务公开和民主管理工作的规范化、制度化。巩固学习实践科学发展观活动成果。系统制定中心组学习计划，组织开展领导干部宣讲活动。贯彻实施四项监督制度。做好干部选拔任用工作，有序推进基层党组织“公推直选”，全面推行村级重大议事规则和居民区党员代表议事会制度。以世博先锋行动为阶段性主题，扎实开展创先争优活动，加强党的先进性建设和基层组织建设。积极实施人才强区战略，召开人才工作会议，制定人才租、住房补贴等政策和操作办法。坚持从严治党，制定下发2010年区党风廉政建设和反腐败工作部门分工负责表，切实加强对“廉洁办博”有关纪律执行情况和厉行节约要求落实情况的监督检查，推进行政机关勤政廉政建设和农村基层党风廉政建设。（王建恩）

2月5日，张立平、时光辉、周伟民、韦源等区领导到区中心医院看望住院的老干部（王菊萍　摄）

重要会议

【概况】 年内，区委常委会主持召开区委全会4次，常委会成员开展多次调研活动，召开常委会和各类专题会议33次，对全区经济社会发展的重大问题作出部署。

（王建恩）

【召开区委全会4次】 3月8日，召开二届区委十四次全会。会议审议通过《奉贤区推进社会主义新农村建设2010—2012年三年行动计划纲要》和《关于递补康品官同志为区委委员的决定》。7月14日，召开二届区委十五次全会。会议传达九届市委十二次全会精神以及俞正声到奉贤调研时的谈话精神，审议通过《中共上海市奉贤区委、上海市奉贤区人民政府关于进一步加强社会建设的实施意见》，总结上半年经济社会工作，部署下半年经济社会工作。11月10日，召开二届区委十六次全会。会议传达九届市委十三次全会精神，审议通过《中共上海市奉贤区委关于制定奉贤区国民经济和社会发展第十二个五年规划的建议》。12月30日，召开二届区委十七次全会。会议传达九届市委十四次全会精神，审议通过《中共上海市奉贤区委常委会2010年工作报告》《中共上海市奉贤区委常委会2011年工作要点》，听取《中共上海市奉贤区委常委会2010年度干部选拔任用工作情况报告》，民主评议区委常委会2010年度干部任用工作和新提拔党政主要领导干部工作。

（王建恩）

2010年中共上海市奉贤区第二届委员会常委会会议召开情况表

次 第	日 期	会 议 内 容
第95次	1月5日	传达中共中央政治局委员、上海市委书记俞正声到奉调研时讲话精神；听取区政府党组关于政府工作报告（讨论稿）及2010年财政预算草案的报告；听取区人大党组关于区人大常委会工作报告（讨论稿）及区政协党组关于区政协常委会工作报告（讨论稿）；研究扶贫帮困和就业工作
第96次	1月19日	听取关于2009年巡察工作情况、2010年巡察工作计划及区纪委全会方案的汇报；听取关于当前干部群众思想动态和进一步加强思想政治工作的汇报；听取关于成立上海市奉贤区文化工作协调委员会的情况报告
第97次	2月4日	讨论《2010年区委牵头的重点工作和推进的重要工作》（送审稿）；听取关于2010年区委党建工作领导小组工作要点的汇报；听取区妇联关于"百年妇运、百年庆典"系列庆祝活动的汇报；听取关于奉贤区区级机关目标管理绩效考核情况的汇报
第98次	2月24日	听取区人武部工作情况汇报；讨论《关于做好2010年帮企业稳岗位和扩大就业工作的实施意见（送审稿）》；听取关于2010年度奉贤区因公出国（境）组团计划的汇报；讨论奉贤区深入学习实践科学发展观活动总结大会方案；讨论《奉贤区推进社会主义新农村建设2010—2012年三年行动计划纲要（送审稿）》；讨论二届区委十四次全会方案；听取区"十二五"规划工作领导小组和成员名单及"十二五"规划调研课题安排方案汇报；讨论有关人事问题
第99次	3月3日	听取区法院党组、区检察院党组和区委政法委工作汇报；听取区人大党组、区政协党组关于区人大常委会、区政协2010年度工作要点汇报；听取关于推荐市劳动模范、先进工作者和模范集体有关情况汇报；听取关于进一步加强和改进动迁管理工作的若干方案
第100次	3月18日	听取"三区一基地"重点项目推进情况、2010年工作打算及"一二三四"关键性工作节点安排的汇报；听取关于奉贤区世博工作方案的汇报；讨论领导干部任免及备案方案
第101次	3月29日	传达学习中共中央政治局委员、上海市委书记俞正声和中共上海市委副书记、市长韩正在郊区先进制造业调研座谈会上的讲话精神；听取奉贤区水系规划修编汇报；听取关于贯彻落实《中共上海市奉贤区委关于进一步加强"贤文化"建设，促进区域文化发展的若干意见》的情况汇报；讨论2010年第二季度区委常委会主要议题预安排
第102次	4月7日	听取团区委关于2009年度工作总结、2010年主要工作及"五四"活动方案的汇报；听取关于南桥新城总体规划的汇报；讨论并通过区重大社会稳定风险分析和评估领导小组及其成员名单
第103次	4月14日	传达市政府工作会议精神；听取经济工作首季开门红情况和上半年经济发展预测分析及工作措施汇报；听取世博试运行及外事接待方案的情况汇报；听取关于全国劳动模范评选推荐情况汇报；讨论信访工作
第104次	4月19日	听取世博安保工作情况汇报；讨论《中共上海市奉贤区委关于进一步加强人大工作的实施意见（送审稿）》；讨论有关人事问题
第105次	4月28日	听取创建国家卫生区技术评估情况及下一步长效管理措施的汇报；听取并研究2009年各镇、开发区、区属集团公司党政领导班子考核奖励情况和2010年考核意见；听取区委组织部关于2009年度区管干部年度考核工作、关于干部任职年龄规定的情况汇报；听取关于2009年区基础设施筹融资执行情况和2010年计划安排的情况汇报；听取关于金海银湖公司等历史遗留问题化解的情况通报

续 表

次 第	日 期	会 议 内 容
第 106 次	5 月 21 日	讨论有关人事问题
第 107 次	5 月 20 日	听取关于工程建设领域突出问题专项治理自查情况的汇报；听取关于做好市级重点工程项目（轨道交通 5 号线延伸段、虹梅南路—金海路越江工程、林海公路、区中心医院迁建工程）建设的情况汇报；听取关于建立区社会建设工作领导小组的依据及其组成人员名单安排的情况汇报；讨论有关人事问题
第 108 次	5 月 26 日	传达 5 月 21 日市委常委会关于贯彻中央新疆工作会议的精神；听取"十二五"规划调研、大讨论情况汇报；听取新一轮领军人才、拔尖人才、青年尖子评选工作情况汇报；讨论《奉贤区关于 2010 年度区级机关目标管理绩效考核工作的实施意见》（送审稿）
第 109 次	6 月 9 日	听取上半年干部群众思想动态分析及全民教育工作情况汇报；听取"创先争优"活动实施方案和纪念建党 89 周年座谈会方案的汇报；部署区委全会及常委务虚会等
第 110 次	6 月 22 日	听取"双拥"及"三同"工作情况汇报；听取南桥新城规划及开发建设的情况汇报；讨论 2010 年第三季度区委常委会主要议题预安排；讨论有关人事问题
第 111 次	7 月 7 日	讨论《中共上海市奉贤区委、上海市奉贤区人民政府关于进一步加强社会建设的实施意见（讨论稿）》（送审稿）；讨论《关于中共上海市奉贤区委常委会深入学习实践科学发展观活动整改事项进展情况的报告》（送审稿）；讨论二届区委十五次全会方案
第 112 次	7 月 21 日	听取区政府党组上半年工作情况和下半年工作安排汇报；听取奉贤撤县建区 10 周年活动方案；听取区"服务世博、奉献世博"立功竞赛第一次评比表彰情况
第 113 次	8 月 2 日	讨论《关于进一步加强和改进群众思想政治工作的若干意见》（送审稿）；听取关于实行农村集体建设用地流转情况汇报；听取关于推进安居工程和加强物业管理的情况汇报；讨论有关非常设机构——区国家安全领导小组及其组成人员名单（送审稿）和区文化体制改革领导小组及其组成人员名单（送审稿）
第 114 次	8 月 11 日	听取区人大、区政协党组上半年工作情况汇报；听取学习贯彻"四项监督制度"情况汇报；听取新一轮扶持经济薄弱村、城乡结对帮扶经济薄弱村工作情况汇报
第 115 次	8 月 13 日	讨论有关人事问题
第 116 次	8 月 25 日	听取关于奉贤区残疾人事业发展现状及创建全国残疾人社区康复示范区工作的汇报；听取教育工作情况汇报；听取妇女、儿童两个规划推进情况的汇报；讨论有关人事问题
第 117 次	9 月 1 日	听取完善"实有房屋、实有人口"长效管理机制；听取深化"无邪教社区"创建活动；听取关于基层人民武装部工作规范化建设标准及关于贯彻落实市《关于进一步做好随军随调军队干部配偶就业和生活保障工作的若干意见》的情况汇报；传达学习市委政法委召开的加强本市娱乐休闲服务场所整治工作专题会议精神，并听取区贯彻落实情况的汇报
第 118 次	9 月 7 日	听取创先争优活动开展情况和市"创先争优，世博先锋行动"、"五好"基层党组织和"五带头"共产党员推荐名单情况汇报；讨论《关于进一步加强来奉人员服务管理教育工作实施意见》（送审稿）；对与区委关于社会建设实施意见配套的重大事项社会稳定风险评估、加强老龄工作、加强物业管理等 3 个文件的起草工作提出明确要求
第 119 次	9 月 16 日	听取《奉贤区经营性文化事业单位改制工作方案》和《奉贤区广播电视有线网络整合的实施方案》通报；听取大型居住区动迁工作情况汇报；讨论《奉贤区关于进一步加强物业管理的实施意见（送审稿）》；听取召开区三届人大第七次会议有关问题的请示汇报；听取农村党的建设"三级联创"活动评选工作情况汇报；讨论第二批世博立功竞赛评选表彰名单
第 120 次	9 月 27 日	传达学习中共中央政治局常委、中央书记处书记、国家副主席、中央军委副主席习近平在上海考察时的重要讲话精神；听取老干部工作、老龄工作汇报，讨论《关于进一步促进区老龄事业发展的若干意见（送审稿）》；听取 2010 年区领导干部公开选拔工作情况汇报；讨论部分非常设机构调整方案及 2010 年第四季度区委常委会主要议题预安排
第 121 次	10 月 15 日	讨论 10 月 14 日市委会议精神；听取关于学习贯彻中央、市人才工作会议情况汇报；讨论有关非常设机构，通过区推进民主管理"难点村"治理工作领导小组及其组成人员名单；听取南桥新城建设专项规划（综合交通规划、低碳建筑指标体系方案、地下空间规划）汇报
第 122 次	10 月 21 日	传达十七届五中全会精神和市党政负责干部会议精神；讨论有关人事问题；听取"十一五"规划经济社会各项指标完成情况的汇报；讨论《中共上海市奉贤区委关于制定奉贤区国民经济和社会发展第十二个五年规划的建议（征求意见稿）》；听取大型居住区推进情况汇报

续 表

次 第	日 期	会 议 内 容
第123次	11月5日	讨论《中共上海市奉贤区委关于制定奉贤区国民经济和社会发展第十二个五年规划的建议(讨论稿)》;传达市委巡视组对巡视工作的要求,并讨论《2008—2010年奉贤区委工作汇报(讨论稿)》;讨论二届区委十六次全会方案;讨论有关人事问题
第124次	11月24日	听取财政预算执行、预算安排、投融资工作及国有土地收购储备和出让的情况汇报;听取关于党风廉政建设和巡察工作情况的汇报;听取关于奉贤区事业机构岗位设置管理涉及的管理岗位最高岗位等级、内设机构、领导职数和"三定"的实施办法的汇报;讨论上海市统筹公开选拔处级领导干部奉贤职位拟任人选
第125次	12月10日	区委常委专题民主生活会
第126次	12月15日	听取双拥评比相关事宜汇报;听取区重大工程推进情况和2011年基本建设项目投资计划及重大项目安排的情况汇报;听取贯彻中央党史工作会议做好奉贤党史工作的情况汇报;讨论《关于2010年度从镇集体干部中公平、择优、考核聘用事业单位工作人员的实施意见(试行)》(送审稿);听取第三批世博评选工作情况及推荐名单调整说明和2010年奉贤区世博立功竞赛第二次评比表彰情况汇报
第127次	12月22日	传达九届市委十四次全会精神;讨论《中共上海市奉贤区委常委会2010年工作报告(讨论稿)》《中共上海市奉贤区委常委会2011年工作要点(讨论稿)》;讨论2010年度干部选拔任用工作情况报告;讨论二届区委十七次全会方案;讨论《深入开展第三轮"平安奉贤"建设工作的意见(送审稿)》和《奉贤区大规模群体性事件专项应急预案(送审稿)》;讨论2011年第一季度区委常委会主要议题预安排;听取关于推荐邵丹华同志为上海市优秀团干部的情况汇报

重要决策

【概况】 年内,区委在世博工作、经济发展、社会建设、新农村建设、群众工作、党的建设等方面,以科学发展观为统领,结合区情实际,制定出台10余项决策和措施,促进经济和社会的发展。 (王建恩)

【巩固学习实践科学发展观活动成果】 3月1日,召开区委学习实践科学发展观活动领导小组第八次会议,听取和讨论区深入学习实践科学发展观活动总结大会方案的汇报。3月4日,召开区深入学习实践科学发展观活动总结大会,区委书记张立平回顾总结区学习实践活动开展情况,并对进一步巩固和扩大学习实践活动成果,形成长效机制进行动员部署。区委副书记周林官传达市委深入学习实践科学发展观活动总结大会精神。4月6日,全党深入学习实践科学发展观活动总结大会在北京召开,并通过市公务网直播,区设分会场。直播结束后,张立平宣布,根据市委学习实践活动指导检查组意见,区学习实践活动正式结束。 (王建恩)

【加强世博工作领导】 1月19日,召开区党政负责干部会议,要求各单位对世博会筹办工作要有明确的分工。2月25日,区委中心组学习会要求认真学习贯彻九届市委十一次全会精神,在各项工作中切实增强服务世博、奉献世博的意识,切实增强抓住世博机遇、用好世博资源的意识。3月18日,区委常委会听取关于区世博工作方案的汇报。3月22日,召开区世博工作动员大会,部署世博工作。4月2日,召开专题会议研究世博试运行方案及9个国家接待方案。4月14日,区委常委会听取世博试运行及外事接待方案的情况汇报。4月19日,举行区深入推进"世博先锋行动"暨党员志愿者奉献世博誓师大会。4月21日,召开区世博会试运行综合演练动员会议。5月11日,区领导张立平、张小松一行到区世博办调研工作。6月4日,召开区世博工作联席会议暨世博期间票卡发放工作会议。 (王建恩)

【引领转变经济发展方式】 1月8日,召开区经济工作会议,总结回顾2009年经济工作,部署2010年经济工作。年内两次组织全区处级以上领导干部开展企业大走访活动,区四套班子领导带头走访,帮助企业解难题、促发展。1月15日,召开区新能源企业座谈会,听取各企业汇报交流2009年发展情况、2010年发展目标、项目建设计划及企业面临的困难,以及对区委、区政府的意见和建议。推动建立新能源、生物医药、新材料、航空配套等4个市级产业基地建设,区四套班子领导多次主动走访中国商飞集团、中国医药集团等行业领军机构,加强合作对接。推动三一重工一期项目启动,上海生物制品研究所正式签约,促进产业项目向重点产业园区集中集聚。促进超日太阳能有限公司成功上市、广电集团有限公司通过发行审核。着力打造"一湖两池"游艇服务基地,探索生产性服务业功能区建设。9月6日,召开区委中心组学习会,传达学习《中共中央、国务院转发〈国家发展和改革委员会关于上半年经济形势和做好下半年经济工作的建议〉的通知》精神。12月15日,召开区委中心组学习会,传达中央经济工作会议精神,分析研究如何抢抓重大发展机遇和应对可能产生的不利影响,努力保持经济又好又快发展势头。 (王建恩)

【加强依法监督和民主监督】 1月5日,区委常委会要求认真贯彻市人大、市政协工作会议精神,发挥人大代表、政协委员联系群众的优势,在依法监督和民主监督上进一步创新,进一步建言献策,加强监督。3月3日,区委常委会要求对区委关于加强政协工作的实施意见作修改完善。4月6日，印发区委《关于进一步加强人民政协工作的实施意见》。4月21日，印发中共上海市奉贤区委办公室关于对《中共上海市奉贤区委关于进一步加强人大工作的实施意见（征求意见稿）》征求意见的通知。4月19日，召开区委常委会，讨论《中共上海市奉贤区委关于进一步加强人大工作的实施意见（送审稿）》。5月12日，中共奉贤区委召开人大工作会议，研究部署新形势下如何进一步加强党对人大工作领导，更好发挥全区各级人大的重要作用。5月18日，印发区委《关于进一步加强人大工作的实施意见》。8月11日，区委常委会要求对区委关于人大工作和政协工作的两个实施意见贯彻落实情况进行分析评估。（王建恩）

【谋划“十二五”发展规划】 2月25日，区委中心组学习会通报《奉贤区关于“十二五”规划重点课题调研工作方案》。3月8日，二届区委十四次全会提出由区委、区政府领导牵头，区人大、区政协领导共同参与“十二五”规划调研工作，集中全党智慧、全民之力为规划编制建言献策。3月9日，印发《关于组织开展本区“十二五”规划重点课题调研的通知》，将区“十二五”规划编制工作总体上分为3个阶段。5月5日，张立平、时光辉、张小松等专题听取区“十二五”规划大讨论情况汇报。5月10日，区委召开“十二五”规划重点课题调研汇报座谈会，听取“十二五”规划重点课题中关于“三区一基地”推进情况、新农村建设、人才规划、完善金融体系和创新融资服务机制研究等方面调研情况的汇报。5月14日，区委召开老同志座谈会，就奉贤如何深化“十二五”规划征求意见；同日，举行《奉贤区经济社会发展战略和“十二五”规划基本思路研究》（讨论稿）专家讨论会。5月18日，召开区“十二五”规划“推动产业结构升级，转变经济发展方式”专题讨论会，市发展改革委、经济信息化委、商务委、统计局、科委等部门的领导和专家出席。5月20日，召开以“统筹城乡建设，促进社会事业协调发展”为主题的区“十二五”规划大讨论座谈会，征求市对口部门领导、专家的意见和建议。5月26日，召开区委常委会，听取“十二五”规划调研、大讨论情况汇报，明确“十二五”规划纲要起草工作的时间节点。10月21日，区委常委会讨论《中共奉贤区委关于制定奉贤区国民经济和社会发展第十二个五年规划的建议（征求意见稿）》。10月22日，印发《中共上海市奉贤区委办公室关于对〈中共上海市奉贤区委关于制定奉贤区国民经济和社会发展第十二个五年规划的建议（征求意见稿）〉征求意见的通知》。自10月25日起，区委分别召开各镇、开发区党政主要领导，各委办局主要负责同志，部分区党代表，部分区人大代表、政协委员，老同志代表，民主党派、工商联、无党派人士及民族宗教界代表人士等7个座谈会，广泛征求各界对《建议》的意见和建议。11月10日，召开二届区委十六次全会，审议并通过《中共上海市奉贤区委关于制定奉贤区国民经济和社会发展第十二个五年规划的建议》。11月18日，区委印发《中共上海市奉贤区委关于制定奉贤区国民经济和社会发展第十二个五年规划的建议》。（王建恩）

【制定新农村建设三年行动计划】 2月22日、23日，分别召开镇、开发区党委（党工委）书记，镇长（主任），区新农村建设领导小组成员单位领导和村党支部书记代表等4个座谈会，就《奉贤区推进社会主义新农村建设2010～2012年三年行动计划纲要（征求意见稿）》听取各方意见。3月8日，召开二届区委十四次全会，审议通过《奉贤区推进社会主义新农村建设2010～2012年三年行动计划纲要》。3月9日，召开区三级干部大会，总结上一轮新农村建设实施情况，部署新一轮新农村建设。6月13日，张立平、俞凯丰等到奉城镇调研，研究解决新农村建设中出现的新问题。（王建恩）

【着力加强社会建设】 3月3日，区委常委会听取关于进一步加强和改进动迁管理工作的若干方案。5月17日，召开区动迁工作推进大

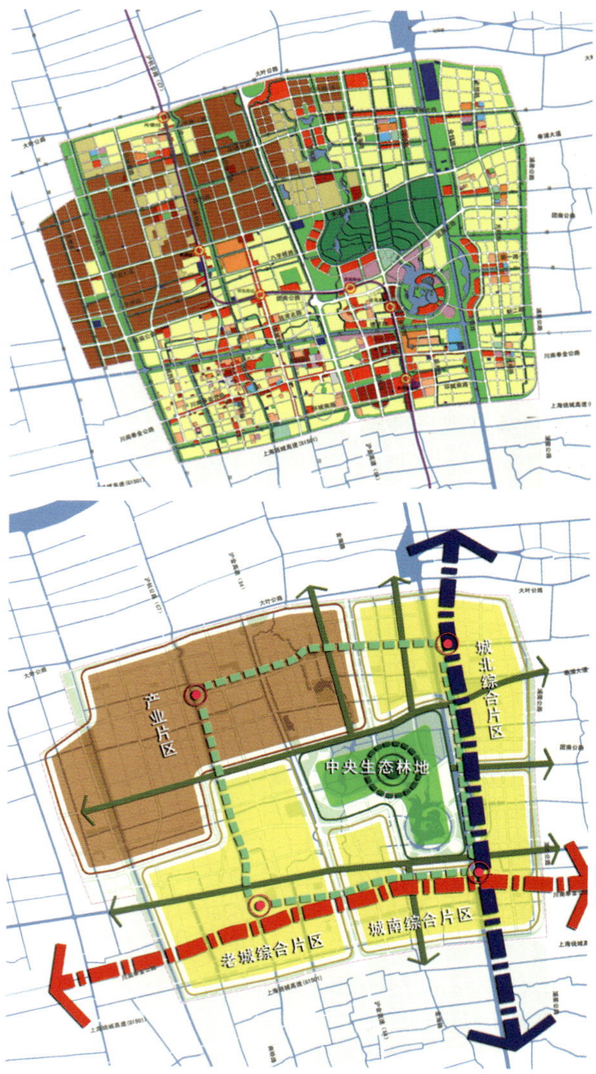

南桥新城总体规划（2009～2020年）

（奉贤报社 供稿）

会。5月20日，区委常委会听取关于建立区社会建设工作领导小组的依据及其组成人员名单安排的情况汇报，并同意这一安排。5月17日，召开区社会建设调研汇报会。6月3日，张立平一行到海湾镇调研社会建设时强调要突出重点创新特色。6月7日、8日，分别召开职能部门、镇（开发区）和社区三个层面社会建设座谈会。6月12日，张立平、袁晓林一行到南桥镇调研社会建设，强调要深入推进全民教育。7月7日，区委常委会讨论《中共上海市奉贤区委、上海市奉贤区人民政府关于进一步加强社会建设的实施意见（讨论稿）》（送审稿）。7月，区委分别召开座谈会对《关于进一步加强社会建设的实施意见（征求意见稿）》征求意见，听取各镇（开发区）党政负责人、老同志代表、各委办局主要负责人和民主党派、工商联、无党派代表人士、民族宗教界代表人士等的意见建议。7月14日，二届区委召开十五次全会，审议通过《中共上海市奉贤区委、上海市奉贤区人民政府关于进一步加强社会建设的实施意见》。7月15日，张立平到临海社区就社会建设开展专题调研。8月2日，区委常委会听取关于推进安居工程和加强物业管理的情况汇报。8月6日，召开区社会建设工作领导小组第一次会议，听取贯彻落实二届区委十五次全会精神情况的汇报，讨论《关于进一步加强社会建设的实施意见》的责任分工、重点工作及具体措施。8月11日，召开落实《关于进一步加强社会建设的实施意见》重点工作部署会。8月25日，举行大型居住社区动迁工作培训暨动员大会。8月30日，召开专题会议研讨社会建设领域进一步加强来奉人员服务管理工作的实施意见。9月7日，区委常委会讨论《关于进一步加强来奉人员服务管理教育工作实施意见》（送审稿）。9月7日，区委常委会对区委关于社会建设实施意见配套的重大事项社会稳定风险评估、加强老龄工作、加强物业管理等3个文件的起草工作提出明确要求。9月16日，区委常委会听取大型居住区动迁工作情况汇报，讨论《奉贤区关于进一步加强物业管理的实施意见（送审稿）》。9月17日，召开区城市综合管理和应急联动工作会议，要求探索推进城市综合管理大联动工作。10月8日，召开区推进民主管理“难点村”治理工作会议，传达市有关“难点村”治理工作座谈会精神，强调要将“难点村”治理工作落到实处。10月13日，召开区加强来奉人员服务管理工作动员部署会，要求认真贯彻落实《关于进一步加强来奉人员服务管理工作的实施意见》，把来奉人员服务管理工作纳入重要议事日程。10月15日，区委常委会通过区推进民主管理“难点村”治理工作领导小组及其组成人员名单。

（王建恩）

【开展世博先锋行动和创先争优活动】 3月22日，召开区世博工作动员大会。4月19日，举行区深入推进世博先锋行动暨党员志愿者奉献世博誓师大会。6月9日，区委常委会听取创先争优活动实施方案和纪念建党89周年座谈会方案的汇报。7月1日，召开区庆祝中国共产党成立89周年座谈会，部署全区创先争优活动，要求阶段性开展创先争优活动。同日，举行区委创先争优活动领导小组第一次会议。9月7日，区委常委会明确提出创先争优活动聚焦世博，更加突出世博安保、世博服务和世博文明工作；紧密结合中心工作，并把它作为推进各项工作的重要举措之一。

（王建恩）

【推行群众工作“一堂、二站、三卡、四会”工作法】 1月19日，区委常委会听取关于当前干部群众思想动态和进一步加强思想政治工作的汇报。3月9～11日，袁晓林等到南桥镇、区社会学院、柘林镇金海村、和汇投资集团、施威焊接产业有限公司等单位，就如何加强群众思想教育工作开展调研，广泛了解基层群众的所思所想。6月9日，区委常委会听取上半年干部群众思想动态分析及全民教育工作情况汇报。6月7日，举行南桥镇全民教育—村民教育“宅基课堂”活动启动仪式。7月30日，召开区群众思想教育工作会议，要求全区动员全党动手深入推进群众思想教育工作。8月2日，召开区委常委会，讨论《关于进一步加强和改进群众思想政治工作的若干意见》（送审稿）。11月2日，召开区深化创先争优活动，加强村（居）基层组织建设现场交流推进会，提出村（居）组织“一堂、二站、三卡、四会”工作法。11月8日，召开区村（居）党组织书记学习贯彻十七届五中全会精神做好群众工作座谈会。12月23日，召开区村（居）组织“一堂、二站、三卡、四会”工作法推进会。

（王建恩）

重点工作

【概况】 年内，区委团结带领全区广大干部群众，牢牢抓住发展机遇，全力以赴抓好世博工作，不断提升城镇文明水平；加快转变发展方式，努力保持经济又好又快发展；聚焦南桥新城建设，推动区域统筹发展；坚持以保障和改善民生为重点，着力加强社会建设；加强民主政治建设，扎实推进依法治区；以改革创新精神加强和改进党的建设，进一步提高党的建设科学化水平。

（王建恩）

【成功创建国家卫生区】 1月4日，召开区创建国家卫生区工作推进会，通报前一阶段创卫情况，部署下一阶段创卫举措。1月14日，区委中心组学习会要求发动群众，抓好创卫迎检工作。同日，开展年度第一个“全区创卫周四劳动日”活动，区四套班子领导、各党政机关、企事业单位干部数百人参加清扫大行动。即日起至5月，坚持“周四劳动日”活动，同时开展周六党团员回社区义务劳动。3月3日，召开区创建国家卫生区迎接验检工作动员会。3月22日，区四套班子领导分11个组，到各镇、开发区，对迎世博、创建国家卫生区情况进行检查。4月15日，召开区创建国家卫生区迎检工作部署会，要求全面做好迎检工作。4月15日，区四套班子领导参加义务劳动，并分组带队到部分迎检线路、点位检查创卫工作情况。4月20～24日，全国爱卫办专家对区创建国家卫生区工作进行技术评估。5月12日，接到国家爱卫办“关于奉贤区通过国家卫生区创建”的正式书面通知，标志着奉贤创卫工作基本成功。5月28日，召开区创建国家卫生区阶段工作总结暨长效管理动员会，强调要发扬创卫精神巩固优化创卫成果。（王建恩）

【推进产业优化升级】 1月8日，张立平到奉贤现代农业园区铭源数康生物芯片有限公司调研，并与园区内丰科生物、海利医药、莱士血液制品、本庄生物等企业负责人座谈。1月15日，张立平、唐海龙、张琪等赴上海超日太阳能科技股份有限公司调研，并与阿波罗、晶龙光科、艾力克新能源、德朗能、神力科技、上海玻璃钢研究院、广电集团等新能源企业负责人座谈。1月15日，举行奉贤现代农业园区与上海生物制品研究所项目签约仪式。2月8日，张立平、时光辉等走访中国商用飞机有限责任公司，重点推介临港奉贤分区。3月16日，召开区金融工作会议，部署年度金融工作。3月16日，张立平、时光辉拜访上海医药（集团）有限公司。3月29日、30日，时光辉、唐海龙、张琪等赴北京拜访中国电子科技集团公司（中电科）、中国航空器材集团公司（中国航材）、中国航空工业集团公司（中航工业），就发展奉贤区通用航空及航空配套产业开展沟通和交流。4月1日，张立平、时光辉等拜访上海市电力公司，就奉贤电网建设、产业发展等方面进行研讨。4月2日，召开区科技工作大会，市科委和区政府签署关于推进奉贤生物医药产业基地发展合作框架协议。5月7日，中国商用飞机有限责任公司和美国氰特工业公司签署供应商备忘录，落户奉贤庄行镇的美国氰特将成为中国商飞C919大型飞机复合材料主要供应商。6月4日，召开区通用航空产业发展规划咨询会。6月18日，奉贤生物医药基地院士专家企业行活动在奉贤举行。6月29日，召开区产业结构调整工作会议，确定产业结构调整方案。7月28日，上海奉贤生物医药产业基地院士专家工作站在奉贤现代农业园区揭牌成立。12月6日，召开区2.5产业发展座谈会。（王建恩）

【开展企业大走访活动】 1月19日，区委办公室、区政府办公室发出《关于开展企业大走访活动的通知》。2月25日，区委中心组学习会就开展企业大走访活动提出指导意见。3月4日，张立平、时光辉、唐海龙、张琪等召集区机关党工委等单位，专题听取并研究区领导干部走访企业情况。3月18日，时光辉主持召开企业大走访活动情况汇总会并提出要求。7月22日，张立平到区经委调研工作，要求准确把握经济形势扎实抓好服务企业工作。7月23日，召开区委中心组学习会，要求深入分析研究下半年经济走势，认真开展区四套班子领导走访百强企业活动。7月22日，张立平召集部分企业召开专题座谈会，听取企业上半年发展情况和遇到困难的汇报。（王建恩）

【强化世博安保工作】 1月18日，召开区政法、综治暨世博安保再动员工作会议，要求将迎世博、办世博，尤其是世博安保工作放在重中之重的位置。2月24日，区委常委会强调突出抓好世博安保工作，带动军事斗争准备工作，重点在海防和防化两方面下功夫。3月2日，召开上海市世博会奉贤区安全保卫工作指挥部第七次会议，专题研究安全生产、建筑施工安全、消防安全等工作。3月3日，区委常委会要求一定要把世博安保工作放在首位抓实抓好。3月10日，召开专题会议研究解决“迎世博、保平安、捉漏治顽”专项调研活动反映的突出问题。3月17日，张立平前往五四民兵哨所、海湾女子民兵哨所、海湾边防派出所、奉贤地方海事处等检查迎世博海防工作，确保世博安保海防各项工作落到实处。3月26日，张立平等检查驻奉部队营连部建设情况。4月6日，举行世博安保工作指挥部第八次会议暨“海豹一号”海防防渗透反恐演练。4月19日，召开区委常委会，听取世博安保工作情况汇报。4月20日，区领导分5组赴各镇、开发区，对区内部分企业进行“迎世博，保安全”安全生产大检查。4月28日，张立平等到奉城镇检查指导世博安保工作。8月24日，区世博安保指挥部召开世博安保工作“回头看”暨再动员、再部署大会，强调要抓好“回头看”，扎实推进世博安保工作。9月2日，区四套班子领导分12组到各镇、开发区部分消防重点单位、危化企业、学校、内保重点场所、建筑工地以及刀具销售点等，检查贯彻落实中央、市委领导重要批示精神和世博安保“回头看”工作情况。10月11日，区委中心组学习会要求始终坚持将世博安保工作作为头等大事，并全力争取第八次城市文明指数测评工作取得优异成绩，确保世博安保工作取得最后胜利。11月15日，召开世博安保工作指挥部第十四次扩大会议暨世博后长效机制座谈会，要求提高思想认识着力形成世博后维稳工作长效机制。（王建恩）

【着力推进“三区一基地”建设】 1月5日，区委常委会要求排出“一二三四”关键性工作计划，明确节点进度。3月3日，区委常委会听取关于进一步加强和改进动迁管理工作的若干方案。3月18日，区委常委会听取“三区一基地”重点项目推进情况、2010年工作打算及“一二三四”关键性工作节点安排的汇报。3月22日，召开区2010年“三区一基地”建设领导小组暨推进工作会议，全面总结2009年推进“三区一基地”建设情况，专题部署2010年工作。5月13日，张立平等到区重大工程项目建设推进领导小组办公室调研。5月20日，区委常委会听取关于做好市级重点工程项目（轨道交通5号线延伸段、虹梅南路—金海路越江工程、林海公路、区中心医院迁建工程）建设的情况汇报。5月21日晚10时，黄浦江上首座公路与轨道交通两用桥——闵浦二桥公路层面正式通车。7月9日，举行两港大道西延伸段通车仪式。8月5日，张立平、徐剑萍等到虹梅南路—金海路越江工程、轻轨奉浦站、曙光中学、区中心医院等专题调研区重大工程项目建设进展情况。8月17日，张立平等到区规土局调研，强调要全域规划全域覆盖推进城乡一体化。8月19日，召开区推进游艇项目建设专题座谈会，要求加快推进游艇母港基地建设。8月20日，区“科教兴区”领导小组召开第十次工作会议，要求进一步整合全区创新资源，深入推进“三区联动”。11月1日，张立平、张琪等到临港奉贤园区就三一重工工地、新杨公路和围海大堤等重点工程建设情况开展专题调研。11月11日，张立平、徐剑萍等专题调研重大工程项目推进、公交工作及1109工程建设情况。11月30日，时光辉、徐剑萍等调研区重大工程（项目）推进情况，先后前往区中心医院升级迁建工程建设工地、金海路越江工程建设工地、轨道交通5号线西渡配套项目工地实地察看，并召开座谈会听取相关工作汇报。12月28日，轻轨5号线延伸段沪杭公路地下通道工程正式开工。12月31日，张立平等到临港奉贤园区调研三一重工建设情况。（王建恩）

【推进南桥新城建设】 3月1日，张立平、张贵龙等到新城管委会办公室（南桥新城公司）调研，对南桥新城开发建设提出要求。3月19日，举行南桥新城住宅和商业地产项目集中启动仪式。4月7日，区委常委会听取关于南桥新城总体规划的汇报。4月23日，时光辉等到南桥新城开展调研，对“上海之鱼”项目推进及工程实施等提出要求。6月2日，举行南桥新城中央公园绿地（暂名）设计方案专家论证会。6月3日，召开南桥新城综合交通专项规划汇报会。6月2日，召开专题会议研究大型居住社区推进若干方案。6月22日，区委常委会听取南桥新城规划及开发建设的情况汇报，强调要高标准高质量推进南桥新城规划建设。7月6日，时光辉、徐剑萍等专题听取南桥新城综合交通规划和低碳城市建设指标体系汇报。8月9日，张立平调研南桥新城建设。8月20日，区“科教兴区”领导小组召开第十次工作会议，要求把南桥新城建设的“低碳、生态、智慧、宜居”理念作为科教兴区工作的重要内容，着力在科技课题攻关、新技术运用、管理方法创新等方面实现突破。8月26日，举行区“鉴城市最佳实践、绘南桥新城蓝图”研讨会，上海世博会城市最佳实践区部分案例协调人到奉贤讲解案例理念及建设经验，并就南桥新城规划建设进行座谈讨论。8月31日，召开专题座谈会听取南桥新城专项规划汇报。9月29日，新一轮上海市大型居住社区23个基地之一的奉贤区南桥基地正式开工建设。10月7日，召开区大型居住社区动迁工作会议。10月15日，区委常委会听取南桥新城建设专项规划（综合交通规划、低碳建筑指标体系方案、地下空间规划）汇报。10月21日，区委常委会听取大型居住区推进情况汇报。10月27日，召开区中央生态绿地规划汇报会。12月23日，张立平、时光辉、张贵龙等调研南桥新城建设。12月31日，上海市大型居住社区奉贤区南桥基地举行动迁安置房全面开工仪式。（王建恩）

【开展双拥模范城创建】 2月24日，区委常委会要求力争实现再创“全国双拥模范城”的目标，注重分析工作薄弱环节，有针对性地落实有效举措。3月2日，召开区武装工作会议，就再创全国双拥模范城、进一步推进以“三同”活动为载体的双拥工作提出要求。4月26日，召开区世博期间双拥工作专题会议。6月12日，召开区双拥领导小组扩大会议。6月22日，区委常委会听取“双拥”及“三同”工作情况汇报，强调一定要高度重视全国双拥模范城评比，认真做好各项迎评准备工作。9月1日，区委常委会听取关于基层人民武装部工作规范化建设标准及关于贯彻落实市《关于进一步做好随军随调军队干部配偶就业和生活保障工作的若干意见》的情况汇报。10月26日，召开双拥模范（先进）考评动员大会，传达全国及市双拥模范（先进）考评工作会议精神，就实现再创全国双拥模范城目标提出要求。12月15日，区委常委会听取双拥评比相关事宜汇报，明确迎接考评的工作分工，要求认真做好各项准备工作，举全区之力争创全国双拥模范城。（王建恩）

【加大人才工作力度】 2月3日，召开全区高层次人才迎春座谈会，提出进一步优化人才发展环境，抓好《进一步优化奉贤区人才发展环境实施意见》和三个配套细则的政策落实工作。3月25日，召开2010年区人才工作协调小组会议。5月26日，区委常委会听取新一轮领军人才、拔尖人才、青年尖子评选工作情况汇报，会议同意专业技术领军人才、拔尖人才、青年尖子候选人名单及表彰会议方案。6月17日，召开区专业技术领军人

2009年12月25日，奉贤区人力资源协会成立

（奉贤报社　供稿）

才、拔尖人才、青年尖子命名表彰大会，全面分析当前奉贤发展所面临的重大战略机遇，并对进一步做好人才工作提出要求。8月20日，区"科教兴区"领导小组召开第十次工作会议，会议要求认真学习领会国家、市人才工作会议精神，贯彻落实政策措施，查找薄弱环节，下定决心抓好人才工作。10月15日，区委常委会听取关于学习贯彻中央、市人才工作会议情况汇报。11月23日，召开区人才工作会议。（王建恩）

【深化城乡结对活动】 2月1日，召开市委大口工作党委与奉贤区经济薄弱村结对帮扶活动总结恳谈会。3月8日，与卢湾区开展城乡结对活动，双方签署新一年城乡结对协议，区领导张小松、卢湾区副区长赵祝平出席签约仪式。8月11日，区委常委会听取新一轮扶持经济薄弱村、城乡结对帮扶经济薄弱村工作情况汇报。8月11日，召开卢湾—奉贤深化城乡结对工作恳谈会，并举行街道—镇新一轮城乡结对项目协议书签约仪式。9月29日，举行杨浦—奉贤城乡结对联动发展恳谈会，签订城乡结对联动发展共同建设新农村框架协议书。（王建恩）

【加强社会稳定工作】 1月18日，召开依法治区领导小组第六次全体会议，审议通过2010年普法依法治区工作要点和区2010年法治城区创建工作项目。3月24日，召开"两个实有"管理现场会。4月7日，区委常委会讨论并通过区重大社会稳定风险分析和评估领导小组及其成员名单，会议明确轨道交通5号线工程、垃圾焚烧场迁建工程和亚东石化项目作为风险评估的试点项目。4月14日，区委常委会讨论信访工作，同意建立区信访稳定联席会议制度。4月28日，举行区中小企业经营风险防范机制启动仪式。5月22日，召开区重大事项社会稳定风险分析评估专题会议，要求全力以赴做好重大事项社会稳定风险分析评估工作。6月8日，召开区政法、综治和维稳工作座谈会，传达俞正声在市社会面防控汇报座谈会上的讲话精神，并对下阶段工作提出要求。6月10日，召开专题会议听取有关信访事项终结、领导包案情况汇报。9月1日，区委常委会听取完善"实有房屋、实有人口"长效管理机制，强化来奉人员管理服务工作的情况汇报；传达学习市委政法委召开的加强娱乐休闲服务场所整治工作专题会议精神，并听取区贯彻落实情况的汇报。12月17日，召开区政法、综治及维稳部门座谈会，要求认真组织学习全国政法工作电视电话会议精神，与学习贯彻十七届五中全会、中央经济工作会议和市委、区委全会精神紧密结合起来，紧紧围绕经济社会发展大局，努力推进政法、综治、维稳工作取得新的进展。12月22日，区委常委会讨论《深入开展第三轮"平安奉贤"建设工作的意见（送审稿）》和《奉贤区大规模群体性事件专项应急预案（送审稿）》。（王建恩）

【加强党的建设】 2月4日，区委常委会听取关于2010年区委党建工作领导小组工作要点的汇报，会议强调，党的建设工作要紧紧围绕迎世博、转方式和"一二三四"关键性工作来展开；要每季度作分析，进行督促检查，确保各项工作落到实处。2月9日，召开区委党的建设工作领导小组暨党委（党组）书记会议，会议审议通过《中共上海市奉贤区委党的建设工作领导小组2010年工作要点》，会议指出，党的建设的各个方面都要紧紧围绕中心工作来开展。2月24日，区处级以上领导干部、市第九次党代表大会代表（奉贤）收看九届市委十一次全会第一次大会实况。2月25日，区委中心组学习会强调要高度重视《党员领导干部廉洁从政若干准则》的贯彻落实。4月1日，召开区"两新"组织党建工作会议，要求持之以恒地抓紧抓好"两新"组织党建工作。4月9日，举行《中国共产党党员领导干部廉洁从政若干准则》报告会。5月6日，设立上海奉贤分会场，组织收看贯彻实施"四项监督制度"，进一步提高选人用人公信度视频会议。6月28日，组织全区处级以上领导干部分三批集中观看内部资料片《贪欲之害》和《铲除"小金库"—全国"小金库"专项治理阶段性工作纪实》。7月16日，举行贯彻实施四项监督制度培训班暨"12380"举报网页开通仪式。8月16日，召开党的建设工作领导小组（扩大）会议，总结上半年党的建设工作情况，对下半年党建工作作出部署。8月11日，区委常委会听取学习贯彻四项监督制度情况汇报。8月17日，召开中心组学习会，邀请市委组织部副部长冯小敏作干部选拔任用工作四项监督制度学习辅导报告。10月28日，开展市九次党代会奉贤代表组活动。12月15日，召开中心组学习会，传达全国党的基层组织党务公开工作电视电话会议，要求尽快成立党务公开工作领导小组。12月17日，召开区委各部门工作汇报会，听取区纪委、区委组织部、宣传部和统战部今年工作总结、明年工作思路汇报，要求区委各部门提高党建工作科学化水平。（王建恩）

重要活动

【概况】 年内，区委组织开展的重要活动有：召开区经济工作会议，召开庆祝中国共产党成立89周年座谈会，召开党政负责干部会议4次，区党政主要领导组团外出考察3次，举办党政主要负责干部专题研修班2期，召开区委党的建设工作领导小组暨党委（党组）书记会议以及区委党建工作领导小组（扩大）会议等。市委第五巡视组进驻奉贤。（王建恩）

【区经济工作会议召开】 1月8日，召开区经济工作会议。张立平主持会议并传达了1月5日俞正声到奉调研时的讲话精神。时光辉代表区委、区政府对2009年经济工作进行总结回顾并部署2010年经济工作。（王建恩）

【庆祝中国共产党成立89周年座谈会召开】 7月1日，召开区庆祝中国共产党成立89周年座谈会，会议强调奉贤改革发展取得的各项成就，是党带领全区广大干部群众共同努力奋斗的结果，号召全区各级党组织和全体共产党员在创先争优活动中更好地发挥战斗堡垒作用、先锋模范作用，真正做到一名党员就是一面旗帜，一名党员就是一粒种子，把广大人民群众的积极性调动起来，努力在全社会形成学习先进、崇尚先进、争当先进的生动局面。（王建恩）

【召开区党政负责干部会议4次】 1月19日，召开区党政负责干部会议，传达市党政负责干部会议主要精神，要求将认真学习贯彻胡锦涛在上海考察时的讲话精神，以及俞正声就贯彻落实讲话精神所提的要求，同贯彻落实九届市委十次全会精神、二届区委十三次全会精神结合起来，团结鼓劲，乘势而上，全面实现"五个确保"目标。2月2日，召开区党政负责干部会议，进行区领导班子和领导干部述职测评。5月11日，召开区党政干部会议，提出在全区党政干部中开展与世博相关的"五个一"活动，即一次进园区参观、一次"十二五"规划大讨论、一次世博征文比赛、一次报纸征文展风采及一次世博演讲比赛。10月21日，召开全区党政负责干部会议，传达学习党的十七届五中全会精神。（王建恩）

【组织考察学习活动3次】 3月10～13日，以张立平为团长的奉贤区代表团前往深圳市，学习考察城市建设和管理及转变经济发展方式的先进理念和经验。5月19日，奉贤区党政代表团一行20余人赴静安区学习考察。9月25日，张立平、时光辉、韦源、陆兴祥等先后走访世博国家电网企业馆、漕溪站能源转换综合展示基地，领略特高压与智能电网为经济社会发展带来的巨大作用。（王建恩）

【举办党政主要负责干部专题研修班】 3月28～31日，举办年度第一期党政主要负责干部专题研修班，研修内容分为党的建设、经济调结构、转方式、应对危机能力及城市建设等。各镇、开发区党政主要负责人及委、办、局行政主要负责人59人参加。5月22日，奉贤区第二期党政主要负责干部专题研修班在市委党校结业，第二期以各委办局党的负责干部为主，重点围绕如何提高领导干部党建科学化水平和促进社会和谐的能力。（王建恩）

【区委党的建设工作领导小组暨党委（党组）书记会议召开】 2月9日，召开区委党的建设工作领导小组暨党委（党组）书记会议，审议通过《中共上海市奉贤区委党的建设工作领导小组2010年工作要点》。8月16日，召开区委党建工作领导小组（扩大）会议，总结上半年全区党建工作情况，强调要认真学习贯彻市委书记俞正声、市长韩正到奉贤调研讲话精神，提升发展理念，推动当前工作。（王建恩）

【市委"十二五"规划建议征求意见会召开】 10月13日，区委组织在奉市委委员、市纪委委员，区四套班子党员领导干部，党的十七大代表，市九次党代会代表，就《中共上海市委关于制定上海市国民经济和社会发展第十二个五年规划的建议（征求意见稿）》征求意见。（王建恩）

组织工作

【概况】 至年底，全区有党组织2264个，其中党委61个（其中二级党委17个），党总支132个，党支部2071个。全区派出机构党组织有党工委12个（其中二级党工委4个），党组29个。全区党员44175人，其中女党员12217人，占27.66%；预备党员911人，占2.06%；新发展党员830人，其中女党员413人，占新发展党员总数49.76%。全区处级领导干部533人，平均年龄47.8岁；其中女干部94人，占17.6%；非中共党员干部16人，占3.0%；大专以上学历519人，占97.4%。全区各级组织部门围绕中心，推进选干部配班子、建队伍聚人才、抓基层打基础等工作。开展以"世博先锋行动"为主题的创先争优活动。围绕服务保障世博，召开"世博先锋行动"暨党员志愿者奉献世博誓师大会，开展迎世博专题培训，组建一支近800人的区党员志愿者应急服务大队，699家驻区单位与所在镇（开发区）、社区党组织建立联系并参与社区各项世博志愿服务工作。围绕推进科学发展，各镇（开发区）以"服从大局、抢抓机遇"为主题，开展党委中心组学习讨论；各委办局以"围绕大局、加强服务"为主题，开展系统内部学习讨论；各基层党组织以"融入大局、争当先锋"为主题，召开党员专题组织生活会。围绕大居动迁，下发《关于在动拆迁工作中发挥党组织战斗堡垒作用和党员先锋模范作用的通知》，在动迁责任部门、动迁区域、全区范围内广泛开展主题实践活动，组织广大党员、干部在加快推进大居动迁中力作表率、凝聚干群。扩大选人用人民主，坚持民主推荐制度。区委召开民主推荐会16场，634人次参加会议投票推荐，252人次参加个别谈话推荐。坚持考察制度。对32名干部实施任前考察，提前发布考察预告，同步征求纪检监察部门意见，发放征求意见和民主测评表1012份，个别访谈583人次，其间对6个职位实施差额考察。坚持集体讨论制度，落实"三重一大"制度。按照票决办法的程序，对任免人选进行投票表决。深化干部人事制度改革。把公选竞岗作为干部选拔任用的重要方式，组织3次区管副职岗位公开选拔和竞争上岗，推出第二批10个镇长助理职位在全区范围内实施竞争上岗。加强区级机关、镇、开发区之间的干部横向交流，共对19名区管领导干部进行交流，20名干部在同一单位内进行岗位轮换。改进任职前公示方式。加强干部教育管理。做好干部选拔任用和考核管理工作。按照德才兼备、以德为先标准选干部、配班子，出台干部调配方案8个，选配调整区管干部71人次，其中提拔23人，交流轮岗39人次，军转安置2人，转任非领导职务2人，兼职5人。做好区检察院检察长和区人大常委会副主任选举组织工作。协助市委组织部做好2009年市管领导班子和领导干部年度(绩效)考核。做好区党政领导班子和领导干部2009年度(绩效)考核工作。完成21名区管干部的试用期考核。大力加强干部监督工作。邀请市委组织部副部长为区级领导解读四项监督制度,举办四项监督制度专题培训班,开展四项监督制度巡回宣讲。编印下发《干部工作有关文件选编》。实施领导干部报告个人有关事项制度。出台《奉贤区党政机关科级干部选拔任用工作监督检查暂行办法》等5个配套办法。结合巡察对14家单位的干部选拔任用工作进行检查。在16家单位试点开展"一报告两评议"工作。联合区审计局试点开展干部选拔任用责任审查和经济责任审计"双责联审"。开通"12380"举报网页。全面推行干部选拔任用全程记实工作。加强基层党组织建设。总结推广"一堂、二站、三卡、四会"工作法。开展"三级联创"活动,创建2008~2010年度市级"五好"镇党委2个、"五好"村党组织21个,区级"五好"村党组织45个。完成23个村党组织换届选举工作。自主招聘大学生"村官"36人,全区有大学生"村官"218人,进入村"两委"班子39人。选派第三批18名机关事业单位年轻干部驻村挂职锻炼。开展第二轮村党组织"一室两点"标准化创建工作。继续巩固规模以上非公企业独立党组织组建率,提高规模以下非公企业党组织组建率,下发《关于在"两新"组织中进一步发挥党组织作用加强思想政治工作的通知》。围绕社会建设"六大体系",明确8个子课题,牵头开展调查研究,参与制定关于加强社会建设的实施意见、相关子文件和今后五年责任分工,开展社会建设实践案例征集活动。开展创建市、区两级"五好"居民区党组织活动。继续深化物业管理党建联建机制,下发推进城管执法党建联建试点的实施意见,下发深入推进绿化市容行业党建工作的实施意见(试行)。13家区级机关申报创建市"学习型"机关。进一步深化在职党员五项管理制度。积极推进党内基层民主。推进党代表任期制和镇党代会常任制,推进基层党组织按期换届工作,逐步扩大公推直选范围。全面推行以"四议两公开"为主要内容的村级重大事项议事规则。在全区居民区全面推行党员代表议事会制度。扩大基层党务公开范围,逐步加大基层党务公开力度。落实"三测评"和"双述双评"工作。加强各级党员服务中心服务功能建设,完善区、镇两级困难党员、群众信息库。从区管党费、行政经费等渠道落实慰问资金,加大党内关怀帮扶力度。春节期间共慰问困难党员811人,以及80岁以上老党员1589人,总慰问资金(含经济薄弱村)98.73万元。七一期间,慰问老党员107人,慰问资金10.7万元。为167名50年以上党龄的农村老党员免费体检。 (组织部)

【开展创先争优活动】 区委建立创先争优活动领导小组及其办公室,区委领导联系13个镇(开发区)、11个村居和26个企业,全区处级单位领导干部建立基层联系点1413个,加强对创先争优活动的领导和指导。领导小组制定教育、卫生、国资系统和"两新"组织开展创先争优活动的实施意见,加强行业指导。突出"世博先锋行动"主题,以岗位行动、家园行动、志愿行动为载体,全区2000余个基层党组织作出公开承诺4830项,4万多名党员作出公开承诺45637项,2495名领导干部参加点评,被点评党员22717人,开展群众评议1264次,参与评议群众26046人,表彰世博先锋一线行动先进基层党组织4个、优秀共产党员14人。11个党组织和36名共产党员分别被授予上海市"创先争优,世博先锋行动'五个好'基层党组织"和"创先争优,世博先锋行动'五带头'共产党员"荣誉称号。

(组织部)

【组织工作满意度测评成绩进入全国第一档】 2010年全国组织工作满意度民意调查显示,区组织工作总体评价、组工干部评价、干部选拔任用情况评价、防止和纠正用人不正之风评价四项满意度平均分值为78.4分,比上年提高2.04分,超出全市平均分5.42分,位居全市第5名,连续三年排名均在全市前6位,超出全国平均分4.55分,四项满意度测评成绩首次全面进入全国第一档。 (组织部)

【推进公选竞岗常态化】 年内,加大竞争性选拔干部力度,组织3次区管副职岗位公开选拔和竞争上岗,6人被选拔到领导岗位,占新提拔同级干部总数的30%。

(组织部)

【开展镇长助理竞争上岗】 年内,推出第二批镇长助理岗位10个,其中经济管理类4名,城建规划类3名,综合管理类3名,在全区机关企事业单位优秀年轻干部中开展竞争上岗。经过公开报名、资格审查、笔试面试、组织考察等程序,录用10名镇长助理。 (组织部)

【改进任职前公示工作】 4月起,在传统张贴公示方式的基础上,对拟提任干部进行媒体公示。对19名拟提拔处级干部进行电视、网络任职公示,组织部网站任职公示栏目点击量达到6500余人次。对在现单位工作不满两年的,公示延伸到上一家单位。异地提拔使用的,公示延伸到拟任职务所在领导班子。 (组织部)

【开通"12380"举报网页】 7月16日,开通区组织系统"12380"举报网页。主要受理反映区领导班子或领导干部违反《党政领导干部选拔任用工作条例》和选人用人不正之风等方面的问题,反映区领导干部政治、思想、作风、廉洁自律方面的问题以及干部任职公示期间的举报。 (组织部)

【学习贯彻四项监督制度】 年内,向全区党政领导干部分发四项监督制度学习资料,并按时完成试卷测试。举办四项监督制度专题培训班,各处级单位主要领导和组织人事部门负责人249人参加培训。组织部部务会成员深入基层开展

7月16日，中共奉贤区委举办贯彻实施四项监督制度培训班
（奉贤报社　供稿）

四项监督制度巡回宣讲，共举办讲座29场，75家处级单位、国有（集体）企业的2700余人听取讲座。出台《科级干部选拔任用工作监督检查暂行办法》等5个配套办法，初步形成处、科级干部选拔任用、监督检查、责任追究工作机制。
（组织部）

【加强干部教育培养】　年内，举办党政主要负责干部专题研修班2期，党政主要负责干部116人参加培训。与区政府办公室和区委党校联合举办26名分管领导干部参加的城市建设和管理专题研修班。举办全体区管干部参加的世博安保专题培训班。举办第七期领导干部进修班、第六期中青年干部培训班、第六期优秀青年知识分子读书班。组织1472名干部参加干部在线学习，推进干部在线"学员博客"试运行工作。举办居民区党支部书记培训班和大学生"村官"培训班。统筹安排16名处、科级干部到巡察组、信访办、动迁办、世博办等部门挂职锻炼，选派第三批驻村干部18人。　（组织部）

【推进第二轮城乡党组织结对帮扶活动】　召开结对帮扶总结恳谈会，总结第一轮市委大口工作党委与经济薄弱村结对帮扶活动。推进第二轮城乡党组织结对帮扶活动，全区178个行政村实现结对帮扶全覆盖。至10月底，结对单位来访349次，共议定或开展基础设施、经济发展、科教文卫、社会管理服务等帮扶项目53个，协议投资780万元，到位资金427万元；捐赠电脑、图书等实物价值41万元；走访慰问困难群众家庭1635户（人），资助金额35万元。
（组织部）

【推进农民专业合作社党建】　年内，开展"农民专业合作社党建工作研究"课题调研，结合调查研究推进农民专业合作社党建工作，探索推进合作社党的组织覆盖和工作覆盖，建立合作社党支部4个，隶属于村党总支管理，合作社党支部建立党员活动日制度、议事制度、联系群众制度等。　（组织部）

【加强党员教育管理】　年内，建立基层党员轮训制度，开展党员轮训工作。对全区各基层党委2007～2009年度发展党员工作情况进行检查，形成《奉贤区发展党员工作检查情况报告》。举办以"规范发展党员工作"为主要内容的新任基层党支部书记党务实务培训班。举办部委办局、集团公司入党积极分子培训班5期，参加培训317人。推行金汇镇"先讲服务、再尽义务"的流动党员服务教育管理模式。　（组织部）

【加强"两新"组织党建工作】　年内，巩固规模以上非公企业独立党组织组建率，并按照"七个有"标准化建设要求及时予以规范。提高规模以下非公企业党组织组建率，党组织覆盖率33.4%，工作覆盖率达到100%。加强"两新"组织思想政治工作，促进企业建立健全职工工资集体协商机制、正常增长机制和支付保障机制，落实2010年度"两新"组织党组织书记岗位补贴专项经费并形成长效机制。在全区"两新"组织中开展"我为世博作贡献"主题实践活动。
（区社会工作党委）

【推进党代表任期制和镇党代会常任制】　年内，印发《奉贤区党代表履职手册》，深化党代表大会代表联系制度。开展党代表到村居联系点集中活动，336名市、区两级党代表走访167次，召开座谈会170场，与224个村（居）联系点党员干部和群众面对面交流，收到意见及建议369条（次）。开展市党代会奉贤代表组活动。举办区党代表培训班。　（组织部）

【规范事业单位岗位设置】　11月17日，召开规范事业单位机构编制管理工作会议。按照市有关文件精神，通过分析、综合平衡，对不定级的125家事业单位分类确定事业单位管理岗位最高岗位等级，其中确定为七级（相当于正科级）的82家、八级（相当于副科级）的37家、不予定级6家；参照周边区县机构设置情况，对38家机构级别明显低于其他区县的事业单位，适当调整事业单位管理岗位最高岗位等级，由八级调整为七级的38家。　（组织部）

【规范事业单位法人登记管理】　本年度事业单位法人设立登记26家、变更登记146家、注销登记4家、补领证书3家。至年底，全区共依法设立登记的事业单位409家，其中全额拨款317家、差额拨款57家、自收自支35家。全区应参加年检的事业单位409家。
（组织部）

相关链接：

2010年奉贤区社会工作党委所属企业领导人名录

恒达科技发展股份有限公司党委书记、董事长、总经理：史顺成

电子工程设计研究院有限公司党委书记：陆宝权

畜牧水产总公司党委书记、总经理：孙文龙

建工（集团）有限公司党委书记、董事长、总经理：屠国勤

古华药业（集团）有限公司党委书记、董事长：朱宗禧

华龙企业集团党委书记、总裁、董事长：陈　龙

凯托（集团）有限公司党委书记空缺

南方经济发展（集团）有限公司党委书记、总裁：江为民

柘中（集团）有限公司党委书记、董事长、总经理：陆仁军

广电电气（集团）有限公司党委书记、总裁、董事长：严怀忠

航星机械（集团）有限公司党委书记：吴雪超

（区社会工作党委　供稿）

宣传思想工作

【概况】 2010年，区宣传思想工作围绕区委坚持科学发展，落实“五个确保”，建设现代化滨海新城的主线，切实加强舆论引导、理论武装，推进群众思想教育工作，提升舆论引导水平。加强全区基层党委（党组）中心组理论学习指导，制定专题学习研讨计划，重点开展党的十七届四中、五中全会、全国“两会”精神和市经济工作会议精神专题学习研讨。组织动员全区党员领导干部开展理论宣讲进基层活动，上半年开展“迎世博、促发展、保民生”形势任务宣讲活动。下半年，在领导干部中开展“践行世博理念，建设美好奉贤”征文活动。编辑“贤文化”系列丛书和“贤文化”乡土教材，并成立区“贤文化”研究会。制定《进一步加强和改进群众思想政治工作的若干意见》，召开全区群众思想教育工作会议，举办村（居）委书记主任专题培训班2期。围绕世博主题，开展2010年“宣传大篷车”集中巡回下乡活动，接受服务、咨询的群众10万余人次。年内，全区“三下乡”活动151场，电影下乡312场，举办各类咨询会50余场，发放各类宣传资料约7.5万份，服务群众20万余人次。上海世博会迎博办博期间，按照“四个统一”要求做好社会宣传工作，开展世博系列专题宣传活动。发布大型户外广告15座；设置大型喷绘户外广告30处；制作悬挂招风旗2959对；各公交站亭布置500余幅宣传画面，工地围墙宣传画面3530平方米；布置绿化景观小品15处；使用电子显示屏（LED）172个、宣传栏（橱窗）194个、灯箱66座、隔离栏（道板）400余块；制作下发各类社会宣传品约15万件。进一步推进新闻发言人制度和新闻发布制度的建设。组织“实践世博理念，建设美好奉贤”等系列专题新闻报道。加强新闻资源的整合，精心组织低碳城市高峰论坛、春季大型招聘会、菜花节、世博论坛等重大活动的对外新闻发布活动。（宣传部）

【开展“迎世博、促发展、保民生”形势任务宣讲活动】 3月1日至4月30日，区委宣传部组织领导干部下基层开展形势任务宣讲活动。全区各镇、开发区党政主要领导干部到所联系的村、社区及企事业单位作形势任务宣讲报告或上党课，其他党委（党组）中心组成员以调研、走访、座谈、研讨等形式，到“双结对”的村或各自分管和联系的基层单位与基层党员群众开展面对面的沟通交流。全区处级以上领导干部参与宣讲活动237人次。（薛志军）

【开展“践行世博理念、建设美好奉贤”征文活动】 5月13日至9月30日，区委宣传部在全区领导干部中开展“践行世博理念，建设美好奉贤”有奖征文活动，活动期间，共收到征文110余篇，其中一些单位的主要领导撰写的征文在《奉贤报》上择优刊登。（薛志军）

【开展干部群众思想动态调研活动】 4月1日开始，区委宣传部围绕全区年度工作重点，组织力量，深入基层，开展干部群众思想动态调研和社会舆情研判。对“十二五”规划制定、“转方式、调结构”、“迎博、办博”、创建全国卫生城区、南桥新城建设等市民关注的社会热点难点问题，对基层干部群众中较为突出的思想反映和一些重点涉奉舆情进行研判，并于7月9日向区委常委会进行专题汇报，为区委进一步加强群众思想政治工作和社会建设工作提供决策参考。（薛志军）

【开展“贤文化”建设研究活动】 8月16日，区委宣传部召开奉贤区贤文化研究会成立大会。会议报告“贤文化”研究会筹备工作情况，审议并通过《奉贤区“贤文化”研究会章程》及会员名单。区委常委、宣传部长袁晓林任会长，研究会办公机构设在区委宣传部。各镇、开发区及区党史办（地方志办）、档案局、文广局、规土局、教育局、旅游局、奉贤报社、广播电视台等部门和单位为团体会员，并聘请5名市、区知名学者为研究会特约研究员。12月17日，区委宣传部召开“贤文化”建设专题研讨会，邀请上海市社科院、部分高校专家学者共同探讨如何进一步加强奉贤“贤文化”建设。（薛志军）

【举行“新城杯”演讲决赛】 8月17日，“演绎世博主题、聚焦贤城建设”奉贤区“新城杯”演讲比赛决赛在区图书馆报告厅举行。袁晓林，汪黎明，迟岳峰等出席。围绕上海世博会、奉贤“十二五”规划、南桥新城建设三大主题，15名选手各自进行5分钟的主题演讲和1分钟的即兴演讲。最终，区文广局和南桥镇的参赛选手摘取桂冠。（高贵峰）

【开展纪念抗战胜利65周年系列活动】 9月，组织参加过抗日战争的老战士老同志代表、部队战士、学生以及各界代表，参加浦东区域老干部纪念抗战胜利65周年活动，由学生代表向老战士献花，

并一同观看文艺演出。召开奉贤区纪念抗日战争胜利65周年暨庆祝奉贤区史志学会成立一周年大会。在全区青少年中开展"听前辈讲抗战故事"活动,聆听抗战历史故事,接受爱国主义教育。集中走访慰问健在的抗日老战士、抗日烈属,并送上慰问金。组织开展"中华赞歌"群众歌咏活动,传唱优秀抗日歌曲和爱国歌曲,进一步弘扬民族精神,凝聚民族力量,高举爱国主义旗帜。在全区8个镇5个开发区开展抗战历史图片巡展,同时集中展映、展播一批关于中国人民抗日战争题材、弘扬爱国主义精神的优秀影视作品。通过奉贤报、奉贤广播电视台等主要媒体发表纪念文章、刊登相关图片和资料。

(高贵峰)

【举办村(居)委干部培训班】 9月27日、10月9日,区委宣传部、区委党校联合举办2期奉贤区村(居)委干部专题培训班,开展群众思想教育、来奉人员服务管理、农村集体建设用地流转、物业管理等方面专题培训。培训结束后,10月11～15日,各镇、开发区组织村、居委干部结合各自工作实际展开讨论,提高村、居委干部社会建设的政策水平。(高贵峰)

【1.4万名中学生参加"氢"科学知识竞赛】 11月20日,"神力杯"2010奉贤区万名中学生"氢"科学知识竞赛决赛在古华中学举行。此次竞赛是区委宣传部、教育局、科学技术协会配合第九届上海市社会科学普及活动周联合举办的一次区域性大型科普教育活动。此次竞赛分初赛和决赛两个层次,初赛由各中学自主举行,32所中学的1.4万余名学生参加。29所中学的200余名中学生进入决赛。12月27日,在神力公司举行"神力杯"2010年奉贤区中学生"氢"科学知识竞赛总结表彰活动。

(高贵峰)

【年度"感动奉贤"十大人物揭晓】 12月9日,召开2010年度"感动奉贤"十大人物评委会会议,19家评委会成员单位的负责人出席会议。在事迹征集、媒体宣传、投票评选的基础上,会议最终审定孙桂英、沈伟、沈金海、金育娥、姜建华、柳青、施楞、顾海林、蒲忠琼、景玉妹等10人入选2010年度"感动奉贤"十大人物。12月30日,举行颁奖典礼。(高贵峰)

【开展"宣传大篷车"巡回下乡活动】 年内,开展以"倡导文明新风,喜迎世博盛会"为主题的"宣传大篷车"巡回下乡活动13场次。开设服务项目70个。23家成员单位出动工作人员1650人次,分发各类宣传资料20000余份,赠送各类奖品6000份,现场参加咨询、培训、有奖答题、义务体检等活动的群众26000人次。(高贵峰)

精神文明创建活动

【概况】 年内,区精神文明建设工作坚持以"贤文化"为引领,以世博为契机,不断提升城区文明程度和市民文明素质。2月,召开区精神文明建设大会。10月,完成区精神文明建设"十二五"规划编制工作。成功创建上海市文明镇5个、上海市文明社区2个,评选表彰一批精神文明建设先进集体和个人。指导南桥镇、海湾镇社区文化活动中心项目建设和迎检工作。组织开展"敬奉贤人迎世博,见贤思齐树新风"冲刺100,我们在行动"、城市文明志愿服务大行动出征仪式等世博主题实践活动。推进"文明观博"全民学习培训活动,培训35.49万人次,完成培训计划指标的170%;培训参加世博会馆日活动的市民代表及国际参展方来奉交流活动接待人员1600余人。围绕文明指数测评、"周四义务劳动日"、"车抛垃圾"专项整治等开展世博专题巡访,累计出动巡访人员720人次,采集数据7000余个;配合做好世博文明指数测评的统筹对接和协调指导等工作,为测评6次蝉联郊区第一作出积极贡献。开展世博城市文明志愿服务行动,全区5万余名城市文明志愿者累计参与志愿服务80余万人次。"服务世博会,弘扬'贤文化',全面提升奉贤精神文明建设水平"调研成果获上海市思想政治工作研究优秀成果奖。召开区未成年人思想道德建设工作会议,发动中小学生参与"三五"集中行动、"我微笑、我捡起"环境清洁主题宣传等活动;开展"小手牵大手"文明观博知识普及活动,参与人数9.62万人。(宣传部)

【编制《奉贤区精神文明建设"十二五"规划》】 年初,启动《奉贤区精神文明建设"十二五"规划》编制工作。经过半年调查研究、征求意见、修改完善,形成《奉贤区精神文明建设"十二五"规划(讨论

奉贤滚灯舞蹈《呼唤》在上海大舞台举行的"迎世博倒计时100天市民风采展示"演出,并通过中央电视台第一、第三、第七套和东方卫视向全世界现场直播 (奉贤报社 供稿)

稿)》,并提请区文明委主任、副主任审核并定稿,10月完成《奉贤区精神文明建设“十二五”规划》编制工作。整个规划主要包括五大方面内容:一是崇尚以贤为美,切实加强公民思想道德建设;二是体现以贤为先,着力提升精神文明创建水平;三是倡导以贤为师,不断深化未成年人思想道德建设;四是突出以贤为荣,加快发展志愿服务事业;五是坚持以贤为本,进一步健全精神文明建设长效机制。

(文明办)

【推进“文明观博”全民培训】 2月9日,召开全区“文明观博”培训工作动员大会暨师资培训会,正式启动“文明观博”全民培训活动。通过发挥社区学院、社区学校、村民学校、居民教学点等教育阵地优势,依托区世博知识专家讲师团、“夕阳红”讲师团等资源,普及群众性观展礼仪知识。全年培训35.49万人次,网上测试通过20万余人,完成培训计划指标的170%。同时,完成参加9个结对国家馆日活动市民代表及国际参展方来奉交流活动接待人员的礼仪培训,培训对象2000余人。 (文明办)

【精神文明建设大会召开】 2月26日,区2010年精神文明建设大会在区会议中心大礼堂举行。会议表彰2008~2009年度上海市文明镇5个、上海市文明社区2个及区精神文明十佳好人好事、文明窗口、文明市民、优秀志愿者。青年志愿者、市民巡访员、窗口服务者、世博宣讲员、城市建设者等5名市民代表发言并作出承诺。会前,区精神文明建设委员会举行全委会,审议并通过《2010年区精神文明建设工作意见》和《2008~2009年度区精神文明建设先进建议名单》。 (文明办)

【区世博城市服务站点招募志愿者2772人】 2月底,区世博志愿者工作站顺利完成区世博会注册志愿者的招募选拔工作,共选拔2772名世博志愿者在世博期间进行志愿服务,其中世博园区志愿者105人,世博城市站点志愿者2667人。

(文明办)

【举行世博城市文明志愿服务大行动出征仪式】 3月5日,区迎世博600天行动社会动员指挥部在南桥中学体育馆举行世博城市文明志愿服务大行动出征仪式。全区世博宣传、窗口行业、交通文明等八大类600余名志愿者参加仪式,并代表全区世博城市文明志愿者进行表态发言。区四套班子有关领导为八大类城市文明志愿者服务总队授旗,并为区世博会志愿者培训基地揭牌。 (文明办)

【未成年人思想道德建设工作会议召开】 3月23日,召开未成年人思想道德建设工作会议,总结2009年全区未成年人思想道德建设工作,部署2010年工作。会议强调:要完善未成年人思想道德建设的大格局,净化未成年人成长的社会文化环境,增强未成年人思想道德教育的实效,落实工作职责和保障措施。区教育局、关工委、综治办、文广局作交流发言。 (文明办)

【举行世博城市交通文明志愿服务手势操大演练】 3月23日,区文明办举行“敬奉贤人迎世博,见贤思齐树新风”——世博城市交通文明志愿服务手势操大演练。全区各行业的400名世博会城市文明志愿者代表在区交警支队教官的现场示范下,对交通路口志愿服务常用动作和手势进行集中大演练。

(文明办)

【开展中小学生争当世博“风尚好少年”系列活动】 4月9日,由区文明办、教育局共同举办的“小手牵大手,世博引风尚——奉贤区中小学生争当世博‘风尚好少年’系列活动”启动仪式在南桥小学举行。区文明办、团区委、区教育局向全区中小学生联合发起“讲文明、绘绿色,手手相牵迎世博”倡议。4个学生家庭代表带动参与活动的全体人员,共同承诺履行“当好东道主,文明迎嘉宾”的誓言。南桥小学学生代表展示“寻找陋习,做礼仪世博监督员”、“热心公益,做服务世博小公民”等各年级学生的世博行动成果。4月26日,在世博会开幕倒计时5天之际,全区各中小学举行“7万学生‘小手牵大手,吹响世博集结号’”文明承诺联合行动。 (文明办)

【举行城市志愿服务站点志愿者上岗宣誓仪式】 4月20日,“敬奉贤人办世博、见贤思齐树新风”—奉贤区世博城市志愿服务站点志愿者上岗宣誓仪式在南桥车站世博城市志愿服务站前举行。100名身着世博城市志愿服务站点志愿者服装的志愿者庄严宣誓,表达践行志愿者精神、奉献世博盛会的坚定决心和承诺。仪式后,志愿者们分别奔赴全区30个世博会城市志愿服务站点,开展各项志愿服务。

(文明办)

【组织参与世博试运行观展】 4月23日、26日,区志愿者及社会动员部组织全区市民巡访团、世博宣讲团等代表650人参与世博试运行观展。观展其间,区志愿者秉承“敬奉贤人、见贤思齐”的人文精神,有序排队,文明观博,并在观展游览后向区社会动员部反馈世博园区试运行中存在的问题和不足,为世博会成功举办建言献策。

(文明办)

【开展新一轮老少牵手宣讲活动】 5月20日,区文明办、关工委、教育局等单位联合主办的“老少牵手话世博,见贤思齐树新风”—走进民办农民工子女小学主题宣讲活动在宏翔小学启动,拉开了新一轮“老少牵手宣讲活动”的序幕。“老少牵手、见贤思齐”宣讲活动是区未成年人思想道德建设的品牌项目,自2007年启动始已连续开展4年。年内,活动集中面向全区农民工子女小学。区“夕阳红”讲师团走进16所农民工子女小学校园,携手农民工子女一起开展以“老少牵手话世博,见贤思齐树新风”为主题、传统现代相交融的互动式宣讲。通过扬荣抑耻、共话文明、倡导新风,帮助农民工子女并带动学生家长了解奉贤、融入奉

贤，争当文明“新奉贤人”。（文明办）

【开展世博志愿者立功竞赛活动】 6月1日至10月31日，在全区30个城市志愿服务站点和2009名站点志愿者中开展“七彩志愿心·我为世博作贡献”—城市志愿服务站点志愿者立功竞赛活动，通过“常规工作赛出来”、“特色工作亮出来”、“站点典型秀出来”三项岗位比武活动，树立一批优秀服务站点和优秀志愿者，形成“创先争优、岗位建功”的良好氛围，提升城市志愿服务站点整体工作水平。（文明办）

【推进农家会所建设】 7～10月，区文明办牵头相关职能部门对21家历年建成并符合农家会所配置要求的村进行验收并给予资金补贴。重点协调有关部门加大2010年农家会所建设推进力度。至12月底，完成25家农家会所年内开工建设的任务。（文明办）

【建立未成年人思想道德建设专题工作督查研讨机制】 8月，区文明办建立未成年人思想道德建设专题工作督查研讨机制，针对全区未成年人思想道德建设工作重点和难点，组织相关成员单位进行实地视察、交流研讨、征集对策等，协调督促相关职能部门逐一抓落实、抓推进，形成“督查抓推进，研讨定对策”的工作模式。8月26日，围绕“净化未成年人网络成长环境”专题举行首次工作督查研讨会；12月21日，围绕“加强未成年人心理健康教育”专题举行第二次督查研讨会。（文明办）

【举行未成年人暑期工作总结表彰暨成果展示会】 9月28日，2010年区未成年人暑期工作总结表彰暨成果展示会在区教师进修学院附属实验学校举行。会议表彰2010年区未成年人暑期工作27个特色项目，思齐社会工作服务中心、海湾镇假期办、弘文学校作为获奖代表作交流。上海市“龙华魂”中小学生课本剧汇演一等奖作品（奉贤中学）《虎门销烟》、上海市第六届红色经典小故事演讲赛初中组二等奖作品（弘文学校）《城市服务志愿者的一天》等，作为暑期活动成果进行现场展示。区暑期工作办公室荣获2010年上海市未成年人暑期工作组织奖。（文明办）

【举行世博会城市志愿服务站点志愿者离岗仪式】 10月31日，区世博会志愿者工作站在古华公园举行世博会城市志愿服务站点志愿者离岗仪式。世博期间，奉贤区2009名城市志愿服务站点志愿者在30个城市志愿服务站点累计向市民游客提供信息查询94183次、语言翻译447次、文明宣传44302次、应急救援57次。（文明办）

【世博志愿服务工作总结表彰大会召开】 12月1日，区世博会志愿者工作站召开世博志愿服务工作总结表彰大会，一批世博志愿服务先进集体、个人和项目受到表彰。会上，区世博会志愿者工作站站长对世博志愿服务工作作简要总结；世博志愿者服务专题片《心的启航·传递·飞翔》回顾世博志愿服务的历程；诗朗诵《飞扬的志愿者旗帜》道出园区志愿者的甜酸苦辣；情景剧《站点志愿者的一天》重现城市站点志愿者的服务场景，城市文明八大行动志愿者表达延续和传承世博志愿服务精神的坚定决心。（文明办）

【深化“车抛垃圾”专项整治活动】 年内，深入开展“与文明同行”—“车抛垃圾”专项整治活动，通过巡访抓拍、集中曝光、劝导整改等方式，发挥宣传教育和提醒警示作用，全年共巡访抓拍和接受举报“车抛垃圾”车辆119辆。（文明办）

【完成2009～2010年度市、区两级文明系列创建考评】 区文明办开展2009～2010年度市、区两级文明系列创建的申报和评审工作，91家单位申报市级文明单位、49个小区申报市文明小区、54个村申报市级文明村，区级文明系列创建覆盖面不断拓展。在评审中严格执行考评标准，通过集中考评、实地考察、日常工作抽查等多种形式，对参与申创的单位分批进行考评，完成2009～2010年度文明系列创建考评任务。（文明办）

统一战线

【概况】 年内，区统一战线工作把握大团结、大联合工作中心，围绕“五个确保”，以统一战线服务世博为主线，以“和谐—我们共同的心声”为主题，深入开展各项工作，提高统一战线工作科学化水平。组建区少数民族世博志愿者分队、侨界志愿者队伍，开展统一战线迎世博系列活动，区少数民族世博志愿者分队获市民族宗教系统服务世博先进集体称号，区侨办获市侨务系统服务世博先进集体称号，区侨联获市“亲情中华世博行”优秀组织奖，《圆残疾人的观博梦》等文章在“社区统战服务世博”案例征集中获市二、三等奖。协助抓好世博会期间部分宾馆清真专灶、专厨的配套，满足穆斯林的用餐需求，落实“早防范、早发现、早处置”的工作要求，提前制定稳控预案，对涉及民族宗教、涉侨涉台的投诉案件及时处理，协助有关部门做好世博安保维稳工作。开展奉贤民企“与世博同行”签名活动，50余家民营企业参与世博会各项建设。推进政治协商工作，协助区委召开党外代表人士“十二五”规划纲要、推进新农村建设三年行动计划纲要等征求意见座谈会和双月座谈会。协助民主党派加强与政府职能部门对口联系，推进党政领导与党外人士的联系交友和小范围谈心制度。协助民主党派完成课题调研11个、提案156件、政协发言7篇。以社会主义学院为阵地，举办“树立和践行社会主义核心价值体系”为主题的培训班10期，培训人员400余人次。支持民主党派基层支部（支社）完成换届工作，协助农工党总支部成立区委。推进新社会阶层人士统战工作，成立第一届区专业知识分子联谊会。建立区中小企业法律风险防范机制，举办

“世博年·伙伴行”金融服务进奉贤活动，并提供5亿元专项授信额度。完成对38家上规模民营企业的调研任务，并建立96家企业参与光彩事业情况数据库，掌握企业发展动态。反映企业情况，形成《奉贤区民营企业加快调结构、提能级步伐，民营经济蓄势待发》等调研文章。弘扬光彩事业精神，制定和实施“百企助百老”回报社会感恩行动活动方案，对每位帮困对象连续3年每年资助6000元。倡导企业参与青海玉树抗震救灾活动，会员企业累计捐赠183万元，捐赠货物价值68万元。组织4次民营企业招聘会，提供1300余个就业岗位。积极推进基督教专项调研工作，配合完成“5·24”专项工作。开展农村散居道士认定工作，加强流动少数民族人员管理。落实基层宗教事务委托管理工作，建立一支由319名基层干部组成的民族宗教干部队伍。举办民族宗教政策法规宣传教育广场活动。围绕“全国和谐寺观教堂”、“上海市文明宗教场所”创建目标，推动宗教场所纳入区域规划。实施宗教活动年度计划预审制度，开展“宗教与贤文化建设”讲经讲道活动。年内，15个宗教场所被命名为上海市文明宗教场所。推进“华侨华人回家看世博”、“倾情中华世博行”等活动，接待港澳台同胞和海外华侨华人15批150余人次。开展“真情献侨企，服务促发展”走访调研活动，开展“传承与创新”百名奉贤侨商世博体验活动，成立市欧美同学会奉贤分会，提高涉侨团体的凝聚力。开展社区侨务工作。协调处理好归侨侨眷和海外侨胞反映的问题，受理来信来访16件（次），开展“献真情，暖侨心”送温暖系列活动3次，慰问归侨侨眷203人次。开展“3·5”侨法广场咨询活动，启动侨法宣讲“三进”项目，举办“东方讲坛”侨法宣传讲座，发放宣传资料2100份，推进社区“侨之家”工作，巩固社区侨务工作成果。重视涉台事务协调工作，做好台资企业和台胞、台属信息核实工作，妥善处置涉台突发事件、信访投诉等各类案件20余起，落实11名台生择校就学。印发涉台教育资料2200余册，《台商服务指南》1000余册，对区内60余家台企开展安全生产培训。参与“世博风、两岸情”主题征文活动，被国台办宣传局和市台办评为先进单位。做好台湾企业家赴大陆文化经贸考察团来奉和区内考察团赴台访问考察服务工作，协助区内企业赴台开展经贸商务活动，为42家企业83人次办理赴台报批手续，严格做好赴台人员行前教育工作。举办台商台胞春节、中秋等节日联谊活动，召开区台商台胞世博答谢会，鼓励台商台胞以实际行动支持两岸关系和平发展。培育“三区联动”基层统战基地，按照“因地制宜、依次推进、树立典型、务求实效”的工作要求，推进“三区联动”南桥镇杨王特色基地建设，鼓励统战成员到社区、农村开展教育培训、文艺演出、科技文化医药“三下乡”等活动，在新农村建设中发挥积极作用。推进基层统战“一镇一特色”工作，加强基层统战特色工作的创建，根据各基层单位资源情况，指导基层相继创建“广交心”、“联户统战人士制度”、“党建入侨企”和“网络统战之家”等富有特色的品牌活动。完成统战社工的招录与培训，推动基层统战工作深入开展。（沈璐婷）

【召开党外人士座谈会4次】 年内，共召开党外人士座谈会4次。3月2日，召开党外人士座谈会，就《奉贤区推进社会主义新农村建设2010～2012年三年行动计划纲要（征求意见稿）》征求各民主党派、工商联负责人、无党派人士代表意见。5月15日，召开“十二五”规划大讨论党外人士座谈会，就《奉贤区经济社会发展战略和“十二五”规划基本思路（讨论稿）》征求区各民主党派、无党派人士代表意见。张立平、时光辉、程云华、张小松和区各民主党派、无党派人士代表参加座谈会。7月12日，召开关于加强社会建设党外人士座谈会，就《中共上海市奉贤区委、上海市奉贤区人民政府关于进一步加强社会建设的实施意见（征求意见稿）》征求意见，张立平、程云华、俞凯丰及区各民主党派、工商联、无党派人士及民族宗教界代表参加座谈。10月27日，区委召开座谈会，就《中共上海市奉贤区委关于制定奉贤区国民经济和社会发展第十二个五年规划的建议（征求意见稿）》广泛听取区党外人士的意见和建议，陆兴祥出席会议并讲话。（沈璐婷）

【召开情况通报会3次】 1月6日，召开统战人士情况通报会，通报中共奉贤区委二届十三次会议精神，通报2009年各项重要经济指标和经济社会发展取得的主要成绩，传达区委二届十三次会议精神，区各民主党派班子成员、工商联负责人、无党派人士和民族宗教界代表人士出席会议。3月30日，召开党外人士座谈会，就2010年区重大工程计划作情况通报并征求意见。6月2日，召开情况通报会，介绍南桥新城建设总体规划。（沈璐婷）

【举行党外干部联谊会】 1月16日，区委统战部举行党外干部联谊会。程云华出席会议。联谊会上，汪黎明、汤芷萍、钱雨晴、张开明、顾德平等18名党外干部对2009年主要工作进行回顾，并表示在新的一年要立足岗位，发挥参政议政和民主监督的作用，在“三区一基地”建设中展示新风采，作出新贡献。（沈璐婷）

【统一战线工作会议召开】 2月23日，区委召开统一战线工作会议。周林官、程云华出席会议。各镇党委副书记、党委分管委员、分管副镇长和各开发区、临海社区、部分委办局、在奉高校分管领导及统战机关干部等130余人参加会议。（沈璐婷）

【走访慰问统战代表人士】 2月5日，张立平、程云华走访慰问民建奉贤区委副主委、上海巨龙房地产开发有限公司总经理戚时明，区佛教协会名誉会长、万佛阁住持新量和曙光中学回族教师马彦龙，向他们致以新春祝福，感谢他们多年来为奉贤经济社会发展作出的积极贡献。（沈璐婷）

【区专业知识分子联谊会成立】 3月10日,区委统战部召开区专业知识分子统战工作联席会议第二次会议,区委宣传部、区社会工作党委、工商联、侨联、科委、工商分局、团区委等21个成员单位参加会议。6月3日,召开奉贤区专业知识分子联谊会成立大会。程云华及区新社会阶层人士统战工作联席会议成员,各镇、开发区、临海社区分管统战工作领导,区中青年知识分子联谊会领导及26名会员参加大会。 (沈璐婷)

【民主党派负责人会议召开】 3月18日,区委统战部召开区各民主党派负责人会议。程云华出席会议并讲话。会上,各民主党派负责人交流支部(社)换届工作准备情况、树立和践行社会主义核心价值体系主题教育活动计划以及参与世博、服务世博等工作情况。 (沈璐婷)

【区工业合作协会第二届会员大会召开】 7月2日,区工业合作协会第二届会员大会在区会议中心举行。程云华及市工业合作协会理事长王志宽出席会议。会议听取薛祖国代表区工业合作协会第一届理事会所作的工作报告,选举产生第二届理事会。叶连均当选理事长,富日煜、王贵仁、周振业、沈国平当选副理事长,富日煜兼任秘书长。会议聘任程云华、薛祖国为名誉理事长。 (沈璐婷)

【民主党派成员向玉树地震灾区捐款29.46万元】 4月14日,青海玉树发生强烈地震后,根据区委、区政府《关于做好支援青海玉树地震灾区和抗震救灾捐赠工作的紧急通知》的要求,区各民主党派成员踊跃向玉树地震灾区捐款,累计捐款29.46万元。 (沈璐婷)

【中国农工民主党上海市奉贤区委员会成立】 11月25日,中国农工民主党上海市奉贤区委员会成立大会在区会议中心召开。大会听取农工党上海市奉贤区总支部委员会工作报告,并选举产生顾德平等7位农工党员为中国农工民主党上海市奉贤区第一届委员会委员。市政协副主席、农工党市委主委蔡威,市委统战部副部长吴捷,区政协主席韦源,区委副书记、组织部部长陆兴祥,农工党市委副主委祝墡珠,区委常委、区政协副主席、区委统战部部长程云华,区委常委、副区长张贵龙,农工党上海市委秘书长金如颖,区人大常委会副主任汪黎明,区政协副主席、九三学社区委主委张开明,区政协副主席、农工党区委主委顾德平出席大会闭幕式。祝墡珠和程云华为农工党奉贤区委员会揭牌,金如颖授印。九三学社奉贤区委、农工党杨浦区委代表兄弟党派、兄弟区县农工党组织向大会致贺词,会上还宣读了农工党中央发来的贺信。 (沈璐婷)

【开展"百企助百老"行动】 11月9日,区委统战部、区工商联、区光彩事业促进会举行奉贤区非公有制经济人士回报社会感恩行动——"百企助百老"启动仪式。首批确定83名为区经济社会发展作出过突出贡献但目前生活困难的老战士、老烈属、老村干部、老先进、老统战对象(简称"五老")作为结对慰问的对象,开展为期3年的扶助活动。筹集扶助资金138万元。非公经济人士每年向每位"五老"资助价值6000元的财物(采取货币及物资资助、解决就业、提供实用技术等多种形式),帮助他们发展生产、改善生活。 (沈璐婷)

【举办各类培训班4期】 4月24日,民建奉贤区委、致公党奉贤区总支部、九三学社奉贤区委与区社会主义学院联合举办"树立与践行社会主义核心价值体系"培训班。民建奉贤区委主委汤芷萍、致公党奉贤区总支部主委张建权、九三学社奉贤区委主委张开明和来自3个民主党派的30余名党派成员参加培训。5月21~22日,民盟奉贤区委与区社会主义学院联合举办培训班。民盟区委及各个支部班子成员20人参加培训。9月14~15日,区委统战部和区社会主义学院举办区统战社工培训班,14名面向社会招聘的统战社工与部分统战干部参加培训。11月5~6日,农工党奉贤区总支部委员会和区社会主义学院共同举办的"树立和践行社会主义核心价值体系"培训班,在上海市社会主义学院开班授课。 (沈璐婷)

政法工作

【概况】 年内,区政法工作围绕世博安保工作主线,扎实推进社会矛盾化解、社会管理创新和公正廉政执法"三项重点工作",着力扩大平安建设覆盖面,全力确保世博会期

11月25日,中国农工民主党上海市奉贤区委员会成立

(沈璐婷 摄)

间的政治安定和社会稳定。全年，协调处理各类重大疑难案件11件，调解处理涉法涉诉信访矛盾45件，接待群众来访93人次，办理群众来信52件，编发《奉贤政法情况》19期，《奉贤社会治安综合治理》21期，上报政法、综治情况信息110份，其中2篇简报被中央政法委简报全文转发。　（侯春姿）

【召开政法、综治暨世博安保再动员工作会议】 1月18日，在区会议中心召开区政法、综治暨世博安保再动员工作会议。会上，副区长俞凯丰宣读对先进集体和先进个人的表彰决定，并代表区政府与南桥镇、奉城镇政府签订社会治安综合治理目标责任书。区委副书记、政法委书记周林官主持会议。区委常委、公安奉贤分局局长吴培根作世博安保再动员工作报告。区委书记张立平对2010年政法、综治、维稳以及世博安保工作提出要求。　（侯春姿）

【推进平安建设实事项目】 年内，确定10项年度平安建设实事项目，其中市级平安建设实事项目8项，区级平安建设实事项目2项。各平安建设实事项目牵头单位和组织实施单位发挥职能作用，推进各项平安建设实事项目取得明显成效。严厉打击娱乐休闲场所涉黄、赌、毒违法犯罪，查处各类黄、赌、毒案件1545起，查获违法犯罪人员2953人，逮捕196人，劳教131人，行政拘留2678人，罚款170人；出动警力6000余人次参与异地检查、异地打击活动，抓获违法犯罪嫌疑人477人，其中刑事拘留105人、治安拘留352人、抓获逃犯30人。严厉打击公共场所扒窃犯罪，破获扒窃案件75起，打掉扒窃犯罪团伙17个，抓获扒窃嫌疑人191人，刑事拘留116人。防范和打击利用通讯手段实施诈骗违法犯罪，制止虚假信息诈骗案件16起，涉案金额18万余元；破获利用通讯手段诈骗案件11起，其中，电信诈骗案件8起，网络诈骗案件3起。防范和打击盗窃破坏电力设施违法犯罪。组织检查587次，出动3232人次，检查用户15935

1月18日，召开政法、综治暨世博安保再动员工作会议
（侯春姿　摄）

户，查获违章违法用电户844户，补收电费134.9万元；查实盗窃破坏电力设施案件77起，比上年下降65.8%，经济损失比上年下降69%。排查出社会治安重点地区32个，通过集中整治，24个地区治安状况明显好转。对全区涉及行业、单位、居民住宅的124幢高层建筑消防安全进行全面细致检查，发现各类消防安全隐患186处，要求立即整改145处，责令限期改正41处。开展“平安医院”创建，打击非法行医，共组织行动95次，监督检查无证行医点325户次，取缔非法行医点195个，立案处罚107起，收缴非法行医药品377箱、医疗器械7944件，移送公安部门查处案件27起，罚款37.5万元。加强流浪乞讨人员救助管理，在联合巡查中共出动工作人员和志愿者2382人次，劝离乞讨现场17人次，接回救助站接受救助12人次，救助各类求助人员157人。建立健全“社工联校”工作机制，预防青少年违法犯罪。在15所学校开展联校预防工作，开展个案帮教110人次，小组工作17次，社区活动40场次，受教育青少年2000余人次。继续整治学校周边地区治安秩序。排查出校园安全隐患279个，至年末全部落实整改措施；开展“黑网吧”专项整治，共发现“黑网吧”312家，整治202家，完成64.7%，收缴电脑主机1206台。（侯春姿）

【落实各项维稳措施】 年内，以“构建和谐社会、营造平安奉贤”为总目标，落实各项维稳措施。细化矛盾纠纷排查调处工作，督促各镇、开发区每月报告矛盾纠纷排查调处情况，把潜在问题化解在基层、化解在萌芽状态。健全完善基层维稳组织建设，完善各镇、开发区维稳工作领导小组，健全和完善基层单位处置突发事件网络机制建设。完善大规模群体性事件应急处置预案，在原有预案基础上，区委政法委（区维稳办）组织协调区委宣传部、公安奉贤分局、信访办等职能部门制定2010年度大规模群体性事件专项应急预案，提高应对突发群体性事件处置工作的实际效能。充实调整应急预备大队人员，预备人员从100人增至156人，并增设班组，加强演练。强化重大突出矛盾纠纷疏导化解和调处力度，切实加强突出矛盾纠纷情况的服务跟踪和指导工作。
（侯春姿）

【推进重大事项社会稳定风险评估】 在2009年牵头编制重大事项社会稳定风险分析和评估机制的基础上，年内，进一步健全和完善重大事项社会稳定风险分析和评估工作机制，对可能带来的各种社会稳定风险及与人民群众利益密切相关的重点项目进行分析和评估，从源头上预防、降低、控制和应对因重大事项实施而可能产生

的社会稳定风险。年初，区委、区政府确定“轨道交通5号线奉贤段工程建设项目和亚东石化（上海）有限公司二期扩建项目”两个重大事项作为区级层面的项目，通过多方优化论证评估，轨道交通5号线奉贤段工程项目为B级风险，亚东石化（上海）有限公司二期扩建项目为A级风险。同时，在全区范围内全面推行重大事项社会稳定风险的分析和评估工作，各镇、开发区共上报重点项目14个。至年末，整体分析和评估工作完成。

（侯春姿）

【开展案件评查】 4月起，在全区政法系统开展案件评查专项活动。共评查案件100件，其中区法院55件，检察院10件，公安奉贤分局35件。各部门成立案件评查领导小组和工作小组，通过阅卷、座谈、调查、走访、评议、组织公开听证等方法，对案件进行评查。在案件评查中主动接受外部监督，邀请人大代表、政协委员、律师、群众代表等参与案件评查全过程。（侯春姿）

【开展积案清查】 年内，开展对涉法涉诉信访案件积案清查专项活动。通过自行排查清理和经中央政法委复核，确认并受领交办清理涉法涉诉信访积案29件。区委政法委、公安奉贤分局、法院分别成立清理积案活动领导小组，并下设工作小组和若干化解工作小组，负责清理活动的组织协调和实施化解工作。至12月底，化解积案28件，化解率96.55%，位列全市第二。同时，针对中央政法委直接交办的5件涉法涉诉信访案件，加大化解力度，克服案件化解难度大（其中3件为跨区域涉法涉诉信访案件）、矛盾积累时间久的困难，成功化解案件4件，化解率为80%。

（侯春姿）

【开展平安志愿者“一案一奖”评审活动】 年内，对提供破获涉及危害国家安全、破坏社会管理秩序、扰乱社会治安、侵犯公民生命财产安全等案件的重要线索；在完善社会矛盾化解、社会管理创新、志愿者服务、队伍管理等方面创新举措或者提出合理化建议；发现突出信访矛盾、重大不稳定因素或者重要负面舆情，为相关职能部门及时处置提供条件的先进个人、先进单位和优秀事迹，通过大队推荐、专业部门认定、支队审批，给予200元～800元的奖励。世博期间，奖励6批，223件，290人次，奖励资金88300元。推荐奉城镇平安志愿者大队等10个集体为上海市优秀平安志愿者服务队，杨榴妹等40名志愿者为上海市优秀平安志愿者。在大队推荐、支队审核的基础上，评选出方美英等20名奉贤区志愿者明星和南桥镇平安志愿者大队等10支奉贤区优秀志愿者服务队。会同区委宣传部、区总工会、公安奉贤分局共同组织区世博安保先锋评选活动，收集推荐世博安保先锋37人，其中张群连等4人被评为市世博安保先锋，10人为区世博安保先锋。（侯春姿）

【拓展平安建设新领域】 年内，推进基层平安创建活动，着力提高平安家庭、平安小区、平安单位、平安社区覆盖率和达标率。同时，重点推进医院、学校、家庭、工地等的平安创建。全区有816家单位被评为上海市平安单位，比上年增长11.3%；250个村、居委被评为上海市平安小区，覆盖率93.6%。

（侯春姿）

【开展平安志愿者服务活动】 世博会期间，围绕“平安世博”总体工作目标，组织和发动群众，组建平安志愿者队伍并广泛开展世博安保各项服务工作。全区25支大队18654名平安志愿者参与社区治安巡防566157人次，服务时间2184912小时；参与街面巡查116183人次，服务时间595531小时；参与中小旅馆巡查35831人次，服务时间92338小时；参与协助稳控、安帮、监护工作的志愿者59727人次，服务时间288015小时；参与人民调解平安志愿者82595人次，服务时间193914小时；调解纠纷10367件。集中开展“上街面、进社区、知岗位、熟职责”平安志愿者服务活动，出动平安志愿者16910人次，涉及地区类、行业类841个岗位，覆盖全区262个村（居）委、510个公交站点、67个商业闹市及旅游景点。落实平安志愿者管理人员补贴277000元，按照人均20元的标准落实宣传经费373080元。通过各类媒体及工作简报，加大平安志愿服务工作宣传力度。（侯春姿）

政策研究

【概况】 2010年，区委、区政府政策研究工作围绕“三区一基地”发展战略，深入开展“十二五”规划重大战略性课题研究，推进区社会主义新农村建设，促进开发区国企深化改革，修改完善2010年各镇、开发区、集团公司党政班子的奖励办法，推进全区经济社会又好又快发展。（邵旭东）

【开展重大课题研究】 年内，围绕“十二五”规划中重大战略性问题，开展调研走访，为“十二五”规划建言献策。完成服务型政府建设课题和城乡统筹综合配套改革课题研究，成果列入区“十二五”规划，成为今后一个时期“三化两建设”核心要求的主要内容之一。完成区企业发展环境和多种所有制经济共同发展和农民增收机制两个课题的调研，为深化“十二五”规划思路提供基础成果。同时，围绕领导关注、群众关心、社会关切的重点、难点、热点问题开展思考分析，先后开展区外来流动人口状况问卷调查、镇级财政可支配收入情况调研、完善奉贤区农贸市场建设管理的调研报告、近期基层调研情况综合等调研项目，为区委、区政府决策提供参考资料。（邵旭东）

【推进新农村建设】 年内，按照区委“18”条意见和新农村建设三年计划纲要，深化农村改革和发展，推进新农村建设。研究制定稳定完善土地承包关系的政策和土地承包经营权流转市场的建立方案，并加以认真实施。4个镇建立镇级土地流转管理服务中心。统筹安排新一轮村财政转移支付资金，开展新一轮经济薄弱村认定和扶持工作。全区共安排转移支付、经济薄弱村扶持资金和经济薄弱村集体经济专项发展资金7384.14万元，比前一轮增加1444万元，增长24.3%。拟定《关于保障村级组织运转经费、扶持经济薄弱村的实施意见》。创新局村挂钩形式，安排区级机关各部、委、办、局、人民团体与经济薄弱村结对，安排部分企事业单位和部分在奉市属单位与经济薄弱村结对，结对覆盖面由前一轮的50%提高到100%。启动新一轮城乡结对深化工作。开展卢湾、杨浦两区党政代表团到奉检查城乡结对工作，并对新一轮结对工作进行洽谈。完成城乡对应各街、镇之间新一轮签约，初步确定新一轮结对资金杨浦区不少于前一轮，卢湾区比前一轮翻一番。研究制定农村集体建设用地流转方案并进行试点。通过调查摸底，对产业类用地、设施类用地、宅基地和土地整理等方面分别制定不同流转方式和配套政策，最终形成区政府文件下发。对撤制村组集体资产处置工作开展调研并制定政策，摸清全区134个撤制村民小组的基本情况，根据市文件精神，因地制宜，规定不同的处置方式，完成文件起草。（邵旭东）

【推进开发区国企改革】 年内，根据中央和市关于国企改革的精神，分别拟定《关于开发区国有主体公司深化改革的意见（试行）》《关于化学工业区奉贤分区发展有限公司总经理薪酬确定的暂行办法》，完成化学工业区奉贤分区体制改革，成立临海社区，承接原化工分区社会管理职能，化工分区发展有限公司从原管委会剥离，确定为区政府直属国有公司，归口区国资委管理，承担原化工分区土地开发和企业管理服务职能。（邵旭东）

【做好考核评选工作】 年内，修改完善对各镇、开发区、集团公司领导班子考核奖励办法。将区招商办招商引资工作的考核奖励纳入对各镇、开发区、集团公司领导班子考核奖励体系，形成“奖”出一门；增加超额完成任务的考核比重，促进经济增长，助推发展方式转变；统一日常发放的扣除标准，使得奖金口径转化为区级机关绩效奖金系统；规范考核工作程序，在正式进入区政府常务会、区委常委会讨论之前，增加考核领导小组讨论程序，确保集体协商、科学决策。此外，开展对各村购买服务类项目的绩效考核，以此作为区对各村财政转移支付的依据，共设计9个项目，涉及10个政府部门，以促进村级社会建设和社会管理。开展2009年度奉贤区“财富百强”企业评比活动，表彰为全区经济发展做出重要贡献的企业。（邵旭东）

党校工作

【概况】 年内，党校工作以《中国共产党党校工作条例》和全国、上海市党校工作会议精神以及《2010～2020年干部教育培训改革纲要》为指南，实施落实《区委党校、区行政学院近期发展（2008～2010）三年行动计划要点》，增强干部教育培训针对性和实效性。巩固和深化学习实践活动成果，开展“端正学风、改进作风、推进工作”主题教育活动，开展创先争优活动，增强凝聚力。创建学习型党校，提升整体学习理念和学习能力。发挥干部教育培训主渠道作用，全年共举办各类干部教育培训班18期，培训学员1200余人次。围绕“学习贯彻十七届四中全会精神，提高干部领导科学发展能力和促进社会和谐能力，提升党建工作科学化水平”主题，分别在浦东干部学院和市委党校举办2期党政主要负责干部专题研修班。服务世博，到各镇、部委办局开展世博宣讲10余场。为镇、开发区、部委办局提供培训指导和师资服务。3个案例入选上海干部教育案例丛书第二辑，完成《奉贤论苑》编辑刊印4期。（许　慧）

【举办各类培训班18期】 年内，发挥干部教育培训主渠道、主阵地作用，举办各级各类培训班18期，学员1200余人次。其中，与区委组织部联合举办第七期领导干部进修班，学员38人；第六期中青年干部培训班，学员35人；居民区党组织书记培训班1期，学员76人；第七期青年知识分子读书班，学员37人；入党积极分子培训班4期，学员282人；大学生“村官”培训班2期，学员174人。配合办好专题研讨班，包括党政主要负责干部专题研修班2期，学员128人；城市建设与管理专题研修班1期，学员27人；村（居）委干部专题培训班2期，学员420人。另与政府合作交流办联合举办新疆干部培训班2期，学员28人；云南红河州干部培训班1期，学员48人。（许　慧）

【创新教学内容】 年内，完善教学布局，着力增强教学内容针对性。

11月16日，区委领导与中青班学员座谈　　（许　慧　摄）

把科学发展观、“三区一基地”建设、“转方式、调结构”、学习型政党建设、四项监督制度、群众工作方法、媒体沟通、危机管理、动迁工作、社会管理、世博后续效应、低碳经济等相关内容进入主体班课堂教学，使教学内容贴近理论前沿，贴近奉贤实际，贴近学员需求。

（许　慧）

【推进研究式教学】　年内，创新教学方式，推行以案例教学为重点的研究式教学。结合奉贤特色，组织教师围绕群众工作开展案例编写，完成4个群众工作案例并上报市委组织部和市委党校，其中3个案例入选上海干部教育案例丛书第二辑。发挥学员主动性，把开展课题调研作为主体教学的重要板块，并做好案例汇编。　（许　慧）

【拓展干部教育培训资源】　年内，与高炮预备役五团共建奉贤区青年干部教育培训基地，发挥好部队的国防教育阵地作用。同时，分别利用县委旧址、庄行镇、南桥新城等教学资源开展党性教育、新农村建设、城市规划等现场教学。

（许　慧）

【实施教师素质提升工程】　组织教师集体备课，参加业务学习、学术会议，开展研修活动。选派教师参加市委党校专题研修班，增强教师理论素养。加大教师参与教学管理的力度。教师挂职锻炼成效明显，5名教师在区委组织部、宣传部、区发改委、信访办、新农村建设推进办进行为期1年的挂职锻炼，完成9个教学案例以及5个调研报告。7月，启动新一批挂职锻炼工作，3位教师在区委组织部、区法院、动迁办进行为期半年的挂职锻炼。　（许　慧）

老干部工作

【概况】　至12月31日，全区离休干部161人，其中90岁以上离休干部15人，年龄最大的99岁，最小的74岁，平均年龄82.37岁。区（县）原四套班子退休干部24人。年内，区委、区政府领导先后6次向全区离休干部通报工作，不定期邀请老同志参加区委、区政府重要会议和形势报告会等。元旦、春节、高温期间，区四套班子主要领导到老干部家中和区中心医院探望慰问老干部。敬老节，区委副书记陆兴祥、副区长张小松为年满80岁的老同志赠送长寿匾、为90岁以上老同志颁发“长寿之星”荣誉杯。　（李　娜）

【举办老干部读书班2期】　4月和10月，分别举办2期老干部读书班，邀请有关专家、学者为老同志作党的十七届五中全会辅导报告、文明观博礼仪知识讲座、国内外热点问题、南桥新城开发规划和现代生活方式与亚健康等一系列专题辅导和报告。对行动不便的老同志采取送学上门，把中央、市委精神以及区委全会精神等资料传送给老同志。　（李　娜）

【开展“三看”参观考察活动】　年内，分期分批组织全区离退休干部以“看改革成果、看经济发展、看社会进步”为主题的参观考察活动。通过一系列学习、参观考察活动，使老同志继续保持政治坚定、思想常新、理想永存。　（李　娜）

【为老干部办实事、做好事】　年内，走访慰问生病住院、生活相对困难的离休干部及离休干部遗属1100余人次。按政策落实离休干部生活待遇，做好离休干部遗属补贴费标准调整发放等工作。聘请律师、心理咨询师、理发师和专家、主治医师为老干部提供各类法律援助、精神慰藉、理发和医疗咨询、诊疗和开处方等服务。继续采取“三个一点”办法，为8位特殊医疗费用较大的老同志提供特殊医疗补助。协调解决易地安置离休干部两费问题、增加补贴费、妥善处理后事等。区文广局继续为全区离退休干部减免全年的有线电视费和维护费。充分利用社区资源，为老干部提供家电维护（修）、管道疏通、卫生保洁等方面服务，切实解决老同志的急、难、愁问题。

（李　娜）

【落实离休干部方便就医工作】　年内，经区卫生局、财政局、医保办等单位通力合作，对中心医院的老干部病房、门诊部进行改建，建立和完善离休干部专用病区、“一门式”服务门诊、转诊绿色通道、专管员管理服务等工作机制，切实解决老干部“看病难、住院难”的问题。各镇社区卫生服务中心，在做好老干部门诊“一条龙”服务的同时，加强社区保健医生队伍建设，为老干部提供综合性社区卫生服务。

（李　娜）

【与团区委开展老青结对活动】　年内，区委老干部局与团区委联手举行“你我携手，共建和谐”——新一轮老干部与团干部结对共建签约仪式，开展“互学、互帮、互爱、互助”活动，促进年轻干部成长。做大做强区“夕阳红”讲师团特色品牌项目，在各镇、开发区建立分团，走进机关、社区、企业、民工学校等，开展“老少牵手话世博、见贤思齐树新风”主题宣讲活动，全年宣讲137场次，听众9万余人。评选表彰“四型”、“五好”关工委组织61个，促进全区关心下一代工作的新发展。6月，区关工委被中央关工委、中央精神文明办授予全国关心下一代工作先进集体荣誉称号。傅浩、余静萍被评为全国关心下一代工作先进个人。区关工委、南桥镇、金汇镇等3个关工委被评为上海市关心下一代工作先进集体，张惠、傅浩、余静萍、卫银章、胡自力、施楞、褚伯葵等7人被评为上海市关心下一代工作先进个人。

（李　娜）

【开展老有所乐活动】　4月23日，组织全区老干部参观上海世博会；5月，各离退休干部党支部以“我与世博同行”为主题，召开专题组织生活会；6月30日，举行老干部世博知识竞猜活动；9月，举办“庆世博、庆国庆”书画摄影展；10月，召开“尊老敬老、共创和谐”座谈会和征文活动。　（李　娜）

【举行纪念抗日战争胜利65周年活动】 9月3日，区老干部局组织浦东新区、松江区、金山区、崇明县、海事大学、高桥石化、沪东造船集团等8家老干部部门的抗战老战士，走进94774部队，与100多位部队官兵、少先队员一起举行纪念抗日战争胜利65周年活动。区委常委、区政协副主席、统战部部长程云华、市委老干部局副局长蔡向东出席会议并讲话。活动在上海教育电视台《常青树》栏目播放。其间老干部局还走访慰问46名区抗战老干部。 （李 娜）

【组织敬老日活动】 以“敬老在你身边，共创和谐社会”为主题，举行区老干部庆祝上海市第23个敬老日暨“争创百岁老干部”启动仪式。通过为年满80岁的老同志集体祝寿、为90岁以上老干部颁发“长寿之星”荣誉杯，向原单位、社区、老干部家庭发出“争创百岁老干部”倡议等，建立和完善“四位一体”的老干部管理服务体系，营造全社会都来关心照顾老干部的良好氛围。 （李 娜）

【加强社区老干部工作】 年初，区委老干部局与区委组织部、民政局、财政局、卫生局联合制定《关于进一步加强社区老干部工作的实施办法》。针对90%的老干部居住在南桥镇这一实际，经区委组织部批准，南桥镇成立社区老干部工作领导小组，增设老干部科，加强对社区老干部工作的领导，做到老干部工作有机构负责、有经费办事、有人员服务。各居委会针对独居、行动不便、长年患病等存在特殊困难的老干部，定期组织社区助老员、志愿者上门探望，帮助离休干部消除心理上的孤独和失落。西渡社区等成立物业服务志愿者队伍，定期走访社区老干部，检查用水、用电安全，提供物业维修服务等。年内通过举办社区老干部工作者培训班，召开社区老干部工作恳谈会，不断总结工作经验与做法，推进社区老干部工作向纵深发展。 （李 娜）

机关党工委工作

【概况】 年内，区机关党工委工作牢牢把握“服务中心、建设队伍”两大核心任务，围绕“五个确保”目标和服务上海世博会这一主线，全面加强机关思想政治建设、业务能力建设、作风建设、党内民主和反腐倡廉建设，为奉贤经济社会发展和推进“三区一基地”建设提供思想、政治、组织保证。 （沈世忠）

【完成世博各项工作任务】 年内，组织机关、事业单位党员干部每周四上午提前半小时上班，到所在单位包干路段开展清扫垃圾等保洁活动；发动机关党员周六上午参加居住地所在社区义务劳动49038人次。组织机关干部1763人参加“文明观博”知识培训，测试合格率95%。组织机关志愿者90余人，到奉城瓦洪公路参加植树活动，共同美化家园。组织60余名党员志愿者参加区委组织部“世博先锋行动”暨党员志愿者奉献世博誓师大会，并成立奉贤区“世博先锋行动”党员志愿者应急服务分队。4月下旬分两批组织1450名机关干部参加世博试运行观展。组织机关系统开展“窗口服务日、清洁环境日、公共秩序日”活动，做好志愿者文明路口交通执勤。以“岗位行动、家园行动、志愿行动”、“我是党员我带头，我是党员我奉献”等活动为载体，发挥党员和机关干部引领示范作用，推进“创先争优”活动。表彰区税务局机关党委等16个先进党组织和罗兰萍等66名优秀共产党员，机关党员志愿者服务总队被评为上海市先进集体。 （沈世忠）

【开展“五型”机关创建活动】 年内，机关党工委把开展“五型”机关创建活动作为加强党的执政能力建设和先进性建设的重要抓手，引导党员干部树立新观念、应对新要求、掌握新知识、提升新能力、创造新业绩。以推进学习型党组织建设为基础，不断深化以学习型机关为主的“五型”机关创建活动。推荐13家单位创建上海市学习型机关，专门成立考评组对所有申报单位进行考核验收。经市级机关党工委、市学习办评定，区人民法院等13家单位被评为为2010年度上海市学习型党组织（机关）创建工作先进单位。经区“五型”机关创建领导小组评定，区审计局等9家单位为“创新型”机关，区检察院等16家单位为“服务型”机关，区委老干部局等6家单位为“廉洁型”机关，区体育局等13家单位为“和谐型”机关。 （沈世忠）

【29个党组织换届实行公推直选】 年内，举办公推直选工作培训班，对29家2010年期满换届的机关基层党组织负责人进行培训。下发《中共上海市奉贤区机关工作委员会关于做好机关基层党组织班子成员公推直选工作的实施方案》，有区法院等3个机关党委、区委办等26个党支部按期完成公推直选换届选举工作。 （沈世忠）

【加强党员队伍建设】 按照“十六字”发展方针，严把入党、转正审批关，及时做好发展党员和转正工作。年内发展新党员43人，审批转正预备党员32人。举办区直机关系统青年党员培训班，增强青年党员的政治意识、大局意识、服务意识。开展纪念建党89周年、庆十一等系列活动，举行机关大院宣传画廊评比，在奉贤县委旧址，机关系统37名党员集中举行入党宣誓。开展七一前夕走访慰问老党员活动，组织党员到上海市图书馆观看“精彩世博——中国首届3D图片展”。 （沈世忠）

【开展创先争优活动】 年内，开展以“世博先锋行动——为群众作表率、为世博作贡献”为主题的创先争优活动，并与“讲党性、重品行、作表率”、“双结对”、“走进基层、服务群众”和“五型”机关创建等活动相结合，发挥党员和机关干部引领示范作用，促进机关作风转变、机关执行力和机关效能提高。根据《奉贤区“法制城区”创建项目化推进实施办法》，机关党工委结合工作实际，确立主题，狠抓工作落实，《开展“五型”机关创建活动，提高依法执政水平》项目获2010年度奉贤区“法制城区”创建“十佳工作项目”奖。组织机关干部参加由语委举办的《中华人民共和国国家通用语言文字法》发布十周年知识竞赛，区直机关代表队获得三等奖。机关党工委获2010年奉贤区创建国家二类语言文字工作达标城市先进单位。（沈世忠）

【组织学习贯彻《条例》活动】 年内，会同区委组织部下发关于学习贯彻《〈中国共产党党和国家机关基层组织工作条例〉（简称条例）》的通知，分两批组织机关党组织书记到市委党校听取市级机关党工委领导作辅导报告，使机关基层党组织充分理解和深刻领会《条例》主要内容，对指导和规范机关党建工作，进一步发挥机关基层组织的作用，提高机关党建工作水平起到积极作用。（沈世忠）

【注重机关党风廉政建设】 组织学习《中国共产党党员领导干部廉洁从政若干准则》《四项监督制度》《机关基层组织工作条例》等文件，通过学习讨论，增强领导干部廉政意识，推进机关廉政建设。转发机关团工委开展“文化树魂、廉洁正身”活动通知。并邀请区纪委领导为60余名机关青年干部讲课，召开纪念建党89周年暨创建廉洁型机关座谈会，开展3次廉政专题画廊评比，组织机关党员干部观看《第一书记》等影片。加大案件查处力度，严肃处理违纪案件。年内，共受理信访举报3起，对1名有违纪行为的机关党员予以党内警告处分。配合市级机关纪律检查工作委员会组建评议员队伍，开展作风评议。（沈世忠）

【创新机关工会工作】 年内，组织开展创建“三型”（学习型、服务型、创新型）工会活动。22家基层工会被评定为“三型”工会创建单位。举办区直机关基层工会干部培训班，区直机关70余名工会干部参加培训班。利用传统节日等时机，举行乒乓球、猜谜语、红五星、飞镖、“庆元宵”双人桥牌赛和“迎国庆·全民健身与世博同行”乒乓球友谊赛等各类文体活动。组队参加区职工“伟星杯”篮球赛、区总工会举行的“工业杯”乒乓球赛和区“工会杯”职工桥牌赛等。组织机关工会系统参加2010年区职工救急济难互助保障，为机关干部职工做好上海市职工互助综合保险、特种重病保险续保工作。为区直机关工会系统在职职工和退休（女职工）人员办理住院互助保障计划工作。举行离退休干部（职工）迎春报告会。开展重阳节敬老活动。上门看望并慰问住院老领导、在职患大病重病人员、离退休干部职工及离休干部遗属、困难劳模。区直机关工会被区总工会评为工会工作目标考核一等奖。

（沈世忠）

史志工作

【概况】 年内，进一步整合党史资源，扩大宣传教育效果。对区内革命历史遗址遗迹进行全面普查，在普查基础上制定党史和爱国主义教育基地建设规划。注重书籍编写质量，提出编修“精品良志”的要求，制定编写规范细则，明确具体要求，强化执行落实。先后出版《话说上海·奉贤卷》《奉贤风光》《奉贤年鉴2010》《古华乡贤》等书籍。在第四届全国年鉴编纂出版质量评比中，《奉贤年鉴2009》获地州县区年鉴综合奖一等奖，同时获3项专项奖。指导基层和部门出版《奉贤县物价志》《奉贤人民代表大会志》《胡桥续志》《上海市工业综合开发区志》《上海南桥变压器有限责任公司志》。开展读志用志活动，参与“贤文化”建设活动，作为区“贤文化”研究会副会长单位，出版《古华乡贤》，弘扬和阐释“贤文化”精神内涵。通过奉贤史志学会，拓展用志新平台，出版学会刊物《奉贤文史》3期。推进信息化建设，在史志办门户网站“奉贤史志”上传本单位出版的各类史志电子书籍，为社会各界读志提供便捷服务。至12月底，《奉贤史志》网浏览量19余万人次，其中县志3本，党史研究著作5本，年鉴11本，区（县）以及各镇（开发区）志30本，各部门专业志、村、企业志13本，各类地情书籍、老家谱16本。丁惠义被评为全国地方志系统先进工作者和特别嘉奖表彰先进工作者。（史志办）

【《上海市奉贤区军事志》印行】 1月下旬，《上海市奉贤区军事志》正式印行。该志书由上海市奉贤区军事志编纂委员会编，主编徐晓明，副主编臧光军、陈炳章（执行）。该志书为大16开精装本，全书60余万文字，全彩印。除概述、大事记外，全志设军事环境、驻军、军事设施、战事、地方武装、党管武装、奉贤区（县）人民武装部、兵役、民兵预备役、双拥、民防、人物等12章。（史志办）

【《高桥村志》印行】 1月，《高桥村志》印行。该志书由上海市奉贤区奉城镇高桥村村志编纂委员会编，主编唐石英。该志书为16开精装本，约50万字。卷首有上海市政协主席冯国勤的题词：“艰苦创业，建设社会主义新农村。”全志设地理自然、建制人口、党政群团组织、社会事业、工业交通、农业、副业、盐业、商业、村镇建设、教育科技、文化体育、医疗卫生、宗教、风俗语言、人物、集镇与生产队概况等17卷。（史志办）

【《奉贤人民代表大会志》出版】 3月，《奉贤人民代表大会志》由学林出版社出版发行。该志书由奉贤人民代表大会志编纂委员会编，主编朱立夫、徐建平，执行主编王鹤林。该志书为16开精装本，100万文字，印数2000册。上限自1949年5月14日奉贤全境解放起，下限至2007年2月奉贤区第二届人民代表大会及其常务委员会任期届满。卷首设彩图（照）、总述和大事记，全志共有6编、16章、79节、176目。（史志办）

【《奉贤风光》出版】 4月30日，奉贤区人民政府地方志办公室编纂的《奉贤风光》小型画册，在世博会开幕前夕，由上海锦绣文章出版社正式出版，向世博会献上一份厚礼。《奉贤风光》以简洁的中英文，配182幅精美照片，介绍区内主要旅游景点、星级宾馆，附有交通路线和联系电话，为游客提供便捷的奉贤旅游“向导”。（史志办）

【《奉贤年鉴2009》获全国大奖】 5月11～12日，第四届全国年鉴编纂出版质量评比颁奖暨第十二届全国年鉴学术年会在山东省济南市举行。《奉贤年鉴2009》获地州县区年鉴综合奖一等奖，同时获框架设计特等奖、装帧设计一等奖、条目编写二等奖3项专项奖。全国年鉴编纂出版质量评比由中国出版协会年鉴工作委员会举办，每五年组织一次。此次评比在原有框架设计、条目编写、装帧设计、检索手段评比标准上增加校对质量标准，《奉贤年鉴2009》的整体编校质量较高，位列一等奖中的第一名。（史志办）

【《话说上海·奉贤卷》出版发行】 5月，由上海市地方志办公室和奉贤区人民政府地方志办公室编纂的《话说上海·奉贤卷》一书，由上海文化出版社正式出版。《话说上海》丛书，每个区县一卷，计19卷，旨在利用地方志资源，挖掘上海独特的历史文化内涵。全书收集整理奉贤历史与现代名城名镇、红色纪念地、奉贤文化名人名事、经济建设亮点和以“海、农”为特色的奉贤旅游景点材料46篇，图照136帧，并附有区文物保护单位、旅游景点、星级酒店、高档酒店、达标旅馆等详细表录资料。（史志办）

【《奉贤县物价志》出版】 5月，《奉贤县物价志》（1985～2001）由学林出版社出版。该书为16开精装本，约90万字，印数800册。全志设主要农副产品价格、轻工业品价格、重工业品价格、公用事业价格、公益性服务收费、房地产价格及物业管理收费、行政事业性收费、收费管理、价格管理、价格服务、物价监督检查、成本调查、物价机构等共13章52节147目。该书的最大亮点是，志末全文载录先期已内部印行的《奉贤县物价志》及《奉贤县物价志》（续篇），实现三志合并出版，读者一册在手即能饱览奉贤自1628年始，至2001年撤县建区373年的物价历史脉络和发展变化。（史志办）

【开展革命遗址普查】 年初，根据全国革命遗址普查工作会议精神及上海市委党史研究室相关要求，区委党史研究室制定实施方案，开展全区革命遗址普查工作。2月，着手查阅、收集大量史料，初步列出各类备查遗址名单。3～4月，到庄行、奉城、柘林等镇、社区，实地考察各类遗址近10处，向部分老领导、老同志了解详细情况，初步确定待查遗址10余处。5～6月，在相关单位配合下，各镇、单位上报遗址普查表，由区委党史研究室整理、汇总，撰写调研报告。该项工作于7月份完成，普查结果上报市委党史研究室。对革命遗址的保护利用，区委党史研究室已提出相关建议。（史志办）

【《奉贤年鉴2010》出版】 9月，《奉贤年鉴（2010）》由学林出版社出版。该书记录2009年度奉贤自然、政治、经济、文化、社会等领域的基本情况。卷首彩色照片分设荣誉奖项、主要数据、重要政务、十大要闻、政府实事、机关风采五个部分，形象展示了奉贤风貌。框架设计突出经济工作，反映奉贤之长，及时载录行业（部门）变化信息，全书共设栏目34个，分目160个，收录条目1476条，图表108张，随文照片156帧。同时根据年度发展的特点，对部分类目设置进行微调。在“上海市奉贤区人民政府”中增设“政府实事”分目，详细介绍市、区两级政府实事项目；将“企业集团”从“工业·建筑业”中析出，归入“经济园区·企业集团”栏目，突出集团企业综合性发展的特点。（史志办）

【区委常委会专题听取党史工作汇报】 12月15日，中共奉贤区委常委会专题研究党史工作，区委党史研究室主任丁惠义汇报中央党史工作和上海市委党史工作会议精神，并结合奉贤实际，指出制约奉贤史志事业发展的瓶颈问题，对下一步史志工作提出落实中央关于党史工作的各项制度、做好几项标志性工作、加大党史宣传工作力度等三点设想。区委书记张立平、区长时光辉等提出要求。会上同时分发展示奉贤史志成果的画册《史志一瞥》。（史志办）

（本栏目编辑　周生明）

上海市奉贤区人民代表大会

综　　述

2010年，上海市奉贤区人民代表大会（简称区人大）常务委员会依法履行各项职责，在增强监督实效、发挥代表作用、强化自身建设等方面取得新成效。年内，区人大常委会召开区人民代表大会全体代表会议2次、举行常委会会议7次，听取、审议专项工作汇报33项，组织代表视察9次，作出决定9项；依法任免地方国家机关工作人员、人民陪审员70人次，依法补选区人大代表7人。年内，区人大常委会贯彻区委人大工作会议精神，增强做好人大工作使命感，对照要求找差距，加强机关思想作风建设，为全面提升人大工作奠定思想基础和制度保证。围绕全区工作大局，推进对“一府两院”工作的监督，突出开展代表联系人民群众活动，发挥人大代表的主体作用。推进市、区人大代表联系社区工作，收集各类意见、建议600余条；注重代表书面意见督办，充分发挥市代表呼民意、出思路、办实事的作用；受理人民群众来信来访，收到群众来信来访301件1510人次，办理市人大转来全国人大信访交办件18件。加强与镇人大的联系指导，提升镇人大履职水平。深入开展多层次的调研工作，为编制“十二五”规划建言献策。参与区委“十二五”规划编制的大调研，同区政府联合开展涉及“十二五”机制和体制建设的“改革和完善‘两级政府、三级管理’体制”课题调研，形成《关于进一步完善“两级政府、三级管理”体制的建议》《上海郊区城镇化建设中一个值得重视的问题——关于加快推进农民宅基地置换、归并工作的思考与建议》等调研报告。各工作委员会开展专题调研，形成《关于行政机关办理司法建议和检察建议情况的调研报告》《关于国资保值增值情况的调研》《关于公共汽车和电车客运管理的调研》《关于加强社区卫生资源整合的调研》等调研报告。（郭军武）

重要会议

【概况】 年内，区人大常委会组织召开全体代表会议2次：1月20～22日，召开区第三届人民代表大会第六次会议；9月28～29日，召开区第三届人民代表大会第七次会议。召开区第三届人大常委会会议7次，召开区第三届人大常委会主任会议16次。（郭军武）

【区三届人大六次会议召开】 1月20～22日，召开区第三届人民代表大会第六次会议。应到代表220人，实到207人。会议审议批准区2009年国民经济和社会发展计划执行情况与2010年国民经济和社会发展计划草案的报告；审议批准区2009年预算执行情况和2010年预算草案报告，听取和审议区人大常务委员会工作报告、区人民政府工作报告、区人民法院工作报告、区人民检察院工作报告，补选孙静为区人民检察院检察长。（郭军武）

【区三届人大七次会议召开】 9月28～29日，召开区三届人民代表大会第七次会议。应到代表218人，实到199人。大会依法选举马天龙为区第三届人民代表大会常务委员会副主任。（郭军武）

【召开区三届人大常委会会议7次】 年内，区三届人大常委会召开常委会会议7次，听取和审议专项工作报告。1月8日，召开区三届人大常委会第三十次会议。会议听取和审议区人民政府关于《奉贤区2009年预算执行情况和2010年预算草案》的报告，审议并通过区人民政府《关于调整2009年财政收支的议案》，作出关于批准区人民政府调整2009年财政收支的决定。会议决定设立区人民代表大会常务委员会华侨民族宗教事务工作委员会，由朱全忠兼任主任。同时，会议还审议区人大常委会工作报告（讨论稿）。3月24日，召开区三届人大常委会第三十一次会议。会议听取和审议区绿化市容局关于迎世博600天行动工作情况和食药监奉贤分局关于保障世博食品安全工作情况报告，审议通过区人大常委会2010年度工作要点（草案），审议通过关于增加区人民法院人民陪审员名额的决定。会议经过表决，免去王银仙区人民检察院副检察长、检查委员会委员、检察员职务。5月24日，召开区三届人大常委会第三十二次会议。会议听取和审议区双拥办关于区双拥工作情况报告，审议有关人事任免事项。经会议表决，任命卫正华等35人为区人民法院人民陪审员。8月10日，召开区三届人大常委会第三十三次（扩大）会议。会议审议区政府上半年工作情况、上半年国民经济和社会发展计划执行情况、上半年预算执行情况、上半年社会治安工作情况、关于代表书面意见办理工作情况的汇报。9月20日，召开区三届人大常委会第三十四次会议。会议审议《关于上海市奉贤区2009年财政决算的报告》《关于2009年度上海市奉贤区财政预算执行和其他财政收支的审计工作报告》，通过《关于批准奉贤区人民政府2009年财政决算的决议》，听取和审议区司法局《关于奉贤区法制宣传教育第五个五年规划和决议贯彻执行情况》的汇报。决定在9月28~29日召开区三届人大七次会议；表决通过区三届人大七次会议代表变动情况报告和列席人员名单；审议区三届人大七次会议议程、日程等有关文件草案，决定提交区三届人大七次会议审议。经会议表决，同意接受李吉瑞辞去区三届人大常委会副主任职务和蒋仁辉辞去区三届人大常委会委员等职务的请求。决定任命宗斌为区人民政府办公室主任，任命瞿军为区绿化和市容管理局局长，免去陈建庆区人民政府办公室主任职务，免去宗斌区绿化和市容管理局局长职务，同时任命陆勇伟、侯维山、倪琳、韩群妹、平建军、殷卫东、宋磊为区人民检察院检察员。10月27日，召开区三届人大常委会第三十五次会议。会议听取和审议区政府关于"十一五"规划执行情况和"十二五"规划编制情况的汇报，听取和审议区人民检察院关于依法履行法律监督职能情况的报告，审议区人民法院任命报告，决定任命王文燕、张煜、李永林、张欢、邵忠华、曹国强、褚玉兰、管继余为区人民法院审判员。11月16日，召开区三届人大常委会第三十六次会议。会议审议区政府任免议案，经表决，决定任命吴雅奎为区人力资源社会保障局局长，任命苏徐平为区审计局局长，任命陶永平为区国有资产监督管理委员会主任，决定免去周龙华区人力资源社会保障局局长职务、陶永平区审计局局长职务、刘德仁区国有资产监督管理委员会主任职务。经审议决定接受吴雅奎、瞿军辞去区人大代表职务的请求。审议通过《关于开展区人大代表向选民述职的实施意见》。（郭军武）

【召开区三届人大常委会主任会议16次】 年内，区三届人大常委会召开常委会主任会议16次，听取政府职能部门工作报告8项，并提出相关改进意见和建议。

（郭军武）

2010年奉贤区三届人大常委会主任会议情况表

次　第	日　期	会　议　内　容
第56次	2月1日	讨论关于增补区人民法院陪审员名额的决定（草案）
第57次	2月26日	讨论2010年度区人大常委会工作要点（草案），讨论确定区三届人大六次会议代表书面意见
第58次	3月1日	听取区政府新农村推进办关于区第二轮新农村建设三年行动计划编制情况的汇报
第59次	3月24日	讨论有关人事任免事项
第60次	3月30日	安排常委会4月份工作
第61次	4月28日	讨论有关人事任免事项和常委会5月份工作安排
第62次	5月28日	听取区教育局关于贯彻《上海市学前教育三年行动计划》实施情况的工作汇报
第63次	6月30日	听取区政府办公室关于三届人大六次会议代表书面意见办理工作情况汇报和区体育局关于《全民健身条例》贯彻实施情况的报告
第64次	7月29日	听取区人民法院关于审理劳动争议案件情况的报告
第65次	8月9日	讨论关于常委会第三十三次（扩大）会议上各代表组、工作委员会的审议稿
第66次	8月27日	听取区住宅小区综合管理工作情况的汇报
第67次	9月19日	讨论关于召开区三届人大七次会议的决定（草案）、区三届人大七次会议有关文件和有关人事任免事项
第68次	9月30日	听取区科委关于区科技创新工作情况汇报，讨论区三届人大常委会领导分工调整情况（草案）、区人大代表补选事项、有关人事任免事项和安排常委会10月份工作
第69次	10月29日	听取区财政局关于土地出让金收缴使用管理情况的报告
第70次	11月11日	讨论《关于开展区人大代表向选民述职的实施意见》（草案）和有关人事任免事项

续 表

次 第	日 期	会 议 内 容
第71次	11月30日	经讨论，评出优秀代表书面意见18条，讨论有关补选区人大代表资格审查报告和有关人事任免事项，并听取各工作委员会2010年工作情况及2011年工作设想的汇报

（郭军武）

重要活动

【组织人大代表视察9次】 年内，区三届人大常委会组织代表开展世博安保、安全生产、防汛防台、环境保护、推进六大高新技术产业化、临港开发区奉贤分区建设情况、食品安全、南桥新城建设情况等方面的视察活动9次。 （郭军武）

2010年奉贤区人大常委会组织代表视察情况表

活动时间	视 察 内 容	活动时间	视 察 内 容
4月1日	视察区世博安保工作推进情况	9月27日	视察六大高新技术产业化推进情况
4月16日	视察区安全生产工作情况	10月19日	视察临港开发区奉贤分区发展情况
4月19日	视察闵浦二桥建设情况	10月25日	视察区食品安全示范村创建情况
5月25日	视察区防汛防台工作情况	11月19日	视察南桥新城建设推进情况
6月21日	视察区环保三年行动计划落实情况		

（郭军武）

【胡延照到柘林镇新塘村开展市代表联系社区活动】 5月6日，上海市副市长胡延照在区人大常委会主任周伟民陪同下，到柘林镇新塘村开展市代表工作小组活动，面对面和基层代表进行座谈，听取基层党组织和人民群众的意见和建议。 （郭军武）

【区人大工作会议召开】 5月12日，奉贤区人大工作会议召开。区委书记张立平作《中共奉贤区委关于进一步加强人大工作的实施意见》的说明，并就加强和改进人大工作提出意见。区人大常委会党组书记、主任周伟民在会上讲话。会上印发《中共奉贤区委关于进一步加强人大工作的实施意见》，部分单位作交流发言。 （郭军武）

【承办全国十县（市、区）人大工作研讨会第二十一次会议】 6月8～10日，全国十县（市、区）人大工作研讨会第二十一次会议在奉贤区举行。上海市奉贤区人大常委会、山西省太谷县人大常委会、广西壮族自治区合浦县人大常委会、浙江省苍南县人大常委会、江苏省宜兴市人大常委会、山东省垦利县人大常委会、四川省高县人大常委会、江苏省铜山县人大常委会、新疆维吾尔自治区新源县人大常委会、江西省樟树市人大常委会等50余人出席会议。会议由上海市奉贤区人大常委会主任周伟民主持，中共奉贤区委书记张立平致欢迎辞并介绍奉贤区情。各成员单位围绕贯彻落实科学发展观，围绕监督改善民生、服务经济社会发展大局、发挥代表作用等方面工作进行研讨交流。区人大常委会副主任张根舟、汪黎明、季伯明、汤芷萍参加会议。 （郭军武）

代表工作

【概况】 年内，区人大常委会围绕常委会年度工作要点，突出世博主题，加强和改进代表工作，扎实做好市、区人大代表联系社区工作，加强和改进代表书面意见督办工作，加大督办力度。坚持抓好代表培训，继续搭建履职平台。坚持常委会领导走访代表制度，深入基层，走访代表，听取意见、建议。落实有关规定，开展调研，做好代表补选工作。 （郭军武）

【集中办结代表书面意见】 在办理期限截止前以书面通知的形式敦促承办单位按时办结，及时上报材料，并与未能按时办结的单位进行沟通，掌握进展情况。继续对代表书面意见实行网上同步办理，确保代表书面意见网上办理工作的顺利推进。提高代表书面意见办理工作的公开性和透明度，使代表书面意见办理工作全过程接受代表监督。 （郭军武）

【组织双向约见活动】 年内，收到涉及社会事业类人大代表书面意见24件，占意见总数的29%。4月19日，区人大常委会举行区人大代表与区政府及有关部门双向约见活动，就区社会事业发展等方面的工作进行沟通。区教育局、民政局、财政局、建设交通委、卫生局等部门领导先后分别向区人大代表通报代表书面意见办理进展情况及下一阶段工作计划，并现场答复代表提问。 （郭军武）

【加大二次督查力度】 年内，区人大常委会完善督办工作制度，增强督办工作力度。10件代表重要书面意见由区人大常委会领导分工督办，对其他“正在解决”和“逐步解决”的书面意见由人大各工作委员会分工督办，对办结的书面意见由代表工作室进行回访。督办工作逐步形成常委会领导重点督办、代表工作室牵头交办，各工作委员会分工督办的工作机制。

（郭军武）

【继续实行代表列席常委会制度】 有针对性地邀请部分人大代表列席人大常委会会议，参与审议“一府两院”的有关工作，让代表了解和掌握区政治、经济、社会、文化等方面的发展情况，听取代表关于经济社会发展、民生工程等方面的意见和建议。（郭军武）

【组织代表旁听案件庭审】 5月26日，区人大常委会组织200名代表旁听区人民法院关于“张东涉嫌贪污罪、职务侵占罪”案件的审判过程。组织代表旁听庭审活动是区人大拓宽司法监督渠道、增强司法监督实效、提高代表法律知识水平和履职能力的重要举措之一。

（郭军武）

【加大代表履职先进事迹宣传力度】 根据《关于开展市、区人大代表履职先进事迹宣传的计划》，要求各镇上报优秀代表事迹。经代表工作室汇总、审核、分类后发送给新闻媒体，邀请媒体对先进事迹进行宣传报道。年内，宣传代表履职先进事迹11人次。（郭军武）

【完善网上代表履职登记管理系统】 以市、区代表参加活动情况的收集为重点，按代表活动的项目予以分类，将代表的各种活动综合，输入代表履职管理系统，使系统能全面客观反映市、区二级人大代表参加各项活动的情况。

（郭军武）

【做好代表补选工作】 年内，做好接受2名区人大代表辞去人大代表职务和补选7名区人大代表的相关工作。按照法定程序，在各镇党委推选人大代表候选人后，根据区人大常委会要求，召集相关镇人大召开补选工作会议，布置补选工作，下发相关材料，并进行工作指导。补选结束后，收集资料做好归档工作，为三届八次人代会的召开做好准备。年底，重新核对所有市、区代表信息，为人代会的召开和各工作委员会联系人大代表做好基础工作。（郭军武）

【加强为市人大代表的服务工作】 加强与市人大代表奉贤组的联系，继续做好市人大代表的服务工作。为市代表专题调研做好各项服务工作。区人大常委会根据市人大常委会关于组织市人大代表开展专题调研活动的通知精神，组织开展由市十三届人大奉贤代表组部分代表、区人大常委会领导以及部分区、镇人大代表参加的专题调研活动。为市代表调研小组活动做好服务保障工作。对市代表议题小组开展活动做好服务和跟踪工作，并参与“上海郊区城镇化建设中亟待突破的问题——关于加快推进农民宅基地置换工作的思考与建议”议题小组的调研活动及报告的起草和修改工作。

（郭军武）

【受理信访301件次】 年内，区人大常委会共收信接访301件次，其中收到群众来信196件，接待人民群众来访105人次，办理市人大常委会信访办转来的全国人大信访办交办件18件39人次。

（郭军武）

镇人大事务

【概况】 年内，人大常委会组织镇人大主席、副主席及工作人员培训，注重加强与镇人大的沟通和联系，区人大常委会定期召开镇人大工作例会，了解镇人大工作开展情况，交流工作经验，推进镇人大工作有序开展，指导镇人大完成部分区人大代表的补选工作。

（郭军武）

【参加市级培训】 根据市人大常委会人事代表工作委员会的要求，组织各镇人大主席、副主席及工作人员参加培训。上半年，组织各镇人大主席、副主席及工作人员14人前往北戴河参加培训。

（郭军武）

【召开镇人大工作例会4次】 年内，区三届人大常委会组织召开各镇人大工作例会4次。3月22日，召开各镇人大工作第一次例会，会上，各镇人大交流2010年度工作计划，学习中共上海市人大工作会议有关材料，并对《中共奉贤区委关于进一步加强人大工作的若干意见》提出修改意见和建议。6月3日，召开各镇人大工作第二次例会，组织各镇人大主席、副主席，部分市、区两级代表前往世博园区参观。9月21日，召开各镇人大工作第三次例会，布置区人大代表优秀书面意见评选工作等有关事项。12月24日，召开各镇人大工作第四次例会，各镇人大交流2010年镇人大工作，通报区人大代表优秀书面意见评选情况。（郭军武）

（本栏目编辑　周生明）

上海市奉贤区人民政府

综　　述

年内，区政府牢牢把握上海世博会举办的良好机遇，深入贯彻落实科学发展观，围绕“三区一基地”建设总目标，完成区三届人大六次会议和“十一五”规划确定的目标任务，实现了经济社会健康较快发展。大力开展招商引资，全年实现内资实业型项目到位资金76.3亿元；实现合同外资4.1亿美元，到位资金3亿美元。全力推进高新技术产业化，制定实施新材料等重点产业规划，共有高新技术企业234家，产值284亿元。工业固定资产投资总额达到104亿元，完善经济园区基础设施，提升管理服务水平，产业集聚加速形成。全区获得市质量金奖2个，获评市名牌8个、著名商标4个。凯宝药业、柘中建设、超日太阳能成功上市，广电电气通过上市审核。设立重点区域产业结构调整专项资金，完成塘外化工区企业整体搬迁，全区共淘汰劣势企业65家。顺利完成“十一五”节能降耗累计下降20%的目标任务。超额完成“十一五”期间污染物总量减排的控制目标。百联南桥购物中心二期建成开业。申报“南郊生产性服务业功能区”。成功举办菜花节、风筝会。南郊宾馆被评定五星级旅游饭店、都市菜园创建为国家AAAA级旅游景区。全区旅游业实现营业收入25.1亿元，同比增长15.9%。深入实施迎世博600天行动计划，顺利完成迎世博各项任务，在市文明指数综合测评中勇夺郊区县六连冠。深入实施城市网格化管理，整治违法建筑27万平方米，顺利通过国家卫生区创建的技术评估。南桥新城145万平方米动迁安置房基地建设、“上海之鱼”项目一期湖面开挖、轨道交通5号线奉贤段西渡站配套工程、闵浦二桥等重大工程动工或完成阶段性目标。制定实施《奉贤区推进社会主义新农村建设2010～2012年三年行动计划纲要》，创建国家级水稻、蔬菜标准化示范区2个，新认定市级农业产业化龙头企业2家，新组建农民专业合作社35家，新增“田头超市”市区销售店3家，奉贤黄桃获国家地理标志产品保护。供应世博会农产品合格率达到100%。大力扶持种源农业，启动低碳循环农业试点。制定出台《关于实行农村集体建设用地流转提高土地节约集约利用水平的意见》。区、镇两级农村土地承包经营权流转管理服务中心挂牌成立。村级财务规范化管理实现全覆盖。农业要素交易所正式运营。城镇登记失业率控制在4.3%以内。城镇、农村居民家庭人均可支配收入分别达到23938元和13180元，同比分别增长10.2%和11.6%。实施安居工程，开工建设5.9万平方米保障性住房，完成113万平方米农民集资房和2.9万平方米直管公房整修。有效解决低电压问题，确保居民生活用电。完善社会保障制度，积极

10月20～21日，“政府管理创新前沿论坛”在奉贤举行

（奉贤报社　供稿）

开展新型农村社会养老保险制度试点。农民养老金每人每月增加60元。农村合作医疗人均筹资水平达到690元。健全综合帮扶机制,救助覆盖面继续扩大。社会福利事业和老龄工作不断深化,全区养老床位3839张。全国残疾人社区康复示范区创建工作通过验收。坚持教育优先发展,保证教育经费"三个增长"。全区义务教育入学率达100%,高中阶段教育入学率达98.6%。启动医学重点和特色专科建设。启动孕产妇系统保健全覆盖管理。加强疾病预防控制,各类传染病发病率保持历史较低水平。实现社区文化活动中心、农村综合文化活动室和有线电视"户户通"全覆盖。基本完成区经营性文化事业单位改制。弘扬地域特色文化,"唱响群文四季歌"等群众性文化活动蓬勃开展。建成社区公共运动场2个、农民健身工程35个,全区经常性体育锻炼人口占比达到45%。承办第十四届市运会射箭、风筝等赛事。户籍、流动人口计划生育率分别达到99.4%和93.1%。成功举办政府管理创新前沿论坛,学习借鉴其他地区先进经验,推动服务型政府建设。

(王　欢)

2010年奉贤区第三届人民政府常务会议情况表

次　第	日　期	主　要　内　容
第91次	1月8日	听取关于《政府工作报告(征求意见稿)》、2010年元旦和春节期间救助帮困工作的情况汇报等
第92次	1月25日	听取关于评选2007~2009年度区先进工作者、先进集体和推荐市劳动模范、模范集体工作,切实加强公益性劳动组织管理实施意见,2009年区长质量奖评审工作的情况汇报等
第93次	2月4日	听取关于2009年度区级机关目标管理绩效考核情况、2009年度人民政府教育工作自评情况的汇报等
第94次	2月5日	听取关于开展区"十二五"规划重点课题调研工作方案、2010年政府投资项目计划及资金安排、2010年区政府重点工作安排及责任分工方案的情况汇报等
第95次	2月23日	听取关于区特殊教育三年行动计划、进一步做好帮扶企业稳岗位和扩大就业工作、区推进社会主义新农村建设2010~2012年三年行动计划纲要的情况汇报等
第96次	3月2日	听取关于开展"迎世博、保平安、捉漏治顽"专项调研活动、进一步加强和改进动迁管理工作若干方案的情况汇报等
第97次	3月26日	听取关于区生物医药产业发展行动计划及市科委、区政府关于推进奉贤生物医药产业基地发展合作框架协议,区廉租住房管理暂行规定、经济适用住房管理暂行办法、人才房管理试行办法及直管公房综合整治方案,突发公共事件应急预案工作的情况汇报等
第98次	4月2日	听取关于南桥新城总体规划修编情况的汇报
第99次	4月8日	听取关于创建国家卫生区迎检准备工作、调整区居民用户自来水价格和排水费标准、区工程建设领域突出问题专项治理工作的情况汇报等
第100次	4月16日	听取关于创建全国残疾人社区康复示范区工作,2009年对各镇、开发区、区直集团公司(社)考核奖励结果和2010年考核意见的情况汇报等
第101次	4月23日	听取关于进一步加强和充实社区综合协管队伍、世博期间加强双拥工作的情况汇报等
第102次	5月13日	听取关于2010年度区级机关目标管理绩效考核工作实施意见、区新型农村合作医疗保障制度补充意见、区防汛防台工作的情况汇报等
第103次	5月28日	听取关于打击非法行医专项整治工作、成立区小城镇发展改革试点镇工作领导小组的情况汇报等
第104次	6月13日	听取关于切实加强奉贤区大型居住社区推进工作若干方案,开展区国民经济和社会发展"十二五"各镇、开发区区域规划和区级专项规划编制工作,2010年奉贤区产业结构调整工作方案的情况汇报等
第105次	7月2日	听取关于制定奉贤黄桃地理标志产品保护管理办法、庄行镇创建上海农业标准化综合示范镇、食品安全整顿工作的情况汇报等
第106次	7月8日	听取关于《政府工作情况报告(讨论稿)》、区级机关事业单位津贴补贴及工资外收入专项检查的情况汇报
第107次	7月16日	听取关于进一步整治不规范畜禽养殖工作、制定《实行农村集体建设用地流转提高土地节约集约利用水平试行意见》、2010年区农保征缴和给付标准调整的情况汇报等
第108次	8月9日	听取关于《奉贤区新材料产业发展行动计划(2010~2012年)》,妇女、儿童两个规划推进情况,区上半年安全生产情况,新一轮(2010~2012年)扶持经济薄弱村工作的情况汇报等
第109次	8月19日	听取关于大型居住社区奉贤南桥基地规划建设等方案的情况汇报等
第110次	8月27日	听取关于区构筑社会消防安全"防火墙"工程、区政府领导分工调整(建议)的情况汇报等

续　表

次　第	日　期	主　要　内　容
第111次	9月6日	听取关于进一步加强来奉人员服务管理工作、进一步促进区老龄事业发展的情况汇报等
第112次	9月10日	听取关于区经营性文化事业单位改制工作及区广播电视有线网络整合实施方案、进一步加强住宅小区物业管理实施意见的情况汇报
第113次	10月14日	听取关于农村集体"三资"管理工作、大型居住社区奉贤南桥基地推进工作、南桥新城专项规划(综合交通、低碳建筑指标体系方案、地下空间规划)的情况汇报等
第114次	10月29日	听取关于区中小学校舍安全工程推进情况、区进一步深化人口和计划生育工作综合改革实施意见的情况汇报等
第115次	11月26日	听取关于防火及安全生产大检查情况,进一步加快发展粮食、蔬菜规模化经营、标准化生产的意见,新型农村社会养老保险实施办法的情况汇报等
第116次	12月17日	听取《政府工作报告(讨论稿)》的情况汇报,讨论有关人事工作
第117次	12月24日	听取关于区2011年元旦春节期间帮困送温暖工作、2010年区就业工作总结和2011年就业工作安排、集中开展防火及安全生产大检查大整顿工作、区现代服务业发展"十二五"规划纲要、区"十二五"规划纲要(草案)的情况汇报等
第118次	12月31日	听取关于做好2011年元旦、春节市场供应等工作、旧住房综合改造工程的情况汇报等

(张　铮)

重要政务

【圆满完成世博各项任务】 深入实施迎世博600天行动计划,在市文明指数8次综合测评中夺取郊区县六连冠。先后组织近100家单位、11550人次参与5场上海世博会试运行。完成奥地利、伊朗、智利等9个结对国家1860名游客的接待工作。完成为期10天的"贤城和韵——社区文化进世博"等各项演出任务。奉贤专场演出共吸引观众3.6万人次。接待来自友好城市和对口支援地区代表团113批3213人次。组织世博会42个国际参展方代表来奉参加文化交流活动。完成297382套"世博礼包"发放工作。落实交通保障方案,方便市民观博。　(徐　明)

【完成"十一五"节能减排任务】 制定《奉贤区2010年节能减排重点工作安排》,将15个方面40余项重点工作落实到项目责任单位,并作为对各镇、开发区领导班子考核的重要内容。年内,调整劣势企业66家,年节约标准煤3.9万吨。严格执行"批项目、核土地、控能耗"制度,控制高能耗行业项目。加大资金投入力度,加快实施节能重点工程。工业节能改造工程完成改造工业锅炉7台,工业电机系统改造工程列入市节能技改项目21项,总投资8917万元,年节约标准煤2.9万吨;建筑交通节能工程完成节能审查备案登记项目53个、建筑面积181.67万平方米,建筑节能竣工验收项目38个、建筑面积204.94万平方米;实施海港开发区红庄一区、二区3万平方米旧住房节能改造项目,总投资1000余万元;完成4栋机关办公建筑和大型公共建筑的能源审计及2栋公共建筑的分项计量监控平台的建设;继续实施公交三年行动计划,加大公交车辆更新力度,淘汰更新90辆,调整优化公交线路15条,新辟公交线路8条,有562辆区域出租汽车全部达标,277辆出租营运车安装GPS电调系统 可再生能源和清洁能源利用工程3个项目获市循环经济发展、资源综合利用财政补贴扶持,申请补贴资金800余万元;全区完成推广高效照明产品43.6万只,为任务数的109%。加强年能耗1000吨标准煤以上工业企业、3000平方米以上餐饮企业、5000平方米以上大型商业企业的用能管理。加强节能工作长效机制建设,贯彻落实鼓励合同能源管理和节能服务产业发展政策,完善市场力量推进节能减排的机制环境,着力培育节能服务产业和有实力的节能服务公司,落实固定资产投资项目的节能评估和审查制度。广泛深入开展节能减排全民行动,以节油节电和全民节能为重点,深入开展节能减排和低碳消费宣传教育,普及节能环保知识,积极倡导节约型生产方式、消费模式和生活习惯。　(王　欢)

【稳定完善农村土地承包关系】 年内,在庄行镇张塘村和金汇镇北丁村试点的基础上,区政府下发《关于进一步稳定完善农村土地承包关系建立健全土地承包经营权流转市场的实施意见》,并结合区情实际,制定《关于稳定完善农村土地承包关系规范土地承包经营权流转行为的操作细则》,成立由区法制办、农委等7个部门组成的稳定完善农村土地承包关系工作联席会议,实行包干联络制度。举办稳定完善农村土地承包关系工作政策培训班,各镇、开发区开展专题培训39次、举办专项活动141次。全区12个涉农镇、开发区需完善承包关系的农户68740户,其中需变更合同54542份、需新签承包合同14198份。截至12月26日,完成签约52000份,发放权证23885份。全区土地流转市场建设工作全面完成，7个农业镇的土地流转管理服务市场于2010年10月28日正式挂牌运行。全面执行《中华人民共和国农村土地承包经营纠纷调解仲裁法》，年内仲裁委员会受理办结仲裁案件6件，接待受理群众咨询或上访案件95件，协助区信访办处理纠纷案件9件，指导镇、开发区调处纠纷87件，有效化解农村土地承包与流转纠纷，切实维护农民合法权益。

（王　欢）

【实现农村有线电视"户户通"】 年内，区政府将农村有线电视"户户通"工程纳入《奉贤区新农村建设三年行动计划》，成立由区文广局牵头，相关部门配合的农村有线电视"户户通"建设领导小组，制定《2010年上海市奉贤区农村有线电视"户户通"建设实施意见》，并将各镇建设农村有线电视工程质量、进度、资金到位情况等列入2010年广播电视工作的考核内容。对在2010年5月31日前申请安装农村有线电视的农户实行优惠政策，初装费由每户480元优惠至100元。年内，全区剩余37个村的有线电视"户户通"建设工程全面完成，新增农村有线电视用户6000余户，总投资412.87万元。全区农村有线电视用户8.8万余户，农村有线电视入户率82%，实现全区农村有线电视全覆盖。（王　欢）

【实施安居工程】 制定实施《关于进一步推进安居工程的指导意见》，明确"一二三四五六"安居工程建设目标，即整修100万平方米农民集资房、改造2.8万平方米危旧直管公房、安置近3000户在外过渡动迁户、收储40套廉租用房、开工建设5万平方米经济适用房和在新建普通商品房中配建5%保障性住房、收储60套人才配售房和筹集60套人才配租房。年内，完成农民集资房实际整修113万平方米，为目标任务数的113%；完成直管公房改造2.8万平方米；安置在外过渡动迁户3385户，其中，历年安置2533户，年度安置852户；发放廉租租金260万元，新增廉租住户86户，其中实物配租10户；完成开工建设保障性用房5.9万平方米，为目标任务数的118%，并在新建普通商品房中配建5%保障性住房；完成60套人才配售房和人才配租房的收储任务。

（王　欢）

【启动实施新一轮产业结构调整三年行动方案】 制定实施《奉贤产业结构调整三年行动方案》，以"突出重点区域，兼顾一般区域"为原则，推进产业结构调整工作。新一轮调整方案以南桥新城和杭州湾北岸5千米范围为重点区域，以高污染、高能耗、高危险、低效益的铸造、锻造、电镀、热处理4个行业和零星化工企业为重点，综合运用法律、经济和行政手段，逐步淘汰落后产能企业，积极推进盘活存量资源，优化发展环境。调整方案明确，今后三年每年调整企业50家左右，其中重点区域内每年调整15～20家，预计每年降低能耗标准煤4万吨，降低污水排放量30万吨，减少危险化学品使用量5000吨。年内，一般区域调整企业65户，完成年度计划的116%。其中，涉及炼钢、化工农药、铸件加工、塑料橡胶、服装鞋帽等行业的常规性淘汰企业54家，涉及土地55.27公顷，职工2766人，能耗标准煤约36522.28吨；危化企业11家，涉及土地5.13公顷，职工274人，能耗标准煤约1900吨，减少危险化学品使用量8570吨，剧毒品储存量72吨。（王　欢）

【实施重大工程项目35个】 2010年，列入区重大工程项目35个，其中市级2个，区级33个，计划总投资265亿元。5月，闵浦二桥层面正式通车。10月，上海市应用技术学院（一期、二期）竣工并投入使用。轨道交通5号线奉贤段地下通道工作井开工。林海公路奉贤段基本建成。虹梅南路—金海路越江工程地下连结墙完成87%。区中心医院迁建工程门急诊楼、行政楼、2号病房楼、后勤楼、辅助楼结构封顶。15万平方米的南方国际商业广场二期工程竣工并投入使用。10月，"上海之鱼"工程开凿鱼形水域"金海湖"一期工程开工。完成"两路一带"民防工程桩基施工。总投资90亿元的三一重工上海产业中心一期工程结构封顶。临港滩涂圈围工程进入抛石阶段。年底，开工建设上海生物制品研究所项目。（史金辉）

【加快南桥新城建设】 南桥新城是上海市"十二五"期间重点推进建设的新城之一。2010年7月，市政府批准南桥新城总体规划。同时奉贤又以"低碳、生态、智慧、宜居"的规划理念，编制了南桥新城"十二五"规划纲要。南桥新城地处上海南部，北至大叶公路，南至平庄公路，西至沙港，东至金汇港。规划总面积84平方公里，规划总人口45万人。年内，完成15个单位控详规划和21个专项规划；完成S4高速公路以东、奉浦大道以

3月19日，举行南桥新城2010年住宅和商业项目集中启动仪式

（奉贤报社　供稿）

南、金汇港以西、浦南运河以北9平方公里核心区的城市设计。召开2010年上海低碳城市高峰论坛暨南桥新城建设签约仪式。组织世博会最佳城市实践区部分城市案例馆协调人南桥新城行活动。编制南桥新城低碳生态城市指标体系，深化新城绿色交通规划、绿地规划和绿色建筑低碳指标体系。组团参加2010年城市发展与规划国际会议和中国天津滨海国际生态城市论坛。启动虹梅南路—金海路越江工程和轨道交通5号线南延伸工程建设。推进楚园路等10条市政道路及配套管线建设。完成1.9万平方米的民防工程桩基施工，2.53平方公里“上海之鱼”项目的动迁安置。完成金海湖一期湖面开挖土方工程。中央生态公园项目转入详规编制。12月，中小企业大厦举行试桩仪式。百联南桥购物中心升级开业。树园幼儿园建成并开学。加快推进恒盛幼儿园、金海苑幼儿园、恒贤小学、敬贤中学的建设。有序推进区中心医院迁建、南方国际商业广场三期、绿地望海新都、银河丽湾等在建项目。动拆迁实现腾地218.79公顷。落实金海苑、金水苑、九华丽苑、树园新苑等动迁安置房基地55.93公顷。开工建设总建筑面积145万平方米的安置房。挂牌出让土地3块，土地出让金20.5亿元。房产开工面积116万平方米。（王红琴）

政府实事

【概况】 年内，全面完成2010年度区政府实事项目10大项25小项，完成区承办的市政府实事项目10大项19小项。（王国英）

【完成市政府年度实事项目】 （1）新增就业岗位37843个，为市下达任务数的142.27%，其中，失地农民、农村富余劳动力非农就业20556人。创建8个阳光职业康复援助基地，为201名就业困难残疾人提供就业援助实现就业，落实基本社会保险，保障基本生活。（2）

绿色活体水稻田入驻上海世博园中国馆展示，图为水稻专家宋祥甫（中）介绍“博优256”活体水稻的培育工艺　（奉贤报社　供稿）

完成浦卫公路1条区域对接道路（胡滨路—金山区区界）建设。（3）完成村庄改造2816户，为市下达任务数的112.64%。完成92户低收入农户危旧房改造，为市下达任务数的127.78%。（4）累计为7000名老人提供居家养老服务，年度扩展居家养老服务对象1700名，新增居家养老服务员340人。新增养老床位533张。（5）完成130所村卫生室和庄行镇社区卫生服务中心、青村镇社区卫生服务中心、四团镇社区卫生服务中心平安分中心等3家社区卫生服务中心（分中心）实时报销点建设，实现新型农村合作医疗实时报销。（6）推广居民用户使用节能灯43.64万只，向全区1444名重点优抚对象赠送节能灯2888只。（7）完成南桥新城树园新苑幼儿园和市工业综合开发区聚贤煌都幼儿园建设。为16所民办农民工子女小学配备标准图书室、增配体育运动器材，同时增配多媒体、图书室电脑、打印机和条码扫描机，为学校学生运动区域铺设塑胶运动场地。实施“千村万户”农村信息化培训普及工程，完成农村信息化培训1854人；完成实用技术普及培训36965人。（8）完成区旅游咨询中心改建，并于5月1日对外开放。（9）完成21113名来沪务工人员的安全生产知识培训。向6000户家庭提供免费急救包并开展相关应急逃生培训。完成“红十字”救护员培训1618人，为市下达任务数的141.31%；完成群众性现场初级急救培训11318人，为市下达任务数的109.53%。（10）完成南桥镇益民村社区公共运动场建设并对外开放。完善135座环卫公厕的设施设备、公厕标识及导向标志，并完善23座镇区公厕无障碍设施。（王国英）

【完成区政府年度实事项目】 （1）新增就业岗位37843个，为年度计划的126.14%。（2）改善集资房、直管公房住户的居住条件，完成113万平方米集资房的综合整治，为年度计划的113%。完成2.9万平方米直管公房的综合改造。完成92户农村低收入户危旧房翻建、修缮。（3）完成南桥老城区华龙公寓等6个居民小区5027户居民天然气改造工作，为年度计划的100.54%。（4）完成村庄改造2816户，为年度计划的112.64%。完成3174户农村生活污水处理工程。完成整治农村宅前宅后河道260千米和黑臭河道22千米。推进6个村重点受涝区域农田水系综合整治工程。（5）大力发展公共交通建设，调整优化南桥4路等11条公交线路。新辟南桥10路等7条公交线路。（6）新建25家农家会所，其中12家农家会所已完成建设，3家农家会所基本完成建设，10家农家会所正在建设中。完成20家老年活动室标准化创建并对外开放。完成46个村级社区事务代理室创建。完成20个食品安全示范村创建。地下加工生产食品行为的取缔率达到100%;食品安全宣传进单位做到100%,村民对食品安全知识的知晓率达到80%;流通、消费、单位食堂食品许可证持证率95.2%。(7)继续实施“万户家庭学礼仪”5年培训计划(2006~2010年),完成市民培训21406人,为年度计划的214.06%,其中来奉人员7769人,占培训总数的36.29%。完成为退休妇女和生活困难妇女免费筛查妇科病、乳腺病27685人,并为5名宫颈癌、9名乳腺癌、1名输卵管癌重症困难妇女申请到市妇联、市慈善基金会等单位发起的“姐妹情”手术减免项目;为28名妇科重症困难妇女争取到市妇联妇科重症救助款每人2000元。(8)完成南桥新城树园新苑幼儿园和市工业综合开发区聚贤煌都幼儿园建设。完成“红十字”救护员培训953人;完成群众性现场初级急救培训6629人。(9)完成37个村有线电视工程建设,实现全区农村有线电视“户户通”全覆盖。完成南桥镇益民村社区公共运动场和西渡社区公共运动场建设。(10)推进社区市民电子健康档案信息系统工程建设,完成系统软件、中心机房、系统网络构架、系统集成等招标工作,以及各医疗卫生单位相关人员软件系统的专业培训工作。(王国英)

政府法制

【概况】 2010年,政府法制工作围绕区“一二三四”关键性工作和“三区一基地”建设目标,做好行政复议、行政执法人员换证工作,推进政府信息公开工作,完成政府文件审查和清理工作。同时,举办“2010上海低碳城市论坛”,为大型居住社区拆迁工作出谋划策,及时解决拆迁纠纷。(章学奋)

【做好行政复议及行政执法人员换证工作】 年内,收到行政复议申请33件,涉及规土、公安、劳动保障等部门。经审核,不予受理7件。受理26件中,已审结24件,其中2件由申请人撤回复议申请,18件维持行政机关的具体行政行为,1件撤销行政机关原行政行为,1件责令行政机关作为。对2006~2009年下半年陆续到期的《上海市行政执法证》,开展换证工作。培训执法人员150人,考试通过率100%。启动行政执法人员信息管理系统,实现执法证办证、换证网络化无纸化操作,提高工作效率。(章学奋)

【强化政府信息公开工作】 年内,强化政府信息公开,及时将各类与公众利益密切相关的政府信息在上海奉贤网上公布。开辟“依法申请公开专栏”,为每个行政机关和镇(开发区)设立独立的申请入口,以便公众查询,同时新增财政和公共资金、工程建设项目等与公众利益密切相关的栏目,完善网络信息公开平台。全年通过网站向社会公开政府信息1121条,受理申请59件,其中通过网络申请36件,当面申请11件,信函和传真申请12件;已答复59件,其中依法同意公开14件,不属于本机关职权范围的40件。(章学奋)

【完成政府文件审查和清理工作】 年内,完成《奉贤黄桃地理标志产品保护管理办法(草案)》等3份规范性文件的审查备案工作。针对近几年频繁出现因政府性合同签订不规范而导致政府相关工作被动的情况,研究起草《上海市奉贤区政府性合同审查管理办法》,加强对区各政府机关签订政府性合同的审查、备案及登记。6~9月,对全区范围内的行政规范性文件进行集中清理,先后梳理出区政府发布的文件933件,其中规范性文件56件,区属部门起草的规范性文件111件,各镇人民政府制发的规范性文件34件;清理出来的拟定继续有效的规范性文件166件,拟定废止或宣布失效的文件28件,需要修改的文件7件。(章学奋)

社会治安和综合治理

【概况】 2010年,区社会治安综合治理工作坚持以“平安世博”为主线,以推进“三项重点工作”为着力点,以第二轮“平安奉贤”建设为载体,整合基层综治维稳力量,加强综治组织和工作机制建设,着力解决影响社会治安的突出问题,落实综合治理各项措施,维护社会和谐稳定。年内,区公众安全感连续四年名列全市前茅,群众满意度位列全市第一;年度综治考评在全市名列前茅。8个镇、5个开发区公众安全感全部达到上海市平安社区标准。(侯春姿)

【建立经济园区综治工作分中心】 探索建立以经济园区为龙头,辖区内企业单位为主力军的综治工作网络体系。按照“谁主管、谁负责”的综治工作责任制要求,建立以“工作联动、矛盾联调、治安联防、问题联治、绩效联考”为主要内容的“综治工作分中心”体系和工作机制。10个镇级经济园区分别建立“综治工作分中心”。推进规模型企业综治工作室建设,协助企业不断健全内部综治组织网络、群防群治队伍、人防技防措施。年内,171家规模型企业建立综治工作室,385家企业获得上海市平安单位称号。(侯春姿)

【加强综治工作站规范化建设】 年内,坚持重心下移,把加强村、居委综治工作站建设作为基层综治基础建设的重点,并以创建示范工作站为抓手,全面推进基层“三站四队”(综治工作站、来奉人员管理服务站、预防犯罪工作站和社区保安队、护村(护楼)队、来奉人员协管队、志愿者巡防队)建设。全区267个村居委综治工作站全部达标,其中,125个综治工作站达到示范站标准,占46.8%。在2010年首届上海依法治理优秀案例评选活动中,着力整合综治力量,维护基层和谐稳定项目被评为十佳优秀案例之一。(侯春姿)

【加大对重点人员管控力度】 年内，与全区所有社区服刑人员及其家属签订平安世博自律承诺书，并制定防范预案。在所有村（居）委全部建立重性精神病人社区监护或看护小组，在8个镇、5个开发区建立日间康复照料站，对47名肇事肇祸重性精神病人进行监护或收院治疗。加大滚动排查力度，落实安保情报信息零报告制度，第一时间掌握各类重点人员的动态信息。按照不同安保等级要求安排值班力量，区安保办值班室坚持每天1名领导带队，1名工作人员坐班。世博安保期间，全区没有发生重点对象失控情况。（侯春姿）

【维护校园及周边安全】 在对全区所有公办学校加强安全隐患排查的基础上，强化全区36所农民工子女学校的检查管理。对全区134家中小学（包括公办学校、民办学校）、157个教学点（包括非编办学点），按照每家单位4名专职保安的要求，全面加强巡逻守护。发挥公安、工商、市容、文化等各部门职能作用，加强对校园周边娱乐休闲场所，尤其是网吧、游戏机房的检查整治。全区16所民办农民工子女小学和20所民办三级幼儿园全部安装视频监控和“110”报警设备。（侯春姿）

【开展政法综治和平安建设宣传月活动】 3月，以“三下乡”活动为载体，组织开展政法综治和平安建设宣传月活动。活动期间，悬挂横幅346条，张贴标语2240条，发放宣传资料48652份，宣传册9000本，组织专题讲座102场12746人次，举办法律咨询166次7895人次，开展法律知识竞赛23场3053人次，组织下乡文艺演出9场观众7200人次，播放专题片233部，制作和展示宣传版面282块，撰写征文817篇。（侯春姿）

【开展“平安世博”主题宣传活动】 年内，围绕“平安世博”宣传主线，利用各级各类媒体和宣传平台，开展“和谐上海、平安世博”主题宣传活动。制定下发《关于在本区开展2010年综治宣传月和上海世博会期间“平安世博”主题宣传的工作意见》文件。各地区相应成立集中宣传工作小组，落实专人负责开展日常宣传工作，做好信息收集、方案制定和工作总结。区政法各部门、综治委各成员单位收集的信息在中央级各类媒体中刊载（播放）96篇，市级各类媒体中刊载（播放）1972篇，区级各类媒体刊载（播放）2079篇，共计4147篇，其中，报刊杂志录用614篇，电视播放347则，广播播放395篇，网站刊登2791篇。（侯春姿）

【建立世博安保长效机制】 通过总结、梳理和完善，以制度形式将综治委成员单位联席会议制度、校园安保制度、社会面防控体系建设制度、军警民联勤联防制度、突发事件及群体性矛盾纠纷应急处置机制，以及消防、生产、公共交通、特种设备及食品药品等各类安全督查督导机制和重点人群管控机制等世博安保期间有效的经验做法作为长效机制进行固化。（侯春姿）

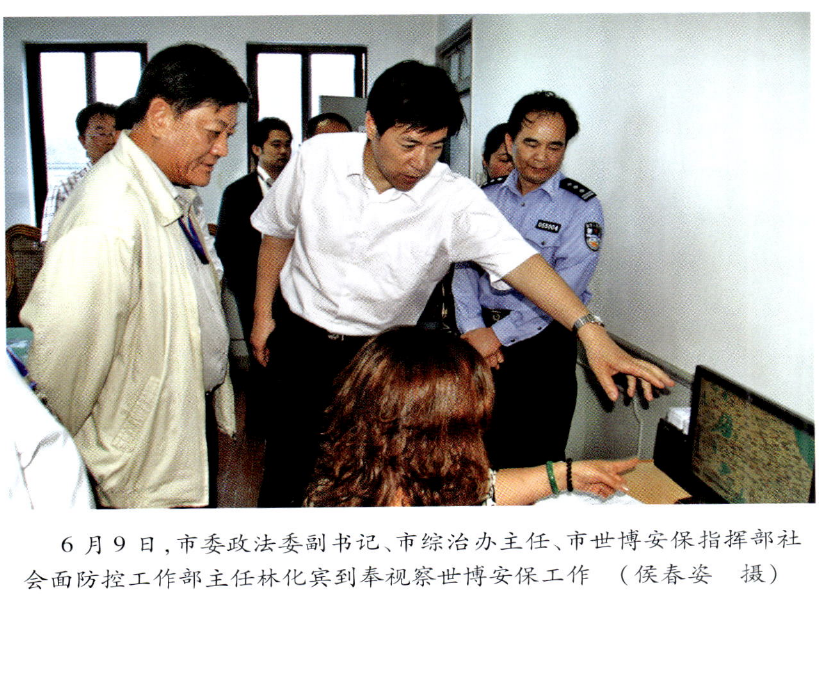

6月9日，市委政法委副书记、市综治办主任、市世博安保指挥部社会面防控工作部主任林化宾到奉视察世博安保工作 （侯春姿 摄）

【开展市民巡访活动】 年内，区市民巡访团开展巡访24次，发现治安问题和隐患32个，全部通报给相关单位和职能部门核实并予以解决。组织基层市民巡访302次，参加1205人次，发现问题172个，整治解决问题146个。收到市、区两级转来的举报信件20件，通报相关职能部门承办，至年末全部办结。（侯春姿）

【维护铁路沿线治安稳定】 4月19日，召开综治委铁路护路联防领导小组全体（扩大）会议，与沿线镇、开发区（社区）签订《2010年铁路护路联防工作目标责任书》。全国两会、世博会、国庆等重大活动期间，区护路办会同铁路海湾车站派出所对铁路沿线治安情况进行专项检查，查出治安问题17处、铁路高架下堆柴8处、无证无照收购站点6个、乱搭建2处。对发现的问题，要求相关单位及时落实整改措施予以解决。奉贤区被评为市平安铁路示范区，沿线5个镇、3个开发区获得市平安铁路示范街镇称号。（侯春姿）

【加大禁毒预防与管控力度】 年内，加强社会面吸毒人员帮教管控工作，不断完善来沪吸毒人员管控措施，社区戒毒（康复）实际执行率为90.2%，累计戒除毒瘾299人，戒断巩固率为29.8%。创新禁毒宣传形式，不断提高禁毒预防针对性。区禁毒办与团区委、思齐社工服务中心联手，开展16周岁～25周岁闲散青少年排摸和面对面走访宣传活动，100余名禁毒、社区矫正、青少年事务社工和近300名团员、青年志愿者，深入农村、社区及青少年活动的网吧、游戏厅等娱乐场所，进行禁毒宣传教育，走访

2250余人，发放禁毒宣传品和宣传单8000余份，受众逾5000人。推进中小学毒品预防教育“八个一”活动。发动全区广大干部群众参与上海市网上禁毒知识竞赛，参赛人数59297人，社区参赛总人数居全市第一，学生参赛总人数居全市第二，荣获三等奖1名、优秀指导老师奖3名，区禁毒办、南桥镇禁毒办分别获优秀组织奖。加强娱乐、休闲场所监管力度，签订禁毒责任书，不断提高场所从业人员禁毒意识。年内，全区未发生因涉毒违法犯罪而查处的娱乐、休闲场所。新签订责任书39家。至年底，签订责任书企业220家，易制毒化学品企业单位签约率100%。（侯春姿）

【组织“两个排查”活动】 年内，全区排出16个重点整治地区（其中市级1个、区级3个），排查出突出治安问题32个，排查发现问题隐患274个。针对排查发现的重点地区和突出治安问题，全部建立工作台账并登记建档，逐件落实责任单位和责任人。经过集中治理，16个重点整治地区和32个治安突出问题得到全面整治，259个问题隐患得到化解，化解率94.5%。其中市级重点地区——奉浦环城东路地区突出治安问题专项整治，抓获涉“黄、赌、毒”案件对象33人，打掉各类犯罪团伙10个，八类案件比上年下降75%。（侯春姿）

【强化见义勇为工作举措】 在区评审办统一组织下，区、镇两级综治部门关心见义勇为先进分子生活，着力解决一批先进分子的实际困难。做好受伤理赔工作，拨出18万元专款同保险公司签订见义勇为无记名投保合同。对在见义勇为过程中受伤或者牺牲的先进分子，及时通过保险公司办理理赔，解决见义勇为者的后顾之忧。各镇、开发区开展排摸，并通过发放慰问金、组织体检、旅游等形式把关心见义勇为先进分子工作真正落到实处。年内，共有52名群众被评为奉贤区见义勇为先进分子，其中14名被评为上海市见义勇为先进分子。（侯春姿）

【加大集贸市场“欺行霸市”整治力度】 区综治办、公安奉贤分局、工商奉贤分局联合下发《关于本区开展整治农副产品批发市场“欺行霸市”专项行动的工作方案》的通知，制定详细工作方案，明确部门职能，落实工作措施，保持对市场内各类违法犯罪的高压态势，净化全区3个批发市场和40个零售市场的治安环境。（侯春姿）

【创办反邪教“华亭风”网站】 3月，区反邪教网站“华亭风”正式对外开通。网站设反邪教协会概况、信息动态、华亭博客、法律法规、科普花苑、资料大观等6个板块，下设17个小栏目，链接中国反邪教网站、上海反邪教网站等国内各大知名反邪教网站。年内，有16余万人次接受网上反邪教法律法规等知识教育。（宋春艳）

【开展反邪教系列宣传教育活动】 春节期间，开展《花街》和《深渊——邪教的本质》数字电影专项警示教育活动；2月，开展“迎世博、反邪教”警示教育活动；3月，下发《关于建立反邪教邮政绿色轻骑队伍加强社会面防控工作的实施意见》，成立由450名邮政投递员组成的区反邪教邮政绿色轻骑队，以投递反邪教警示卡等方式，向广大群众宣传反邪教知识；3～4月，开展“迎世博、铸平安、促和谐”专项宣传活动；4～9月，开展防范邪教组织干扰破坏上海世博会宣讲活动；6月10日，开展“崇尚科学、精彩世博、传承文明、敬奉贤人、抵御邪教、共享和谐”主题宣传活动；3～10月，组织开展以“崇尚科学、远离邪教、共建和谐、喜迎世博”为主题的反邪教专场演出活动，有小品《教训》、快板《科学健身就是好》、沪剧小戏《如梦惊醒》等文艺节目，共组织专场演出38场，3万余群众接受教育；10～11月，开展防范邪教“血水圣灵”宣讲活动和健身气功推广宣讲活动。年内，共发放“保世博、传文明、促和谐”反邪教主题警示卡16万余份。（宋春艳）

【组织“精彩世博，远离邪教”书法比赛】 6月上旬，举办奉贤区中小学“精彩世博，远离邪教”书法比赛，推进“校园拒绝邪教”活动。全区76所学校参加比赛活动，选送书法作品600余幅，72幅优秀钢笔书法和毛笔书法参赛作品获奖。（宋春艳）

【开展反邪教“三级”联创活动】 推进反邪教“三级”创建活动，奉贤区被评为2010年度上海市反邪教优秀城区，奉城镇被评为2010年度上海市十佳反邪教优秀社区，金汇、青村、四团、海湾、柘林、庄行镇以及海港经济综合开发区、上海市工业综合开发区、现代农业园区、临海社区被评为2010年度上海市反邪教优秀社区。（宋春艳）

【建立反邪教宣传警示点和示范点】 2月，在上海皇品餐饮有限

举办“反邪教、迎世博、促和谐”专场文艺演出 （宋春艳 摄）

公司举行区“两新”组织反邪教宣传警示点启动仪式。中国反邪教协会副秘书长李安平为警示点揭牌，皇品餐饮有限公司总经理汪学优带领200余名酒店员工集体宣誓，推进“两新”组织拒绝邪教活动。3月31日，在上海市工业综合开发区第一社区居委会建立奉贤区社区(居委)反邪教宣传示范点，推进居委反邪教工作。（宋春艳）

【开展反邪教骑游行和“关爱故事”活动】 年内，围绕“迎世博、爱科学、传文明、反邪教、促和谐”主题，组织开展骑游行和“关爱故事”活动。骑游队到200余个村(居)委、215个企(事)业单位宣传邪教的危害，倡导科学健身，喜迎世博。以看故事、讲故事、听故事为形式，以进社区(农村)、进校园(课堂)、进企业(工地)为要求，在全区开展“关爱故事”活动，共组织故事会560余场次，计45000余人接受教育。（宋春艳）

意见与提案办理

【概况】 年内，区政府协调相关部门，办理区三届人大六次会议代表书面意见87件，代表书面意见在规定的两个月内按时办理答复的83件，申请延时办理的4件，按时办复率95%。区人大代表对办理态度的满意率或基本满意率100%，对办理结果的满意率或基本满意率98.85%。办理区政协三届四次会议提案183件，在规定的两个月内按时办理答复，按时办复率100%。提案人对办理态度的满意率或基本满意率100%，对办理结果的满意率或基本满意率为100%。（王　欢）

【办理区人大代表书面意见87件】 区三届人大六次会议期间及会后，共收到区人大代表书面意见87件。经大会议案审查委员会、大会主席团审议讨论，其中10件作为重要书面意见办理。83件代表书面意见在规定的两个月内按时办理答复，4件申请延时办理，按时办复率95%，代表对办理态度的满意率或基本满意率100%，对办理结果的满意率或基本满意率98.85%。年底，对正在解决或列入计划解决的45件代表书面意见进行一次“回头看”二次办理，有效提高了问题的解决率。其中所提问题已经解决的代表书面意见28件，正在解决的代表书面意见23件，已列入计划或规划、今后创造条件逐步解决的代表书面意见10件，已向代表解释说明，作为区政府决策参考的代表书面意见22件，因受客观条件限制，区情无法解决或需向上级部门反映的代表书面意见4件。（王　欢）

【办理区政协提案183件】 区政协三届四次会议期间及会后，共收到提案197件。经政协提案委员会审查，确定为政协提案送至区委、区政府职能部门和有关镇政府办理的有183件，立案率为93%，其中，民主党派团体提案21件，委员个人提案135件，委员联名提案27件。183件提案在规定的两个月内全部按时办理答复，按时办复率为100%，提案人对办理态度和办理结果的满意率或基本满意率均为100%。年底，对正在解决或列入计划解决的88件提案进行一次“回头看”二次办理，提高问题解决率。其中所提问题已经解决的政协提案90件，正在解决的政协提案31件，列入计划或规划，今后创造条件逐步解决的政协提案14件，向委员解释说明，作为区政府决策参考的政协提案45件，因受客观条件限制，区情暂时无法解决或需向上级部门反映的政协提案3件。对不符合立案要求而未予立案的14件提案，经向提案人说明情况后，分别以社情民意、委员来信等方式转交有关部门处理。（王　欢）

外事工作

【概况】 年内，严格因公出国(境)审批，坚持分类指导，控制总量。全年办理因公出国(境)团组14批，因公出国(境)人员110人(次)，比上年分别下降75.9%和40.2%。严格执行因公出访原则。本着“党政机关严格控制，企事业单位适当放宽；一般性考察、访问严格控制，涉及世博、经济事务适当放宽；领导干部严格控制，专业技术人员适当放宽”的原则，科学、合理地安排出国(境)公务活动。严格控制因公出访人数和经费。压缩全区因公出国(境)总量，从严掌握各级党政领导出访。全年，党政机关因公出国人数在上年基础上压缩20%，出国(境)经费比上年下降20%，完成市委市政府提出的压缩任务。大力压缩出国培训团组。除经国家外国专家局批准的中长期培训外，严格控制和大力缩减短期出国(境)培训的规模和人员数量，办理1批英语教师培训团，参加上级单位的培训团组13个，比上年缩减50%。（张群贤）

【完善世博外事工作方案】 制定《奉贤区涉世博外事工作总体方案》，明确各有关单位工作职责，布置工作任务。在总体方案框架下，分别细化各项工作方案，包括《国际贵宾和友好团组接待方案》《国际参展方人员进奉贤活动交流方案》《结对国际参展方馆日活动方案》《世博会期间境外记者采访服务管理方案》《世博会期间外事活动管理工作方案》《世博会期间涉外突发事件处置方案》等。外事方案报请区委常委会讨论并通过。（张群贤）

【开展结对参展方馆日活动】 完成奥地利、伊朗、智利等9个世博会参展方的国家馆日结对活动，先后组织1860名观众参与。区四套班子领导分别亲临现场，参加馆日庆祝活动。（张群贤）

【开展国际参展方到奉贤活动】 6月29日，来自世博会42个参展方共85名外宾到奉贤参加“贤之礼”文化交流活动。东道主精心组织，展现了奉贤人民热情好客的纯朴民风和独特的民俗风情，外宾们参与互动热情高涨。活动结束后，世博局国际参展部人员评价“十分完

美”。次日，安提瓜和巴布达、多哥、土耳其、瑞士等国代表纷纷来信感谢。（张群贤）

【“城市最佳实践”走进奉贤】 8月26日，上海世博会巴塞罗那馆馆长伊莎贝拉·布莱妮斯，北京馆馆长印峥嵘，不莱梅馆案例协调人陈雪芳，奥登赛馆长西妮·曼德森，台北馆馆长陈庆安，上海案例馆馆长茅伟雄应邀到奉贤参加“鉴城市最佳实践，绘南桥新城蓝图”活动。在各案例馆馆长及协调人实地考察南桥新城之后，举行了“鉴城市最佳实践，绘新城发展蓝图”研讨会，区四套班子领导、区政府有关部门负责人出席会议并听取各位来宾对南桥新城建设的建议。（张群贤）

【做好重要外事接待工作】 世博会期间，配合市外办等上级单位接待了也门亚丁省省长、亚丁省议会主席阿德南·艾勒贾法里博士，泰国清迈府办公厅主任瑞提蓬·塔查朋特等为团长的重要外宾团组。（张群贤）

对口支援合作交流

【概况】 利用世博会的平台开展合作交流，与更多省市和行业组织建立长期的友好合作关系，做好来访接待的联络服务工作。接待各类代表团26批，289人次。其中世博会试运行期间接待来沪观博团3批，54人次；世博会期间接待对口地区来沪观博团6批，63人次；接待其他外省市代表团17批，172人次。（沈忠伟）

【统筹资金推进对口支援工作】 年内，实施云南红河州红河县、石屏县援建项目18个，援助资金860万元。11月底，区合作交流办组团赴云南红河州考察调研，实地察看2010年援滇项目完成情况，编制2011年援滇项目计划，确定“整村推进和产业发展”援建项目24个，资金1160万元。将支援新疆阿克苏工作重点确定为推进新农村建设，大力扶持优势特色产业，做好阿克苏特色农产品开拓上海市场的有关工作，安排资金100万元，援疆项目6个。11月，区政府组团一行27人赴新疆喀什考察，捐款155万元。安排支援西藏日喀则资金100万元。向四川都江堰柳街镇派出第二批对口支援医疗卫生队2人，派出第二批支教队2人。元旦春节期间，对柳街镇优抚对象家庭等2409户开展送温暖活动，发放主副食品、御寒物品等实物（每户价值150元），共计资金36.135万元。3月，区内企业上海高榕农业发展有限公司与都江堰市人民政府签订“农业投资合作意向书”，投资1.8亿元建设“标准化金针菇生产工厂”和“农产品配送中心”项目。区地方志办等相关职能部门，帮助指导对口援建都江堰柳街镇编志工作。9月，区政府组团一行21人赴都江堰考察学习，捐赠专项经费300万元。（沈忠伟）

6月29日，42个上海世博会参展国和国际组织的85名代表莅临奉贤区进行“贤之礼”的文化互动交流活动（奉贤报社 供稿）

【实施人才培训计划】 根据对口地区经济发展现状，整合优势资源、集中集聚、突出重点，组织实施多层次、多形式的人才培训计划，为云南、新疆等地举办各类培训班7期（批），培训人数96人，培训经费50万元。（沈忠伟）

【开展各地在奉企业服务工作】 年内，加强对各地在奉企业有关工作人员子女参加本市中考（高考）报名学生资格审核工作政策的宣传工作，提高政策知晓率。做好各地在奉投资企业工作人员子女2011年参加上海市中等学校高中阶段招生考试报名资格认定工作，申报企业6家，申报学生11人。完成有关工作人员子女在沪就读应届高中毕业生参加本市高考资格审核工作，申报企业3家，申报学生5人。做好修订后的《上海市国内合作交流专项资金合作项目投资补助实施细则》的宣传落实和对符合细则要求的企业进行事前预报工作。5月、7月，分别组织西子联合控股公司、保定天威集团有限公司参加市政府合作交流办组织的国内优势企业“看世博、谋发展、促合作”主题活动。8月，组织区有关部门和17家企业，参加第十四届中国建德新安江旅游节活动。（沈忠伟）

侨务工作

【概况】 年内，区侨务工作以组织引导广大侨界人士宣传世博、服务世博、奉献世博为工作重点，践行“为侨服务”宗旨。开展“真情侨企，服务促发展”侨资企业走访调研活动。开展世博系列主题联谊活动，举办奉贤区侨商分会成立2周年庆典暨世博参观活动。组织

部分侨商分会会员参加2010华侨华人重庆合作交流会，为侨资企业家参与西部经济、科技合作交流提供平台。（杨　萍）

【开展侨法宣传月活动】 3月，以“共迎世博，同建和谐”为主题，开展区侨法宣传月系列活动。开展“3·5”广场侨法法律咨询活动，发动侨界志愿者开展侨法宣传及医疗、家教、便民等义务服务活动。开展世博宣讲活动，组织侨界志愿者讲师团进社区、下农村、入学校，为广大市民讲授世博知识和礼仪规范，并发放《侨法、世博知识》试题450份。举办“东方讲坛”侨法宣传讲座，邀请市专家到奉作侨法法律法规知识讲解并现场进行互动，使侨务干部和侨界人士加深对侨法的理解和运用。宣传月中，全区举行政策咨询、讲座、报告会等5次，发放宣传资料2100件，举行侨界志愿者活动24次，侨界志愿者参与活动950人次，受众5800人。（杨　萍）

【深化海外联谊工作】 年内，协助区海联会接待来自澳大利亚、西班牙、加拿大等15批次100余位海外华侨华人，介绍奉贤发展规划，赠送宣传资料，并陪同考察奉贤经济和社会发展。开展华侨华人回家看世博、亲情中华世博行等活动，全年组织接待海外世博观光团15批次100余人，引导华侨华人在“回家看世博”的同时，回国寻发展。（杨　萍）

【市欧美同学会奉贤分会成立】 12月9日，上海市欧美同学会奉贤分会成立。分会选举产生第一届理事会，其中理事15人，会员36人，杨明任会长。理事会聘任陆兴祥、程云华、张贵龙、陆金莲为名誉会长。市欧美同学会奉贤分会将在引进高端人才、汇聚力量和服务会员上下功夫，发挥纽带作用，服务奉贤经济社会发展，关心留学人员工作、学习和生活。（杨　萍）

【区侨联全委会召开】 年内，召开区侨联二届六次全委会，增补叶海峰、张龙官为区侨联委员，西班牙华人夏吴忠荣、巴西华人杨建忠为海外委员。（杨　萍）

【开展帮困送温暖活动】 年内先后于春节、高温季节、重阳节等开展“献真情，暖侨心”走访慰问活动，逐户走访慰问“老、独、病、贫”归侨侨眷，让他们充分感受到党和政府的关怀和温暖。走访归侨侨眷203户，侨资企业40家，送去慰问金、慰问品价值6万余元。（杨　萍）

【开展“侨爱心”疗休养活动】 年内，按照市侨联“积极引导新侨尊重老侨，老侨爱护新侨”的工作要求，组织区归侨侨眷代表40人分两批赴青浦“上海市侨爱心休养中心”免费休养4天。这一工作也成为针对老侨“经济上帮困、生活上排忧、精神上解闷”的实事工程新品牌。（杨　萍）

【开展“再生电脑公益行”活动】 年内，根据市侨联的工作部署，与区财政局、国资委、教育局等单位，联合开展废旧电脑收赠工作。年内，收集废旧电脑110台，经筛选加工成为再生电脑，用于侨界帮困助学、中西部地区爱心工程、新侨创业以及环保等公益事业。（杨　萍）

【开展侨情调研】 年内，举办侨情民意征集座谈会，听取侨界人士关心的热点和难点问题，进行汇总整理后形成提案素材。全年，收到口头建议和意见17条，书面建议21条。撰写调研报告2篇，其中《奉贤区“一镇一特色”侨务工作的实践与思考》获上海市侨办调研优秀成果三等奖、《关于加强“侨之家”建设的若干思考》获2010年上海市区县侨联调研报告三等奖。（杨　萍）

【推进基层侨组织建设】 年内，全区8个镇均在“侨之家”内设立侨法宣传角，丰富为侨服务的工作内涵。推荐南桥镇西渡社区《不断完善“侨之家”活动载体》、庄行镇《创建网络“侨之家”》、奉城镇《“侨之家”广交心活动》为市侨联“侨之家”特色活动案例。（杨　萍）

中国台湾事务

【概况】 年内，围绕服务上海世博和区“三区一基地”建设，贯彻落实党中央对台工作方针政策和上海市对台工作领导小组会议精神，确保区对台工作健康发展。重视涉台信访投诉协调工作。先后协助申兰农牧、瑞盈五金、纬同建材、信隆五金等企业做好因区内重大项目建设动迁事宜，及时有效处理好全汉精密、创见资讯、欧一安保等企业劳动用工、产权转让、融资困难等涉台信访投诉案件20余起。开展涉台交流交往工作。先后为区镇两级机关单位和在奉企业办理因公赴台报批手续42批83人次。做好各项涉台服务工作。编印发放《台商服务指南》1000余册，对区内60余家台资企业开展安全生产知识培训；为11名台生落实择校就学事宜。开展各项涉台宣传教育工作。发放《涉台宣传读本》、翻印胡锦涛总书记在纪念全国人大《告台湾同胞书》发表30周年大会上的重要讲话单行本等学习资料2200余册。开展“携手世博、提升服务、共促发展”主题宣传教育活动。发挥社团优势参政议政，在区政协三届四次会议上，区台联会提交集体提案《关于改善我区农民居住条件的一点建议》，副会长郑建宁的《关于加大体育经费投入的建议》提案被评为2010年度优秀提案，《南桥新城建设中做好文化资源配置》提案被评为金点子提案。参与市台办组织的世博征文活动。在上海与台湾网站举办的“世博风、两岸情”主题征文活动中，奉贤有4篇征文获奖，名列全市第一，区台办荣获征文优秀组织奖。市台办“每日涉台动态”录用奉贤信息20篇，位列全市前茅。《上海与台湾》网站录用奉贤稿件56篇，完成市台办约稿5篇。发挥涉台社团桥梁纽带作用，通过形式活泼、行之有效的联谊联络活动进一步凝聚台胞台属的人心。

关心台胞台属生活，多批次走访慰问台属贫困户，对特困台属给予重点扶持和帮助。区台联会为区内5名台胞台属子女发放台联奖学金2200元。向全区困难台属发放各种困难补助金3万余元。其中新春前夕，协同区台联集中慰问贫困台属户30家，发放慰问金2万余元。（庄建英）

【台湾企业家到奉考察】 1月19日，台湾企业家赴大陆文化经贸考察交流团一行19人到奉贤考察交流。区委副书记、区长时光辉，区委常委、区政协副主席、区委统战部部长程云华，副区长唐海龙等领导接待考察团全体人员。时光辉向考察团介绍奉贤区基本情况和未来发展规划。考察团参观考察了中国菌菇博物馆、无土蔬菜栽培基地、渔人码头、包畹蓉京剧服饰馆、上海运佳黄埔制药有限公司等。（庄建英）

【组织考察团访台3批次】 4月6～12日，副区长唐海龙率区经贸考察团一行6人随市长韩正赴台参访。在台首日，唐海龙先后出席“上海—台北城市论坛”、“上海市政府和台北市政府合作备忘录签约仪式”、“上海—台湾经贸合作项目签约仪式”以及陆资入岛说明会等活动。8～12日，考察团拜访翰宇彩晶、创见资讯企业总部等，与台企高层管理人士就技术创新、公司管理、投资方式等方面进行交流探讨。11月1～7日，副区长徐剑萍率区环保、质监、绿化市容、建设交通及区公路建设发展有限公司负责人等一行6人赴台考察。在台期间考察团拜访了台北市捷运公司、台北市交通局交通资讯科、台北县环保局八里垃圾掩埋场、台北县环保生态湿地、台中市宝之林家具回收再造中心、台中市政府都市发展区等。12月13～19日，区委常委、区政协副主席、区委统战部部长程云华率考察团一行11人赴台考察。在台期间，考察团拜访了台湾中华农业学会，看望了在奉投资台商代表。

【区台胞台属联谊会第二次会员代表大会召开】 9月20日，奉贤区台胞台属联谊会第二次会员代表大会召开。大会通过区台联会第一届理事会工作报告、新的区台联会章程，选举产生区台联会第二届理事会。各镇、开发区的53名台属代表、分管对台工作领导和台界有关人士出席大会。（庄建英）

【举办世博工作答谢暨南桥新城建设推介会】 11月19日，上海市台资企业协会奉贤区工委会举办世博工作答谢暨南桥新城建设推介会。区委常委、区政协副主席、区委统战部部长程云华出席推介会并致答谢词。上海市台资企业协会副会长胡兴中等应邀出席，来自区内120余位台企负责人及家属等出席会议。（庄建英）

【世博涉台主题征文评审会在奉召开】 12月14～15日，上海市台办宣传处在奉组织召开“世博风，两岸情”主题征文评审会议。来自全国各地的500多篇征文中最终产生一等奖3名、二等奖5名、三等奖10名。奉贤区有27篇文稿入围评审，其中青村镇推荐的《玉兰花开再相逢》获一等奖，奉城镇推荐的《“山水心灯”之密码》获二等奖，青村镇推荐的《观世博会台湾馆——沟通、融合、发展》和公安奉贤分局推荐的《开辟绿色通道，情系海峡两岸》获三等奖，获奖稿件占有率达22.2%，位居全市各区县台办第一。（庄建英）

民族宗教事务

【概况】 2010年，区民族宗教事务以服务世博为重点，认真贯彻党和国家的民族宗教政策，积极探索新形势下民族宗教工作的新思路、新方法，被评为2010年度上海市民族宗教工作表扬单位。年内，通过3月民族宗教法制宣传周、12月宪法宣传日等活动，加大民族宗教政策法规的宣传力度。坚持为少数民族同胞办实事、帮困送温暖，区领导春节、高温期间走访慰问民族界代表人士等，踏踏实实地做好区的民族工作。共为62人次的贫困少数民族同胞落实帮困资金3万余元。加大对外来少数民族服务与管理的探索与实践，对全区户籍少数民族人口、清真网点等进行调查摸底。至年底，全区有常住少数民族人口（包括户籍）10262人，涉及49个民族成份。全区少数民族人士中有市人大代表1人，区人大专职常委1人、区人大代表1人，区政协常委1人、政协委员4人。至年底，全区清真饮食店77家（其中1家是清真供应网点）。全年接待少数民族来信来访10余起，会同有关部门妥善处理6起涉及来奉少数民族群众的矛盾纠纷。依法管理宗教事务，组织开展“和谐寺观教堂”和上海市文明宗教活动场所创建等活动，提高宗教团体、宗教场所的自我管理水平；通过宗教教职人员参加讲经讲道交流活动、教职人员文化大专班学习等，提高宗教教职人员的综合素质。通过每季度一次的宗教界人士学习会、座谈会、报告会等，组织宗教界人士学习党的宗教政策。鼓励宗教团体积极投身社会慈善公益活动。全区有佛教、道教、天主教、基督教四大宗教。至年底登记的宗教活动场所33处和15个固定活动点。其中佛教9处（5处4点），道教3处（1处2点），天主教12处（6堂6点），基督教24处（21堂3点）。有宗教教职人员117人（不包括散居道士115人），其中佛教僧尼75人（比丘52人、比丘尼23人），道教正一派道士4人，天主教9人（神甫4人、修女5人），基督教29人。有信教群众5.8万人（佛教1.9万人，道教1.3万人，天主教0.8万人，基督教2.2万人）。（黄 燕）

【市民族团结模范事迹报告会在奉举行】 3月4日，上海市民族团结模范事迹报告会在奉贤区举行。上海市民族宗教委副主任金梅等出席报告会。各镇、开发区、临海社区党政分管领导、民宗干部，各街道、社区、居（村）委会民族工作干部，区民族联班子成员和少数民族代表，统战机关全体成员共260

余人参加报告会。（黄　燕）

【举行少数民族世博志愿者分队服务启动仪式】 4月7日，区少数民族世博志愿者分队在区会议中心举行上岗实务培训暨服务启动仪式。全区66名少数民族世博志愿者和32名清真义务监督员参加活动。区少数民族联合会会长、区少数民族世博志愿者分队队长朱全忠主持启动仪式。（黄　燕）

【东海观音寺为困难残疾人士捐赠世博门票】 世博会前夕，区东海观音寺慈慧功德会捐赠1000张世博门票给上海市残疾人福利基金会，由市残疾人福利基金会将门票分送给困难残疾人士。上海市残联党组书记、残疾人福利基金会理事长叶兴华到寺接受捐赠。（黄　燕）

【15家宗教活动场所被命名为市文明宗教活动场所】 在2008～2009年度上海市文明宗教活动场所考核评比活动中，区内15家宗教活动场所榜上有名。其中佛教有二严寺、万佛阁、洪福寺；道教有上真道院；天主教有南桥天主堂；基督教有青村耶稣堂、庄行耶稣堂、农展耶稣堂、平安耶稣堂、洪庙鸿恩堂、朱新耶稣堂、四团耶稣堂、南桥耶稣堂、泰日耶稣堂、奉城耶稣堂。（黄　燕）

【马志平出席中国道教协会第八次全国代表大会】 6月20～23日，中国道教协会第八次全国代表大会在北京召开。区道教协会会长、上真道院负责人马志平道长作为第八次全国代表大会代表出席会议。是奉贤历史上首次有道教代表人士出席中国道教协会会议。（黄　燕）

【南桥耶稣堂新堂落成】 11月12日，坐落于奉贤南桥新城和沪郊最大商业中心奉贤百联南桥购物中心的南桥耶稣堂举行新堂落成典礼。区委常委、区政协副主席、区委统战部部长程云华，市民族和宗教委基督教处处长李松林等领导及市基督教两会副主席兼秘书长陈志民等基督教界代表人士出席庆典。1200余位基督教信徒参加庆典。（黄　燕）

【东海观音寺举行圆通宝殿动土暨“11·15”特大火灾捐赠仪式】 11月28日，东海观音寺圆通宝殿举行动土暨“11·15”特大火灾捐赠仪式。区委常委、区政协副主席、区委统战部部长程云华，全国政协委员、中国佛教协会副会长、上海市佛教协会会长、上海玉佛寺方丈觉醒法师等佛教界代表人士出席动土仪式并讲话。四众弟子等2000余人参加活动。动土仪式上，东海观音寺慈慧功德会通过区红十字会捐赠善款10万元，对在静安区胶州路公寓大楼“11·15”特别重大火灾事故中遇难同胞表示哀悼，对受伤、受灾人员表示慰问。（黄　燕　陈　兰）

【康宁获首届全国创建和谐寺观教堂先进个人称号】 12月29日，中央统战部、国家宗教局召开首届全国创建和谐寺观教堂先进集体和先进个人表彰大会。会上，区基督教教务委员会主任康宁获“首届全国创建和谐寺观教堂先进个人”称号。（黄　燕）

【区宗教界捐献善款60余万元】 年内，区宗教界积极参与社会公益慈善事业，先后向奉贤区慈善基金会及为青海玉树地震、舟曲泥石流和静安区胶州路公寓大楼“11·15”特别重大火灾等受灾群众捐献善款60余万元。（黄　燕）

【开展基督教专项调研治理】 年内，区民宗办依照“区别对待，分类处理，疏堵结合，纳入管理”的工作要求，对全区基督教私设聚会点进行排查摸底。对全区未经区政府备案登记的82个基督教聚会点（包括45个祷告会）进行上门宣传教育，由相关部门与之签订承诺书，纳入监管之中。年内，依法取缔2起非正常宗教活动，劝阻劝散6处非正常宗教活动点，协助市公安、国保等部门及时发现并制止非法大型宗教界高层峰会。（黄　燕）

信访工作

【概况】 年内，区信访办受理群众信访5438件次，比上年5897件次下降7.78%。其中来信1671件次，比上年2197件下降23.94%；来访1412件次4565人次，比上年1567件次5128人次分别下降9.89%和10.98%；受理电子邮件1723件次，比上年1426件次上升20.83%；受理电话来访632件次，比上年707件次下降10.61%。主要呈现以下特点：信访总量比上年有所下降；电子邮件增幅较大；赴区集体上访量大幅下降，但仍保持高位运行；赴市集体上访与赴市非正常上访基本持平；群众越级到京上访量大幅上升。（徐天觊）

【建立信访稳定工作例会制度】 年内，建立信访稳定工作例会制度。对近期发生的信访突出矛盾和排查出来的重大矛盾纠纷进行分析研判，及时处置影响全区社会稳定的信访突出矛盾，对可能激化或形成负面舆论热点的信访案件及时提出预警建议。（徐天觊）

【加强领导信访接待制度】 在坚持党政领导周四接待群众来访的基础上，加强世博会期间党政领导信访接待工作。4～10月，每个工作日有1名区领导在区信访办接待来访群众，各镇（开发区）每天安排1名领导在本单位信访窗口接待来访群众。8月1日起，在奉贤政府门户网站开通“区委领导信箱”，通过建立健全网上信访通道，加强区委与公众的沟通和交流，推进全区“网上信访”工作。（徐天觊）

【完善信访工作考核机制】 年初，区委、区政府主要领导分别与8个镇、5个开发区和12个委、局党政主要领导签订《2010年度信访工作目标责任书》，明确年度信访工作目标。各镇（开发区）和区政府各部门党政领导落实领导责任制，坚持党政一把手负总责、分管领导

具体抓、其他领导成员落实"一岗双责"制度,形成全方位抓信访工作的格局。（徐天觃）

【增加信访接待时间】 世博会期间,区信访办从部分委局借调人员,实行接待窗口24小时信访接待制度。各镇(开发区)等信访接待窗口实行每天接待群众来访,并落实夜间值班制度,随时接待群众来访。遇有紧急、重大、疑难的信访突出问题和群体性事件及时与上级和有关责任单位衔接,并按有关要求对突发性信访事项开展紧急处置工作。（徐天觃）

【开展信访代理】 7月,召开信访代理工作现场会,启动信访代理工作,并建立一支由村(居)委会干部、社区法律志愿者以及社区工作热心人士等281人的信访代理员队伍,推动信访矛盾及时就地解决和信访工作重心下移。9月,对全区信访代理员进行业务培训并发放聘书。（徐天觃）

【开展矛盾排查化解工作】 年内,新排查出A档矛盾4件、B档矛盾37件。对新排查出的信访突出矛盾,及时落实相关措施,寻找矛盾化解的突破口,推动疑难矛盾的解决。已化解A档矛盾4件、B档矛盾29件,化解率80.48%。同时,积极推进市领导联系区信访突出矛盾化解工作,9件信访突出矛盾化解4件,化解率44.4%。（徐天觃）

【开展信访办理满意率抽查】 年内,对年度初次来信进行2次回访。上半年度调查显示:75%的信访人对信访接待人员的工作态度表示满意、较满意、理解,58.13%的信访人对办理结果表示满意或理解。下半年度调查显示:满意度较上半年略有提高。对电话访件进行2次全面抽查。3月上旬,有效抽查电话访件26件,信访人表示满意和理解的18件,满意率78%。6月上旬,有效抽查电话访件24件,信访人表示满意和理解的22件,满意率92%。（徐天觃）

【开展重信重访专项治理和领导包案化解】 年内,市联席办交办的5件重信重访件全部化解,化解率100%,列全市第一;区自排的29件重信重访件化解23件,化解率79.31%。重信重访专项治理工作在全市继续名列前茅。开展疑难信访案区领导包案化解工作。区委、区政府13名领导共包案处理13件疑难信访问题,以带案研究、带案督办、专门听取化解工作汇报等方式,明确化解责任,推动疑难信访矛盾化解。9件信访件已得到化解,4件得到缓解,化解率69%。（徐天觃）

【启动信访核查终结工作】 为引导和教育群众依法、理性反映和解决利益诉求,依法剥离无理缠访、闹访、非正常访等案件,根据市信访办《信访复核终结办法〈暂行规定〉》,成立区信访核查终结委员会,并建立一支听证员和听证主持人队伍。核查终结工作以动拆迁积案矛盾为重点,梳理工作无瑕疵,当事人诉求无理、长期以来无法有效化解、信访人又连续进京上访的信访事项,年底终结信访事项1件。（徐天觃）

机关事务管理

【概况】 年内,区机关事务管理工作以服务世博、保障世博为主线,围绕中心,服务大局,加强管理科学化程度、增强全覆盖保障力度、提升服务群众满意度。全年完成各类会议接待1917场次,接待参加会议人员113892人次,其中政府接待中心560批次17589人次。（林　源）

【推进办公用房整修改造工程】 第二批办公用房改造工程涉及3个不同的施工区域共12家入驻单位7幢办公大楼,整修改造办公楼建筑面积9433平方米。第三批办公用房改造工程涉及建筑面积800平方米。通过加强施工监管,并对工程量、工程经费、工程施工图纸进行详细预算和设计,在满足入驻单位合理要求的情况下,严格控制规格标准,整合利用原有资源,最大程度地节省政府开支。（林　源）

【开展机关大院基础设施整治】 针对机关二号院硬件设施年久失修、影响外观环境、存在安全隐患等问题,进行外场排水管道更新、天然气管道铺设、路面沥青铺摊、架空电缆入地埋设及车库改建维修等工作。针对会议中心大楼供水管网由于地面沉降和管网老化导致的多段多次破裂渗水现象,组织力量对整个会议中心的水管管网进行重新铺设。（林　源）

【开展区级机关控烟宣传活动】 年内,贯彻落实《上海市公共场所控制吸烟条例》,以创建"无烟机关"为主题,在机关3个大院进行控烟宣传周机关宣传日主题活动。共派出控烟宣传员24人,发放《控烟条例》500本,控烟海报、标识300份,同时展出控烟小常识等宣传版面。（林　源）

【控制行政性成本支出】 年内,加强公务车辆管理使用,确保车辆购置及运行费用支出下降。完善公务车定点维修、保养、保险制度,执行派车单制度,实行"八小时"外统一入库管理制度,统一调度、合理使用,减少公务车辆空驶里程,降低油耗。实行一车一卡加油制度,并定期统计每台车的油耗、公里数,自觉接受干部职工监督。控制公务接待费用,规范公务接待工作,制止奢侈浪费,确保接待费用降低目标的实现。完善公务接待工作规程,明确接待规则、接待范围、标准、场所和接待报批程序。严格执行来客接待标准,杜绝超标准接待。（林　源）

（本栏目编辑　周生明）

政协上海市奉贤区委员会

综　　述

年内，区政协常委会坚持团结和民主主题，围绕区委、区政府重点工作，履行政治协商、民主监督、参政议政职能，团结动员区各民主党派、工商联、有关人民团体和全体政协委员，为推动区经济平稳较快发展，促进社会和谐稳定发挥作用。年初、年中组织全体政协委员协商讨论区政府工作，为全区中心工作建言献策。区三届四次全会期间组织党派团体和有关专委会就扶持民营企业转型提升、促进农民增收、推进南桥新城建设、加快高新技术产业化发展等重要问题进行大会发言。围绕“十二五”规划编制重点协商，就区“十二五”规划纲要草案（征求意见稿）及“十二五”时期一些重要问题提出意见和建议；组织相关专委会和委员，就“十二五”期间“加快区生产性服务业发展”、“加强南桥新城水环境建设”等课题开展调查研究，形成调研报告6篇；举行“建言‘十二五’规划，推进滨海新城建设”专题调研成果交流汇报会。主动将参与世博、服务世博、奉献世博作为年度政协履职的重点内容，首次以开展政府职能部门专项工作民主评议活动为形式，对区世博安保工作进行民主评议，形成民主评议报告，以《情况反映》报送区委、区政府。关注南桥新城建设，开展“我为南桥新城建设献一计”主题活动，动员政协委员、各党派团体为南桥新城建设出谋划策。区政协常委会会议和主席会议认真组织协商议政活动，选择安居工程实施情况、农村改革发展等议题进行专题协商，为区委、区政府科学决策建言献策。区政协专委会以课题为纽带，拓展与政府有关部门对口联系、工作联动的领域，发挥专委会专业性强的特点，先后就生物医药产业发展、国家卫生区创建、就业工作推进、高素质人才引进和开发、清真食品供应等议题开展对口协商，提出意见和建议。通过专委会和界别活动等形式，组织委员为推动经济社会发展建言献策，先后就自来水老管网改造、环保三年行动计划推进、建设工程施工管理、南桥地区社区卫生服务中心建设、中小学教学改革、民族宗教政策落实等情况开展视察，提出意见和建议。年末，组织全体委员及有关代表人士围绕节能减排工作、大型居住社区南桥基地建设、重大工程（项目）建设、“贤文化”建设等推进情况开展集中视察，提出“要加大节能减排工作宣传力度、要完善节能减排工作责任制”等意见建议。坚持以提高提案质量、提案办理质量、提案服务质量为目标，严格审查立案，举办提案交办会议、提案办理情况汇报会，开展现场办案、跟踪办理、主席会议促办、“二次”办理、提案民主评议等活动。全年收到提案197件，经审查立案183件，全部办复。提案人对提案办理结果满意或基本满意率为100%。　　（狄　彩）

重要会议

【概况】　1月19～22日，召开区政协三届四次会议。会议审议通过《政协上海市奉贤区第三届委员会第四次会议决议》。其间，与会委员列席区三届人大六次会议。年内，召开三届区政协常委会会议5次，审议通过区政协三届四次会议的有关文件；协商讨论安居工程实施问题；同意2人辞去三届区政协委员的请求，增补3名三届区政协委员；协商推进农村改革发展问题；协商《上海市奉贤区国民经济和社会发展第十二个五年规划纲要（草案）〈征求意见稿〉》；听取区纪委、监察局关于区反腐倡廉建设情况和下阶段加强党风廉政建设的主要工作安排的通报。

（狄　彩）

【区政协三届四次会议召开】　1月19～22日，区政协三届四次会议在区会议中心召开。会议应出席委员219人，实到195人。会议审议通过三届区政协主席韦源代表常务委员会所作的工作报告、三届区政协副主席迟岳峰代表常务委员会所作的关于提案工作情况的报告。与会委员列席区三届人大六次会议，听取并讨论区政府工作报告，讨论区2009年国民经济和社会发展计划执行情况与2010年国民经济和社会发展计划草案的报告、区2009年预算执行情况和2010年预算草案报告、区人民法院工作报告、区人民检察院工作报告和其他重要报告。会议审议通过《政协上海市奉贤区第三届委员会第四次会议决议》。会议期间,共收到提案197件,经审查立案183件。（狄 彩）

【召开区政协三届常委会会议5次】 年内,区政协三届常委会召开常委会会议5次。1月19～22日,在区政协三届四次会议期间,同时召开区政协三届十五次常委会会议。应出席33人,实到29人。会议听取区政协三届四次会议分组讨论情况的汇报及区政协三届四次会议期间提案审查情况的报告;通过区政协三届四次会议决议(草案);同意邹冬沪辞去三届区政协委员的请求;决定毕道鹏任三届区政协提案委员会主任,迟岳峰不再担任三届区政协提案委员会主任。3月9日,召开区政协三届十六次常委会会议。应出席33人,实到28人。会议审议通过区政协2010年工作要点,协商决定区政协2010年重要会议与主要活动安排、区政协专委会2010年主要活动安排及区政协2010年界别活动安排。会议听取区住房保障和房屋管理局关于区安居工程实施情况通报并进行协商。区委常委、副区长张贵龙到会听取常委建言。7月2日,召开区政协三届十七次常委会会议。应出席33人,实到28人。会议协商推进农村改革发展问题,听取区农委关于贯彻落实“18条意见”推进情况通报及庄行镇农村土地承包经营权流转管理服务中心关于农村土地承包经营权流转情况介绍并进行协商。会议同意舒君明辞去三届区政协委员的请求,同意增补丁惠义、顾勤华、范家辉为三届区政协委员。区政协提案委员会就区政协三届四次会议以来提案交办情况及下阶段主要工作进行书面汇报。12月9日,召开区政协三届十八次常委会会议。应出席33人,实到29人。会议专题协商《上海市奉贤区国民经济和社会发展第十二个五年规划纲要(草案)〈征求意见稿〉》,听取区发展改革委关于区“十二五”规划纲要(草案)(征求意见稿)起草过程、框架结构、主要内容等情况说明,并进行协商。区委常委、副区长张小松到会听取常委建言。12月31日,召开区政协三届十九次常委会会议。应出席33人,实到27人。会议传达九届中共上海市委十四次全会和二届中共奉贤区委十七次全会精神,听取区纪委、监察局关于2010年区反腐倡廉建设情况和下阶段加强党风廉政建设主要工作安排的通报。（狄 彩）

2010年政协上海市奉贤区第三届委员会主席会议召开情况表

次 第	日 期	会 议 内 容
第39次	1月12日	听取区政协办公室和专门委员会办公室关于区政协三届四次会议筹备工作情况的汇报;协商有关人事问题
第40次	2月26日	传达学习市政协十一届三次会议精神;听取区政协办公室关于《中共上海市奉贤区委员会关于进一步加强人民政协工作的实施意见(代拟稿)》的起草情况汇报;协商区政协2010年工作要点(草案)及区政协2010年重要会议与主要活动安排(草案);协商区政协专委会2010年主要活动安排以及区政协2010年界别活动安排;协商决定区政协2010年重点提案;协商决定区政协3月份主要工作及活动安排
第41次	3月23日	听取区政协提案委员会关于提案审查及交办情况的汇报;协商决定区政协4月份主要工作及活动安排
第42次	4月29日	协商决定区政协5月份主要工作及活动安排;视察区高新技术产业化情况
第43次	5月27日	协商决定区政协6月份主要工作及活动安排;听取关于《奉贤政协志》编纂进展情况的汇报;促办重点提案《关于进一步促进农民增收的几点建议》
第44次	6月30日	协商有关调整区三届政协委员等人事问题;听取区政协提案委员会关于2010年区政协提案办理情况的汇报;协商决定区政协7月份主要工作及活动安排;视察区安全生产工作情况
第45次	7月29日	结合学习贯彻九届市委十次全会、二届区委十五次全会精神,总结区政协上半年工作情况,研究部署下半年工作安排;协商决定区政协8月份主要工作及活动安排;听取区政协办公室关于区政协委员和政协之友社理事会组成人员;讨论区政府半年工作报告的情况汇报;协商通过《关于区政协领导走访委员的若干规定(修订稿)》,关于价格监察员推荐名单等事项
第46次	8月26日	协商决定区政协9月份主要工作及活动安排;促办重点提案《关于整合社区资源,创造居家养老和谐环境的几点建议》
第47次	9月28日	协商决定区政协10月份主要工作及活动安排;视察区“贤文化”建设情况
第48次	10月29日	协商决定区政协11月份主要工作及活动安排;调研区工业总公司工作情况
第49次	11月30日	协商讨论《中国人民政治协商会议上海市奉贤区第三届委员会常务委员会工作报告》(讨论稿)和《中国人民政治协商会议上海市奉贤区第三届委员会常务委员会关于提案工作情况的报告》(讨论稿);协商决定区政协12月份主要工作及活动安排

续 表

次 第	日 期	会 议 内 容
第 50 次	12 月 23 日	协商决定 2010 年度区政协优秀提案、提案承办先进单位、提案承办先进个人名单;决定“我为南桥新城建设献一计”活动“金点子”和优秀组织奖名单;决定 2010 年度优秀社情民意稿件;协商决定区政协 2011 年 1 月份主要工作及活动安排

重要工作

【**概况**】 2～7 月,围绕区“十二五”规划编制进行协商议政和专题调研。7 月,召开“建言‘十二五’规划,推进滨海新城建设”专题调研成果交流汇报会;12 月,召开常委会会议专题协商区“十二五”规划纲要草案(征求意见稿)。3～9 月,举行“我为南桥新城建设献一计”主题活动。3 月,召开“我为世博做什么”专题讨论会。4 月,开展“宣传世博、服务市民”专题宣传服务日活动。4～10 月,开展世博安保专项民主评议活动。10 月,召开世博安保工作民主评议会。5 月,召开学习贯彻《中共上海市奉贤区委关于进一步加强人民政协工作的实施意见》座谈会。同月,举办中共党员委员培训班,召开反映社情民意工作座谈会。7 月,组织区政协委员等讨论区政府半年工作情况报告及国民经济和社会发展计划执行情况报告等重要报告。9 月,在海湾国家森林公园举行区各界人士中秋游园活动。11 月,组织委员年末集中视察活动。同月,召开党派团体主要负责人座谈会。全年,加强提案工作,做好反映社情民意工作。 (狄 彩)

【**围绕“十二五”规划编制协商议政**】 2～7 月,组织相关专委会和委员,就“十二五”期间“加快我区生产性服务业发展”、“加强南桥新城水环境建设”、“促进职业教育发展”、“加强南桥新城公共文化体育设施规划建设”、“完善来奉人员服务管理机制”、“加大高素质人才开发和引进力度”等课题开展调查研究,通过发放问卷表、召开座谈会、赴有关地区学习考察、征求专家学者和有关部门意见等形式收集资料、分析问题、研究对策,完成调研报告 6 篇。7 月 20 日,召开“建言‘十二五’规划,推进滨海新城建设”专题调研成果交流汇报会。中共奉贤区委书记张立平、区长时光辉和区发展改革委等 18 个职能部门领导到会听取意见和建议。区委、区政府主要领导对政协的调研成果给予肯定,要求相关部门重视和研究采纳政协的建言。组织委员参加有关专题调研会和意见征求会,就区委关于“十二五”规划建议草案及“十二五”规划纲要草案(征求意见稿)集思广益,共献良策。12 月 9 日,召开三届十八次常委会会议,协商讨论区“十二五”规划纲要草案(征求意见稿),提出“要总结南桥老城区建设经验、扶持中小企业发展、完善政府性债务偿还机制”等意见建议。 (狄 彩)

【**组织委员年末集中视察**】 11 月 25 日,区政协组织委员开展年末集中视察,围绕区节能减排工作、大型居住社区奉贤南桥基地建设、重大工程(项目)建设、“贤文化”建设等推进情况,听取区有关职能部门的情况通报,并座谈讨论。委员们在视察中提出的意见建议,经整理归纳报送区委、区政府参考。 (狄 彩)

【**举办“我为南桥新城建设献一计”主题活动**】 3～9 月,开展“我为南桥新城建设献一计”活动,动员区政协委员、各党派团体为南桥新城建设出谋划策,向政协委员、各党派团体和社会各界人士广泛征集推进南桥新城建设的“金点子”。活动共收到意见和建议 190 余条,内容涉及公共服务设施配置、产业发展、动拆迁安置、交通建设、市政管理、低碳宜居、人才引进等方面。活动情况汇编 9 期《情况反映》报送区委、区政府。活动评出“金点子”10 个、优秀组织奖 3 家。 (狄 彩)

【**开展世博安保专项民主评议活动**】 4～10 月,将参与世博、服务世博、奉献世博作为本年度政协履职的重点内容,首次以开展政府职能部门专项工作民主评议活动为形式,对区世博安保工作进行民主评议。通过举行世博安保工作情况通报会、开展世博安保工作社会调查、走访区世博安保指挥部、明查暗访区液化气储配站和浦江长途客运站等世博安保重点防控单

8 月 3 日,区政协委员视察区安全生产情况 (奉贤报社 供稿)

位，了解安保工作情况。10月15日，召开世博安保工作民主评议会，就世博安保工作进行点评，并形成民主评议报告，以《情况反映》形式报送区委、区政府领导。世博期间，组织50余名区政协委员参与世博园区运行压力测试和民主监督工作，提出完善园区管理工作的意见和建议60余条，其中5条被市政协办公厅编入世博园区运行情况民主监督专刊。（狄　彩）

【举办中共党员委员培训班】 5月20日，区政协举办中共党员委员培训班，50余名中共党员委员参加培训。党员委员结合自身工作和履职实际，就如何发挥中共党员委员在政协各项履职工作中的先锋模范作用以及《关于区政协委员中的中共党员履职情况的考核办法（讨论稿）》展开讨论。市政协研究室主任徐海鹰作专题报告。

（狄　彩）

【做好反映社情民意工作】 加强对信息工作的领导，健全信息网络，拓宽信息渠道。5月19日，召开反映社情民意工作座谈会，市委办公厅市区处周明田作专题辅导讲座。邀请经验丰富的离任老委员和具有较强专业性和代表性的社会人士担任区政协特邀信息员，壮大反映社情民意信息员队伍。全年收到各类社情民意信息91件，向区委、区政府有关职能部门批转社情民意信息65件，编发《情况反映》24期，向市委办公厅、市政协办公厅直报信息26件，其中《本市新一轮土地确权中面临的问题及对策》《农村生活污水纳管要提上议事日程》被上海市政协办公厅采用并转送市委、市政府办公厅，市委常委、政法委书记吴志明和副市长沈骏分别作批示。开展信息工作评选表彰活动，评出优秀社情民意信息5件。（狄　彩）

【发挥民主党派（工商联）、人民团体作用】 加强与区各民主党派、工商联、有关人民团体的联系，政协领导定期走访党派主委，召开党派团体主要负责人座谈会，营造团结合作的政治环境。重点安排党派团体成员在政协全体会议、常委会议和专题议政会上发表意见，重点促办党派团体集体提案，优先推荐有党派团体身份的委员担任特邀监督员。年内，党派团体提交大会发言11篇、集体提案21件，17名有党派团体身份的委员被推荐为特邀监督员。（狄　彩）

【发挥委员主体作用】 落实主席会议成员和常委联系委员制度，走访委员110余人，了解他们的学习工作情况。组织界别活动12次，就有关问题听取委员的意见和建议。组织40余名专家和委员中的专业技术人员在区文化广场开展“宣传世博、服务市民”专题宣传服务日活动，1000余人次接受世博知识和医疗卫生、法律政策等方面的咨询服务，现场发放各类宣传资料2400余份。支持企业家委员响应“奉贤区非公有制经济人士回报社会感恩行动”倡议，踊跃参与“百企助百老”活动，23家企业与29名“五老”结对帮扶，捐资52.2万元。

（狄　彩）

【加强宣传和交流工作】 加强与新闻媒体联系，先后在市、区媒体刊发报道政协稿件70余篇，区广播电视台报道政协会议和情况100余条次。坚持搞好《奉贤政协》会刊、奉贤政协网站和宣传画廊，为宣传政协工作、树立对外形象发挥积极作用。利用《联合时报》、区政协会刊和网站，宣传报道11名区政协委员的履职先进事迹。参加长三角13县（市、区）和苏浙沪15县（市、区）政协工作研讨会，先后围绕“发挥政协界别优势和作用”、“做好政协宣传工作”、“提高参政议政实效”等主题作交流发言，与兄弟区县政协共同探讨做好新形势下政协工作的新途径、新方法。

（狄　彩）

专门委员会工作

【概况】 政协上海市奉贤区第三届委员会设置专门委员会8个。年内，在委员学习、调研视察、提案工作、反映社情民意信息、团结联谊及自身建设等方面都有明显成效。提案委员会从立案的183件提案中遴选8件重点提案交由主席、副主席分工促办。围绕“十二五”规划编制，深入开展课题调研，经济委员会、人口资源环境建设委员会、科技教育委员会、文化卫生体育委员会、社会和法制委员会、港澳台侨委员会分别成立课题调研组，通过召开情况通报会、座谈讨论、视察走访、学习考察等方式进行调研，形成《关于“十二五”期间加快区生产性服务业发展的建议》等6份调研报告，提出意见和建议，供区委、区政府决策参考。

（狄　彩）

【提案委员会】 全年收到提案197件，经审查立案183件，全部办复，提案人对提案办理结果满意或基本满意率为100%。通过畅通知情渠道、加强提案知识辅导、编发提案选题目录、召开集体提案征集座谈会等途径，提高提案质量。举办提案交办会议、提案办理情况汇报会，开展现场办案、跟踪办理、主席会议促办、“二次”办理、提案民主评议等活动，提高提案办理质量。遴选并报请主席会议审定《关于进一步促进我区农民增收的几点建议》等重点提案8件，协助区政协主席、副主席做好重点提案的促办工作。5月和8月，主席会议先后就促进农民增收、居家养老等重点提案进行促办。7月，召开提案办理工作座谈会，推动提案工作创新发展。11月，与区政府办公室联合对正在解决和列入计划解决的提案开展二次复告“回头看”工作，并对南桥镇、区农委等承办单位进行跟踪检查。12月，分别对区卫生局、绿化市容局的提案办理工作进行民主评议。注重将提案办理工作与各专委会的工作有机结合，先后围绕创意农业发展、社区卫生服务中心建设、安全生产、自来水管网改造等方面进行联合专题视察。开展区政协优秀提案、提案承办先进单位和先进个人的评选和表彰活动。（狄　彩）

【经济委员会】 年内，成立专题调研组，开展“‘十二五’期间加快区生产性服务业发展”和“关于加快培育我区重点产业集群”课题调研，听取区经委、发展改革委、税务局、招商办、政研室等有关部门情况介绍。赴江苏连云港市学习考察，召开专题讨论会，形成调研报告《关于“十二五”期间加快我区生产性服务业发展的建议》《关于加强专业招商，培育我区重点产业集群的建议》。走访区工商联，了解区扶持民营企业发展情况。视察区六大高新技术产业发展情况，赴区招商办调研区招商工作情况，联合农业界别视察上海农业要素交易所建设情况。参加区政协展望2011年经济发展座谈会。

（狄　彩）

【人口资源环境建设委员会】　年内，成立专题调研组，开展“‘十二五’期间加强南桥新城水环境建设”课题调研，走访区水务局等相关职能部门了解水务规划情况，深入镇、社区进行群众访谈，形成调研报告《关于“十二五”期间加强南桥新城水环境建设的建议》。视察自来水老管网改造情况，赴广西桂林市学习考察城市规划建设和管理情况，联合民进、农工、致公、九三等民主党派人士赴曙光中学新校址、上海森丰纸箱厂视察建设工程施工管理情况，联合民革、民盟、民建等民主党派及无党派人士赴塘外化工区、南桥镇杨王村生态村视察区环保三年行动计划推进情况。参加区政协展望2011年经济发展座谈会。（狄　彩）

【科技教育委员会】　年内，成立专题调研组，开展“‘十二五’期间促进我区职业教育发展”课题调研，组织委员赴区教育局听取教育工作“十二五”规划职业教育发展情况介绍，召开部分职业教育学校负责人座谈会，深入学校、企业调研，形成调研报告《关于“十二五”期间促进我区职业教育发展的建议》。组织委员赴华亭学校视察素质教育情况。联合科协、科技界别走访凯宝药业、铭源数康等企业，了解生物医药产业发展情况。赴区教师进修学院视察教学改革情况。（狄　彩）

【文化卫生体育委员会】　年内，成立专题调研组，开展“‘十二五’期间加强南桥新城公共文化体育设施规划建设”调研课题，听取区体育局、文广局等部门有关情况介绍，深入社区体育健身活动场所开展调研，赴青浦区学习考察，形成调研报告《关于“十二五”期间加强南桥新城公共文化体育设施规划建设的建议》。在区政协“我为世博做什么”专题讨论会上，向全体政协委员发出“积极参与世博会，人人争当志愿者”倡议书，组织委员参与区政协“宣传世博、服务市民”专题宣传服务日活动。联合文化、新闻、体育界别视察南桥地区社区卫生服务中心建设与发展情况。联合总工会、共青团、青联、妇联界别走访区创卫办，了解国家卫生城区创建工作情况，联合医药卫生界别视察公共卫生服务工作情况。（狄　彩）

【社会和法制委员会】　年内，成立专题调研组，开展“‘十二五’期间加强来奉人员服务和管理”课题调研，听取区人口办等职能部门情况介绍，深入奉城镇了解“两个实有”长效动态管理机制创新情况，并通过发放调查问卷等方式开展调研，形成调研报告《关于“十二五”期间进一步完善来奉人员服务管理机制的建议》。对世博安保工作进行民主评议，通过参加区政协世博安保工作情况通报会、开展世博安保工作群众问卷调查、走访区世博安保指挥部、明查暗访区液化气储配站和浦江长途客运站等世博安保重点防控单位，掌握安保工作情况，在区政协召开的世博安保工作民主评议会上作世博安保工作民主评议报告。组织委员赴区人力资源社会保障局了解就业工作推进情况，赴上海同福易家丽（国际）石材市场、雷盛塑料包装（上海）有限公司，视察安全生产工作情况。

（狄　彩）

【港澳台侨委员会】　年内，成立专题调研组，开展“‘十二五’期间加大高素质人才开发和引进力度”课题调研，走访区人力资源社会保障局、区侨办、侨联等职能部门了解高质量人才开发、引进和使用情况，召开座谈会和专题讨论会，形成调研报告《关于“十二五”期间加大高素质人才开发和引进力度的建议》。联合侨联、台联界别召开台海形势学习座谈会，组织委员就“做好外资企业服务工作”调研课题赴江苏扬州市学习考察。

（狄　彩）

【民族和宗教委员会】　年内，组织委员参加上海市民族宗教法律法规宣传周、全国宪法宣传周活动，学习宣传法律法规知识，不断提高民族宗教界委员法制意识。走访区经委，了解区清真食品供应工作情况。走访市工业综合开发区，了解有关民族宗教政策落实情况，赴庄行镇视察民族宗教工作情况。就“加强宗教活动场所管理”课题赴贵州等地学习考察。（狄　彩）

（本栏目编辑　周生明）

中共上海市奉贤区纪律检查委员会

综　述

2010年，中共上海市奉贤区纪律检查委员会（简称区纪委）、上海市奉贤区监察局（简称区监察局）围绕“五个确保”，强化监督检查，提高反腐倡廉建设科学化水平。加强对上级重大决策部署贯彻落实情况的监督检查，及时督促相关部门对重大项目中存在的问题进行整改，确保项目规范运作。会同区安监局等有关部门对各镇、开发区和政府有关部门执行安全生产法等法律法规和责任制的落实、执行情况开展监督检查。对世博蔬菜供应基地的用药安全和食品配送安全、国际友人参观点各项工作落实情况及世博工程建设规范等进行专项检查。深化“大宣教”工作格局，初步形成“各方联动，多路出击，齐抓共管”的党风廉政教育机制。组织召开奉贤区党风廉政建设责任制工作推进会，制定下发《2010年奉贤区党风廉政建设和反腐败工作部门分工》，将党风廉政建设和反腐败工作的8个方面68项任务，分解到25个牵头部门和43家配合单位。开展落实党风廉政建设各项制度、纪律等的专项检查、专项治理和巡察，确保党风廉政建设各项工作得到有效落实。制定下发《关于信访举报件分类处理办法（试行）》《关于纪检监察信访举报工作目标管理考核办法（试行）》《关于涉刑违纪案件先行处分实施办法（试行）》，逐步推行涉刑违纪案件先行处分。年内，全区纪检监察系统共受理群众信访举报350件、涉及检控类286件。核实违纪违法案件线索58件，立案查处45件，结案37件。建立涉博信访绿色通道，制定《关于做好纪检监察信访举报工作维护世博会前后及期间社会稳定的通知》。组织联合检查组对全区96个机关事业单位实施“阳光账户”、“阳光财务”和“阳光收入”情况进行重点检查，对突出问题进行督促整改与通报。开展工程建设领域突出问题专项治理工作，针对检查中发现的问题和薄弱环节，督促有关部门在项目决策、招标投标、土地出让、规划管理、工程建设质量、物资采购和资金安排管理等6个方面建立和完善长效管理机制，对违反招标方式的11个单位、41个项目，督促有关单位进行重点整改。开展“迎世博、办世博”效能监察，促使300余个需整改的事项得到有效落实。组织协调职能部门对115个开展村级财务规范化建设的村进行检查验收。对15家单位2007～2009年度强农惠农资金使用管理情况开展检查，对存在的问题进行督促整改。对全区130所中小学、幼儿园和民工子女学校开展春、秋季开学收费工作检查。进一步纠正医药购销和医疗服务中的不正之风，全区医疗机构药品集中网上采购率达到92%。抓好食品药品安全监管、规范物业管理服务行为等工作。开展对19家企业协会政社分开工作督查。严格规范评比达标表彰活动，对全区党政机关庆典、研讨会、论坛活动开展清理摸底。强化对农保基金、扶贫资金和救灾救济资金的监管，确保资金使用安全。深化民主评议政风行风工作。开展对41个参评部门和行业的督导，抓好网上投诉件的督办，指导各镇、开发区纪（工）委对工商、卫生、质监部门的37个基层站所开展民主评议。在全市政风行风网上测评中，奉贤区名列第一。加强纪检监察组织自身建设，继续开展“做党的忠诚卫士、当群众的贴心人”主题实践活动。组织19名基层纪委书记和纪检监察干部参加中央纪委、市纪委举办的纪检监察综合业务培训。制定《2010年奉贤区纪检监察系统调研工作要点》，将调研工作延伸到基层。严格遵守“五严守、五禁止”纪律规定，切实维护纪检监察干部可亲、可信、可敬的良好形象。（陈建国）

重要会议

【二届区纪委五次全会召开】 2月2日，区纪委召开二届五次全会。区委书记张立平出席全会第二次会议并讲话。区委副书记、区长时光辉传达胡锦涛在十七届中央纪委五次全会上讲话精神和贺国强工作报告精神。区委副书记周林官传达俞正声在九届市纪委五次全会上讲话精神和董君舒工作报告精神。区委常委、区纪委书记王贤福代表区纪委常委会作题为《忠诚履职、尽心尽职，扎实推进反腐倡廉建设，为全面落实科学发展观提供坚强的政治保证》的工作报告。全会审议通过区纪委常委会工作报告和全会决议，并部署2010年党风廉政建设和反腐败工作。（陈建国）

【纪检监察办信查案和案件管理工作会议召开】 3月31日，区纪委召开2010年纪检监察办信查案和案件管理工作会议，传达贯彻市纪委办信查案和案件管理工作会议精神，总结2009年办信查案和案件监督管理工作，部署2010年工作任务。王贤福出席会议并讲话。区委巡察组正副组长，区纪委常委和各室主任，各镇、开发区纪委书记，各院委办局纪委书记（纪检组长）等60余人参加会议。

（陈建国）

【党风廉政建设责任制工作推进会召开】 3月31日，召开2010年奉贤区党风廉政建设责任制工作推进会，部署党风廉政建设和反腐败工作各项任务，落实责任分工。王贤福出席会议并提出要求。各职能部门主要负责人，区委巡察组正副组长，各镇、开发区，各院委办局纪委书记（纪检组长），各集团公司纪委书记等100余人参加会议。

（陈建国）

【纪检监察工作会议召开】 8月10日，召开全区纪检监察工作会议。王贤福传达全国反腐倡廉建设创新经验交流会和全市反腐倡廉创新工作推进会的精神，并结合下一步工作，提出工作要求。会上，各镇、开发区和部分委办局纪委书记交流本单位2010年特色工作和重点工作推进情况。区纪委委员，区委巡察组正副组长，各镇、开发区，各院委办局集团公司纪委书记（纪检组长）等60余人参加会议。（陈建国）

廉政建设

【抓好廉洁从政学习教育】 4月9日，邀请上海市廉政研究会副会长兼秘书长刘纪舟就《中国共产党党员领导干部廉洁从政若干准则》作专题报告，区四套班子领导和处级领导干部参加会议。6月，区委书记张立平撰写题为《认真贯彻落实〈廉政准则〉，扎实推进奉贤区党风廉政建设迈上新台阶》的学习辅导文章，在《清风》第6期刊发。6月28日，举办处级以上领导干部廉政教育专场，集中组织观看《贪欲之害》《铲除"小金库"》等警示教育片。6月底，围绕"一个准则"、"两个条例"、"三项法规"汇编下发200道应知应会题。8月，王贤福撰写的《从四方面着手构建惩防体系》的理论研究文章，在《清风》第8期刊发。9月，在区政务网上建立学习测试专栏，全区964名党员领导干部参加廉政知识测试。11月，会同检察院联合摄制警示教育片《疯狂敛财的背后》，12月下发到各单位，组织观看讨论。12月28日，组织全区700名党员干部参观"法治与责任"巡展。

（陈　刚）

【推进"讲党性、重品行、作表率"主题教育活动】 4月13日、8月11日，先后两次下发关于开展"讲党性、重品行、作表率"主题教育活动通知。5月7日，转发关于围绕举办世博会开展一次专题纪律教育的通知，组织全区党员进行专题学习教育。6月，利用播放电视剧《远山的红叶》的契机，向全区党员发出"向王瑛同志学习"的倡议，组织开展"学先进、讲奉献，创佳绩"活动。其间，先后在电视台滚动播出相关新闻，依托《奉贤报》开辟"红叶魂"学习讨论专栏，利用区纪检监察网建立"英模礼赞"栏目。8月28日，区主题教育活动的做法被《上海市"讲党性、重品行、作表率"主题教育活动简报》第6期录用刊发。（陈　刚）

【开展廉政文化建设活动】 6月，指导青村、四团、庄行等镇和基层机关开展廉政文化进手机、进网络活动，初步探索运用现代传媒传播廉政文化新路子。8月，深入基层调查研究，形成《关于推进农村廉政文化建设的调查与思考》专题调查报告。贯穿全年指导帮助和协助区图书馆、全区8个镇和2个农村党风廉政建设示范村建立"廉政书架"。（陈　刚）

【加强纪检监察干部队伍建设】 开展"做党的忠诚卫士，当群众的贴心人"主题实践活动。3月21日至4月3日，组织15名基层纪检监察干部参加中纪委纪检监察业务培训。6月，王贤福参加全国纪检监察领导干部培训，其撰写的学习体会文章《开卷有益、天道酬勤》被《中国纪检监察报》刊发。8月，区纪委宣教室副主任李丹参加全国纪检监察宣教工作培训，被评为优秀学员。11月8日，58名纪检监察干部参加区网络评论员培训。（陈　刚）

【推进党风廉政建设责任制落实】 协助区委研究制定《2010年奉贤区党风廉政建设和反腐败工作部门分工》，明确25家牵头单位和43个配合部门在反腐倡廉工作中的8大类68项具体工作任务。召开全区党风廉政建设责任制工作推进会议，要求各单位、各部门按照区委的部署和要求，结合正在推进的工作，采取有效措施，切实把反腐倡廉建设的各项要求落到实处。11月下旬，由区四套班子主要领导和区委常委分别带队，对金汇镇等15家处级单位贯彻落实党风廉政建设责任制情况进行抽查。

（马洪兴）

【推进农村基层党风廉政建设】 9月20日，召开全区农村党风廉政建设工作推进会，进一步贯彻落实中央、市加强农村党风廉政建设工作推进会精神。制定《奉贤区实行网上村务公开实施方案》，转发《市纪委、市监察局、市农委、市财政局关于推进涉农补贴资金监管平台建设工作的意见》，依托"制度加科技”预防腐败，促进强农惠农政策落实。加强社区党风廉政建设工作，将海湾镇确定为试点单位，各镇、开发区结合实际，采取多种形式，加强对基层党员干部的教育，完善各项制度，强化监督检查，推进农村基层党风廉政建设。

（马洪兴）

【加强对廉洁办博的监督检查】 制定《关于贯彻落实〈中央纪委、监察部、财政部关于进一步落实党政机关厉行节约要求的通知〉的实施办法》，并经区委办、区政府办转发，要求各单位认真执行。加强廉洁办博有关纪律执行情况监督检查。组织召开由区世博办和区财政局、文广局、审计局、绿化市容局、农委、旅游局、机管局、药监局等单位分管领导参加的协调会，在全区各单位开展自查工作。9月9日，市联合检查组对区“廉洁办博”有关纪律执行情况和厉行节约要求落实情况进行检查，并给予肯定。

（胡永立）

【落实国有企业领导人员廉洁从业若干规定】 协同区国资委研究制定《关于贯彻落实〈国有企业领导人员廉洁从业若干规定〉的实施意见（试行）的通知》实施方案，确保《国有企业领导人员廉洁从业若干规定》落到实处。6月25日，协同区国资委召开国资系统落实《国有企业领导人员廉洁从业若干规定》实施方案工作会议，进一步推进《国有企业领导人员廉洁从业若干规定》的落实。

（胡永立）

【加强党风廉政法规制度建设】 年内，制定和下发党风廉政建设规范性文件及有关规定33件，其中以区委、区政府名义下发15件；以区纪委、监察局名义下发18件。

（韩　冲）

信访及案件办理

【办理信访举报350件】 全年，全区纪检监察系统受理群众信访举报件350件，其中来信224件，来访52件，来电44件，其他方式30件；涉及检控类信访286件，占信访总数的81.7%；批评建议类39件，占11.1%；业务范围外25件，占7.2%；检举控告类信访件中涉及县处级干部64件，占22.4%；涉及科级干部71件，占24.8%；涉及一般干部62件，占21.7%；其他人员89件，占31.1%。此外，还受理市纪委转办信访件82件，其中检举控告类79件，业务范围外3件。全年共办结信访件294起，按期办结率96.08%，化解矛盾纠纷51起。

（姚　强）

【查办违纪违法案件45件】 年内，全区各级纪检监察组织共立案45件，其中党纪立案43件，政纪立案4件（两件案件为党政纪双重立案）；自办案件21件。初步核实违纪违法案件线索58件，占检控类信访举报件20.28%，其中涉及区管干部7件，转立案17件。挽回经济损失320.59万元。（洪晓岚）

【审结党政纪案件37件】 年内，全区纪检监察组织共审结党政纪案件37件，涉及违纪人员37人。违反廉洁自律规定类1件、贪污受贿类3件、破坏社会主义经济秩序类5件。违反财经纪律类2件，失职渎职类6件，侵犯党员权利公民权利1件，严重违反社会主义道德类1件，妨害社会管理秩序类18件。党纪处分34人，其中开除党籍16人、撤销党内职务2人、党内严重警告3人、党内警告13人；行政开除、行政撤职、行政记大过、行政警告各1人。受党政纪处分涉及处级干部2人、科级干部6人（含事业）、村干部5人、其他党员24人。依法受到刑事追究10件，免予刑事处罚1件，不予起诉2件，受到行政处罚16件。

（韩　冲）

行政监察

【开展中央扩大内需政策的监督检查】 按照监察部、市监察局的统一部署和要求，加强对中央扩内需保增长及新增投资项目在工程招标投标、进度和质量、资金配套和财务管理以及执行廉洁规定等情况的监督检查，着重对2009年125千米农村公路改造、江堤防护林、奉城医院和涉及使用中央资金的8家企业的产业化建设项目等开展监督检查，对检查中发现的突出问题，及时督促有关部门进行整改。

（顾德忠）

【开展工程建设领域突出问题专项治理】 年内，对2008年以来委、办、局投资额200万元以上，镇、开发区投资额30万元以上的工程建设项目开展排查，检查项目647个、涉及资金49.52亿元。牵头组织区建设交通委（招投标办）、审计局和财政局对区教育局、农委、水务局、建设交通委、住房保障管理局、卫生局和南桥镇等单位的20个工程建设项目进行检查。对检查中发现的项目决策、招标投标、土地出让、规划管理、工程建设质量、物资采购和资金安排管理等6个方面的薄弱环节，下发整改通知书，督促有关部门进行整改。

（顾德忠）

【加强土地管理监督检查】 年内，开展查处土地违法违规案件专项行动，会同相关部门对涉及全区范围内2007年10月至2009年10月的41件违法违规项目进行重点整改。对土地部门移交纪检监察部门处理的案件进行调查，并对1件案件的责任人进行责任追究。

（沈德良）

【开展世博效能监察】 年内，组织特邀监督员对各镇、开发区各点位责任人员责任落实情况进行多次专项检查，配合窗口服务指挥部组织监督员对窗口服务单位服务世博意识、责任到位的情况进行专项检查，会同社会动员指挥部对车抛垃圾专项整治行动开展转办督办。针对市测评组在区文明指数测评过程中发现的问题，及时下发监察建议书23份，转办通知书52份。会同区（镇）相关部门对16家世博蔬菜供应基地蔬菜用药安全和食品配送基地食品安全情况开展监督检查。对照世博会国际参展方接待要求，对全区参观点开展实地检查。按照“廉洁办博”的要求，对全区涉及世博的22项工程建设项目的立项、决策、招标方式、工程监理和工程结算等方面开展检查。

（沈德良）

【规范津贴补贴及工资外收入发放】 年内，与区财政局、人力资源社会保障局和审计局，联合开展“阳光账户”、“阳光财务”和“阳光收入”实施情况的监督检查。在全区193家单位自查基础上，对11家区级机关、36家事业单位和16家教育单位进行重点检查。检查63家单位基本账、食堂账、工会账和技协等会计核算资料，查看是否存在擅自提高津贴补贴标准、擅自扩大津贴补贴发放范围等情况，对发现的问题及时给予通报批评。

（孙　坚）

【开展大型居住社区推进工作效能监察】 年内，按照市住房保障房屋管理局、市监察局《关于房屋拆迁补偿安置结果公开的实施意见》，推进“阳光拆迁”工作，研究制定房屋拆迁补偿安置结果公开的时间、形式和方法，规范公开的相关要素、操作过程和程序，加强结果公开的监督管理，建立拆迁评议小组、设立举报箱、公开举报电话并由专人负责。同时，对建筑面积认定、人口认定、补偿资金发放等公开情况进行专项检查。制定下发《奉贤区重大工程建设房屋动拆迁工作纪律》，要求全体党员、干部在重大工程建设房屋拆迁过程中必须做到“四个不准”，即不准以权谋私、不准弄虚作假、不准设置障碍、不准怂恿或参与闹事。会同区检察院召开大型居住社区资金监管预防职务犯罪工作座谈会，督促相关部门和单位严格建设资金管理。

（孙　坚）

【开展防火隐患督察】 在静安区胶州路公寓大楼“11·15”特别重大火灾事故发生后，及时成立防火及安全生产专项整治督察组，制定安全隐患排查整治工作督察方案。按照严格落实各项安全生产责任制、全面开展隐患排查整治工作的要求，对8个镇、5个开发区和安全隐患排查重点单位及消防组、交通组、建设组、安检组等部门就贯彻落实市、区安全工作会议和安全隐患排查整治工作进行专项督察。及时查找、了解隐患排查整治工作进展情况和存在的薄弱环节，并进行分析和汇总，提出整改意见和建议。

（沈德良）

纠风工作

【监督检查强农惠农政策落实情况】 年内，成立以区委常委、副区长张小松为组长的区强农惠农资金专项清理和检查工作领导小组，下发《上海市奉贤区人民政府办公室转发区财政局等四部门关于本区开展强农惠农资金专项清理和检查工作的实施意见的通知》和《关于做好强农惠农资金专项清理有关工作的通知》，组织自查与监督检查全区各镇、开发区贯彻落实中央、市、区强农惠农政策执行情况。8月23日，召开区强农惠农资金重点检查分组检查工作会议，明确重点检查的范围、对象、内容和方法，成立以区监察局、纠风办、财政局、审计局、发展改革委、人力资源社会保障局为牵头单位的5个检查小组，分别于8月24～27日对15家单位2007～2009年度强农惠农资金使用管理情况进行重点检查，对存在问题进行督促整改。组织开展村级财务规范化建设工作检查验收。至12月31日，全区178个行政村已全部通过村级财务管理规范化建设检查验收。

（徐林章）

【开展庆典、研讨会、论坛活动清理】 年内，根据中央和市要求向全区印发《关于转发〈上海市关于对党政机关举办庆典、研讨会、论坛活动开展清理摸底的通知〉的通知》，要求全区各单位清理本单位已举办和拟举办的各类庆典、研讨会、论坛活动，督促和指导全区做好清理摸底工作。经统计，全年全区举办各类庆典、研讨会、论坛活动11项，涉及资金709.52万元。

（陈　靓）

【规范教育收费】 年内，组织协调教育部门开展规范教育收费自查工作。会同区教育局、财政局、物价局、审计局等规范教育收费联席会议成员单位，分27个小组对全区130所中小学、幼儿园和民工子女学校开展2010年度春、秋季开学收费工作检查。9月16日、17日、19日，会同区规范教育收费联席会议成员单位组成6个联合检查组，对35所学校通过听、看、问、查等方式进行专项督查，并将督查情况向被查学校进行反馈，提出建议和整改要求。执行“多退少不补收”的原则，规范代办经费核算。督促教育部门做好帮困助学工作，2010年对义务教育阶段困难学生投入帮困资金204.83万元，减免课本和作业本费1656.82万元；投入中等专业学校学生帮困助学资金17万元，减免学费331.03万元。10月21日，市规范教育收费联合检查组来奉检查，对区规范教育收费工作给予肯定。（徐林章）

【督查企业协会政社分开工作推进情况】 年内，根据市委、市政府办公厅《关于推进企业协会政社分开工作的实施意见》，抓好企业协会在人员、机构、财务、资产与党政机关、事业单位分离情况调查，并下发《关于推进奉贤区企业协会政社分开的实施方案》，明确相关单位职责分工，召开区推进企业协会政社分开动员大会进行部署。4月26～28日，会同区委组织部、区民政局、国资委、财政局等相关部门对企业协会政社分开工作推进情况开展监督检查，确保全区19家企业协会按时完成政社分开。

（陈　靓）

【加大规范物业服务行为力度】 会同区住房保障房屋管理局开展物业服务专项检查。协调职能部门组织房管中心、应急中心等单位集中对全区住宅小区、世博保障和应急救援工作进行专项督查，督促落实各项人防技防措施，对226个物业小区实施全覆盖检查，对全区住宅小区5860只水箱、277个水池水泵房全部落实双人双锁。强化物业服务四查制度，对小区内存在的问题做到及时发现和整改。协调职能部门通过举办房屋维修行业技能竞赛活动和物业管理师培训，提升物业从业人员的专业技能素质，促进物业管理行业的服务水平不断提高。（徐林章）

【加大农保基金监管力度】 组织协调职能部门建立健全农保基金集中统一管理制度，严格执行“收支两条线”的规定，农保基金全部纳入区财政专户。建立健全内部控制管理制度，严格执行不相容岗位分离、业务不得兼任包办的规定，形成岗位之间相互牵制制约的监督机制。各镇、开发区农保机构对务农缴费人员统一开具农保专用银行卡，采取银行卡扣缴的方式进行征缴。督促区中心及下级农保机构做到专款专用，农保基金按规定保值增值。至10月底，区财政专户将4.1亿元农保基金作银行定期存款，确保农保基金安全增值。（徐林章）

【加强救济救助资金监管】 年内，共发放农村最低生活保障金461万元，覆盖35885人次、17397户次。发放城镇最低生活保障金2263万元，涉及3609户、6588人。要求各镇、开发区对区民政局下拨的救助资金，采用银行卡转账形式发放到位；对确需手工现金发放的对象，要求履行完整的签字手续，全部救助资金必须及时、足额发放到受助人手中。督促设立民政资金专户，实行专款专用，将救助资金发放情况在村（居）委公开栏进行公示，接受群众监督，并通过“奉贤民政”网站适时公布救助信息。（陈　靓）

【开展政风行风民主评议】 年内，政风行风民主评议在“纠风在线”网上由“问卷测评”与定点“满意度测评”（即本区1600名持密码上网测评员）打分相结合。区纠风办组织32位监督员共听取参评单位介绍44次，召开各类座谈会60次，参加933人次，明查暗访办事窗口212个，走访办事对象341个，电话查访82人次，查阅台账资料1269件，收集群众反映实例720条（其中，表扬类404条，批评类185条，建议类151条）。100名区政风行风实例调查员在开展实例调查中收集反映涉及41个部门和行业的问题实例266个。测评主要围绕确保世博会成功举办和落实“两高一少”（行政透明度高、行政效率高、行政收费少）、加强和改进服务等工作，着重测评部门履职和整改突出问题的群众满意度这一主题，把部门的依法行政、行政效能、政务公开、服务态度、清正廉洁，行业的办事规范、办事效率、事务公开、服务态度、清正廉洁等作为评议的主要内容。社会各界和群众对41个部门和行业政风行风综合满意度为88.19分，在全市18个区县中名列第一。（徐林章）

【对37个基层站所开展政风行风民主评议】 年内，制定下发《奉贤区民主评议基层站所工作实施方案》和《奉贤区民主评议基层站所测评工作细则》，依托各镇、开发区纪检监察组织，对区8个工商所、21个社区卫生服务中心和8个质监所开展民主评议，对参评基层站所的整改情况进行督促检查，对群众反映强烈、问题较多的基层站所限期整改。对群众提出的具体问题建立整改台账，限期给予解决，对一时难以解决的问题，制订整改计划，给群众明确答复。（陈　靓）

【开展纠风办信查案工作】 年内，根据《上海世博会期间奉贤区向市民赠票赠卡工作实施意见》要求，受理市民在全区世博赠票赠卡登记和发放工作阶段的投诉和信访件，受理涉博信访举报和咨询192起（拨打中纪委12388举报电话92起，拨打区监督举报电话87起，市纠风办转办信访件13起），对163起咨询类直接答复或告知咨询电话，29件检举控告类信访件会同相关镇、开发区纪检监察部门完成调查处理。注重“纠风在线”投诉平台诉求件的调查处理，在市“纠风在线”网站开通之日，指定专人负责每天关注“纠风在线”网上群众反映部门和行业的问题。全年受理“纠风在线”投诉41件，其中直办件4件，督办件2件，转办件35件，全部按照时间节点完成调查处理反馈工作。通过开通区政风行风投诉热线电话37537095，受理群众对全区各部门和行业的举报投诉和意见建议。全年受理通过政风行风热线、信访途径的群众投诉举报20件，全部予以及时处理并反馈。（徐林章）

巡察工作

【扎实推进巡察工作】 年内，完成对区绿化市容局、建设交通委、审计局、供销总社、工业总公司、南桥新城建设公司、人力资源社会保障局、规划土地局、经委、住房保障房屋管理局、计生委、民防办、统计局、投资管理服务中心等14家单位的巡察工作。其间，开展个别访谈617人次；召开各类座谈会33次共375人次；受理群众信访2件次；发放回收党政领导班子及其成员民主测评表、党风廉政建设工作调查问卷、干部选拔任用工作民主评议和调查问卷和新提拔中层正职干部民主测评表各892份；查阅被巡察单位近两年的工作计划、工作总结、会议记录、党风廉政建设、干部任免办件、机构编制设置使用、财务运行等方面的相关资料；梳理查找出涉及干部队伍建设、党风廉政建设、选拔任用干部、财务运行管理等方面存在的突出问题，并提出整改意见和建议。（丁欢华）

【开展巡察“回头看”】 年内，按照“巡察反馈半年后进行回访”的要求，对金汇镇、青村镇、四团镇、区财政局、卫生局、现代农业园区等6家单位开展巡察“回头看”工作。其间，发放回收党政领导班子及其成员民主测评表423份，对373名干部群众进行回访，听取对巡察整改情况的意见和建议，并将意见和建议向被巡察“回头看”单位的党政领导班子反馈。（丁欢华）

（本栏目编辑　周生明）

招商引资

综　　述

年内，突出招商管理，突出招商选优，突出产业招商，做到信息有汇总，跟踪有目标，推介有重点，日日有分析，推动招商引资工作再上新台阶。全区完成内资到位资金76亿元，实现合同外资4.2亿美元，到位外资3.2亿美元，注册型企业完成纳税额64亿元。（吴晓蕾）

招商管理

【工程机械产业发展规划研究评审会召开】 4月13日，召开工程机械产业发展规划研究评审会。副区长唐海龙主持会议，市经济信息化委、市重装备行业协会有关领导以及重装备行业的专家学者等出席会议。与会领导和专家对区工程机械产业发展规划研究表示肯定，认为报告的立意、思路、方向、原则、方案及其他有关资料都体现出较高的理论性和可操作性。（吴晓蕾）

【"中小企业融资之道"研讨会召开】 11月15日，区经委联合招商银行小企业信贷中心，召开"中小企业融资之道"研讨会，各镇、开发区有关领导出席。会议要求各镇、开发区进一步加强与银行等金融机构交流合作，积极搭建合作平台，深入做好企业融资服务工作。（吴晓蕾）

【企业服务效能提升研究评审会召开】 12月15日，召开企业服务效能提升研究评审会。区政研室、招商办、发改委、区委党校、同济大学经济与管理学院、中共上海市委研究室及专家学者组成的专家评审组出席会议。（吴晓蕾）

招商活动

【输配电产业工作会议召开】 5月20日，输配电产业工作会在古华山庄召开。上海电器行业协会领导及市、区输配电重点企业共130余人参加。会议要求充分利用奉贤输配电特色产业基地和企业技术优势，加快发展奉贤智能电网设备制造业，进一步提升输配电产业能级。（吴晓蕾）

【举办市民营企业高峰对话】 8月28日，由上海市企业联合会主办、区人民政府协办的上海市民营企业"新机遇、新发展"高峰对话在圣淘沙大酒店举行。区政协副主席、经委主任张琪、中国市场经济研究会常务副会长王瑞璞、上海复星高科技（集团）有限公司副董事长梁信军、彬彬投资控股（集团）有限公司董事长郑永刚、上海华东电器集团有限公司董事长郑荣德等作为特邀嘉宾出席高峰对话。此次高峰对话对进一步鼓励引导民营企业进入高新技术产业领域，促进南桥中小企业总部商务区和现代服务业发展，给了有益的启示。（吴晓蕾）

【参加第十四届中国国际投资贸易洽谈会】 9月8日，区招商办参加第十四届中国国际投资贸易洽谈会。招商办在洽谈会上海地区展位设立奉贤展台，用中英文介绍区六大产业发展基础、产业基地、重点发展领域等，向参会嘉宾分发宣传资料并进行沟通交流，加深参会嘉宾对奉贤投资环境和重点发展产业的了解和认识，为招商引资打下基础。（吴晓蕾）

【召开上海—鞍山工程机械产业交流会】 10月23～26日，区招商办在辽宁省鞍山市召开上海—鞍山工程机械产业交流会，并与当地政府及企业代表就工程机械产业发展进行交流。上海市重装备制造行业协会、区招商办、青村镇、奉城镇、上海海港综合经济开发区以及23位企业总裁参加会议，会议介绍了区投资环境及重大装备制造业发展现状。辽宁金钢重型锻造、辽宁衡业、鞍山自控仪表等企业的董事长，就企业自身发展情况以及来奉投资事宜与区、镇、开发区领导进行交流讨论。（吴晓蕾）

【参加第八届中国航空航天展暨珠海航展】 11月16～18日，区招商办、四团镇有关领导赴珠海参加第八届中国航空航天展暨珠海航展。航展期间，区展开宣传推介，与60家企业进行面对面的交流，向参展外商介绍相关情况。

（吴晓蕾）

【参加首届中国工程机械配套件行业高峰论坛】 11月22日，区投资管理服务中心（招商办）党组书记褚建平出席首届中国工程机械配套件行业高峰论坛，并担任演讲嘉宾，推介区投资环境。各级协会的领导和专家、整机制造商、零配件制造商，以及金融服务机构人员共400余人莅临活动现场。此次活动促进了区招商办与众多工程机械零配件企业的交流和沟通，为宣传奉贤重大装备产业发展情况提供了良好平台。（吴晓蕾）

【在日本举办生物医药推介会】 11月29日，在日本成功举办上海生物医药发展论坛暨奉贤经济开发区投资说明会。会上，开展宣传推介，介绍上海以及奉贤生物医药产业政策、投资环境，并与日本企业进行面对面的交流，解答日本企业进入中国市场的各种疑虑，当地政府和企业代表共100余人参加。副区长俞凯丰致开幕词，奉贤经济开发区（现代农业园区）管委会主任朱德才介绍开发区投资环境。

（吴晓蕾）

项目审批管理

【概况】 全年办理行政审批事项130747件，其中受理102209件，办结101705件，办结率96%；咨询件28538件。完成商贸型招商引资工商注册登记12757户，比上年增加2628户，增长25.94%。商贸型新增纳税户8546家，比上年增加1795家，增长26.58%；全年完成税收63亿元，比上年增加11.58亿元，增长23.52%。引进实业型内资项目132个，比上年增长3.94%。总项目710个（包括增资、结转项目），总投资额128.24亿元，比上年增长17.21%；到位资金105.33亿元，比上年增长34.44%。全年引进外资项目151个，总投资额72385万美元，比上年增长24.79%；完成合同外资41397万美元，完成年度指标103%；外资到位资金32001万美元，完成年度指标107%。

（张　珺）

奉贤区投资管理服务中心　（张　珺　摄）

【开展产业项目评估】 年内，区产业项目要求投资强度平均每公顷不低于3050万元。全年开展产业项目准入评估21批，涉及项目125个，总投资206.53亿元，净用地投资密度平均每公顷4905万元，用地面积396.4公顷。开展空置厂房产业项目评估12批次，涉及项目66个，其中外资项目59个，内资项目7个，总投资20.7亿元。

（张　珺）

【推进绿色通道项目审批】 年内，按照《关于重大项目优化审批流程，缩减审批时限的实施办法》等文件要求，将内资项目1亿元以上、外资项目1000万美元以上的项目列为重大工业项目，进入绿色通道审批程序。全年办理绿色通道项目19个，总投资21.4亿元，建筑面积39.34万平方米。

（张　珺）

【完善项目并联审批制度】 年内，制定和完善项目并联审批制度，对涉及2个以上部门的审批都采用并联方式予以协调审批，减少审批环节，提高工作效率。（张　珺）

【完善便民软硬件设施建设】 年内，为进一步加强窗口软硬环境建设，与相关部门联合完成音、视频网络系统改造安装，最大程度保证办证大厅团结、和谐、高效工作氛围。区投资管理服务中心编制印发《奉贤区建设项目审批事项及流程的材料汇编》，作为办事人员的办事指南，并组织镇、开发区建设项目办事人员进行业务培训。

（张　珺）

（本栏目编辑　赵宏元）

经济园区·上市公司·集团公司

上海市工业综合开发区

【概况】 年内,上海市工业综合开发区(简称工业开发区)以“二次开发、二次创业”的姿态,围绕“调结构、转方式”的发展目标,多措并举,激发经济复苏,实现经济社会和谐发展。全年批准合同外资0.74亿美元,占全区批准合同外资的17.9%,比上年下降8.2%。到位合同外资0.94亿美元,占全区到位外资的37.8%,比上年下降15.9%;到位内资6.66亿元,比上年增长45.8%。全社会固定资产投资15.4亿元,比上年增长2.6%,其中工业固定资产投资14.58亿元,比上年增长20.9%。完成工业产值251亿元,比上年增长26.8%。外贸出口额20.65亿美元,比上年增长56.1%。注册型企业纳税总额5.68亿元,比上年增长9.5%。全年完成税收14.06亿元,比上年增长21.31%,其中地方税3.8亿元,比上年增长12.8%。商业销售额27.19亿元,比上年增长110%。社会消费品零售额4.42亿元,比上年下降1.1%。全年新增就业岗位2708个,其中残疾人就业6人。发放失业保险金558人次31.10万元;发放大龄失业社会保险补助1631人次73.5万元;发放各类失业人员生活补助1101人次67.40万元。发放城镇低保家庭低保金80户60.05万元;发放重残无业人员生活费75人48.92万元;发放大病重病救助金88人次49.68万元;救济困难群众143人,发放救济款18.21万元;资助困难家庭大中学生42人13.25万元。发放农业退休人员养老金270人106.72万元;发放征地养老人员及特殊人员生活费2845人次89.24万元;办理原征地农民城保退休手续30人,缴纳城保费96.51万元。 (蒋新甜)

【索谷成为上海世博会联合国馆特许电缆生产商】 3月19日,上海索谷电缆集团有限公司与上海世博会联合国馆特许商品组委会正式签约,成为上海世博会联合国馆特许经营商品指定电缆生产商。索谷产品入选上海世博会联合国馆参展,是该组委会对索谷集团资质、产品质量、企业管理、市场等相关要素进行详细审核后作出的选择。上海世博会联合国馆组委会秘书长宋松霖和索谷集团董事长倪健生出席签约仪式。 (蒋新甜)

【锌-空燃料电池问世】 3月,上海力富新能源科技有限公司研制的新能源产品——锌-空燃料电池问世。该电池是利用金属锌与氧气进行电化学反应,释放出电能的清洁化学电源装置,具有成本低、重量轻、能量大、无污染等优点。该技术处于国内领先水平,电池使用寿命是普通充电电池的3倍~4倍,成本与同等容量的铅酸电池相当,重量却只有铅酸电池的三分之一。该产品不但能广泛应用于耳机、助听器、航标灯等小功率电器上,还能够应用于对功率有较高要求的野外勘探、抢险救灾等相关设备。 (蒋新甜)

【33台新能源汽车发动机服务世博】 4月15日,上海世博会新能源汽车示范运行交车仪式在世博园区中国馆南广场举行,新能源汽车示范运行正式启动。上海神力科技有限公司向上海世博会提供燃料电池发动机33台,其中32台为轿车发动机,分别与“荣威”、“奔腾”等5种车型配套;1台为客车发动机,与上汽申沃城市客车配套,为上海世博会提供接待运行服务。32辆燃料电池轿车中,28辆承担出车运行任务,占整个上海世博会期间所运行的全部新能源车辆的80%;新能源城市巴士4月26日正式进入世博园,至上海世博会结束,行驶里程7000千米,日载客量900人~2000人,在上海世博会6辆燃料电池客车中运行出勤率最高。 (蒋新甜)

【第八居委会成立】 6月28日,工业开发区第八社区居民委员会成立,居委干部5人。其中,中共党员2人,大专以上文化程度2人,平均年龄31.8岁。居委会管辖范围为新民旺苑居民小区。该小区为工业开发区动迁居民安置基地之一，位于南桥镇南桥路西侧、沪杭公路南桥改线段南侧，区域面积11.85万平方米，建有多层楼宇50幢1292套，建筑面积17.71万平方米。至年末，入住居民790户，其中外省市来沪人员租房户367户。（蒋新甜）

【《上海市工业综合开发区志》出版发行】 9月，《上海市工业综合开发区志》由学林出版社出版发行。这是上海地区第一部开发区编辑出版的志书。志书记事时间上限为1994年5月开发区设立，下限至2005年。记事范围为工业开发区的行政管辖区域，面积26.07平方公里。全志设23章82节307目，约56万字。（蒋新甜）

【工业开发区获市企业服务优秀园区称号】 12月17日，上海市开发区协会召开企业服务工作推进暨优秀园区服务明星表彰会。会上，工业开发区被授予上海市开发区企业服务优秀园区称号。工业开发区企业服务部主任季风华被评为上海市开发区企业服务明星。（蒋新甜）

【设立建设和谐大家园奉献奖】 12月，工业开发区针对长期工作在基层的农村干部设立建设和谐大家园奉献奖，并从当月起实施。奖励对象为只享有“农保”、“镇保”的原任生产队长以上职务的退休人员。原任行政村党支部书记、村委会主任者，每月奖励200元；原任村党支部副书记、村委会副主任者，每月奖励150元；原任生产队长者，每月奖励100元。423名原农村基层干部得到奖励。（蒋新甜）

【开展“党员亮身份”活动】 年内，工业开发区党工委开展以“创先争优”为主题的“党员亮身份”活动，引导党员在政治、经济、社会建设和服务世博等方面做到“创先争优”。下属79个党支部509名在职党员，在各自的工作场所安放一块统一制作的“党员先锋岗”座牌，标明姓名、职务，贴有党员个人相片，右边标有“接受监督、自我加压、自觉奉献、创先争优”。在居民小区，在每位党员的居室门框上安装“党员之家”显示牌，亮明“党员之家”的身份。（蒋新甜）

上海市奉贤区海湾旅游区

【概况】 海湾旅游区全年完成税收4.17亿元，比上年增长15.46%，其中地方税收1.31亿元，比上年增长16.9%。工业产值17.95亿元，比上年增长23.83%；规模企业产值17.95亿元，比上年增长33.7%。引进内资2.2亿元，外资到位资金147万美元。引进注册型企业350家，有效纳税户252家，产税率70%，完成税收1.9亿元，比上年增长11.8%。年内，累计完成新增就业岗位526个，推荐青年职业见习15人，外来劳动力综合保险覆盖人数2791人；发放各类失业人员补助金142人次，发放临时性就业补助金8211人次200余万元；强化困难群体和弱势群体帮扶工作，累计投入帮扶资金95.52万元。（陈　兰）

“党员亮身份”活动在企业　（工业综合开发区　供稿）

【召开高校教师住房问题研讨会】 5月19日，海湾旅游区在上海师范大学奉贤校区召开上海师范大学、华东理工大学、上海应用技术学院3所高校教师住房问题研讨会。会上，针对教师住房需求量及价格等问题展开讨论分析。海湾旅游区提出4项措施解决教师住房目前面临的困难。（陈　兰）

【碧海金沙水上乐园通过AAAA级景区复验】 为做好碧海金沙国家AAAA级风景区复核检查验收工作，海湾旅游区成立迎检领导小组，做好各项迎检自查工作，对自查中发现的问题进行整改。6月17日，经过专家组检查，碧海金沙水上乐园通过国家AAAA级景区复核。（沙丽华）

【签订华电灰坝东滩土地开发整理项目配套工程建设协议书】 8月3日，海湾旅游区管理委员会与上海市滩涂造地有限公司签订奉贤华电灰坝东滩土地开发整理项目配套工程建设协议书。该协议的达成拉开华电灰坝农业观光旅游的序幕。同时，将对海湾旅游区发挥旅游资源优势，转变旅游发展模式，发展生态旅游项目起到重要作用。（陈　兰）

【举办第十三届旅游风筝会】 9月26日，上海旅游节第十三届旅游风筝会在碧海金沙开幕，市旅游局副局长杨劲松，区委常委、宣传部部长袁晓林，副区长钱雨晴，海湾旅游区管委会主任吴保国等出席开幕式。风筝会以“放飞世博‘心’愿，拥抱滨海奉贤”为主题，同时开展购物节促销优惠、新闻摄影大赛、风筝放飞表演、绿色环保风筝制作、风筝文化展示、金秋看奉贤、知青怀旧游等系列活动。

（乔长虹　陈　伟）

【举行上海国际友人风筝会】 11月6日，"漕河泾开发区杯"上海市第十四届运动会暨中国上海国际大众体育节上海国际友人风筝会在海湾旅游区国际风筝放飞场举行。市体育局局长李毓毅、区长时光辉等出席开幕式。来自全国及意大利、法国等国家的30余支风筝队、200余人参加风筝比赛。

（陈　伟）

【举办中国动漫创意产业发展论坛】 12月8日，2010·中国动漫影视创意产业发展论坛在南郊宾馆开幕。中国信息协会副会长施风海，十届市政协副主席、市创意产业协会执行会长王荣华，市委宣传部副部长张止静，市社会团体管理局副局长单杰，市经济和信息化委员会副主任邵志清，副区长钱雨晴等出席。该论坛由市数字内容产业促进中心、市创意产业协会、市信息服务业行业协会、海湾旅游区管委会联合主办。来自动漫产业、数字产业的130余家企业240余人参加。论坛从国内动漫影视创意产业发展现状、趋势、环境以及产业链等角度进行探讨，对奉贤区文化创意产业发展的前景作出分析，力求理清产业格局，搭建企业平台，建立合作关系，创办长三角动漫产业联盟，打造动漫走廊，推动上海动漫产业乃至中国动漫产业发展。

（陈　兰）

【举行跨地区动漫影视创意产业联动发展圆桌会议】 12月9日，2010·中国动漫影视创意产业联动发展圆桌会议在海湾旅游区举行。原创、外包、衍生等相关企业及中介、服务机构、院校代表110人参加会议。海湾旅游区管委会和市数字内容产业促进中心签署战略合作协议。上海市数字内容产业奉贤基地以及上海市动漫产业海湾基地正式揭牌成立。

（陈　兰）

【会计结算中心启动运行】 为推动海湾旅游区财政财务管理改革，落实收支两条线管理，8月20日，海湾旅游区会计结算中心启动运行。结算中心对辖区内下属单位财务实行统一管理，采取资金划拨与费用报销相结合的事中控制监督办法，规范海湾旅游区各单位财款运转，提高资金使用效率。

（周　美）

【推进海湾科技园建设】 年内，将扶持大学生创业作为切入点，打造研发设计创意园，加快科技园的开发建设。以生物医药、新材料、新能源、精细化工类企业的研发设计创意服务和企业营销、培训策划的创意服务为重点，为周边各大开发区做配套服务；利用区科技人才专项基金、市大学生创业基金会华东理工大学分基金海湾专项基金及创意园入园租金补贴、人才补贴、财务代理、孵化项目奖励等配套政策，吸引高新人才创业，引进高新技术产业；注重对创业企业的人性化服务，拟设立公共服务中心，包括一站式服务窗口、会议中心、培训教室、背包族办公区、信息图文中心、办公配套服务站等，为创业者提供方便。年内，引进企业150家，其中大学生创业企业30家，科技型企业44家，完成税收1100万元。

（平　珏）

11月6日，上海国际友人风筝会开幕　　（海湾旅游区　供稿）

上海奉贤现代农业园区

【概况】 上海奉贤现代农业园区（简称农业园区）全年实现增加值8.88亿元，比上年增长100.86%；工业总产值23.92亿元，比上年增长20.36%，其中规模企业产值21亿元，比上年增长28.06%；工业固定资产投入7亿元；外贸出口5500万美元，合同外资3198.8万美元；完成税收5.38亿元，比上年增长82.40%，其中地方税收2.12亿元。文明城区和文明开发区、平安园区创建富有成效，社会秩序保持稳定，党建工作进一步加强，民生问题继续得到改善。（邵凌云）

【丰科蟹味菇获上海市名牌产品称号】 1月14日，2009年度上海市名牌产品、名牌服务、名牌区域名单公布，农业园区内企业上海丰科生物科技股份有限公司主导产品"丰科"、"finc"牌蟹味菇经初审、专业评审、综合评审和网上公示等程序，获上海市名牌产品称号。

（邵凌云）

【举办生产性服务业发展论坛】 2月1日，农业园区举办生产性服务业发展论坛，市、区有关部门领导、企业代表50余人参加。论坛旨在深化对生产性服务业的认识，加快"调结构、转方式"的步伐，围绕生产性服务业发展进行理论和实践层面的研讨。（邵凌云）

【生物医药技术转移中心成立】 7月20日，奉贤生物医药技术转移中心揭牌仪式在农业园区举行。奉贤生物医药技术转移中心的成立，对加快农业园区产业集聚，提升产业能级有着重大意义。 （邵凌云）

【上海聚惠生物医药产业开发有限公司成立】 7月23日，农业园区与上海华钜投资集团有限公司签订合作协议，成立上海聚惠生物医药产业开发有限公司。公司作为生物医药产业公共平台，将适量开发GMP（药品生产质量管理规范）车间、公用实验室及孵化器物业，以缩短生物医药项目的投资建设期限，促进项目早日投产。 （邵凌云）

【永信米业综合开发项目竣工启用】 8月18日，举行上海永信米业有限公司9万吨优质稻谷精深加工综合开发项目竣工启用仪式。上海永信米业有限公司是市农业产业化重点龙头企业、市应急粮食指定加工企业。该项目的竣工，对奉贤农业综合开发和经济发展将起到促进作用。 （邵凌云）

【正育农贸市场金水苑店开业】 9月28日，正育农贸市场金水苑店在农业园区开业。该市场总面积2023平方米，设有固定摊位46个。市场的运营，填补农业园区没有大型农贸市场的空白，对方便群众生活、加快农副产品流通有着重要作用。 （邵凌云）

【上海多元工贸城启动全球招商】 11月28日，上海多元工贸城全球招商启动暨百家企业入驻签约仪式在农业园区举行。全国20余家单位、协会400余人出席开业仪式。上海多元工贸城占地面积约13.2公顷，铺位1500个，定位于集产品展示、贸易、加工、研发、孵化、培训、会展、物流等功能于一体的现代化、国际化工业品产销一体化基地。 （邵凌云）

【农业园区获市企业服务优秀园区称号】 12月17日，上海市开发区企业服务工作推进暨优秀园区服务明星表彰会议在市北高新技术服务业园区召开。会上，农业园区荣获上海市开发区首批企业服务优秀园区称号。上海市开发区首批企业服务优秀园区、企业服务明星评选由上海市开发区协会主办，此次表彰会评出企业服务优秀园区21家、企业服务明星34人。 （邵凌云）

上海海港综合经济开发区

【概况】 年内，上海海港综合经济开发区（简称海港开发区），努力加快经济发展方式转变，着力促进经济和社会事业全面、协调、可持续发展，实现“十一五”规划目标。全年完成工业总产值2.03亿元，与上年基本持平；实现财政收入2.17亿元，比上年增长48.6%，其中地方财政收入0.85亿元，比上年增长19.7%。引进合同外资0.46亿美元，比上年增长24.3%；外资到位资金0.27亿美元，与上年基本持平；内资到位资金2.4亿元，与上年基本持平。实现新增就业岗位295人，职业指导54人，职业技能培训178人。完成来奉人员综合保险参保700人。失业人数33人，控制在50人以内的目标之下，完成农保务农缴费卡办理，与银行签订代扣社会保险费委托协议1600份，扣款成功率100%。 （卫　奋）

【博禄塑料公司开业】 4月20日，博禄塑料（上海）有限公司在海港开发区举行开业庆典。该项目总投资1.296亿美元，投入运营后将成为年产量5万吨的完整工业塑料配混生产基地。其主要产品石油原材料改性工程塑料，应用于各种高价值基础设施建设，包括供水、天然气和工业管道系统，电线电缆、汽车塑料及汽车轻量化中以塑代钢产品，电器及电子塑料。 （徐　清）

【海港新苑联合工会成立】 6月2日，海港新苑联合工会成立大会暨第一次工会会员代表大会召开。海港新苑联合工会由港通房产公司、国贤物业公司和海港新苑居委3家单位组成。会上，选举产生第一届工会委员会和工会经费审查委员会。 （徐　清）

【雅胜物流公司开业】 6月9日，上海雅胜物流有限公司在海港开发区举行开业庆典。该物流公司由亚致力公司和博禄公司共同投资建设，直接接收位于中东阿布扎比鲁韦斯博禄公司的聚合物散货集装箱，并负责货物运送，年运送量60万吨。 （徐　清）

4月20日，博禄塑料（上海）有限公司举行开业庆典

（海港开发区　供稿）

【举办首届职工趣味运动会】 6月12日，首届"港通杯"职工趣味运动会在海港开发区行政服务中心广场举行。运动会突出趣味性，项目包括滚铁环、跳长绳、骑"马"跳、协力竞走、接力运球、模拟插秧等。来自机关各部门、村（居）委、直属公司、入驻企业的12支代表队参加比赛。 （徐 清）

【首家水产养殖专业合作社成立】 7月28日，海港开发区首家水产养殖专业合作社——上海福雨水产养殖专业合作社在民福村举行成立大会。会上通过合作社章程，选举产生合作社理事会。 （徐 清）

【开展冬季安全生产大检查】 11月16～30日，海港开发区安监分队对辖区内建筑工地开展全面安全检查，重点检查红庄小区改造工地、海港新苑三期建设工地、红庄安置房基地等3处工地，严肃查处不具备消防安全条件、存在消防安全隐患的施工行为，对存在问题当场提出整改要求，限期整改到位。 （徐 清）

【海港开发区老年协会成立】 12月10日，海港开发区老年协会成立大会在开发区行政服务中心召开。大会按照有关章程选举产生海港开发区老年协会组织机构成员。老年协会的成立有利于老年人反映自我诉求、维护自身权益，有利于老年人实现自我管理、自我服务。 （徐 清）

【东裕电动车公司通过欧洲EEC认证】 面对国际金融危机，上海东裕电动车有限公司及时调整策略，坚持以市场为导向，开发绿色、无污染、环保型电动车，与深圳大学、天津大学、哈尔滨工业大学等院校联合开展产学研项目，在业内率先通过ISO9001（国际标准化组织质量管理体系9001标准）和CE（欧洲统一）认证，成为国内首批通过EEC（欧洲经济共同体）认证的电动车企业之一。 （徐 清）

【完成红庄新村节能示范工程】 年内，为解决红庄新村一区、二区房屋年久失修、房顶渗水、墙面褪色等困扰居民生活、影响社区美观的问题，海港开发区根据区政府实事工程的部署安排，投入资金600万元，开展屋面整修、外墙落水管调换、楼道上水总管更换等住房整修，并在此基础上实施增加外墙和屋面保温层、调换节能门窗等节能改造项目，红庄新村广大居民住房条件得到改善。 （徐 清）

上海市星火开发区

【概况】 至年末，上海市星火开发区有工业企业60家。全年实现经济社会总收入186.72亿元，比上年增长19.11%；开发区内工业总产值183.83亿元，增长22.05%（奉贤口径129.61亿元，增长22.14%），销售率99.17%；出口交货值27.94亿元，增长12.48%；进出口总额13.94亿美元，增长29.07%，其中出口4.48亿美元，增长45.45%；区内增加值25.02亿元，增长14.48%；税收收入4.77亿元，增长8.48%。12月，星火开发区被上海市开发区协会评为企业服务优秀园区和上海品牌建设优秀园区。 （张 林）

【污水管网工程通过验收】 3月30日，星火开发区至奉贤东部污水处理厂污水管网工程竣工并通过验收。上海浦东星火开发区联合发展有限公司，区水务局、水务质监站、排水中心，及设计院、监理单位、施工单位等有关人员参加验收会议。该污水管网工程包括4号泵站改造和7000米排水管道铺设工程，于2008年12月8日开工建设，2010年初正式运行通水。 （张 林）

【制定产业发展基金奖励办法】 4月12日，经星火开发区管委会领导班子会议研究，制定印发《上海市星火开发区产业发展基金奖励办法》。奖励办法包含产业结构调整基金和科技专项奖励基金。管委会成立评审小组，制定并下发基金评审操作流程。 （张 林）

【公开挂牌转让工业用地2幅】 5月26日，星火开发区工业用地K14、K17地块在上海市土地交易市场公开挂牌转让成交。上海农乐生物制品股份有限公司竞得K14地块土地使用权，上海康达化工有限公司竞得K17地块土地使用权。上海农乐生物制品股份有限公司计划投资1.5亿元将K14地块建设成农用生化制品生产基地；上海康达化工有限公司将在K17地块建设化工新材料项目，计划投资2亿元。 （张 林）

【设立社会稳定应急保障基金】 9月10日，星火开发区设立社会稳定应急保障基金，项目资金在管委会预算中列支。该基金重在维稳和应急，主要用于在开发区发生公共突发性事件时，及时化解社会矛盾，以及在特殊情况下帮扶弱势群体度过暂时困难，由申请人所在单位向基金管理办公室申请。为规范基金操作，开发区制定基金操作办法，成立基金工作小组和基金管理办公室。 （张 林）

【柏瑞斯集团上海研发中心落户】 9月14日，柏瑞斯集团上海研发中心落户星火开发区，法国驻上海领事馆经济参赞白峰朔等出席会议并致辞。该研发中心投资2000万元，建成后将有20余名来自柏瑞斯集团全球各地的建筑干砂浆领域领军人才进入并开展研发工作。 （张 林）

【浦东铁路海湾客运站开通】 9月15日，浦东铁路星火开发区海湾客运站正式开通。运行车型为新型双层快速空调客车，上海南站与星火开发区海湾站间运行里程63千米，时间为55分钟。开发区内居民和员工乘坐火车可直达上海南站。 （张 林）

【星火开发区"十二五"规划编制完成】 11月1日，结合经济发展方式转变和产业结构调整，在深入调研、进行专业咨询的基础上，制定完成上海星火开发区暨上海浦东星火开发区联合发展有限公司"十二五"规划。规划明确开发区及星联公司在"十二五"期间的发展原则、战略定位、发展目标及主要任务,并提出预防战略风险的策略。 (张 林)

【西恩迪公司12伏蓄电池投产】 11月3日,上海西恩迪蓄电池有限公司12伏蓄电池投产,星火开发区管委会主任张平、西恩迪美国总部CEO(首席执行官)高杰赋博士等出席投产仪式。此次12伏蓄电池子产品的成功投产,将有助于提升西恩迪公司在国内外通信行业的竞争能力。 (张 林)

【益民·冠生园糖果生产基地奠基】 12月20日,益民·冠生园糖果生产基地奠基。该项目预计2012年8月完工,建成后,"大白兔"糖果年产量5万吨,是原先的2.5倍。 (张 林)

【推进产业结构调整】 2009年12月30日《上海市星火开发区功能提升研究报告》获上海市规划和国土资源管理局批复,原则同意星火开发区的产业定位,即形成以生物医药、精细化工、纺织化纤三个主导产业;积极发展医用仪器、医疗器械、医用设备、汽车配件等优势产业;延伸发展与主导产业相关的研发、物流、教育和培训等生产性服务业。原则同意开发区北扩85公顷。年内,开发区按照研究报告要求,推进产业结构调整,先后淘汰不符合产业定位的企业8家,调整企业3家,引进柏瑞斯德高研发中心等新项目盘活开发区内企业,促进生产性服务业发展。

(张 林)

上海临港产业区奉贤园区

【概况】 年内,上海临港产业区奉贤园区着力推进重点产业培育和重大项目落地,初步形成以工程机械板块为核心,汇聚海洋工程装备、能源环保装备、航空配套、物流贸易等战略性新兴产业的发展新格局。全年吸引投资总额62.13亿元,累计114亿元。吸引规模以上企业注册8家,成功实现包括三一重工项目群、天合石油装备、厦门建发物流、中储物流等一批重点项目顺利落地。围绕改善环境和企业配套服务,全年支付土地储备款4.8亿元,累计实现土地投入20.4亿元,累计接收、平整土地654.8公顷。全年完成市政工程投资3.85亿元,累计完成投入5.76亿元,新开工道路3条,累计完工10.49千米。其中,"一横一纵(两港大道与新杨公路北段)"两条主干道均已通车,三一重工一期及首批物流项目周边配套工程基本建成。 (李洁琳)

【中储公司入驻园区】 5月7日,中储发展股份有限公司授权代表丑建与上海市规划和国土资源管理局授权代表邵静芳,在临港产业区管理委员会会议室签订国有土地出让合同。中储发展股份有限公司是全国性大型综合物流企业,于1997年1月在上海证券交易所挂牌上市。 (李洁琳)

【两港大道西延伸段正式通车】 7月9日,上海临港新城重大市政工程项目两港大道西延伸段正式建成通车。两港大道全长54.6千米,连接奉贤区和浦东国际机场。其中,奉贤境内的两港大道西延伸段全长4.88千米,连接市临港产业区和临港奉贤园区。两港大道西延伸段是洋山港区主要对外通道,也是临港物流园区奉贤分区对外主要通道。两港大道西延伸段的贯通,对临港奉贤园区完善配套环境、承接洋山深水港和临港产业区辐射、带动奉贤东部四团、海湾等地区发展具有重要意义。

(方 烨 李洁琳)

【俞正声视察临港奉贤园区】 7月13日,中共中央政治局委员、上海市委书记俞正声,上海市委常委、市委秘书长丁薛祥等一行,在区委书记张立平、区长时光辉的陪同下专程来到临港奉贤园区视察三一重工项目。 (李洁琳)

【天合石油集团项目落户园区】 8月3日,天合石油集团股份有限公司与临港奉贤经济发展有限公司签署《地块开发建设预约协议》,这标志着天合石油装备项目正式落户临港奉贤园区。天合石油集团股份有限公司是专业研发石油钻采工具及设备的规模化制造企业,是中国石油和石油化工设备工业协会理事单位,拥有美国石油学会APIspec7、5CT、6D、7K等会标使用权和ISO9001:2000标准国际质量体系认证。 (李洁琳)

【临港奉贤产业中心土地出让合同签订】 8月6日,临港奉贤经济发展有限公司与临港产业区管理委员会签订临港奉贤园区D0106地块的国有土地使用权合同。D0106地块面积2.44公顷,位于两港大道友谊河以南,三一重工一期地块以东,四周由约3.23公顷的公共绿化带环绕,环境宜人,地理位置优越,将建成临港奉贤园区产业中心,融合形象展示、办公、金融、住宿、酒店等配套功能。

(李洁琳)

【做好土地及市政配套工作】 年内,临港奉贤园区坚持"招商为纲",抓好土地供应与市政配套建设工作。协调落实用地指标227公顷,满足所有签约客户以及市政项目的用地需求;开工建设市政道路10条(其中新增3条),约13.14千米,已基本建成约10.49千米。其中:两港大道西延伸段在上半年与浦东段贯通;新杨公路(园区北段)于年底完工;一期市政道路完成雨污水管和路基施工。为三一重工项目配套的雨污水泵站项目全面开工。 (李洁琳)

【润贝航空材料落户园区】 12月22日,深圳市润安航空器材有限公司总经理刘俊峰一行到访临港奉贤园区。临港奉贤经济发展有限公司总经理易继伟、奉贤区招商办副主任程晓锋等出席座谈会,协商润贝(上海)航空材料项目落户临港奉贤园区相关事宜。经过协商，双方达成一致意见，于12月23日在南郊宾馆签署合作框架协议。副区长张小松、中国商飞上海飞机设计研究院副院长韩克岑等出席框架协议签约仪式。（李洁琳）

上市公司

【概况】 年内，区内3家企业成功上市。1月8日，凯宝药业在深圳证券交易所创业板成功上市，成为区内首家上市企业。1月28日、11月18日柘中建设、超日太阳能相继在深圳证券交易所中小板上市。3家上市企业募集资金40.65亿元。（高书缘）

【上海凯宝药业股份有限公司】 1月8日，上海凯宝药业股份有限公司作为创业板企业在深圳证券交易所上市（上海凯宝，股票代码：300039），首次公开发行2740万股人民币普通股，募集资金10.41亿元，成为区内首家成功上市企业。该公司成立于2000年，是一家研发、生产、销售中药类产品的市高新技术企业，4个生产车间先后通过国家GMP认证。公司主要产品痰热清注射液2008年被市经委、市财政局、市知识产权局认定为市专利新产品，销售量多年来占同类中药注射液市场份额的20%以上。凯宝药业先后被评为区优秀科技企业、市专利试点企业、市品牌企业、市科技小巨人企业、市高新技术成果转化项目百佳企业、市自主创新十强企业等，自2001年以来连续9年被市科委认定为市高新技术企业。2008年末，凯宝药业在市工业综合开发区选址建设现代化中药研发、生产基地。2009年末新厂区建成，占地面积5.1万平方米，建筑面积2.86万平方米。2010年5月20日，新厂区生产线正式投入生产。

（蒋新甜　高书缘）

【上海柘中建设股份有限公司】 该公司注册资本1亿元，专业生产销售预应力钢筋混凝土管桩和螺旋焊接钢管（桩）。公司及产品先后获区科技领军企业、用户满意产品、上海名牌、质量诚信杯、合同信用AA级等荣誉。1月28日，公司在深圳交易所中小板成功挂牌上市（柘中建设，股票代码：002346），首次公开发行3500万股人民币普通股，募集资金近6.48亿元，成为继凯宝药业之后区内第二家成功上市的企业。（高书缘）

【上海超日太阳能科技股份有限公司】 该公司于2003年6月组建，注册资金1.976亿元，是一家研究、开发、利用太阳能资源的高科技民营企业。公司先后被评为市高新技术企业、福布斯中国潜力100强企业、市品牌企业。11月18日，超日公司继凯宝药业、柘中建设之后，在深圳证券交易所中小板成功上市（超日太阳，股票代码：002506），首次公开发行6600万股人民币普通股，募集资金23.76亿元。（高书缘）

企业集团

【上海奉贤城建（集团）有限公司】 该集团是一家以房地产开发为龙头，建筑、设计、监理、物业管理相配套，商业、道桥、园林、汽车出租、金属结构件等行业共同发展的区级直属企业集团，在册员工463人。拥有成员企业10家，年内实现销售收入13047万元，实现利润2943万，上缴税金1175万元。年内，集团投资建设的项目有序发展，产权制度改革顺利推进，经济保持健康平稳发展。（夏　玲）

【上海广电电气（集团）股份有限公司】 该公司是上海广电电气集团核心企业，以研发、制造、销售高低压开关柜、干式变压器、断路器、继保装置、高压变频器、风电送变器、太阳能送变器和自动化控制集成的综合性输配电设备等高新技术产品为主要业务，拥有生产制造企业6家、销售经营公司2家，员工1400余人。公司是上海电器行业协会副会长单位、市输配电专业委员会主任委员单位，是国家输配电火炬计划基地龙头企业、市知识产权培育企业、区输配电特色产业领军企业、区专利管理试点企业、区重点企业。公司拥有市级研发中心，产品先后荣获中国名牌、国家免检产品、上海名牌、上海市著名商标、上海电器行业名优产品等称号，占国内60万千瓦发电厂配电柜市场份额的60%以上。

（熊　英）

【上海华龙企业（集团）有限公司】 该集团是一家以房地产开发为龙头、建筑装潢相配套的市级企业集团。集团注重资本经营、置业租赁、工业企业、餐饮娱乐等行业共同发展，拥有成员企业15家，年内实现销售总额22.13亿元，实现利税3.34亿元。年内，位于江苏省启东市申港城、龙豪国际花园、龙豪海景湾三大重点项目有序推进；南桥和青浦的两个改造工程、新项目储备、置业板块调整、员工工资结构改革等工作顺利推进。

（胡爱娜）

【上海古华药业（集团）有限公司】 该集团是一家从事药品生产、批发和零售的集团型企业，下辖上海人和堂国药连锁经营有限公司、上海人和堂参茸保健品有限公司、上海德华国药制品有限公司、上海新时代药业有限公司和上海福达制药有限公司等5家子公司。集团全年实现销售收入8.3亿元，比上年增长18.4%；利润总额1985.12万元，比上年增长33.6%；上缴国家税金1525.99万元，比上年增长4.7%。（姚　静）

【上海柘中（集团）有限公司】 该集团年末拥有总资产42.02亿元，净资产26.03亿元，全年实现利润1.6亿元，缴纳各类税金约1.18亿元（其中地方税5786万元）。集团旗下输配电、工程管桩、发电三大产业健康平稳发展，上海柘中电气股份有限公司高低压开关控制设备实现销售收入约6.23亿元。公司连续中标北京地铁义庄线、昌平线等重大项目工程，成功开拓北京市场；上海柘中建设股份有限公司全年生产大直径 PHC 管桩 104.71 万米，实现销售收入 27883 万元。公司产品被评为上海市名牌产品，企业获上海市合同信用 AAA 级企业、上海市混凝土行业质量诚信杯等荣誉。柘中建设（股票代码 002346）于 1 月 28 日在深圳证券交易所上市；上海奉贤燃机发电有限公司全年发电 1.58 亿千瓦时，实现利润 8578 万元。年内，集团向区慈善基金会捐赠 1000 万元用于区曙光中学新校区基建项目，向贫困学生和教职工、对口帮扶村老人等捐赠现金和实物合计 180 余万元。（朱梅红）

【上海航星机械（集团）有限公司】 该公司是一家集研发、制造和服务于一体的洗涤机械行业大型企业，总部位于上海市工业综合开发区。公司拥有全系列水洗、干洗、烘干、熨烫和折叠产品线，在全国设有 34 个驻外及代理销售服务机构，客户涉及全国 54 个行业，包括 3 万余家干洗店和 1 万余家集团用户，产品出口美国、日本、英国等 30 余个国家和地区。公司是国内同行业中首家通过 ISO9001 质量认证的企业，也是业内唯一一家设立服务热线的企业，是行业标准制定的主导者，产品获得 ETL（电子测试实验室）、C-ETL、CE 等安全和性能认证。公司累计获得近 30 项国家专利，荣获全国洗涤设备最佳科技创新企业、中国（上海）酒店用品领先品牌、上海市高新技术企业等称号。公司全年实现销售收入 2.6 亿元，创税 1000 余万元。

（刘忠阳）

【上海南方经济发展（集团）有限公司】 该集团是一家集国内贸易、大型专业市场和商业地产（房地产）开发与经营、钢材物流中心、汽车销售与维修、公交客运和出租车运营、输配电产品加工、建筑工程装潢、彩钢板钢结构制造、广告设计布展等众多行业为一体的综合型企业集团。拥有直属企业 5 家，核心企业 4 家，另有紧密层企业 700 余家，员工总数约 8000 人。全年实现销售收入 50 余亿元，创税 1.7 亿余元，创造就业岗位 5000 余个。年内，重点工程百联南桥购物中心二期如期建成，于 9 月 30 日实现升级开业。（金国飞）

【上海奉贤建工（集团）有限公司】 该集团是一家区级直属企业，具备建筑施工一级资质，房产开发三级资质。全年施工面积 127479 平方米，安全管理核评优良率为 70%，工程质量验收一次合格率 100%，无重大质量、安全事故。全年实现总产值 3.9 亿元，利润 6201 万元，上缴税金 1751 万元。集团连续 23 年获得“守合同、重信用”单位荣誉称号。（高　强）

【上海奉贤工业总公司】 全年完成全部现价工业总产值 18.84 亿元，比上年增长 13.89%，完成总公司年度目标的 119.27%。年度实际完成产销率 99.1%，比上年下降 1%；实现销售 19.33 亿元，比上年增长 31.52%；实现利润 13153.43 万元，比上年增长 105.45%。上缴税款 1.375 亿元，比上年增长 16.5%；外贸出口拨交值 1.14 亿元，比上年增长 45.6%。规模企业全年累计完成现价工业总产值 15.47 亿元，比上年增长 13.89%。

（高培祥）

【上海奉贤畜牧水产实业有限公司】 年内，公司实现总产值 6898 万元，销售收入 7582 万元，比上年增长 10.46%。其中，4 家外资企业出口拨交额 3768 万元，利税总额 441 万元。招商引资成绩显著，年内注册公司 387 家，比上年增长 86.95%，注册资金总额 12826 万元，已取得税务登记企业 343 家，其中已纳税企业 152 家，实现利税 782 万元。（徐　琳）

【上海市奉贤区供销合作总社】 总社下属企业有 30 家，其中直属企业 17 家，基层供销社 7 家，物资系统企业 6 家。全年实现利润总额 4626.52 万元，比上年下降 34.19%。其中，烟糖公司利润 4617.34 万元，比上年下降 34.55%；应缴税费 9746.75 万元，比上年增长 13.42%；利税 5500 万元，比上年增长 9%；租赁收入 5979.25 万元。供销经济园区入驻企业 213 家，比上年增长 34.03%；累计吸引企业注册资本 54514 万元，比上年增长 32.36%；实现招商税收 5550 万元，比上年增长 10.60%；全资及参股企业租赁收入 5979.25 万元，比上年增长 6.80%。年内，补助困难职工 320 人次，补助金额 13.57 万元；助学 20 人次，金额 2.24 万元。发动干部职工参加“蓝天下的至爱”活动，向红十字会捐款约 6.29 万元；为青海玉树、云南、四川等灾区捐款 6.76 万元。（赵金林）

（本栏目编辑　李红伟）

工业·建筑业

综　述

2010年，全区工业系统贯彻落实科学发展观，坚持“调结构、转方式、促发展”发展思路，在推动高新技术产业发展、科技创新、老企业技术改造、争名牌品牌、推进信息化、园区建设、淘汰落后产能、节能等方面取得显著成就，超额完成年初预定计划和“十一五”规划目标任务，为区实施“十二五”规划打下坚实基础。全区共有工业企业8587家，其中区直属企业82家，开发区所属企业283家，镇属企业8222家。全区拥有企业员工298185人，其中区直属企业员工9271人，开发区所属企业员工49089人，镇属企业员工239825人。实现工业增加值298.3亿元，比上年增长12.2%。完成工业总产值1408.3亿元，比上年增长18.1%。实现销售收入1419亿元，比上年增长22.7%；实现利润总额84.9亿元，比上年增长33%；上缴税金58亿元，占全区税金总额49%，比上年增长14.8个百分点。全区企业总资产1319.4亿元，比上年增加88.6亿元，增长7.1%。固定资产原值483.83亿元，比上年增加33.92亿元，增长7.53%。企业员工年人均工资28512元，比上年增加0.78万元，增长34.8%。全年建筑业完成增加值22.3亿元，总产值115.1亿元，比上年增长21.6%。完成工业固定资产投资103.99亿元，比上年增长24.5%。

（赵　量　荆江华）

上海广电电气（集团）股份有限公司　　（俞林泉　摄）

工业企业运行

【概况】 全年完成产值500万元以上规模企业有1913家，完成总产值1297.6亿元，比上年增长17.8%。实现工业产值超亿元企业250家，完成产值875.61亿元，占全区规模企业产值67.7%。其中完成产值10亿元～20亿元企业9家，占全区规模企业产值9.5%；完成产值20亿以上的企业有7家，占全区规模企业产值16.3%。亚东石化（上海）有限公司产值位于亿元企业之首，完成产值44.24亿元，比上年增长14.5%。工业产值前100位企业完成产值665.05亿元，比上年增长26.9%，占全区工业总产值51.4%，高于全区规模企业增幅9.1个百分点。全区工业规模企业产值比上年新增195.41亿元，其中百强企业新增140.98亿元，占全区新增产值72.1%。

（蒋露佳）

【拥有规模企业1913家】 全年拥有规模以上工业企业1913家，其中国有企业17家。全年完成产值15.33亿元，比上年下降13.4%；集体企业53家，完成产值14.85亿元，比上年下降12.4%；股份及股份合作制企业144家，完成产值104.52亿元，比上年增长20.1%；外商及中国港澳台企业479家，完成产值621.88亿元，比上年增长

18.2%；私营企业1212家，完成产值533.00亿元，比上年增长19.4%；其他企业8家，完成产值3.66亿元，比上年下降2.1%。

【工业"十二五"规划编制完成】 年内，编制完成奉贤区工业"十二五"发展规划。规划共分"十一五"期间工业发展回顾、"十二五"面临的发展环境、发展优势与挑战、指导思想和发展目标、发展的工作重点、发展布局和工作措施等七部分。（陆纪红）

2010年奉贤区工业规模以上企业月产值示意图

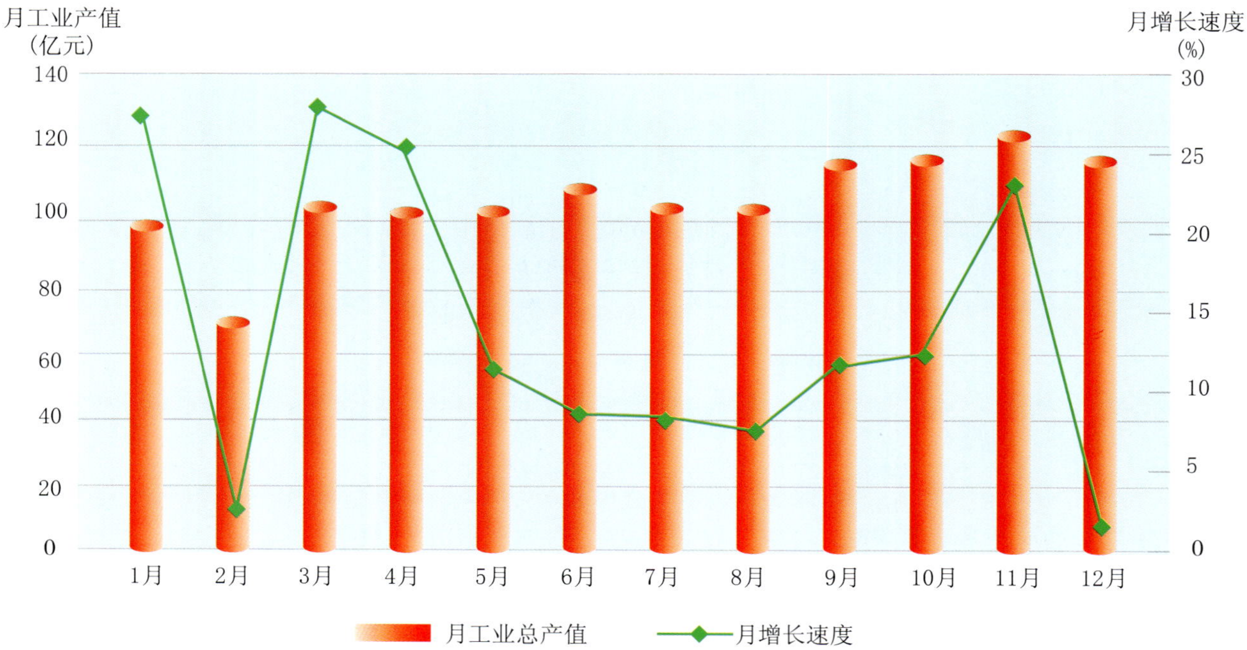

2010年奉贤区工业规模以上企业产值结构图
（按登记注册类型分类）

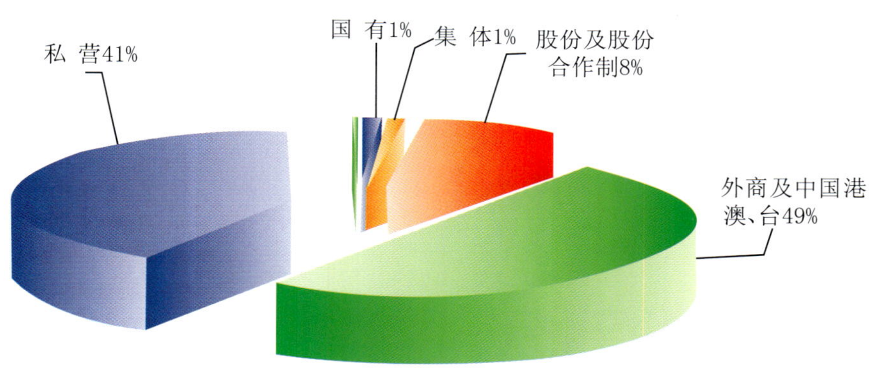

【50家工业企业入选区"财富百强"】 全年"财富百强"企业税收总额39.26亿元，占全区税收总额32.99%。"财富百强"企业中有工业企业50家，纳税总额20.96亿元，其中上海广电电气（集团）股份有限公司纳税19773万元，位列"财富百强"企业榜首。（陈　帅）

【5家企业入围上海企业100强】 10月22日，上海市企业联合会、上海市企业家协会联合公布"2010上海企业100强"榜单。评选以上年销售（营业）收入为标准，区内5家企业榜上有名。分别是：上海浦东电线电缆（集团）有限公司，名列56位；远纺工业（上海）有限公司，名列65位；亚东石化（上海）有限公司，名列71位；上海恒逸聚酯纤维有限公司，名列81位；上海永进电缆（集团）有限公司，名列99位。（陈　帅）

【6家企业入围上海制造业企业50强】 10月22日，上海市企业联合会、上海市企业家协会联合公布"2010上海制造业企业50强"榜单。评选以上年销售（营业）收入为标准，区内6家企业榜上有名。分别是：上海浦东电线电缆（集团）有限公司，名列22位；远纺工业（上海）有限公司，名列29位；亚东石化（上海）有限公司，名列33位；上海恒逸聚酯纤维有限公司，名列

36 位;上海永进电缆(集团)有限公司,名列 43 位;上海建设路桥机械设备有限公司,名列 50 位。（陈　帅）

【10 家企业入围上海民营企业 100 强】 8 月 28 日,上海市企业联合会、上海市企业家协会、上海市商会、上海市经济团体联合会联合公布“2010 上海民营企业 100 强”榜单,区内 10 家民营企业入选。分别是:上海浦东电线电缆(集团)有限公司,名列 10 位;上海恒逸聚酯纤维有限公司,名列 19 位;上海永进电缆(集团)有限公司,名列 31 位;上海远天船务有限公司,名列 42 位;人本集团上海轴承有限公司,名列 46 位;上海超日太阳能科技股份有限公司,名列 47 位;上海柘中(集团)有限公司,名列 76 位;上海欧格米兰化妆品厂,名列 79 位;上海华明电力设备制造有限公司,名列 90 位;上海凯宝药业股份有限公司,名列 92 位。（陈　帅）

【产业结构调整企业 54 家】 全年产业结构常规调整企业 54 家,其中关闭企业 39 家,搬迁企业 4 家,停产企业 10 家,转产或调整生产线企业 1 家,涉及用地面积 63.47 公顷,涉及员工 3185 人,降低能耗折合标煤 35537.87 吨。（王任红）

【调整危化企业 11 家】 全年危险化学品企业调整涉及企业 11 家,其中关闭企业 8 家,停产企业 3 家,涉及用地面积 308 公顷,涉及员工 274 人,降低能耗折合标煤 1700 吨,减少危险化学品使用量 8570 吨,现危险化学品储存量 72 吨。（王任红）

【调整重点区域劣势企业 26 家】 全年调整南桥新城和杭州湾北岸重点区域劣势企业 26 家,其中危险化学品企业 6 家,零星化工企业 7 家,“四个行业”(铸造、锻造、热处理及电镀)企业 5 家,污染及低效益企业 8 家。经调整,关闭 18 家、搬迁 4 家、转产 2 家,另有 2 家关闭涉及热处理和电镀生产线。（王任红）

【2 家生产性服务业功能区通过认定】 年内,上海市工业综合开发区内的上海丽洲生产性服务业功能园区和奉贤现代农业园区内的上海南郊生产性服务业功能区通过市有关部门审核,被认定为生产性服务业功能区。（王任红）

【私营企业完成工业总产值 684.1 亿元】 全年私营企业工商注册有 65326 家,比上年增加 10008 家。其中有限责任公司 58002 家,比上年增加 8940 家;独资企业 7211 家,比上年增加 1040 家;合伙企业 111 家,比上年增加 26 家。按行业结构分类实业型企业 25556 家,商贸型企业 24512 家,服务型企业 10210 家,科技型企业 5702 家,总注册资金 1062.3 亿元,比上年增长 23.2%。注册资金 100 万元以下 49493 家,100 万元～500 万元 10188 家,500 万元～1000 万元 2834 家,1000 万元～1 亿元 2753 家,亿元以上 58 家,完成工业总产值 684.1 亿元。（韩林江）

2010 年奉贤区“财富百强”中的工业企业情况表

单位:万元

名　次	企业名称	纳税金额	名　次	企业名称	纳税金额
1	上海广电电气(集团)股份有限公司	19773	47	上海欣旺壁纸有限公司	2873
3	亚东石化(上海)有限公司	14242	48	上海中和金属加工有限公司	2847
5	上海柘中(集团)有限公司	11759	51	上海华明高压电气开关制造有限公司	2593
8	上海凯宝药业股份有限公司	9401	52	上海申江压力容器有限公司	2496
10	晨光控股(集团)有限公司	8414	53	上海海利生物药品有限公司	2429
11	远纺工业(上海)有限公司	7776	57	伟星集团上海实业发展有限公司	2372
14	上海电装燃油喷射有限公司	6874	58	氰特表面技术(上海)有限公司	2367
15	上海超日太阳能科技股份有限公司	6544	63	德马格起重机械(上海)有限公司	2180
16	上海雷允上药业有限公司	6473	66	上海双鸽实业有限公司	2090
18	伽蓝(集团)股份有限公司	5704	67	上海海螺水泥有限责任公司	1993
19	马肯依玛士(上海)标识科技有限公司	5359	68	人本集团上海轴承有限公司	1987
20	上海水星家用纺织品股份有限公司	5306	71	科丝美诗(中国)化妆品有限公司	1841
21	上海自然美富丽化妆品有限公司	5301	72	上海诺华动物保健有限公司	1841
22	上海日野发动机有限公司	5148	73	上海塞维斯玻璃有限公司	1833
23	上海采埃孚伦福德底盘技术有限公司	4995	74	上海雅培制药有限公司	1804
24	上海金力泰化工股份有限公司	4960	75	上海万溯化学有限公司	1795
26	上海欧格米兰化妆品厂	4447	76	上海亚虹塑料模具制造有限公司	1793
29	先锋高科技(上海)有限公司	4051	80	上海乳品四厂有限公司	1728
30	上海马勒滤清系统有限责任公司	3953	82	上海井上高分子制品有限公司	1717

续 表 单位:万元

名 次	企业名称	纳税金额	名 次	企业名称	纳税金额
36	克莱门特捷联制冷设备(上海)有限公司	3418	84	上海海亮铜业有限公司	1677
39	如新(中国)日用保健品有限公司	3300	90	奥托立夫(中国)汽车方向盘有限公司	1539
40	斯必克(上海)流体技术有限公司	3287	91	上海百富勤(集团)有限公司	1535
42	上海菲林格尔木业股份有限公司	3188	97	雷盛塑料包装(上海)有限公司	1475
45	上海玻璃钢研究院有限公司	3174	98	上海巨臣金狮服饰有限公司	1475
46	帝斯曼维生素(上海)有限公司	3034	100	上海通用风机股份有限公司	1425

(陈 帅)

工业行业构成

【概况】 年内,区工业呈现“7+6+8”产业格局。其中传统产业7个,分别为:机械制造、金属制品加工、服装纺织、橡胶塑料、建筑材料、文教体育用品、其他电器,拥有规模企业1179家,完成工业产值613亿元,比上年增长23.3%,占全区规模企业产值47.4%。形成高新技术产业6个,即:新能源、生物医药、新材料、大飞机配套、智能化电网、重大装备,拥有企业208家,完成产值227.11亿元,占全区工业产值的17.6%。规模企业中,新能源企业15家,完成产值71.76亿元,占区六大高新技术产业产值31.6%;优势产业8个,即:输配电、汽车配件、精细化工、游艇制造、光仪电、物流装备制造、农产品深加工、信息设备制造,拥有企业499家,完成产值517.27亿元,占全区工业产值40.0%。其中精细化工行业完成产值187.76亿元,输配电行业完成产值121.09亿元,分别占八大优势产业产值36.3%和23.4%,位列优势产业前两位。 (蒋露佳)

2010年奉贤区镇、开发区产值前十名示意图

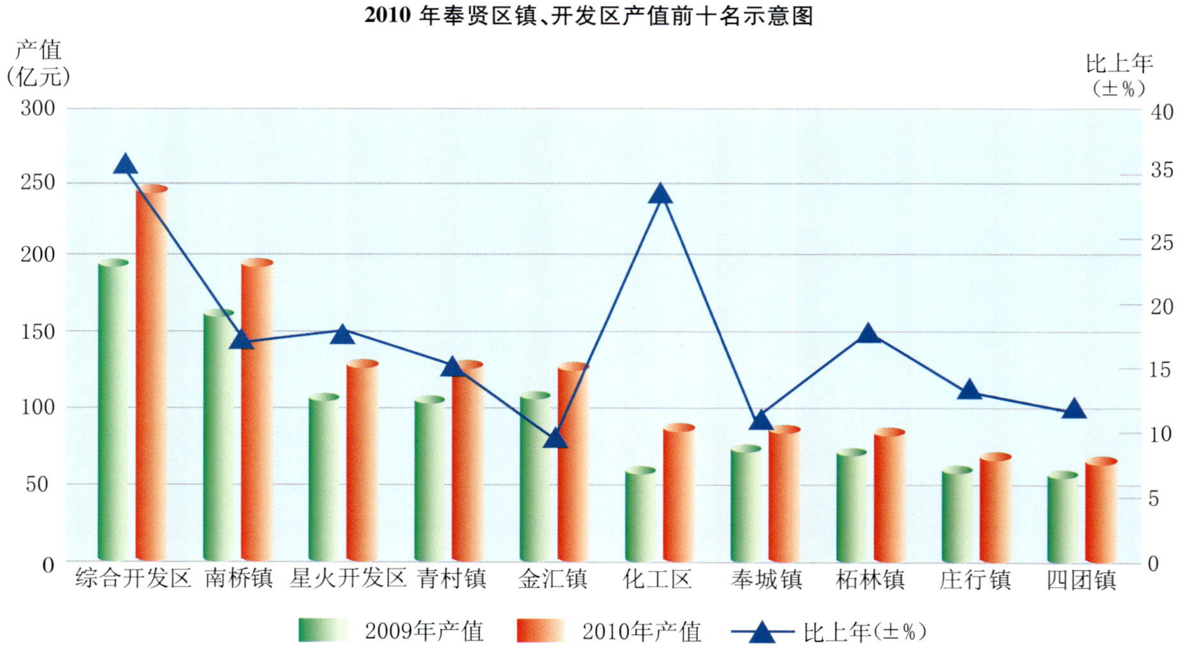

【新能源产业】 至年底,该产业拥有规模企业15家,全年完成产值71.76亿元。主要企业有:上海超日太阳能科技股份有限公司、上海晶澳太阳能科技有限公司、上海艾力克太阳能科技有限公司、上海通用电气广电有限公司、上海德朗能电池有限公司、上海双菱风能电力设备有限公司、上海长京风力发电设备有限公司等。主要产品有:太阳能组件产品、风力发电机、锂离子电池、光伏逆变器及机械部件等。 (蒋露佳)

【生物医药产业】 至年底,该产业拥有规模企业50家,全年完成产值58.85亿元。主要企业有:帝斯曼维生素(上海)有限公司、上海凯宝药业有限公司、上海雅培制药有限公司、上海海利生物药品有限公司、上海恒寿堂药业有限公司、上海医药(集团)有限公司新华联制药厂、上海美优制药有限公司等。主要产品有:生物生化、医用卫生用品制造、中成药虫草口服液、中药饮片加工及配制加工制造维生素、药品添加剂等。 (蒋露佳)

【新材料产业】 至年底,该产业拥有规模企业63家,全年完成产值46.43亿元。主要企业有:上海海亮铜业有限公司、上海联吉合纤有限公司、上海金力泰化工股份有限公司、上海玻璃钢研究院、上海新天和树脂有限公司、上海金厦实业有限公司、上海中锂实业有限公司等。主要产品有:树脂材料、碳酸锂、新型铜材、聚脂材料等。

（蒋露佳）

【重大装备产业】 至年底,该产业拥有规模企业77家,全年完成产值42.07亿元。主要企业有:上海建设路桥机械设备有限公司、宝马格(中国)工程机械有限公司、上海阿波罗机械制造有限公司、天地上海采掘装备科技有限公司、上海阿通裁断机械有限公司、西马克德马格冶金设备(上海)有限公司等。主要产品有:仪器仪表、控制系统制、施工机械等。（蒋露佳）

【智能电网产业】 至年底,该产业拥有规模企业2家,全年完成产值3亿元。主要企业有:上海广电电气(集团)有限公司、上海华明高压电气有限公司等。主要产品有:高压有载开关、光伏逆变器等。

（蒋露佳）

【大飞机配套产业】 至年底,该产业拥有规模企业1家,全年完成产值5.00亿元。主要企业有:氰特表面技术(上海)有限公司等。主要产品有航空工程复合材料等。

（蒋露佳）

【电子信息设备制造产业】 至年底,该产业拥有规模企业15家,全年完成产值55.73亿元。主要企业有:先锋高科技(上海)有限公司、上海芯哲微电子科技有限公司、创见咨讯(上海)有限公司等。主要产品有:汽车音响、机械电子电器、移动硬盘等。（胡宇红）

【精细化工产业】 至年底,该产业拥有规模企业117家,全年完成产值187.76亿元。主要企业有:亚东石化(上海)有限公司、上海恒逸聚脂纤维有限公司、上海联吉合纤有限公司等。主要产品有:精对苯二甲酸、涤纶短纤、聚酯切片等。

（胡宇红）

【输配电产业】 至年底,该产业拥有规模企业157家,全年完成产值121.09亿元。主要企业有:上海索谷电缆集团有限公司、上海柘中(集团)有限公司、上海通用电气广电有限公司等。主要产品有:高压变频器、光伏逆变器、高低压电力电缆等。（胡宇红）

2010年奉贤区输配电企业销售额前十位情况表

单位:万元

序　号	企业名称	销售额	序　号	企业名称	销售额
1	上海索谷电缆集团有限公司	120793	6	上海南桥变压器有限责任公司	25355
2	上海浦东电线电缆(集团)有限公司	112001	7	上海上塑控股(集团)有限公司	23512
3	上海通用电气广电有限公司	85485	8	上海半径电力铜材有限公司	23226
4	中发电气股份有限公司	77984	9	上海华明高压电器开关有限公司	21069
5	上海半径电力铜材有限公司	30530	10	上海永进电缆有限公司	20178

（蒋露佳）

【汽车配件产业】 至年底,该产业拥有规模企业67家,全年完成产值70.79亿元。主要企业有:上海采埃孚伦福德底盘技术有限公司、奥托立夫(中国)电子有限公司、上海马勒滤清系统有限责任公司等。主要产品有:汽车转向拉杆总成、悬挂球铰链总成、其他底盘配件等。（胡宇红）

【游艇制造产业】 至年底,该产业共有规模企业8家,全年完成产值4.22亿元。主要企业有:奥拉莫林(上海)船用设备有限公司、上海舟乐船舶钢构件有限公司、上海浦星船舶舾装件制造有限公司;主要产品有:游艇配件、游艇保养、船舶舾装等。（胡宇红）

【光仪电产业】 至年底,该产业拥有规模企业35家,全年完成产值19.39亿元。主要企业有:依玛士(上海)标码技术有限公司、圣诺技(中国)电源有限公司、申舒斯仪表制造(上海)有限公司(美国)等。主要产品有:标码设备、数据通讯、医疗行业的转换电源等。

（胡宇红）

【物流装备制造产业】 至年底,该产业拥有规模企业47家,全年完成产值18.29亿元。主要企业有:德马格起重机械上海有限公司、浩盟车料(上海)有限公司、上海富士电梯有限公司等。主要产品有:起重机械、电梯及配套产品等。

（胡宇红）

【农产品深加工产业】 至年底,该产业拥有规模企业53户,全年完成产值40亿元。主要企业有:大山合集团有限公司、上海丰科生物科技股份有限公司、上海益民食品一厂有限公司、上海永信米业有限公司等。主要产品有:菌菇类、大米、食品加工等。（胡宇红）

2010 年奉贤区工业规模以上企业产值结构示意图
（按统计行业分类）

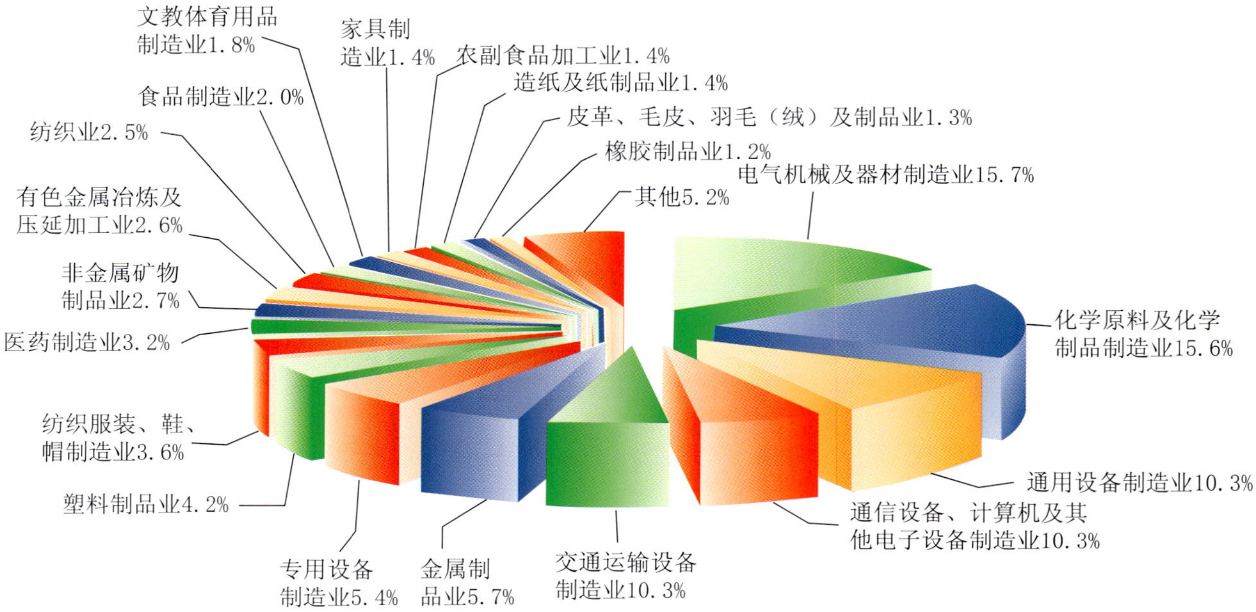

2010 年奉贤区八大高新技术产业工业产值示意图

单位:亿元

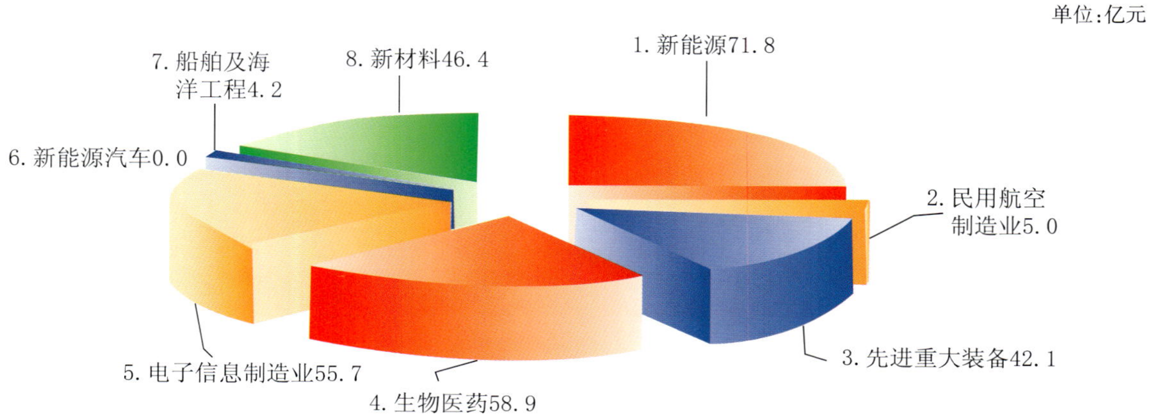

工业技术进步

【概况】 年内,坚持一手抓高新技术产业化占高端,一手抓工业投资强基础,着力推进重点产业探索科技创新发展,引导鼓励企业以技术创新为内生增长动力,不断优化工业投资结构,提高工业投资效益,推进工业向规模化、高新化、集聚化发展。全区拥有高新技术企业159 家,年内新增 39 家。年内成功创建市级企业技术中心 4 家,区级企业技术中心 8 家。获上海市著名商标 15 件、上海市名牌产品 24 个。至年底,共拥有上海名牌产品 85 个、上海市著名商标 53 件、中国名牌产品 7 个、中国驰名商标 7 件。拥有企业技术中心 47 家,其中市级企业技术中心 14 家,区级企业技术中心 33 家。

（孙　欢　高书缘）

【工业固定资产投资额首破百亿大关】 全年区工业固定资产投资额 104 亿元,比上年增长 24.54%,首次突破百亿元大关。其中各开发区实现工业投资 46.91 亿元,占 45.11%;各镇实现工业投资 52.41 亿元,占 50.40%;其他实现工业固定投资 4.67 亿元,占 4.49%。

（孙　欢）

【内涵效益型投资 29.53 亿元】 全年区内涵效益型投资,即改建与技术改造、单纯设备购置,两项投资 29.35 亿元,占工业固定资产投资总额 28.22%,比上年增长 31.97%,高于工业投资总额增速 7.43 个百分点。其中改建与技术改造投入 15.64 亿元,比上年增长 4.27%;单纯设备购置投入 13.71 亿元,比上年增长 89.36%。

（孙　欢）

【26 个重大技改项目获市级以上贴补】 全年区实施市级以上重大技改项目 26 个,总投资 46.84 亿元,其中固定资产投入 39.30 亿元。获国家级技术改造贴补金额

2128 万元，市级政府技术改造贴补金额 7477 万元。（孙 欢）

【通用风机公司被认定为市知识产权示范企业】 9 月，上海通用风机股份有限公司被认定为上海市知识产权示范企业。该公司拥有专利数量 41 件，其中发明专利 3 件。全年申报专利数量 22 件。（孙 欢）

【2 个产业化项目获市级专项资助 1940 万元】 年内，2 个高新技术产业化项目被列入 2010 年度上海市高新技术产业化重大项目计划，获市级专项资助 1940 万元。其中上海玻璃钢研究院有限公司的大型风力机复合材料叶片研制及产业化建设项目获 1600 万元；上海广电电气（集团）股份有限公司的风电变流器产业化项目获 340 万元。（孙 欢）

【平安高压阀门入选市重大技术装备首台业绩突破项目】 5 月，上海平安高压调节阀门有限公司的“超超临界锅炉给水泵最小流量控制阀”项目入选上海市重大技术装备首台业绩突破项目。（孙 欢）

【6 家新能源企业获区财政扶持】 年内，根据相关文件精神，老企业以增值税、营业税、企业所得税区得部分增量50%扶持企业；新企业以增值税、营业税、企业所得税区得部分全额扶持企业。按照政策规定，上海超日太阳能等 6 家新能源企业，获得区财政扶持资金 68.32 万元。（孙 欢）

【新增市级企业技术中心 4 家】 10 月，上海市第 16 批企业技术中心认定工作揭晓，上海金力泰化工股份有限公司技术中心、上海浦东电线电缆（集团）有限公司技术中心、上海阿波罗机械股份有限公司技术中心、上海德朗能电池有限公司技术中心等 4 家企业技术中心，通过认定成功创建为市级企业技术中心。至年底，全区共拥有市级企业技术中心 14 家。（孙 欢）

2010 年奉贤区区级企业技术中心情况表

序 号	企业名称	研发机构名称
1	上海水星家用纺织品股份有限公司	上海水星家用纺织品股份有限公司技术中心
2	上海开维喜阀门集团有限公司	上海开维喜阀门集团有限公司技术中心
3	上海鼎龙机械有限公司	上海鼎龙机械有限公司技术中心
4	上海天坛助剂有限公司	上海天坛助剂有限公司技术中心
5	上海德华国药制品有限公司	上海德华国药制品有限公司技术中心
6	上海索谷电缆集团有限公司	上海索谷电缆集团有限公司技术中心
7	正英日坩工业燃烧设备（上海）有限公司	正英日坩工业燃烧设备（上海）有限公司技术中心
8	上海天阳钢管有限公司	上海天阳钢管有限公司技术中心

（孙 欢）

2010 年奉贤区获上海市专利新产品情况表

产品名称	企业名称
RW 气动隔膜泵	上海江浪流体机械制造有限公司
FEG-12/5 型防雷支柱绝缘子	上海兆邦电力器材有限公司
THF 型离心通风机	上海通用风机股份有限公司
一次性使用无菌安全注射器（1ml0.33＊12.7RWLB）	上海双鸽实业有限公司
高松厚度防油食品卡	金奉源纸业（上海）有限公司
JDQX-126 电磁式电压互感器	上海吴淞电气实业有限公司
热缩管加热机 TH80，TH801，TH8001	如冈自动化控制技术（上海）有限公司
解毒烧伤软膏	上海金皮宝制药有限公司

（孙 欢）

2010 年奉贤区引进技术的吸收与创新计划项目情况表

项目名称	承担单位
超超临界发电机组铬青铜推力轴承瓦块	上海腾辉锻造有限公司
KSB-196 环保型深冷保温硬质聚氨酯材料	上海凯耳新型建材有限公司

续 表

项目名称	承担单位
节能小型汽油发动机 RZ188F 型	上海锐孜动力机器有限公司
ZHWY 智能型恒温培养振荡器	上海智城分析仪器制造有限公司
泛美地热实木地板	上海泛美木业有限公司
变频调速器	威尔凯电气(上海)有限公司
YR 燃油(气)熨平机	上海申光洗涤机械集团有限公司
太阳能晶硅垫片	上海富森实业有限公司
DHCP-2 全自动直线式吹瓶机	上海达鸿食品包装机械有限公司
WSDF 数字式定风量阀	上海威士文通风工程设备有限公司
ZJK120G 多功能高速纸护角机	上海绿顺包装机械有限公司
节能包装箱打样设备	上海耕强电器包装设备有限公司

（孙　欢）

【技改贴补项目 94 个】 全年区技改贴补项目 94 个，总投资 15.64 亿元，比上年增长 4.2%。发放区级技改贴补 1227 万元，享受国家级和市级技改专项补助资金 9281 万元。（孙　欢）

【3 个项目列入国家产业升级与技术改造项目】 年内，奉城吉达重工、青村金力泰、奉浦芯哲微电子等 3 个项目获得国家产业升级与技术改造项目。总投资 5.15 亿元，分别获得 648 万元、900 万元和 256 万元国家专项拨款。3 家企业也获得上海市专项资金 1∶1 配套。（孙　欢）

【2 个项目列入国家中小企业技改项目】 年内，上海金汇明珠阀门有限公司和上海博奥电气有限公司 2 个项目列入国家中小企业技改项目，分别获得国家专项拨款 255 万元和 69 万元。（孙　欢）

【18 家企业获市节能扶持资金】 全年 18 家企业获市节能技术改造项目专项扶持资金 772.62 万元。18 家企业节能技改项目总投资 7742 万元，年节约标准煤 17229 吨。（孙　欢）

【完成“十一五”工业节能目标】 全年区单位增加值综合能耗比上年下降 3.21%，工业万元产值能耗下降 7.54%，完成年初市经济信息化委下达的节能考核指标和“十一五”期间全区工业节能目标。（陆纪红）

【推广节能灯 43.6 万只】 年内，区经委会同区发改委加强节能产品推广工作，推广高效照明产品 43.6 万只，超额完成市下达的 40 万只高效照明产品的任务。（陆纪红）

【四个行业企业达标换证 22 家】 年内，贯彻产业结构调整的要求，规范对铸造、锻造、热处理及电镀行业的项目审核，全区 83 家企业中共有 22 家达标换证，其中 12 家企业列入南桥新城地区和杭州湾北岸重点整治企业。（蒋露佳）

【品牌获评数居全市第一】 全年 42 项产品获评市制造业类品牌产品，12 家企业获评市品牌企业，1 家企业获评市服务业类品牌企业，8 项服务获评市服务类品牌，获评总数名列全市区县第一名。（高书缘）

【12 家企业信息化改造项目获区财政补贴】 全年 12 家企业信息化改造项目通过区经委、信息委和财政局联合验收，总投入资金 2317 万元，享受区财政扶持补贴 164 万元。其中 3 家企业被评为 2010 年上海市中小企业信息化应用示范企业。（高书缘）

【37 家企业入选市“专精特新”中小企业】 全年 37 家企业入选市级“专精特新”中小企业。“专精特新”培育工作主要是针对专业化水平高、管理精益、产品或服务有特色、企业创新能力强的优质中小企业，为其提供融资服务、人才服务、市场拓展、能源保障等方面的政策扶持，优先推荐申报国家级、市级专项资金。（高书缘）

【14 个项目获市财政扶持资金 861 万元】 全年组织申报国家级、市级中小企业发展专项资金项目 14 项，获市财政扶持资金 861 万元。其中瑞河管业为国家级项目，获扶持资金 120 万元；申驰、顺实机电以及桦厦 3 家企业为第一批市级发展专项资金项目，获扶持资金 234 万元；第二批市级发展专项资金项目 10 项，其中包括产业升级项目 6 个，获扶持资金 393 万元，信息化建设项目 1 个，获扶持资金 46 万元，服务体系建设项目 1 个，获扶持资金 18 万元。还有 3 个专利补助项目。（高书缘）

【12 家企业获市特色产业发展资金 1751 万元】 11 月，组织申报上海市特色产业中小企业发展资金项目。经评审，宝尼、晨光、温龙、清正、吴淞、英科、盈泰、富森、吉诺士、塞翁福、四明、维埃姆等 12 家企业获项目专项资金 1751 万元。（高书缘）

【5 家金融机构为 13 家企业放贷 3000 余万元】 5 月 7 日，举办中小企业融资洽谈会。渣打银行、平安银行等 5 家金融机构与区内 20 余家有融资需求的企业进行对接交流。至年底，5 家金融机构已为

13家企业承办贷款业务,贷款总额3000余万元。 (高书缘)

【招商银行签订授信协议】 8月18日,区经委、工商联、招商银行小企业信贷中心,联合举办"世博年·伙伴行"奉贤区中小企业发展论坛。会上,招商银行与奉贤区签订不低于5亿元人民币授信额度授信协议,解决中小企业融资难问题。至年底,招商银行小企业信贷中心以无抵押贷款的方式为区内11家企业成功发放贷款7000余万元。 (高书缘)

【中小企业集合票据发行】 年内,经广泛征询企业意见、征集意向企业,通过专业评级、研究审核后,上海柘中建设股份有限公司等4家企业,入选为中小企业集合票据发行企业,拟募集资金3.22亿元,4家企业与交通银行签订评估协议,预计2011年3月报会。 (高书缘)

建筑业

【概况】 全年办理工程报建131项,总投资145.12亿元。直接发包116项,发包总造价14.33亿元;公开招标34项,中标价19.08亿元;邀请招标18项,中标价9.93亿元;设计招标发包9项,勘察招标发包9项,监理招标发包8项。受理建设工程监督管理项目单体1159个,工程造价53.47亿元,其中房屋建筑类工程项目1139个,工程造价50.47亿元,建筑面积346.22万平方米。入选区建设工程优质结构项目24个,申报市建设工程优质结构项目9个,申报市建设工程优质工程项目6个。 (区建管所)

【加强工程安全质量监管】 年内,加大对建设工程施工安全质量检查、整治力度,每月组织安全生产、文明施工、工程质量、建材质量等专项检查不少于1次。全年日常检查出动1022人次,检查工地、企业7244个(家)次,签发各类整改通知单520份,签发暂缓(停止)施工指令单57份,查出安全隐患1223处。施工现场立案查处项目108个,实施整改监督处理挂牌194块。全年受理建设工程安全质量投诉案件131件,结案率100%。 (区建管所)

【加强企业资质资格管理】 全年接待企业咨询104家,正式受理50家,其中新办企业33家,增项企业10家。开展辖区内电子版诚信手册自检和抽检。经梳理纳入自检370家,自检不合格62家,限3个月内整改。不符合资质标准企业40家,予以撤回资质。至年末,区内管辖企业370家,其中总承包企业146家,专业承包企业160家,劳务分包59家,监理类丙级企业5家。推荐13家企业由三级资质升为二级。 (区建管所)

【加强建筑市场管理】 年内,对78个项目的经营行为和劳务用工进行专项检查,通报批评企业14家,立案查处项目13个。开展监理企业经营行为专项检查,检查项目18个,涉及监理企业15家,通报监理单位5家,责令其限期整改。全年行政处罚结案223件,处罚金额211.64万元。下发《关于进一步加强劳务分包和劳务用工监督管理的通知》和《关于建立承发包管理台账的通知》2个文件,从总包、专业分包、劳务分包3个层面规范企业经营行为。 (区建管所)

【贯彻"五步法"标准效益高】 年内,贯彻"文明受理五步法"标准,推行"事先告知、办理指导、办结追踪"服务程序。全年受监项目248个,发放施工许可证199个,建设工程项目合同备案725个,交易凭证办理1064份,准用证防伪复印487份,建材备案新办企业36家,增项企业7家,换证企业131家。 (区建管所)

建设中的南桥镇中心公馆

(俞林泉 摄)

【落实农民工维权工作】 全年接待农民工上访62批次,协调解决欠薪1453万元,涉及农民工1801人。开展万名建筑农民工安全知识大培训,对50个在建工地的5000余名农民工进行安全知识培训。对参加综合保险的在岗农民工进行技能培训鉴定,770名砌筑工、木工、钢筋工获得技能鉴定证书。 (区建管所)

【加强行业工会建设】 全年新组建企业工会14个,发展农民工会员5144人。至年底,有87家企业组建工会组织。做好农民工综合保险,受理保险项目255个17.76万人次,医保卡申领1万余张,补办医保卡154张。办理农民工工资保障金项目140个,收储保障金1.2亿元,应急提取3个项目保障金230万元,退还保障金6094.2万元。 (区建管所)

(本栏目编辑 赵宏元)

农业经济

综　　述

年内，围绕年初制定的农业工作目标任务，深入贯彻落实科学发展观，强化责任意识，形成工作合力，实现农业总产值39.7亿元，比上年增长6.2%；农民人均可支配收入13180元，比上年增长11.6%。新认定区级农业产业化龙头企业9家，全区现有43家。获得全国农村土地承包纠纷仲裁试点先进集体、全国第一次农业污染源普查先进集体和全国生态建设林木种苗先进集体等荣誉，农委系统获市级以上先进奖项30个。都市菜园获批国家AAAA级景区、庄行金色田园获批国家AAA级景区。成功申报上海世博会观光农园14家，世博农家4家、世博定点单位2家，举办第三届上海奉贤菜花节、首届上海奉贤黄桃节、上海新米品尝节、油桃采摘节、黄桃擂台赛等农游节庆活动。农游主要景点接待游客230万人次，实现旅游收入5.9亿元，比上年增长11.32%。参加国家级、市级果品比赛、果品博览会，在市级评比中获3金5银和12项优秀奖。新增无公害认证农产品21个、绿色食品认证1个。奉贤黄桃被国家技监总局认定为国家地理标志保护产品。区级稻、麦良种统供率100%，动物免疫率100%。

（廖鸣峰）

种植业

【概况】 全年区完成粮油种植面积15466.66公顷次，实现粮油总产值2.86亿元，比上年增长16.3%。继续实行水稻统一供种，水稻良种统供率100%。推广应用商品有机肥10000吨，水稻专用配方肥2100吨。实施粮食高产创建活动，建立水稻示范面积3000公顷，麦子示范面积1200公顷。适度规模经营2公顷以上专业粮农、20公顷以上专业合作社和专业农场共种植6866.66公顷，占全区水稻种植面积71%。增加农机投入，提高农机化水平，实施水稻机插秧3333.33公顷，占全区水稻种植面积34%。水稻种植面积9680公顷，比上年减少5%；水稻年均单产8831千克/公顷，比上年增长0.46%。全年蔬菜产量50.68万千克、产值7.2亿元；食用菌产量3900万千克，产值4.1亿元。供应水稻种子68.3万千克，种植水稻面积9701.4公顷。全年生产各类优质果品5.99万吨，比上年减少0.01%；林果产值39182万元，比上年增长17.2%；林地面积8516.716公顷，比上年增长1.60%；绿化覆盖面积10618.46公顷，林木绿化率15.45%。

（廖鸣峰）

【成立食用菌生产技术综合利用示范基地】 10月22日，市农业技术推广服务中心在金汇镇姚堂食用菌合作社，举行成立“食用菌生产技术综合利用示范基地”揭牌仪式。该基地将成为食用菌新品种、新材料、新技术和新工艺示范推广平台，加快提升利用循环农业技术栽培食用菌水平。（廖鸣峰）

2010年奉贤区食用菌生产情况表

品　种	产量（吨）	比上年（±%）	产值（万元）	比上年（±%）	品　种	产量（吨）	比上年（±%）	产值（万元）	比上年（±%）
合　计	38996.8	-0.97	41040.30	14.30	真姬菇	5150.00	12.20	10680.00	25.38
蘑　菇	8841.90	-22.78	7093.13	1.48	秀珍菇	3682.00	20.50	2771.44	15.43
草　菇	1614.10	41.45	2496.12	88.80	其　他	7585.80	0.32	4596.01	-1.00
金针菇	12123.00	4.69	13403.6	11.39					

（廖鸣峰）

【建成农作物秸秆综合利用项目】 年内，市农委“农作物秸秆综合利用”项目在金汇镇姚堂食用菌种植专业合作社建成，共建造5条国内先进蘑菇工厂化发酵隧道，配置隧道填料机、摆动装料机、搅拌输送机以及电脑自动控温系统等工业装备，成功试生产1600余吨蘑菇工厂化培养料供给农户种植蘑菇。 （廖鸣峰）

【成立上海市奉贤食用菌协会】 9月13日，召开上海市奉贤食用菌协会成立大会，大会通过投票表决选举产生协会第一届理事会，通过《上海市奉贤食用菌协会章程》。该协会成立将发挥沟通政府与行业间桥梁纽带作用，促进食用菌行业可持续发展，更好地维护行业整体利益。 （廖鸣峰）

【实施菜农培训全覆盖】 3月12日～5月10日，举办蔬菜种植户培训班169期，主要内容为蔬菜农药安全使用、蔬菜常见病虫害识别与防治、新农药介绍等，参加培训24073人次。培训班向蔬菜种植户发放安全使用农药挂图、光盘、小册子等宣传资料6万余份，使菜农对安全使用农药和使用安全农药知晓率达到100%。 （廖鸣峰）

【实行蔬菜产地准出制度】 年内，根据《上海市关于世博期间实行蔬菜、生猪及生猪产品产地准出和市场准入制度的实施意见》精神，结合蔬菜生产具体情况，制定并实施蔬菜产地准出制度。全区制作蔬菜安全上市产地准出证1.8万张，5月下旬起蔬菜种植户销售蔬菜实行持产地准出证销售，由工商和市场管理部门进行监管，实现产地准出和市场准入制度并举，保证上市蔬菜安全。 （廖鸣峰）

【粮油作物获全面丰收】 全年水稻种植面积9701.4公顷，比上年减少5%；水稻年均单产8831千克/公顷，比上年增长0.46%。夏粮种植面积4902.8公顷，比上年减少2.86%；二麦年均单产4079千克/公顷，比上年增长2.9%。油菜种植面积1533.8公顷，比上年减少23.9%；年均单产2222千克/公顷，比上年增长1.8%。 （廖鸣峰）

【蔬菜农药残留检测样品合格率100%】 年内，新购置速测仪52台，建立村级蔬菜农药残留速测室，新增检测点45个。全年检测蔬菜样品76082份，其中区蔬菜站抽检2075份，镇抽检29422份，市场、基地自检44585份、市农委抽检600份、国家农业部抽检40份，合格率100%。 （廖鸣峰）

【产销对接稳定菜价】 年内，积极引导蔬菜专业合作社和园艺场拓宽销售渠道，减少交易环节。落实3家蔬菜专业合作社与市区标准化菜场进行产销对接，1家合作社与沃尔玛超市进行农超对接，6家“田头超市”向社区延伸，直接让利消费者，稳定蔬菜价格。 （廖鸣峰）

【推进设施菜田建设】 全年启动设施菜田建设项目427.93公顷。2005～2009年，建成设施菜田362.66公顷，先后有16家基地被评为上海市世博蔬菜重点生产基地，其中有5家基地被评为2010年上海世博会“蔬菜生产供应先进单位”。 （廖鸣峰）

2010年奉贤区蔬菜产销情况表

单　位	种植面积（公顷）	总上市量（吨）	总产值（万元）	批发市场		直销（自食）		配送（自产）		出　口	
				上市量（吨）	产值（万元）	上市量（吨）	产值（万元）	上市量（吨）	产值（万元）	上市量（吨）	产值（万元）
合　计	318983	470068	75264	232451	35620	221315	36477	14921	2944	1381	223
南桥镇	45174	81400	13719	41710	7090	39690	6629	0	0	0	0
柘林镇	22720	38086	7256	22471	3662	15615	3594	0	0	0	0
庄行镇	35853	76322	12005	44822	6720	30893	5177	607	108	0	0
金汇镇	100167	75000	13542	28715	5085	32598	5760	13687	2697	0	0
奉城镇	45303	71420	10840	29500	4280	41920	6560	0	0	0	0
四团镇	26993	57030	7606	31698	3977	25332	3629	0	0	0	0
青村镇	39581	70122	10206	33230	4771	34884	5073	627	139	1381	223
农业园区	3192	688	90	305	35	383	55	0	0	0	0

（廖鸣峰）

【水稻、二麦良种统一供种率100%】 全年统一供种率继续保持100%。供应水稻种子68.3万千克，种植水稻面积9701.4公顷。其中供应常规稻种子65.2万千克，品种为“秀水123”、“秀水114”；种植常规稻8669.8公顷，占水稻种植面积89.4%；供应杂交稻种子3.1万千克，品种为“花优14”、“秋优金丰”、“申优254”、“寒优湘晴”、“申繁优15”；种植杂交稻面积1031.6公顷，占水稻总面积10.6%。供应麦种99万千克，种植二麦面积5258.9公顷。其中供应小麦种子93万千克，品种为“扬麦11”、“扬麦16”；种植小麦面积4935.1公顷，占麦子总面积93.8%；供应大麦种子6万多千克，品种为“花22”；种植大麦面积323.7公顷，占麦子总面积6.2%。（廖鸣峰）

【杂交粳稻新品种获市科技二等奖】 年内，市重点公关项目《杂交粳稻申优系列组合的选育》，由上海市农科院作物所主持，徐跃明作为项目二级主持，获得上海市人民政府颁发的“上海市科学技术二等奖”。（廖鸣峰）

2010年奉贤区水稻种子繁育情况表

类　型	品　种	面　积(公顷)	种　子(万千克)
合　计		156.7	72
常规稻	秀水123	33.3	43
	秀水134	96.7	21
	其　他	3.3	2
杂交稻	花优14	16.7	3.5
	秋优金丰	6.7	2.5

（廖鸣峰）

2010年奉贤区林果(花卉)生产情况表

项　目	面　积(公顷)	比上年(±%)	项　目	面　积(公顷)	比上年(±%)	产　量(吨)	比上年(±%)
林地总面积	8516.716	1.60	桃	1234.31	-2.63	21291.35	-13.32
造林面积	8516.716	1.60	柑　橘	254.95	-17.64	4746.7	-14.75
育苗面积	0	0	梨	479.73	-0.99	11884	35.26
四旁植树	116982.84（百株）	1.57	葡　萄	943.3	8.09	20079.46	10.06
花卉、草坪	370.12	-2.61	枣　子	73.79	-13.98	332.7	-66.86
鲜切花	208.54	2.41	柿　子	39.97	-8.26	690.1	-10.87
盆　花	22.13	-16.17	其　他	107.21	-12.62	935.96	-9.08
观赏苗木	4.07	13.06					
草　坪	135.38	-7.53					

（顾国林）

【开展星级林业养护社评比工作】 3月，开展市星级林业养护社评比工作。通过对林业养护社内部管理、林地养护质量及特色工作评比考核，南桥林业养护社和金汇明星林业养护社被评为市一星级林业养护社，海湾南区养护社被评为市二星级林业养护社。（廖鸣峰）

【绿化覆盖面积10618.46公顷】 年内，以市绿化遥感解译数据为依据，通过市、区各级林业主管部门对绿化遥感数据进行现场核实，区绿化覆盖面积10618.46公顷，林木绿化率15.45%。（廖鸣峰）

葡萄喜获丰收　　（农委　供稿）

【完成第七次森林资源二类清查工作】 3～5月，开展对林木蓄积、林地覆盖、林木种类、林地权属、养护等级等全面调查，摸清森林资源现状，林地总面积8133.33公顷。其中生态林3200公顷，经济林

3133.33 公顷，苗圃 1800 公顷。
（廖鸣峰）

【加强世博期间果品生产安全监管】 年内，对 7 个服务世博果品供应基地，从生产投入品使用到果品上市前检测整个生产链，进行全程跟踪检查，确保果品安全、卫生、优质。市农产品质量检测中心 9 次对区果品随机抽样，94 个样品农药残留和重金属等各项指标，检测合格率 100%。（廖鸣峰）

【生产各类优质林果品 59960 吨】 全年区共推广高效低毒农药 32.6 吨，推广果品专用套袋 8499 万只，落实有机肥 18000 吨，从源头上杜绝剧毒农药和化肥使用。全年生产各类优质林果品 59960 吨，林果产值 39182 万元，比上年增长 17.2%。（廖鸣峰）

养殖业

【概况】 年内，推广标准化养殖，提升养殖水平，提高产量。全年出栏生猪 50.7 万头、家禽 961 万羽、鲜蛋产量 1.5 万吨、鲜奶总产 1.6 万吨，畜禽总产值 9 亿余元。水产养殖面积 4333.33 公顷，水产总产值 7.2 亿元，创历史新高。加强畜禽养殖行业安全监管力度，尤其对重大动物疫病免疫、投入品监测、疫病可追溯、养殖环境监控等工作，严把检疫检测关，畜禽免疫实现全覆盖，应佩动物挂标率 100%，水产品检测合格率 100%。推进政策性水产养殖保险力度，全年投保水产养殖面积 2769.26 公顷，比上年增长 41.8%。（廖鸣峰）

【开展食用养殖水产品准出试点】 年内，根据市《关于试行食用养殖水产品"准出"制度的通知》，上海青春对虾养殖专业合作社等 33 家标准化水产养殖场，实施食用养殖水产品准出制度，获得由上海水产行业协会颁发的《上海市水产养殖场食用水产品准出证明》。通过准出制度试行，提升养殖水产品质量安全水平，为水产品市场准入奠定基础。（廖鸣峰）

南美白对虾开捕上市　　（农委　供稿）

【培育优质健康虾苗 15 亿尾】 年内，区水产学会与 18 家水产专业合作社签订技术服务合作协议，向示范点免费配送微生物制剂、简易水质测试盒、水温计、盐度计等，全程跟踪、指导、检测南美白对虾优质虾苗繁育。全年繁育基地提供优质健康虾苗 15 亿尾，种苗辐射养殖面积 1000 余公顷。（廖鸣峰）

【推广微孔增氧高效健康养殖技术】 年内，积极推广微孔增氧高效健康养殖技术。该项技术使用底部微孔增氧机曝气增氧能使水体下层得到较多氧气补充，使底层在缺氧条件下产生的有毒物质氧化、扩散，搅拌水体使养殖水体达到最佳状态，提高水产品质量，降低生产能耗和饲料成本。示范户比对照塘平均增产 66.6%，取得良好经济效益。（廖鸣峰）

【重大动物疫病免疫率 100%】 年内，建立健全动物疫病防控组织机构，设置镇级动物防疫员队伍 54 人，村动物安全监管信息员队伍 264 人。全区禽流感免疫 2803.02 万羽次，其中鸡 1537.51 万羽次、鸭 668.32 万羽次、其他禽类 597.2 万羽次，免疫率 100%；免疫各类家畜口蹄疫 195.18 万头次，其中免疫猪 186.27 万头次、牛 6.29 万头次、羊 2.57 万头次、其他 420 头次，免疫率 100%；免疫生猪高致病性猪蓝耳病 65.82 万头次、猪瘟 167.48 万头次、免疫新城疫 1081.23 万头次。（廖鸣峰）

【跟踪畜禽免疫抗体质量】 全年采集各类畜禽血清样品 43828 份，其中监测禽流感免疫抗体 10273 份，抗体合格率 85.4%；O 型口蹄疫免疫抗体 6619 份，抗体合格率 90.1%；A 型口蹄疫免疫抗体 175 份，抗体合格率 96%；猪瘟免疫抗体 3866 份，抗体合格率 69.9%；新城疫免疫抗体 4519 份，抗体合格率 70.1%；奶牛布鲁氏菌病 18376 份，检出阳性 4 份；奶牛结核病检疫 17450 头次，检出阳性 5 头；猪、羊布鲁氏菌病监测 498 份，全部为阴性。（廖鸣峰）

【开展"瘦肉精"等药残检测】 全年检测生猪"瘦肉精"2208 场次 4691 份尿样、"沙丁胺醇"521 场次 1092 份尿样、莱克多巴胺 521 场次 1092 份尿样、齐帕克罗 309 场次 656 份尿样，所有尿样检测结果均为阴性，确保上海世博会期间畜产品安全。（廖鸣峰）

【开展水产品农药残留抽检】 年内，完成市农药残留抽检 66 份、农业部突击抽检 22 份、市"迎国庆"抽检 10 份、市地产水产品抽检 8 份、区站抽检 56 份，鱼种放流监测 4 份，鱼类病害监测 2 份，共计 168 份。抽检品种是异育鲫鱼 34 份、鳊鱼 9 份、草鱼 4 份、鲢鱼 16 份、鳙鱼3份、南美白对虾96份、罗氏沼虾2份、蟹2份、鳖2份。抽样检测样品合格率100%。

（廖鸣峰）

【加大水产苗种监管力度】 年内，对全区水产苗种育苗场进行全面审核检查、普查登记，开展大规模水产苗种专项整治2次，检查水产苗种场20家，查处无水产苗种生产许可证生产南美白对虾苗种案件2例，罚款800元，没收苗种4万尾。 （廖鸣峰）

【增殖放流鱼种127.12万尾】 年内，增殖放流鱼种3.94万千克，折约127.12万尾，其中鲢鱼1.62万千克，折约50.14万尾；编鱼0.39万千克，折约6.96万尾；草鱼0.40万千克，折约22.61万尾；鳙鱼1.53万千克，折约47.41万尾。11月9日，开展海洋渔业资源修复行动，在中港外海域放流3.4万尾东方暗纹河豚。 （廖鸣峰）

【查处渔政违法案387件】 全年查处渔政违法案387件，罚款153310元。查处电力捕鱼案37件，罚款13350元，没收逆变器、电瓶等禁用渔具70余件。协调渔业污染事故纠纷案9起，养殖渔民获得赔偿款13万元。调解渔民与运输船网具受损赔偿纠纷10起，渔民获得赔偿款60余万元。

（廖鸣峰）

【完善渔业安全监管网络建设】 年内，选择42家示范户进行重点监管，带动周边养殖户提高水产品安全监管水平。对198家水产养殖户进行检查，出动检查220人次，主要检查生产日志、用药记录、饲料及渔药仓库存放情况等，经检查未发现使用违禁药物和有违禁药物存放。 （廖鸣峰）

现代农业建设

【概况】 年内，有序推进种源基地建设，全面启动国家农业综合开发产业化经营补贴项目8个。推进农产品认证工作，新增无公害农产品认证产品21个、绿色食品认证1个，现共拥有80个。完成农业科技项目9个，实施科技兴农项目16个，获批农业专利27件，奉贤黄桃被国家技监总局认定为“国家地理标志保护产品”。深入开展科技入户工程，强化农民培训工作，全年完成各类农民培训7500人次。加快农业生产信息化进程，全面开展“一村一网”建设。借助世博契机，品牌化农业旅游实现新发展。新认定市、区级农业产业化龙头企业11家，区级以上农业龙头企业达到43家。 （廖鸣峰）

【种植优质杂交水稻987公顷】 年内，加快水稻品种调优速度，种植优质杂交水稻987公顷，占全区水稻种植面积10.2%。其中种植“花优14”460.7公顷、“秋优金丰”188.5公顷、“申优254”156.7公顷、“寒优湘晴”140.8公顷、“申优繁15”40.3公顷。优质高产杂交粳稻“花优14”在市优质稻米品评暨市民最喜爱新大米品鉴活动中，获二等奖和市民最喜爱大米奖。 （廖鸣峰）

【农业旅游服务世博成效显著】 年内，新增农业旅游景点6家，现有规模较大的48家，为市民提供就餐位6476个，床位2568个。开通“农游世博热线”，缓解上海世博会住宿压力，全年农业旅游景点接待230万人次，比上年增长19.1%；农业旅游收入5.9亿元，比上年增长11.32%；解决农民就业1884人，带动季节性、临时性就业11783人；带动农产品销售1.76亿元。 （廖鸣峰）

【14个景点被评为市世博观光农园】 年内，庄行金色田园、奉贤新农园、申隆生态园、都市菜园、上海海湾国家森林公园、青村世外桃源、玉穗绿苑、申亚乡村度假农园、花果山百枣园、申亚瑞地怡园、农科庄园、东篱园、龙门水庄、大山合食用菌博物馆等14个景点，被评为市世博观光农园。 （廖鸣峰）

【通过验收科技项目9个】 全年区级农业科技项目通过验收9个，分别是：蘑菇培养料集中堆制技术试验研究、废树枝屑栽培秀珍菇技术试验、高效优质特色作物关键性生产研究及集成示范推广、猪用免疫核糖核酸制剂的研制、水稻引试种及新品种展示与示范、奉贤地区主要瓜果生产质量安全控制技术示范、优质糯玉米新品种高产高效生产技术集成与示范推广。

（廖鸣峰）

【实施科技兴农项目16个】 全年实施市、区级科技兴农项目16个，其中市级项目有庄行镇农业废弃物零排放和资源循环化利用技术集成、庄行蜜梨品种结构优化和品质提升关键技术研究与示范、数控式秸秆挤压成型成套设备的研制、肉山羊高产综合配套技术推广应用、新型植物源杀虫剂应用研究、畜禽粪尿装载运输撒肥车的研制、犊牛饲养及奶牛饮水设备的转化应用、农民专业合作社经营服务信息系统等8个，获得扶持资金750万元。区科技发展基金8大项目14个子项目，投入扶持资金80万元。 （廖鸣峰）

【获批农业专利27件】 年内，大山合、丰科、国森、高榕、汉德等5家农业龙头企业，加大科研投入，维护知识产权，投入科研经费2807万元，申请专利74件，获批专利27件。其中杏鲍菇工厂化栽培培养料预处理工艺、白色蟹味菇的高产栽培方法等发明专利4件；金针菇液体菌种培养环境中所需空气的紫外线杀菌系统等实用新型专利10件；包装箱（白玉菇1）、包装箱（金针菇2）等外观设计专利13件。 （廖鸣峰）

2010年奉贤区农业企业获批专利情况表

专利编号	专利名称	专利编号	专利名称
ZL200920071317.9	横架式自走金针菇抑制装置	ZL200710041757.5	白色蟹味菇的原种生产方法
ZL200920071319.8	多功能气候培养箱	ZL200830188145.4	包装袋(白玉菇)
ZL200920071318.3	悬挂式自走金针菇抑制装置	ZL200830274888.3	包装箱(白玉菇1)
ZL200920071316.4	多功能实时烘干装置	ZL200830274929.9	包装箱(金针菇2)
ZL200920071320.0	杏鲍菇栽培装置	ZL200930094735.5	礼品包装盒
ZL200910051133.0	一种杏鲍菇工厂化栽培培养料预处理工艺	ZL200930094733.6	礼品包装袋
ZL200920071689.1	金针菇液体菌种培养环境中所需空气的紫外线杀菌系统	ZL200930094741.0	标贴(宣传广告1)
ZL200920071687.2	金针菇液体菌种培养环境温度控制系统	ZL200930094734.0	标贴(宣传广告2)
ZL200920071686.8	金针菇液体菌种培养环境空气过滤系统	ZL200930094736.X	标贴(车体广告1)
ZL200920076525.8	食用菌液体菌种发酵罐	ZL200930094738.9	标贴(车体广告2)
ZL200920214263.7	食用菌栽培瓶	ZL200930094739.3	标贴(车体广告3)
ZL200930231262.9	名　片	ZL200930094740.6	标贴(车体广告4)
ZL200710041951.3	大功率超声波加湿器	ZL200920068857.1	电动装瓶机
ZL200710040337.5	白色蟹味菇的高产栽培方法		

（廖鸣峰）

2010年奉贤区无公害农产品情况表

产品名称	企业名称	批准产量(吨)	有效期限
荷兰黄瓜	上海润庄农业科技有限公司	140	2010.04～2013.04
樱桃番茄	上海润庄农业科技有限公司	110	2010.04～2013.04
观音菜	上海润庄农业科技有限公司	15	2010.04～2013.04
葡　萄	上海润庄农业科技有限公司	80	2010.04～2013.04
猕猴桃	上海润庄农业科技有限公司	90	2010.04～2013.04
大　米	上海润庄农业科技有限公司	750	2010.04～2013.04
草　莓	上海金源果蔬种植专业合作社	20	2010.03～2013.03
葡　萄	上海金源果蔬种植专业合作社	40	2010.03～2013.03
桃	上海双张果业种植专业合作社	160	2010.01～2013.01
葡　萄	上海双张果业种植专业合作社	70	2010.01～2013.01
双胞蘑菇	上海源申食用菌培育专业合作社	50	2010.04～2013.04
金福菇	上海源申食用菌培育专业合作社	12	2010.04～2013.04
鲍鱼菇	上海源申食用菌培育专业合作社	9	2010.04～2013.04
甘　蓝	上海惠群蔬菜种植专业合作社	750	2010.03～2013.03
梨	上海奉贤金冠蜜梨种植园	120	2010.05～2013.05
南美白对虾	上海集贤虾业养殖合作社有限公司	823	2010.05～2013.05
南美白对虾	上海南北种源渔业养殖合作社有限公司	150	2010.05～2013.05
南美白对虾	上海康源虾业养殖合作社有限公司	980	2010.05～2013.05
南美白对虾	上海金贤水产养殖合作社有限公司	497	2010.05～2013.05
罗氏沼虾	上海南农虾业养殖合作社有限公司	73	2010.05～2013.05
南美白对虾	上海青春对虾养殖合作社有限公司	880	2010.05～2013.05
冻南美白对虾	上海千慧食品有限公司	1000	2010.05～2013.05
鲜鸡蛋	上海市奉贤区柘林镇锦云家禽养殖场	15	2010.07～2013.07
大　米	上海永信米业有限公司	2500	2010.07～2013.07

续 表

产品名称	企业名称	批准产量(吨)	有效期限
水蜜桃	上海申亚农业科技有限公司	438	2010.09～2013.09
西　瓜	上海悦龙果蔬专业合作社	320	2010.09～2013.09
厚皮甜瓜	上海悦龙果蔬专业合作社	48	2010.09～2013.09
南美白对虾	上海青港水产有限公司	550	2010.09～2013.09
大　米	上海南桥金港粮食种植专业合作社	250	2010.12～2013.12
大　米	上海存古粮食种植专业合作社	300	2010.12～2013.12
大　米	上海关港粮食种植专业合作社	210	2010.12～2013.12

（廖鸣峰）

【新增无公害农产品21个】 全年新增无公害农产品21个、复查换证无公害农产品10个，涉及企业和农民专业合作社21家。新增绿色食品1个。无公害农产品和绿色食品数量增加，有利于扩大农产品生产和销售。（廖鸣峰）

【奉贤黄桃被认定为国家地理标志保护产品】 6月3日，由上海市农科院和区质量技术监督局主导起草的上海市地方标准《地理标志产品——奉贤黄桃》，获得国家质检总局专家组审定。7月7日，国家质检总局正式发文，认定奉贤黄桃为国家地理标志保护产品。这一殊荣提高了奉贤黄桃生产标准化水平，进一步提升奉贤黄桃品牌知名度和市场竞争力。（廖鸣峰　蒋　伟）

【专项检查无公害认证产品44个】 年内，专项检查无公害认证产品44个，其中蔬菜10个、林果13个、粮油4个、水产11个、畜产品5个、食用菌1个，涉及企业36家；绿色食品8个，涉及企业5家；有机农产品3个，涉及企业1家。专项检查合格率100%。（廖鸣峰）

【新增农业产业化龙头企业11家】 全年新增农业产业化龙头企业11家，其中市级农业产业化龙头企业2家，分别为上海森蜂园蜂蜜制品有限公司和上海惠尔利农资技术有限公司。区级农业产业化龙头企业9家，分别为上海雪国高榕生物技术有限公司、上海众汇水产养殖专业合作社、大山合生物科技有限公司、上海金禾渔业专业合作社、上海集贤虾业养殖专业合作社、上海欧万企业发展有限公司、上海升月米业有限公司、青苑生猪养殖专业合作社、冠生园蜂制品有限公司。（廖鸣峰）

【加强区域特色项目建设力度】 年内，庄行镇上海蜜梨基地项目，总投资600.32万元，其中市财政专项资金补贴335.66万元，区财政配套资金143.86万元，项目单位自筹120.8万元。青村镇“锦绣”黄桃示范基地项目，总投资666.24万元，其中市财政扶持资金371万元，区财政扶持资金159万元，项目单位自筹136.24万元。2个项目均在9月完成验收工作。（廖鸣峰）

【入选市第三批示范农民专业合作社18家】 年内，市审批通过第三批示范农民专业合作社94家，其中区入选18家，分别为上海五宅粮食种植专业合作社、上海青春对虾养殖专业合作社、上海龙欣果蔬种植专业合作社、上海锦乡农产品产销专业合作社、上海姚堂食用菌种植专业合作社、上海金绿农产品产销专业合作社、上海梨园草鸡养殖专业合作社、上海礼和渔业养殖专业合作社、上海辉贤波尔山羊养殖专业合作社、上海双张果业种植专业合作社、上海旺园家禽养殖专业合作社、上海绿森鸽业养殖专业合作社、上海奉贤绿都农副产品产销专业合作社、上海凤晨蛋鸡养殖专业合作社、上海小宝虾业养殖专业合作社、上海艾妮维农产品专业合作社、上海申裕鸽业养殖专业合作社、上海祉源杜瓜种植专业合作社。（廖鸣峰）

【农业综合开发项目获补贴资金3160.33万元】 年内，获批国家

庄行蜜梨　（农委　供稿）

农业综合开发产业化经营补贴项目8个，投入项目资金11083.24万元，其中获中央财政补贴资金845万元，市级财政补贴资金1183万元，项目单位自筹资金9055.24万元。国家农业综合开发贷款贴息项目5个，获中央财政贴息资金700万元。农民专业合作社市级财政贴息72家，获市、区两级财政贴息432.33万元。（廖鸣峰）

【参加优质农产品大联展3场】 年内，参加郑州农产品产业化交易会、市新春农副产品大联展和盛夏农副产品大联展，有10家农业产业化龙头企业和14家农民合作社参展。（廖鸣峰）

【市级扶持农民专业合作社项目立项25家】 全年申报市级扶持农民专业合作社25家，获市级财政扶持资金722万元，促进农民专业合作社稳步发展，提高农民专业合作社市场竞争力。有6家农民专业合作社获得中央扶持农民专业合作社项目立项，获扶持资金125万元。（廖鸣峰）

农业综合管理

【概况】 年内，建立124个水稻高产示范方3098.5公顷，占全区水稻种植面积的32%，比上年增长17.6%；建立15个小麦高产示范方1028公顷，占全区小麦种植面积22%。建立139个测土配方施肥示范区4040公顷，实施测土配方施肥技术面积2.52万公顷次，施用配方肥面积1.86万公顷次，推广应用享受政府补贴的配方肥2164.67吨，商品有机肥1万吨，粮经作物总增产1.75万吨，减少不合理施肥781.42吨，节本增效3335.81万元。完成区11个动物检疫申报点建设，出动检查人员1442人次，540车次，检查养殖场612家次、兽药生产企业8家次、兽药经营企业321家次、饲料生产企业42家次。查处各类案件48件，其中行政处理案件8件，行政处罚案件40件，结案率100%，无行政复议、行政诉讼案件。农民培训围绕13个方面展开，培训农民7336人。（廖鸣峰）

【查处各类违法案48件】 年内，出动检查人员1442人次，540车次，检查各类养殖场612家次、兽药生产企业8家次、兽药经营企业321家次、饲料生产企业42家次。查处各类案件48件，其中行政处理案件8件，行政处罚案件40件，结案率100%，罚款66748元，没收违法所得23108.5元。（廖鸣峰）

【建成动物检疫申报点11个】 年内，实施动物检疫管理办法，建成动物检疫申报点11个，其中镇级申报点8个、生猪屠宰检疫派驻点2个、区申报服务窗口1个。（廖鸣峰）

【发放检疫证明11277份】 年内，加强畜禽养殖源头监管工作，发放各类检疫证明11277份。产地检疫生猪39.9万头、苗猪2.5万头、禽237万羽、苗禽388万羽、牛412头、犬24条、兔111万只；检疫(验)猪胴体58.49万头；流通领域分销换证，分割肉9586吨、光禽23万只、禽产品5929吨、牛肉1232吨、羊肉212吨、副产品2544吨。（廖鸣峰）

【加强病死畜禽无害化处理】 年内，4个病死畜禽无害化处理收集点，销毁各养殖场病死猪40189头，计1303吨；2家屠宰场销毁途亡猪102头，检疫内脏311.08吨。（廖鸣峰）

【建立健全土地承包经营权流转管理服务市场】 年内，建立健全土地流转管理服务市场工作机制，实现农村土地承包经营权流转管理服务市场建设全覆盖。土地流转信息采取软件管理和网上发布，流转交易从场外转向场内，流转价格公开合理，流转行为规范有序。（廖鸣峰）

【完善土地承包关系83848户】 年内，完善土地承包关系，涉及全区178个村，农户83848户。稳定现有土地承包关系，完善调整不合法、不合理土地承包行为，稳定农村基本经营制度，规范土地流转行为，依法开展农村土地承包仲裁，维护农民合法权益，促进农村经济发展。（廖鸣峰）

【建立粮食高产示范方4126.5公顷】 年内，建立水稻高产示范方124个，面积3098.5公顷，占全区水稻种植面积32%，比上年增长17.6%；建立小麦高产示范方15个，面积1028公顷，占全区小麦种植面积22%。在市粮食高产创建评比中，庄行万亩水稻高产示范方、南桥千亩水稻高产示范方和庄行万亩小麦高产示范方获一等奖；奉城千亩水稻高产示范方、柘林千亩水稻高产示范方和柘林千亩小

奉贤区水稻千亩示范方　　（农委　供稿）

麦高产示范方获三等奖；区农业技术推广中心获优秀组织奖。

（廖鸣峰）

【完成村级财务管理规范化建设】 年内，完成村级财务管理规范化建设，被评为区村级财务规范示范村178个。其中被评为上海市村级财务规范化建设示范村10个，南桥镇六墩村被评为国家农业部村级财务规范化建设示范村。至年末，区全面完成村财务管理规范化建设三年行动总体目标。

（廖鸣峰）

【测土配方施肥促进农业增收】 年内，区作为全国100个测土配方施肥普及示范创建县之一，建立测土配方施肥示范区139个，面积4040公顷。实施测土配方施肥技术面积2.52万公顷次，施用配方肥面积1.86万公顷次，推广应用享受政府补贴配方肥2164.67吨，商品有机肥1万吨，粮经作物增产1.75万吨，减少不合理施肥781.42吨，节本增效3335.81万元。（廖鸣峰）

【实施土壤有机质提升补贴项目】 年内，区被国家农业部列为土壤有机质提升补贴项目区县之一，主要实施技术模式秸秆还田腐熟技术。项目实施水稻秸秆全量还田1096公顷，涉及28个村，农户1894人，使用秸秆腐熟剂17538包。（廖鸣峰）

【加强世博农产品特供基地安全监测】 年内，对22个世博蔬菜及水果生产特供基地开展农药残留安全监测工作。抽检样品571份，检测16559项次，合格率99.8%，保障上海世博会农产品安全供应。

（廖鸣峰）

【提升测土配方检测技术能力】 年内，区测土配方检测中心被国家农业部评为测土配方施肥标准化验室。该检测中心通过由中国合格评定认可委员会、上海市计量监督局共同组成CNAS-CMA评审组复审和扩项现场评审，获得认可，认证参数由原来114项扩展到124项，提高了检测中心检测技术能力和为农服务水平。（廖鸣峰）

【水稻病虫害综防面积9306.66公顷】 年内，三代纵卷叶螟、四、五代褐飞虱、二代白背飞虱大发生，纹枯病中等偏重发生，局部大发生，灰飞虱与条纹叶枯病、恶苗病中等偏重发生。区、镇两级科技人员开展7次全区性纵卷叶螟、稻飞虱田间虫卵量调查，全年发布水稻病虫害情报13期，综防面积9306.66公顷，有效控制病虫危害。

（廖鸣峰）

【粮油经济作物病虫草害防治有实效】 年内，粮油作物病虫防治面积307660公顷次，经济作物病虫防治面积18713.33公顷次，各种作物草害防治22940公顷次。经过药剂防治增收稻谷36475.84吨、麦子5875.80吨、油菜928.42吨、西甜瓜14799.01吨、草莓521.76吨、玉米1589.50吨，有效促进农业增效，农民增收。

（廖鸣峰）

【开展春季农田灭鼠工作】 全年出动灭鼠投药员2389人次，投放溴敌隆8吨，灭鼠面积1万公顷。经区3个系统监测点测定，鼠密度控制在0.33%，保苗效果达到95.30%，取得预期灭鼠效果。

（廖鸣峰）

【培训各类农民7336人】 全年培训各类农民7336人，其中引导性培训3600人，含“田头学校”1189人，专业农民1200人，“千村万户”信息化500人，合作社理事长40人，合作社财务人员40人，合作社营销人员80人，“三支一扶”大学生80人，创业农民跟踪服务50人，国家职业技能250人，农业类职业技能竞赛350人，农村残疾人实用技术953人，科技人员继续教育114人，农村学历教育79人。

（廖鸣峰）

【区农广校获评全国先进集体及A级校】 9月，区农（广）校获评得全国农业广播电视教育先进集体。12月，该校获得国家农业部颁发的全国农广校办学水平A级校、农民培训工作突出学校奖牌。

（廖鸣峰）

【农资监管延伸至生产源头】 7～8月，对19家农药生产企业和12家肥料生产企业开展农资监管排摸检查工作。经核实，19家农药生产企业中关闭停产7家，12家生产企业，其中1家为异地生产；对12家肥料生产企业农资产品标签和登记证进行检查，抽查已生产和在生产农药产品标签100余种。

（廖鸣峰）

【保护野生动物成效突出】 年内，以春秋两季候鸟迁徙高峰为重点，结合日常检查，出动执法检查432人次，检查范围遍及沿海30千米滩涂、湿地面积8平方公里、荒地以及黄浦江涵养林、申隆生态园、现代农业园区、苗圃地、果园等大小林地百余处。捣毁、拆除用于捕捉野鸭等鸟类窝棚32个次，翻网92张，收缴媒鸭5羽，拆除迷网12张230米，收缴各类野鸟35羽，收缴放生青蛙、蟾蜍活体169千克，收缴放生蛇类25条。查处非法经营野生动物案4件，查处乱捕滥猎野生动物案件3件。（廖鸣峰）

【查处乱砍滥伐林木案8件】 全年出动执法检查131人次，检查范围包括大小林地、建设工地、经济园区、开发区等，共受理结案林业行政案件8件，接受市绿化与市容行政事务受理中心督办重案1件，涉案金额8万余元。调解林业纠纷、民事补偿2次，涉及金额2000余元。（廖鸣峰）

【涉农补贴资金监管平台开通】 年内，涉农补贴资金监管平台开通运行。平台公布上年度水稻直补、农资综合、机育插秧补贴等13项普惠制涉农补贴，发布数据59770条，村民借助“农民一点通”，可以直观查询各种惠农补贴资金和政策，实现宣传政策、公开政策、信息查询、监督投诉等功能于一体。

（廖鸣峰）

农业机械化

农业机械化收割 （农委　供稿）

【概况】 年内，全区机耕面积19731.9公顷，占耕地面积95.67%；水稻机械插秧面积3340公顷，水稻机械直播面积278.7公顷，占水稻种植面积36.18%；二麦机收面积4892.2公顷，占二麦种植面积99.27%；水稻机收面积9678.9公顷，占水稻种植面积99.97%。跨区作业水稻机收面积836.7公顷，麦子机收面积263.3公顷，跨市机收面积1000公顷。农机总动力76875千瓦，比上年增加2945千瓦，增长3.98%。拥有大中型拖拉机623台，小型拖拉机625台，高性能半喂入联合收割机108台，其他联合收割机38台，乘坐式高速插秧机92台，水稻直播机51台，旋耕机754台，水田驱动耙326台，开沟犁334台，灭茬机45台，铧犁149台，圆盘犁111台，机动喷雾机4012台。农机经营总收入4635.11万元。 （廖鸣峰）

【购置农机资金2769万元】 全年购置农机资金2769.14万元，其中中央、市级财政补贴1396.46万元，区级财政补贴244.67万元。购置各类大中型拖拉机114台，联合收割机36台，水稻插秧机34台，各类植保机械2012台，其他配套机具182台（套）。 （廖鸣峰）

【推广应用水稻机械化育插秧技术】 全年区水稻机械化育插秧计划面积3000公顷，实际完成3333.33公顷。机插秧补贴资金817万元，新建水稻育插秧服务基地7个，新增高速插秧机34台、播种设备9套、育秧盘57万只。举办水稻机插秧育秧技术和插秧机操作手培训班3期，培训216人。 （廖鸣峰）

【抓好农业机械年度检验工作】 3～4月，开展拖拉机、联合收割机年度安全技术检验工作，共检验运输拖拉机500台，农用拖拉机594台，联合收割机128台。完成各类农机具保险1228台，驾驶员人身保险1211人次。 （廖鸣峰）

【强化执法检查力度】 年内，组织开展农机安全生产对口检查、农忙前农机安全准备工作、农忙季节农机安全生产巡查、农机"一用就管"等安全检查工作。通过检查农机持证持牌情况、农机具安全技术状况、农机安全设施配置和安全措施落实情况、农机安全生产责任落实情况等，解决安全生产隐患。共检查大中型拖拉机456台，联合收割机135台，农机库房166间。签订农机安全生产责任制协议书1084份，覆盖率100%。 （廖鸣峰）

【精心组织农业机械化生产】 年内，"三夏"、"三秋"农机作业安排有序，全年出动大中型拖拉机594台，各类联合收割机147台，旋耕机505台，水田驱动耙330台，开沟犁318台，铧犁126台，圆盘犁77台，水稻插秧机95台，育秧播种流水线33套。完成机耕面积10333.33公顷，机械化程度100%；完成二麦机械收割面积4900公顷，机械化程度100%；完成水稻机械插秧面积3333.33公顷，机械化程度34.5%；完成水稻机械收割面积9666.66公顷，机械化程度99.9%。 （廖鸣峰）

【强化农机服务工作】 年内，做好农机具售后服务和零配件供应工作，安排技术人员在农忙期间加强值班，改善服务质量。进行机具"三包"服务124台次，其中，各类拖拉机54台次、联合收割机12台次、植保机械23台次、插秧机、育秧播种机16台次、配套机具19台次，销售各类农机配件10.2万元。 （廖鸣峰）

【举办农机培训班31期】 年内，举办农机培训班31期，培训3502人次。其中农机执法人员培训班2期106人，机械化育插秧技术培训班3期316人，农机驾驶员培训班4期55人，农机驾驶员安全教育学习班21期2645人次，农机远程教育培训班1期380人。 （廖鸣峰）

（本栏目编辑　赵宏元）

对外经济与口岸管理

外商投资

【概况】 全年吸引合同外资4.2亿美元，比上年下降18.6%，其中增资部分2.09亿美元，占合同外资总额50.42%；外贸出口47亿美元，比上年增长30.9%；外资到位3.2亿美元，比上年下降17.5%。审批成立外商投资企业221个，其中市批32个，商务部批3个，比上年增长14.51%；增资项目70个，比上年下降2.86%。吸收投资总额72.4亿美元，比上年下降38.37%；其中增资部分3.55亿美元，占投资总额48.98%；注册资本44605.55万美元，比上年下降21.13%。（汤　皓）

【外商投资新项目资金增大】 年内，外商投资新项目中，中国香港投资额14101.66万美元，位居第一。其后依次为：新加坡3650.05万美元、法国2655万美元、日本2345.41万美元、美属维尔京群岛2340.79万美元、塞舌尔2307万美元。合同外资含新项目及增资额，依次为：中国香港14654.69万美元、新加坡6888.74万美元、日本4765.33万美元、塞舌尔2062万美元、美属维尔京群岛1645.14万美元。（汤　皓）

【外商参加年检企业1074家】 年内，全区参加年检的外商企业1074家，参检通过率100%。投资总额681亿美元，比上年增长3.4%；注册资本374亿美元，比上年增长3.3%；合同外资总额325亿美元，比上年增长4.2%。从业人数101846人，销售收入5879亿元，比上年下降2.93%；利润总额284亿元，比上年增长149.65%；纳税总额259亿元。全区外商投资企业总资产6456亿元，负债总额3650亿元。（汤　皓）

2010年奉贤区利用外资情况表

利用外资方式	批准外资企业			合同外资	
	企　业(家)	投资金额(万美元)	比上年(±%)	外资金额(万美元)	比上年(±%)
合　计	151	36929.59	-54.74	20526.78	-39.34
合资企业	32	15369.08	96.01	7442.92	137.22
独资企业	119	21560.51	-70.74	13083.86	-57.34
增资企业	70	35455.23	-1.14	20870.6	22.44

（汤　皓）

2010年奉贤区外商投资规模情况表

投　资　规　模		项　目(个)	投资金额(万美元)	占总额(%)	合同外资(万美元)	占总额(%)
新批项目	合　计	151	36929.59	100	20526.78	100
	100万美元以下	102	2488.52	6.74	1835.34	8.94
	100万～499万美元	29	4923.25	13.33	3336.19	16.25
	500万～-999万美元	8	5282.22	14.3	2897.41	14.12
	1000万美元以上	12	24235.6	65.63	12457.84	60.69

续 表

投 资 规 模		项 目(个)	投资总额(万美元)	占总额(%)	合同外资(万美元)	占总额(%)
增资项目	合 计	70	35455.23	100	20870.6	100
	100 万美元以下	35	837.53	2.36	2877.86	13.79
	100 万 ~499 万美元	23	5612.66	15.83	4328.26	20.74
	500 万 ~999 万美元	5	3610	10.18	2120	10.16
	1000 万美元以上	7	25395.04	71.63	11544.48	55.31

（汤 皓）

2010 年奉贤区外商投资产业分布情况表

项 目		产业分类	项 目		投资金额		合同外资	
			数 量（个）	占总数（%）	金 额（万美元）	占总额（%）	金 额（万美元）	占总额（%）
新批项目	合 计		151	100.00	36929.59	100.00	20526.78	100.00
	生产型	第一产业	2	1.32	27.32	0.07	17.59	0.09
		第二产业	53	35.1	28432.21	76.99	14835.41	72.27
	非生产型	第三产业	96	63.58	8470.06	22.94	5673.78	27.64
增资项目	合 计		70	100.00	35455.23	100.00	20870.6	100.00
	生产型	第一产业	1	1.43	0	0	155.11	0.74
		第二产业	47	67.14	24778.41	69.89	14856.48	71.18
	非生产型	第三产业	22	31.43	10676.82	30.11	5859.01	28.08

（汤 皓）

2010 年奉贤区外商投资主要来源地情况表

国 家（地区）		项 目（个）	投资金额（万美元）	合同外资（万美元）	国 家（地区）	项 目（个）	投资金额（万美元）	合同外资（万美元）
新批项目	合 计	151	36929.59	20526.78	新西兰	2	635.13	535.4
	中国香港	46	14101.66	7428.55	萨摩亚	2	60	44
	日 本	19	2345.41	1409.45	巴勒斯坦	1	142	100
	新加坡	15	3650.05	1733.01	毛里求斯	1	87.5	61.25
	中国台湾	15	492.4	288.3	英 国	1	50	50
	韩 国	11	519.3	300.25	丹 麦	1	42.86	30
	美 国	9	1882.76	1254.6	澳大利亚	1	28	20
	美属维尔京群岛	5	2340.79	1534.78	瑞 士	1	20	20
	加拿大	5	2099.89	1060.71	荷 兰	1	14	10.5
	德 国	3	404.27	288.8	印 度	1	12	10.5
	法 国	2	2655	1071	南 非	1	11	11
	塞舌尔	2	2307	2062	美属维尔京群岛	1	10	10
	开曼群岛	2	1839	602	比利时	1	9	6.5
	意大利	2	1170.57	584.18				

续 表

	国 家（地区）	项 目（个）	投资金额（万美元）	合同外资（万美元）	国 家（地区）	项 目（个）	投资金额（万美元）	合同外资（万美元）
增资项目	合 计	70	35455.23	20870.6	百慕大	1	2850	1150
	中国香港	21	11309.37	7226.14	开曼群岛	1	285	200
	日 本	14	5422.13	3355.88	泰 国	1	285	100
	美 国	5	274.9	205.56	比利时	1	110	77
	新加坡	4	12108.62	5155.73	卢森堡	1	100	70
	德 国	3	733.71	421.59	荷 兰	1	70	50
	中国台湾	3	635	500	马来西亚	1	70	51
	韩 国	3	169	175.79	萨摩亚	1	50	50
	加拿大	2	443	311	土耳其	1	35	25
	瑞 典	2	314.5	234.5	美属维尔京群岛	1	0	110.36
	英 国	2	190	1390	印度尼西亚	1	0	11.05

（汤　皓）

对外贸易

【概况】 全年区外贸进出口总额79.3亿美元，比上年增长28.8%。其中进口总额32.3亿美元，比上年增长26%；出口总额47亿美元，比上年增长30.9%。进出口企业1003家，出口企业中外商投资企业517家，出口额36.27亿美元，比上年增长30.48%，占出口总额77.15%。出口企业中，各类有进出口经营权的内资企业486家，共出口总额9.85亿美元，比上年增长29.05%，占出口总额20.95%。出口额在1亿美元以上企业6家，5000万美元以上企业6家，1000万美元以上企业70家。主要出口商品为机电产品、机械产品、塑料制品、车辆零附件产品等。

（汤　皓）

【对外贸易呈上升势头】 全年实现一般贸易出口额18.1亿美元，比上年增长5.1%，占出口总额38.46%。加工贸易出口额27.8亿美元，比上年增长32.5%，占出口总额59.08%。其中进料加工贸易26.29亿美元，比上年增长30.97%，占出口总额55.92%；来料加工贸易14.85万美元，比上年增长67.11%，占出口总额3.16%。

（汤　皓）

【对外劳务输出45人】 全年对外输出劳务人员6批45人，主要输出到日本、墨西哥等国家和地区。工种以缝纫工为主，还有检品工、电焊工、捻线工、钣金工等。

（汤　皓）

2010年奉贤区出口商品情况表

出口商品	出口额（万美元）	占总额（%）	比上年（±%）	出口商品	出口额（万美元）	占总额（%）	比上年（±%）
电机电气设备	175277.45	37.28	62.82	家具、寝具制品	21421.47	4.56	19.59
锅炉、机械制品	67410.87	14.34	31.96	针织类服装	135.24	0.03	56.48
车辆及其零附件	28607.5	6.09	44.84	非针织类服装	14382	3.06	9.76
塑料类制品	26752.39	5.69	35.74	有机化学品	14126.63	3.00	24.83
铜及其制品	19512.78	4.15	-0.04	钢铁制品	10383.47	2.21	-5.11

（汤　皓）

2010年奉贤区出口商品主要输出地情况表

国 家（地区）	出口额（万美元）	占总额（%）	比上年（±%）	国 家（地区）	出口额（万美元）	占总额（%）	比上年（±%）
日 本	91323.28	19.43%	32.61	韩 国	16976.72	3.61%	5.1
美 国	76406.42	16.25%	9.95	澳大利亚	16642.02	3.54%	31.18
荷 兰	37256.82	7.92%	69.06	中国香港	13214.82	2.81%	-0.09
德 国	35295.90	7.51%	118.83	法 国	9240.25	1.97%	28.68

续 表

国 家（地区）	出口额（万美元）	占总额（%）	比上年（±%）	国 家（地区）	出口额（万美元）	占总额（%）	比上年（±%）
中国台湾	35120.88	7.47%	55.52	印 度	8776.47	1.87%	-2.89
意大利	23400.14	4.98%	272.14				

（汤 皓）

检验检疫

【概况】 全年接受进出境商品报检49743批，货值19.13亿美元；完成检验检疫46366批，货值15.27亿美元；检出不合格商品53批，货值246万美元。闵行出口加工区接受报检4484批，涉及金额6.15亿美元。签发原产地证书16298份，签证金额6.9亿美元。

（叶妍婷）

2010年奉贤区检验检疫主要指标情况表

项 目		批 次（批）	比上年（±%）	金 额（万美元）	比上年（±%）
出 境	报 检	44351	16.76	140705	18.65
	完 成	42781	19.55	139586	24.53
	不合格	36	9.09	84	33.33
入 境	报 检	5392	14.04	50618	113.36
	完 成	3585	17.12	13164	73.07
	不合格	17	19.05	162	100
加工区	入境报检	2264	2.86	27257	126.52
	入境申报	1873	-20.40	27365	-32.28
	保税物流	347	36.08	6905	201.92
签发原产地证书	产地证书	16160	28.54	67933	42.98
	异地调查结果单	138	119.05	1060	388.48

（叶妍婷）

【加强业务监督管理】 全年完成出口玩具质量许可证有效期内监督检查13张，出口食品生产企业卫生注册登记审核5家，新通过卫生注册登记企业2家，卫生注册登记证书到期通过换证复审企业5家，受理证书变更企业2家。审批入境验证"免办CCC"证明115份，涉及金额644678万美元。

（叶妍婷）

食品安全乳品监管　　（叶妍婷 摄）

【加强世博入境苗木检验检疫监管】 年内，加强上海世博会入境苗木检验检疫监管工作，对世博会法国馆2984支进口法国玫瑰进行隔离种植检疫，督促苗圃制定监管措施和实施方案，从人员组织、技术方案、设施药品、记录存档等方面进行指导。通过监管，这批法国玫瑰在区内得到培养。中央电视台《今日说法》栏目对法国玫瑰隔离苗圃进行专题采访，取得良好社会效应。（叶妍婷）

【强化质量宣传工作】 年内，举办“质量月”现场咨询活动，对15家出口生产企业进行系统培训。召开出口工业品分类管理暨一类企业颁证大会，实施“质量对比提升”活动，安排15家比对企业代表参观一类标杆企业生产现场。对上海乳品四厂有限公司实施“一企一策”个性化服务措施，加快推进通关放行，取得较好效果。

（叶妍婷）

【推进进出口企业信用管理】 年内，根据相关规定对进出口企业完善分类管理，引入诚信机制，对辖区内318家进出口工业产品企业重新进行风险评估和分类管理评定，其中一类企业14家（包括新获证5家），二类企业102家，三类企业202家。推进企业信用管理系统，对40余家A类诚信企业，结合其产品风险分级，适当调整监管方式，促进自我管理。（叶妍婷）

【加大执法查处力度】 年内，开展消费者权益保护日活动，宣传食品安全法等相关法律法规，向社会大众提供相关法律咨询服务。开展打击伪造贩卖和使用检验检疫假证书专项行动，查处伪造证单《熏蒸/消毒证书》案件1起。

（叶妍婷）

【提升服务企业水平】 年内，检验检疫局网站新增“自贸区优惠关税查询系统”和“自贸协定具体商品税率查询”链接，开通自贸协定具体商品税率查询系统在线查询。加快加工区企业放行速度，对加工区企业入境报检类型加以区分，合理设置抽查验比例，简化报检手续，实现2小时内完成全部放行手续，加快企业货物周转，节省物流成本。建立和完善“首问责任制”，“5+24小时预约”工作制，“服务承诺制”和“限时办结制”，设置电子触摸屏实时查询检验单证，张贴公交班车时刻表、在大厅内放置饮水机、一次性茶杯、订书机、笔等。

（叶妍婷）

海　关

【概况】 全年监管进出口货物87835批，货值45亿美元，分别比上年增长21.5%和40.2%。征收关税10.22亿元，比上年增长55%，首次突破10亿元年征税额。办理减免税审批货值3232.75万美元，减免金额1970.45万元。累计注册企业361家，比上年增长30.7%。加工贸易电子账册合同备案总值28564.67万美元。稽查企业27家，稽查补税342.7万元。现有4家保税仓库出入库货物16.08万吨，货值4.59亿美元，分别比上年增长50.6%和21.1%。

（赵星锋）

【海关税收首次突破10亿元】 海关税收连年大幅增长。2007年3.35亿元，2008年4.5亿元，2009年6.6亿元，2010年10.22亿元，比上年增长48.65%。代征税7.94亿元，比上年增长56.92%。海关税收大幅增长表明，近年来外向型经济发展势头迅猛。

（赵星锋）

【进出口业务量首次突破30亿美元】 全年闵行出口加工区监管进出口货物35385批，货值30.65亿美元，分别比上年增长19.2%和43.6%。其中实际进出境19.82亿美元，进出区10.83亿美元。加工区进出口业务量首次突破30亿美元大关，在全国65个出口加工区中位居第11名，在上海市各出口加工区中位居第3名。加工区有企业25家，形成以IT产业、电子产业、新能源、汽配为主要特色的产业群体，主要代表企业有创见资讯（上海）有限公司、先锋电子科技（上海）有限公司、上海晶澳太阳能科技有限公司、上海双桦机械制造有限公司等。（赵星锋）

【提高海关窗口服务水平】 年内，推出“关长接待日”、“预约通关”、“5+2”工作制、出口加工区“7×24小时”通关制和“首问负责制”等特色服务项目，打造“微笑服务”服务品牌。全年举行关长接待日活动46次，提供预约通关服务8次，一线关员加班2000余小时，出口加工区坚持做到“365天，天天能通关”。（赵星锋）

【与企业签订服务协议】 年内，提出“跨前一步服务”工作理念，深入17家大型企业和拟上市企业调研走访，了解企业需求，为企业量身打造执法服务方案。积极构建关企合作伙伴关系，与12家企业分别签订《关企廉政共建备忘录》《关企合作谅解备忘录》《创先争优共建协议》，做好企业服务工作。

（赵星锋）

【新办公大楼建设推进顺利】 奉贤海关新办公大楼建设项目是区政府置换新建项目，于2008年1月立项，2009年1月破土动工，项目预算总投资3000万元。大楼占地面积7333平方米，建筑面积6500平方米。工程总体推进顺利。

（赵星锋）

【实行海关建设准军事化】 年内，围绕“小关争强”的目标定位，以“内强素质、外树形象”为重点，着力在民主管理、规范管理、质效管理和人文管理上下功夫，大力开展创先争优活动，努力打造一支“政治坚强、业务过硬、值得信赖”的准军事化海关队伍。年内，集体获得市级嘉奖4项，受表彰个人26人次，连续5届获上海市文明单位称号。（赵星锋）

（本栏目编辑　赵宏元）

商 贸·旅 游

商业贸易

【概况】 年内，借助上海世博会的召开，大力调整商业服务业发展结构，加快推进服务业集聚区建设，提高商业服务业发展水平。全年实现商品销售总额645.62亿元，比上年增长17.8%；实现社会消费品零售总额250.83亿元，比上年增长17.7%。吃、穿、用、烧各类商品消费零售额快速增长，其中吃类商品零售额87.24亿元，比上年增长18.5%；穿类商品零售额40.77亿元，比上年增长15.3%；用类商品零售额86.67亿元，比上年增长17.2%；烧类商品零售额9.82亿元，比上年增长12.4%。城乡集市贸易成交额26.33亿元，比上年增长22.5%。完成第三产业增加值157.1亿元，比上年增长13.2%。实现第三产业税金53.78亿元，比上年增长32.5%。 （胡宇红）

2010年奉贤区“财富百强”中的商贸企业情况表

名次	企业名称	纳税金额（万元）	名次	企业名称	纳税金额（万元）
2	上海南方经济发展（集团）有限公司	17186	64	达能乳品销售（上海）有限公司	2176
6	上海世贸汽车贸易有限公司	10272	79	宜家分拨（上海）有限公司	1740
9	上海烟草集团奉贤烟草糖酒有限公司	8506	81	上海凌港贸易有限公司	1719
31	上海绿地能源集团煤炭销售有限公司	3953	83	上海天万服饰有限公司	1699
37	上海鑫世纪恒源电力燃料有限公司	3395	86	上海华群实业股份有限公司	1635
44	百加得洋酒贸易有限公司	3186	87	确信乐思化学贸易（上海）有限公司	1605
50	米思米（中国）精密机械贸易有限公司	2678	96	艾森曼机械设备（上海）有限公司	1480
62	上海天万国际物流有限公司	2199			

（陈　帅）

百联南桥购物中心 （俞林泉　摄）

【百联南桥购物中心二期开业】 参见第169页【百联南桥购物中心二期开业】

【世博会各类培训177676人次】 全年区重点窗口服务单位参加上海世博会各类培训177676人次。其中外语培训5697人次、手语培训1081人次、世博知识培训55861人次、世博礼仪培训21685人次、岗位技能培训35026人次、服务规范培训25038人次、职业道德培训33288人次。 （胡宇红）

【实现世博特许产品销售额3.25亿元】 全年区共设上海世博会特许产品销售网点33家，销售总额3.25亿元，完成市下达任务108%。（胡宇红）

【消费者权益保护委员会分会成立】 3月12日，区消费者权益保护委员会各镇（开发区）分会揭牌成立。区消保委分会由各镇（开发区）经济、司法、工商、质监和食安办等部门组成。完善全区消保维权工作体制，扩大消保维权网络覆盖面。（胡宇红）

【商贸行业工会成立】 12月2日，区经委和区总工会设立商贸行业工会，加强商贸行业工会组织保证，有利于开展工资协商和职工利益维权。（胡宇红）

【开展欢乐购物节活动】 9月11日～10月7日，以"体验都市魅力，就从购物开始"为主题，在国庆黄金周开展集购物、旅游、餐饮、休闲于一体的"奉贤欢乐购物节"活动。活动重点有百联南桥购物中心二期升级开业庆典、商旅联动发行旅游套票、奉浦商业街欢乐消费等。（胡宇红）

【推出赢点奉浦消费卡】 3月16日，举行2010上海购物节——奉浦商业街欢乐消费系列活动暨赢点奉浦消费卡启动仪式。赢点奉浦消费卡当年销售额超过2亿元，该卡的使用广泛度位列全市前5位。（胡宇红）

【8家餐饮企业获评市级文明餐厅】 年内，通过餐饮单位申报、区经委推荐、市相关部门组织抽查测评、市各创建主管部门考核审定等程序，上海悦华大酒店、上海东方明珠古华山庄、上海南郊宾馆、上海豪生棕榈滩大酒店、上海领先餐饮管理有限公司南桥百联店、上海必胜客有限公司南方国际餐厅、上海丽洲休闲俱乐部有限公司、上海汤尼餐饮管理有限公司等8家餐饮企业，被命名为2010年度上海市文明餐厅。（胡宇红）

【实现家电以旧换新销售额4.6亿元】 全年74家备案企业销售家电13.47万台，销售额4.6亿元。其中，冰箱18443台，金额4737.5万元；彩电42612台，金额16091.75万元；洗衣机11446台，金额2465.73万元；计算机28560台，金额11857.84万元；空调33689台，金额10976.14万元。（胡宇红）

【实现家电下乡销售额1679万元】 年内，93家企业参与家电下乡活动，销售各类家电7718台，实现销售额1679.57万元。（胡宇红）

【推进万村千乡市场工程】 年内，区经委、工商、食药监、消保委、物价局、财政局、各镇（开发区）等部门，对117家农村便利店和200余家食品安全放心点进行整合，引导商家从正规渠道进货。上海喜安便利有限公司承担"万村千乡"便利店配送工作，为309家农村便利店配送货品456.83万元，上海青供农资生产资料有限公司配送农资6000万元。（胡宇红）

【早餐工程全面启动】 5月24日，由上海健尔餐饮管理有限公司承担的"早餐工程"全面启动。该公司自备早餐车40辆，采用统一制作、统一配送、统一价格、统一管理、统一形象、连锁经营的直营化管理模式，为全区市民提供卫生、安全早餐。（胡宇红）

【确定32家企业为重点商业数据统计单位】 年内，确定以购物中心百货、卖场超市、专业专卖店、宾馆餐饮、专业市场等商业业态为主的32家企业，进行每月1次和四大节假日商业统计分析工作，推动奉贤商业和假期经济的研究和发展。（胡宇红）

【奉浦餐饮娱乐休闲街形成三大消费特点】 年内，奉浦餐饮娱乐休闲特色商业街，通过提升整体餐饮娱乐的丰富度、经营档次和管理水平，形成餐饮娱乐"异地消费、距离消费、新奇消费"的特点，吸引区内外众多消费者。休闲街共有纳税户153家，纳税总额2454.6万元，比上年增长54.3%。（胡宇红）

【新设专业市场8个】 年内，为调整和优化区内市场布局，新设专业市场8个，分别为：上海辉展果蔬市场经营管理有限公司、上海星依服饰市场经营管理有限公司、上海正育嘉园农贸市场经营管理有限公司、上海奉贤建材市场经营管理有限公司、上海多元工业品市场管理有限公司、上海亿丰建材市场经营管理有限公司、上海奉城家具材料市场经营有限公司、上海沃浦钢材市场经营管理有限公司。（胡宇红）

【查获假冒酒价值4万余元】 12月，区酒类专卖管理局对KTV、酒吧、名烟名酒店和批发企业进行酒类市场检查，查处涉嫌经营假冒酒的单位4家，查获各类假冒酒183瓶，假冒的品牌包括五粮液、茅台、剑南春、水井坊、小糊涂仙、轩尼诗、黑方、芝华士等，总价值4万余元。（胡宇红）

烟草专卖

【概况】 全年实现烟草制品销售7.99亿元，比上年增长15.86%。卷烟总销售158344万支，比上年增长1.50%；沪产烟销售121234万支，比上年增长0.19%。其中中华系列比上年增长11.16%，双喜系列比上年增长19.96%，牡丹系列比上年下降55.27%，上海系列比上年增长11.35%，前门系列比上年下降25.50%。省外烟销售比上年增长6.03%。全年上缴税金11929万元。（赵祖平）

【发放烟草专卖零售许可证117张】 全年向申请户发放烟草专卖零售许可证117张，区内共有持证户2455户。（赵祖平）

【查获各类假冒卷烟47116.8条】 全年区烟草分局稽查大队出动市场检查875次，计5339人次。检查持证户1781户次、无证户

2251户次。与公安、工商联合行动26次,全年查获各类假冒卷烟47116.8条。（赵祖平）

【查处各类涉烟违法案件16起】 全年查处各类涉烟违法案件16起,其中无证运输案件3起、非法渠道进货案件11起、其他案件2起。破获网络案件1起,大案要案2起,处罚和没收款63.48万元。（赵祖平）

粮油购销

【概况】 年内,全区粮油种植面积15466.66公顷,实现粮油总产值2.86亿元,比上年增长16.3%,收购秋粮20022吨,比上年增长22%。（包　玲）

【收购秋粮20022吨】 年内,区秋粮(稻谷)种植面积9666.7公顷,比上年减少505.7公顷,总产量85688吨。全区收购秋粮(稻谷)20022吨,比上年增长22%。其中国有单位收购13362吨,非国有单位收购6660吨。区级粮食储备库入库晚粳谷9500吨,比上年增长31.1%,开磅均价500克1.34元(不含补贴),比上年增长28.2%。（包　玲）

【副食品补贴资金惠及5848人】 年内,申领副食品补贴者5848人,共发放资金30万元,比上年减少25%。（包　玲）

【领取帮困券8184人】 全年领取帮困券人数8184人。其中领取45元帮困券居民7883人,领取15元帮困券居民301人,结算资金106.64万元,比上年分别增长6%、15%、6%。（包　玲）

旅游业

【概况】 年内,以服务上海世博会和转变旅游业发展方式为主线,推进旅游管理创新,完善基础设施和配套服务功能,深化区域旅游合作,促进产业融合和资源整合,提升旅游经济附加值。全年旅游接待533.1万人次,比上年增长18.8%,旅游收入25.1亿元,比上年增长15.9%。（乔长虹）

【2家旅游饭店被评为绿色旅游饭店】 年内,经上海市旅游饭店星级评定委员会评审验收,海景海港大酒店和悦华大酒店被评为“金叶级”绿色旅游饭店。海景海港大酒店位于海港开发区,于2009年开业,现为三星级旅游饭店。悦华大酒店2000年被评为四星级旅游饭店,2009年完成升级改造。（乔长虹）

【都市菜园被评为国家AAAA级旅游景区】 2月,经国家旅游景区质量等级评定委员会评定,上海都市菜园景区被评定为国家AAAA级旅游景区,这是继碧海金沙之后区内第二家AAAA级旅游景区。（乔长虹）

【举行“古华闹春”游园活动】 2月27～28日,“古华闹春”游园活动在古华公园举行。行游表演、有奖猜谜、文艺演出等内容丰富、各具特色的文化大餐,吸引区内外3万余市民和游客前来游玩、观赏。（乔长虹）

【庄行乡村旅游景区被评为国家AAA级旅游景区】 3月,经上海市旅游景区质量等级评定委员会评定,庄行乡村旅游景区被评为国家AAA级旅游景区。（乔长虹）

【举办上海奉贤菜花节】 3月27日～4月12日,上海奉贤菜花节在庄行镇举办。全国政协副主席、民革中央常务副主席厉无畏宣布菜花节开幕。此届菜花节为期17天,吸引游客43.2万人次,比上年增长19.34%;实现旅游收入627.26万元,比上年增长64.2%。（乔长虹）

【举办旅游发展研讨会】 4月8日,由区政府主办,上海奉贤菜花节组委会承办的“滨海旅游·节庆活动·新城发展——2010奉贤旅游发展研讨会”在区图书馆举办。邀请市旅游局有关领导和高校旅游专家,与区相关职能部门负责人,共同探讨奉贤旅游发展前景。（乔长虹）

【参加迎世博大型旅游咨询活动】 4月10日,区旅游局组织海湾旅游区、森林公园、都市菜园、申隆生态园、庄行乡村旅游景区等10余家景区点,参加在市区南京东路世纪广场举行的2010迎世博大型旅游咨询活动,共发放《奉贤旅游完全手册》等宣传资料1万余册,扩大了市民对奉贤旅游业的了解。（乔长虹）

【确定“世博农家”4家】 5月10

碧海金沙风筝桥　（孙海冬　摄）

日,“世博农家”授牌仪式在申隆生态园举行。申隆生态园、百枣园、庄行乡村旅游景区和申亚瑞地怡园等4家单位,被确认为首批“世博农家”。游客在“世博农家”做客时,可以体验剪纸、土布制作、土布贴画艺术,品尝方糕、青团、粽子等农家特色小吃。 (乔长虹)

【举办上海庄行伏羊节】 7月8日~8月29日,上海庄行伏羊节在庄行镇举办。伏羊节以羊肉烧酒美食为主打,特别推出泥池酒,开展羊肉烹饪大赛。召开伏羊养生研讨会,通过写羊、刻羊、画羊等形式展示传统文化和乡村文化。此届伏羊节吸引游客18万人次,实现餐饮收入1055万元。(乔长虹)

【“世博农家”规范服务现场会召开】 7月25日,组织区内4家“世博农家”,在庄行镇“贤庄农家乐”举行“服务世博盛会、传递农家热情”——“世博农家”规范服务现场会。活动邀请区内星级宾馆培训师,现场指导“世博农家”餐厅摆台、客房铺床技能,提高“世博农家”服务标准。 (乔长虹)

【举办首届奉贤黄桃节】 8月18~28日,由区政府、市农科院主办,区农委、区旅游局、青村镇政府承办,以“观世博盛会、品奉贤黄桃、游魅力青村”为主题的首届上海奉贤黄桃节于新落成的南上海特色农产品交易(黄桃)市场开幕。副市长胡延照、区委书记张立平、国家质检总局科技司副巡视员裴晓颖等出席开幕式。黄桃节期间开展乡村文艺展演、“桃文化”展示、奉贤特色农副产品展销、黄桃擂台赛、游园采摘等一系列活动。期间,车流量3000余辆次、客流量5万余人次,通过各种渠道销售黄桃3500余吨。(乔长虹 张积阳)

【玉树灾区60名藏族师生参观世博】 8月22日,由区旅游局的安排,青海玉树灾区60名藏族师生游览世博园,并观看奉贤专场世博文艺演出。 (乔长虹)

【浙江长兴—奉贤旅游合作恳谈会召开】 9月1日,主题为“给我一天,穿越亿年”的2010浙江长兴—奉贤旅游合作恳谈会在古华山庄召开。两地分别介绍各自的旅游产品和优惠政策,在客源互送、发挥旅游对接平台及业务合作等方面达成多项共识。 (乔长虹)

【上海旅游节花车大巡游开进奉贤】 9月25日,作为旅游风筝会预热项目,上海旅游节18辆花车大巡游开进奉贤,吸引10万余市民游客观赏。 (乔长虹)

【举办上海金秋品米节】 9月28日~11月7日,上海金秋品米节在庄行乡村旅游景区举行。除丰收景象欣赏、农家菜品展示、趣味赛事互动、农耕文化体验、最爱新米评选等五大活动外,品米节还设置环保乡村游、观看土布工艺展、风筝放飞表演等乡村旅游项目。

(乔长虹)

【南郊宾馆被评为五星级旅游饭店】 12月,经全国旅游星级饭店评定委员会评定,上海南郊宾馆被评为五星级旅游饭店,成为区内首家五星级旅游饭店。南郊宾馆是一家商务会议型旅游饭店,由区内民营企业华昌集团投资建设,2008年开业,承担2009第三届中国中小企业节、2010中国动漫影视创意产业发展论坛、2010年上海世博会等多项重要接待活动。 (乔长虹)

2010年奉贤区旅游景区(点)情况表

序号	景区(点)	地址	序号	景区(点)	地址
1	碧海金沙(国家AAAA级)	海湾旅游区海涵路2号	10	申亚瑞地怡园	金汇镇明星村1103号
2	渔人码头景区	海湾旅游区	11	上海百枣园	航塘公路城堡路1148号
3	上海海湾国家森林公园	海湾镇随塘河路1677号	12	青村世外桃源	青村镇吴家村桃园弄118号
4	申隆生态园	青村镇沿钱公路5599号	13	万佛阁	奉城镇北街189号
5	古华园	南桥镇解放中路220号	14	二严寺	南桥镇沪杭公路1749号
6	松声马术俱乐部	人民塘东路621号	15	神仙酒城	四团镇新四平公路2888号
7	都市菜园(国家AAAA级)	海湾镇海兴路888弄1号(星火公路1518号)	16	农垦博物馆	五四农场五四公路1255号
8	庄行乡村旅游景区(国家AAA级)	庄行镇潘垫村	17	菇菌科普馆	金海公路7299号
9	玉穗绿苑(国家AAA级)	柘林镇金海公路2228号			

(乔长虹)

2010 年奉贤区星级饭店基本情况表

序　号	单位名称	星　级	接待人次	营业额（万元）	地　　址
1	南郊宾馆	五星级	41902	7267.96	南桥新城望园路 8 号
2	悦华大酒店	四星级	45088	12329.17	南桥镇江海路 88 号
3	圣淘沙大酒店	四星级	36053	12768.80	南桥镇南桥路 1 号
4	古华山庄	三星级	21440	2483.00	南桥镇解放中路 276 号
5	坤明湖度假村	三星级	30701	1473.46	奉城镇洪运路 18 号
6	宏达山庄	二星级	25346	1037.70	奉城镇南奉公路 49 号

（乔长虹）

2010 年奉贤区旅行社基本情况表

序　号	旅　行　社	接待人次	营业额（万元）	地　　址	电　　话
1	奉贤旅行社	4731	1490.99	南桥镇南桥路 70 号	57106311
2	奉浦旅行社	3616	576.93	南桥镇解放中路 278 号	57187728
3	合明国际旅行社	3425	1819.28	南桥镇解放中路 250 号	36377600
4	南上海旅行社	1566	1013.01	南桥镇解放中路 203 号	57419196
5	雪峰旅行社	2123	260.92	南桥镇解放中路 181 号	57180418
6	康德旅行社	5902	2337.11	南桥镇解放中路 246 号	57424779
7	风光旅行社	3467	270.54	南桥镇人民路 15 弄 10 号	37111826
8	维声旅行社	1028	242.48	南桥镇新建西路 527 号	57424179
9	古华旅行社	854	273.09	南桥镇环城东路 668 号	57415569
10	海景旅行社	23432	1193.04	南桥镇古华路 470 号	67116498
11	振奉旅行社	1508	526.75	南桥镇解放东路 434 号	67185355
12	超新旅行社	17048	589.16	南桥镇古华路 342 号	37112206
13	凌海旅行社	1878	612.95	南桥镇新建西路 537 号	67199265
14	中亭旅行社	3706	509.40	南桥镇运河北路 258 号绿地方舟 1020 室	57182766
15	星天旅行社	18831	872.84	南桥镇育秀路 663-3 号	57104655
16	天鸥旅行社	873	145.04	南桥镇解放东路 1181 号	57180460
17	申隆旅行社	60300	190.44	青村镇沿钱公路 5599 号	57593275
18	商祺旅行社	7577	895.66	南桥镇南奉公路 8519 号 13 层 F	67112228
19	新禾旅行社	447	417.88	南桥镇新建东路 460 号	67108062
20	奉工旅行社	5805	986.61	南桥镇南桥路 188 号 701 室	57106212
21	远方旅行社	9629	229.59	南桥镇南桥路 466 号	57425130
22	新宏旅行社	1968	227.22	南桥镇人民中路 263 号	57411188
23	金来旅行社	2516	339.32	南桥镇南桥路 134 号	57414137
24	神仙旅行社	874	427.97	南桥镇解放中路 458 号	57429685
25	梦境旅行社	8245	2536.97	金汇镇浦星公路 6638 号	57579398
26	新空间旅行社	104788	2125.81	浦东新区张杨路 1007-4 号	58207642

（乔长虹）

（本栏目编辑　赵宏元）

银行·证券·保险

综　　述

2010年，全区实现金融增加值20.7亿元。至年末，全区有银行分支机构15家，年内新增2家，经营网点113个，新增23个。各项存款余额789.6亿元，比上年增长24.6%；各项贷款余额550.0亿元，比上年增长24.8%。证券业5家，新增1家，经营网点5个。全年证券交易总额958.6亿元，比上年增长5.2%，其中A股成交944.7亿元，比上年增长6.0%。

（统计局）

银行业

【中国农业银行上海奉贤支行】 年内，支行抓住上海举办世博会的有利契机，按照"固本培源，全面护'主'，傲立潮头"的总体要求，紧扣地区经济发展主线，推进转型发展，优化经营结构和体制，增强业务发展活力；提升精细化管理水平，引入全面风险管理，夯实基础管理，提高资产质量；全力服务世博，增强金融服务能力；抓好党的建设、队伍建设和企业文化建设，营造昂扬向上的发展氛围。至年末，支行人民币各项存款余额190亿元，比上年增加35亿元，增长23%；人民币各项贷款余额74亿元，比上年增加8亿元，增长13%；上缴地方税收3428万元，列区财富百强企业第43位；累计代理国库收支288万笔345亿元。年内，支行被评为2009～2010年上海市精神文明单位，连续被上海市综治委评为上海市平安单位，在分行运营业务内部控制等级考评中被评为"一级行"。

（袁志龙）

【中国工商银行股份有限公司上海市奉贤支行】 年内，奉贤支行贯彻落实"同业领军、系统争强"的工作要求，围绕分行工作中心和支行三年发展规划目标，不断深化认识、细化管理、强化执行，做好世博金融服务，努力拓展优质市场。至年末，经营利润比上年增长8.33%，计划完成率104.59%；中间业务收入比上年增长41.99%，计划完成率113.54%，完成率排名分行第一。支行本外币贷款余额比上年增加28.06亿元，本外币各项存款余额增加17.01亿元，其中人民币对公存款余额增加6.57亿元；人民币储蓄存款余额增加9.95亿元。12月23日，支行新增环城南路网点对外营业。至年底，支行下辖网点8个。

（张卫英）

【中国建设银行股份有限公司上海奉贤支行】 支行在编员工276人，设立职能部门7个，业务部门8个，营业网点11个。年内，支行坚持"以市场为导向，以客户为中心"的经营理念，根据宏观调控形势，依托奉贤经济的快速发展，抓住地区经济发展热点，加强各项业务的组织推进，完成各项经营任务。至年末，本外币全口径存款余额143.34亿元，比上年增加38.1亿元，其中对公存款增加31.12亿元，个人存款增加6.98亿元；各类贷款余额101.83亿元，比上年增加24.2亿元，其中对公贷款增加23.37亿元，个人贷款增加0.83亿元；实现账面利润3.05亿元，上缴地方税金3466万元，在奉贤区财富百强企业中列第38名。支行深入开展创先争优活动，投身世博金融服务，为客户创建良好服务场所，提供优质周到服务，实现"零障碍、零事故、零有责、高愉悦"的世博金融服务目标。强化内部管理，加强风险排查和资产质量管理，重视安全保卫工作，2010年支行继续被评为安全保卫目标管理等级A级单位、上海市企事业单位治安保卫先进集体，所辖11个网点全部被评为平安网点。

（何　蕾）

【中国银行股份有限公司上海市奉贤支行】 支行下设网点6个，员工136人。年内，支行围绕"调结构、扩规模、防风险"的方针，加强预防风险，全力服务世博，各项业务稳定发展。至年末，人民币储蓄存款余额18.4亿元，消费贷款16.3亿元；人民币公司存款14.6亿元，人民币公司贷款19.6亿元（包括人民币押汇）；外币储蓄存款余额2032万美元（不包括理财产品），外币企业存款余额2981万美元，外币公司贷款余额5392万美元(包括外币押汇)。在重点业务方面,实现国际结算业务量近11.87亿美元,完成率98%;国际结算中间业务收入1419.13万元,利息收入720万元,完成率158%;信用卡出卡4605张,个人网银开户13836户,代发工资6.1亿元,理财客户签约326户,第三方存款开户536户。年内,完成奉城支行营业大厅装修改造工程、新网点通阳路支行装修工程。（冯春叶）

【中国农业发展银行上海市奉贤区支行】 年内,支行贯彻总行及分行确定的各项工作指导思想和工作目标,突出工作重点,落实责任措施,严控贷款风险,完成各项工作任务,全力支持奉贤新农村建设。把握信贷政策,支持粮食收购;大力拓展业务,支持产业化龙头企业;严格落实监管措施,切实防控贷款风险。年内,支行客户部获得中国农业发展银行上海市分行青年文明号称号。至年底,支行各项存款余额1.16亿元,各项贷款余额13.97亿元;实现中间业务收入13.86万元;实现利润3444万元。（方　业）

【交通银行股份有限公司上海市奉贤支行】 支行下设营业网点3个、24小时自助银行2个,从业人员80余人。年内,支行完善风险防范体系,严格规范内部管理,完善考核操作办法,加强安保力量,规避各类风险,排除安全隐患。提高公私营销能力,捕捉分析市场热点,加强公、私联动,开展全员营销。加强授信管理,优化业务结构,做好宏观调控下信贷结构调整工作。提供金融服务,深入社区开展反假货币宣传活动,深入企业宣传理财知识。强化人力资源管理,加强队伍建设,提高员工综合素质。关心员工生活,推动学习型组织创建,推进EAP员工心理服务计划,增强内部凝聚力。年内,支行营业部被评为上海市巾帼文明岗、交通银行总行会计示范行、交通银行世博金融服务先进集体、奉贤区窗口服务先进集体;5人次被评为上海世博城市之星,2人次被评为交通银行世博金融服务先进个人,1人被评为奉贤区窗口服务先进个人。至年末,完成对公存款余额23.39亿元,储蓄存款余额9.32亿元,外币存款余额1414万美元;完成对公贷款余额46.34亿元,零售贷款余额5.82亿元;完成国际结算量5.88亿美元,中间业务收入3037万元。（林　芝）

【上海浦东发展银行上海分行奉贤支行】 支行下设营业部1个,二级支行1个。年内,支行以业务拓展为中心,强化队伍建设,加大营销力度,增强业务发展能力,加快对公资产和负债业务的发展,培育和扩大基本客户群。年末,各项存款余额38.91亿元,各项贷款余额22.01亿元,全年实现账面利润1.02亿元。年内,支行结合全面审计的要求,对风险管理、个人金融业务、存汇业务、安全保卫等方面进行排查,梳理各条线的业务环节和内控管理制度。加大个人类不良贷款的控制力度,适应资产结构变化,调整风险管理方法,压缩后三类贷款,不断提升资产质量。加强世博安全保卫工作,提高安全管理水平。年内,支行营业部被分行评为世博金融服务优秀集体,2人被分行评为世博金融服务优秀个人。（王维微）

【上海农村商业银行奉贤支行】 年内,奉贤支行调整信贷投向,重点参与区土地储备中心、南桥新城等贷款项目,支持三农和区内龙头企业发展,加大对农民合作社的资金支持。年末合作社贷款余额9173万元,在全市农商行各支行中列第二位;拓展中小企业贷款,全年中小企业贷款比上年增加6.3亿元,比上年增长50%;国际业务逐步得到发展,300余家企业开设国际业务账户,75家企业开办国际业务结算。加强内部管理,开展案件防控,落实案防目标责任制,被评为上海市平安单位。开展人力资源管理综合改革,加强队伍建设。以迎世博为契机,统一对外形象标识,规范营业场所布置、自助服务设备,优化服务环境,提升便民服务银行功能。年末,各项存款余额126.2亿元,比上年增加23.7亿元,增长23%;各项贷款余额80.9亿元,比上年增加16.3亿元,增长25.1%;实现中间业务收入2919万元。（仇继钧）

【上海银行股份有限公司上海市奉贤支行】 年内,围绕支行三年发展规划,奉贤支行加快发展、优化结构、深化内控、强化管理,完成世博金融服务任务,各项业务实现全面稳定发展。突出年度效益、质量、发展指标,强调又好又快发展;严格基础管理和内控评价,做到合规经营;优化世博会金融服务,做到五个不发生和零有责投诉;加快业务结构、客户结构、收入结构和员工队伍结构的调整,增强综合竞争力。至年末,支行各项存款余额39.10亿元,比上年增长5.29%;

在江海花园广场上宣传反假币金融知识（邮政储蓄银行　供稿）

各项贷款余额42.52亿元，比上年增长15.98%；实现中间业务收入1016万元，比上年增长44.93%。

（邢　红）

【中国邮政储蓄银行上海奉贤区支行】 年内，支行围绕分行年初下达的目标任务，推进经营战略转型、拓展高效市场，大力调整业务结构，不断强化风险管理，各项业务稳步健康发展。通过拓高端、抓基础、抢热点，实现各类业务提速发展，不断培育利润增长点；以挖掘价值客户为切入点，扩大客户群体；通过产品交叉营销，发挥个人、公司、信贷三个版块的整体优势，为客户提供综合金融服务，实现客户资产的保值、增值。开展"虎年生虎威，邮储送关怀"系列活动，在居民社区进行业务知识宣传讲座；组织青年员工到各大专院校进行设摊推介卡类业务，办卡近300张；11月28日，结合银行业公众教育活动，组织开展银行业知识宣传讲解。开展示范网点活动，通过优化网点环境、强化员工培训、提升内在服务等措施，实现网点功能由原来的交易核算主导型向营销服务主导型转变。开展精彩世博活动，世博期间，建立青年志愿者队伍，负责接待外国客户；全行开展"迎世博、学双语、促服务"主题系列活动；组织开展送金融知识进园区、进社区、进校区的"三进"活动。至年末，存款余额13.64亿元，比上年增加1.70亿元，其中活期存款余额4.74亿元，比上年增加0.61亿元，定期存款余额8.90亿元，比上年增加1.09亿元；信贷余额3.98亿元；公司存款余额3.63亿元。实现业务收入4058.86万元，比上年增长60.85%，完成分行下达年度计划指标的119.38%。

（方　艳）

【深圳发展银行股份有限公司上海奉贤支行】 支行位于南桥镇江海路301号，营业面积1000平方米，员工28人。年内，支行坚持发展、安全、效益相统一，公司银行业务、零售银行业务齐头并进，负债业务、资产业务共同发展，加强市场营销力度，强化综合服务功能，重视企业文化建设，提高经营管理水平，提升支行竞争能力，各项经营指标呈递增趋势，整体业务朝着良性方向稳步发展。至年末，支行各项存款余额15.46亿元，比上年增加5.3亿元，增长52.5%；各项贷款余额7.15亿元，比上年增加4.27亿元，增长148%。（吕琴英）

【兴业银行上海奉贤支行】 支行位于南桥镇环城南路1099号，营业面积700余平方米。主营业务包括对公存款、对公贷款、对公结算及个人金融等各类业务。支行坚持与客户"同发展、共成长"和"服务源自真诚"的经营理念，致力于为客户提供全面、优质、高效的金融服务。支行在发展过程中利用自身优势，针对中小企业的融资需求及综合金融服务，特别量身打造"兴业通"产品；针对有上市计划的优质公司，推出"金芝麻"系列产品；针对不同风险承受能力的零售客户，每周都推出多款理财产品。

（兴业银行）

【上海奉贤浦发村镇银行股份有限公司】 年内，加强队伍建设，完善经营组织架构，坚持服务"三农"，全力服务世博，加强内控管理，落实案件防控，确保"规模、质量、效益"三位一体，各项业务实现稳健发展。至年末，存款余额73108.77万元，其中对公存款年末余额66577.56万元；储蓄存款年末余额6531.21万元。对公存款占总存款的91.7%，储蓄存款占8.3%。全行贷款余额40271.87万元，其中对公贷款28885万元，占71.73%，个人贷款10111.87万元，占25.11%，贴现贷款1275万元，占3.16%。贷款余额中涉农贷款26795.77万元，占66.54%。全年无贷款逾期，无展期贷款，收息率100%，资产质量良好。（秦志淮）

【中国光大银行股份有限公司上海分行奉贤支行】 支行位于南桥镇环城东路471号，11月8日正式对外营业，营业面积940余平方米。为奉贤地区企业和人民提供优质金融服务的同时，支行在综合经营、公司业务、国际业务、理财业务等方面培育出较强的比较优势。

（涂忠洁）

证券业

【申银万国证券股份有限公司上海奉贤营业部】 至年末，奉贤营业部在编员工15人，交易席位1个。年内，奉贤营业部获中国证监会批准，成为奉贤地区首家获准开展商品期货、股指期货及融资融券业务的营业部。营业部加大相关知识普及教育力度，开展相关业务，取得一定成绩，获得专业投资者的肯定与好评。营业部执行证券业协会各项规定，不打"佣金战"，维护证券市场秩序，为投资者提供各类专业投资增值服务，保障投资者利益。营业部全年实现沪深A股交易量243.24亿元；实现沪深B股交易量（折合人民币）3.02亿元；实现基金交易量1.3亿元。

（杨军杰）

【上海证券有限责任公司南桥证券营业部】 营业部在编员工12人，交易席位2个。年内，依照总公司依法、合规、规范的经营方针，严格风险控制管理、努力提升客户服务质量；关注大客户的异常交易行为，及时予以提示和服务；加强客户投资者的投资风险教育指导，防止违规交易行为的发生；及时张贴相关公开信息，为广大投资者进行风险提示。受市场大势和同行业竞争加剧的影响，营业部全年实现沪深总交易量262.93亿元，比上年下降12.51%，其中沪市A股交易量158.67亿元，比上年下降23.61%；受创业板扩容的影响，深市A股交易量98.88亿元，比上年增长24.77%；沪深B股全年交易量（折合人民币）0.48亿元，比上年下降41.46%；封闭式基金（含ETF和LOF）全年交易量1.08亿元，比上年下降19.40%。

（朱忠华）

【海通证券股份有限公司上海南桥证券营业部】 营业部位于南桥镇南星路381号，建筑面积1700平方米,在编员工15人。年内,坚持“规范、求新、超越、发展”的理念,以增强服务能力为主线,提升服务水平,创建服务品牌,提高员工素质。倾力打造自身经营特色,定期组织投资咨询活动;通过彩虹俱乐部专业服务平台,提供给客户个性化、差异化的分级服务;开发彩虹VIP投资平台,为投资者投资带来便利;推介融资融券和期货IB为主要内容的新业务,为投资者提供多元化的投资手段。全年实现沪深A股交易量151亿元;沪深B股交易量(折合人民币)2680万元;基金交易量5332万元。(王丹凤)

保险业

【中国人寿保险股份有限公司上海市奉贤支公司】 奉贤支公司分为团体业务部、个险销售部、银邮保险部三大业务渠道,为广大客户提供人寿保险、养老保险、健康医疗保险、人身意外伤害保险等4大类100余个险种,推出分红保险等集投资和保障于一体的新产品。全年实现保费收入3.3亿元,其中团险保费1272万元,银邮保费2.9亿元,个险保费3047万元。

(赵　立)

【中国人民财产保险股份有限公司上海市奉贤支公司】 中国人民财产保险股份有限公司(简称人保财险)是上海世博会唯一保险合作伙伴。年内,人保财险奉贤支公司先后派遣世博志愿者2人,参与世博服务保障工作18人。支公司1人被人保财险总公司评为上海世博会服务保障工作优秀个人,2人被评为上海世博会服务保障工作服务标兵。5月2日,支公司职工25人代表人保财险参加在世博演艺中心举行的“中国人保之夜”大型音乐舞蹈晚会,表演奉贤传统“滚灯”节目,获得分公司颁发的表演特别奖。支公司坚持“以市场为导向、以客户为中心”的经营宗旨,承担社会责任,服务奉贤经济发展,不断满足客户保险需求,为客户提供优质保险服务。(唐志强)

【中华联合财产保险股份有限公司上海市奉贤支公司】 支公司位于南桥镇新建西路649~653号,办公面积400余平方米,员工20人。年内,支公司坚持“防风险、调结构、稳增长”的经营主线,以调整优化业务结构为工作目标,强化合规经营、环节控制,推进业务拓展、业务质量管控、经营管理等各项工作。全年保费收入3400万元,完成年度计划的103%,比上年增长10%。将非车险业务作为经营重点,非车险业务比上年增长50%。

(王群清)

【安信农业保险股份有限公司奉贤支公司】 支公司位于南桥镇解放东路769号,营业面积380平方米,从业人员12人。作为一家探索建立政策性农业保险制度的试点企业,公司采取“政府扶持推动、市场化运作”的经营模式,除经营传统的种植业和养殖业保险外,还涉及经保险监管部门批准的财产保险、机动车辆保险、责任保险、短期人身意外伤害保险和健康保险等业务。全年保险费收入超过5000万元,支付各类赔款2500万元,简单赔付率超过42%,在市总公司系统年度综合评比中位居第一。(徐　敌)

【中国太平洋财产保险股份有限公司上海市奉贤支公司】 奉贤支公司主营人民币、外币的企业财产保险、责任保险、人身意外伤害保险、机动车辆保险等各类保险业务。年内,围绕“专注保险主业、实现可持续价值增长”的目标,统一认识,增强执行能力,提高专业化建设和集约化管理水平,加强新技术运用和新渠道创新,加大人才培养和队伍建设力度,创新驱动,转型发展。确定“以客户需求为导向”的主要战略转型路线,全年完成签单保费1亿元,比上年增长43%;综合赔付率46.2%,各项指标均超额完成。(庄慧东)

【中国大地财产保险股份有限公司上海市奉贤支公司】 大地保险奉贤支公司位于南奉公路8519号南方国际大厦11层,从业人员18人。公司主营机动车辆保险类、企业财产保险类、工程险类、责任保险类、信用保险类、家庭财产保险类、货物运输保险类、船舶险类以及意外伤害保险类等9个大类,主险136个,附加险287个。全年实现保费收入2136.7万元,比上年增长33%。其中,车险保费1335.4万元,占62.5%;人身意外险490万元,占22.9%;其他险种类311.3万元,占14.6%。

(朱国君)

【中德安联人寿保险有限公司奉贤营销服务部】 奉贤营销服务部面积243.9平方米,员工36人。年内,公司秉承“加倍拼搏,深耕经营,持续发展,步步为营,客户至上”的理念,通过保险营销员团队、银行、保险经纪及代理公司、直销等多种营销模式,为个人和团体客户提供全面完善的专业保险金融服务,范围覆盖人寿、养老、投资、教育、医疗、意外等各个领域。全年实现保费收入300余万元。

(孙正云)

(本栏目编辑　李红伟)

民主党派·工商联·人民团体

民主党派

【概况】 至年底，全区有民主党派组织7个，成员447人，其中区委4个，总支部2个，支部1个。民主党派7名主委中，有人大副主任（不驻会）1人、政协副主席（不驻会）2人，人大常委4人（其中1名是专职）；11名副主委中，有人大常委2人、政协常委6人、政协副秘书长3人。年内，民主党派工作以树立和践行社会主义核心价值体系主题学习教育活动为重点，围绕中心，服务大局，积极参政议政。年内，民主党派人士提案156件，占总提案85.25%，各党派完成调研课题10个。（倪晓玲）

【中国国民党革命委员会上海市奉贤区总支部委员会】 至年底，有正式党员66人，临时党员1人。其中，男39人，女27人；在职50人，退休8人；大专及以上学历55人，占94.82%，其中研究生5人；中级及以上职称33人，占56.89%。党员中，区人大代表1人（常委1人），区政协委员7人（常委1人）。党员平均年龄44.7岁，最年长83岁，最年轻26岁。

参政议政。提案《关于对无照拉面馆加强管理的建议》被作为民革市委党派集体提案提交市政协十一届三次大会；年内被市政协和民革市委采纳社情民意信息26件；递交区政协三届四次会议集体提案6件、个人提案11件，被区政协评为年度优秀提案2件；在区政协开展“我为南桥新城建设献一计”活动中，庄建红提交的《关于促进南桥新城教育事业发展的建议》获金点子奖；唐新仁提交的《关于对新建、新装修学校实行污染检测的建议》被区政协评为年度优秀社情民意信息。

自身建设。年内，成立第五支部；把学习和践行社会主义核心价值体系融入年度学习活动；积极开展筹备成立区委各项工作。组织党员参加学习和践行社会主义核心价值体系各类报告会。选送2名党员参加中共上海市委统战部、上海市社会主义学院、民革市委举办的民主党派骨干党员培训班。邀请区建交委领导介绍区重大建设工程进展情况，让党员更多了解南桥新城建设发展情况。总支部被评为民革中央学习和践行社会主义核心价值体系先进集体、民革上海市委2010年学习和践行社会主义核心价值体系活动先进组织，获民革市委2010年度参政议政先进集体二等奖；王博群被评为民革上海市委2010年学习和践行社会主义核心价值体系活动先进个人。庄建红获2009～2010年度民革上海市委三八红旗手称号。朱全忠、周辉被评为民革市委2010年度反映社情民意工作积极分子；梅山标被评为奉贤区科技领军人物。杜开乐被评为2010年第八届上海优秀儿童剧展演活动先进个人。

社会服务。关注残疾人等弱势群体，为残疾人群体捐助世博门票款10余万元，着力服务世博、奉献世博。严爱华撰写的《圆残疾朋友的观博梦》获市委统战部举办的“社区统战服务世博”案例征集优秀案例二等奖；关注云南贫困少数民族地区教育问题，捐建希望小学一所，并捐助电脑、认领贫困生；党员岗位建功，积极示范、践行社会主义核心价值体系。全国政协副主席、民革中央常务副主席厉无畏为全区党政领导干部作《创意产业专题报告》。

理论研究与宣传。朱全忠、周辉、唐巍、严爱华等党员撰写的论文在区统战理论研究会组织的论文评比中获一等奖、三等奖。《团结报》《上海民革》《上海法制报》《东方城乡报》《奉贤报》等媒体宣传报道30余篇。（周　辉）

【中国民主同盟上海市奉贤区委员会】 至年底，民盟奉贤区委新发展盟员2人，转出1人，去世1人，现有盟员103人，基层支部6个。盟员中高级职称47人，占46%；中级职称56人，占54%；离退休盟员43人，占42%；45岁以下青年盟员42人，占41%，盟员平均年龄53岁。

参政议政。在区政协三届四次会议上，民盟区委作《关于进一步加强师德建设和学生德育教育的建议》的大会发言，秦梅娟等提交的《关于增加幼儿园生均经费贴补额度的见意》获年度优秀提案，同时提交《律师如何为我区法治政府、法治社会建设提供法律支撑服务》的课题提案和各支部提交的《关于拓展农村养老模式,提高老人生活质量的建议》等3件集体提案。王文卓撰写《关于西渡撤乡并镇后行政管理现状的调查研究》一文转呈南桥镇党委、政府参阅。全盟参政议政能力进一步提高。

自身建设。与区社会主义学院联合举办以“树立和践行社会主义核心价值体系”为主题的支部委员以上干部培训班,坚定大家树立和践行社会主义核心价值体系的决心与信念。各支部委员会举办学习专题活动,开展学习心得交流收到征文26篇,教育一支部新盟员顾晓光的《平凡岗位立新功》一文被推荐到区委统战部举办的党派学习班上作交流发言。

服务社会。11月13日,组织盟内医疗卫生专家赴西渡社区卫生院开展为民医疗保健义务咨询活动,咨询居民200余人次。在保持医疗咨询等传统特色外,拓宽其他社会服务渠道,推荐5位优秀盟员报名参加盟中央、盟市委推出的“烛光行动计划”,为西部贫困地区教育发展作出贡献。（陆云峰）

【中国民主建国会上海市奉贤区委员会】 至年底,发展新会员1人,有正式会员68人。其中男42人,女26人,平均年龄45.1岁,大专以上学历61人,中高级职称48人。市人大代表1人,市政协委员2人,区人大代表1人,区政协委员12人。

参政议政。在市“两会”上,汤芷萍主委提交10件建议案,并领衔提交《对郊区重点新城建设研究制定“一揽子”推进政策的建议》议案。在区“两会”上,向区政协提交书面提案18件,其中集体提案2件,个人提案16件;王正乙代表民建作题为《迎接农业资本时代的到来,推动奉贤经济的加快发展》的大会发言。叶黎明副主委撰写提案《关于促进和重视奉贤现代旅游业发展的建议》被列为区政协2010年度重点提案。区委集体提案《关于扶持我区中小企业发展的建议》和《关于整合农民专业合作社,提高农业竞争力的建议》分别被评为2009和2010年度区政协优秀提案。孙红被评为2010年度提案承办先进个人。

自身建设。做好支部换届工作,10月9日,选举产生以贾兴龙、贺圣樑、沈水兴为主任的3个支部新一届委员会。对区委班子和专委会进行部分人员调整,增补钟荣华会员为区委委员,何迎春会员担任社情民意委员会主任。深入开展树立和践行社会主义核心价值体系活动,与区社会主义学院联合举办“树立与践行社会主义核心价值体系”骨干会员培训班;通过征文、座谈会等形式纪念民建成立65周年。选派贺圣樑、沈明会员参加民建市委中青年骨干会员(基层支部主任)培训班。年内,民建奉贤区委荣获民建上海市委网站工作先进组织。钱雨晴会员当选为民建上海市委副主委;王正乙被评为民建全国优秀会员;顾瑞华获区五一巾帼奖(个人)称号;何迎春被民建上海市委评为网站工作优秀通讯员和2010年度思想宣传工作先进个人;高建慎被评为2007~2009年度奉贤区先进工作者。

3月18日,召开民主党派工作交流会（倪晓玲　摄）

服务社会。通过上海民建扶帮公益基金会为西南旱灾、玉树地震捐款58845元。连续6年为结对4名贫困学生组织发动捐款活动,收到捐款6100余元。连续7年在民建会员企业上海皇品酒店举行重阳节敬老活动。丁福如连续5年向区慈善分会捐赠100万元,另捐助50万元帮助修筑南桥镇北新村总长7.5千米水泥路。戚时明、贺圣樑、盛金龙、沈水兴等4名民建会员在“百企助百老”活动中捐款10.8万元。

理论研究。汤芷萍主委撰写《新形势下进一步加强我区民主党派思想建设的思考》和何迎春会员撰写《如何做一名合格的党派专职干部》被编入《奉贤区2007~2009年统一战线工作调研成果汇编》。

（何迎春）

【中国民主促进会上海市奉贤区支部委员会】 年内发展新会员2人,支部有会员39人,其中男性17人,女性17人;本科以上学历29人;具有高级职称11人,中级职称21人;上海市人大代表1人(兼区人大常委),民进市委委员1人,奉贤区政协委员4人(其中常委2人)。

参政议政。会员孙冲作《关于推进南桥新城文化建设的几点建议》的两会发言,提案《关于进一步加强社工队伍建设的几点建议》得到重视。积极参与区委组织的参政议政调研工作,课题《奉贤区老年独生子女父母生活状况调查及养老模式的思考》为政府提供参考。

自身建设。年内,组织主要活动6次。1月,举行建设“学习实践型”组织动员会,金哲民做“建设‘学习实践型’组织”动员报告。4月,走进上师大奉贤校区交流座谈，通过活动增进友谊、增进了解。6月，民进奉贤支部组织会员参观世博园。11月，民进中央在北京召开全国先进地方组织、先进基层组织表彰大会，民进奉贤区支部荣获民进全国先进基层组织称号。支部主任金哲民，当选为中国教育学会小学语文教学研究会第一届特级教师教学研究中心委员、2010年区专业技术领军人才及区学校体育场地向社区开放工作先进个人，由其主持的课题《校际结对教研中教师优势互补案例研究》获得上海市奉贤区第九届教育科学研究成果一等奖；支部委员诸春梅，获得上海文广系统世博工作先进个人。

服务社会。11月，前往奉贤区四团镇上海广慈残疾儿童福利院，探望孤残儿童，开展捐赠慈善活动。（孙　冲）

【中国农工民主党上海市奉贤区委员会】　至年底，有党员62人，平均年龄44.5岁，分布在37个机关、学校、医院及其他企事业单位。发展党员9人，转入1人，转出1人。其中具有高级专业技术职称党员35人，占56.5%；中级专业技术职称党员23人，占37.1%；女性党员21人，占33.9%；党员中有区人大代表1人、有区政协委员11人。

参政议政。在奉贤区三届六次人代会上，以代表个人名义提交书面意见3件；在奉贤区政协三届四次会议上，以集体和委员个人名义提交提案12件，其中《关于进一步促进我区农民增收的几点建议》在区政协三届四次会议上作为交流发言材料。

自身建设。11月25日，农工党奉贤区委成立大会在区会议中心召开，按章程选举产生7位农工党员为中国农工民主党奉贤区第一届委员会委员，顾德平当选为主委；马国华、贾万程当选为副主委；沈杰、彭天明、乔增勇、方芳当选为委员。坚持双月一次政治理论学习，为每位党员订阅《前进论坛》《农工沪讯》等党报党刊。结合学习践行社会主义核心价值体系活动，开展各种宣传教育活动，召开座谈会、学习会，组织参观南京、韶山等传统教育基地和革命遗址；11月5～6日，与区社会主义学院联合举办学习与践行社会主义核心价值体系培训班。经农工党市委组织部批准，现设有3个基层支部（农业支部、科教支部、医卫支部）。年内，20余人次参加各种培训学习，2人到基层挂职，1人参加市中青年后备干部培训班。顾德平、马国华被农工党中央授予农工中央社会服务先进个人荣誉称号；乔增勇被授予区专业技术拔尖人才称号；李月河获区职工技术创新精英和区专业技术青年尖子称号；陈薇获区五一巾帼奖称号、2009～2010年度上海市三八红旗手荣誉称号；沈杰当选为上海市书法家协会理事，万新忠获2010年度保障世博、服务民生、提升管理立功竞赛先进个人，农工党奉贤区总支部获农工中央社会服务先进集体称号。

服务社会。通过"资金捐助、文化捐助、送医、送技、送教、送温暖"，联系企业与青村镇桃园村实行"村企合作"，计划种植樱桃4公顷，目前种植2公顷。12月27日，农工党市委书画总支在桃园村新农村建设服务点举行采风交流笔会活动，书画家们创作近20幅字画，赠予当地文化活动室。年内，为青海玉树地震、"莫拉克"台风、云南干旱等慈善捐款、捐物。

（陈　薇）

【中国致公党上海市奉贤区总支部委员会】　全年新发展党员3人，至年底有党员39人，其中男性党员25人，女性党员14人；具有中高级技术职称党员35人，占党员总数的89.7%；党员中担任区人大代表1人（常委），区政协委员5人（区政协常委1人）。

参政议政。傅雷和胡雅华参加致公党上海市委新农村发展模式课题组调研，总支部完成《奉贤区社区卫生服务资源的优化与整合》以及《南桥地区居住小区污水管网管理的问题与对策》调研报告，傅雷《关于加强对农村生活污水处理》社情民意得到副市长沈骏批示，区"两会"期间，总支部向政协会议提交2件集体提案，提交个人提案13件。

自身建设。年内，联合区民建、九三学社组织主题培训班，邀请上海电力学院李家珉教授专题辅导讲课，2次收看中央统战部"树立和践行社会主义核心价值体系"视频会议以及致公上海市委辅导报告，组织党员参加致公党中央问卷调查，开展主题征文活动。完善支部《组织经费使用管理条例》和《基层支部工作管理实施条例》，印发《关于增强党员意识、履职意识的登记表制度》，强化党员意识，选派两名党员参加致公党市委专题培训，为总支部和基层支部换届做后备干部储备，严把党员发展关。

服务社会。1人被致公党市委评为参与世博、服务世博先进个人，2篇世博征文在《上海致公》发表。（朱志浩）

【九三学社上海市奉贤区委员会】　全年新发展社员1人，至年底有社员79人，男性57人，女性22人，高级职称31人，占总人数39%，本科以上学历72人，政协委员12人（其中副主席1人，常委1人，副秘书长1人），人大代表3人（其中常委1人）。

参政议政。注重发挥自身特色，组织好参政议政调研工作以及社情民意（信息）收集工作。围绕区"十二五"规划制定进行调研，撰写提案。在区政协三届四次会议上提交集体提案《建设宜居奉贤，提升我区综合竞争力》被评为优秀提案。积极参与中共奉贤区委双月座谈会，针对奉贤区2010年重大工程计划、南桥新城建设规划、新能源等六大产业发展规划与行动计划、财政运行工作情况、社会稳定工作情况等，参与讨论，提出建议。继续发挥九三学社奉贤区"1+3"（九三学社奉贤区委与在奉3所高校九三组织：上师大、华理工、上海应用技术学院）联席会议平台作用，召开联席会议2次，就科技成果转化、高校如何利用人才、智力优势为地区服务展开专题讨论。

自身建设。与区社会主义学联合，举办"学习和践行社会主义核心价值体系"培训班，推荐社员孙健参加九三市委“中青年骨干社员培训班”，徐思燕被评为九三中央优秀社员；季风华被评为九三市委优秀社员、上海市企业服务明星；赵忠敏被评为区优秀人民调解志愿者。杨明被推荐担任奉贤区欧美同学会第一届理事会会长；第一支社被评为九三市委优秀集体。

服务社会。3月12日，组织部分社员参加植树活动；4月，配合上海2010年世博会召开，组织部分社员参加世博试运行。

（宋永辉）

1月19日，举行奉贤区民营企业家与世博同行签名活动

（周 斌 摄）

工商业联合会（商会）

【概况】 至年末，区工商业联合会（商会）有会员1450户，包括团体会员4户，个体会员5户，老会员38户。其中私营企业户1070，占74%；中外合资企业167户，占11%；国内合资联营企业166户，占11%。注册资金总额112亿元。区工商业联合会（商会）有执常委195人，其中非公经济人士189人，平均年龄49岁。区人大代表26人，区政协委员52人。市人大代表2人，市政协委员1人。

（丁佩芳）

【理论研究和参政议政】 年内，配合市、区发改委撰写《关于奉贤民营经济发展“十二五”规划的建议》和《优化服务促经济转型，再造环境推新城建设》调研文章。了解并分析归纳区民营企业转型提升路径、特点和成功案例，形成《奉贤区民营企业加快调结构、提能级步伐，民营经济蓄势待发》调研文章。5月12日，举办2010年经济形势暨中小企业发展座谈会，探讨经济发展趋势和中小企业发展中的困惑，提出积极意见和建议。组织民营企业代表参与新一轮“国进民退”大讨论，并将讨论情况汇报区领导，得到区领导高度重视。在区政协三届四次会议上，工商联界别作《关于进一步扶持我区民营企业转型提升建议》大会发言，非公经济代表人士提交提案19份，内容涉及社会民生、新城规划、产业结构调整等方面。

（丁佩芳）

【多种形式服务会员】 3月12日，成立企业家太太沙龙，为女性企业家和企业家太太搭建学习、沟通平台。5月27日，组织青年企业家参观日本首都产业活性化协会，领略制造产业园区创意和活力。年内，与沈阳市皇姑区、浙江省长兴县、黑龙江省伊春市等工商联（商会）建立友好商会关系，推动地区与商会间交流。商会还组织赴台湾、东北等地考察学习。联合区法院举办“从常见案例看企业经营活动需注意的法律事项”讲座，邀请著名经济学家艾丰作“品牌战略与建设”讲座。近300人次参加各种学习活动。4月28日，建立区中小企业经营风险防范机制，通过“小江热线”、“法律宣讲”、“纠纷调解”等形式，切实有效地提高中小企业防范和化解法律风险能力，改善中小企业经营和发展法治环境。8月18日，与招商银行小企业信贷中心成功举办“世博年伙伴行”金融服务进奉贤活动，合作签约为民营企业融资提供便捷服务，并提供5亿元专项授信额度。采用组织银企对接和互传信息方式，及时帮助企业解决融资困难。

（丁佩芳）

【积极支持公益事业】 年内，组织会员支持社会公益事业、参与新农村建设。为青海省玉树地震灾区捐钱（物）累计251万元。7月21日，组织企业家代表赴驻奉部队司训大队进行慰问参观，体验军营生活。在奉贤区大中专毕业生大型招聘会、民营企业专场招聘会、奉贤中等专业学校毕业生招聘会和世博志愿者专场招聘会上，130户（次）会员企业提供1300个就业岗位。

（丁佩芳）

【扩大商会影响力】 9月，组织学习《中共中央、国务院关于加强和改进新形势下工商联工作的意见》，对照文件精神，自觉查找问题，贯彻落实文件精神和推进工商联工作新举措新方法。建立工商联通讯员队伍，召开专题宣传工作会议，做好商会工作和会员典型总结宣传。德朗能、超日、伽蓝集团等会员企业典型事迹在《解放日报》《上海商报》等媒体上报道，进一步扩大民营企业影响。年内，新发展会员60户。镇属经济园区（村）、行业企业家联谊会等组织数量增加。

（丁佩芳）

工　　会

【概况】 至年末，区总工会辖委、局、镇（开发区）工会、工贸集团公司、行业工会59个，基层工会2125个，其中联合工会392个，涵盖企业9101家，工会会员343923人。年内，全区新建工会组织201个，覆盖企业905家,新增工会会员32873人。全区累计签订工资集体协议999份,覆盖职工84499人;全区累计签订女职工专项合同1226份,覆盖单位3981个,覆盖女职工6.8万人。接待来信来访3024人次,调处化解各类劳动争议纠纷513件。开展职工之家示范单位创建活动,1827家企事业单位建立职代会制度,建制率86%;1724家单位推行厂务公开,实施率81%。136个村、经济园区建立区域性职代会制度,覆盖企业3111家。围绕世博中心任务,组织动员全区广大职工积极投身竞赛活动,产生100个先进集体,12名职工获上海市"服务世博、奉献世博"立功竞赛活动优秀个人;世博会期间,及时调处劳资纠纷386件,涉及职工544人次;征集到合理化建议175个,评出60个"金点子"。在百人以上企业设立教学点,加大职工群众教育培训力度,镇、开发区13所职工学校设立教学点422个,累计培训职工12万余人次。4.7万余名农民工参加"迎世博奉贤农民工基本素质教育培训"考核,5万多名农民工参加"文明观博"200题问卷考试。组织职工技能培训、技能比武1790场,参加职工14.1万人次,近万名职工经培训提升技能。全区工会系统推荐就业岗位9104个,帮助3235名失业人员和大学生(包括农民工)实现就业。开展"广普查、深组建、全覆盖"集中行动,对本地区、本系统工会组建工作情况作一次深入全面的调查分析。组织职工提出合理化建议10757条,采纳4913条,实施2741条,产生经济效益1.1亿元;全区有1356家企事业单位开展劳动竞赛和节能减排活动,参加职工10.6万余人次,创造经济效益7054万元;全区实施技术攻关、技术革新、技术发明项目1045项,总结推广先进操作法项目290项。慰问困难职工、困难劳模、助学帮困2186人次,发放慰问救助款189万元。全区职工参加市总工会互助保障计划56929人次,参保金额773万元;获得理赔职工9255人次,理赔金额705万元;参加区职工救急济难互助会职工113752人。 (刘传军)

【开展奉献世博立功竞赛】 年内,组织开展世博知识宣传、文明礼仪教育、培育职业精神、岗位建功立业和美化环境等活动,形成全区职工积极投身奉献世博氛围。区总工会通过竞赛活动并经推荐评选,产生"知晓世博奖、文明礼仪奖、岗位奉献奖、优质服务奖、环境优美奖等100个先进集体;12名职工荣获上海市"服务世博、奉献世博"立功竞赛活动优秀个人,5个班组获上海市"工人先锋号"称号;2个集体和6名个人分别获"当好主力军,建功世博会,展示新风采"主题实践活动优秀组织奖和优秀组织者奖。 (刘传军)

【开展化解劳资纠纷竞赛活动】 年内,组织开展"服务世博盛会,化解劳资纠纷"竞赛活动,以加强世博会期间劳资矛盾排查化解工作为主要内容,加强基层劳动争议调解组织建设,及时掌握劳资纠纷信息,主动参与劳资纠纷调处。世博会期间,全区各级工会及时调处劳资纠纷386件,涉及职工544人次,促进职工队伍和社会稳定。 (刘传军)

【开展"金点子"征集活动】 年内,区总工会组织农民工会员开展奉献世博"金点子"活动。征集到合理化建议175个,通过评审,评出"金点子"60个,并组织"金点子"农民工参观世博园。

(刘传军)

【大力弘扬劳模精神】 年内,区总工会开展全国及上海市劳模、区先进工作者评选活动,严格按照评选标准和程序,推荐产生2010年全国劳模和先进工作者2人。区先进工作者392人,区先进集体79个。以"敬奉贤人,见贤思齐"为主旋律,通过《劳动报》《奉贤报》、奉贤电视台、《奉贤工会》等媒体,加大对劳模先进事迹宣传力度,大力弘扬劳模时代精神和优秀品质。通过组织350名劳模看世博,开展劳模学习交流、走访慰问等活动,在全社会营造学习劳模、崇尚劳模、关心劳模、爱护劳模良好氛围。

(刘传军)

【加强职工思想教育】 年内,区总工会结合"富士康事件"开展职工思想状况调研,通过召开座谈会、调查问卷、个别访谈等形式,对23家规模企业2000名职工进行调研,及时了解当前职工队伍思想动态,形成《关于做好职工维稳工作的情况专报》,并提出有针对性对策措施。发挥工会大学校作用,加强职工教育培训,会同区委宣传部制定《关于建立奉贤区镇、开发区职工学校(暂行)办法》,在镇、开发区建立职工学校,并在百人以上企业设立教学点,加大职工群众教育培训力度。镇、开发区13所职

4月27日,召开奉贤区庆祝五一国际劳动节暨表彰大会

(姜林新 摄)

工学校设立教学点422个，累计培训职工12万余人次。开展农民工基本素质教育，4.7万余名农民工参加“迎世博奉贤农民工基本素质教育培训”考核，5万余名农民工参加“文明观博”200题问卷考试。（刘传军）

10月20日，奉贤区来奉建设者歌唱决赛（姜林新 摄）

【深化职工科技创新活动】 年内，区总工会通过展示创新成果、举行专题报告会、评选表彰、征集合理化建议等形式，广泛开展群众性科技创新活动。表彰2009年度职工技术创新奖20个、“金点子”奖20个、创新团队和创新精英各10个；组织职工提出合理化建议10757条，采纳4913条，实施2741条，产生经济效益1.1亿元；全区有1356个企事业单位开展劳动竞赛和节能减排活动，参加职工10.6万余人次，创造经济效益7054万元；全区实施技术攻关、技术革新、技术发明项目1045项，总结推广先进操作法项目290项。联合区人保局等部门，开展多媒体作品制作、数控车工、维修电工等10个项目职业技能竞赛活动，努力提升广大职工职业技能。全区组织职工技能培训、技能比武1790场，参加职工14.1万人次。会同区委组织部、区人保局大力组织实施首席技师培养选拔工作，加快培养高技能专业人才。（刘传军）

【加强职工文化建设】 年内，区总工会开展“争创学习型组织，争当知识型职工”活动，通过举办初级工商管理（EBA）资格培训班、职工流动书屋建设、评选学习型团队和知识型职工等形式，搭建职工学习教育平台，提高职工知识文化水平，评选出100个学习型团队。开展职工文化活动示范基地创建活动，成立区职工乒乓球俱乐部，组织开展“工业杯”职工乒乓球联赛、来奉建设者歌唱比赛、职工健身操大赛及文艺演出进企业等活动，丰富广大职工业余文化生活。（刘传军）

【积极推进工资集体协商】 年内，区总工会举办基层工会干部参加工资集体协商培训班，掌握协商程序，把握协商技巧，提高签订率。在调查研究基础上，制订《关于进一步推进奉贤区集体协商机制建设的实施意见》，采取提高考核权重、成立集体协商指导员队伍、加强协商指导等方式，有序推进工资集体协商工作。加强行业性工资集体协商机制建设，以金汇镇、庄行镇为试点，在纺织行业推行工资集体协商工作。会同区人保局，开展工资集体协商实行情况专项检查，推动生产一线职工收入稳定增长，保障职工工资支付情况落实。全区累计签订工资集体协议999份，覆盖职工84499人，超额完成市政府下达指标；积极推进女职工专项合同签订工作，全区累计签订女职工专项合同1226份，覆盖单位3981个，覆盖女职工6.8万人。（刘传军）

【主动参与化解劳资矛盾】 年内，区总工会加强劳动争议调解组织建设，通过举办培训班、工会“老娘舅”模拟调解、开展劳动争议调解工作达标创优活动，表彰一批劳动争议调解工作先进集体和个人，进一步推动基层企业劳动争议调解组织有效运转。充分发挥区、镇（开发区）两级职工援助服务中心作用，努力把矛盾化解在基层，消除在萌芽状态。成立工会“老娘舅”调解室，及时调解劳资纠纷，切实维护职工合法权益。全区工会系统接待来信来访3024人次，调处化解各类劳动争议纠纷513件，有效促进劳资关系和谐稳定。（刘传军）

【加大工会帮扶力度】 年内，组织高温慰问活动，关心一线员工生产、生活，慰问职工1.1万人，合计金额20万余元。围绕大型社区动迁工作，开展对动迁工作人员慰问活动，慰问干部职工680人次，发放慰问品近5万元。积极开展就业援助服务，全区工会系统推荐就业岗位9104个，帮助3235名失业人员和大学生（包括农民工）就业。命名上海超日太阳能科技股份有限公司等40家单位为区职工创业就业示范基地。其中，上海朝昌包装机械有限公司获得上海市十佳创业就业示范点称号，上海华向橡胶有限公司等7家单位获上海市创业就业示范点称号。坚持开展帮困送温暖活动，安排慰问困难职工、困难劳模、助学帮困2186人次，发放慰问救助款189万元。实施职工互助保障计划，全区职工参加市总工会互助保障计划56929人次，参保金额773万元；获得理赔职工9255人次，理赔金额705万元。完善区职工救急济难互助会实施办法，参加区职工救急济难互助会职工113752人。（刘传军）

【着力增强基层工会活力】 年内，区总工会贯彻落实《企业工会工作条例》，坚持以争创合格职工之家为抓手，推进非公企业工会“六个有”建设，经验收，全区有1153个非公企业工会授予“合格职工之家”称号，占非公企业工会60%。大力推进基层工会主席直选工作，上海市工业综合开发区、柘中集团、城建集团等8家单位实行工会主席直选，增强基层工会活力和凝聚力。更加注重区域性工会建设，会同区委组织部制订《关于进一步加强村（经济园区）工会组织建设的若干意见》，建立和完善五项工作机制，全面推进村（经济园区）工会规范化建设。加强工会工作指导员队伍建设，通过举办培训班、报告会、学习交流、工作考核等，不断提高知识化、专业化水平，逐步形成工会干部队伍职业化、社会化。（刘传军）

【推进厂务公开民主管理工作】 年内，区总工会认真组织实施厂务公开民主管理，区厂务公开领导小组召开工作会议，明确工作重点和要求。研究制订厂务公开民主管理星级单位创建计划，开展创建活动，推进非公企业2+x模式民主管理工作，切实保障职工知情权、参与权、表达权、监督权。完善以职代会为基本形式民主管理制度，推行纺织行业职代会制度建设，进一步扩大覆盖面。组织开展第八次厂务公开民主管理工作调研检查。全区建立职代会制度企事业单位1827家，建制率为已建工会86%，实施厂务公开民主管理企事业单位1724家，实施率为已建工会81%；有136个村、经济园区建立区域性职代会制度，覆盖企业3111家。（刘传军）

【区职工乒乓球俱乐部成立】 3月20日，区职工乒乓球俱乐部成立。季伯明、金国强为俱乐部揭牌。发展团体会员21家，个人会员180余人。（刘传军）

【职工流动书屋启动】 4月23日，区总工会、区文化广播影视管理局举行“知识惠职工，书香伴我行”奉贤区纪念第15个世界读书日活动暨职工流动书屋启动仪式。年内，全区建立30家职工书屋，16家职工书屋定期更换交流图书32000册，并为部分农民工代表办理借书卡，提供价值15000元的东方学习信息卡。（刘传军）

【首期农民工EBA资格培训开班】 10月15日，区首期新生代农民工初级工商管理（EBA）资格培训奉贤专班开班，伟星集团上海工业园的50名新生代农民工入班就读。上海市总工会、上海市慈善基金会、上海电视大学联合开展新生代农民工初级工商管理（EBA）培训工程。全市首批培训2000名，培训费由上海慈善基金会资助。新生代农民工初级工商管理（EBA）资格培训为期半年，培训内容为《管理学概论》《经济学概论》《法学概论》三门课程，考试合格由上海市总工会、上海电视大学、上海市慈善基金会颁发初级工商管理（EBA）资格证书。（刘传军）

【区商贸行业工会联合会成立】 12月2日，奉贤区商贸行业工会联合会成立暨第一次代表大会召开，区总工会党组书记、常务副主席金国强，区经委党委书记张秀珍为区商贸行业工会联合会揭牌。（刘传军）

团区委

【概况】 至年底，全区有14周岁~35周岁青年112434人，其中14周岁~28周岁青年80769人，共青团员21247人，团青比率为26.03%，比上年上升0.18%。团委29个，团总支32个，团支部333个。全年应建团单位409个，建355个，建团率为86.8%。（李　晶）

【开展青年志愿者集中行动】 1月30日，团区委发动全区408个基层团组织，深入汽车站、火车票代售点、企业宿舍、农村等来奉人员聚集地，开展“我们的美丽家园”青年志愿者集中行动。此次活动出动志愿者1000余人次，发放宣传资料6000余份。（李　晶）

【青春送温暖集中行动启动】 春节期间，团区委开展“青春送温暖”集中行动，通过百名大学生村官结对百名青少年等形式，对全区贫困青少年、来奉青年代表进行走访慰问。慰问贫困青少年90余人，来奉青年900余人，发放春节礼包、慰问金及电话卡合计75000元。（李　晶）

【奉贤青年志尚行动启动】 3月5日，团区委在南桥镇文化广场开展“点亮青春·笑迎世博”——奉贤青年志尚行动启动仪式。全区49家直属团组织百余名青年志愿者，在文化广场设置志愿者服务摊位30余个，提供法律咨询、免费理发、配钥匙等志愿者服务项目30余项。（李　晶）

3月5日，“点亮青春·笑迎世博”——奉贤青年志尚行动启动（团区委　供稿）

【青少年保护水环境系列活动启动】 4月10日，团区委、区青联、区水务局在古华公园百姓戏台，举行以“水润贤城·青春扬帆”为主题的奉贤青少年保护水环境系列活动启动仪式，以实际行动宣传保护水环境、人与自然和谐相处的理念。仪式上，区青联企业家代表向全体青年企业家发出节能减排、限制污水排放的倡议。区排水中心科普馆作为奉贤区青少年教育实践基地，在仪式上揭牌。（李　晶）

【开展纪念五四运动主题活动】 4月29日，团区委在区文化广场举办“闪亮青春·拥抱世博”——奉贤青年纪念五四运动91周年暨“七彩志愿心”主题实践活动，区委常委、组织部部长钱城乡，区人大常委会副主任季伯明，区政协副主席迟岳峰等区四套班子领导出席此次活动。（李　晶）

【举行大学生村官运动会】 5月14日，“为世博喝彩、为新农村添彩”——2010年度“百富勤”区大学生“村官”运动会暨奉贤区青年健身日活动在区体育中心举行。大学生“村官”、直属团干部代表，区青少年社工代表和农委“三支一扶”大学生代表11支队伍、150人参加6个比赛项目。（李　晶）

【开展手拉手观博活动】 6月5日，由团区委主办、工商奉贤分局承办的“点燃世博梦想，感受世博文化”——奉贤区职业青年与百名贫困青少年手拉手观博活动拉开序幕。职业青年志愿者们带领着第一批宏翔民工子弟小学的20名小朋友，以参观世博会的形式喜庆六一儿童节。（李　晶）

【举行大学生村官插秧大赛】 6月25日，区委组织部、区人保局、团区委主办的“希望田野展风采、青春建功新农村”——2010年度奉贤区大学生“村官”插秧大赛在青村镇李窑村举行。全区100余名大学生“村官”参加比赛。（李　晶）

【开展社区青少年禁毒宣传大走访活动】 7月，团区委与区禁毒办联合开展“珍爱青春·远离毒品”社区青少年禁毒宣传大走访活动，累计走访社区青少年2280人，发放并回收调查问卷2520份，印发各类宣传品8000余份。（李　晶）

【开展军地青年“四联四建”活动】 8月19日，100位团员青年与80位驻奉部队的官兵共聚图书馆报告厅，开展“贤城共奏拥军曲、青春同抒世博情”军地青年“四联四建”活动。区委常委、宣传部长袁晓林出席活动并致辞。团员青年与驻奉部队官兵共同欣赏各自编排的各类节目。（李　晶）

【举办奉贤青年世博论坛】 8月23日，由团区委、区文广局联合主办的“奉贤青年世博论坛”在区图书馆报告厅举行。上海大学党委副书记、纪委书记忻平教授为全区250名团员青年作题为《取法乎上，成就人生》的报告。（李　晶）

【召开主题演讲比赛】 10月，区老龄委、团区委联合开展的“感恩——我们的责任”主题演讲比赛决赛在区图书馆举行。全区有49名选手报名参加，比赛经历初赛、预赛两个阶段，15名团员青年参赛。（李　晶）

【区学生联合会第二次代表大会召开】 12月25日，上海市奉贤区学生联合会第二次代表大会在区会议中心召开。大会选举产生奉贤区学生联合会第二届委员会，奉贤中学学生会、曙光中学学生会、致远高中学生会、奉贤中专学生会、景秀高中学生会、奉城高中学生会、奉浦学校学生会、上师大四附中学生会等8家学生会当选为区学联第二届委员会委员单位。（李　晶）

【奉贤青年群英会召开】 12月30日，“青春世博·浓情2010”奉贤青年群英会在南郊宾馆华昌厅召开。在奉市青联委员、区青联委员、直属团干部、优秀青年代表等200余人出席活动。会上为在“青春世博”创先争优行动中表现突出的青年代表、青联委员代表颁发荣誉证书和奖牌。（李　晶）

妇女联合会

【概况】 至年底，区妇联辖镇妇联8个，村妇代会178个，居委妇代会91个，妇女工作委员会11个，女职工委员会（妇联团体委员）1161个。年内，区妇联坚持以科学发展观为指导，抓住“百年妇运、百年世博”以及奉贤妇联建会60周年的重大契机，动员广大妇女及家庭开

4月16日，奉贤女子摄影展在南桥百联购物中心举行

（蔡叶蓉　摄）

展“两大行动”——巾帼世博建功行动、百万家庭世博志愿行动，以奋发有为的精神状态和求真务实的工作作风，完成全年的各项目标任务。区政府实事项目“万户家庭学礼仪”活动，培训21406人，其中来奉人员7769人。区政府实事项目“妇女两病筛查”全年筛查妇女27685人。获上海市文明信访室、“精彩世博·文明先行”上海市民学双语活动优秀组织奖。

（董文君）

【提升巾帼文明岗工作】 1月12日，召开迎世博巾帼文明岗班组经验交流会，推进巾帼文明岗创建工作。1月21日，联合区世博办，举行“奔向世博——冲刺100”世博倒计时100天窗口服务巾帼班组世博知识决赛，促进女职工岗位建功、岗位成才，立足岗位为世博作贡献。（董文君）

【开展三八妇女节系列活动】 3月5日，召开百名三八红旗手座谈会，回顾历史、展望未来；3月20日，联合区体育局、建交委、南桥镇妇联，举办千名妇女健身游园活动，凝聚妇女、展示风采；3月25日举行万名妇女清洁家园集中行动启动仪式；3月初，编撰《贤女子——奉贤优秀女性集》一书。3月8日，由区妇儿工委牵头，区人大内司工委、区妇联、人保局和区总工会等单位联合开展妇女劳动保障法律实施情况专项检查。3月10日，组织区巾帼维权志愿者联谊活动，听取旅德艺术家王小慧的艺术讲座。3月16日，举办奉贤妇女合法权益维护专题讲座，100余名来奉妇女参加。（董文君）

【为女性人才发展搭建平台】 4月16日，联合区巾帼人才联谊会举行村级正职女领导联谊活动，21名村女正职干部围绕土地确权工作中的热点和难点问题开展交流。6月29日，联合区巾帼人才联谊会，召开女性拔尖人才联谊小组座谈会，12位女性领军人才、拔尖人才和青年尖子参加座谈。8月6日，组织区巾帼人才联谊会志愿者联谊小组成员参观上海服务世博果品基地——庄行镇“双学双比”女能手唐雪梅的蜜梨采摘园，并就上半年的志愿者工作进行交流。9月27日，组织巾帼人才联谊会女能手会员参观上海世博会。

（董文君）

【促进妇女创业就业】 4月21日，借助区人力资源和社会保障局主办的奉贤区2010年大中专毕业生大型招聘会的平台，发动女企业家推出岗位108个，80余人当场达成就业意向。邀请上海韦创贸易发展有限公司为奉贤中等专业学校的学生们进行“我的职业”培训，提高“三校生”的求职技能。年内，为祉源杜瓜种植专业合作社，争取农委5万元资金扶持，通过与市妇联牵线搭桥，促成无息贷款资金10万元，有效解决女性创业带头人扩大发展缺资金的困难。（董文君）

【推进美好家园示范村创建】 5月21日，召开美好家园示范村创建工作推进暨世博年“美好家园”文明建设工作会议，各镇妇联主席交流创建工作进展情况。8月30日至9月8日，牵头区绿化和市容管理局、区爱卫办、区农委组成检查指导小组，走访全区35个世博年美好家园文明建设示范点，深入农户家庭开展专项检查指导。年内，组织发动妇女在景观道路两旁及宅前屋后等种植向日葵83916平方米。扶持培育并推出旅游景点及景点周围农家采摘点10个、农家文体体验点2个、农家互动点5个，开展“迎世博，市民乡村游”活动。（董文君）

【开展关爱弱势群体行动】 5月31日，区妇联主席滕卫华带队，探望42名单亲、残疾和服刑人员特殊困难家庭的儿童，送上慰问金2.2万元。6月1日，看望金汇镇齐贤卫生院外来人口特约分娩点的待产准妈妈和新生婴儿，为她们送上婴儿衣物和育儿杂志。8月13日，举行“慈善助自强，感恩促和谐”帮困助学行动日活动，向12位获得市儿童基金会助学金及23位获得区妇女儿童帮困助学金的自强队员发放助学金2.65万元，并组织他们参观奉贤城市规划馆。为16名妇科重症困难妇女争取到“姐妹情”项目——妇科肿瘤慈善救助手术减免治疗费用，每人减免手术治疗费80%，对62名身患妇科及乳腺病重症的困难妇女上门探望，送上救助资金7.3万元。

（董文君）

【“万户家庭学礼仪”五年行动圆满结束】 11月18日，召开“万户家庭学礼仪”五年行动总结大会，表彰2006～2010年度区“万户家庭学礼仪”系列活动先进集体和先进个人，标志着“万户家庭学礼仪”五年行动计划作为政府实事项目全面完成。97459人参与礼仪培训并通过考核，其中来奉人员占三分之一，市民文明素质得到提高。

（董文君）

【首个“妇女之家”挂牌】 12月19日，市妇联主席张丽丽等一行，到结对村庄行镇杨溇村，为该村“妇女之家”挂牌。“妇女之家”将发挥宣传教育、维权服务、组织活动等功能，从妇女最关心的问题入手，为她们提供实实在在的帮助和服务。（董文君）

【启动“学习型、创新型、服务型”妇女组织创建活动】 年内，启动创建“学习型、创新型、服务型”妇女组织三年行动计划，有7个镇、2个开发区创建学习型妇女组织，1个镇、1个开发区创建创新型妇女组织，2个开发区创建服务型妇女组织。（董文君）

【超额完成农村信息化培训任务】

年内，区妇联加大市政府实事工程——“千村万户”农村信息化培训普及工程的实施力度，利用信息小篷车，开展进村、进企业、进社区的“三进”活动，宣传普及人数达36965人，完成市下达宣传任务的154.02%，名列全市前茅。

（董文君）

（本栏目编辑　曹　杰）

公安·司法·保密

公　　安

【概况】　年内，奉贤公安系统以"平安世博"、"平安奉贤"为目标，紧扣"公众安全感和警务作风建设"两大主题，圆满完成各项公安工作，确保全区社会治安持续稳定。全年立刑事案件5153起，比上年下降0.4%，侦破刑事案件3827起，比上年下降6.6%，查处治安案件11557起，比上年增长35%。树立"想一万、想万一"的忧患意识，实现世博安保"以面保点"工作目标。年内，分局公众安全感、公安工作满意度总体评分分列全市第二、第一；分局基层基础建设推进工作名列全市第三；在市局"迎世博、保平安"打击整治攻坚战排名列第一；2010年度市公安局对各区(县)分局的综合考评总成绩名列第二；南桥派出所、刑侦支队八队队长蔡仁刚分别被中共中央、国务院授予上海世博会先进集体、先进个人荣誉称号；获记功嘉奖集体217个、个人1008人。

（王德明）

【制定"平安世博"行为准则】　1月21日，制定《奉贤公安"平安世博"行为准则》，要求党委领导班子坚持"十个带头"：带头学习，带头调研，带头实践，带头守纪，带头执行，带头争先，带头关心，带头示范，带头勤政，带头廉洁。要求中层领导干部做到"十项要求"：深入实际抓落实，一心一意办好事，聚精会神谋发展，言传身教爱民警，公正执法为人民，勤俭节约讲廉洁，攻坚克难保世博，严以律己带队伍，人民满意是目标，建设和谐好警营。要求全体民警做好"六个坚决做到"：坚决遵守世博安保的各项纪律，坚决执行世博安保的各项规定，坚决服从世博安保的各项要求，坚决维护世博安保中公安形象，坚决克服世博安保中不文明、不规范的言行，坚决完成世博安保的各项任务。3月22日，公安部向全国公安机关全文转发此文件。

（王德明）

【"滨海铁锤"专项行动破获刑案2843起】　4～7月、9～12月，先后开展以"抓攻坚、强基础、严管控、明责任、保世博"为重点的"滨海铁锤"12号行动，"打盗抢、除黑恶、严整治、强基础、保平安"为重点的"滨海铁锤"13号行动，确保不发生群体性上访事件，不发生重特大影响恶劣的案件，不发生重大火灾、交通等安全事故，不发生影响公安机关形象的涉警公共危机事件。其间，破获各类案件2843起，抓获各类违法犯罪嫌疑人员6022人。抓获各类逃犯516人，查处涉黑涉恶犯罪团伙144个。报警类案件接报数比上年同期下降2.3%。

（王德明）

【举办警营文化系列活动】　8月2日至9月2日，举办第二届"卫士杯"警营文化系列活动。活动以

奉贤警方在万隆花苑快速抓获故意伤人致死的犯罪嫌疑人

（公安奉贤分局　供稿）

"凝聚警心、鼓舞士气"为主题,设拔河、跳绳、篮球、足球、大怪路子、三国杀、象棋、五子棋、军棋、台球、踢毽子、乒乓球、羽毛球、游泳等14个比赛项目。分局50家单位1450人次参加比赛,52个集体和91人次获得奖杯、奖牌。（王德明）

【南桥派出所获世博先进集体称号】 12月,南桥派出所被中共中央、国务院授予上海世博会先进集体荣誉称号。南桥派出所有警力60人,辖区内居(村)委19个、经济园区2个、公共场所2180家,实有人口11万余人。南桥派出所根据以面保点、点面结合、预防为主、综合治理的工作方针,深入开展世博安保工作。年内,侦破刑事案件417起,查处治安案件249起,查处违法人员1033人,抓获"网上逃犯"42人,查处涉黑涉恶团伙16个。（王德明）

【实现"平安世博"目标】 年内,以实现"平安世博、平安奉贤"为目标,落实各项世博安保工作措施。制定和完善领导带班值班制度、警种联合巡逻制度等非常措施,制发各类指导性文件及大型保卫活动工作方案28份,完成安保任务一级12天、二级21天、三级182天。构建车巡、步巡、视频巡逻相结合"一体化"巡控体系,投放社会面巡控警力17133人次,志愿者46705人次。检查市级反恐重点目标、区级重点单位重要部位732家次,发现隐患312处,当场整改245处,开具限期整改通知单97份。查处非法烟花爆竹经营网点10处,没收管制刀具、危险性刀具107把,收缴非法枪支38支,查获堵截长途客运站中各类可疑物品1913件。（王德明）

【维护社会稳定成绩显著】 年内,坚持将维护社会稳定作为服务地区发展、推动社会和谐的基础工程来抓,立足"网上网下"2个战场,增强对情报线索的发现、获取和反制能力。全年,上报各类情报865份,被市公安局、公安部录用152份;处置区重大舆情案件92起;侦破"法轮功"案件5起;化解信访

奉贤交警在维护学校周边交通秩序　　（公安奉贤分局　供稿）

1047件,比上年增长78.6%;处置、化解各类矛盾纠纷107起,比上年下降8.6%。出动警力7733人次,完成奉贤风筝节、旅游节花车巡游、百联南桥购物中心升级开业仪式等敏感节点及重大群体性活动的安全保卫76批次。（王德明）

【严厉打击刑事犯罪】 年内,针对地区治安形势和民生热点,开展"平安世博"打击整治攻坚战、"滨海铁锤"等系列专项行动。全年,侦破刑事案件3827起,比上年下降6.6%,年内案件破案率60.0%,比上年下降1.4%。抓获违法犯罪嫌疑人8173人,比上年增长5.9%。侦破"八类"案件138起,比上年下降8.6%。侦破"两抢"案件119起,盗窃案件2168起,分别比上年下降9.8%、15.8%;诈骗案件280起,比上年增长39.3%。侦破黑恶势力专案9起,比上年增长12.5%;查处涉黑涉恶团伙121个,抓获涉黑涉恶犯罪嫌疑人员443人,分别比上年下降28.8%、40.5%。侦破经济犯罪案件356起,比上年增长40.2%。捕获网上逃犯630人,比上年增长6.8%。破案追赃发还各类赃款、赃物3426.3万元。（王德明）

【确保道路交通安全】 年内,公安交警支队围绕"保平安、保畅通、保世博、降事故、降违法"的总体目标,开展"迎世博、创文明、保平安"、"交通秩序示范公路整治、捉漏治顽整治"等专项行动,顺利完成交通管理工作任务。全年,发生交通事故18852起,比上年下降7.9%。其中死亡事故78起,比上年下降34.5%,死亡65人,比上年下降5.8%,物损675.8万元,比上年下降48.7%。开展各类交通集中整治173次,纠处交通违法行为22.5万余起,查处酒后驾车2363人次(其中醉酒驾车623起)。按照不同安保等级以及大客流预警等级,组织各类值班备勤工作53次,出动警力1387人次。实行定时、定人、定岗制度,确保学校及周边交通秩序稳定。深入农村、社区、学校、企业等开展交通安全宣教1000余次,制作、发放交通安全宣传资料1万余份,受教育人数5万余人次。全区有各类机动车128386辆,比上年减少648辆,其中小型客车62827辆,比上年增加20824辆。（王德明）

【加强治安防范综合治理】 年内,针对治安热点问题,深化社区警务机制,建立新型警种间、警社间合作治安综合治理模式。全年,查处治安案件11557起,查处率82.6%;行政拘留4760人,比上年增长24.6%;查处违法场所203家。完善人口管理长效制度,创新推出高危人群管控倒查机制,顺利完成第六次人口普查户口整顿工作,入户核查206630户520159人,

更正户口项目14825项，解决待定疑难户口33人。认真履行治安管理职能，检查重点要害、特种行业等单位2468家次，办理《养犬许可证》并进行免疫犬只12214条，捕杀无证、流浪犬188条。加强虚拟社会管控，建立虚拟社会管理联动机制。加强社会治安面巡控，推广图像监控“人机互动”机制，建立动静结合、点线面结合、人防物防技防结合、专群结合的社会面防控体系。加强防范宣传，发放宣传资料60.8万份，宣传小礼品1万余件，宣传版面188块，横幅265条。全年，报警类“110”接报16181起，比上年下降3.0%。（王德明）

【加强消防安全监管】 年内，公安消防坚持防灭并举，完善安全监管措施，开展消防安全隐患专项整治。全年，发生火灾事故220起，比上年增长9.5%，死亡4人，直接经济损失211万元，比上年下降4.1%。加强世博战勤保障，投入装备专项经费280万元。制定上海世博会运营期间消防战勤保障方案、消防安保预案100个；加大消防安全隐患排查和整治力度，检查消防单位27155家次，制发限期整改通知书409份，处罚个人379人次，责令停业整顿30家，收缴非法烟花爆竹200余箱，非法液化气钢瓶260余罐。提高灾害处置能力，处置火灾警情1074次，抢险救援411次，抢救被困群众61人。加强消防保障建设，投入资金600余万元，推进村居委消防安全管理标准化建设，建成村居委消防安全“防火墙”工程。（王德明）

【强化规范监所管理】 年内，区看守所以“平安世博”为核心，以规范监所执法工作、提高监所综合执法质量为重点，确保监所安全。全年，收押7943人次。完善重点监室管理，管理各类符合重点监室移押条件的对象200余人次。落实安全措施，开展安全大检查96次，组织科目为在押人员暴狱、突发疾病的预案演练3次，召开狱情分析会90余次，通过安检防止违禁品流入监室17次。开展涉案人员非正常死亡问题集中整治行动，收押环节因病、因伤开具《不予/暂不予收押通知书》144份，建立伤情、疾病日报制度，上报在押人员伤病534人次。（王德明）

【加强队伍正规化建设】 年内，开展“领导干部作风建设年”、“讲党性、重品行、作表率”等一系列主题教育活动。推引科学化、民主化、规范化管理，制定“平安世博”行为准则，坚持“从严治警”理念，加大世博期间问责追究力度，开展警示教育198人次，给予“黄牌”警示49人次，完成审计项目105个，开展专项督察202次，纠正各类问题125个。举办“卫士杯”警营文体竞赛活动，建立清风俱乐部、言子论坛等队伍建设交流平台。搭建十佳优秀基层领导干部、世博安保先锋等表彰平台，建立公安与新闻媒体协作机制，在各类宣传媒体上发表报道1438篇，播放专题片6部。年内，217个集体、1008名个人获记功嘉奖。（王德明）

【推行管控重点人员“四战法”】 年内，做好世博期间重点人员管控工作，实现“排得出、管得住、控得牢”目标，推行四种管控战法，即：阵地战、攻坚战、主动战、情报战。排查出刑释解教三级重点人员11人、特殊对象238人、安置帮教对象2230人，收集各类情报信息135条，编报情报摘报85期。（王德明）

【探索信访工作新模式】 年内，坚持把每周四领导接访日和批阅群众信访件，作为了解“民情、民怨”、地区治安状况及民警队伍状况的重要渠道，建立领导包案、圆桌会诊、联动协办、上门接访等重点信访挂牌督办机制，领导批阅、核查、跟踪、回访等初信初访化解审批监督机制，以及签约、培训、问责等信访源头控访机制，把初信初访解决在基层、解决在初始阶段。全年，受理信访件1058起，化解信访1058起，化解疑难信访件18起，辖区内群众越级上访17起，比上年下降57.5%。（王德明）

【创建虚拟社会管理联动机制】 年内，依托诸警种联动，建立以联合管控、联合侦防、联合整治为主要内容的虚拟社会管理联动机制。依托社区基础警务，搭建网监平台，形成联网单位“社会化”管理、网情监控“联勤化”运作、虚拟警务“条块式”建设网情监测格局。新机制凝聚分局网络宣传、管控、监测、侦查工作中诸警种合力，提高对虚拟社会的管控效能，其经验做法被市局推广。全年，在虚拟社会管控中侦破涉网案件12起，侦破其他各类案件56起，抓获违法犯罪嫌疑人131人，其中“网上逃犯”28人，取缔“黑网吧”98家，查获扣押电脑1189台。（王德明）

【实施村（居）委消防安全“防火墙”工程建设】 年内，针对郊区农村地广、警少、道路条件差影响火灾扑救时效，在全区实施村（居）委消防安全“防火墙”工程建设。制定村（居）委消防标准化建设规范性文件，落实村（居）委消防安全管理、义务消防培训、防火检查巡查、消防宣传及灭火逃生演练等5项制度。组建村（居）委义务消防队250个，建立消防志愿者队伍112个，投入600余万元，分类配置消防器材。全年，开展消防业务培训12次，受训人员563人次。开展各类宣传活动328次，受教育群众2.3万余人次。义务消防队参与灭火35起，消防志愿者队伍组织开展消防宣传、消防巡查等活动2100余次。全年火灾事故造成直接财产损失数比上年下降4.1%，无人员伤亡。（王德明）

【侦破“3·28”系列杀人抢劫强奸案】 3月28日凌晨，公安奉贤分局接“110”报警，称奉贤区临海社区漴缺村一临时搭建房内发生1起杀人、抢劫、强奸案。分局与市局有关部门成立专案组侦查，4月18日，将犯罪嫌疑人汤某（男，44岁，上海市人）抓获。经查证，汤某自2005年以来，先后实施杀人、抢劫、强奸案8起，预谋杀人案1起，抢劫案1起。该案侦破工作在2010年度刑侦803破案奖评比中获金奖。（王德明）

【侦破"4·17"银行 POS 机非法套现系列案】 4月17日,公安奉贤分局获悉,上海友涛贸易有限公司存在利用银行 POS 机为他人非法刷卡套现嫌疑。经初查,发现该公司法人周某(男,40岁,上海市人)以公司名义,向银行申请3台 POS 机后,在无任何真实交易情况下,以收取手续费方式,专门为他人刷卡套现牟取利益,涉案金额较大。分局遂与市局经侦总队组成专案组展开侦查,查获涉及全市8个区犯罪窝点21个,抓获犯罪嫌疑人周某等54人,缴获赃款82万余元,查获用于非法套现 POS 机40台、涉案银行卡245张及电脑等一批作案工具,套现金额13亿余元。该案侦破工作在2010年度上海经侦系统经济犯罪案件侦查破案精品案例评选中获金奖。（王德明）

【侦破"4·22"劫车杀人案】 4月22日,公安奉贤分局接"110"报警,称庄行镇长堤村穗轮组仓库旁发现1辆烧毁的桑塔纳轿车,车上有1具烧焦的尸体。经勘查,认定为1起抢劫杀人案,被害人何某(女,45岁,上海市金山区人)。分局与市局有关部门成立专案组侦查。4月22日,将犯罪嫌疑人冯某(男,28岁,上海市金山区人)抓获。该案侦破工作在2010年度刑侦803破案奖评比中获铜奖。

（王德明）

【侦破"8cce"破坏计算机信息系统案】 7月初,公安奉贤分局发现区一网民在网上上传涉枪帖子,且经常访问"8cce"网站,有维护该网站的记录。经初查,认定该网站被黑客所使用,遂与市局网安总队成立联合专案组展开侦查。8月23日,成功抓获犯罪嫌疑人熊某(男,26岁,江西省南昌市人)、熊某(男,29岁,江西省南昌市人)、叶某(男,22岁,江西省赣州市人)等5名犯罪嫌疑人,扣押"8cce"服务器2台。该案侦破工作被评为上海网警2010年度十大精品案件。

（王德明）

【查处"9·10"组织卖淫案】 9月8日,公安奉贤分局接"110"举报,称南桥镇斯波妮浴场有卖淫情况。9月10日晚,分局组织警力对该浴场进行检查,当场抓获卖淫嫖娼违法人员及涉嫌组织卖淫的犯罪嫌疑人14人。王某等6人因涉嫌组织、协助组织卖淫罪被依法逮捕。该案的查处工作在2010年度上海治安系统综合评比中被评为十大优秀案件之一。（王德明）

检　　察

【概况】 年内,区检察院受理公安机关提请批捕案件1121件1730人,经审查批准逮捕1569人;受理公安机关移送起诉案件1317件2254人,经审查提起公诉1274件2150人。立案侦查贪污、贿赂、渎职等职务犯罪案件19件21人。落实宽严相济刑事司法政策,依法该严则严,当宽则宽。开展"恪守检察职业道德、促进公正廉洁执法"主题实践活动和"反特权思想、反霸道作风"专项教育,深化"岗位练兵、岗位成才"活动,强化队伍的战斗力和凝聚力。年内,区检察院被最高人民检察院授予第四届全国先进基层检察院荣誉称号,获市劳模集体称号等市级集体荣誉5项,被评为市"未检办案能手"1人,3件案件分别被市检察院评为十佳公诉庭、十佳诉讼监督案件、"服务大局、保障民生"十佳案例。

（王　蓉）

【严厉打击各类严重刑事犯罪】 年内,受理公安机关提请批捕案件1121件1730人,分别比上年下降3.6%和5.3%,经审查,批准逮捕1569人,比上年下降7.9%;受理公安机关移送起诉案件1317件2254人,分别比上年下降8.9%和1.7%,经审查,提起公诉1274件2150人,比上年增长14.6%和24.6%。严格把好案件事实关、证据关和法律关,保持对严重刑事犯罪的高压态势,积极配合公安专项打击,通过提前介入,引导取证。批准逮捕故意杀人、抢劫、绑架、强奸等严重暴力犯罪220人,占批捕数14%,提起公诉178件251人,占起诉数14%和11.7%;批准逮捕严重扰乱市场经济秩序犯罪71人,占批捕数4.5%,提起公诉134件169人,占起诉数10.5%和7.9%。查办一批社会影响较大、涉及民生的案件,保质保量完成全年办案任务,人均办案数位居全市第一。（王　蓉）

【贯彻宽严相济刑事司法政策】 年内,依法不批捕和不起诉犯罪嫌疑人47人。对主观恶性较小,犯罪情节轻微的初犯、偶犯、未成年犯和老年犯慎用逮捕和起诉,当宽则宽。对一起在校大学生轻微盗窃犯罪作出非罪处理,缓和社会矛盾。坚持"教育、感化、挽救"的方针,对未成年犯罪嫌疑人进行非羁押措施可行性评估208人次,落实未成年犯罪嫌疑人法律援助加强

12月14日,区检察院举办首次"检察开放日"活动（沈卫平　摄）

权益保护112人,通过刑事和解、非沪籍未成年人定点非羁押观护等措施,帮助涉案未成年人改过自新,回归社会。 (王　蓉)

【排查化解涉检矛盾纠纷】 年内,依法妥善处理来信来访307件,比上年增长10.4%,其中集体访7件,继续保持涉检信访"零上访"。加大世博期间信访矛盾排查与预控,对重点信访逐案落实各项稳控措施。坚持检察长接待、领导包案、首办责任等制度,试行开展涉检信访风险评估预警工作,注重从源头上化解信访矛盾。继续推进下访巡访、基层联系点接访工作,为化解社会矛盾提供法律服务。 (王　蓉)

【参与社会治安综合治理】 年内,发出堵漏建制和弘扬社会正义的检察建议35份。结合办案,针对发案重点区域、行业以及案发单位中存在的治安隐患、管理漏洞,提出整改建议和意见,促进社会治安防控体系建设。开展法制宣传活动,以"模拟法庭"等形式送法进校园、进社区、进企业18次,制作法制宣传版面60块,在各镇、开发区、机关单位进行历时半年的巡展,受教育者1.2万余人。 (王　蓉)

【查办职务犯罪19件】 年内,立案侦查贪污、贿赂、渎职等职务犯罪案件19件21人,分别比上年增长11.8%和10.5%,其中贪污7件8人,受贿7件7人,挪用公款1件1人,行贿1件2人,渎职侵权3件3人。积极查办大要案,查处的19件案件中要案4件。查办涉农、涉民生及基建工程领域职务犯罪,立案查办高校基建领域行受贿大要案4件5人,新型农村合作医疗领域侵吞医保费案3件3人,基层村镇干部贪污受贿案6件6人。 (王　蓉)

【做好预防职务犯罪工作】 年内,按照"更加注重治本、更加注重预防、更加注重制度建设"的要求,参与区职务犯罪惩防体系建设。结合查案开展个案预防18件,在高校基建、新型农村合作医疗等领域开展系统预防,针对案发单位、案发系统监督管理中存在的漏洞发出检察建议7份,形成预防调查报告4篇。继续在上海应用技术学院、区轨道交通办、南桥新城等市级、区级重点建设项目中,开展工程优质、干部优秀的创"双优"专项预防。推进预防职务犯罪综合治理和网络建设,注重职务犯罪预测预警信息通报,形成促进大预防格局。通过送阅宣传资料、组织听庭等形式,为专家型人才提供法律服务。在区建交委、税务局等12家单位开展法制宣讲,通过反腐倡廉宣传片巡播等形式开展预防职务犯罪警示教育。 (王　蓉)

【加强刑事诉讼监督】 年内,发出《要求说明不立案理由通知书》31件37人,公安机关对37名犯罪嫌疑人立案侦查。深化行政执法与刑事司法相衔接工作机制,加强与公安、工商、税务等机关沟通协调,完善信息共享平台建设,拓展立案监督渠道,向行政执法机关发出《建议移送线索书》4份,公安机关立案4件。对侦查活动中应当逮捕而未提请逮捕,应当起诉而未移送起诉的情况,决定追捕81人,追诉43人,法院对其中104人作有罪判决。开展刑事审判监督,对一审法院判决的1起案件提出抗诉,获上级院支持。加强刑罚执行和监管执法活动监督,会同看守所排除监管场所安全隐患41件,纠正超期羁押隐患29次,建议收监缓刑、假释期间有严重违法行为的监外罪犯4人。在刑事诉讼各监督环节,向外省及本市相关单位发出《纠正违法通知书》18份。 (王　蓉)

【加强民事审判和行政诉讼监督】

年内,受理民事、行政申诉案件88件,比上年增长22.2%,立案66件。建议市人民检察院第一分院提请市检察院抗诉4件,向市人民检察院第一分院提请抗诉2件,上级院均决定抗诉,改判2件;提出再审检察建议2件,裁定再审1件。针对执法不规范、执行不当等情况,发出纠错检察建议4件。做好民事和行政申诉案件当事人的服判息诉工作,息诉81件。 (王　蓉)

【拓展监督职能】 年内,在开展个案监督的同时,重视对办案中发现的典型性、普遍性、倾向性的一类执法问题予以监督,就民间借贷案件中对大额借款认定标准不一致等情况,制发检察纠正意见。探索法律监督工作向基层延伸的新途径,在青村、柘林两镇设立派出检察室,成为全市检察系统首批试点的5家单位之一。强化对公安派出所刑事执法活动和社区服刑人员监管活动的监督,受理群众举报和控告申诉、开展法制宣传等工作。年内,建立案件管理中心,加强办案流程监控。落实人民监督员监督制度,接受人民监督员对周某挪用公款案等4件自侦案件监督评议。 (王　蓉)

审　　判

【概况】 年内,区人民法院受理各类案件17569件,比上年增长3.24%;审(执)结案17581件,同期结案率达100.05%;案件平均审理天数42天,比上年减少9.69天;平均执行天数44.38天,比上年减少15.12天;法官人均结案数254.8件;一审服判息诉率91.19%、上诉率19.85%、申诉率0.26%、当庭裁判率37.04%、简易程序适用率87.96%。在反映审判工作效率、质量及社会效果的45项考核指标中,19项进入全市基层法院前五名。成立安保领导小组,组建世博安保志愿者队伍和世博专项合议庭,执结上海世博会生猪供应商市种猪场申请张某排除妨害等案。开通社会公众查阅电子诉讼档案服务平台,实现跨院异地查询,使当事人可在本院即能查询在本市其他法院的诉讼档案。成立审判管理领导小组,负责案件质效的综合协调管理,实现审判管理专门化。以案件评查促进矛盾化解,中央政法委交办的涉诉信访积案9件提早得以化解。强化司法公开民主，继续推进裁判文书、附录、法律条文上网，开展庭审网络直播，以新一轮人民陪审员选任为契机，着力落实陪审员工作制度。主动接受监督，邀请人大代表视察法院、旁听案件庭审、现场监督案件执行763人次。加强党风廉政建设，向社会公布举报电话、邮箱，加大对违法违纪行为的查处力度。开展"见贤思齐"系列岗位竞赛活动，加强队伍建设，形成"创先争优、见贤思齐"的良好氛围。全年，有51个集体和个人获市级立功授奖。（杨雪龙　张　静）

【审结"原上海熊猫乳品涉毒"案】 2月25日，区法院就原上海熊猫乳品有限公司法人王某、总经理洪某、副总经理陈某涉嫌生产、销售有毒、有害食品罪一案，进行公开审理。经审理查明，因受"三聚氰胺"事件影响，熊猫乳品公司一名销售客户将全脂甜炼乳退回公司，被告人在明知退回的炼乳三聚氰胺超标的情况下，仍决定将其按比例添加回炉生产炼奶酱，于2009年2月起共批量生产6520余罐，价值36万余元，其中已销售3280余罐，价值20余万元。区法院以生产、销售有毒、有害食品罪分别判处王某有期徒刑5年，并处罚金40万元；洪某有期徒刑4年6个月，并处罚金30万元；被告人陈某有期徒刑3年，并处罚金20万元。（杨雪龙　张　静）

【启动中小企业经营风险防范机制】 4月28日，区法院举行中小企业经营风险防范机制实施启动仪式，公布《关于建立奉贤区中小企业经营风险防范机制的实施意见》；揭牌成立区中小企业纠纷调解工作室，负责主持调解区涉及中小企业的各类纠纷；开通法律咨询热线"小江热线"（021－37190909），为企业破解法律难题，及时提供风险预警信息。（杨雪龙　张　静）

【建立"执行110"快速反应机制】 年内，区法院制定《奉贤区人民法院执行工作快速反应机制实施办法》，开通24小时"执行110"电话，推出接警快、反应快、处置快、协调快的"四快"执行机制。在立案阶段向申请人发放执行事项告知函，告知承办法官联系方式和24小时值班电话，确保执行接警快；组建由分管执行副院长挂帅的快速反应指挥中心和3个快速反应小分队，确保接警、上报、判断、指令、出击等行动反应连贯；在指挥中心内将被执行人的身份、财产信息和相关法律文书详细备存，配备车辆、摄像、警械等装备，确保执行处置快；建立与公安、银行、证券等机构的协调机制，主动和村、街道、社区等基层单位加强联系，细化密化协助执行网络，确保执行协调快。（杨雪龙　张　静）

4月28日，区中小企业纠纷调解工作室揭牌　（刘　斌　摄）

【建立与保险公司"一对一"审理机制】 年内，实行交通事故合议庭承办法官定向联系保险公司制度，由指定的法官对同一保险公司案件进行"一对一"审理。各承办法官与自己对应的保险公司进行沟通，对相应保险公司的相关规定，进行跟踪了解。对同一保险公司的多起案件，安排集中开庭审理，进行集中调解和裁判，方便保险公司参与庭审。年内，保险公司参与案件调解率71.43%，出庭率达85.3%。（杨雪龙　张　静）

【开展夯实基层法治基础系列活动】 年内，挑选资深法官组建宣讲团，借助区委党校干部培训平台，为干部骨干授课。选择典型案例，在8个镇、5个开发区进行为期2个月的巡回宣讲，宣讲内容包括婚姻家庭、劳动争议、损害赔偿、房屋土地纠纷等多个专题，前来听讲的各村、镇相关领导和调解干部1500人次。从拍摄的电视专题片中，精选8部与百姓生活贴近、故事性强的案例电视片，编辑制作成DVD光碟，赠送区内居委活动室、农家会所600余张。（杨雪龙　张　静）

【化解中央政法委交办涉诉信访积案9件】 年内，成立清理信访积案工作领导小组，制定开展集中清理涉诉信访积案活动的实施意见，对中央政法委交办的案件逐一分析研判，量身定制化解方案，分类击破，吸收地方党委、政府、信访干部、司法所和村（居）委会的意见，考虑信访人的实际情况，综合各方面因素，寻找问题症结，使拟定的化解方案具有可行性和针对性。截至11月18日，提前完成涉诉信访积案9件，化解率100%。（杨雪龙　张　静）

【受理刑事案件1235件】 年内，受理刑事案件1235件，比上年增长7.2%；审结案件1208件，比上年增长3.42%；存案45件，比上年增长136.84%。判处被告人1869人，比上年下降0.69%，其中审结杀人、强奸、贩毒等严重危害社会治安的犯罪案件179件，票据诈

5 月 18 日，奉贤区基层法治宣传巡讲活动启动　（刘　斌　摄）

骗、信用卡诈骗、组织领导传销活动、生产销售有毒有害食品等破坏市场经济秩序的犯罪案件 44 件，暴力抗拒公安、城管等部门执法的妨害公务犯罪案件 16 件，贪污、受贿、挪用公款等国家机关工作人员职务犯罪案件 11 件。被判处有期徒刑 5 年以上占 5.99%，被判处有期徒刑 3 年以下、拘役、管制占 63.19%，宣告缓刑 478 人，占 25.58%。　（杨雪龙　张　静）

【受理民、商事案件 10770 件】　年内，受理民、商事案件 10770 件，比上年增长 8.39%；审结 10778 件，比上年增长 5.12%。审结劳动争议案件 732 件，比上年增长 44.09%。审结企业债务类、金融类案件 1793 件，诉讼标的金额 8.5 亿元，与上年基本持平。

（杨雪龙　张　静）

【受理行政案件 40 件】　年内，受理行政案件 40 件，比上年增长 81.82%，呈明显上升趋势；审结 39 件，比上年增长 85.71%。审查非诉行政执行案件 212 件，比上年下降 23.18%。在已审结的案件中，裁定不予受理、裁定驳回原告起诉、判决驳回原告诉讼请求及判决维持具体行政行为的占 43.59%。坚持利益平衡与协调，妥善审理工伤认定、拆迁裁决等疑难复杂案件。健全行政案件司法审查白皮书等信息传导机制，推进行政机关负责人出庭应诉工作，行政领导出庭应诉案件 10 件。推动"督促履行令状"在非诉执行工作中的运用，发出督促履行令状 117 件，占全部非诉执行案件的 55.45%。

（杨雪龙　张　静）

【受理执行案件 5731 件】　年内，受理初执案件 5731 件，执结 5331 件，执行到位金额 13.55 亿元，执行到位率 86.3%，比上年增长 59.41%，平均执行天数 41.43 天，比上年下降 28.1%，涉执信访案件息访率 93%。发放执行风险告知函，主动向当事人说明执行风险，实行财产查询建档留底，对执行全程进行详细记录，保障当事人的知情权和参与权。制定《关于涉民生案件执行的若干意见（试行）》，通过执行绿色通道执结涉民生案件 1369 件，妥善执结上海世博会甲级供应商拖欠农民工工资款案，及上海世博会生猪供应商市种猪场申请张某排除妨害案等。

（杨雪龙　张　静）

【检查案件 1543 件】　年内，检查案件 1543 件，检查庭审 102 次，抽查庭审笔录 68 件，评查被二审改发的瑕疵案件 36 件，评查各类法律文书 4254 件，评查涉法涉诉信访案件 55 件。继续推进立审执兼顾工作，组织兼顾工作推进会 9 次，实现多级联动，提高审判效率。探索构建"常规通报－友情提示－个别沟通－书面建议－制定规范"五层面审监工作法，督促整改不同案件差错类型。加强案件质量评查成果转化方式的探索，提高法官驾驭庭审能力、法律适用能力、撰写裁判文书能力等。适时研判审判运行态势，把握审判运行规律，整理、汇编审判管理相关规范文件 5 件，编发审判管理动态 16 期、审监情况 17 期、审监工作建议书 3 期。　（杨雪龙　张　静）

司法行政

【概况】　年内，各类人民调解组织调处矛盾纠纷 9128 件，比上年增长 35%，调解成功率 93.97%；排查出各类矛盾纠纷 2357 件，其中易激化矛盾纠纷 185 件、化解 2296 件，调处群体性纠纷 108 件。做好全区社区服刑、刑释解教人员的监管矫正和帮扶教育，以及来奉刑释解教人员的帮教管控工作，实现"四个不发生"的工作目标。以世博安保为重点，突出基本法、安保类法规、服务保障类等三大法规宣传，开展各类法制宣传活动 1335 次，发放宣传资料 37.52 万份。各镇、开发区和部委办局利用上海世博会和卫生城区创建契机，深化"法律六进"工作，深入"法治城区"创建。建立健全以人民调解为基础的基层大调解工作格局，探索多元化联调联动矛盾纠纷调处机制，加强区内各个层面协调，建立各类专业性、行业性调解组织 8 个，调解劳动争议纠纷 434 件，成功率 99.8%。开展司法所规范化建设，推进示范司法所创建活动。加强社区矫正工作制度化、规范化、法制化建设，各镇、开发区全部通过市社区矫正目标管理检查验收，完成市矫正办 2008～2010 年社区矫正目标管理创建三年规划目标。引导律师参与化解矛盾，以"双结对"工作为平台，妥善化解历史遗留、疑难复杂经济合同纠纷案件 200 余件，解决工程款和被长期拖欠的民工工资 2.7 亿元。拓展法律援助受案渠道，受理法律援助案件 590 件，比上年增长 20.90%，接待来访、来电、来信法律咨询 6666 人次，"110"公安司法联动

2620件。各律师所受理各类案件3666件，代理诉讼案件比上年增长5%，担任法律顾问221家，追回和避免经济损失2.1亿元，比上年增长104.5%；公证处受理各类公证事项31201件，比上年增长55%，服务收入比上年增长63%；基层法律服务所代理各类案件213件，担任法律顾问23家。年内，获得司法部颁发的全国模范人民调解员荣誉称号1人；被评为市司法行政系统先进集体2家、先进个人1人，市级各条线工作先进个人9人，被授予市司法行政系统服务保障上海世博会先进工作者2人；荣立区世博立功竞赛三等功5人、获得嘉奖11人。奉贤区被中央宣传部、司法部、全国普法办评为2006～2010年全国法制宣传教育先进区。 （李　婷）

【调解工作先进表彰大会召开】 1月27日，区普法依法治理、司法行政工作暨人民调解工作先进表彰大会在区会议中心召开，350余人参加会议。会上，传达国家司法部部长吴爱英的讲话精神；总结2009年司法行政工作，部署2010年司法行政工作；宣读《关于表彰2005～2009年奉贤区人民调解工作先进集体、先进个人的决定》。50个优秀人民调解委员会、6个指导人民调解工作先进集体和70名优秀人民调解员、16名指导人民调解工作先进个人、14名优秀人民调解志愿者受到表彰和奖励。区人大常委会副主任季伯明、区政协副主席迟岳峰为奉贤区人民调解协会揭牌，区委副书记周林官讲话。 （陈木龙）

【开展迎世博600天立功竞赛】 制定《关于贯彻“上海市司法局迎世博600天行动计划”实施方案》和《奉贤区司法局迎世博600天活动安排分解表》，结合司法行政工作实际，紧紧围绕上海世博会安保这条主线，充分履行司法行政职能，开展立功竞赛活动。在整个立功竞赛活动中，成功化解各类社会矛盾纠纷11229起，群体性矛盾纠纷292起；排摸安帮对象2320人和矫正对象296人，其中列为重控对象96人；律师代理各类诉讼案件4459起，参与全区重要经济项目服务8起，避免经济损失35585万元，接待咨询3727人次；公证服务案件32999起；区法援中心受理法律援助案件833件，接答“12348”来电咨询、来访咨询和来信咨询14389人次，其中来电咨询8732人次，来访咨询5608人次，来信咨询49人次；“迎世博”法制宣传496次，印发宣传资料104万余份，依法专项治理654次，开展法律咨询、讲座、故事、文艺、竞赛、演讲等9509次，组建普法志愿者队伍48支、1523人；组织世博人民调解平安志愿者中队（45人），开展应急实战演习4次。迎世博600天立功竞赛活动提升了司法行政系统的综合素质和依法行政能力。在政风测评中，区司法局获全市司法行政系统排名第一；区法律援助中心被评为全国巾帼文明岗、上海市世博服务品牌奖、上海市爱心助老特色基地，区法律援助中心和公证处被评为奉贤区迎世博文明服务岗。 （陈木龙）

12月4日，在文化广场举办法制宣传咨询活动 （司法局　供稿）

【区人民调解协会成立】 3月25日，奉贤区人民调解协会在区司法局召开成立大会，协会全体团体会员和个人会员及司法所长参加会议。会议审议并通过《奉贤区人民调解协会章程》；选举产生由9名理事组成的奉贤区人民调解协会第一届理事会。协会一届理事会召开第一次理事会议，选举姜岳华为协会会长，徐治飞、张继康为协会副会长，郑国良为协会秘书长。协会的成立有利于促进人民调解组织的各项建设，有利于加强人民调解工作力度，有利于探索人民调解工作新方法和新途径。 （陈木龙）

【有序推进“法治城区”创建工作】 4月9日，召开“法治城区”创建工作部署会，全区各单位按照区委、区政府的统一部署和要求，认真对照《奉贤区“法治城区”建设目标责任分解表（试行）》（2009～2010年），以项目化方式推进各项工作进入实质性启动阶段，开展“十佳”工作项目评比等活动。 （李　婷）

【通过市社区矫正目标管理检查验收】 4月，化工奉贤分区、海湾旅游区、工业综合开发区、现代农业园区等4家单位顺利通过市社区矫正目标管理创建验收。至年底，13个镇（开发区）全部通过验收，全面完成市矫正办2008～2010年社区矫正目标管理三年规划目标。 （李　婷）

【开展“世博安保”主题宣传活动】 4～10月，区普治办采取重点对象法制培训、重点场所全方位宣传、重要节点集中大型宣传三项行动以及建立工作例会、信息反馈、应急处置三项机制，指导基层单位开展世博安保宣传工作，努力实现

“平安办博”目标。开展各类世博安保宣传659次，专项检查行动63次，发放各类“世博安保”宣传资料21.32万份。（李 婷）

【完成“五五”普法检查验收工作】 5月26～28日，对各镇、开发区和部分普治成员单位“五五”普法工作进行检查验收。区委、区人大、区政府、区政协的有关领导，区普治办主任和部分区人大代表、政协委员等组成验收考评小组，通过查看档案材料、听取汇报、提问点评和自评、互评、他评相结合的方式进行客观评审。“五五”普法工作相关做法与成效，得到区人大常委会和市法宣处的高度肯定。（李 婷）

【积极推进形式多样的“关爱行动”】 5～7月，组织开展2010年度特殊对象未成年子女“一对一”和“多对一”关爱结对活动。确定关爱帮教青少年128人，与其中39名关爱对象签订关爱协议书，促进服刑在教人员的教育改造。（李 婷）

【“优化大环境、服务大发展”动迁工作专题报告会召开】 7月15日，区司法局召开“优化大环境、服务大发展”——动迁工作专题报告会。局机关各部门负责人、各司法所工作人员、公证处公证员、各律师所律师、法援中心工作人员等100余人参加会议。会上解读动迁法规政策，并下发《关于开展“优化大环境、服务大发展”主题实践活动的通知》和《动拆迁政策资料汇编》。（陈木龙）

【组织律师参与大型居住社区南桥基地法律服务工作】 9月18日，区司法局、区律师工作委员会联合召开奉贤区律师行业服务大型居住社区建设动员大会。年内组织12家律师所80余名律师，参与大型居住社区南桥基地土地储备、房屋动拆迁重大项目的法律服务。同时抽调2批16人配合金汇动迁人员走访协调、咨询调解动迁群众45批145人次。该项目涉及土地10余平方公里，拆迁农户3800余家，企业400余家，总房屋拆迁面积180余万平方米。（李 婷）

【殷一璀视察金汇司法所】 10月22日，中共上海市委副书记殷一璀一行，在视察金汇镇社会治安综合治理时，走访金汇司法信访综合服务窗口、金汇司法所，详细了解司法所化解人民内部矛盾纠纷的工作情况、世博安保工作及社区矫正和安置帮教对象的管控情况等，查看各项工作记录。（李 婷）

【南桥镇西渡社区司法信访综合服务窗口暨人民调解工作室成立】 8月27日，奉贤区西渡社区司法信访综合服务窗口暨人民调解工作室正式挂牌成立。（陈木龙）

律师在齐贤行前村提供动迁法律咨询服务　　（司法局　供稿）

【区首个妇女维权三方联合调解工作站成立】 11月26日，奉城镇妇女维权三方联合调解工作站在奉城镇司法所揭牌成立，这是区内第一家镇级妇女维权调解工作站。工作站受理妇女和儿童维权案件；提供有关维护妇女、儿童合法权益的法律、政策、心理咨询服务；为合法权益受到侵害的妇女儿童提供法律援助。（李 婷）

【开展法制宣传咨询服务活动】 12月4日，以“弘扬法治精神，营造法治氛围，创建‘法治城区’”为主题，开展法制宣传咨询服务活动。区普治办联合27家单位50余名专业人员，在区文化广场为市民提供法律咨询。（李 婷）

【推进“示范司法所”创建活动】 年内，按照市司法局关于司法所规范化建设评估指标体系要求，以“扎实开展司法所规范化建设，深入推进示范司法所创建活动”为工作目标，力争示范司法所创建率达30%，切实提高司法所工作水平。年内，海湾旅游区司法所被评为市级示范司法所。（李 婷）

保　密

【概况】 年内，区保密工作以确保上海世博会成功举办为首要任务，结合地区实际，分解落实保密工作责任，深化保密工作基础建设，开展保密教育、管理和监督。全年未发生失泄密事件，为维护党和国家的安全和利益，为区经济社会发展发挥服务保障作用。世博期间，与全区76家单位的保密工作领导小组签订《上海世博会期间保密工作责任书》，明确世博期间保密工作责任。（姚明专）

【开展信息保密管理专项检查】 4～5月和10月，区委保密办会同区信息委、机要局等单位，分别以世博期间上网信息和涉密计算机管理为重点，对全区计算机信息保密管理情况进行专项检查2次，摸清区政务网计算机、公务网计算机

（包括涉密计算机）、工作用单机和互联网计算机等配置使用情况的底数，对每台计算机进行编号造册，由区委保密办统一印制发放涉密、非涉密计算机的识别标签，落实涉密计算机分级管理措施。
（姚明专）

【排摸涉密文件资料非法交易】 8月下旬，区委保密办联合公安奉贤分局治安支队、工商分局和区供销总社等单位组成行动小组，对28家回收纸品的废品收购站、再生资源集散场所和2家废品交投网络中心开展实地检查，对从业人员进行保密教育，重申严禁涉密文件资料非法交易的保密要求。在排摸和检查过程中，未发现涉密文件流入废品市场非法交易现象。

【做好保密普法宣传】 年内，利用区电视台、政务网等公众宣传平台，通过开办网上学习园地、播放保密宣传广告等形式，营造保密法制学习宣传氛围。发放保密知识读本，继续将《保密工作》杂志征订作为保密普法宣传的一个抓手。6月中旬至7月中旬，对全区党政机关涉密单位的领导干部和涉密人员，组织开展保密知识测试活动，发放试卷1409份，参与率91%。9月上旬，对未参加测试的领导干部和涉密人员进行补测，确保活动覆盖面，增强各级领导干部和涉密人员的保密意识。（姚明专）

【开展新修订保密法专题学习】 年内，结合"五五"普法，将新修订的《中华人民共和国保守国家秘密法》纳入全区普法教育内容，组织学习宣传，安排专题保密讲座和保密知识竞答等活动，对领导干部和涉密人员进行培训。10月22日，邀请市国家保密局局长巢文健为全区处级以上领导干部作保密专题报告，加深各级领导干部对保密法条款要义的理解。（姚明专）

【确定区委党校为保密教育基地】 年内，区委保密办与区委党校沟通，明确将区委党校作为区保密教育基地。按照市委保密委、组织部、党校和市公务员局联合下发的《关于在干部培训中进一步加强保密教育的通知》精神，将保密教育列入区委党校的培训内容，落实保密教育培训工作机制。年内，由区委保密办落实师资，对区处级干部培训班、中青年干部培训班学员进行保密形势教育，会同区信息委对全区网络管理员进行信息化条件下的保密工作培训。（姚明专）

（本栏目编辑　张　彪）

雕塑《城市》

奉贤区人民法院

2010年，区人民法院牢牢把握“保障世博，服务大局”的工作主题，为奉贤经济社会协调发展提供强有力的司法保障。年内，启动中小企业经营风险防范机制，成立中小企业纠纷调解工作室，开通法律咨询热线“小江热线”；选择典型案例，进行为期两个月的巡回宣讲；建立交通事故合议庭与保险公司“一对一”审理机制，开通24小时“执行110”电话，推出接警快、反应快、处置快、协调快的执行机制；奉城法庭实行立案、审判、执行全功能化，成立速裁组快审简易案件，实行法庭联系社区工作制度，构建、指导基层司法调解网络，这些做法得到市委政法委、中央政法委的肯定。正是因为孜孜以求，不断开创工作新局面，年内反映审判质效的19项指标进入全市基层法院前五名，共有51个集体及个人获市级立功授奖，还被授予和谐型机关及2010年度上海市学习型机关创建工作先进单位等荣誉称号。

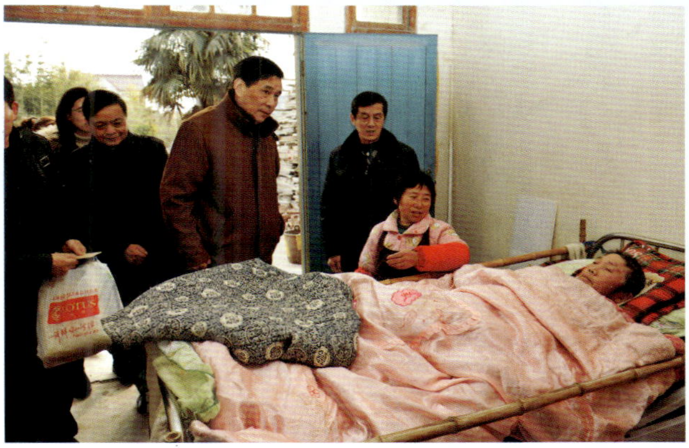

院长席建声慰问困难群众

公开审理原上海熊猫乳品涉毒案

建立交通事故合议庭与保险公司“一对一”审理机制

副院长张汇带队回访晨光文具有限责任公司

成立中小企业纠纷调解工作室

地址：奉贤区南桥镇解放东路199号
电话：021-37190666
传真：021-33611687
邮编：201400

上海市公安局奉贤分局

副市长胡延照到奉贤分局慰问

区委书记张立平一行慰问公安民警

上海市公安局奉贤分局在区委、区政府和市局党委的坚强领导以及社会各界的广泛支持下，以科学发展观为统领，紧紧围绕“平安世博”、“平安奉贤”的目标和主线，继续紧扣“公众安全感和警务作风建设”两大主题，以世博安保为契机，继承务实作风，高举改革之旗，不断推进机制创新和技术创新，着力在维护社会稳定上强职能、基层基础建设上谋发展、队伍建设上求提高，全面提升了队伍战斗力、创造力和凝聚力，有力确保了奉贤地区的社会稳定和人民群众的安居乐业。

2010年度，奉贤分局连续第五年被市局评为上海市优秀公安局；奉贤地区公众安全感和群众满意度总体评价分列全市第二、第一；分局基层基础建设工作位列全市第三；在上海市公安局“迎世博、保平安”打击整治攻坚战及市局对各分县局的综合考评中总成绩名列前茅。

成立警察公共关系顾问团，并聘任柏万青、宣克炅等社会各界专家为顾问

南桥派出所向受害群众发还涉案财物仪式并接受锦旗

对世博期间的先进典型进行表彰

举办世博安保工作表彰奖励大会暨答谢社会公众活动

参与上海航空警务队演习

奉贤警方在万隆花苑快速抓获犯罪嫌疑人

地址：奉贤区南桥镇南奉公路9555号　邮编：201400
电话：021-57426071　传真：021-24069205

上海市奉贤区农业委员会

首届上海奉贤黄桃节在青村镇隆重开幕

奉贤区农业委员会坚持贯彻落实科学发展观，以“贤文化”为引领，大力弘扬“农委精神”，积极践行“八不举措”，规范履行“指导、协调、服务、管理”的职责，有力提升工作水平，全面推动了奉贤农业的增产增效和农民的持续增收，农业产业结构更趋合理，农产品质量安全不断提高，对保障市场有效供应、推动区域经济增长和提高人民生活水平的作用日益凸显。

召开春季农业生产工作会议

“田头研究所”揭牌仪式

“三支一扶”大学生签约会议

◀“奉贤田头超市”市区店

▼ 西郊国际农产品展示直销中心奉贤展区

上海农村产权交易所

地址：上海市奉贤区南桥镇解放东路 8 号　邮编：201400　电话：021-67189220　传真：021-67189226

上海市奉贤区动物疫病预防控制中心

上海市奉贤区动物疫病预防控制中心成立于1956年10月，前身是上海市奉贤区畜牧兽医站，集畜牧兽医技术推广和应用、畜牧和防检疫管理以及专业科研开发为一体。主要负责奉贤区高致病性禽流感等重大动物疫病防控、监测、诊断、流行病学调查以及畜牧生产技术培训、推广和应用，全区饲养犬类的免疫管理，镇村动物卫生防疫的指导和管理等。中心有职工36人，其中科技人员30人，拥有实验和办公用房7000余平方米，较为先进的仪器设备一应俱全，总资产达8000余万元。

多年来，中心坚持科研创新，已取得60余项科研成果，曾连续两届获得上海市劳模集体称号，成功创建第十四届、第十五届上海市文明单位。中心内部团结和谐，比学习、比能力、比业绩、比奉献蔚然成风，涌现了全国五一劳动奖章、全国农村青年创业致富带头人、全国血吸虫病防治先进个人、上海市劳动模范以及上海世博工作优秀个人等众多先进人物，为确保奉贤区无重大动物疫病发生和促进现代畜牧业的健康发展作出了贡献。

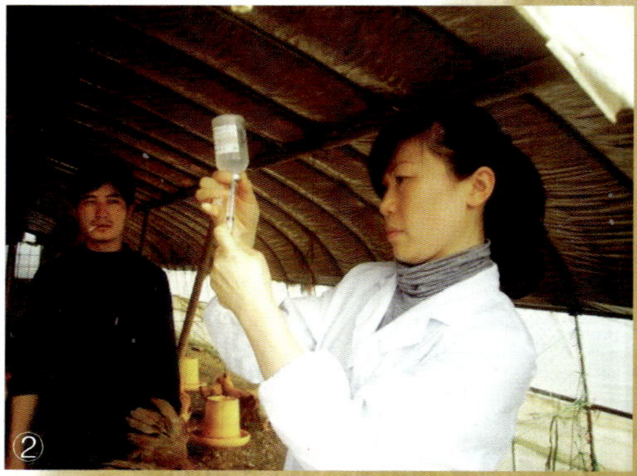

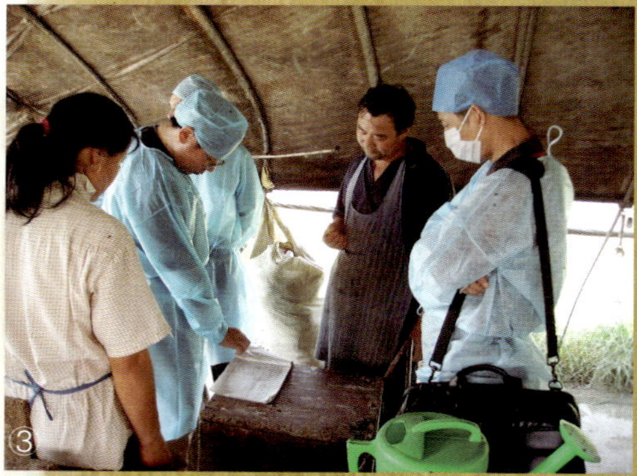

①为云南等西部地区农业干部开展科技培训

②开展高致病性禽流感免疫工作

③科技人员上门开展科技入户指导

④科技人员下乡为农民开展巡回科技培训

地址：上海市奉贤区南桥镇环城东路800号　邮编：201400

电话：021-67104899　传真：021-67104899

上海市农业科学院

上海市农业科学院是市属的综合性农业科研机构，成立于 1960 年。下设作物育种栽培研究所、林木果树研究所、设施园艺研究所、食用菌研究所、生态环境保护研究所、畜牧兽医研究所、生物技术研究所、农产品质量标准与检测技术研究所、农业科技信息研究所（数字农业工程与技术研究中心）、农业生物基因中心等 10 个研究机构，1 个综合服务中心和 1 个综合试验站，拥有国家食用菌工程技术研究中心、国家蔬菜品种改良（上海）分中心、上海市农业遗传育种重点实验室等 14 个国家级和部、市级科技创新平台和成果转化平台。

全院现有职工 929 人，其中专业技术人员 527 人，高级专业技术职务科技人员 202 人，硕士、博士 339 人，享受国务院特殊津贴专家 70 人。形成了种质创新和遗传改良、设施园艺技术、生态农业技术、农业生物安全与标准化、农产品保鲜加工、高新技术农业应用、都市农业理论等优势学科（领域）。与 30 多个国家或地区开展科技交流和合作研究。编辑出版《上海农业学报》和《食用菌》等 7 种学术类、技术类刊物，重点培育生物疫苗、食（药）用菌、种子种苗三大科技产业，科技服务立足上海、辐射长三角，服务全国。

“十五”以来，农科院紧紧围绕上海建设高效生态现代农业的目标，坚持自主创新，加强学科、平台、基地和队伍建设，不断提升科技创新能力、成果转化应用能力和自我发展能力。全院共承担国家、部（市）级以上科研攻关项目 443 项，获得部（市）级以上科技成果奖 62 项，其中，国家科技进步二等奖 1 项，市科技进步一等奖 7 项，235 个农作物新品种通过审（认）定。

展望未来，农科院将牢牢把握加快推进农业科技自主创新与成果转化应用这两大基本任务，围绕着上海经济的健康发展与社会的和谐进步，以科技支撑并引领上海未来农业的发展。

地址：上海市北翟路2901号 邮编：201106
电话：021-62208610 传真：021-62208660
分院地址：上海市奉贤区金齐路1018号
邮编：201403

上海市奉贤区城市交通行政执法大队

领导班子集体决策

上海市奉贤区城市交通行政执法大队在区建设和交通委员会、市城市交通行政执法总队的领导下，根据法定授权和交通行政主管部门委托，依法对本辖区内交通运输市场秩序实施行政执法管理，对其中违法、违章者实施处罚。

2010年，城市交通行政执法大队在上海世博会期间，第一时间部署世博41、42专路执勤工作，确保世博专线车的安全畅通。7月世博大礼包奉贤使用月，每个周末从17点到23点安排执法人员到航天博物馆站点维持乘车秩序，引导乘客有序上车，疏导乘客有序乘车约30万人次。为贯彻落实上海市政府提出的“两个坚决”执法精神，奉贤率先打响了非法营运整治“先锋一号”行动，并以“联合交警公安共同执法、设立出租汽车专用候车站点”的“奉贤模式”在全市推广。

开展“先锋一号”整治行动

开展世博专线保障检查

开展消防设施设备检查

城市交通行政执法大队全面履行对公交、出租、货运、汽修、长途等全行业的行政执法检查，2010年度获市执法总队和区建交委世博交通营运秩序保障工作先进集体荣誉称号，获市执法总队行业监管工作先进集体荣誉称号。

加强业务培训提升素质

地址：上海市奉贤区
南桥镇沪杭公路2181号
邮编：201400
电话：021-57107253
传真：021-57107253

召开年度总结表彰会议

在汽车站向市民宣传相关知识

上海市奉贤区航务管理所
上海市奉贤区地方海事处

党政班子团结协作富有战斗力

上海市奉贤区航务管理所和上海市奉贤区地方海事处隶属于奉贤区建设和交通委员会，业务上受上海市航务管理处、上海市地方海事局领导，单位实行一套班子的运转模式。主要职能是按国家的法律、法规和港航规章对辖区内航行、作业、停泊的船舶、设施及其所有人、经营人和人员实施海事管理、水路运输管理、航道管理、港口管理、船舶检验及行政处罚和国家规费稽征。现有职工56人，在职党员35人。2007年被评为交通部全国海事系统文明达标单位，2008年被评为上海市文明单位，连续十三次被评为奉贤县（区）文明单位。

海事队伍实行半军事化建设

海事人员上船进行安全检查

海事人员在封航期间指挥交通

着装统一

地址：上海市奉贤区南桥镇环城东路1168号
邮编：201400　　　　电话：021-57412727

南桥镇杨王村

杨王是一片充满生机和活力的热土，位于奉贤区中部地区，毗邻上海市南桥新城。S4、G15₀₁两条高速公路贯穿境内，交通运输十分便捷。

村领导班子在研究讨论规划

合力唱响新杨王

多年来杨王工业园区致力于优化投资环境，水、电、气、通讯等配套设施一应俱全，吸引了众多国内外投资者入户杨王创业发展。形成了以新能源产业、文化产业、输配电产业、汽配产业、机械制造产业、环保产业、建筑装潢产业、服装鞋帽产业等八大支柱产业，10000多个品种的产品畅销国内外市场。

2010年，杨王在商贸型企业招商取得的成绩主要有，一是新增商贸型企业注册登记368户，比上年增加281户，完成了区招办下达的年度(300户)任务指标，超额完成68户；二是新增商贸型企业纳税总额1883万元，完成了区招商办下达的1180万元年度任务指标。超额700万元；三是新增纳税商贸型企业122户，比上年增加92户，完成了区招办下达的年度任务指标68%。

村民们在百姓大舞台观赏文艺演出

杨王村首届趣味运动会

地址：上海市奉贤区南桥镇金海路2588号
邮编：201406
电话：021-33617067
传真：021-33617467

崛起中的
上海海港综合经济开发区

2008 年 4 月 9 日，上海市市长韩正视察上海中外运海港公司

上海海港综合经济开发区是奉贤撤县建区后，为主动接受洋山深水港辐射效应，由区委、区政府批准设立的综合性经济开发区，于 2003 年 7 月 18 日正式挂牌运行。

上海海港综合经济开发区开发总面积 15 平方公里，首期开发区域 3.6 平方公里。7 年多来，在首期开发区域内先后动迁居民 2000 余户 24 万余平方米房舍，建设办公和安置房 28 万平方米，完成道路、供水、供电、通信、燃气、排污、环保及绿化等基础设施配套建设。着力推进现代物流服务业、先进制造业和商贸服务业向园区集聚，先后引进宜家亚太分拨中心、中外运国际物流、雅胜物流、博禄塑料、海景海港大酒店等 20 个中外骨干项目。累计引进合同外资 2.96 亿美元，到位外资 1.8 亿美元，到位内资 15 亿元，11 家实业型企业建成投产。又先后引进 1200 多户商贸型企业，有效纳税注册企业 930 户。累计完成税收 8.31 亿元，完成地方财政收入 3.92 亿元。

社会事业持续进步，民生保障水平逐年提高。先后办理镇保 4574 人，应保尽保率 100%；农保覆盖率 100%，农村合作医疗投保率 99.4%；整洁村、健康村建成率 100%；区级文明村、文明小区建成率 100%；全地区社会秩序持续保持和谐稳定，是上海市平安社区之一。

在奉贤撤县建区 10 周年之际，上海海港综合经济开发区正抓住上海建设“四个中心”的重大机遇，凝心聚力抓紧建设和完善物流分拨中心集聚区、先进制造业基地、现代商贸集聚区和文明生态宜居区，为实现“十二五”经济和社会发展目标而持续拼搏奋斗！

海港开发区迎世博倒计时一周年活动

职工趣味运动会

宜家分拨中心（外景）

千名老人看发展

地址：上海市奉贤区海港综合经济开发区海杰路1568号　电话：021-57143198　传真：021-57143197　邮编：201413

西渡 经济园区

XIDU

西渡经济园区位于奉贤区北部，与闵行区隔江相望，东至 S4 高速公路，南至大叶公路，西至沪杭公路，北至大同港，总规划用地 166.7 公顷。园区全面调整招商策略，优化产业结构，增加工业总产量，以产业集约化、经济规模化、布局合理化为新目标，积极发展科技含量高、市场占有率高、经济附加值高和就业面广的产业，逐步形成以输配电制造业、服装纺织业、水泵制造业、运动器材、钢结构制造等为特色的工业产业体系。近年来，园区不断加强基础设施建设，完善内部管理服务，打造园区品牌。全面完成园区道路的灯光工程、绿化配套及污水处理管道并网工程，力争把园区建设成为环境优美、管理规范、经济发展、人际和谐的现代化工业园区。

地址：上海市奉贤区南桥镇西渡社区奉金路 88 号　邮编：201401
电话：021-57434196（办公室）　021-57430008（招商部）　传真：021-57434795

奉贤供销经济园区

FENGXIAN GONGXIAO JINGJI YUANQU

奉贤供销经济园区成立于2004年5月，短短几年时间，园区从白手起家到粗具规模，实现了超常规、跨越式发展。2010年，园区通过招商引资累计引进企业690家，比2004年增长18.16倍；招商企业累计注册资金比2004年增长9.4倍；实现招商引资税收5550万元，比2004年增长85.81倍。

区委书记张立平（左二）视察园区落户企业

园区总经理郭伟良（右）、党支部书记倪勤华（左）与招商人员合影

目前，园区下设15个招商分部，市区设有5个招商网络点，一个强大、立体招商网络体系逐渐形成，园区提出“服务、服务、再服务；完善、完善、再完善；诚信、诚信、再诚信”的宗旨。一是推出一条龙服务。推出了查名、验资、环保、消防、卫生、工商、税务、开设账户、购置发票等一条龙服务，为客户节约时间，提高了效率。二是提供配套服务。为客户建立企业档案，宣传解读政策，提供注册，及时退税，协助解决企业老板子女就学，协助办理各种许可证等服务。供销经济园区的凝聚力和向心力不断增强，一个综合型、科技型、实力型的经济园区已经形成。

上海奉供实业发展有限公司

招商地址：上海市奉贤区南桥镇人民中路283号三楼　邮编：201400

招商热线：021-57411052　传真：021-57102608

中国农业银行奉贤支行

年内，支行紧紧抓住上海举办世博会的有利契机，紧扣地区经济发展主线，团结一心，砥砺奋进，取得了世博金融服务工作做得好、各项业务经营业绩好、员工精神面貌好的“三好”成绩。积极推进转型发展，经营结构进一步优化；着力增强业务发展活力，经营机制进一步优化；全面夯实基础管理，精细化管理水平进一步提高；深入推进全面风险管理，进一步提高资产质量；全力服务世博，金融服务水平进一步提升；全面抓好党的建设、队伍建设和企业文化建设，昂扬向上的发展氛围更加浓厚。至年末，支行人民币各项存款余额190亿元，比年初增加35亿元，增幅23%；各项人民币贷款余额70亿元，比年初增加8亿元，增幅13%；上缴税金3428万元，居奉贤区“财富百强”企业43位；累计代理国库收支288万笔，金额345亿元。支行被评为2009～2010年上海市精神文明单位；营运管理在分行运营业务内部控制等级考评中被评为“一级行”；保卫工作被上海市综治委连续评为上海市平安单位。

地址：上海市奉贤区南桥镇南桥路380号　邮编：201400　电话：021-57422445　传真：021-57424242

上海银行 奉贤支行

Bank of Shanghai

2010年，上海银行股份有限公司奉贤支行围绕支行三年发展规划，加快发展、优化结构、深化内控、强化管理、圆满完成世博金融服务的工作主线，实现了各项业务全面、稳定发展。对照年度效益、质量、发展指标，基本做到又好又快发展；对照基础管理和内控评价，基本做到合规经营；对照世博会金融服务，基本做到五个不发生和零有责投诉；对照结构调整，加快了业务结构、客户结构、收入结构和员工队伍结构的调整；对照全局意识和责任意识，深入细致地推进干部员工的思想工作，增强了化解矛盾和驾驭支行的能力。至2010年末，支行各项存款余额39.10亿元，比上年增长5.29%；各项贷款余额42.52亿元，比上年增长15.98%；实现中间业务收入1016万元，比上年增长44.93%。

网点名称	网点地址	网点电话
上海银行奉贤支行	奉贤区南奉公路9639号	对公业务：67117633 对私业务：67117617
上海银行奉城支行	奉贤区奉城镇曙宏路12弄16-17号	对公业务：57512968 对私业务：57513583
上海银行奉贤化工区支行	奉贤区目华北路388号	对公业务：57448041 对私业务：57448057
上海银行奉贤环城东路支行	奉贤区环城东路672-674号	对私业务：67109356

雨雪天为客户清除积雪

举行"六一"亲子活动

热情接待客户

地址：上海市奉贤区
南桥镇南奉公路9639号
邮编：201400
电话：021-67117622
传真：021-67117623

上海农商银行SRCB

奉贤支行

2011年，支行积极调整信贷投向，重点参与区土地储备中心、南桥新城等贷款项目，支持三农和区内龙头企业发展，加大对农民合作社的资金支持。年末合作社贷款余额为9173万元，为全市农商行第二位；大力拓展中小企业贷款，全年中小企业抵寸甲贷款比上年增加6. 3亿元，增幅达50%；国际业务逐步得到发展，300余家企业开设国际业务账户，75家企业开办国际业务结算。

加强内控管理，开展案件防控，落实案防目标责任制，被评为上海市平安单位。开展人力资源管理综合改革，加强队伍建设。以迎世博为契机，统一对外形象标识，规范营业场所布置、自助服务设备，优化服务环境，提高服务水平，提升支行便民银行的服务功能。

2011年末各项存款余额126. 2亿元，比上年增加23. 7亿元，增长23%；各项贷款余额80. 9亿元，比上年增加16. 3亿元，增长25. 1%；实现中间业务收入2919万元。

上海农商银行党委书记、董
长胡平西到支行调研

组织干部参观上海金融系统
腐倡廉展览

支行青年志愿者服务队深入
区开展服务

5位员工光荣加入中国共产党

地址：上海市奉贤区
南桥镇南奉公路9780号
邮编：201400
电话：021-57106307
传真：021-57106290

兴业银行
INDUSTRIAL BANK CO.,LTD.

上海奉贤支行

兴业银行成立于1988年，是中国首批股份制商业银行之一，于2007年2月5日在上海证券交易所成功上市。根据英国《银行家》杂志2010年7月发布的2010年度世界1000强银行排名，中兴业银行排名继续保持快速上升态势，按一级资本排名列97位，比上年提升20位；按资产总额排名列93位，比上年提升15位；首次跻身全球银行百强行列。2010年，兴业银行荣膺2010年亚洲最佳盈利银行大奖及2010年度最佳创新服务奖，跻身亚洲商业银行综合竞争力十强。

兴业银行上海分行于1996年3月成立，是兴业银行跨区域设立的首家分行，也是上海首次接纳的异地股份制商业银行分支机构。开业以来，兴业银行上海分行遵循“为您理财，助您兴业”的服务宗旨，秉承“发展中我们共成长”的企业精神，以“建设一流银行、打造百年兴业”为战略核心目标，深入推进业务经营模式和盈利模式战略转变，致力于为广大客户提供优质高效的金融服务。

兴业银行上海奉贤支行于2009年年底正式营业，在发展过程中充分利用自身优势，为各类客户提供多样的金融产品和优质服务。例如：银行针对中小企业的融资需求及综合金融服务，特别量身打造了“兴业通”产品；针对有上市计划的优质公司，推出了“金芝麻”系列产品；针对不同风险承受能力的零售客户，每个星期都推出多款理财产品。经过近一年的努力，提高了兴业银行在奉贤区的知名度，终在日趋激烈的同业竞争中立稳脚跟，拥有了自己的一席之地。

地址：上海市奉贤区南桥镇环城南路1099号
电话：021-37596681（公司业务部）
021-37596678（零售业务部）
邮编：201400

浦发村镇银行
SPD RURAL BANK

上海奉贤浦发村镇银行股份有限公司

SHANGHAI FENGXIAN SPD RURAL BANK CO.,LTD.

上海奉贤浦发村镇银行股份有限公司是由上海浦东发展银行等五家法人企业发起、具有独立法人资格的股份制商业银行。公司成立后立足奉贤、服务奉贤，以先进的经营理念和服务管理，支持“三农”、支持中小企业、服务于奉贤城乡居民、增加奉贤地区的金融服务供给、促进奉贤区域经济和城乡协调发展。

●主要业务

一、贷款业务

办理：短期流动资金贷款、中期流动资金贷款、农村合作社贷款、农村企业贷款、农户贷款、个人经营性贷款、个人住房贷款、个人小额经营性重建贷款、银行承兑汇票贴现等。

二、存款业务

办理：各类个人存款和公司存款业务。

● 社会承诺

当天受理，当天答复。

● 服务监督

监督电话：021-60973810

地址：上海市奉贤区南桥镇环城东路 692 号

邮编：201400

电话：021-61820800

传真：021-61820805

深圳发展银行
SHENGZHEN DEVELOPMENT MANK CO.,LTD.

上海奉贤支行

行长：马长江

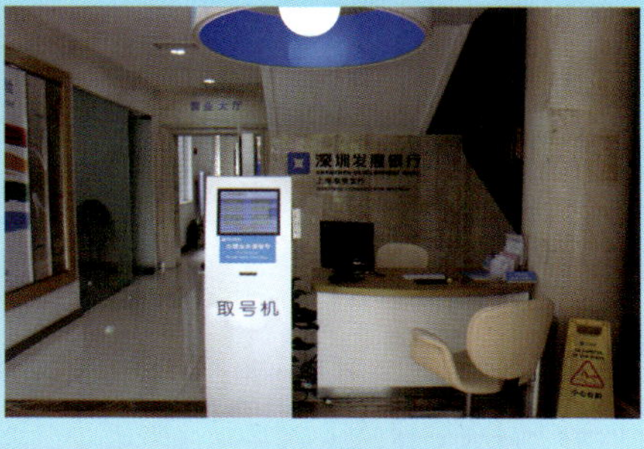

业务大厅

2008 年 11 月 20 日，深圳发展银行上海奉贤支行开业，成为第一家入驻奉贤区的非本地全国性股份制商业银行。支行营业面积 1000 平方米，员工 28 人。

自开业以来，支行始终坚持发展、安全、效益的统一，公司银行业务、零售银行业务齐头并进，负债业务、资产业务共同发展，抢抓机遇，开拓进取，务实经营，在变化中求发展，在创业中求进步，各项经营指标呈递增趋势，整体业务朝着良性方向稳步发展。加强市场营销力度，强化综合服务功能，重视企业文化建设，提高经营管理水平，提升支行竞争能力，奉贤支行全体员工在上级行的正确领导下，在地方各界的关心下，不断锐意进取，扎实工作，加快发展步伐，实现支行经营规模和经营效益的跨越。至 2010 年末，支行各项存款余额 15.46 亿元，比上年增加 5.3 亿元，增长 52.5%；各项贷款余额 7.15 亿元，比上年增加 4.27 亿元，增长 148%。

地址：上海市奉贤区南桥镇江海路301号
电话：021-57412000
传真：021-57425229
邮编：201400

深圳发展银行奉贤支行外景

上海奉贤巴士公共交通有限公司

奉贤是上海第三轮公交改革的"郊区第一家"，上海奉贤巴士公共交通有限公司于2009年11月22日挂牌成立。奉贤巴士公司经过近一年的努力，顺利完成了经营体制的转变（除南桥9路外），规范服务得到了进一步提升，内部管理日趋规范，职工队伍逐渐稳定，整体经营管理状况良好，公司各项工作实现了较大突破和明显进步。一年来，公司紧紧围绕服务世博为主线，以稳定为中心，深化公交改革，强化基础管理，完善内部机制，落实安保措施，各项工作有序开展。主要工作和取得的成效：

（一）抓住机会，深化改革，稳步实现经营体制的转变。

（二）以服务世博为中心，落实安保措施，确保万无一失。

（三）强化基础管理，提升队伍素质，重塑公司形象。

（四）完善内部机制，引入科学理念，提高管理效率。

（五）落实政府指令，推进线网优化，方便市民出行。

（六）深化公交改革，平稳有序接收，全面完成任务。

（七）全面保障职工利益，公交队伍得到进一步稳定。

（八）全面执行规范服务标准，服务水平得到进一步提升。

（九）完成经营体制转变，公交改革得到进一步深化。

（十）强化内部管理，实现经济效益和公交公益性双赢。

地址：上海市奉贤区南桥镇金海公路3438号
邮编：201406
电话：021-33656290
传真：021-33656316

上海奉贤联运有限公司

董事长兼总经理：邬元放

上海奉贤联运有限公司坐落于奉贤区南桥镇南桥路466号，地处奉贤区南桥镇中心地段，汽车30分钟经A4高速公路即可直达市中心，交通十分便捷。

公司始建于1992年，是奉贤区成立较早并具有相当规模和实力的专业运输企业。主要经营：水、陆、空联运、长途客运、液化气销售与充装、汽车修理（一类）、旅游服务、钢瓶检验、危险品车辆运输、代售汽车、火车、轮船票等运输服务项目。

多年来，公司领导抓住机遇，乘势而上、深化改革、锐意进取，凭借良好的经营信誉，广泛的市场网络，成熟的管理经验，优质的规范服务，使企业走上良性发展轨道。

目前，公司下属有6家企业：上海浦江汽车运输有限公司、上海奉贤交通液化气有限公司、上海银星汽车维修有限公司、上海远方气瓶检验有限公司、上海凤舞汽车运输有限公司、上海远方旅行社有限公司。各公司之间相互依托、互相支持，形成具有一定实力的经济联合体，为振兴奉贤经济发展创建和谐社会而努力奋斗。

上海银星汽车维修有限公司

上海奉贤联运有限公司

上海奉贤长途汽车客运站

地址：上海市奉贤区
南桥镇南桥路466号
电话：021-57425001
传真：021-57425130

中国移动通信
CHINA MOBILE
移 动 信 息 专 家

中国移动通信集团上海有限公司奉贤分公司

正德厚生 臻于至善

奉贤区经济部门“世博移动信息之旅”活动

中国移动通信集团上海有限公司奉贤分公司（简称奉贤移动），以科学发展观为指导，努力实现企业经营与社会责任的高度统一，致力于实现企业在经济、社会与环境方面的全面、协调、可持续发展。至 2010 年底累计开通 GSM 站点 418 个，WLAN 热点 119 个、TD 站点 95 个、GPON 站点 10 个。设置营业网点 20 个；“动力 100”系列产品得到全区近 4000 家集团客户认可；有全球通、神州行、动感地带等品牌用户约 94 万。

展望未来，奉贤移动将立足地区发展，大力推进区域“智慧城市”的移动信息化应用建设，进一步引领移动业务和创新全业务的发展。

“三八”国际劳动妇女节客户关怀活动

中国移动持续开展绿箱子环保计划，引领低碳生活

上海师范大学奉贤校区迎新赠卡现场指导工作

赴奉贤区惠敏特殊学校为儿童送关爱

慰问奋战世博的驻奉高炮营部队

“幻彩圣诞节，感恩奉移人”员工关爱圣诞送礼活动

地址：上海市奉贤区南桥镇
环城南路781号
电话：021-51376221
传真：021-51376300
邮编：201400
网址：www.10086.cn

致力于打造南桥第一教辅，为您的孩子提供最专业的辅导

汉阜教育培训学校

上海汉阜教育培训学校师资力量：均为师范类本科以上学历，从教经验2年以上的优秀老师

学校前台

汉阜教育培训学校成立于 2008 年。以“ 个性化的爱心教育 ”为理念。现已有人民路和南桥路两个校区。校内设施齐全，每间教室有空调，学校有独立卫生间，确保学生在安静、舒适的环境中潜心学习。学校有一支高素质有爱心的师资队伍，本着“ 因材施教 ”的原则，采用小班制教学，合理设置培训课程，确保学生在短期内学习成绩有较快的提高。汉阜创造“ 爱 ”的学习氛围：在“ 爱 ”的氛围里让孩子懂事；在“ 爱“ 的氛围里孩子才能最大限度的学习和发展；在“ 爱 ”的氛围里孩子主动学习，成绩的提升自然不成难题。里汉立中国，阜助未来。汉阜教育的目标：致力于打造南桥第一教辅，为您的孩子提供最专业的辅导。

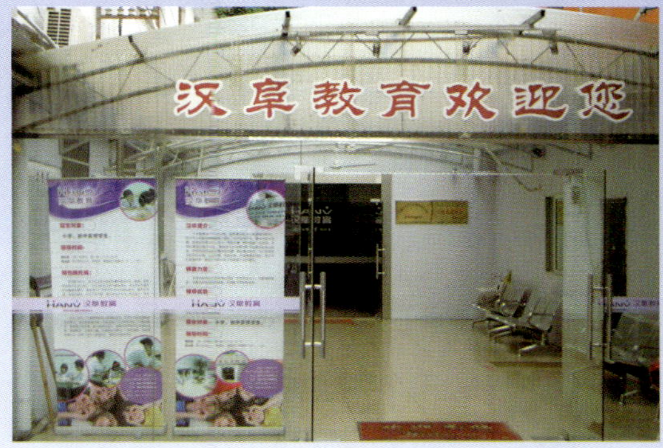

学校环境

一对一辅导

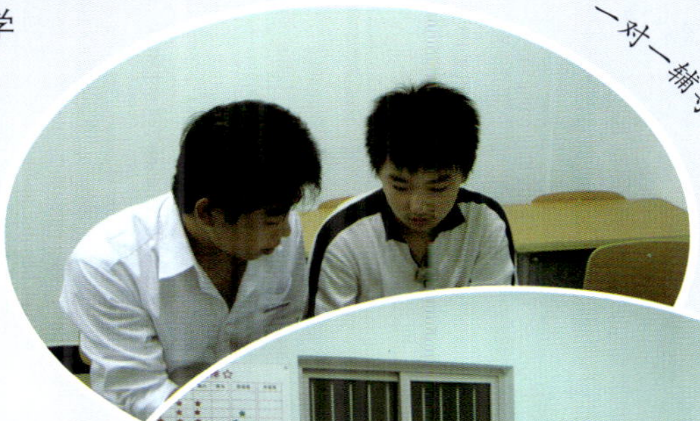

精品小班

优秀学员

地址：上海市奉贤区南桥镇南桥路 228-1 号

电话：021-57185533　　传真：021-57186622

网址：www.sh-hanfu.com

邮编：201400

中国人寿保险股份有限公司
China Life Insurance Company Limited

上海市奉贤支公司

工作会议

总经理：柏敏

中国人寿保险股份有限公司是全球市值最大的保险公司和国内唯一一家“三地上市”的金融保险企业。公司以悠久的历史、雄厚的实力、专业领先的竞争优势及世界知名的品牌赢得了社会最广泛客户的信赖，始终占据国内保险市场领导者的地位，被誉为中国保险业的“中流砥柱”。截至 2010 年，中国人寿保险（集团）公司已连续八年入选《财富》世界 500 强企业，连续三年入选世界品牌 500 强。总资产规模占据国内寿险行业半壁江山，中国人寿保险股份有限公司总市值更是位居全球上市寿险公司榜首。

教育培训

诚信服务

成立于 1996 年 4 月的中国人寿奉贤支公司以“造福大众，回馈社会”为己任，秉承“创新、拼搏、务实、奉献”的企业精神和“厚重诚信、自强致远”的企业品格，引领行业发展，始终占有奉贤寿险市场的绝对优势份额。支公司分为团体业务部、个险销售部、银邮保险部三大业务渠道，为广大客户提供人寿保险、养老保险、健康医疗保险、人身意外伤害保险等 4 大类 100 余个险种以及分红保险等集投资和保障于一体的新产品，并以优质的服务为广大客户称道与信赖。2010 年，中国人寿奉贤支公司全年实现保费收入近 3 亿元。

服务网点

公司外景

地址：上海市奉贤区南桥镇解放中路409号（人民中路195号）
电话：021-57422060　　传真：021-57423718
邮编：201400

军事·民防

人民武装

【概况】 年内，区人武部深入学习贯彻落实科学发展观、聚焦世博安保、加强党管武装，各项建设取得长足进步。成立世博安保指挥所，统一协调指挥全区世博安保力量；在区民兵训练基地，召开民兵整组点验暨世博安保誓师动员大会，点验民兵预备役人员400人；举行迎世博奉贤区"海豹一号"海防渗透反恐综合演练；在奉贤西大门组织民兵安保指挥所和部分实兵带通信工具演练；10～11月，组织民兵应急防化连126人，赴嘉定区集中备勤。向部队输送应征青年184人；首次面向全国招收16名大学生赴海湾女子民兵哨所和五四民兵哨所上岗执勤。成立全市首家民兵情侦工作组织机构，发放平安世博志愿者信息卡片5万张，对提供有价值信息者给予50元至2万元奖励。首部反映奉贤军事工作的志书《奉贤军事志》内部印行。组织驻奉部队开展连村挂钩活动，连户结对达100对(户)；组织现役官兵和民兵预备役人员300余人，参加闵浦二桥卫生整治；组织宣传服务小分队18支、现役官兵和民兵预备役人员216人，开展文明观博宣传服务活动；搜集整理反映拥政爱民、助学帮困、军民共建等"三同"活动的小故事编印成册。年初，上海警备区对区人武部党委班子岗位练兵进行考核，参考人员的理论基础、主战装备操作、指挥能力优良率100%，体能合格率100%。1月20日，市委常委、上海警备区司令员江勤宏少将到奉贤慰问，看望烈军属和江海敬老院老人，送去慰问品和慰问金。3月，区人武部政治委员高翔任区委常委。全年，车辆安全行驶20余万千米无事故，武器装备实现第28个安全年。区委书记张立平荣获2010年全国国防后备力量建设十佳新闻人物。区少年军校、海湾女子民兵哨所被评为上海市全民国防教育先进单位，并被命名为上海市国防教育基地。区教育局办公室主任祝燕国、区人武部石建英被评为上海市全民国防教育先进个人。 (臧光军 石建英)

【首次面向全国招收海防哨所民兵】 1月18日，区人武部首次面向全国招收大学生民兵。经理论测试、体能考核和体检、政审，16名大学生青年加入民兵队伍，赴海湾女子民兵哨所和五四民兵哨所正式上岗执勤。这批新哨员平均年龄不满24岁，退伍军人占50%，党团员占95%。

(臧光军 石建英)

【江勤宏到奉慰问】 1月20日，中共上海市委常委、上海警备区司令员江勤宏少将率警备区慰问团到奉贤慰问烈军属、敬老院老人和困难群众。江勤宏一行先后看望慰问南桥镇金港村刘港7组老复员军人丁章才、4组老军人仇火才等，向江海敬老院赠送慰问品一批、慰问金2万余元。

(臧光军 石建英)

【参加驻地"三个文明"建设】 1月，组织驻奉部队和民兵预备役人员在奉城镇、西渡社区南渡村和望园路育秀路口等开展卫生整治活动4次。3月10日，组织驻奉部队100余人参加义务植树活动。4月26日，为使闵浦二桥早日通车，缓解上海世博会交通压力，驻奉部队官兵200余人和金汇、庄行镇民兵100余人，冒雨整治闵浦二桥桥面卫生。4月，组织区人武部全体人员向玉树地震灾区捐款捐物，共计捐款7400元，捐衣100件。

(臧光军 石建英)

【首家民兵情侦工作组织机构成立】 3月30日，全市首家民兵信息工作网络体系在区人武部成立。以"情侦工作领导小组、情报调研组、情侦信息小组和民兵信息员"为模式，本着"小型精干、可靠可用、安全隐蔽"原则，抓好机构组织建设，在全区各村(居)委会、企(事)业单位、学校等设有信息员。情侦搜集重点是区域内海、空情，可疑船只、小型飞行器、空漂气球、反动传单(标语)、民社情动态，可疑人员、危险品等各类异常情况。

(臧光军 石建英)

【上海双拥艺术团到奉慰问演出】 4月22日，上海双拥艺术团一行

30人，在海湾女子民兵哨所进行慰问演出。五四民兵哨所、海湾边防派出所、驻奉空军某部和民兵预备役官兵100余人观看演出。（臧光军　石建英）

【民兵队伍遂行多样化任务】 4月中旬至10月底，组织8个镇的民兵应急分队和民兵海防哨所，在辖区沿海24小时不间断巡逻查滩，累计出动9853人次。组织3个开发区民兵分队，在特殊敏感时间赴自来水厂进行安全守护。上海世博会、中秋节、国庆节等期间，组织区人武部、基层武装部、民兵应急分队进入一级备勤。10月16日至11月16日，组织民兵应急防化连126人，赴嘉定区集中备勤。（臧光军　石建英）

【开展全民国防教育日活动】 9月，开展以"富国强军，共筑长城"为主题的全民国防教育活动。组织区内部分单位开展"军营一日"、国防教育图片展、国防教育文艺演出等活动。召开纪念抗日战争胜利65周年座谈会，邀请抗战老战士向区领导和机关干部1000余人讲述抗战历史，进行国防教育。9月18日，区国防教育办公室组织驻奉部队、民兵预备役官兵，在辖区内繁华地段和居民聚集区，设点进行国防教育宣传，利用大型LED屏幕滚动播放国防教育公益广告，悬挂国防教育横幅，发放国防宣传资料。（臧光军　石建英）

【征集兵员184人】 11～12月，区征兵办征集兵员184人，其中女兵8人。大专以上学历42人，其中本科生1人、大专生8人、在校大学生33人，占征集总数21.8%；高中学历142人占78.2%。党团员比例达95%。（臧光军　石建英）

预备役部队

【预备役高炮五团】 2010年，预备役高炮五团以世博安保为中心，坚持用党的创新理论和优良传统教育官兵，开展"学习何祥美、践行价值观、岗位练精兵、世博作贡献"、军车安检岗位评比竞赛和创先争优活动，被上级表彰为世博安保先进个人和模范共产党员10人，荣立三等功3人。根据中央军委、南京军区命令，上海世博会期间，编为军车入沪检查队金山分队，担负沈海高速金山收费站定点检查，金卫、新联、廊下、洋山港、芦潮港5个道口机动检查任务，全团官兵自4月13日进入执勤备勤状态至11月16日归建，全时坚守218天，检查军车1272辆，查扣涉假军车2辆、假证件5本，查扣违规徽章500余枚，完成世博安保军车入沪检查任务。年内，保持现役应急分队20人、战备值班连80人和应急处突营400人的备勤状态。团队先后被世博安保地面指挥所、军车入沪检查队表彰为世博安保先进单位。组织编写9类新装备训练指导手册，进一步规范训练内容和组训方式。按照防空作战"一个过程"的要求，组织首长机关、分队军官参加师四级指挥所编组联训，提高统筹谋划、组织指挥能力。运用作战指挥与对抗训练系统和办公局域网，开展"网络化、模拟化、对抗化"训练，促进军事训练常态化。加强部队安全管控。认真落实每月条令学习日、法纪教育日制度，深入学习贯彻新颁发的《共同条令》、《士官管理规定》等法规制度。严格落实党委理财管财、物资集中采购和经费资产一体化改革等制度规定，执行经费预算与收支相分离要求，提高经费使用效益，预算执行率超过90%，行政消耗性开支下降2.5%。推进营院设施改造，组织训练基地和勤务楼多功能厅简装修，更换营产营具，增设太阳能洗浴设施等硬件，后勤保障水平明显提高。以创建文明卫生军营为契机，完善保障预案9大类19项，在文明卫生军营检查考评中，被评为达标先进。扎实开展岗位练兵，领导干部带头开展"一学四练"，党委班子的能力素质进一步增强。以岗位责任目标考评为抓手，着力强化人才队伍建设，"靠素质立身、靠实绩进步"成为团队官兵的共识。重视抓好基层营连党组织建设，组织功能在基层建设中发挥重要作用。发挥"三个基地"作用，团队作为地方党员干部教育培训基地和国防教育基地正式挂牌，全年承办各类会议10次，承接各类培训班8期，提供保障服务2791人天，开展国防教育3978人次。（徐佳祎）

5月20日，区人武部组织民兵应急演练　（石建英　摄）

【空军预备役导弹兵团】 年内，继续巩固深化学习实践科学发展观活动成果，基础设施建设得到较大推进，验装接装工作圆满顺利，部队全面建设保持平稳有序、协调发展的良好势头。坚持每季度突出一个专题，把思想教育、舆论引导、文化熏陶、典型示范等环节结合起来，增强核心价值的影响力和渗透力。接装验装工作领导有力，方案制定科学具体，每个环节组织有序、标准高、要求严，114台件装备跨越五省一市，长途机动3000余千米,人员、装备和车辆安全抵达。开展预备役整组工作,改进编组方法,优化预备役人员队伍结构,提高专业对口率。立足现有条件开展军事训练,组织现役骨干进行为期2个月的专业理论强化训练,重点突出兵器理论、操作规程和装备法规的学习,提高现役骨干的专业理论水平。参加空军上海指挥所组织的比武竞赛活动,取得体能总分第一名。全年,党委中心组完成学习日24个。筹措经费200余万元改善官兵办公生活条件。落实干部考评工作,干部队伍建设得到加强。组织预备役党委委员到江西井冈山等红色教育基地参观见学,通过发放预备役军官证、开展优秀预备役军官表彰等活动,增强预备役人员的国防意识。开展创先争优、"双争"活动,对基层党支部书记进行集中培训,增强各级指挥员按纲指导、按纲抓建、按纲创优的意识。每月开展"学习条令日"活动,明确细化安全管理目标和责任,层层签订工作责任书,建立安全奖励和责任追究制度,从建章立制入手,研究制定《团值班警卫规定》《兵器场地管理规定》等制度,投入20余万元购置安装监控系统、警戒用具和安全设施,确保兵器安全,部队连续5年无事故案件和严重违纪问题。年内,与11家共建单位开展活动,出动600余人次参与地方卫生创建、植树造林等活动,为地方军训1200人次。荣立三等功3人,被评为优秀预备役军官11人。(臧光军　石建英)

【空军预备役雷达营】　年内,完成整组点验和军事训练任务,组织区内预备役士兵专业技术集训150余人次。5月,组织2批接装小组前往福建接运兵器,完成情况受到上级表扬。配合区内开展"三同"活动,为再创双拥模范城献计出力。7月,与共建单位区建安公司联合开展创先争优活动。协调相关部门,解决安置随军家属就业1人。与2家单位签订军民共建协议书,组织5家单位的员工开展"军营一日"、"市民看军营"活动,与1名家境贫寒的学生结对助学,资助其义务教育期间的全部学习生活费用。走访慰问区内4家居委会,为所在辖区的贫困家庭送去价值近万元的新春慰问品。上海世博会期间,在做好安保任务的同时,采用条幅、黑板报、街头分发宣传品等形式,营造"文明观博"氛围。年底,荣立三等功1人,被上级评为管理先进个人1人,获上级比武团体第一名2项,被评为优秀士兵2人。表彰优秀预任军官12人。　(臧光军　石建英)

民　防

【概况】　2010年,区民防办以地下空间世博安保工作为中心,推进落实应急组织指挥建设、信息化建设、工程建设、法制宣传教育、地下空间管理等工作。修订完善各类应急防护预案,组织应急疏散演练5次,购置机动指挥车1辆,全年出警10次。上海世博会期间,区内地下空间使用安全可控。4月中下旬,在上海市化学工业区选点新装警报器3台,搬迁警报器3台,排除警报器故障1台。完成市政府实事工程发放居民家庭应急包6030户,组织全区中、小学生参加民防实践1.2万人次,完成民防进社区三年行动计划。全年,批建人防工程37个,面积22.8万平方米,收缴结建费1215.45万元;完成人防工程竣工备案20个,建筑面积66739平方米;工程使用费收入20.65万元。区人防工程管理站被国家人民防空办公室评为全国人民防空先进单位,获政风行风测评民防系统全市第一名,获区级政风行风测评第六名。　(夏春芳)

【完成民防进社区三年行动计划】　年内,全区8个镇、6个开发区、82个居委会完成社区民防建设"五个一"标准,即:建立一个民防工作小组,制定一套完整的人民防空人口疏散、人员掩(隐)蔽方案,建立一支10人~15人的民防志愿者队伍,落实一块民防宣传教育园地,配置一套日常民防应急箱。在实施推进中,指导各社区、居委会编写人民防空人口疏散掩(隐)蔽方案和民众应急防护预案,制定社区民众疏散演练科目、基本程序和方法,以点带面开展民防应急疏散演练、宣传教育和知识讲座,增强民众的民防意识与处置灾害事故的能力。年底,经市民防办、民政局评估验收合格。南桥镇人民政府被评为2008~2010年度上海市社区民防建设先进单位,南桥镇阳光第一居委会、南桥镇贝港第五居委会、现代农业园区金水苑居委会被评为2008~2010年度上海市社区民防建设先进居委会。

(夏春芳)

【完成区级人防专业队伍整组任务】　年初,区人防专业队伍整组工作与区国防后备力量整组工作同步进行。区民防办对抢险抢修、

4月20日,开展社区民防干部逃生培训　　(民防办　供稿)

医疗救护、消防、治安、防化防疫、通信、运输、观察哨等8支人防专业队伍进行整组，对整组涉及的26家单位下发整组通知，提出具体实施要求。至3月20日，完成人防专业队伍整组任务500人。（夏春芳）

【编制人员疏散撤离和防护预案】 1～3月，区民防办组织开展社区和基层单位突发事件人员疏散撤离和防护预案编制工作。各单位按照预案编制指南明确的程序、方法和要求，开展调研勘察、会商论证。拟制预案593份。（夏春芳）

【民防网站改版】 2月5日，奉贤民防网站(http://www.fxmfb.gov.cn)改版。按照服务战备、服务社会、服务经济的原则，网站开设人民防空、民防建设、地下空间、综合信息、信息公开、网上办事等6大版块，设立主任信箱、网上咨询、监督投诉等平台，提供便民服务、民防知识、灾情信息、民防教育等内容。建立网站更新维护工作责任制，升级网上信息发布平台，规范信息发布流程，建立统一的后台管理系统。（夏春芳）

【民防机动指挥车配备到位】 3月2日，由市、区两级出资，经中电集团第38所四创公司专业设计组装的民防机动指挥车配备到位。该民防机动指挥车集信息采集、信息处理、指挥调度、决策支持、警报控制、通信保障、视频会议、综合保障等多种系统，配有6米升降照明和摄像装置。（夏春芳）

【参加市民防网上演练】 3月15～18日，区民防办参加市民防办举行的"民防-2010"网上演练，参演人员20余人，演练内容包括：机动指挥车和基本指挥所开设、人员疏散、组织指挥、文书传送演练等。（夏春芳）

【组织应急疏散演练】 4月中旬，以上海世博会期间本区可能发生的重、特大事件为背景，组织各镇、开发区、学校开展"迎世博保安全"应急疏散演练，重点演练人员疏散撤离的组织指挥、人员的自我防护，以及民防特救队伍的快速反应和紧急拉动。参加应急疏散演练的群众、学生2000余人。（夏春芳）

【安装地下空间入口防水挡板】 5月下旬，为吸取广州暴雨灾害的教训，运用试点引路、典型推广等方法，在全区地下空间入口安装防止雨水倒灌的防水挡板，备足挡水沙袋，严防雨水浸入。至6月15日，全区263个地下空间完成防水挡板安装，安全度汛。（夏春芳）

【编制南桥新城地下空间规划】 12月1日，南桥新城地下空间规划通过专家评审。编制历时半年，区民防办、规划局牵头成立工作小组，区发改委、规土局、建交委、轻轨办、新城办等相关部门参与。聘请市地下建筑设计研究院承担编制任务，邀请城市规划专家沈人德、地下空间设计专家沈德耀具体指导。（夏春芳）

【保障指挥通信畅通】 年内，完成指挥所试机和维护50余次，保障视频会议、视频演示和各种参观任务10余次；机动指挥所试机和维护30余次，保障消防、集结和测试等应急拉动演练5次，8月升级卫星通信天线。（夏春芳）

【加快民防工程建设】 年内，审批民防工程项目378个次，核定缴费项目69个，收取结建费1215.45万元；审批配建民防工程37个，建筑面积22.83万平方米，比上年增长272%，以全区城镇户籍人口29万计算，人均民防面积达1.7平方米，超额完成"十一五"规划要求。（夏春芳）

【开展纪念民防60周年系列活动】 年内，围绕庆祝人民防空成立60周年，区民防办开展一系列纪念活动。系列纪念活动以历史和现实、理论和实践、成就和经验相结合，采取统筹安排、上下联动、集中宣传的方式，运用科站配合、人人互动的优势，推动全区人防工作转型升级、科学发展。配合系列活动，印制《民防岁月》大型画册、刻录《铸就和平的盾牌—奉贤区民防60年发展回眸》多媒体光盘等发放全区相关单位。（夏春芳）

【发放民防应急包】 年内，发放居民家庭应急包6030户，主要发放对象是"五好文明"家庭和社区志愿者家庭。应急包内配有手摇式报警收音机应急灯、医疗急救包、逃生工具及使用说明光盘等。在应急包发放中，区民防办向市民宣讲家庭防灾自救知识，播放应急包内物品使用方法录像，区红十字会组织配套的技能培训。（夏春芳）

【落实学生民防教育】 年内，区中小学民防教育课开设学校37所，参加民防教育基地实践培训学生1.2万人，学生受教育率100%。参加全市"办世博、保平安"中小学生民防征文活动，获小学组一等奖2人，二等奖4人，三等奖6人；初中组一等奖2人，二等奖4人，三等奖6人。组织参加上海市第三届中小学师生涉险避险、自救互救技能展示活动，荣获二等奖。（夏春芳）

【开展地下空间安全检查】 年内，组织安保工作检查836人次，开展各类形式的检查56次，检查单位256家，发现隐患数336个，整改隐患336个，关闭使用工程1个。上海世博会期间，全区地下空间安全，无重大事故发生。（夏春芳）

（本栏目编辑 张 彪）

城镇建设与管理

南桥新城建设

【概况】 年内，市政府工作报告明确将南桥新城列为上海市当年和“十二五”期间重点推进建设新城之一。南桥新城总体规划、发展格局、基本设计思路确定。年内，全力推进重点区域地块动迁工作，腾地218.79公顷，落实动迁安置房基地55.93公顷。完成百兴路等5条道路及其相关配套管线建设。启动虹梅南路—金海路越江工程、轨道交通5号线南延伸工程。加快“上海之鱼”项目一期工程、“两路一带”西段民防工程等重点项目建设。配置优质社会服务资源。加快中小企业商务区建设步伐，加大宣传力度，推进项目开发建设和地块出让工作，出让地块3幅，实现土地收益20.49亿元。

年内，上海市正式启动新一轮大型居住社区建设，并把大型居住社区奉贤区南桥基地列入市政府重大工程。作为南桥新城项目之一，大型居住社区奉贤区南桥基地实施范围为东至浦星公路、南至上海绕城高速（$G15_{01}$）、西至金汇港、北至规划环城北路，占地面积约10.64平方公里（含保留区域）。规划建筑总量1192万平方米，其中住宅建筑量约为911.66万平方米，容积率0.94。地区居住人口约为23万人，居住户数9万户。先期建设动迁安置基地分4个标段，占地面积88.33公顷。奉贤区南桥基地规划用3～5年时间建设成为以居住生活、商务办公、休闲观光、商业服务等功能为主的城市综合新区。区政府成立区大型居住社区推进工作领导小组，下设推进办公室，并分设综合协调、前期业务、法务维稳、动迁安置、工程建设、资金管理等6个工作小组开展具体工作。为确保动迁工作顺利推进，在全区层面借调一批干部，建立一支70人左右动迁督导队伍，并对原分别隶属于部门和开发区两家动迁公司进行整合，专业人员从60人增加到120人，加强动迁工作第一线力量。

（王红琴　毕　静）

【南桥新城总体规划确定】 年内，市规划委员会原则通过《南桥新城总体规划修编（2010～2020）》。2月，市人大十三届三次会议《政府工作报告》将南桥新城与嘉定新城、青浦新城列为2010年以及“十二五”期间重点推进建设的3个新城。7月16日，南桥新城总体规划获市政府批复。调整后南桥新城总体规划，明确城区未来跨金汇港“东进”发展战略，可以充分发挥生态水系环境景观功能，有利于接受中心城和大浦东辐射、平衡区域关系，推进奉贤城乡一体化进程。按照总量不变、异地置换原则，对新城区域范围进行调整，新规划范围为北至大叶公路，东至浦星公路，南至上海绕城高速（$G15_{01}$），西至南沙港和沪杭公路，总面积71.39平方公里。城市增长边界南至平庄公路，规划控制面积仍为84平方公里。按照市长韩正关于南桥新城要充分发挥人口蓄水池功能指示，明确南桥新城人口规模由原有规划45万人提升至75万人～100万人。规划明确南桥新城功能定位是奉贤区政治、经济、文化中心，上海服务长三角南翼以及大浦东开发重要门户枢纽，上海杭州湾北岸地区综合性服务型核心新城。空间结构为“一核联四片、一环串两带”，即以保留的中央生态林地和规划建设中的“上海之鱼”为城市生态核心，辐射老城、城北、城南三大综合片区和一个产业片区，依托水系景观形成环状生态绿带，串联起依托浦南运河和金汇港而形成解放路公共服务带和金汇港生态景观带。

（王红琴）

【完善规划与城市设计】 年内，完成15个控详规划，初步确定新城总体建设形态，完成20个专项规划，全面统筹梳理完善新城各类专项专业规划，开展新城重点核心区域城市设计，提出优化合理街道宽度、建筑高度、建筑密度、建筑间关系等规划参数。12月24日形成《南桥新城新建居住及公共建筑低碳建设技术导则（试行）》，为新城打造亮点、提升形象提供依据。

（王红琴）

【南桥新城地名库建立】 8月13日，由新城办牵头，联合区地名办、教育局、地方志办启动南桥新城地名储备库建设，主要做好新城区域范围内各功能板块路、街、巷的命名规划与储备。11月底，地名库建设基本完成，共储备地名5000余个，经上报、查询、筛选后，可用地名1600个。（王红琴）

【推进重点区域地块动迁】 截至12月31日，完成动迁农户224户、企业18户，实现腾地218.79公顷。其中4单元敬贤中学3.67公顷，集中绿化8公顷，7单元S4出口13.53公顷、南郊宾馆北侧4.67公顷、望园路东侧9.33公顷、气象局0.24公顷，8单元166.67公顷，9单元望园路东侧解放路北侧6.93公顷，10单元配套用地0.57公顷，经济适用房3公顷。（王红琴）

【推进安置房基地建设】 截至12月31日，落实金海苑、金水苑三期、四期等动迁安置房基地42.4公顷，其中金海苑一期16万平方米安置房完成结构封顶，其余均不同程度推进中。计划逐年落实到位，用于新城范围内动迁 建设用地总计55.95公顷。（王红琴）

【推进市政基础设施建设】 年内，启动金海路越江工程、轨道交通5号线南延伸工程，加快提升区域通行能力。配合百联南桥购物中心二期升级开业，完成中小企业商务区内百兴路、百齐路道路建设，配合树园幼儿园开学完成高州路建设，配合房地产开发项目完成楚园路北段工程，计道路总长1700米，投资总额4100万元。配合三级医院迁建，完成其周边道路定康路、仁爱路、康全路、庙光路、九华路前期手续。（王红琴）

【打造“两路一带”西段地下民防工程】 至12月底，完成桩基施工，完成基坑围护施工，该项目地下空间总建筑面积1.9万余平方米，工程计划于2011年2月底结构封顶，建成后将成为上海郊区最大的民防工程之一。（王红琴）

【为南桥新城配置优质资源】 年内，推进中心医院迁建工程，全面完成基础施工、主体砼结构。推进世界外国语学校、格致中学等优质教育资源在南桥新城选址。推进配套项目建设，6月完成树园幼儿园项目施工建设并于9月1日实现开学，12月底完成恒盛幼儿园招标、完成金海幼儿园前期手续，并取得施工许可证，12月前完成敬贤中学基础部分结构。（王红琴）

【出让土地3块】 9月30日、10月22日，相继发布出让5幅地块预申请公告。“上海之鱼”首期出让地块、S4南桥出口南侧地块、南郊宾馆北侧地块、商务区望园路以西环城南路北侧地块、绿地南桥老街西侧地块40.33公顷。其中，S4南桥出口南侧地块、南郊宾馆北侧地块、商务区望园路以西环城南路北侧地块（出让总面积25.44万平米）于12月29日分别以12.06亿元、2.92亿元、5.51亿元成交价（成交总金额20.49亿元），由张江微电子港、越州投资、深圳卓越置业分别摘牌。（王红琴）

【加大新城宣传推介】 年内，完成《南桥新城规划与建设》宣传手册、多媒体视频宣传片及规划展示厅、区会议中心、南方国际大厦观光层南桥新城展板（展架）编制与制作。与市主流媒体对接，先后在《解放日报》刊发《奉贤区对照海内外城市案例，为建设市郊首座低碳生态智慧宜居新城把脉》《不能走老路，更不能走错路——南桥新城借鉴世博做规划》等报道，在《解放日报》《新闻晨报》《新民晚报》《东方早报》《劳动报》《房地产时报》等相继刊发。在《人民日报》海外版、《国际商报》上宣传南桥新城和南桥中小企业总部商务区。在《解放日报》“地产星空”专版发布祝贺上海之鱼开工整版广告，11月起在东方卫视《看东方》栏目投播南桥新城广告，完成S4、浦星公路、平庄公路7个高炮广告画面更新，完成望园路百秀路三联体路牌广告画面更新，新建航南路金海路以及百齐路百联南桥购物中心一侧三联体路牌广告和广告墙2座。（王红琴）

【推进中小企业大厦建设】 年内，加快中小企业大厦前期申报、项目招标工作及项目设计工作，9月底完成项目报批和立项工作，10月份完成项目报建手续和项目环评备案登记手续，11月底项目获设计方案批复，11月底完成用地规划许可证以及建设用地批准书。加快项目招标工作，10月中旬完成设计招标工作，11月上旬完成勘察招标，12月中旬完成监理与施工桩基招标。加快完成卫生、防雷、供电、电信、污水、上水、燃气、交通等专业设计，完成交通评价、灾害评价、抗震等报告。12月29日进行大厦试桩，该大厦为南桥中小企业总部商务区标志性建筑，建筑高度180米。（王红琴）

在建中的南桥新城（方国政 摄）

【推进出让土地开工建设】 至12月，新城完成开工面积101.13万平方米，包括绿地望海新都A区15.13万平方米、银河丽湾27.47平方米、华商大公馆6.03万平方米、恒盛湖畔豪庭二期23.92万平方米、理想未来中心4.37万平方米、同盛南桥花园10.73万平方米、华府铭邸7.34万平方米、南方国际购物中心二期办公楼C幢2.50万平方米、树园新苑动迁房二期2.74万平方米。旭远办公楼0.90万平方米。 （王红琴）

【做好大型居住社区用地报批】 年内，市规土局按照"急事急办、特事特办"原则，提高办事效率，加班加点完成大型居住社区13个标段581.13公顷征地手续。截至年底，动迁安置基地配套首期18条道路（62.13公顷）和4所配套基础教育设施用地（12公顷）农转用手续上报市规土局许可处。 （张 锋）

【大型居住社区动迁工作顺利】 8月25日，区大型居住社区动迁工作培训暨动员大会在区会议中心大礼堂举行，标志着大型居住社区奉贤区南桥基地动迁工作启动。大居奉贤区南桥基地共涉及动迁居民和农户3365户，动迁量约140万平方米；动迁企业380户，动迁量约150万平方米。金汇镇、青村镇克服时间紧、任务重、战线长、难度大等，在全面完成动迁安置基地J1-J4标段动迁任务基础上，顺利实现年完成总量80%的既定目标，为两年内动迁群众按时回搬提供保证。 （张爱玲 毕 静）

【大型居住社区南桥基地开工建设】 9月29日，大型居住社区奉贤区南桥基地动迁安置基地J3标段正式开工建设。12月31日，大型居住社区奉贤区南桥基地动迁安置房全面开工仪式在大居J4标段举行。市政府副秘书长尹弘出席并宣布奉贤大居动迁安置房全面开工建设。这次开工建设的动迁安置基地占地88.33公顷、建筑总量近150万平方米，分4个标段，共210栋高层，预计两年内竣工并交付使用。与之配套的18条道路、4所幼儿园、2所小学、2所初中等工程也同步开工建设。 （毕 静）

重大工程

【概况】 年内，确定重大工程项目35个，总投资逾250亿元。其中15个项目为2009年结转项目，20个为2010年新开工项目。至年底，闵浦二桥、上海应用技术学院（一、二期）、南方国际商业广场二期等3个项目已竣工并投入使用。 （李 欢）

【西部污水处理厂5万吨扩建工程完工】 3月25日，奉贤西部污水处理厂二期5万吨扩建工程开工，该项目总投资额14122万元，规划设计日处理30万吨，年内工程扩建5万吨，达15万吨。续建区级管网25千米。12月15日，该项目主体工程完工，2010年与此无关。 （李 欢 王勇二）

【闵浦二桥公路层通车】 参见第173页【闵浦二桥公路层面通车】

【百联南桥购物中心二期开业】 9月30日，百联南桥购物中心二期项目正式开张营业。二期建筑面积约8万平方米，地上五层，地下一层，升级后百联南桥商业总建筑面积从4.9万平方米扩大到11.59万平方米；其中东方商厦商业建筑面积由1.5万平方米扩大到3万平方米，购物中心商户从242家增加到363家。全年实现销售3.98亿元，比上年增长48.63%。 （胡宇红 李 欢）

【中央绿地民防工程开工】 10月8日，区政府重点工程南桥新城中央绿地民防工程开工。工程位于上海南桥中小企业总部商务区的中央绿化带下，占地面积约30000平方米，总建筑面积19136平方米。平时为地下停车库，可停放小型机动车430余辆，南北设连通口接通周边工程地下室，分设战时防护单元10个。工程由市民防办全额出资，区民防办承建。 （夏春芳 李 欢）

【金大公路开工】 10月19日，区北部东西的交通轴线之一金大公路正式开工，该公路由浦星公路至林海公路，全长4.9千米，四快二慢城市道路。此项目将与林海公路同步竣二，预计2011年7月全线通车。 （李 欢）

【加快林海公路建设】 林海公路为浦东杨高南路延伸段，于2009年6月1日开工，预计2011年6月全线通车，这将是奉贤又一条直达市区的交通要道。林海公路位于浦星公路以东，北接杨高南路，南至奉贤滨海。本次工程先期实施

建设中的百联南桥购物中心二期 （奉贤报社 供稿）

至平庄公路，路线全长26.07千米，规划红线50米，主线设计时速80千米，为四快二慢双向6车道，在奉贤境内约10.45千米。（李　欢）

9月29日，举行大型居住社区南桥基地开工典礼（大居办　供稿）

【“上海之鱼”一期工程启动】 10月30日，南桥新城“一核联四片，一环串两带”城市空间布局中的重要组成部分“上海之鱼”一期工程湖泊开挖。该项目位于航南公路至浦南运河，金汇港至金海路之间，规划总面积约2.53平方公里。项目聘请美国商业地产投资和经营管理公司朗润城市开发集团为规划总体顾问，由朗润盛邀国际规划大师、迪拜“棕榈岛”主创设计师拉瑞·奚伯斯提供概念规划。按照规划，该项目将通过大地雕塑，开凿鱼形水域“金海湖”，串联与其相邻的金汇港和浦南运河，围绕湖面的滨水岸线，建设高品质住宅、商务办公及各类度假村、游艇俱乐部、娱乐休闲、度假酒店、水岸商业街、会展中心等，建成一个集多种功能于一体的生态型主题国际社区。（李　欢）

林海公路夜以继日加紧建设

（奉贤报社　供稿）

【金汇港南闸改造工程开工】 11月7日，总投资约2.9亿元，本市沿海规模最大水闸——金汇港南闸改造工程正式开工建设。金汇港南闸位于区金汇港的出海口处，是区防汛、排涝、水环境改善和水资源调度的重要水利工程。原有老水闸始建于1980年，受当时规划、经济条件限制，防洪标准低，规模较小，且经30年频繁运行，已成危闸，远远不能适应防汛排涝的要求，改造需求十分迫切。新建金汇港南闸及其配套设施，选址位于现有老水闸南侧540米处，总净孔宽60米，规划最大排涝流量为每秒650立方米，工程预计于2012年5月完工。（李　欢）

【轨道交通5号线延伸段沪杭公路地下通道工程开工】 12月28日，轨道交通5号线奉贤延伸段环城东路站等4个地下站点工作井开工建设。轻轨5号线奉贤延伸段由闵行东川路站至奉贤平庄公路站，全长约19.244千米，沿途共设9个站点。分别为闵行站、西渡站、肖塘站、奉浦站、环城东路站、望园路站、金海湖站、南桥新城站、平庄公路站。（李　欢）

【开设重大工程审批绿色通道】 年内，针对重大工程项目办理时间紧任务重的特点，区重大办开设绿色通道加快审批办理速度。通过绿色通道，工程在办理审批手续时，职能部门统筹安排，交叉进行，优先审批。年内，三一重工、金汇港南闸改造、中小企业总部、轨交工作井、高压线绿化带等工程在审批过程中走了绿色通道，提高了工作效率。（李　欢）

【做好区中心医院迁建工作】 区中心医院迁建办公室成立于2009年12月，迁建办积极开展各类工程招投标活动，为招标文件的编制提供合理化建议，供招标代理公司参考。全程参与开评标工作，主动参与中标单位合同谈判，主动审核设计变更项目，把握好工程既不超预算又不降低建设标准的特殊控制要求。（李　欢）

2010 年奉贤区重大项目建设工程推进情况表

	项目名称	建设单位	建设进度
年内竣工项目	林海公路(S20—$G15_{01}$ 奉贤段)	市公投公司(区建交委协建)	三个标段目前主体工程都已结束,近阶段由于气候原因,黑色沥青摊铺暂停。其中 7 标 A30 拓宽段正在施工,延伸段路基已完成;5 标人行道正在施工;5 标北横河桥近期完成架梁,阳光路路口也于近期开通
	闵浦二桥	市市政局(黄浦江大桥建设公司代建)	工程已竣工
	上海应用技术学院(一、二期)	上海应用技术学院	10 月份竣工投入使用
	南方国际商业广场二期(商务办公楼和购物中心)	上海南方国际购物中心有限公司	工程已竣工,其中百联二期购物中心已于国庆节开业
年内开工项目(政府投资类)	奉贤西部污水处理厂扩建工程	区水务局	二沉池、生化池、综合池及泵房内设备安装完成,可以进行调试
	金汇港河道整治二期工程		前期准备
	南桥新城综合客运交通枢纽	区建交委	前期准备
	公交停车保养场	区建交委	前期准备
	轨道交通 5 号线延伸奉贤段地下站点工程	项目公司、轻轨办	地下通道工作井已于 12 月 28 日开工建设;三个地下站点的施工区域已划定,各类管线准备搬迁
	新沪杭公路(金山区界—沪杭公路)	区建交委	前期准备
	奉干公路(团青—川南奉、$G15_{01}$ 跨线桥—平庄公路)	区建交委	现场施工便道已打通;浦南运河桥已于 12 月 20 日开工
	金海南路拓建(平庄公路—海马路)	区建交委	前期准备
	S3 公路	市建交委	何时开工由市里实施安排
	大金公路(浦星公路—林海公路)	区建交委	下水道铺设基本完成。路基:石灰土层已完成 50%。桥梁:张家港桥下部结构完成 80%;朱家宅桥完成 50%;王家港桥全部完成;东星港桥 0 号台基础开挖完毕;陶宅界河箱涵基础全部完成;泰青港桥钻孔灌注桩全部完成,2 号墩下承台全部完成
	二路一带地下民防工程	区民防办	西侧 1-7 轴底板浇捣完成,东侧 22-31 轴正在铺设底板钢筋,8-15 轴做绑扎钢筋的准备
	奉贤区精神卫生中心	区精神卫生中心	前期准备
年内开工项目(产业类)	"上海之鱼"(一期湖面工程)		阶段性验收已完成
	中小企业总部(大楼)	上海达贤实业有限公司	前期准备
	南郊 SOHO	上海环恒房地产有限公司	前期准备
	银基—银河丽湾商业广场	银基发展	第一期共 17 栋单体,正在施工其中的 8 栋,局部楼已施工至 11、8 层
	上海生物制品研究所一期	上海生物制品研究所	前期准备
	三一重工(临港产业中心一期)	上海三一重机有限公司	施工进度:B 项目下料中心地面以下施工和主钢构(钢柱、钢梁)吊装已完成;A 项目总装车间桩基施工已完成,准备开挖。正在办理事项:A 项目总装车间施工总包中标交易手续、合同备案及施工许可证

续　表

	项目名称	建设单位	建设进度
年内开工项目(产业类)	临港奉贤园区圈围工程	上海临港奉贤经济发展有限公司	前期准备
	游艇产业基地港池水闸工程	上海杭州湾工业开发限公司	由于世博会及水路交通的延误,目前闸门仍在安装调试当中,其余工程量已全部完成
年内续建项目	虹梅南路—金海路越江工程奉贤段前期工作井及道路动迁	区建交委协建	奉贤段:第一阶段地下墙施工已于12月19日全部完成;钻孔桩施工已完成41%;洞口加固已完成64%;阴角加固已完成70%;新闸河改建已完成45%;北侧场区施工围墙已完成90%,大临已完成30%
	金汇港南闸改造工程	上海市江海水利资产管理公司	新建的渔民码头正在进一步加固加高,渔民船只正在做迁移准备;导流渠正在疏浚
	曙光中学迁建	曙光中学	学生公寓、食堂、教学楼、行政楼进入内装饰;体育馆网架铝塑板安装基本完成,外墙面砖基本完成。二期工程李主一纪念馆已开挖,基础梁混凝土浇捣完成,砌筑基础砖墙。室外总体给排水开挖
	奉贤区中心医院迁建	区中心医院	门急诊楼、行政楼、2号病房楼、后勤楼、辅助楼已结构封顶。医技楼局部四层结构封顶、五层在结构施工。1号楼正实施三层结构施工
	棕榈滩海景城-海景酒店主楼	同丰房地产开发有限公司	前期准备
	轨道交通西渡站配套工程	上海奉通置业有限公司	地上有三幢建筑即南楼、北楼和西楼,目前正在三层结构模板制作、支模
	绿地翡翠国际广场	上海绿地汇置业有限公司	1号、3号楼已交房。4号楼:土建完成,内装饰工程已完成85%,外墙幕墙装饰条安装完成50%。道路景观铺设已完成80%。
	奉城医院改扩建	奉城医院	门诊楼:全部完工,通过内部验收。病房楼:完成屋面机房柱和梁板浇砼,二、三、四层填充墙砌筑达90%。一、二、三层水电墙体线管安装达50%。
	奉贤区档案馆	区档案局	桩基施工已完成

(刘　欢)

规划和土地管理

【概况】　2010年,区规划和土地管理工作紧紧围绕区"三区一基地"建设总目标和"一二三四"关键性工作,坚持"规划引领和土地调控并举,保障发展与保护资源并重",加快重点规划编制,开展南桥新城城市设计国际方案征集,深入推进"双保工程",全力推进上海市大型居住社区南桥基地建设,积极探索集体建设用地流转,努力加强自身建设,不断提升规划和土地管理对经济社会发展的服务保障能力。　(李　晔)

【加快控详规划及专项规划编制审批】　年内,以批准的总体规划修编成果为依据,全面加速南桥新城各单元控制性详细规划的编制报批。确保"上海之鱼"一期、三级甲等医院、南桥新城交通枢纽、上海市大型居住社区南桥基地等近期建设项目的落地。同时,加快推进南桥新城相关专项规划编制,对完善南桥新城规划,落实基础设施先行和公共服务配套,为有效推进南桥新城未来发展建设发挥重要引领作用。　(李　晔)

【完善土地利用总体规划】　年内,对批准各类总体规划和控制性详细规划进行全面梳理和完善,加快形成区、镇两级城乡规划成果体系。深化完善"两规合一"方案,划定土地用途分区,对全区土地利用进行科学合理布局,加快完成土地利用总体规划修编,为区未来发展争取充分空间。　(李　晔)

【推进镇级总规和控规编制】　年内,基本完成镇级总规和控规编制工作。庄行、金汇、青村、四团镇镇域总规及控规均获得批准。海湾镇由于涉及杭州湾地区整体发展,在镇域规划未能落地的情况下先

行完成镇区控规批复，保障和支持地方社会经济发展。17个产业园区控规完成14个，其余3个正在编制。（李　晔）

【推进居民点规划编制】 年内，组织完成7个镇（除海湾镇）村庄规划编制，6个镇村庄规划成果获区政府批准。以村庄规划为依据，指导各镇推进居民点规划编制工作，为村民建房选址建设提供依据。（李　晔）

【加强土地计划调控】 年内，按照"突出重点、统筹兼顾、讲求效益"原则，合理分配年度250公顷建设用地指标，安排产业项目用地133.33公顷，经营性项目用地66.67公顷，市政设施用地53.33公顷，新农村建设用地13.67公顷。把有限用地指标向"三区一基地"建设重点区域、重点行业、重点产业集中，同时确保市政基础设施、社会公共事业和新农村建设等用地需求。（李　晔）

【加强土地供应和出让管理】 年内，严格执行"批项目、核土地"制度，按照区"两规合一"方案确定城镇建设用地线、产业用地线、基本农田保护线"三条控制线"办理项目审批手续，完成项目预审216个，总面积373.33公顷，其中新增面积334.33公顷。做好条件成熟地块的出让，加强出让合同的跟踪监管，促进出让地块早开工、早竣工、早见效。全年办理土地出让合同148份，面积近321.2公顷，土地出让金约52亿元。其中工业用地134公顷，出让金6亿元，经营性用地187.2公顷，出让金46亿元。（李　晔）

【开展农村集体建设用地流转试点】 年内，制定区《关于实行农村集体建设用地流转，提高土地节约集约利用水平的试行意见》。以试行意见为指导，开展庄行新叶村宅基地归并集中、土地综合整治试点准备工作。（李　晔）

【加大违法用地处置力度】 年内，按照市规土局统一部署，开展闲置土地梳理登记工作，办理闲置土地登记134个，合同面积约513.33公顷。在此基础上，通过调整合同督促开工、依法收回重新出让、"腾笼换鸟"等方式，力争全部盘活利用。争取将区作为历史违法用地处置试点，梳理明确处置范围，排定分年度处置计划，按照"拆、补、移"等方式分步推进。继续加大违法用地、违章建筑查处和拆除力度。全年通过执法巡查、信访举报等发现新增违法用地事件203起，面积50.67公顷，消除135起，面积27.37公顷，查处违法建筑106处，面积20.20万平方米。（李　晔）

【做好各类行政事项审批】 年内，完成农转用、征收土地手续办理86个批次，土地总面积1369.13公顷；办理土地批文370件，核发建设用地批准书123份；完成建设项目选址意见书188件，面积约1364万平方米；完成建设工程规划设计方案108件，面积约503万平方米；完成建设用地规划许可证260件，核发用地面积1741万平方米；完成建设工程规划许可证214件，核发工程面积1372万平方米。（李　晔）

路桥与市政建设

【概况】 2010年，完成新林公路、西闸公路、环城西路等8个公路中修工程22.59千米。西闸公路与五四公路两个GBM工程（公路标准化、美化工程）3.95千米。至年底，境内公路总里程1208.14千米，区管公路403.76千米，（其中省道为73.05千米，县道为330.70千米），乡道763.36千米，村道41.02千米。县道以上桥梁333座，管养公路驳岸22.24千米，雨水管里程210.46千米。市政道路总里程70.09千米，人行道33.24万平方米，管养市政桥梁49座，管养市政驳岸1.31千米，雨水主管里程25.23千米，雨水连管23.55千米。（冯梅英）

【沪杭公路地下通道工程开工】 12月28日，沪杭公路地下通道工程正式开工建设。该工程属市政配套工程，位于沪杭公路八字河南侧、沪杭公路东侧区域，总投资1152.7万元，预计于2011年5月完成主体结构。该工程主体空间主要用于隧道盾构机械预埋和隧道方向定位，是隧道地下建设"定位点"和"始发点"，该工程顺利开工为轨道交通5号线奉贤段工程全线开工建设创造条件。（朱　凤）

【闵浦二桥公路层面通车】 5月21日，闵浦二桥公路层面正式建成通车，该桥全长4.8千米，主跨251.4米，北起闵行区沪闵路剑川路口，向南跨越黄浦江后，至沪杭

5月21日，闵浦二桥公路层面正式通车　　（建交委　供稿）

公路西闸路路口以南落地，上层为干线公路，下层为预留轨道交通线。这次通车的公路层为机动车道路，设双向四车道，禁止行人、非机动车以及大型货车通行，车辆限高4.5米，设计时速60千米。闵浦二桥是奉贤与中心城区联系重要通道，可有效分流地区越江交通及S4高速公路交通压力。（朱　凤）

【轨交沿线动拆迁工作基本完成】 6月起，对轨道交通沿线地区（南桥镇、工业综合开发区、现代农业园区、柘林镇）涉及居民和企业进行动迁，截至12月31日，完成动迁总量90%。沿线各站点搬迁围栏工作有序进行，环城东路加油站、望园路站周边绿化及金海湖站施工现场搬迁清理工作完成。（朱　凤　李　欢）

【完成轨道交通5号线奉贤段风险分析评估】 年内，轨交5号线奉贤段工程项目完成并通过市有关部门对风险分析报告评估。区轨道交通办通过社会调查、专家分析论证，运用数据收集和统计、专家打分、风险概率等综合评价指数方法，对项目合法性、合规性、综合可行性等进行评估，得出轨道交通5号线奉贤段项目建设可行性结论。相关建设前期审批流程符合政府建设项目审批和规划要求，为轨道交通5号线南延伸项目的全面启动建设奠定基础。（朱　凤）

【投入公路设施养护经费13044万元】 全年投入养护经费13044万元，其中日常小修养护4000万元，预防性养护310万元，公路桥梁抢修1500万元，标志标线500万元。实施GBM工程及大中修工程24.07千米，计4450万元，完成绿化补种及绿化整治600万元。至年底，全部公路MQI（对公路技术状况的客观描述和对公路养护质量和管理水平的科学评价），超过上级下达的指标要求，其中省道MQI达到93.52，优良率达到87.16%；县道MQI达到92.20，优良率95.15%。（冯梅英）

【投入农村公路养护经费3500万元】 全年乡村公路养护投入3500万元，其中大中修2000万元，乡村公路路名牌、标志设置220万元，对各镇补贴980万元，农村公路管理站管理费230万元，桥梁检测维修费70万元。（冯梅英）

【路政管理工作落实有序】 全年出动检查车辆998车次，人员3068人次，清除违章堆物88.4吨，拆除违章搭建2间20平方米，清除违章广告103块、违章设摊91处，违章店招店牌19块，办结行政处罚赔补偿简易程序194起，一般程序11起，检测超限运输车辆215辆，其中超限83辆，简易程序当场处罚75辆。办结城市、公路行政许可审批项目225项。其中管线掘路65项、占路3项、增设道口17项、抢修89项、其他51项。全年完成养路费补征12.6万元，通行费征收7338万元。（冯梅英）

【投入市政设施养护经费1929.41万元】 全年投入养护经费1929.41万元，完成维修水泥砼路面613平方米，沥青砼路面2610平方米，翻修侧平石3650米，彩色人行道26561平方米，水泥砼路面灌缝19028米。完成环城东路（航南公路—运河北路）、奉秀路（解放东路—中横河桥）、育秀路（环城东路—江海路）大中修工程，完成整治车行道52740平方米，人行道10290平方米。（冯梅英）

房地产和住宅建设管理

【概况】 年内，新备案房地产经纪企业32家，新增房地产开发企业暂定资质18家，暂定升三级资质6家，三级升二级资质1家，核发商品房预售许可证59张，批准预售商品房9711套、130万平方米。全年办理产权登记22842件（其中存量房6677件），核发登记证明14594件、租赁备案175件、注销登记12406件、异议登记14件。登记簿查阅15473件、原始资料查阅2130件。全年房产交易总量183.72万平方米，交易额144.21亿元，其中一手房交易总量120.96万平方米、交易总额108.86亿元，二手房交易总量62.76万平方米、交易总额35.35亿元。全区物业服务企业有59家，管辖着全区232个住宅小区。（张爱玲）

【强化住宅小区物业管理】 年内，研究制定《奉贤区关于加强住宅小区物业管理的实施意见》，内含6大举措和18条具体措施。在全区范围内推选3种物业管理模式，分别为以阳光园为代表的商品房小区、临海社区为代表的动迁房小区、庄行镇郛桥社区为代表的集资房小区。建立3支队伍，分别为卫生保洁突击队伍、建筑垃圾清运队伍、黑色广告清理队伍。加强住宅小区维修资金监管，归集到位维修资金1.17亿元。规范962121物业服务呼叫平台管理和房屋应急维修中心建设，全年呼叫平台受理维修1475件，应急中心受理维修1160件，出动人员2900人次，及时处置率100%。做好防汛防台工作，全区48个地下车库均按照防汛要求落实预防措施。（张爱玲）

【完成住宅小区世博安保工作】 成立世博安保领导小组，制定应急预案，扎实推进住宅小区世博安保工作。对全区5860只水箱、277个水池（水泵房）全部落实双人双锁，配合市局督查小组开展对全区226个住宅小区安全普查工作，组织33家物业公司开展世博安保应急演练和平安志愿者上岗演练。（张爱玲）

【发放109万平方米住宅交付使用许可】 年内，征收配套资金2.9亿元，安排配套项目32个，发放109万平方米新建住宅交付使用许可证，监管新建住宅质量通病201万平方米，监管配套包干项目菜场路道路工程和小蜻蜓幼儿园工程正式开工建设。加强行政监管，全面掌握区内住宅建设动态，全年新开工201万平方米，施工面积278

万平方米，竣工面积109万平方米。（张爱玲）

【动迁房屋154万平方米】 年内，健全组织机构，成立动迁管理所，整合奉浦动迁公司和奉安拆迁公司，借调和招聘人员，充实动迁队伍，全力配合南桥新城、轨道交通5号线等重大工程项目和大型居住社区动迁工作。全区实际动迁4561户，动迁房屋面积154万平方米，组织各类动迁培训班9期，参加培训1090人次。（张爱玲）

【安居工程取得实效】 年内，农民集资房实际竣工113万平方米，完成年初计划113%，改造2.8万平方米直管公房。安置3385户在外过渡动迁户，其中安置历年在外过渡动迁户2533户、本年度动迁并安置户数852户。发放廉租租金260万元，完成新增廉租住户86户，其中实物配租10户。5万平方米保障性用房正式开工建设，并落实人员、资金、场地、设备等相关事宜，为2011年的经济适用住房申请工作打下基础。60套人才配售房收储完毕。同时，根据市规定，在商品房地块出让时设置按总住宅量5%配建保障性住房条件，配建3.2万平方米保障性住房。（张爱玲）

城市交通管理

【概况】 至年底，全区拥有公交营运企业3家，公交线路53条，营运车辆463辆，从业人员1850余人，日均运客11.5万人次。客运集散点3个，跨省班车客运线路79条，日均出入市境旅客1200余人次。区域出租车企业3家，区域性出租汽车562辆，日均运客2.5万人次。有机动车维修业户210户，其中一类企业1户、二类企业104户、三类个体和企业105户。特约维修备案17户。在区注册货运企业：普通货运专业382户车辆3800辆，非专业2749户车辆6715辆；危险品运输企业11户车辆427辆。在区注册的停车场（库）16户18个停车场（库），其中AA级场（库）为8个，占44.44%，A级停车场（库）为10个，占55.56%；道路停车收费段（点）21个，泊位787个。（朱　颖）

【公交行业上海世博会安保工作全面落实】 年内，全行业制定完善上海世博会安保工作方案，结合实际突出“人防物防技防”重点，政府统一招募58名专职安检人员，提高客运安检率。长途客运行业增设安保人员，购置X光安检仪等必备安保设备，增设视频监控探头，实现区域全覆盖，并与“110”报警中心联网，长途车辆全部安装GPS定位系统，配齐逃生锤和灭火器。公交行业所有一线司售人员、调度员均为兼职安检人员，对途经上海世博会周边8条公交线路94辆车均安装图像监控设施，均配备专职安检员，公交车辆实施一车一检和一程一检并建立台账，出租行业车辆实施一车一检和一差一检。加强货运行业特别是危运企业监控，启用装运货物派车单，结合GPS实施24小时监控。汽修行业注重维修安全，确保维修质量。停车行业采取有效防范措施，限制易燃、易爆、剧毒或污染品车辆进入辖区混停。设立停放车辆进出登记，当班人员开展区域定时巡视并记录，实施24小时监控。对区内长途客运、公交、特定公共交通、危险品运输等重点行业开展上海世博会安保专项检查，开展年度行业监管，其中开展道路货运企业检查171户次，510人次，维修企业234户次，公共停车场（库）66次，客运企业79户次。（朱　颖）

【提高公交行业服务水平】 年内，通过财政专项资金对公交规范服务实行每月考核，全部公交车辆均纳入智能监控平台，建立监管平台工作机制，实行双监台账记录（企业监录、署监录），监控数据纳入年度线路经营权考核。全年监控公交线路1328条次，监控车辆12007辆次，GPS覆盖率100%，完好率平均达97%。（朱　颖）

【优化调整公交线网】 年内，开通四团1线、南桥10路、虹桥枢纽5路、西五B线、南庄线、柘林2线等6条线路，城乡巴士覆盖率达到100%，及时填补平庄公路、南庄路公交空白。调整途经海湾大学园区的沪海专线、莘海专线、南桥9路、奉卫线、海湾1线等线路走向、班次，方便广大师生出行。调整东部塘四线、奉燎线、海湾3线等运能、班次，方便海湾镇居民出行。结合闵浦二桥通车，调整莘海线、莘团线走向，缩短出行时间。（朱　颖）

【维护公交基础设施】 年内，加强网格化管理，配备网上执勤人员实施白天监控并上报监控信息，发现问题及时处置，确保公交设施完好。对全区所有公交站点进行梳理，增设公交站点96个，更换公交站牌563个。新建五四社区、公谊路及三城路等3个小型公交枢纽站，新建港湾式车站10对，候车亭81座。（朱　颖）

【提高公交客运能力】 年内，应对节假日、观博月高峰客流提高社会公共服务能力。五一、十一黄金周，公交客运量320.99万人次，比上年增长27%；出租车运送乘客54.51万人次，与上年基本持平；长途运送乘客3.48万人次，比上年增加35%。观博“大礼包”月，世博专线41路、42路运送14.96万人次，日最高峰8365人次，因轮渡停航调配应急车辆发送对驳过江专线194班次，对驳过江市民1.22万人次。（朱　颖）

【开展交通执法检查】 年内，为保障上海世博会召开，加强主要交通集散点执法力度，全面履行对公交、出租、货运、汽修、长途等全行业行政执法检查，开展各类交通执法稽查1565次，出动稽查人员8529人次，受理案件1970件，立案1593件。其中公交违章225件，出租行业违章211件，无证出租16件，教育放行141件，货运违章489件，汽修违章22件，长途违章66件，公安移送无证电动三轮车案件377件，运管署移送二级维护案件423件。（朱　艳）

【开展机动车维修企业检查】 3～4月，区交通执法大队对全区107家一类、二类机动车维修企业开展全面检查行动。此次大检查活动对超越经营范围、违反操作规程等严重违法违规行为开具整改通知书17份、开具处罚通知书14份。日常加强对市民汽修投诉举报查处。通过执法检查，对规范经营行为和世博安全保障起到良好促进作用。 （朱 艳）

【开展“先锋一号”行动】 7月起，奉贤交通执法大队在总队统一指挥和调集下，率先打响非法营运整治“先锋一号”行动，并以“联合交警公安共同执法、设立出租汽车专用候车站点”的奉贤模式向全市推广。同各区县执法大队，先后开展“先锋”、“联合”系列跨区域专项整治行动，查处非法营运车辆16辆，克隆车2辆，对141辆有收费行为非法营运机动车驾驶员进行教育处理，有效遏制非法营运现象蔓延。2010年度被评为市执法总队行业监管工作先进集体。 （朱 艳）

【打击出租车跨区及“克隆”经营】 7～8月，针对闵行、金山等区域性出租车跨区域营运、造假证经营影响区域性出租车市场秩序等现象，执法大队重拳出击，执法行动每周有重点，对违法行为的打击做到持续不放松。从严打击“克隆”出租车辆，加强处罚力度，努力维护区域性出租车的营运环境。 （朱 艳）

【维护上海世博会交通秩序】 自4月下旬上海世博会试运营起，执法大队在南桥汽车站、奉城汽车站开通的世博41、42路站点加强驻守执勤，每天13个小时对车辆进行检查，确保世博专线车的安全畅通。7月中旬，世博大礼包奉贤使用月参观人数进入高峰期。自7月16日起至7月底，每个周末从17点到23点安排4名执法人员到航天博物馆站点维持乘车秩序，引导乘客有序上车。截至10月底，检查世博车辆3697辆次，疏导乘客有序乘车约30万人次。 （朱 艳）

城管执法

【概况】 2010年，区城市管理行政执法局以执法为民、奉献世博为抓手，充分依托区联合执法机制，强化与相关部门联勤联动联手，着力化解市容环境管理难点顽症；全面实施“五定”（定人、定点、定时、定岗、定责）工作，深入推进城管进社区活动，积极引导社会公众参与城市管理，探索完善长效管理，努力提升执法效能。全年查处违法案件2975件，其中占道设摊案件1328件，占案件总数的44.63%；“五乱”（乱张贴、乱悬挂、乱涂写、乱散发、乱堆放）546起，占案件总数的18.35%；跨门经营366起，餐厨垃圾和建筑垃圾违法事件114起。占总数的12.30%。 （马爱娟）

【城市网格化管理覆盖全区】 年内，在固化南桥中心城区网格化管理机制的同时，完成网格化管理二期拓展工作（延伸至全区各镇、开发区），在全区各镇、开发区建立14个分中心，覆盖区域面积40.1平方千米。三期社区拓展工作顺利推进，年底开展塘外社区网格化试点工作，为2011年一季度全面启动奠定基础。全年立案派遣42522件，结案42522件，结案率100%。其中事件39964件，部件2258件。 （马爱娟）

【整治违法建筑27万平方米】 年内，区绿化市容局围绕世博城市环境建设中心任务，全面推进整治违法建筑工作。全年拆除违法建筑27.01万平方米，其中新增违法建筑6.49万平方米，历史存量违法建筑20.52万平方米，使新违法建筑产生得到有效遏制，对历史存量违法建筑治理稳步推进。 （马爱娟）

【开展应急演练11次】 世博期间，加强应急演练，建立综合运行应急保障队伍，并形成不定期演练机制，以局各行业为单位，自行组织和局统一牵头组织开展各类世博保障演练的方式，先后组织开展涉及游园设施（高空自行车）故障、乱设摊、道路污染、绿化养护、网格督查以及综合演练等行业应急演练11次。 （马爱娟）

【完成世博市容环境保障任务】 上海世博会期间，区城管执法局从全区各中队抽调45名政治素质高、业务能力强的执法队员进行两期培训，组成城管执法世博保障机动队，负责世博园区1号出入口、鲁班路、龙华路等路段以及1号和2号停车场周边市容环境对接保障任务。其间，支援卢湾区69次，出动执法队员579人次，劝阻不文明行为528起，责令改正428人次，查处乱设摊78起，提供咨询服务3000余次。年内，完成40余次市容环境保障任务。 （马爱娟）

【投诉处理率100%】 年内，局投诉督查科受理市容环卫、城管执法投诉案件1844件（重复投诉384件），其中市绿化市容局办转1431件，区内来电来信来访413件，区信访办转126件，处理率100%，涉及市容环卫方面投诉98件，市容环卫方面满意率99%，排名前三位分别是：箱房管理、环卫作业和公厕管理。涉及城管执法方面有1746件，城管执法方面满意率88%，满意率排名前三位是：整治乱设摊、整治违章搭建和园林绿化。 （马爱娟）

航务管理

【概况】 全年护航150次，出动巡逻艇159艇次、出动人员621人次；为水上水下施工作业项目实施临时水上交通管制31次，出动巡逻艇46艇次、出动人员143人次；全年成功处置水上安全事故10余起，救助遇险人员17余人，防止船舶污染事故2起，水上交通事故上报为零，辖区水上安全形势处于可控状态。 （倪晓芸）

【加大海事安全管理力度】 年内，深入开展乡镇渡船、渡口安全整治、整顿重点水域船舶停泊、装卸秩序，实施“防碰撞”和“治超”等专项执法行动。3月，会同区公安分局水上派出所、齐贤派出所、危险品储运企业，举行反恐防暴抢险综合演练。4月15日至11月15日，进入上海世博会水上安保实战阶段，历时245天。其间，一线海事人员核查船舶25006艘次，其中核查出港途径黄浦江核心管制区船舶938艘次；登录船舶信息平台比对船员身份55107人次，比对到黄浦江核心管制区船员身份2580人次；通过2.0电子签证系统签证船舶25006艘次。顺利完成12次黄浦江水域一、二级交通管控工作，管控期间滞留船舶200余艘次、取缔“三无船”32艘，辖区船舶航行秩序得到改善，船舶违章率明显下降，全年水上死亡事故为零。 （倪晓芸）

【加强船员管理】 年内，区航务所举办3期船员五等驾机员培训班，对辖区内船舶驾机人员116人进行基础理论知识培训，并进行考核。结合上海世博会专项安全检查工作，加大对辖区内船员无相关作业许可、使用假证作业及“大船小证”情况查处力度，全年行政处罚简易程序1073起，一般程序56起。全面推进船员违法记分工作，制定内河船员实际操作和安全检查工作流程，通过海事执法人员相互学习和现场交流，严格对在职船员现场的检查和违章记分。

（倪晓芸）

【强化航道管理】 年内，受理、现场踏勘、审核各类水上水下施工作业申请38件，发放许可证37本。受理、现场踏勘、审查各类沿跨内河航道建筑设施项目设计方案15件，航道技术标准征询函15件。查处航道水域违法施工作业9起，确保工程安全。对全区17条航道上桥梁管线进行全面隐患排查，排摸公路、市政、农村桥梁342座，管线设施67座，向16家桥梁、管线管理单位和行政区域镇政府分别发出建议函。 （倪晓芸）

【开展水运企业核查发证工作】 年内，组织开展2010年水路运输（服务）企业核查，对5户水路运输、8户水运服务企业、17家个体运输资质、53艘运输船舶营业运输证进行核查；对码头企业按照“依据规划、兼顾历史、分类管理、逐步规范”工作原则，制定《港口岸线使用证》《港口经营许可证》审核规程，换发《港口经营许可证》120户。按照世博期间客货运码头管控方案要求，组织辖区32名港口经营人参加世博安保培训，与26家重点港航企业签订《港口世博安保责任书》，落实9家重点危品客运码头企业安装实时监控探头、GPS，配备金属探测仪、灭火毯、灭火桶，投入安保资金363万元。全年审批危险货物作业申报485批次，吞吐量204595吨。对重点客货运、航运企业开展现场安全检查12次，检查港口企业118户次，出动检查人员354人次，检查发现各类安全隐患27项。 （倪晓芸）

【加强船检管理】 年内，按照ISO9001：2000质量管理体系要求，配合市船检处，加强辖区内船舶修造厂监督管理。完成各类船舶营运检验67艘，总吨数7539吨，总功率6733.20千瓦。上海世博会期间，根据安保要求，实行“进出双控”、“船岸管控”对进出辖区所有船舶进行船舶安检，规范船舶VHF（甚高频）、AIS（自动识别系统）配备使用和危品船舶GPS（卫星定位系统）配备使用，船舶安装率达到100%。 （倪晓芸）

【为重大工程建设保驾护航】 进入夏季，上海电力燃料有限公司保电运煤工作进入高峰期，海事人员主动同闸管所联系，为其提供绿色通道确保电煤运输优先。7月，经过16次开道护航，国家西电东输±800千伏高压直流输变电工程所需28台、价值近20亿元，每台重约280吨专用设备的运输任务，从仅有的100吨级航道安全运抵目的地。年内，林海公路奉贤段跨越浦南运河桥架梁，为确保船舶通航安全且不影响施工进度，抽出人员、设备，专门为该工程连续数天进行水上交通管制，确保林海公路全线顺利贯通。 （倪晓芸）

海洋事务

【概况】 区海洋局坚持依法管海、科学用海、实现海洋经济可持续发展的工作方针，重点抓好海洋规划、项目服务、海域使用管理、海洋宣传等工作，进一步规范内部管理，强化队伍素质建设，全面提升服务水平。 （王莉芳）

【完成“十二五”海洋规划编制】 年内，完成规划前期调研及4大课题思考，即‘十二五”期间奉贤重大用海项目规划布局与功能调整研究、“十二五”期间杭州湾北岸奉贤段22千米生态岸线功能提升研究、“十二五”期间海洋产业经济发展思考、“十二五”期间海上城市规划落地与如意项目推进研究思考。在调研和课题研究基础上，完成《奉贤海洋经济发展“十二五”规划》编制工作，确定“十二五”期间奉贤海洋经济发展总体思路和主要任务。 （王莉芳）

【完成海洋功能区划编制】 年内，完成《奉贤海洋功能区划》编制和完善工作。该区划根据奉贤海域自然条件、自然资源情况及经济社会发展需求，按照两级分类法，将奉贤海域划分为一级功能区6个，二级功能区6个，并确定各功能分区及两个重点海域主要功能，初步形成包含区划文本、区划登记表、区划图、区划报告、区划编制说明和区划管理信息系统等一系列区划成果，体现奉贤海域使用特点。

（王莉芳）

【启动海洋基础信息数据库系统建设】 年内，在配合“数字海洋”上海示范区项目建设同时，启动建立包括奉贤海域使用管理、海洋环境保护、海洋工程咨询、海洋经济统计4大模块海洋基础信息数据库系统。其中海域使用管理模块主要包括海域使用政策、用海状况等，实现海域使用信息化动态管理;海洋环境保护模块包括海洋环境质量常规监测、陆源排污等数据,为海洋环境保护、环境容量控制、污染应急措施制定等提供专业参数;海洋工程咨询模块对海洋水文、海洋气象、海洋地质、地形地貌等海洋工程建设数据进行专业分类和信息化管理;海洋经济统计模块包括奉贤海洋经济历年总产值、海洋产业发展情况等数据,体现奉贤海洋经济发展动态情况。

(王莉芳)

【推进"海上城市"项目研究】 年内,推进"海上城市"项目,多次与"海上城市(奉贤)项目工程方案与防洪及河势影响评价专题研究"、"海上城市(奉贤)项目海洋环境影响初步研究"两项课题研究承担单位沟通,6月26日完成课题验收评审。课题评审验收后,和上海市海洋湖沼学会组织开展管理层面、院校层面和院士层面专业咨询工作,并协助奉贤区委、区政府就该项目研究和专家咨询情况向上海市发改委有关领导汇报。

(王莉芳)

【开展海域使用管理】 年内,协助海湾旅游区取得"杭州湾北岸保护滩暨岸线整治工程"海域使用许可权,并就该项目海域使用金减免事宜向市海洋局提交减免意见,加强与相关部门沟通,最终国家财政部、国家海洋局及上海市财政局、上海市海洋局分别于8月及11月联合行文,同意减免该项目2000余万元应缴中央财政及市级财政海域使用金。年内,调查渔人码头用海情况,并形成书面调查报告,以协助海湾旅游区做好渔人码头海域使用权申请工作。星火开发区污水排海项目停止排污作业,原排海设施以应急功能留用原因,协助星火开发区向市财政局、市海洋局提出海域使用金减免申请,并获批准。协助办理该项目海域使用权证转移,使用者由星火开发区管委会变更为区排水运行管理中心。

(王莉芳)

【提供涉海项目服务】 年内,为临港物流奉贤园区提供海域使用咨询服务,为园区填海项目环评报告审批工作提供建议和支持。配合上海市海监等海洋执法部门做好填海项目施工监查,确保围填海工程合法有序进行。为游艇基地提供用海项目立项、海域使用权审批程序等方面政策法规咨询服务,促进游艇制造基地和金山海事处就游艇出海口设置、游艇试航等问题充分沟通并形成合作机制;协助游艇基地处理施工期间不慎挖断污水厂排海管道事宜。 (王莉芳)

【确保上海世博会海上安保】 年内,编制和落实《世博安保行动方案》,成立上海世博会海上安保小组。5月1日至10月30日,定期沿奉贤海岸线巡视,并2次出海在杭州湾巡查;与东部污水处理厂、西部污水处理厂、游艇基地等单位建立联系制度;每个工作日向市海洋局(水务局)世博海上安保负责部门汇报区内海上安保情况;与区内公安、海防、武警、海事等部门沟通和合作,做好奉贤海上安保工作。 (王莉芳)

【海洋科普宣传】 5月4日至6月30日,结合6月8日世界海洋日暨全国海洋宣传日和世博宣传,举办以"绿色世博、关爱海洋"为主题海洋科普宣传活动。编制升级版宣传册《海洋科普知识200题》和宣传活页《海洋知识30题》,制作印有宣传标语遮阳伞和遮阳帽等宣传物品。宣传活动通过在南桥地区主要交通路口、文化广场和海湾旅游区渔人码头等地现场宣传,举办以"爱我蓝色家园"为主题海洋征文比赛,进校区开展海洋科普讲座等,提高海洋科普宣传实效。 (王莉芳)

燃　　气

【概况】 年内,全区铺设燃气管网78726米,其中高中压管23628米,低压管55098米。新增具备天然气通气条件住户13039户,发展天然气用户13126户。全年天然气销售5564万立方米,比上年增长22.7%。至年底,全区累计天然气管道总长665703米,其中高中压管337875米,低压管327828米。具备通气条件住户91100户,实际天然气用户65076户。奉贤交通液化气公司新建液化气储配站。原奉贤液化气经营公司13个站点,均加盟至区交通液化气公司,加之其下属12个站点,交通液化气公司成为区内规模最大的经营液化气企业。全年,全区销气总量2.3万吨,新增用户8100余户。

(沈敏艳　范杰峰)

【实施南桥老居住区天然气设施改造工程】 年内,实施南桥老居住区居民天然气设施改造。工程改造惠及贝港小区、华龙公寓、江海花园、解放四村、教苑新村、北街小区等5000余户居民。 (沈敏艳)

【强化燃气站点管理】 年内,开展世博反恐督导检查、燃气站点管控检查等专项检查37次,检查站点280家(次)。对站点安保措施、窗口服务质量,出入登记制度、夜间值班情况进行督查,查出安全隐患76条,整改76条,开具责令整改通知书15份。严格落实各项安全管理制度和内部安防布局,划定有效距离安全警戒线,实行外来车辆严禁进入、出入人员登记、大包物件寄存、夜间技防设防制度,确保外来换气人员与液化气瓶库间有效安全隔离。全区各燃气站点增加视频监控系统和周界报警系统的配备,实现与"110"联网,使站点始终处于安全可控状态。 (沈敏艳)

【开展应急演练和培训】 年内,全行业共组织开展3次应急演练活动。4月8日,在奉贤液化气经营有限公司下属液化气储配场举行大型消防应急演练。5月27日,上海百斯特能源发展有限公司奉贤片区液化气站点开展反恐、应急演练。6月30日,开展燃气行业岗位技能比武竞赛。通过系列活动,不断完善本行业应急处置预案,提升对突发事件防控能力。同时,为提升从业人员专业知识、操作规程和业务技能水平,组织行业259名从业人员,开展燃气事故应急处置。

燃气公司举行迎世博燃气行业消防应急演练（奉贤报社　供稿）

世博安保知识及液化气送瓶工、调瓶工岗位技能开展教育培训。

（沈敏艳）

【开展液化气市场专项整治行动】　年内，组织行政执法43次，取缔液化气非法经营、储存窝点42处，查获非法运输车辆18辆，没收液化气钢瓶1956只，行政立案4起，罚款金额8万元，派出所行政拘留34人。非法经营行为得到遏制。

（沈敏艳）

【开展用气安全宣传】　年内，在华龙公寓、贝港北区等10个小区内增设燃气宣传专栏，对原有宣传专栏进行更新，编制完成《奉贤区燃气便民服务手册》，依托社区街道、居委和服务窗口向广大用户发放，累计发放9500余册，组织相关企业深入西渡社区，为孤寡老人进行燃气上门免费安全检测服务，并免费更换老化的皮管及减压阀，在完成改造的6个小区开展“三个一”工作，即在每个改造小区制作一块安全使用天然气宣传栏、悬挂一条安全警示标语、开展一次安全设摊宣传，以保障广大用户用气安全。

（沈敏艳）

【开展天然气用户安全检查】　年内，计划安检天然气户数24459户，安检覆盖率100%，实际完成安检22141户，安检率90.52%。累计开出整改单5900张，整改509户。（范杰峰）

邮　　政

【概况】　上海市邮政公司奉贤区邮政局（简称区邮政局），下辖邮政支局12个、邮政所16个、邮政服务处1个，拥有ATM自动取款机20台、信箱（筒）120个，投递邮路171条，其中自投邮路28条，“三进”投递邮路143条，邮路总长3545千米。年末在职职工436人，服务面积720.44平方公里。全年完成业务收入10091.72万元。年内，区邮政局被评为区文明单位、区世博志愿者工作先进集体，在区政风行风测评中获行业第一名。南桥、肖塘、泰日、金汇、钱桥、庄行、海湾等7个支局被评为区文明单位。（张　静）

【邮政金融资金安全法制教育大会召开】　年内，区邮政局与邮政储蓄银行奉贤支行联合举行奉贤邮政金融资金安全法制教育大会，会议要求邮银金融从业人员提高法制意识、责任意识、规范操作意识和自我保护意识，自觉加强学习上海邮政金融从业人员职业操守和“三个规定”，用心履职，自觉防范，邮银携手，维护平安。（张　静）

【举行邮政绿色轻骑队发车仪式】　3月24日，举行反邪教邮政绿色轻骑队发车仪式。轻骑队以“反邪教、护平安”作为建队主题和重要职责，把“参与社会防控、维护世博平安”作为履行使命重要内容和集中体现，做好监督和宣传。

（张　静）

电　　力

【概况】　上海市电力公司奉贤供电公司（简称电力公司），下设电网运行维护中心、客户与业务发展中心、电网建设中心、调度控制中心，以及办公室、计划发展部、人力资源部（党委组织部）、财务资产部、安全监督部（保卫部）、监察审计部、思想政治工作部（党委宣传部）等部门。年内，电力公司辖区用电客户37.4万户，售电量61.34亿千瓦时，售电收入47.82亿元，综合线损率4.58%，城市供电可靠率99.9843%，平均电价779.55元/千瓦时，供电最高负荷达117.55兆瓦（8月12日）。公司荣获市重大工程立功竞赛优秀公司、华东电网公司新闻宣传工作先进单位、获上海市企业管理现代化创新成果三等奖，上海市电力公司“五五普法”先进单位等称号。（胡启东）

【完成世博保电工作】　2010年，电力公司通过认真制定各专业保电预案和应急预案，开展隐患排查和反恐实战演习。建立重要用户配备AB角用电检查人员、实行每日零报告等制度措施，完成奉贤地区12家重要用户保电工作以及5月1日、10月1～4日、10月31日特殊日333基铁塔值守任务，参与人数3663人次。（胡启东）

【供电服务举措创新】　年内，公司通过建立用户工程稽查制度，对业扩项目定期评估，与奉贤自来水公司携手搭建“水电联合收费”平台，缓解“缴费难”，流动营业车服务延伸至五四农场边远农村，建立定期与区政府联系制度，及时了解政府需求，加以重点推进，与区水、电、煤等公用事业单位建立联席会议制度，有效提高供电服务质量。

（胡启东）

【电网建设完成年度计划】 年内,公司与地方规划相衔接,编制奉贤配电网"十二五"规划和南桥新城供电配套规划,做好35千伏青港站建设以及配合220千伏前期建设和500千伏线路走廊动迁工作,完成海湾风电场二期扩容、闵浦二桥公路层面、"上海之鱼"等市、区两级政府重大工程供电配套。2010年计划总投资5.86亿元,投资计划完成率100%,结账转资率99.3%。 (胡启东)

【迎峰度夏平稳有序】 夏季用电高峰时期,通过采取对重载线路,排涝泵站设施特巡、危险源排摸整改、变电站红外成像测温、高低压抢修资源整合等措施,确保辖区电网安全可靠运行。公司全年未发生大面积停电事故及新闻负面事件,迎峰度夏期间电网抢修508起,比上年同期下降33.85%。 (胡启东)

相关链接:

奉贤区重大工程立功竞赛活动建设功臣

陈涛　男　1967年7月出生　中共党员

所属单位:上海市奉贤区公路管理署

先进事迹摘要:陈涛分管路政工作,他在工作上能吃苦耐劳、勇于奉献、稳扎稳打、政令畅通、提高效能;思想上要求进步,在迎办世博行动中学习新知识、新方法,出色完成任务;在生活中,与领导、同事、邻里,坦诚相待,和谐相处,积极参加各种公益活动,没有违章建筑和赌博现象,严格贯彻干部自律规定,树立了阳光形象。注重环保低碳,践行誓言、建管并重、安畅舒美,打造优良服务品牌,为奉贤的公路事业作出了贡献。

2010年,获上海市重点工程立功竞赛建设功臣。

朱英　女　1969年5月出生　中共党员

所属单位　奉贤区发展和改革委员会

先进事迹摘要:朱英担任区发改委固定资产投资科科长,对于区重大工程项目,朱英在推进过程中,有大局意识和全局意识。对于项目前期工作中出现的问题,积极牵头并配合各相关职能部门,召开项目协调会,使项目按时间节点有序推进。对于区发改委职权内审批项目,能带领科室主动、热情服务,尽快办理重大工程项目审批,并注重改善服务细节,提高服务效率。对于上级部门审批的重大工程项目,积极到市里沟通,力争项目尽早立项、资金及时到位。2010年区污水处理厂配套管网完善工程、西部污水处理厂扩建工程、区中心医院等项目获国家和市财力补贴2亿余元。

张伯时　男　1945年9月出生　中共党员

所属单位　上海江海置业有限公司

先进事迹摘要:张伯时是一位有着30多年党龄的老党员。他有着一种坚毅的性格,有着一种对事业的特有执爱,还有着一种无私的情怀,一种生命向上的执著,他所领导的上海江海置业有限公司20多年来共开发建设集资房、商品房、公建配套房250多万平方米,其中销售集资房、商品住宅房、商业用房200多万平方米。公司2005~2010年度跻身中国房地产业500强企业,1998~2001年连续四年跻身上海市房地产销售面积百强企业,2005~2008跻身第四届上海市房地产开发企业50强,2000~2005年、2008~2010年度分别荣获上海市住宅建设重大工程、实事工程立功竞赛先进集体,2005~2006年度、2007~2008年度连续二届荣获上海市文明单位,2002~2010年度连续9年荣获奉贤区财富五十强、百强企业,尤其是2010年度公司上缴税金12962.20万元,跻身奉贤区财富百强第二名。

江为民　1955年3月出生　中共党员

所属单位　上海南方经济发展(集团)有限公司

先进事迹摘要:军人出身的江为民,给人的突出印象是:"敢想、敢做、敢闯、敢干"。2010年,由江为民领导的上海南方国际购物中心有限公司,积极响应区政府"立功竞赛"号召,带领公司百余名员工,严格遵循"高效履职、廉洁自律、协同推进、开拓进取重大工程立功竞赛方针,全力推进上海市20个现代服务业集聚区之一"南桥中小企业总部商务区"核心项目、被列为奉贤"三区一基地"重大工程之一的南方国际广场建设,2010年9月30日将建筑面积10余万平方米的百联南桥购物中心二期建成开业,打造南上海最大城市核心商务综合体,让奉贤的老百姓享受到与市中心居民一样的生活品质。

(本栏目编辑　曹　杰)

环境·水务

环境保护

【概况】 年内，以推进第四轮环保三年行动计划为重点，开展环保生态创建、秸秆禁烧和农村环境整治。第四轮环保三年行动投入资金8.93亿元，启动项目72项，项目启动率90%，完成率31.25%。其中，市级项目36项中启动32项，完成15项，未启动4项，市级项目启动率88.89%，完成率41.67%。环境空气质量继续保持良好水平，全年优于二级(优良)天数占94.1%，其中世博期间空气优良率99.1%，位列全市第一，二氧化硫、二氧化氮年平均浓度达国家一级标准，可吸入颗粒物年平均浓度达国家二级标准。区域环境降尘比上年下降1.12吨/平方千米，主要污染因子仍为可吸入颗粒物和降尘。水环境质量与上年相比，基本持平。从主要河流4个考核断面监测数据分析，水质从Ⅴ类上升到Ⅳ类标准，均达到水环境功能区要求，影响地表水环境质量主要污染因子依次为氨氮、溶解氧、五日化学需氧量、总磷、高猛酸盐指数。声环境质量变化不大，达到相应功能标准要求。全年作出行政许可968项，其中环境影响评价755项，建设项目试生产审批65项，竣工验收148项。项目投资总额292.96亿元，其中环保投资4.42亿元；完成环保验收项目总投资额145.3亿元，其中环保投资2.15亿元，全年否决建设项目67个。年内受理信访1068件次，处理率、办结率均达100%，办理人大代表书面意见和政协委员提案8件，办复率100%，满意率100%。青村镇通过全国环境优美乡镇创建市级验收。南桥镇杨王村创建为市级生态村。全年立案调查123件，执行一般处罚99件，处罚金额332.6万元。 (肖 伟)

【加强放射性污染防治监管】 1月21日，接收审批权限内从上海市辐射环境监督站转来的39家核技术应用单位环境影响评价许可文件及辐射工作安全许可证档案，加强对辖区内核技术应用单位日常监管。世博前联合区反恐办对11家放射性同位素利用单位进行全面的现场执法检查，排除安全隐患；世博会期间采用每日电话巡查和现场执法检查相结合，并加大在重大节点对重点单位检查力度，出动执法人员200余人次，成功处置一起钴-60废源事件。 (花正东)

【启动污染源普查动态更新工作】 年内，启动污染源普查动态更新调查工作，以第一次全国污染源普查为基础，周查统计2010年度污染源数据，实现污染源普查数据的动态更新。调查对象包括工业源、农业源、生活源和集中式治理设施。其中工业源重点调查单位251家，规模化畜禽养殖场123座，集中式污染治理设施9座。通过动态调查，摸清全区“十一五”末期污染源，掌握区域内污染源基本数据，实现污染源普查数据动态更

3月16日，召开奉贤区环境保护工作会议 (肖 伟 摄)

新。（范承杰）

【突发环境事件专业应急救援队伍建立】 4月13日，区环保局与上海洁申实业有限公司签订《关于联合建立奉贤区突发环境事件应急救援队伍实施方案》，成立43人组成的奉贤环保应对突发环境事件专业应急救援队伍，同时明确突发事故的类型和分级，制定典型突发环境事件的应急救援方案，落实救援物质。年内成功处置污染事故7起。（资 勇）

【接受国家卫生区检查】 4月20～23日，由国家环保部和市环保局专家组成的全国爱卫办环境保护专家组，对区环境保护工作作技术考评。专家组听取工作汇报、查阅各项指标技术资料，开展现场检查。通过技术考评，评审专家肯定区环境保护工作，奉贤区通过验收。（肖 伟）

【编制“十二五”环境保护规划】 5月中旬，正式启动“十二五”环境保护规划编制工作。从三个层次开展环境保护规划编制，第一层次，开展区中长期环境保护战略研究，提出中长期目标和分阶段目标、主要实施途径和推进路线图，为政府宏观决策提供支撑。第二层次，回顾、评估奉贤区环保工作现状和“十一五”规划实施情况，揭示当前存在问题和需在“十二五”重点解决问题；提出区环境保护和建设工作“十二五”目标、重点工作、对策和措施、保障体系；研究并提出2015年后各领域总体战略、重点工作方向和安排。第三层次，开展水环境、大气环境、固体废弃物污染防治、农村环境和生态保护、产业发展和工业污染防治等5个专项规划研究，从不同专业、专项领域，深入研究各个领域“十二五”目标、重点工作和措施，指导各领域“十二五”及中长期工作，为“十二五”总体规划提供支撑。（张 艳）

【开展油气回收监测】 7月21日起，按照市环保局及市环境监测中心要求，对全区60余家加油站的油气回收治理设施的密闭性、液阻、气液比和非甲烷总烃开展监测。监测显示全区1家加油站未达到油气回收治理设施的环保标准。（李 淳）

【配套污水管网工程可行性报告获市批复】 7月26日，市发改委就区2009～2011年污水管网工程进行工程可行性批复，奉贤成为全市第一个申报第四轮环保三年行动计划污水厂配套管网工程获批区（县）。该工程计划完成污水处理厂配套管网完善工程，铺设污水管网61.9千米，计划投资40154万元。工程获市级补贴资金9400万元。（肖 伟）

【开展燃煤锅炉情况调查】 8月，开展燃煤锅炉基本情况调查，加快中小燃煤锅炉清洁能源替代工作。调查涉及区内中小锅炉（含窑炉）405台，重点为在用、备用燃烧煤、重油、焦炭和木柴等易产生大量空气污染物锅炉及窑炉。（张 艳）

【污染源普查工作受表彰】 10月26日，在上海市第一次全国污染源普查总结表彰大会上，区农业委员会获得国务院第一次全国污染源普查领导小组办公室、环境保护部、国家统计局、农业部授予的第一次全国污染源普查先进集体荣誉称号，范承杰等11人获第一次全国污染源普查先进个人。区污染源普查领导小组办公室和区环境监测站获上海市第一次全国污染源普查先进集体荣誉称号，方卫等23人获上海市第一次全国污染源普查先进个人。（肖 伟）

【开展“十一五”污染物总量减排自查】 12月，开展“十一五”总量减排工作自查。通过对主要污染物排放量分类核算结果表明，全区COD和SO_2排放量提前一年达“十一五”总量考核目标要求。（张 艳）

【塘外化工区生态修复工程启动】 年内，正式启动塘外化工区生态修复工程。在22家企业完成关闭或搬迁基础上，完成全部地面建筑物拆除，并委托上海市环境科学研究院编制生态修复评估报告。整个修复工程将于2011年实施。（张 艳）

【秸秆禁烧和利用取得阶段性成果】 年内，“三夏”、“三秋”集中期，组织各镇（开发区）出动巡察人员10万余人次，投入资金约500万元，新增旋耕机、翻转灭茬机等农用机械设备。全区种植二麦4866.67公顷，直接还田4733.33公顷，还田率97%以上；种植油菜1533.33公顷，直接还田1333.33公顷，还田率达87%，种植水稻9666.67公顷，直接还田7053.33公顷、还田率73%。探索与实施食用菌栽培配套秸秆综合利用课题，全区22家食用菌生产企业全年实现综合利用秸秆2500吨。整个上海世博会期间，全区环境空气优良天数112天，优良率99.5%，一级天数112天，比上年增加27天，二氧化硫、二氧化氮和可吸入颗粒物平均浓度较上年同期分别下降11.49%、32.42%和17.53%，均为近五年最优值。（宋 慎）

【推进企业清洁生产工作】 年内，全区有13家重点企业开展强制性清洁生产，在2009年以星火开发区为重点区域推进7家重点企业基础上，新增6家，完成验收7家。通过政府引导，企业参与实施清洁生产，取得良好社会、经济和环境效益。实施无低费方案150项，中高费方案32项，总计9820万元，取得经济效益6387万元，年新增减排废水181万吨。COD41.4吨、大气$SO_2$316吨、烟尘12.5吨。（张 艳）

水务·防汛

【概况】 年内，围绕“三区一基地”、“南桥新城”建设和上海世博会举办的目标，结合第四轮环保三年行动计划、新农村建设的工作任务，服务世博，注重民生，落实工作责任，加强工作协调，强化监管服务，全年整治各级河道289.28千米，处理污水6439.8万吨，开闸1622次，引排水量达到111277.68万立方米，完成15个节水型学校和25个节水型小区的创建。出动防汛巡查人员136人次，开展对“河道堤防、海塘岸线、水闸泵站及地下空间”的专项检查行动，督促协调相关镇（开发区）整改防汛隐患426处。督促协调各镇、开发区做好防台防汛工作，南桥镇完成积水点管网疏浚工作，累计疏通雨水管道1.85千米。市工业综合开发区投入资金800余万元，对秀枫苑、乐康苑、奉浦二村等10个积水严重小区进行集中改造，改造长度5000余米，奉城镇对灯明路及海台农副市场2处严重积水点进行翻建改造。（王勇二）

【河道整治与长效管理】 年内，实施河道整治1017条段，共289.28千米，工程总投资29235.47万元。有效缓解河道两岸不断坍塌的趋势，保障调蓄能力和通航安全，改善河道水环境质量。其中市级河道金汇港一期6.2千米的整治工程，涉及海湾镇、青村镇，工程投资14580.59万元；三团港6.28千米的整治工程，涉及四团镇，工程投资6365.95万元；999条共254.486千米的宅前宅后河道整治工程，涉及南桥镇、奉城镇、柘林镇、青村镇和农业园区，工程总投资1018万元；20千米的黑臭河道整治工程，涉及南桥镇、奉城镇、四团镇、柘林镇、庄行镇、金汇镇、青村镇、海港开发区、海湾旅游区，工程总投资7270.937万元。对全区范围内的市、区、镇、村河道实现管理养护工作全覆盖。全年共出动打捞船只71974次，出动保洁人员176714次，累计打捞水葫芦、绿萍及其他河道垃圾187975吨。（王勇二）

【农村生活污水处理设施建设】 年内，结合新农村建设村落改造工作，投入3854万元，建成包括奉城、青村、四团、柘林、庄行、金汇等镇在内的3174户农村生活污水处理工程。（王勇二）

【完成拆坝建桥沟通水系工程】 年内，对南桥镇南渡村、金汇镇新强村、青村镇世外桃源、青村镇王家村、柘林镇王家圩村、柘林镇迎龙村等6个村的河道水系实施拆坝建桥沟通水系工程，总投资800余万元。（王勇二）

整治后的河道　　（奉贤报社　供稿）

【节水型社会创建工作】 年内，投入专项经费60万元，完成15个节水型学校和25个节水型小区的创建工作。利用“世界水日、中国水周”广泛开展节水教育宣传，不断增强居民节水意识。（王勇二）

【改善庄行低洼圩区防汛排涝和农田灌溉能力】 年内，投入资金1104万元，改善庄行低洼圩区的防汛排涝和农田灌溉能力，新（翻）建灌溉泵站6座，新（翻）建地下渠道13.14千米，新建检查井225座，翻建渡槽2座，翻建节制闸2座，改造节制闸6座，翻建泵闸1座，改造泵闸2座等。（王勇二）

【污水处理工程建设全面展开】 2010年5月，总投资24455万元，规模7万吨/日的东部污水厂扩建工程建成并投入运行，污水处理量由5万吨/日增加至12万吨/日。西部污水厂5万吨/日的扩建工程完成。全区污水日处理总量达到17.9万吨，城镇污水处理率达83%。全年续建区级管网24.74千米，污泥应急处理设施建设完成工程进度85%。（王勇二）

【企业纳管工作有序推进】 年内，市工业综合开发区等3个国家公告内园区纳管297家，纳管率97%，其他非国家公告内保留工业点纳管574家，纳管率90%。非保留工业点纳管559家，纳管率69%。（王勇二）

【改善上海世博会期间河道水环境面貌】 年内，组织制定《奉贤区污水输送干线非正常运行应急排放处置工作预案》《突发性水污染事件水务局应急预案》《奉贤区河道绿萍、水葫芦专项整治应急预案》等预案，开展了水闸安保、水闸设备故障排除、污排水险情处置和安保维稳5次演练。完成了56公里城镇区域、风景区和高速公路及主干路两侧100米范围内的河道沟叉整治，有效改善上海世博会期间河道水环境面貌。（王勇二）

【水文与水质监测】 年内，投入29万元资金建成奉贤区水情遥测中心站，实现对全区各水文站测点水位雨量的远程实时观测，全年整编水文数据63.6万个。依据上海市河道水质监测实施细则，完成13条市、区级骨干河道35个断面34个项目水质监测；围绕水环境综合整治考核目标，完成22条镇级河道22个断面10个项目水质监测，积累数据10350个。对南桥污水处理厂工艺进行检测，出具数据23976个。完成全区130个农村生活污水处理点的进出水检测，积累数据5046个。完成黑臭河道整治

水质检测数据 1305 个。（王勇二）

【防汛防台物资储备】 年内，针对往年防汛物资储备数量不足、种类单一、实用性不强等问题，区防汛办及各镇开发区对防汛物资进行添置和补充。全区共储备编织袋（草袋）16 万只，块石 2 万余吨，毛竹（木桩）1.5 万根，各类排水泵 170 余台，以及应急发电机、电缆、巡逻艇、强力探照灯等一批抢险物资。（王勇二）

【防汛信息化建设】 年内，区堤防防汛闸门、拍门自动监测系统建成投入使用。该系统总投资 240 万元实现对黄浦江沿岸的防汛墙进行实时监测，对出现老化或受损的防汛墙进行报警；监测黄浦江和主要内河河口水位变化，实现对防汛墙的受损报警，及时处理；监测防汛闸门启闭状态。完成对 21.68 公里黄浦江防汛墙信息的系统化管理，实现对防汛墙日常管理、建设管理、防汛墙稽查、维修和重大事故处理等。（王勇二）

自来水

【概况】 年内，上水奉贤公司基本完成集约化工作目标，世博安保各项任务圆满完成。日供水能力达 45 万吨，供水面积 575 平方千米，服务人口增加至 80 万人。全年完成总供水量 1.09 亿立方米（包括乡镇），比上年增长 0.02%，总售水量 8082.84 万立方米，比上年增长 0.24%，产销差率 26.12%（包括镇水厂）。全年受理信访 30427 件，包括上海供水热线，其中来电 29476 件，占总数 96.87%；来信 30 件，占 0.1%；其他 921 件，占总数 3.03%。（牟晓雯）

2010 年奉贤区高峰期间供水情况表

单位：万立方米/日

分类	日最高水量	供水量			
		三水厂一车间	三水厂二车间	二水厂	星火水厂
原水	43.01	25.76	3.15	8.49	5.61
清水	36.18	24.31	3.33	8.54	-

（牟晓雯）

【推进各项工程建设】 3 月 27 日，第三水厂三期工程通水，标志着《奉贤区城乡一体化供水协议》完成。其中第三水厂三期工程、集约化供水原水扩建工程及 35 千伏变电所工程于第一季度竣工并投入使用。金汇、平安泵站于 2009 年 3 月开工建设，分别于 2010 年 1 月、5 月完成设备调试工作，并进入试运行。敷设 DN300 ~ DN800 管网 16387 米，完成平庄公路（沪杭公路—浦卫公路）、浦卫公路（大叶公路—南亭公路）、浦卫公路（平庄公路—南亭公路）、林海公路（光泰路—新川南奉公路）及大叶公路（浦卫公路—新沪杭公路）排管工程；完成塘外水厂 DN500 复线工程、四团社区 1 号、2 号、3 号深井水切换工程、第三水厂三期出厂管工程、泰日水厂切换管工程（梁典北路）、新寺切换管等 10 项排管工程。（牟晓雯）

【完善表务管理和账务管理】 年内，完成所有社区水厂账务系统资料输入电脑，账务系统全部纳入计算机化管理；收集用户实名制资料，用户实名制收集率达 70%；做好居民水价调价宣传、软件更新等相关工作，居民水价从 7 月 1 日起从 1.03 元调整到 1.30 元，实现平稳过渡；按照不同用水性质清理用水类别，完成涉水代码完善工作；取消西渡办事处营业窗口收费职能，账务数据统一并入账务中心服务器；完成奉贤供水热线纳入城投热线，接受城投热线监管；全区自来水用户 317201 户，新增 19848 户，比上年增加 6.7%。（牟晓雯）

【加强管网基础设备维护】 年内，巡检管网长度 3946 千米，三定冲洗管网 1150 千米，更换 DN100 以上阀门 190 只，暗漏检查 779 处，各类修漏 21000 次，管网修漏及时率 100%。实施 35 项管网更新改造工程，改造管网 95.9 千米。完成对公司管网 GPS 定位系统，实现管网资料管理"跨越式提升"。完成金大路（浦星公路—林海公路）、林海公路、沪杭公路（闵浦二桥—环城北路）、轨道交通五号线奉贤段沿线车站等道路沿线管线搬迁方案，并稳步推进实施。（牟晓雯）

自来水沉淀池晶莹剔透的水流（牟晓雯 摄）

【做好安全、安保、安定工作】 上海世博会期间，与区武装部合作，民兵驻守第二水厂，确保 24 小时安全保卫巡逻工作正常开展，确保生产、供应保障服务安全受控；组织成立140余人的世博平安建设志愿者队伍，世博会期间对全区主要管线、各泵站等进行夜间巡逻。2010年，公司参加值班7500余人次，参加志愿巡逻1200余人次，信息上报及时率100%。完善组织构架，落实责任到人。做好5月25日的交通安全日活动宣传教育工作，组织安保培训2次，参与人员80余人；做好“119”消防工作日冬季防火知识宣传。公司加强四防建设，在夏季用水高峰前各水厂全面完成硫酸氨代替液氨改造工作，从根本上消除剧毒、爆炸化学危险品等重大危险源；原水在线毒物检测系统正式投入使用，确保原水安全。同时大力开展公司范围内各类安全检查，抓好重大节日和日常安全检查工作，上海世博会安保专项检查，全年抽查130余次。

（牟晓雯）

绿化市容

【概况】 年内，区绿化市容局以优化环境、改善民生、提升形象为目标，依托“保世博、迎创卫”工作，扎实开展市容环境建设，夯实城市管理基础。区绿化市容局获得上海市绿化市容行业“保障世博、服务民生、提升管理”立功竞赛先进集体、上海市绿化和市容行业网络管理工作优秀单位、市总工会市城乡建设和交通工作党委、市城乡建设和交通工作工会“保平安、促运行、重服务、创一流”立功竞赛先进集体等荣誉。（马爱娟）

【开展店招店牌和户外广告专项整治】 年内，以南桥中心城区65条道路为整治重点，辐射全区开展店招店牌和户外广告整治。全年拆除不锈钢立杆灯箱38座，钢结构立杆灯箱30座，拆除跨线桥户外广告14块，计2807.9平方米；完成店招店牌整治改建工程约7000平方米；整治户外广告2800平方米，修缮无主店招店牌31处，面积300平方米。南桥城区14条街道隐患店招查出273个隐患点位，针对排查问题制定《台汛期间南桥城区店招店牌整治方案》。

（马爱娟）

【规范各类垃圾收运】 年内，区绿化市容局深入推进餐厨垃圾集中规范收运工作日收运量达15余吨。做好有害垃圾收运管理工作，回收一次性塑料饭盒31.5万余只，废电池800余千克。对南桥、奉浦地区部分未申报餐饮单位进行餐厨垃圾规范收运上门宣传，并将该地区幼儿园餐厨垃圾纳入收运范围。同时，抓好区生活垃圾“三站一码头”管理，抓好各镇（开发区）垃圾清运工作和收运系统管理，完成全区近30万吨生活垃圾外运处置任务，无害化处置率达100%。至12月底，全区实行生活垃圾分类的居住区为21个，总户数16361户；机关、企事业单位40家，总人数3584人；公共场所15处，总面积87270平方米。

（马爱娟）

【强化道路保洁】 年内，在道路保洁延伸覆盖和延长道路保洁时间的基础上，区绿化市容局积极推行道路综合保洁法，提高机械化作业水平。机扫率、冲洗率从30%提高到60%，全面启动道路“飞行保洁法”，添置小型电动高压冲洗车、挂桶保洁车、快速保洁车、垃圾箱6桶转运车、电动清扫车等45辆保洁机具，有效提升了道路保洁水平。（马爱娟）

【开展专项整治行动】 年内，结合不同时令特点，开展针对夜排档的“夜鹰一号”行动，针对夏令瓜果占道乱设摊整治的“烈日行动”、针对工地管理的“蓝天行动”和责任区落实的“劲风行动”等系列行动。全年教育劝阻42585人次，出动58085人次，行政处罚案件1675件，整治乱设摊13666起，跨门营业5324起，乱晾晒1720处，“三乱”21894处，非机动车乱停放609辆，检查门前责任区112928家。

（马爱娟）

【深化水域保洁】 全年出动打捞人员6223人次，出动船只1315艘次，打捞垃圾5671.8吨。重点加强黄浦江奉贤段及部分交通主干道、重要地点等周边水域保洁力度。（马爱娟）

【抓好防台防汛安全保障工作】 年内，修订《奉贤区户外广告（景观灯光）设施防台防汛“四色”预警应急预案》，与21家责任单位签订安全责任协议。落实防台防汛安全物资，做到预案落实，准备充分。年内，组织4次安全检查，责令整改户外广告设施14处、景观灯光设施存在安全隐患3项，针对“圆规”台汛，落实人员值班，发出“应急防范通知”22份。（马爱娟）

【实行公厕规范化服务】 年内，切实落实便民利民服务承诺，全区环卫公厕均实现免费开放，落实专人保洁、专人管理，做到免费不免责。组织全区市容环卫道路保洁和公厕服务人员进行业务知识培训，提升市容环境卫生行业道路保洁和公厕服务人员作业能力、服务水平和综合素质。（马爱娟）

【开展清洁城市活动】 年内，“大力开展‘清洁城市，整治脏乱’活动，建立“3+2”义务劳动制度（3指：每月5日窗口服务日、每月15日环境清洁日、每月25日公共秩序日；2指：周四爱国卫生义务劳动、周六党团员进社区参加义务劳动）；建立了周末义务执勤制度。安排全系统212名党员及城市管理志愿者，每周五、六晚间19：00～23：00开展义务执勤，引导市民增强“城市管理、人人有责”的意识，主动参与城市管理。（马爱娟）

【推进景观灯光建设】 年内，全面完成南桥出口—年丰路—望园路—解放路—南桥路沿线的各景观灯光工程建设；完成南桥镇古华路（解放路—体育中心）、南桥农贸市场周边、西中路部分路段等的店招店牌改造工程；完成南桥城区S4高速年丰出口、望园路解放路口、正阳中央公园、时代广场和文化广场等13个大型绿化主题景点，并增设公园景点2个，同时以白玉兰考核和花镜评比示范点为契机，加强绿化景观日常养护管理，每季一次换花，共计整治、补种绿化57公顷、绿地调整改造10.98公顷。

（马爱娟）

【新建绿地面积98.57公顷】 年内，新建各类绿地面积98.57公顷，其中公共绿地5.9公顷，单位绿地16.77公顷，居住区绿地17.97公顷，防护绿地11公顷，道路绿地46.94公顷。绿地整治和改造工作同步推进，全年完成绿地整治面积57公顷，绿化调整改造11.58公顷。其中完成老居住区绿地整治32公顷。在年丰路望园路口增加2个大型主题立体花坛，凸现世博主题；对解放路奉秀路口、文化广场、时代广场等9个景点进行景观提升。（马爱娟）

2010年奉贤区绿地建设情况表

项目名称	计划面积（万平方米）	项目位置	计划投资（万元）	建设主体	实际完成面积（万平方米）
合　计	98.57		11496.78		98.57
公共绿地	5.90		1680.00		5.90
四团镇级公园	5.00	四团镇	1500.00	四团镇	5.00
中港西侧绿地	0.90	海湾镇	180.00	海湾镇	0.90
居住区绿地	17.97		2099.78		17.97
新南家园二期	2.14	南桥镇西渡社区	320.00	上海西渡房产开发有限公司	2.14
绿色家园	1.76	金汇镇泰日社区泰西路158弄	176.00	上海伟立房地产有限公司	1.76
乐康苑二期	1.08	工业综合开发区八字桥路218弄12号	108.00	上海绿庭四季花城房地产开发	1.08
娜欧佳苑	3.10	奉城镇兰博路2885号	310.00	上海兰布拉房地产发展有限公司	3.10
汇金小区	1.80	金汇镇金大公路8105号	180.00	上海贵辰房地产开发有限公司	1.80
奉德苑	1.04	奉城镇南奉公路8841号	104.00	上海城申置业有限公司	1.04
海湾假日花园C地块一期	1.16	海湾旅游区人民塘西路	174.00	上海招商奉瑞置业有限公司	1.16
民旺苑二期	1.95	南桥镇育秀路809号	195.00	上海业晟置业有限公司	1.95
树园新苑一期	1.17	南桥镇运河北路180号	117.00	上海松磊房地产开发有限公司	1.17
聚贤煌都	2.77	南桥镇奉浦大道95弄	415.00	海聚贤房地产开发有限公司	2.77
单位绿地	16.77		1670.00		16.77
上海特强汽车紧固件有限公司	1.57	星火开发区民乐路251号	157.00	上海特强汽车紧固件有限公司	1.57
上海华明高压电气开关制造有限公司	2.39	庄行镇邬桥浦卫公路2288号	239.00	上海华明高压电气开关制造有限公司	2.39
雷盛塑料实业（上海）有限公司二期	1.08	金汇镇腾飞路465号	108.00	雷盛塑料实业（上海）有限公司二期	1.08
上海市自来水奉贤有限公司	5.64	庄行镇第三水厂三期庄行浦秀村5、6组	564.00	上海市自来水奉贤有限公司	5.64
上海玻璃钢研究所有限公司	2.90	金汇镇迎金路88号	290.00	上海玻璃钢研究所有限公司	2.90
上海海天电器有限公司	3.19	金汇镇工业路988号	319.00	上海海天电器有限公司	3.19

续 表

项目名称	计划面积（万平方米）	项目位置	计划投资（万元）	建设主体	实际完成面积（万平方米）
道路绿地	46.94		5317.00		46.94
瓦洪公路绿化带	6.14	奉城镇平庄公路—随塘河路	1000.00	建交委	6.14
沪杭公路环城西路西侧绿地	0.30	南桥镇沪杭公路环城西路西侧	60.00	绿化和市容管理局	0.30
环城西路绿化带	3.91	工业综合开发区大叶公路—西闸路	600.00	建交委	3.91
浦卫公路绿化带	1.20	庄行镇平庄公路—南庄公路	195.00	建交委	1.20
海尚路	1.52	海港开发区港文路—新杨路	262.00	海港开发区	1.52
新四平路绿化带	9.00	四团镇 $G15_{01}$—平庄公路南	600.00	四团镇	9.00
两港大道	4.00	四团镇浦东界—新四平路	400.00	临港开发区	4.00
海航路	6.87	化工区奉贤分区环城东路—海龙路	300.00	化工区奉贤分区	6.87
沪杭公路	4.00	上海综合工业区八字桥路—环城北路	400.00	上海综合工业区	4.00
平庄公路	10.00	庄行镇沪杭公路—浦卫路	1500.00	建交委	10.00
防护绿地	11.00		730.00		11.00
联合港	5.00	奉贤现代农业园区联合港两侧	130.00	农业园区	5.00
瓦洪公路绿化带	6.00	奉城镇平庄公路—随塘河路	600.00	建交委	6.00

（马爱娟）

【推进义务植树活动和群绿工作】 年内，设立植树点34个。参加人数2450人，种植各类树木2100棵，种植面积2公顷。向市民开放绿地、树木认建认养，认养树木185棵，认养绿地3260平方米。举办区家庭养花作品展，展出作品47个品种，126盆盆景，其中两个作品获市迎世博市民家庭园艺竞赛三等奖。开展绿化知识进社区、进学校等活动，向28家居委、1家事业单位、1家社会组织赠盆花5850盆，并对社区居民开展6次绿化专题讲座，向35家学校赠送盆花2500盆，协助多个学校开设生物角。全面开展市级花园单位、市级绿化合格单位创建及复查工作，九华苑和阳光四季两个居住区被评为市园林式小区。加强培训，举办绿化中级工培训班，考试合格率达90%，考试成绩在各区县名列前茅。（马爱娟）

【完成绿化规划编制】 年内，完成绿化“十二五”发展规划，明确今后五年区绿化发展方向。委托专业部门联合编制《南桥新城绿地系统规划》，最终确定上报稿；完成《南桥新城中央绿地规划》设计，通过专家评审确定由荷兰NITA公司为最终优胜单位，并请北京清华城市设计研究院进行平行设计；完成《塘外化工区生态修复规划方案》《奉贤区迎建区十周年景观优化方案》编制工作。（马爱娟）

（本栏目编辑 曹 杰）

经济行政管理

计　　划

【概况】　年内，区发展和改革委员会（简称区发改委）围绕推进“一二三四”关键性工作的总体要求，开展走访调研，完成“十二五”规划编制工作。结合“十二五”规划重点课题安排，研究区域经济发展热点、难点，完成《社会事业协调发展》《南桥新城宜居城市建设》等课题研究。在调查研究的基础上，起草《2010年上半年度奉贤区国民经济和社会发展计划执行情况与全年度国民经济和社会发展计划（草案）报告》和《2010年奉贤区国民经济和社会发展计划执行情况与2011年度国民经济和社会发展计划（草案）报告》，并加强计划执行情况跟踪监测。调研青村镇小城镇改革试点，开展城乡建设用地增减挂钩前期调查摸底。加强经济和社会发展预测，每月进行一次全区经济运行情况分析。

（陈海英）

【做好“十二五”规划编制工作】根据国家和市“十二五”规划的编制要求和工作安排，由区四套班子领导带头开展重大课题研究19项，邀请市政府发展研究中心等市级研究机构开展基本思路研究。召开座谈会6场次，邀请区内各阶层人士和市委、市政府决策研究机构的领导、专家和学者参加，听取各方意见。开展“十二五”规划主要指标测算和总体目标研究，制订和筹划编制“十二五”规划纲要及专项规划的工作方案，结合中共十七届五中全会精神以及市委有关意见、建议。加强“十一五”规划指标完成情况评估分析，召开专题讨论会7场，提交区人大、区政协、区政府常务会议、区委常委会和区人代会讨论通过，完成区“十二五”规划纲要编制工作。　（陈海英）

【推进“三区一基地”建设】　年内，“三区一基地”建设重点项目50个，总投资205亿元，年度投资计划58.8亿元，实际完成投资48.2亿元，占年度投资计划的82%。配合做好《2009年奉贤区“三区一基地”建设情况》和《2010年奉贤区“三区一基地”建设主要任务和责任分工方案》，完成“三区一基地”重点项目预安排和“一二三四”工作目标分解工作，每月跟踪管理，对项目进度进行实时监督。　（陈海英）

【加强节能减排工作力度】　年内，完成对各镇、开发区2009年节能目标责任评价考核工作，评出优秀单位5家。制定《奉贤区2010年节能减排重点工作安排》实施意见，经区政府批准下发各镇、开发区、区有关部门。全区全年调整劣势企业65家，节约标准煤3.9万吨。推进区内一批新能源项目建设，已完成上海申星（星火）奶牛场特大沼气发电改造工程项目、上海奉贤柘中太阳能光伏发电项目等3个项目的初审，转报市发改委审核批准。加强产业项目能耗审查，按要求对奉信铜业、达能乳业等3个项目开展节能评估，加强节能降耗的源头管理。　（陈海英）

【推进产业结构优化升级】　年内，为促进南桥新城及海湾地区产业结构调整，优化资源配置和产业布局，联合区经委、财政局等有关部门，制定产业结构调整专项资金及统筹资金的管理办法。做好区内企业中央预算内投资项目和国家高技术产业化专项项目申报，获得中央预算内投资972万元，其中，上海吉达重型机械制造有限公司“石墨、锆、钽特种材料重型设备配套部件加工服务中心”项目648万元，上海明珠阀门制造有限公司核电及大型火电高温压阀门改造项目255万元，上海博澳节能非晶合金变压器技术改造项目69万元。争取市服务业发展引导资金支持，组织项目申报，严格项目审查，认真筛选，申请项目5个，申请市级引导资金无偿资助485万元。

（陈海英）

【改善金融环境】　及时掌握各拟上市企业的基本概况、上市进展以及需要政府协调解决的问题，有序推进企业上市。至年末，区内3家企业成功上市，2家企业向中国证监会递交IPO（首次公开募股集资）申请，1家企业向境外证券机构递交IPO申请。在全市率先开展小额贷款公司年度综合评价工作，区内3家小额贷款公司均被评为一级，融资性担保业务管理工作取得新进展，中小企业集合票据发行工作有序推进。金融后台建设有条不紊，成立金融后台建设课题组，特邀上海交通大学安泰管理学院教授参与金融后台建设课题研究，制定《奉贤区促进股权投资公司发展扶持办法》，初步形成金融外包产业发展框架。（陈海英）

【强化政府投资项目管理】 年内，在程序规范的基础上，做好投资项目的审批工作。对政府投资项目加强管理、规范操作。委托上海投资咨询公司对敬贤中学、老旧居民区天然气改造、停车保养场工程、林海公路连接线（陶宅界河—林海公路）等建设工程可行性研究报告进行评估，核减投资额5216.82万元。完成年度政府项目的预安排计划和项目储备库工作。全年政府投资项目预安排项目121个，总投资110.3亿元，年度计划投资60.4亿元，年度安排资金56.2亿元，做好每月跟踪管理，对项目进度进行实时监督。（陈海英）

物　　价

【概况】 年内，区物价局加强世博价格监测，制定工作方案，明确目标责任，维护世博期间物价水平基本平稳。研究制定拆迁补偿标准，核定物业服务收费，加大行政执法力度，受理价格举报咨询事项50件，做好行政事业单位收费备案及收费审核工作，配合市收费处在区内开展教育系统学前教学收费、民政系统殡葬、敬老院服务收费调研。（陈海英）

【加强世博价格监测】 年内，加强世博期间市场价格监测，维护价格秩序。制定《奉贤区关于世博会期间的价格监测方案》，建立市场价格预警机制，完善应急处置工作预案，强化市场价格监督检查。召开由区住宿、餐饮、旅游等世博会价格监测点及旅游局等相关部门参加的价格监测启动会议，落实工作目标，明确各部门责任。坚持每月召开价格监管联席联络员会议，各成员单位及时对市场价格情况进行沟通和协调，统一认识和步调。（陈海英）

【核定物业服务收费标准】 年内，核定正阳丽骏湾、龙达新苑等8处住宅小区物业服务收费标准，计420万平方米；备案正阳领郡、乐怡苑等6处小区，计142万平米。规范区物业服务收费行为，及时调解物业收费纠纷6起，化解业主与物业企业矛盾。（陈海英）

【处理价格举报咨询事项50件】 年内，受理价格举报咨询事项50件，其中价格投诉类37件，价格咨询类13件。全年立案查处价格违法案件5件，经济制裁金额102万元，其中没收违法所得37.2万元，退款64.8万元。（陈海英）

【做好价格认证工作】 开展价格鉴证、车损和司法机关委托的各类刑事涉案财产价格鉴定。年内，配合公安“冬季战役”和“滨海铁锤”12号及13号行动，受理涉及刑事案件物品鉴定824件，案值514万元。做好道路车辆物损评估，受理2427件，评估额2053万元，收费62万元。（陈海英）

统　　计

【概况】 年内，区统计局、国家统计局奉贤调查队着力提升统计能力，提高统计数据质量，开展调查研究，研判经济运行态势，加大对经济社会运行中重点、热点、难点问题的分析，努力提供真实可信的数据和高质量的统计分析，为区委、区政府科学决策提供参考。（统计局）

【加强监测预警和调研分析】 年内，落实月度经济形势分析制度，不断完善季度经济形势分析制度，拓宽统计广度，挖掘分析深度。全年编印《统计专报》11期，《奉贤统计信息》简报23期，《督查专报》7期，《统计要情》30期，《人口普查》简报36期。围绕重点、热点、难点问题，开展统计调研。紧跟“三区一基地”建设和“一二三四”关键性工作步伐，加强对重点项目、“8+6”重点产业的跟踪监测；开展问卷调查，研究楼市调控政策对房地产企业的影响情况；开展全区就业和失业变化情况动态监测分析，有重点地跟踪分析部分企业用工状况以及私营企业劳动工资状况；针对国际金融危机冲击下如何实现保增长的课题，对各镇、开发区、直属集团公司经济发展情况进行专题调研。（统计局）

5月14日，举行奉贤区经济社会发展战略和“十二五”规划思路讨论会（发改委　供稿）

【提高统计数据质量和服务水平】 年内，建立健全各专业主要统计数据质量全过程控制体系，明确数据质量标准和技术要求，规范业务流程。抓好数据处理中主要数据间的匹配和衔接，处理好政府综合统计数据与部门统计数据间的依存关系，加强统计数据发布管理，防止“数”出多门；以统计执法大检查为契机，加大统计执法和宣传力度；在抽取1004家“三上”企业（即规模以上工业企业，限额以上批发、零售、住宿和餐饮企业，资质等级以上的建筑业和房地产开发业）开展企业自查的基础上，有针对性地对30家企业开展抽查。建立季度统计数据新闻通报制度，集中通报反映全区经济社会发展状况的主要季度统计数据；加强统计网站建设，完善各专业定期统计报表网上直报。 （统计局）

【开展第六次人口普查】 紧扣时间节点，做好第六次全国人口普查各项工作。制订《奉贤区第六次人口普查工作方案》，召开全区人口普查领导小组扩大会议。落实区镇两级机构、办公、人员、经费4项内容。通过奉贤电视台、《奉贤报》、镇（开发区）刊物、政务网、统计网等平台大力宣传，并在公共场所设置宣传吊旗50面、版面20块、立牌2块、灯箱8座。围绕难点问题，开展督查2次、调研4项。开展全区户口整顿和普查区划分工作，分别在南桥镇和青村镇开展人口普查综合试点工作。完成普查员、普查指导员的选调和业务大培训，选调“两员”5000余名。进行入户摸底和普查登记工作，根据普查结果，全区常住人口108.35万人。 （统计局）

【开展社情民意调查】 年内，先后开展组织工作满意度、党风廉政建设、食品安全、居民生活状况、环境满意度、邮政行业满意度、农民参与世博、农村居民低收入家庭情况、财政支持“三农”资金使用效果、新农村建设评价体系、农村居民出行、企业景气度、非公有制领域人才状况等社情民意调查。 （统计局）

【推进统计改革】 年内，进一步理顺区统计局和调查队内设机构的职能定位和职责分工，优化机构设置和人员配置。坚持“工作上融合，力量上整合，资源上共享”原则，从有利于统计调查事业发展着眼，研究探索建立局、队融合的管理模式，推进统计基层基础建设。加强统计基础规范化建设，制定并经区政府批转《关于进一步加强我区统计基础规范化建设的实施意见》，对全区统计网络、统计队伍、统计基础资料的积累和管理、统计信息化建设等有关“双基”建设的各个方面进行指导和规范。 （统计局）

国有（集体）资产管理

【概况】 2010年，纳入区国有资产监督管理委员会（简称区国资委）年报统计范围的国有企业197家，资产总额567.04亿元，负债总额458.13亿元，净资产108.91亿元，国有资本及权益总额107.01亿元，比上年增加41.05亿元，增长62.23%；城镇集体企业21家，资产总额5.33亿元，负债总额1.83亿元，净资产3.5亿元，集体资本及权益总额3.15亿元，与上年基本持平。年内，开展申隆生态园股权回购后应付资金拨付、后续工程结算、“孤岛”资产移交等后续工作，落实申隆生态园资金监管，配合青村镇做好农民安置房建设。协同区文广局落实区广播电视有线网络整合工作，开展监督、协调电视有线网络整合前的审计和评估。根据《关于本区农村集体资产管理职责转划的通知》精神，配合区农委完成农村集体资产管理职责划转、人员划转工作。 （唐 立）

【完成星火开发区联合发展公司股权划转】 年内，与浦东新区进行沟通协调，完成浦东新区所持有的上海浦东星火开发区联合发展公司41%股权向奉贤区划转的工作。 （唐 立）

【强化国有（集体）资产管理】 年内，做好经营性国有（集体）资产涉及股权划拨、产权转让、资产重组、存量资产清理、不实资产核销、对外投资等情况的核实、审批工作，至年底完成审批项目16项。对行政事业非经营性资产的处置、调拨进行复核和审批，处置、审批行政事业单位车辆40辆，涉及账面价值891.91万元，公开拍卖其中的23辆旧车，拍卖成交额42.67万元。对区教育局所属原奉贤县联谊小学3133平方米土地使用权、区水务局所属南桥路248号113平方米店铺、区卫生局所属金汇镇社区卫生服务中心四病区（奉贤区红十字护理院）38%国有份额房（地）资产经审批后委托社会中介机构进行拍卖处置；对区信息委、区教育局等11家单位账面价值782.73万元的固定资产作报废（核销）处置；将区规土局账面价值1150万元的奉贤区规划展示馆布展工程资产无偿调拨至奉贤区图书馆；将区安监局账面价值20.41万元的简易车棚无偿调拨至南桥镇房管办事处；将区房管局承担解放东路延伸段和南亭公路拓宽工程形成资产调拨至区建设投资公司，妥善解决双方之间8000万元建设资金的历史遗留问题。 （唐 立）

【公开拍租公有房屋】 年内，由区公有资产经营公司对到期的83户租赁房屋进行公开拍租，年租金收入由原184万元增加至195.68万元，增加11.68万元，平均增长6.35%。全年收取租金326户（次）1084.77万元，扣除税金等必要费用后，租金按季上缴区财政局，纳入财政收支两条线管理。 （唐 立）

【制定改制企业未转让土地使用管理意见】 年内，在清理全区国有（集体）改制未转让土地现状的基础上，针对改制企业未转让土地的现状及使用和管理中存在的弊端，区国资委联合区房管局、规土局、司法局、金融服务办公室等5部门联合制定《关于加强区属国有（集体）改制企业未转让土地使用管理

的实施意见》，确保国有(集体)改制企业未转让土地资产安全完整和保值增值。（唐　立）

【做好企业改制工作】 年内，稳步推进区福利企业、区城建集团和区水务局所属浩淼公司等企业改制工作。其中，完成福利企业改制71家，区民政福利企业改制全面完成；11月19日、11月25日，区水务局所属浩淼公司及区城建集团股权分别在上海联合产权交易所成功挂牌。（唐　立）

【上海奉贤文化发展有限公司成立】 年内，根据市委宣传部《关于进一步推进区县经营性文化事业单位转企改制工作的通知》要求，区国资委依照《奉贤区经营性文化事业单位改制工作方案》安排，会同区文广局在做好区经营性文化广播事业单位改制准备工作的基础上，由区国资委出资50万元设立"上海奉贤文化发展有限公司"，作为经营性文化事业单位改制后资产的归属和文化行业经营管理平台。（唐　立）

【做好企业"小金库"专项治理】 年内，根据《关于在本市国有及国有控股企业开展"小金库"专项治理工作的实施方案》文件精神，配合区"小金库"专项治理领导小组办公室做好区国有(集体)企业"小金库"治理专项工作。至年末，完成自查自纠，在此基础上对6家主管部门、19家企业进行重点检查。（唐　立）

【做好集团公司考核工作】 年内，做好2009年区直集团公司(社)党政领导班子考核奖励工作。6月上旬，对各区直集团公司(社)党政领导班子2009年考核奖励发放进行审核，并分报区相关部门。与政研室共同制定2010年度区直集团公司(社)党政领导班子考核实施意见。（唐　立）

【做好改制企业相关费用的管理和使用】 年内，做好区属改制企业改制前离退休人员相关费用的管理和使用工作。经审核确认支付事业退休人员单位共享费、企事业退休人员生病探望费、节日慰问费、去世抚恤金、丧葬费等各项经费86.70万元。（唐　立）

【编制完成国企改革和发展"十二五"规划纲要】 年内，为进一步加快区国有经济布局和结构调整，转变发展方式，推进国有经济发展，在对"十一五"期间区国资国企改革和发展回顾的基础上，编纂完成《奉贤区国资国企改革和发展第十二个五年规划纲要》，明确"十二五"期间国资国企改革发展的指导思想、基本原则和总体目标，为下一步国资国企改革发展创造条件。（唐　立）

工商行政管理

【概况】 年内，全区有市场主体87576家，比上年增长14.51%。其中，新设市场主体15308家，比上年增长15.80%。办理食品流通许可设立登记793件，变更1529件，注销137件，核发食品流通许可证2202张。全年新设立企业12694家，比上年增长27.23%，位列全市第三。全区商标申请量3037件，比上年增长7.5%，注册成功4096件，比上年增长199.63%，占上年总有效注册商标存量的78.64%。全区拥有注册商标9300余件、上海市著名商标53件、中国驰名商标4件。在政风行风测评中，上海市工商管理局奉贤分局(简称工商分局)在区行政执法部门中继续名列第一。（倪东平）

【15件商标获评市著名商标】 3月，第十五批上海市著名商标认定结果公布，区内15件商标上榜。其中，"PU-JIE"、"森蜂园"等4件商标首次被认定为上海市著名商标，11件商标3年期满后被重新认定。至此，区内上海市著名商标数已增加到53件，居全市第五位。（倪东平）

2010年奉贤区获评上海市著名商标企业情况表

序　号	企业名称	商　　标	商品或服务
1	晨光控股(集团)有限公司	晨　光	笔、笔芯
2	上海柘中(集团)有限公司	柘　中	高低压开关柜
3	上海实业振泰化工有限公司	振　泰	氧化物
4	上海鼎丰酿造食品有限公司	鼎　丰	醋、酱油
5	上海鼎丰酿造食品有限公司	鼎　丰	腐　乳
6	上海菲林格尔木业股份有限公司	菲林格尔	地　板
7	上海丰科生物科技股份有限公司	丰科 Finc	食用菌
8	上海东升焊接集团有限公司	DONSUN	焊接设备及配件
9	上海上塑控股(集团)有限公司	上　塑	管　道
10	上海白蝶管业科技股份有限公司	白　蝶	塑料管、管子接头
11	上海建设机器厂	山　宝	采矿、选矿用机械
12	上海浦杰香料有限公司	PU-JIE	香　料

续 表

序 号	企业名称	商 标	商品或服务
13	上海开维喜阀门集团有限公司	K	阀 门
14	上海天力实业(集团)有限公司	天 力	非金属水管
15	上海森蜂园蜂业有限公司	森蜂园	食用蜂王浆、蜂蜜

(孙 欢)

2010 年奉贤区新获认定上海市著名商标企业情况表

序 号	企业名称	注册地	产品名称	注册商标
1	上海浦杰香料有限公司	新申经济区	香精香料	PU-JIE
2	上海森蜂园蜂业有限公司	柘林镇北村路	蜂蜜、蜂王浆、蜂花粉、蜂胶等	森蜂园
3	上海开维喜阀门集团有限公司	柘林镇北村路	各类阀门	开维喜
4	上海天力实业有限公司	金汇镇东星路	建筑给水管道	图案(天力管)

(孙 欢)

【举办旅游业商标创意设计大赛】 5 月,工商分局联合区教育局、旅游局举办“柘中杯”奉贤区青少年“休闲奉贤”旅游业商标创意设计大赛,1000 余名学生参加比赛,240 余件奉贤旅游商标创意设计进入区级复评,30 件优秀创意作品在区文化广场大型电子显示屏进行为期一周的集中展示,在区电视台连续 3 天进行播出。

(倪东平)

【建立著名商标重点培育库】 年内,工商分局联合区科委、质监、经委、统计等部门,修订建立著名商标重点培育库,储备重点培育商标 62 件。推荐 34 家企业申报上海市著名商标,其中,上海市高新技术企业 8 家,区高新技术企业 2 家。

(倪东平)

【加强商标专用权保护】 年内,工商分局查处各类商标违法案件 79 件,比上年增长 107.9%,处罚款 51.8 万元,比上年增长 37.4%,涉案金额 8772.1 余万元,查获并没收销毁各类侵权商品 120987 件、标识 104387 件,移送涉嫌商标犯罪案件 2 件,涉及人员 2 人。受理百丽丝公司产品被假冒案,派员赴山东菏泽打假,查处售假点 5 个,当场查扣 200 余件假冒商品。为上海通用风机公司等著名商标企业提供政策、法律服务。

(倪东平)

工商执法人员集中销毁查获的假冒海宝 (工商分局 供稿)

【开展涉博市场整治】 年内,工商分局查办案件 1380 件,与上年持平。其中,查处侵犯“世博”标志专有权案件 23 件,罚没金额约 12.3 万元。查扣收缴假冒世博会特许商品 196 件,现场销毁假冒海宝小商品 7 件,收缴违法宣传物品 24 件。收缴“回收世博门票、交通卡”招牌 12 块,制发《责令改正通知书》4 份。 (倪东平)

【开展经营管理安全检查】 年内,工商分局加强对旅馆、娱乐休闲、互联网服务、地下建筑经营、废品收购、印刷等 6 个行业的监督检查和“危险性刀具”管理工作,查办涉及世博会公共场所经营管理安全保卫案件 142 件,罚没款 72.46 万元。其中,立案查处旅馆业经营单位 7 家,罚没款 4.26 万元;娱乐行业经营单位 78 家,罚没款 18.31 万元;“黑网吧”8 家,罚没款 2.95 万元;废品收购经营单位 20 家,罚没款 11.79 万元;印刷业经营单位 29 家,罚没款 35.15 万元。取缔“黑网吧”258 家,收缴电脑主机、显示器等设备 3887 件,会同区公安分局抄送电信局,切断信号源 360 家。 (倪东平)

【保障“供博”、“供亚”食品安全】 年内,下发《关于 2010 年上海世博会流通环节食品安全保障工作的方案》,先后开展世博园区餐饮企业流通领域供应商调查摸底工作、世博会入园餐饮服务单位流通环节原料供应商发货点规范工作,调查世博园区餐饮企业流通领域供应商12家，向2家流通环节原料供应商发货点颁发《食品流通许可证》。抓好供亚运会食品流通环节安全监管，11月12日至12月19日，出动监管人员56人次，开展驻点监管21次，签发出货单和准运证各21份，监管发货品种332种，合计13.76吨。（倪东平）

【开展食品安全专项整治】 年内，开展食品安全专项执法检查等20余项，出动执法人员1712人次，检查各类食品经营商5690家次。检查涉及违法添加非食用物质和滥用食品添加剂、假冒“射阳大米”等违法行为，问题乳粉、问题“泰国香米”、地沟油、不合格果冻、李辅仁理大维固健胶囊、“鱼专家”烤马面鱼和烤鳕鱼食品等问题产品，以及清真食品、奶制品、食盐、熟食、涉嫌制假售假水站、超市大卖场等。（倪东平）

【开展食品抽样检验】 年内，先后对熟肉制品、蔬菜、乳制品、大米、面制品、水产品、植物油、味精等460组样品进行抽样检验，其中检测结果符合食品安全标准产品391件，合格率85%。（倪东平）

【开展商品质量监测和专项检查】 年内，开展监测活动18次，监测产品108批次。发现不合格商品31批次，立案查处19件，结案12件，案件罚没款2万元。组织专项检查7次，整顿房地产市场，清查不合格刨花板和安全帽市场，开展一次性塑料餐盒、燃油自行车、“吊模斩客”专项整治，出动执法人员1280人次，检查各类经营单位2468家次。（倪东平）

【推行无照经营网格化综合监管模式】 年内，推行无照经营网格化综合监管新模式，规范办照313家，发放责令改正通知书475份，取缔无照经营单位234家，立案404件，结案382件，罚没金额161.56万元，取缔无照经营单位2409家。（倪东平）

【推进企业注册网上登记和年检】 年内，设计制作简易操作方法图解和宣传册，设立推广辅助员，指导经济园区送审员进行网上申请操作演练，明确网上登记AB角制度。全年受理网上登记开业申请10700件，占新设立企业总数的84.29%。企业网上年检48032家，网上年检率99.66%。（倪东平）

【开展多形式的企业年检服务】 年内，为上海森蜂园蜂业有限公司和上海晨光文具股份有限公司等分支机构众多的企业提供团体年检服务，为35家区大型项目和重点工程企业提供上门年检服务，为676家区科技创新园区和现代服务业、先进制造企业提供年检绿色通道，以简易审查方式进行年检。通过年检申报备案方式参加年检企业43408家，申报备案率87.79%。全年应年检企业53460家，参检企业49447家，参检率92.49%。应验照个体工商户14179家，实际验照12056家，验照率85.03%。（倪东平）

【推进内资企业设立并联审批】 年内，推动工商、质监、税务部门并联审批“三联动”。将区级34个经济园区纳入首批试点单位，组织开展并联审批业务培训，开设并联审批专窗，配备专职注册官。发放3667套并联审批申请表和材料清单，提交申请材料企业3646家（仅涉及后置审批项目），领取营业执照、组织机构代码证和税务登记证企业2891家，平均审批时限6.84个工作日，比传统串联审批减少5.16个工作日。（倪东平）

【推出工商登记注册服务热线】 年内，推出工商登记注册服务热线55296103，满足申请人各类个性化需求。增加咨询岗位，增设接听电话，配备接听耳麦等措施，开发企业登记注册自助语音导航系统（IVR），对传统人工电话热线进行改进和补充。至年末，累计接听咨询电话11133人次。（倪东平）

【做好股权质押和动产抵押】 年内，办理股权出质39件，质押股权约2.9亿元，担保债权11.13亿元。完成动产抵押139件，主债权金额24.77亿元，注销登记192件，主债权金额6.77亿元。（倪东平）

【率先试点以新型出资方式设立农民专业合作社】 年内，工商分局在全市率先开展农民以土地承包经营权作价方式设立专业合作社试点。至年末，上海谷缘粮食种植专业合作社和上海盟华水稻种植专业合作社通过核准，取得营业执照。（倪东平）

【受理消费者申诉、举报1209件】 年内，制定消费者申诉举报工作制度，受理申诉108件、举报1101件。处理申诉106件，办结率98.15%；处理举报1091件，办结率99.09%。（倪东平）

【形成“一会两站”消费维权机制】 年内，区消费者权益保护委员会各镇（开发区）分会正式成立。全区8个镇5个开发区的红盾维权联络点“撤点改站”工作全部完成，村（居）委一级消费维权工作实现属地化管理。工商分局与区消保委联合对原设立在企业的红盾联络点进行调整，统一名称为企业维权服务站。以“一会两站”为基础的工作机制逐步形成。（倪东平）

质量技术监督

【概况】 年内，区质量技术监督局（简称质监局），以世博安保为核心，创新监管模式，完善保障措施，确保区内食品生产、特种设备、产品质量三大公共安全，坚持“质量兴区”的理念，加强宏观质量引导，推进计量和标准化，提高检测机构工作水平，聚焦创新驱动、转型发展，聚焦公共安全、社会和谐，聚焦民生需求、转变职能，提升公共服务和保障能力。（蒋 伟）

【监督检查乳制品及含乳食品企业】 1月4日起，区质监局对含乳食品生产企业进行为期1个月的专项检查。重点检查乳制品、饮料、冷冻饮品、方便食品、糖果制品、糕点、饼干等7类食品生产企业，要求以奶粉作为原料的企业做好三聚氰胺检测结果记录。全区涉及乳制品、冷冻饮品与糕点生产的取证企业30家，质监执法人员逐户上门开展监督检查，对含乳食品生产企业有关产品开展连续4周抽样检验，主要检验三聚氰胺指标及“皮革水解物”、“β-内酰胺酶”等非食用物质的含量，检查结果全部合格。（蒋　伟）

【500余家企业签署产品质量安全承诺书】 4月8日，区质监局召开迎世博、保障产品质量安全动员大会，全区300余家工业产品生产许可证获证企业和200余家强制性产品认证获证企业参加会议。全区500余家企业负责人共同签署产品质量安全承诺书。（蒋　伟）

【区长话质量活动启动】 9月20日，区长话质量首场专题活动启动。副区长徐剑萍从服务中小企业发展方面，介绍质量工作对区域经济社会发展的促进作用，并接受媒体采访。上海电视台、东方网、解放日报社、中国质量报社等11家媒体出席活动。（蒋　伟）

【魏传忠到奉贤考察】 10月16日，国家质检总局副局长魏传忠到奉贤检查工作，市质监局局长黄小路、副区长徐剑萍陪同考察。魏传忠一行到上海浦东电线电缆集团参观考察企业产品陈列馆、产品研发中心、检测中心及生产车间，并对奉贤质监系统提出新要求。（蒋　伟）

【2个国家级生产标准化示范区项目通过验收】 10月19日，市质监局受国家标准化管理委员会委托，在奉贤区召开国家标准化管理委员会蔬菜生产标准化示范区项目和国家标准化管理委员会水稻生产标准化示范区项目验收会。区内企业上海高榕农业发展有限公司承担的蔬菜国家级生产标准化示范区项目和上海丰硕粮食生产合作社负责管理经营的水稻国家级生产标准化示范区项目通过验收。（蒋　伟）

【开展安全生产检查】 11月17日，区质监局就消防及安全生产工作进行专题部署，在全区范围内进行安全生产大检查。检查以特种设备安全监察为主，继续坚持特种设备“三落实”、“两有证”、“一检验”要求，重点对气瓶充装单位、大型游乐设施的运营单位、浴室、人员密集场所尤其是高层住宅电梯使用单位和商场进行检查。同时，将快开门式压力容器、浴室锅炉、冶金用起重机、码头吊列为重点检查对象。（蒋　伟）

【普查快开门式压力容器277台】 11月30日，区质监局组织8个检查组对建筑、化工、医药、卫生等行业快开门式压力容器开展突击检查，查处违法违规行为。此次行动检查快开门式压力容器使用单位83家，检查设备277台。其中，17家单位的27台快开门安全连锁装置失效，达不到安全连锁功能，存在重大安全隐患。检查组查封设备，责令相关单位立即停用，开展技术改造。同时，检查组向企业发放使用单位工作要求、专项整治流程图等资料，以帮助企业有针对性地进行整改，做到监管和服务并举。（蒋　伟）

【评审第二届奉贤区区长质量奖】 12月30日，经区政府批准，授予上海伟星新型建材有限公司奉贤区第二届区长质量奖。年内，全区申报第二届区长质量奖企业7家，通过资料审核企业6家。上海伟星新型建材有限公司、上海上塑控股集团有限公司、上海索谷电缆集团有限公司和上海开维喜阀门集团有限公司入围现场审核。通过专家现场评审，上海伟星新型建材有限公司荣获该奖项。（蒋　伟）

【免费检定水银血压计13436台】 年内，区质监局承担30万台家庭用水银血压计免费校准和小修的市政府实事工程。通过媒体宣传、培训血压计检定人员，确定水银血压计免费校准方式，组织各镇、开发区召开血压计免费校准会议，在各镇、开发区居（村）委会设立流动点等方式对家用水银血压计进行免费校准和修理，免费校准水银血压计13436台，并修理其中的12116台。（蒋　伟）

【推荐标准化示范项目2项】 年内，区质监局在调研和实地考察的基础上，推荐上海超日太阳能科技股份有限公司和上海阿波罗机械制造有限公司两家企业申报上海市高新技术标准化示范企业。7月，推荐庄行镇申报上海市首批农业标准化综合示范镇。至年末，全区各级农业标准化示范区项目148项，其中国家级农业标准化示范区项目8项，市级农业标准化示范区项目8项，区级农业标准化示范区项目132项。（蒋　伟）

免费为群众校准和维修水银血压计　（质监局　供稿）

【实施卓越绩效模式百家企业试点】 年内，区质监局制定并实施《奉贤区关于推动卓越绩效模式百家企业试点计划的实施意见》，对区内80家上海名牌企业、20家区重点企业学习、应用、导入卓越绩效模式进行帮扶、引导和资助。在该计划的推动下，区内企业上海金力泰化工股份有限公司、上海丰科生物科技股份有限公司申报年度上海市质量金奖组织类，分别获得制造业类和小企业类专家评审最高分，通过社会公示。上海阿波罗机械制造有限公司董事长陆金琪申报年度上海市质量金奖个人类，入选入围奖并通过社会公示。

（蒋　伟）

2010年奉贤区获评上海名牌产品及生产企业情况表

序　号	产品名称	企业名称	注册商标
1	都市菜园景区	上海都市农商社有限公司	都市菜园
2	地面用晶体硅光伏组件	上海超日太阳能科技股份有限公司	图　案
3	φ406-φ1016无缝不锈钢管	上海金昌不锈钢管制造有限公司	图案（金昌）
4	运动防护系列产品	上海和汇安全用品有限公司	Tanked Racing
5	金属罐（储气罐）	上海市奉贤设备容器厂	图案（申江）
6	汽车座套、汽车座垫	上海俊达汽车装饰有限公司	图案（JD）
7	异步电动机	上海海光企业（集团）有限公司	海光HG
8	高低压成套开关设备	上海博澳电气成套有限公司	博　澳
9	痰热清注射液	上海凯宝药业股份有限公司	凯　宝
10	先张法预应力混凝土管桩	上海柘中建设股份有限公司	柘　中
11	调节阀	上海平安高压调节阀门有限公司	李　尤
12	猪疫苗产品系列	上海海利生物药品有限公司	图案（HiLE）
13	植脂奶油	上海海融食品工业有限公司	欣　融
14	塑料模具	上海亚虹塑料模具制造有限公司	亚虹模具
15	金针菇	上海雪国高榕生物技术有限公司	雪　榕
16	储气罐	上海申江压力容器厂	图案（申）
17	高低压成套开关柜	上海光大科技（集团）有限公司	CGD
18	铜及铜合金管材	上海海亮铜业有限公司	图　案
19	建筑用聚丙烯管道系统	上海天力实业有限公司	图　案
20	全电脑印刷开槽模切机	上海朝昌包装机械有限公司	图　案
21	精密无缝钢管	上海天阳钢管有限公司	图案（TianYang）
22	电脑全自动高速印刷开槽模切机	上海鼎龙机械有限公司	鼎　龙
23	学生套装文具盒	上海宏达文教用品有限公司	得　才
24	压力容器、常压容器	上海贤达罗兰压力容器制造有限公司	图　案
25	电力金具	上海永固电力器材有限公司	图　案
26	冷冻虾仁	上海汉德食品有限公司	东海渔场
27	高低压成套开关设备	上海耐吉配电设备有限公司	SNaiji
28	工业阀门	上海开维喜阀门集团有限公司	图案（K）
29	建筑用塑料给水管道系统	上海瑞河管业有限公司	图案（SHRH瑞河）
30	化妆品	上海美素生物美容品有限公司	MUSEU
31	实木地板	上海肯诺木业有限公司	图案（肯诺）
32	电　梯	上海富士电梯有限公司	图　案
33	电线电缆	上海索谷电缆集团有限公司	SOCO索谷
34	电线电缆	上海特种电线电缆（集团）有限公司	图案（菱海）
35	电线电缆	上海永进电缆（集团）有限公司	恒　顺
36	女大衣	上海斯尔丽服饰有限公司	斯尔丽

续 表

序 号	产品名称	企业名称	注册商标
37	110 千伏等级以下电力变压器	上海南桥变压器有限公司	三 节
38	高低压开关成套设备	上海广电电气(集团)股份有限公司	图 案
39	不饱和聚酯树脂	上海新天和树脂有限公司	点 石
40	曲 酒	上海神仙酒厂	神 仙
41	AZ 型标准化工泵	上海阿波罗机械制造有限公司	艾波而
42	40.5 千伏及以下高低压开关柜	上海捷星电气制造有限公司	捷 星
43	蟹味菇	上海丰科生物科技股份有限公司	图案(丰科 Finc)
44	兽 药	上海公谊兽药厂	公 谊
45	40.5 千伏及以下智能化成套配电设备	航星通用电器有限公司	图 案
46	强化木地板、实木复合地板	上海菲林格尔木业股份有限公司	菲林格尔
47	实木地板	上海泛美木业有限公司	泛 美
48	40.5 千伏及以下高低压开关柜	上海柘中(集团)有限公司	柘 中
49	新型塑料管道	上海伟星新型建材有限公司	伟 星
50	圆珠笔	上海文正笔业有限公司	文 正
51	酿造制品	上海鼎丰酿造食品有限公司	鼎 丰
52	双酰胺结构阴极电泳涂料	上海金力泰化工股份有限公司	金力泰
53	草甘膦	上海沪江生化有限公司	兆 丰
54	黄 桃	上海新光农贸有限公司	锦 绣
55	电焊机	上海东升焊接集团有限公司	图案(DONSUN)
56	工业脚轮	上海林春企业发展(集团)有限公司	图 案
57	水 泵	上海水泵集团有限公司	SPG
58	组合式空调机组	上海德惠空调设备厂	图 案
59	通用风机	上海通用风机股份有限公司	上 树
60	蔬 菜	上海都市农商社有限公司	星 辉
61	电焊机	上海施威焊接产业有限公司	施 威
62	冷却肉	上海爱森肉食品有限公司	爱 森
63	给水用三型聚丙烯(PP-R)管道系列	上海中塑管业有限公司	图案(ZHSU)
64	汽车空调器蒸发器,汽车空调器冷凝器,汽车水暖式暖风器	上海双桦汽车零部件股份有限公司	双 桦
65	壁 纸	上海欣旺壁纸有限公司	欣 旺
66	仿木框类产品	上海英科实业有限公司	绿 林
67	特种氧化镁	上海实业振泰化工有限公司	图案(振泰)
68	中性笔	晨光控股(集团)有限公司	晨 光
69	复方甘草口服溶液	上海美优制药有限公司	美 优
70	助 剂	上海天坛助剂有限公司	天 坛
71	塑料管材管件	上海白蝶管业科技股份有限公司	白 蝶
72	风机盘管空调机组、组合式空调机组、柜式风机盘管机组(变风量空调机组)	上海百富勤空调制造有限公司	百富勤
73	蜂产品	上海森蜂园蜂业有限公司	森 蜂
74	床上用品	上海水星家用纺织品有限公司	水 星
75	电力电缆、矿用电缆电线	上海浦东电线电缆(集团)有限公司	上 线
76	工业洗涤设备	上海申光洗涤机械集团有限公司	申 光

续 表

序 号	产品名称	企业名称	注册商标
77	铝合金门窗、塑料门窗	上海平安门窗有限公司	图 案
78	木质防火门、钢木防盗防火门	上海正昊实业有限公司	正 昊
79	塑料管材管件	上海上塑控股(集团)有限公司	SHSU 上塑 SHANGSU
80	家 具	上海诚龙木业有限公司	E-JEYIK
81	蜜 梨	上海奉叶农副产品配送有限公司	奉 叶
82	一次性无菌注射器具	上海双鸽实业有限公司	图 案
83	中药饮片	上海古华药业(集团)有限公司	古 华
84	化妆品	伽蓝(集团)股份有限公司	自然堂
85	床上用品	上海百丽丝家纺有限公司	百丽丝

注:排名不分先后。

(蒋 伟)

安全生产监管

【概况】 年内,区安监局围绕“平安世博”工作主线,深入开展“安全生产年”活动,强化上海世博会特殊管控措施,确保全区安全生产总体平稳态势。 (薄欢军)

【落实安全责任建立完善安全监管体系】 年初,组织召开全区安全生产工作大会,与各镇、开发区及相关部门等65家单位签订安全生产责任书。同时,推进《奉贤区安全生产网格化管理实施办法》,各镇、开发区和相关部门制定区域、行业安全生产“网格化”管理实施方案,并将网格化管理延伸至各村、居委,全面完成全区172个行政村、居委安全生产网格化管理责任的细化,将安全管理责任细化落实到具体管理责任人。制定《区安监局上海市世博会安全保障方案》《安监局世博责任分工方案》,与13家单位签订世博安保责任书,对136家危险化学品生产、经营、储存单位实施安全责任保险,对34家重大危险源单位进行安全评估,对12家危化企业实施关停并转迁。 (薄欢军)

【开展排查摸底加强世博监管重点设防布控】 年内,先后开展重大危险源普查登记、危险化学品安全隐患普查整治、全区化工企业大检查、废品收购站火灾安全隐患排查摸底、职业健康调查摸底等工作,针对21处重大隐患制定挂牌整治计划,确定50家重点监管企业、9个世博安保区级重点监控对象和97个部门重点监控对象。制定《奉贤区安全生产重点企业监管工作规程》,确定区域安全监管的重点企业,对全区34家重大危险源单位和166家重点危化企业实行月报制度,实施对危险化学品及其道路运输的特殊管控措施。按照年度专项整治方案,着力解决突出问题,全力减少各类事故的发生,在各重点行业和领域深入开展安全生产专项整治。 (薄欢军)

开展安全生产月活动——法律法规宣传咨询 (安监局 供稿)

【加强执法监督和“打非”力度】 区安监局针对区域内季节性、行业性安全监管特点,开展持续检查,区安监局及下属安监大队检查企业1383家次,开具安全生产监督指令书152份,查出隐患2141处,对45家企业进行行政处罚。同时,在全区范围内开展为期3个月的打击危险化学品非法、违法生产、经营、储存、运输等专项行动,查处非法、违法行为295起,查出隐患13324处,完成整改11955处,整改率90%。 (薄欢军)

【组织开展安全大排查、大整治专项行动】 为深刻吸取静安区胶州路公寓大楼“11·15”特别重大火灾事故教训,区安监局全面开展安全大排查、大整治。期间,责令“三停”77处,取缔非法生产经营32处,行政拘留33人,处罚135万元,对发现的9处重大安全隐患采取强制措施,确保落实整改;对大检查中查出的安全隐患,实行区镇两级挂牌督办,确保安全隐患及时整改到位。 (薄欢军)

【完成塘外化工区安全关闭工作】 针对塘外化工区污染严重、安全条件差的状况，在市区两级政府及相关部门的共同努力下，投入1亿余元资金，对塘外化工区内的22家化工企业实施“关、停、迁”等措施，完成一次性整体关闭，从根本上消除该区域的安全隐患。

（薄欢军）

【全面开展作业场所职业危害申报工作】 根据国家安监总局关于《作业场所职业危害申报管理办法》规定，实施用人单位职业危害申报工作，指导有关单位进行职业危害申报，首批完成作业场所职业危害申报备案企业776家。

（薄欢军）

【成立安全生产教育基地】 充分利用奉贤境内的高校教育资源，首创安监部门与高校共建教育培训基地的“政校合作”模式，区安监局联合上海工会管理职业学院共同建立“奉贤区安全生产教育基地”，政府联手高校、高校走出校园，安全教育互动合作，有利于进一步提高安全生产教育培训水平和能力，也有利于加快促进安全生产人才培养。（薄欢军）

【推进各类安全培训项目】 全年完成培训36276人次，其中，作为区政府实事项目之一的2万名农民工安全培训工作，参加农民工21113人，超额完成1113人；组织培训危险化学品从业人员1049人、培训企业负责人1141人、安全管理人员1808人、特种作业人员11165人。被评为2010年度上海市农民工培训先进单位。

（薄欢军）

【开展政风行风建设加强队伍建设】 深化政风行风建设，有计划地组织干部职工开展法律法规学习，内强素质，外塑形象。邀请具有丰富安监工作经验的专家对全区132名安监队员、安全干部开展为期6个月的业务培训。区安监局荣获市安监系统2010年政风行风评测第一名，区执法部门政风行风评测第二名，被评为上海市创建学习型机关先进单位。（薄欢军）

食品药品监管

【概况】 年内，上海市食品药品监督管理局奉贤分局（简称食药监分局）围绕“平安世博”的工作目标，履行监管职能，突出监管重点，强化风险管理，巩固、提高、深化国家食品安全示范区建设成效，推进食品药品专项整治行动，确保区内食品药品安全、有序、可控。全年开展食品相关单位监督检查5789家次，抽样12567件，合格率91.63%；累计对药品生产企业监督检查388家次，对药品经营企业监督检查445家次，药品抽样820件，不合格率2.8%。（卫　红）

【开展生猪产品安全抽查】 全区有屠宰场2家、肉品批发市场1处。为确保生猪产品安全，年内，食药监分局对上海爱森肉食品有限公司、上海申兰食品厂进行每月一次的监督抽检，抽检样品81件，合格81件，合格率100%；对上海煜峰肉类批发市场进行随机抽检，抽检样品45件，合格45件，合格率100%；另对屠宰场、肉类批发市场等单位开展瘦肉精现场快速检测，抽检样品1153件，合格1153件，合格率100%。（卫　红）

【开展世博食品安全专项行动】 3月25～31日，食药监分局开展“世博食安五号”专项行动，对区内150平方米以上美容美发场所、三星级以上宾馆和3000平方米以上沐浴场所进行全覆盖检查；4月1～22日，开展“世博食安六号”专项行动，对区内7家世博接待饭店按《餐饮单位量化监督检查表》内容逐项检查，消除食品安全隐患；4月28日至5月8日，开展“世博食安七号”专项行动，对辖区内13家集体用餐配送单位进行专项检查，确保供餐安全。（卫　红）

【开展第八届清理家庭小药箱活动】 12月11～17日，组织开展“安全用药，伴你健康”奉贤区第八届清理家庭小药箱活动。举办各类宣传讲座48次、悬挂宣传横幅61条、展示宣传版面37块、发放宣传资料2162份、张贴海报366份。参加活动和咨询人数1968余人。活动中，设不合格药品回收点132个，各药品零售企业回收不合格或过期药品230.38千克。（卫　红）

【创建食品安全示范村20个】 年内，食品安全示范村创建工作列入区政府实事工程。南桥镇灯塔村、南渡村、关港村，奉城镇卫季村、联民村，四团镇拾村村、三团港村，柘林镇新塘村、南胜村、迎龙村，庄行镇潘垫村、新叶村，金汇镇新强村、梁典村，青村镇姚家村、朱店村、桃园村、石海村、李窑村、吴房村等20个村通过创建验收，成为区第二批食品安全示范村。（卫　红）

【推进“六T”创建活动】 继续在全区范围内开展“六T”创建活动（“六T”即：天天处理、天天整合、天天清扫、天天规范、天天检查、天天改进）。年内，食药监分局分两批创建“六T”示范单位34家，达标单位1家。至年末，全区累计有“六T”示范单位、达标单位140家，占全市35%。（卫　红）

【监督检查供博中心厨房食品安全】 年内，食药监分局采取措施确保供博中心厨房食品安全。签订世博食品安全责任承诺，实施定人定点定责监管工作机制；建立食品溯源管理系统，实施全天候、高频次和常态化监管模式；运用高科技手段，加强实时监控，严把供博食品安全关。监督检查供博中心厨房5家284家次，抽检食品991件，合格率97.98%，为发往世博园的664车次1182吨食品建立安全保障。（卫　红）

【强化对集体用餐配送单位全程监管】 年内，食药监分局出动监督员1298人次，对辖区内14家集体用餐配送单位进行监督检查423家次，抽检83家次，抽检饭菜样品318件，合格289件，合格率90.88%；抽检环节样品520件，合

格504件,合格率96.92%。（卫　红）

【强化对学校食堂和学军学农基地的联合监管】　年内,食药监分局联合区教育局对全区各类学校的168家食堂、5家学校食堂副食品配送中心和36所民工学校食堂进行专项检查。对学农学军基地实施每月量化考核和通报制度,保障42447人次用餐安全。（卫　红）

【继续开展餐饮单位卫生等级评定】　在对部分大中型餐饮单位进行等级评定的基础上,食药监分局对区内1218家餐饮单位进行监督公示和等级评定。监督公示中被评为优良的单位152家,一般的单位851家,较差的单位215家;等级评定中被评为A级的单位69家,B级474家,C级675家。（卫　红）

【对无证小餐饮单位试行备案管理】　为将无证小餐饮逐步纳入监管范围,提升区内小餐饮卫生质量和管理水平,确实保护消费者健康权益,食药监分局制定《奉贤区无证餐饮单位实行备案管理工作方案》并逐步实施。至12月底,对26家硬件设施条件较好、业主卫生意识强,但由于环保和房产原因不能申请办证的经营单位进行备案。（卫　红）

【实施保健品、化妆品分类监管】　全区有保健品生产企业11家,均已通过GMP认证,化妆品生产企业41家。食药监分局根据质量管理状况,实施保健品、化妆品分类监管,每季度进行全覆盖检查,促进企业自律。年内,检查保健食品生产经营企业376家次、化妆品生产经营企业153家次。共抽检保健食品样品38件,合格率92.11%,化妆品样品117件,合格率100%。（卫　红）

【强化置办酒席场所监管指导】　年内,对节日期间置办酒席的场所强化监管指导,巡查指导704家,保障宴席16310桌,就餐人员16.3万人次;督促各镇、开发区食品安全专管员指导农村办酒席91家次,保障宴席1589桌,就餐人员12712人次,未发生集体性食物中毒事件。（卫　红）

【开展食品安全专项检查】　年内,开展餐饮单位乳品和乳品原料专项清查工作,检查各类餐饮单位294家次,检查乳制品及含乳制品152种;开展"地沟油"专项整治行动,检查餐饮单位456家次,检查食用油306批次,未发现使用"地沟油"现象;开展一次性饭盒专项检查,检查餐饮单位549家,销毁不符合要求的一次性塑料餐盒1800只;完成65家少数民族拉面店的全覆盖监督检查。（卫　红）

【开展百家药店迎世博、融世博活动】　年内,在全区范围内开展百家药店迎世博、融世博活动。以召开活动专题动员会、举办专家讲座,组织零售门店开展"抓世博契机、规范服务、提升业绩"培训、举办药学人员书面药学知识竞赛、召开零售药店质量管理现场交流推进会等形式推进此项活动。全区132家药品经营企业、650余名药学人员参与活动。（卫　红）

【加强农村用药监管】　坚持"六个统一"管理模式("六个统一",即统一配送、统一人员、统一经费、统一检查、统一培训、统一考核);发放《村卫生室药品安全保世博告知书》;建立推行质量互查、检查考核、季度工作例会和检查通报制度;加强对乡村医生业务培训和季度考核;开展监督抽查,检查村卫生室132家,占总数的67.7%。（卫　红）

【开展药械市场专项检查】　世博期间,开展人参、虫草、隐形眼镜、医疗器械生产企业、医疗器械免费体验店、疫苗使用单位、医用氧、医疗机构药械使用情况、非药品冒充药品、民营医院药品进货渠道等专项检查、专项整治16次,检查指导421家次,开展紧急查控5起,取缔无证生产、经营药械窝点7个。（卫　红）

【开展食品药品安全宣传活动】　年内,食药监分局深入164个村(居)委和30家企业、4所学校、1支部队,开展"六进"宣讲199场;组织开展以"科学饮食用药,健康快乐生活"为主题的区第三届食品药品安全知识竞赛活动,36所学校4000余名学生参加比赛。（卫　红）

（本栏目编辑　李红伟）

财政·税务·审计

财　　政

【概况】 2010年，全区财政总收入127.23亿元，比上年增长19.5%。其中区级地方财政收入40.43亿元，比上年增长26.5%；市级财政收入23.09亿元，比上年增长14.2%；中央级财政收入63.71亿元，比上年增长17.4%。财政总支出114.75亿元，比上年下降2.2%。其中区级一般预算支出47.55亿元，比上年增长23.82%；镇级转移性支出29.57亿元，比上年增长13.12%。区级基金收入37.16亿元，比上年下降22.6%；基金预算支出37.62亿元，比上年下降28.1%。

（韩郑铮）

【优化财政支出】 年内，全区财政支出重点贯穿三条主线：一是突出均衡保障，推动区镇财政经济协调发展。二是突出民生改善，优化公共支出投向。加大对民生保障方面的投入，将新增财力主要用于社会事业、社会保障、改善民生和新农村建设，重点保障社会公共领域，统筹兼顾各项事业的均衡发展。加大教育经费投入，深化教育综合改革，完善义务教育经费保障机制，提高义务教育阶段生均公用经费标准，确保教育经费"三个增长"。支持卫生事业发展，全年医疗卫生经费安排支出3.18亿元，比上年增长14.2%；不断深化社区卫生服务改革，创新社区卫生服务机制，落实政策措施引导常见病、多发病的诊治工作重心下沉到社区，鼓励小病进社区。支持城市管理及基础设施建设，推进迎世博600天行动和创建国家卫生城区活动。三是突出发展主题，落实财税配套政策，加大对科技型中小企业、高新技术产业化的扶持力度，以科技创新为支撑，推动经济发展方式转变；支持节能减排，落实节能减排专项资金，鼓励和引导重点用能单位实施节能技术改造；支持产业结构调整，逐步淘汰劣势企业，推动产业结构优化升级。

（袁　艳）

【"三金"征收入库1.25亿元】 年内，抓好农村合作医疗基金、农村残疾人保障基金、农村教育附加费等"三金"征收入库工作，确保"三金"收入增幅均衡稳定。全年累计完成"三金"入库1.25亿元。

（袁　艳）

【强化契税征管力度】 年内，强化契税征管，提高窗口服务质量，确保税收足额入库。重点加强土地契税征管力度，规范区国有土地使用权出让、土地使用权转让的契税征收。全区全年契税收入4.45亿元，比上年增长52%。（袁　艳）

【做好中小企业信用贷款担保和企业技术改造贴息工作】 全年完成中小企业贷款担保72家，担保金额2.32亿元；解除担保87家，解除金额2.51亿元；完成企业技改财政扶持等项目97个，拨付财政扶持资金1246.9万元。（袁　艳）

【加大新农村建设财政支持力度】 加大财政支农力度，落实粮食、生猪、奶牛生产等各项补贴政策，规范补贴发放流程。做好市级财政扶持农民专业合作社工作，剩余5家农民合作社通过验收。加快推进农村医疗卫生健康发展，计划从2010年起，5年内在区户籍高中及以上学历毕业生中定向培养社区医生（乡村医生）200人。鼓励引导农村孕产妇住院分娩，对在3家定点医疗卫生机构住院分娩，且未参加城镇生育保险的区农业户籍孕产妇，给予每人800元的分娩补助。

（袁　艳）

【开展结余资金清理检查】 年内，开展结余资金清理检查，对区级机关事业单位2009年末的项目经费进行清理，清理结余资金5.27亿元。经核定，其中结余资金543.88万元，此经费被收回并用作区级偿债资金。

（袁　艳）

【推进镇财区管工作】 完善镇财区管实施方案，合理划分收入，调整支出责任，将基本公共支出项目纳入区级预算管理，引导镇级财政优化支出结构，增加公共产品和服务支出比重。严格控制镇级新增债务，化解旧债，确保区镇两级财政良性运作。年内，各镇、开发区

2011 年的部门预算纳入区级部门预算软件平台。（袁　艳）

【完成政府采购 6.91 亿元】 全年完成政府采购 6.91 亿元，节约资金 4525.53 万元，比上年增加采购 2.70 亿元，增长 63.4%，资金节约增加 2734.32 万元。其中货物类采购 489 批次 1.23 亿元；工程类采购 186 批次 5.51 亿元；服务类采购 82 批次 1715.08 万元。实行采办分离，9 月 1 日起，区政府采购中心归属区机管局管理。组织区级和各镇、开发区行政事业单位政府采购信息管理平台软件培训，举办培训班 4 期，加强对政府采购的监管力度，规范各项采购程序。

（袁　艳）

【加强财政资金监管】 加强财政资金投资项目的全过程管理。对在建的奉城医院改扩建工程、档案局建设项目、曙光中学新建项目、区精神卫生中心迁建工程等项目做好项目监管、资金拨付和财务指导工作。组织开展区级机关事业单位津贴补贴及工资外收入专项检查工作，查出违规发放和不规范发放单位 33 家，涉及金额 380.45 万元。加强强农惠农资金专项管理和检查，涉及项目 35 个，市、区两级财政补贴资金 13.90 亿元，未发现违规现象。配合区委巡察组做好区及镇、开发区、部委办局财务收支执行情况检查。（袁　艳）

【实施"小金库"专项治理】 加强调研，做好社会团体以及国有及国有控股企业"小金库"治理工作的前期准备工作，研究制定社会团体以及国有及国有控股企业"小金库"治理工作实施方案。召开动员大会，推进社会团体以及国有及国有控股企业"小金库"治理工作。明确重点，按照中央和市"小金库"专项治理领导小组要求，安排 7 家社会团体、19 家国有及国有控股企业进行重点检查。在各单位自查自纠的基础上，区财政局联合区纪委、区审计局等部门开展"小金库"治理"回头看"工作，对奉贤中等专业学校、区疾病预防控制中心、区水闸管理所等 3 家单位开展全面检查。参与"进一步强化专职监督机构、业务管理部门和主管预算单位'三位一体'的财政监督"课题研究，起草《财政专项资金监督管理工作存在的问题及建议》。开展"小金库"专项治理自查自纠填报软件培训，组织各级党政机关和事业单位观看《铲除"小金库"——全国"小金库"专项治理阶段性工作纪实》电视专题片。

（胡永立　袁　艳）

【开展财务会计监督检查】 年内，根据市财政局关于开展会计信息质量检查工作的整体部署，结合区内实际情况和监管重点，上报 20 家企事业单位作为年度重点检查对象。完善会计代理记账行政许可，加强后续管理监督工作。开展代理记账企业资质核查，核查企业 42 家。其中审核通过 40 家，注销 2 家。

（袁　艳）

6 月 2 日，召开大中型企业执行新会计准则动员大会

（财政局　供稿）

【做好会计事务管理工作】 年内，受理、发放会计从业资格证书 1160 份，补办会计从业人员资格证书 34 份，办理会计资格调转登记 687 人次。组织完成 2010 年会计从业资格考试工作，报名参考 5757 人。受理会计电算化初级考试报名 11 批 1805 人次，发放合格证书 807 人。截至年末，全区具有会计从业资格的人员 15533 人。组织完成 2010 年度会计技术专业资格考试工作，报名人数 1339 人。

（袁　艳）

【推进非税收入收缴管理】 年内，对已上线（进入非税收入管理系统）但收入不进系统或收入下降的单位进行上门调查，督促其上线开票。做好收缴分离系统的日常维护和管理工作，确保各执收单位正常上线运行。全年非税收入纳入专项账户 0.88 亿元，入区级国库 31.68 亿元，合计 32.56 亿元。

（袁　艳）

【加大政府性债务监管力度】 根据《加强政府性债务监管的实施意见》精神，启动偿债工作机制，严格政府担保行为，将政府偿债资金纳入政府预算，当年按地方财政收入增幅同比安排。年内，区财政预算安排偿债资金 2.48 亿元，同时，以 20% 的比例从土地出让金溢价部分提取偿债风险基金。（袁　艳）

【开展外资企业联合年检】 4 月 26 日至 6 月 30 日，区财政局对在区内注册的外商投资企业 2009 年度会计年报、审计报告、验资报告、财政登记证及财务报表软件等进行审核。全区外商投资企业应检数 1298 家，比上年增加 106 家，增长 8.8%，实际年检数 1070 家，占应检数的 82%。网上年检率 100%。经审核，通过年检企业 1057 家，占实际参检数的 98%。

（袁　艳）

【落实“三下乡”补贴资金234万元】 做好家电、汽车、摩托车“三下乡”工作的日常管理和监督，深入全区13个镇、开发区开展家电下乡工作专项检查指导工作。全年全区受理家电、汽车、摩托车下乡补贴4247台（辆），补贴资金234.02万元，比上年增长147.7%。其中家电类3771台，补贴资金98.94万元；摩托车161辆，补贴资金6.99万元；汽车315辆，补贴资金128.09万元。（袁　艳）

【深化镇级财政资金管理制度改革】 年内，各镇、开发区对所属机关、事业单位银行账户进行清理。清理出各类账户764个，撤销和准备撤销92个，清理后保留各类账户672个。同时，区财政局在各镇、开发区开展财务软件培训，增加设备配备，对上线记账中出现的问题提供技术服务和业务指导。（袁　艳）

【国库直接收付实施改革】 规范支出拨付程序，在做好工资、工资外收入和政府采购资金直接拨付的同时，把适宜直接支付给被支付对象的有关资金纳入直接拨付的范围。维护区收付平台，不断完善其功能，完成“阳光财务”与“金审工程”数据接口，实现财政与审计信息共享，发挥资源优势，加强对单位财务的监督。（袁　艳）

税　务

【概况】 全年实现税收收入119亿元，比上年增长18.9%。坚持以组织收入为中心，引入风险管理机制加强重点税源户管理，成立税收数据分析利用小组，强化运用税收预测模型进行税收预测。聚焦高新技术产业，推进经济结构转型升级，发挥税收职能作用，开展政策落实检查反馈。开发集约化联动机制管理系统，试行网络发票开具和网上购票。以南桥新城大规模开工建设为契机，探索建立重大工程集约化服务管理模式。加强“两权”监督制约，组织开展税收管理员向纳税人述职述廉试点工作。开通政风行风网上测评模块，推进内控机制建设。开发督办系统，实现督办工作信息化。（汪道平）

【税收收入比上年增长18.9%】 全年完成税收收入119亿元（含免抵调库收入），比上年增长18.9%，增收18.9亿元。其中完成区级税收34.52亿元，比上年增长21.5%，增收6.11亿元。增值税、消费税、营业税、企业所得税、个人所得税等五大税种实现税收114.5亿元，占税收收入总量的95%以上。年内，税收收入呈现四个特点：一是紧随经济走势，增幅前高后低；二是第三产业快速增长，占比持续稳步攀升；三是主体税种全面增收，两项所得税增幅近半；四是私营企业税收占据半壁江山，中小企业总部效应逐步显现。（余　洁）

【试行纳税人网上开票】 1月，网络发票开具工作正式试行。纳税人通过网络开具发票，可有效抑制假发票和“阴阳票”违法行为的发生。受票人可通过上网或电话，查询比对收受的纸质发票真实明细信息；税务机关可即时监控企业的开票信息，实现与纳税申报数据的比对，加强申报管理。全年开票企业3184家，开票份数14.7万份，开票金额22.54亿元。（方　芳）

【开通纳税咨询服务热线】 年初，正式开通“33612366”纳税咨询服务热线，增加区内纳税人的涉税咨询渠道，完善纳税服务平台。全年受理咨询6312次。形成较为完整的热线配套管理制度，定期编发纳税咨询服务热线简报，梳理纳税人关注的热点问题，分析征管工作中的薄弱环节，提出改进建议。（卫瑜洁）

【开展税收宣传月系列活动】 以“税收·发展·民生”为主题，开展第19个全国税收宣传月系列活动。4月23日，在南桥镇文化广场举办“迎世博”税法宣传文艺专场晚会，展现税务工作者精神风貌；开展“走近税务，税务开放日”系列活动，加强税务宣传；召开重点税源企业培训会、分行业政策辅导会和园区、企业座谈会，编制《办税实用指南》，多渠道增强税法宣传力度。区税务局选送的FLASH《税宣新歌》获第六届全国税法动漫大赛二等奖；《我们拥有一个共同的名字》获市税务局“税收情缘”征文比赛一等奖，区税务局获优秀组织奖。（汪道平）

【国税信息交流会在奉贤召开】 6月23～25日，苏浙沪17县（市、区）第49次国税信息交流会在区税务局召开。来自上海、浙江、江苏3省市的90余名代表参加会议。区委常委、副区长张小松出席会议并致辞。交流会创设于1986年，对促进各地区税务部门沟通交流、开拓工作思路起到积极作用。（汪道平）

【实行纳税人网上购票】 9月，正式实行网络购票。纳税人通过登录区税务局网络购票系统，可对指定的发票种类进行发票验旧、领购及支付发票工本费等操作，还可通过上门领取或邮政快递的方式取得纸质发票。全年纳税人网上成功购票925家次。（方　芳）

【实现办税服务厅涉税事项全区通办】 10月8日起，区税务局第一税务所、第二税务所均可受理全区范围内的申报纳税（申报、报税、认证等）、发票领购、涉税受理等涉税事项。纳税人可根据自身实际情况就近选择办税服务厅办理相关涉税业务。办税服务厅涉税事项全区通办在各郊区分局中率先实现。（方　芳）

2010 年奉贤区主要税种收入情况表

单位:亿元

税　种	2010 年	2009 年	2010 年比 2009 年(±%)	税　种	2010 年	2009 年	2010 年比 2009 年(±%)
合　计	119	100.1	18.9	企业所得税	29.82	19.91	49.8
增值税	49.56	48.26	2.7	个人所得税	13.49	9.42	43.2
消费税	0.79	0.63	25.4	其他各税	4.50	4.65	-3.3
营业税	20.84	17.23	21.0				

(余　洁)

【查补各类税款 2.51 亿元】 年内,查结稽查案件 565 件,查补总额 9816 万元。其中发票协查案件查结 169 件,涉及发票 1882 份,查补总额 1593 万元;涉税举报案件办结 101 件,查补总额 1073 万元;开展房地产及建筑安装业、药品经销行业等七大行业及限售股减持专项检查 271 家(件),同步开展年所得 12 万元以上个人所得税自行纳税申报情况检查及非居民企业纳税情况检查,查补总额 6302 万元;完成经常性税收检查 24 家(件),查补总额 848 万元。组织 2643 家企业进行自查,自查补缴税款 15284 万元。　(吴　晖)

【落实各项税收优惠政策】 年内,开展税收扶持政策落实情况检查,通过联系大企业、定期走访、问卷调查等方式了解政策落实情况,督促整改。落实《营业税差额征税管理办法》,全区 1358 家企业享受营业税差额征税。其中会展业符合条件企业 23 家,享受差额征税抵扣税额 82.51 万元;专业服务机构符合条件企业 12 家,享受差额征税抵扣税额 145.29 万元;符合条件的试点物流企业 3 家,享受差额征税抵扣税额 814.05 万元。127 家企业在 2009 年度企业所得税汇算清缴中享受研发费用加计扣除,扣除金额 24148.48 万元;152 家企业享受资产损失税前扣除,扣除金额 1.83 亿元。审批残疾人员个人所得税减免 17 人次,下岗人员从事个体经营税收减免 25 人次;残疾人就业企业(福利企业)共享受增值税退税 1.01 亿元。(汪道平)

【完善重点税源管理体制】 年内,在重点税源户管理中引入风险管理机制,对各主体税种入库数据、重点行业和重点税源户税负水平等进行对比分析,把握重点税源的变化情况和发展趋势。落实重点税源管理责任,设立专门岗位负责重点税源企业管理,侧重发挥服务和支持功能,以培育、支持企业为重点,集中优势资源助推重点企业发展。建立"税收管理员—重点税源管理岗—机关职能科室"三级重点税源管理体系,形成"横向到边、纵向到底"全面覆盖的税源监控网络。　(余　洁)

【受理 12 万元以上个人所得税申报 6321 人】 年内,在 2 个办税服务厅设立专门的纳税申报受理窗口,实行专人负责。落实中午、周六值班和延时服务等制度,为纳税人提供及时服务。全区 2009 年度年收入 12 万元以上个人所得税自行申报 6321 人,应纳税所得额 21.57 亿元,应纳税额 44969.69 万元,已缴税额 44667.2 万元,减免税额 13.66 万元,补税 288.83 万元。　(张　娟)

【开发集约化联动机制管理系统】 年内,以区税务局基础数据库为载体,开发形成集税收分析、纳税评估、税务稽查和税源监控四大功能模块于一体的管理系统。建立纳税人基础信息定期采集和更新维护机制,构建指标体系,建立预警模型,构建包含经济类、税收类、财务类指标的分税种指标体系,实现选取分析指标、导入分析对象、得出指标预警、生成案头分析报告和纳税提醒函、进行数据逻辑检验比对、调整评估稽查数据等功能。　(陈晓卿)

【实施信息化查税试点】 年内,选取稽查局第一检查所作为市税务局信息化查税试点单位,成立领导小组和信息化查税小组,组织开展培训。注重查账软件与稽查经验相结合,规范信息化稽查工作流程,初步建立起较为完善的信息化稽查体系。年内,应用信息化手段稽查企业 9 家,查补税款 429 万元。　(吴　晖)

【完成人力资源管理系统前期项目开发】 年内,完成岗位配置和绩效考核系统开发,做好能级管理、实效培训、激励体系和人才培养等后续项目开发准备工作,开展能级管理专项课题调研,设计课程管理体系、学员管理模式和培训过程管理流程,初步建立起激励类型与干部匹配度模型、特有人才素质模型,筹备符合税务机关发展方向的人才培养方案。　(邵　誉)

【制定人力资源"十二五"规划】 以市税务局征管改革战略为目标,结合现代人力资源管理发展趋势,通过对单位内部人力资源现状调研和分析,发现问题、评估差距,明晰人力资源发展的战略目标,制定人力资源"十二五"规划,着力构建人力资源信息管理系统,搭建岗位配置、绩效考核、激励体系等 6 个信息平台,在 5~10 年内打造一支符合上海大都市税收管理要求,具有时代责任感、集体荣誉感,人尽其才、廉洁高效、科学持续发展的干部队伍。　(邵　誉)

【开展税收管理员述职述廉试点】 年内,以第五税务所为试点单位,开展税收管理员述职述廉试点工作。邀请户管企业代表、外部监督员代表参加，税收管理员围绕一年来自身岗位职责履行、纳税服务、工作作风和廉洁自律情况向纳税人进行述职述廉；向纳税人发放《税收管理员勤政廉洁问卷调查表》，收集整理意见，如实将纳税人意见、评议结果反馈给述职述廉者本人，督促税收管理员针对存在的问题和不足及时整改。试点工作有利于加强“两权”监督制约，促进税务干部依法行政，增进税企沟通，构建和谐融洽征纳关系，推动党风廉政建设和政风行风建设。（邹凌帆）

【推进内控机制建设】 年内，根据市局“全面推开、重点突破、分步推进”的工作要求，按照“科室先行、稳步推进、完善推广”的原则，制定推进部门内控机制建设实施方案。在加强日常监督的基础上，通过宣传动员、规范岗责、权力梳理、风险排查、规范完善、审核整改等6个阶段，建立对权力行使内容、程序和相关制度规范的考核评价体系，完善奖惩机制。年内已完成准备工作及阶段性工作。（邹凌帆）

【抓好政风行风建设】 年内，制定“树立六种意识，布好六步棋”的政风行风建设实施意见和主要工作措施，开通区税务局政风行风网上测评模块，查找各单位政风行风建设中的薄弱环节和突出问题。将政风行风整改落实纳入2010年政风行风建设工作重点，向基层部门征求整改建议178条，经分类整理成80条，选取其中26条与政风行风建设关联度高、操作性强的建议，列入区税务局重点督办事项，分阶段、有重点地在全局实施。至12月底，26条措施全部推行落实。（邹凌帆）

【开发督办管理系统】 年内，开发督办管理系统，对各级领导的重要批示和交办事项、部分群众来信来访、重大信访调查事项等进行全面督办。该系统对督办信息、进展情况、反馈信息、领导评价、延期和催办信息进行全程监控，在有关环节辅以短信提醒，可在全局范围内查询进展情况。该系统的使用改变以往纯手工操作、人工督办的方式，实现政务督查办公自动化和督查过程透明化。（汪道平）

4月23日，举办“与世博同行，为世博添彩”税务专场文艺晚会

（税务局　供稿）

【完成世博会各项工作】 年内，开展“奉献世博盛会，展示主人风采”岗位劳动竞赛，举办迎世博税法宣传专场文艺晚会，开展“世博先锋行动”系列活动和创先争优活动，举办“世博先锋行动”风采展示比赛，开展“携手世博行，书香四方溢”读书、荐书活动，成立世博接待志愿者队伍，调动志愿者近200人次，完成各阶段任务。（汪道平）

审　　计

【概况】 年内，区审计局完成各类审计项目38个。其中预算执行及决算项目5个，专项资金审计及审计调查项目10个，行政事业单位审计项目13个（包括党政领导干部任期经济责任审计项目8个），固定资产投资审计项目1个，企业审计项目9个（包括国有企业领导人员任期经济责任审计项目2个）。审计资金总额601亿元，查出违规资金48万元，查出管理不规范资金10.55亿元，向有关部门移送处理事项1件，涉及金额36万元，提出各类审计建议169条。完成计划外固定资产投资项目审计112个，累计核减2.66亿元，平均核减率17.88%。完成奉浦大桥及上海奉浦大桥发展有限公司1995～2009年度经济运行情况审计调查、“金海银湖”和申隆生态园项目政府回购等审计工作。推进市学习型机关创建工作，区审计局被评为2009年度上海市学习型机关创建工作先进单位；论文《传承古代文明美誉，谱写现代审计新篇》在上海市审计机关思想理论研讨会上获二等奖；在2010年度市审计局优秀审计项目评比中，对区农业专项资金审计的调查项目获三等奖。（蒋雯娴）

【宋依佳到奉贤调研】 10月18日，上海市审计局局长宋依佳、副局长吴茵蝶等到奉贤调研审计工作，对区审计工作成绩给予肯定。宋依佳局长指出，奉贤区的审计工作走在全市区县前列，特别是固定资产投资审计工作超前、有特色，累计核减额相当可观；经济责任审计力度大，效果好；探索开展领导干部“双责联审”，富有新意。（蒋雯娴）

【抓好年度经济指标考核】 年内，区审计局重点抓区供销社、工业总公司、粮油总公司和城建集团等4家单位上年度资本增值、财税贡献、依法合规解除历史遗留债务额3项经济指标的考核审计。完成南桥新城建设发展有限公司上年

度经营性地块建设施工开工面积情况审计。完成5家开发区上年度税收总量、地方财政收入总量、科技投入总量及比重3项经济指标的考核审计。（蒋雯娴）

【加强招商引资项目审计】 年内，加强实业型项目到位资金的审核工作，涉及8个镇和6个开发区，核减内资21.16亿元，核减率26.68%；核减外资0.12亿美元，核减率3.1%。（蒋雯娴）

【推进经济责任审计】 年内，抓好经济责任审计，强化权力制约与监督。召开区经济责任审计工作联席会议，制定《奉贤区党政领导干部"双责联审"实施办法（试行）》，在全市率先探索开展党政领导干部"双责联审"。会同区委组织部统一工作方案，进点动员，反馈情况，分别派出工作人员，检查具体事项，形成检查报告。同步实施对区民防办党政领导干部履行任期经济责任审计和干部选拔任用工作责任审查。为规范经济责任审计工作，制定关于党政领导干部和企业领导人员任期经济责任审计的两份工作规范。抓好经济责任审计委托项目的具体组织实施，改变以财务收支审计为主的审计方法，根据被审计单位发展状况、执行国家政策法规、重大经营决策、资产质量、单位内部管理状况及被审计对象遵纪守法与廉洁自律情况，通过全方位多角度的审计，客观公正、实事求是地对被审计对象作出评价。全年完成经济责任审计项目10个，涉及党政领导干部和国有企业领导10人，查出应由被审计对象负主管责任的管理不规范资金1.4亿元。（蒋雯娴）

【改进和深化财政审计】 年内，注重抓好一级预算单位预算执行审计和重大专项资金使用管理情况审计，特别是专项资金审计和审计调查。安排项目10个，对社区居家养老、迎世博600天行动、政府还贷二级公路建设、争创国家卫生城区、中小学校舍安全工程等专项资金进行审计或审计调查。同时，为提高审计效率，减少和避免重复审计。改进审计工作方法，将镇、开发区预（决）算审计、部门预算执行审计与党政领导干部任期经济责任审计有机结合，实行审计项目资源集中优化管理，探索开展全方位多角度审计模式。本级预算执行及其他财政收支审计情况，向区三届人大第34次常委会会议进行专题报告，接受常委会审议。（蒋雯娴）

召开经济责任联席会议（审计局 供稿）

【加大行政事业单位审计力度】 年内，对致远中学、区农村养老保险服务中心、区卫生监督所、南桥镇西渡社区等事业单位进行财务收支审计，重点检查资金使用、财务收支、财务制度执行和内控制度的建立与执行等情况；配合区纪委、监察局、财政局、人保局等部门，围绕"阳光财政"政策措施贯彻执行情况，开展工资外收入发放情况检查和"小金库"治理"回头看"等工作，对检查中发现的问题，依据有关规定作出严肃处理。（蒋雯娴）

【开展涉农专项资金审计】 年内，以加强财政支农惠农资金管理、优化投入结构、促进"三农"政策落实为目标，在总结涉农资金审计调查工作的基础上，根据上年度区农业种植养殖业补贴、水利专项资金、地方财政配套资金等发放使用情况，及资金使用单位实际使用情况、涉农投资项目完成情况与效益产出情况等，对44家单位开展专项审计调查。（蒋雯娴）

【开展校舍安全工程专项资金审计】 年内，对全区中小学、幼儿园校舍大修工程，中小学、幼儿园和农民工子女小学校舍维修工程，及6所学校改扩建工程专项资金管理使用情况进行专项审计调查，涉及资金3.21亿元。（蒋雯娴）

【加强财政性建设资金投资项目审计】 年内，完成固定资产投资审计项目112个，总送审价14.87亿元，累计核减2.66亿元，平均核减率17.88%。年累计核减额比上年增加0.21亿元。（蒋雯娴）

【加强内审业务指导】 年内，指导全区25家内部审计机构完成各类审计项目435个，查出损失浪费金额172.27万元，增加经济效益229.7万元，被采纳的建议意见170余条。通过制定统一的审计工作方案，组织各镇、开发区内部审计机构开展村民委员会负责人任期经济责任同步审计工作，对被审计单位存在的薄弱环节和普遍性问题，及时提出改进措施，规范会计行为，健全各项内部控制制度，推进农村基层党风廉政建设。（蒋雯娴）

（本栏目编辑 李红伟）

科技·信息化

高新技术

【概况】 2010年，区科委牢固树立服务宗旨，强化对企业的服务、指导和管理，规范服务方式和方法，加强科技政策宣传力度。编制《科技创新政策申报服务指南》，涵盖财税、科技计划、人才等方面的主要科技创新政策，并多次组织科技政策培训讲座，开展企业研发费用加计扣除（指按照税法规定在实际发生数额的基础上，再加成一定比例，作为计算应纳税所得额时的扣除数额的一种税收优惠措施）政策、产学研联盟、大型仪器共享补贴等宣传培训。组织29家中小企业申请研发公共服务平台大型科学仪器设施共享补贴资金，涉及177个检测项目。159家高新技术企业实现产值424.1亿元，比上年增长28%。完成科技企业2009年度研发费用150%加计扣除工作，127家企业444个项目2.41亿元申报加计扣除。 （鞠　峰）

【做好科技项目申报工作】 全年申报市级以上科技项目307项，191个项目批准立项，获得6434万元资金资助。玻璃钢研究所等10家企业获得市级科技小巨人认定，资金资助1100万元，为历年之最。30家市级科技小巨人企业累计产值82.2亿元，比上年增长29.3%，骨干龙头企业地位日趋显现。其中，产值最大的企业为上海超日太阳能科技股份有限公司，达到24.5亿元，比上年增长53.8%；上海万溯化学有限公司实现产值4.8亿元，比上年增长100.7%。上海阿波罗机械有限公司、上海铭源数康生物芯片有限公司、上海通用风机股份有限公司等20家企业项目列入2010年度上海市重点新产品计划，其中有10个项目获得市级资金资助180万元，占市级总资金的12%。年末，全区有市级科技小巨人企业30家，年内新增10家；区级科技小巨人企业159家，年内新增53家；市级高新技术企业158家，年内新增39家。 （鞠　峰）

2010年奉贤区获国家级、市级、区级创新基金立项情况表

单位：万元

单位名称	项目名称	项目类别	资助金额	区级匹配
上海方久轧制油净化技术有限公司	FJ～OMR轧制油雾回收系统	国家级	80	－
上海鸿冠信息科技有限公司	电信行业营销管理整合平台	国家级	90	－
上海明聪计算机科技有限公司	明聪企业内网信息门户软件V2.0	国家级	60	－
上海泽宇机电设备制造有限公司	无露点腐蚀水热媒余热回收系统	国家级	80	－
上海埃鲁秘工业炉制造有限公司	ATM型智能化铝合金集中溶解炉	国家级	90	－
上海复高无线通信技术有限公司	AIS智能船舶壁碰仪	国家级	50	－
上海松海电子科技有限公司	基于GPS_GSM技术的便携无线连续自动噪声检测系统	国家级	70	－
上海杜为化纤有限公司	TPEE弹性体单丝	国家级	70	－
上海亚安电站辅机设备制造有限公司	ZPS型高温热渣干式在自动控制冷渣系统	国家级	80	－
上海浦安机械工具厂	结构与材料改进的特种风镐	国家级	70	－

续　表

单　位　名　称	项　目　名　称	项目类别	资助金额	区级匹配
上海联鼎软件技术有限公司	联鼎核心业务容灾管理软件(LanderVault)	国家级	60	-
上海瑞原信息技术有限公司	IBS EDGE&TD 小区级应用业务性能和资源配置的差异化分析系统	国家级	60	-
上海宝星灯饰电器有限公司	智能集中控制型消防应急灯具系统	国家级	70	-
上海艾诺电子有限公司	MOL 系列全自动生化分析仪	国家级	90	-
上海红马涂装设备工程有限公司	环保型大型工件干式喷涂、烘干一体化装置	市　级	15	15
上海尚材试验机有限公司	XHB-3000 型图像处理数显布氏硬度计	市　级	15	15
上海泛微网络科技有限公司	泛微协同管理商业数据分析软件	市　级	15	15
上海丰芯微电子有限公司	LED 显示屏 16 位高性能恒流驱动芯片	市　级	15	15
上海欣天衣轮胎科技发展有限公司	XTY 高分子自补密封材料	市　级	15	15
上海新康制药厂	一种液体发酵生产提取云芝糖肽的新技术及其系列产品的产业化	市　级	15	15
上海恩济节能科技有限公司	EMA 一站式合同能源管理服务平台	市　级	10	10
上海光福太阳能科技有限公司	平板式太阳能热水器	市　级	10	10
上海昂博生物技术有限公司	比代卢定中间体的制备纯化	市　级	15	15
上海江浪流体机械制造有限公司	高精度无泄漏气动调节阀	市　级	15	15
上海久辉电气有限公司	多功能组合软启动控制器	市　级	15	15
上海阳森精细化工有限公司	E-30 无溶剂高强高韧环氧砂浆材料	市　级	15	15
上海缘贝数码科技有限公司	电压自动控制系统厂端装置	市　级	15	15
上海超惠通风环保设备有限公司	亚微米级(高温酸性介质)净化回收系统	市　级	15	15
上海冠众光学科技有限公司	微结构高分辨率可视化光学防伪膜	市　级	15	15
上海光城邮电通信设备有限公司	低插损 GCPLC 平面波导光分路器	市　级	15	15
上海鸿宝医疗器械有限公司	高纯度医用电加热多效蒸馏水机	市　级	15	15
上海连际自动化控制系统有限公司	城市市政水处理自动化监控系统	市　级	15	15
上海美境环保工程有限公司	基于三效蒸发除盐技术的高盐有机废水有效组合处理技术及装置	市　级	15	15
上海永铭电子有限公司	RKF 超小体积耐高频高纹波电流的节能型铝电解电容器	市　级	15	15
上海悦航电器有限公司	多时段网络控制的无高次谐波路灯节能保护装置	市　级	15	15
上海富洋自动化工程设备有限公司	运载式机器人(AGV 自动车)连续绝对地址系统	市　级	15	15
上海路博橡胶减振器技术有限公司	摩擦型高阻尼橡胶三维减震支座	市　级	15	15
上海妍杰成套机械制造有限公司	YJL40 型智能冷冻修边机	市　级	10	10
上海艾诺电子有限公司	MOL 系列全自动生化分析仪	市　级	15	15
上海安大机械制造有限公司	YA 型无回油重油热喷燃油系统	市　级	15	15
上海绿顺包装机械有限公司	ZJK120G 多功能高速纸护角机	市　级	15	15
上海芜津消防设备有限公司	多功能音视频搜索仪	市　级	15	15
上海沃姆珂尔环境技术有限公司	热回收除湿节能型屋顶机组	市　级	15	15
上海迅付信息科技有限公司	航空业电子支付智能反欺诈支持技术平台	市　级	15	15
上海瑞河管业有限公司	抗菌型给水用三型聚丙烯(PP-R)管材	市　级	15	15
上海迅茂实业有限公司	新型高强度防腐多功能合金塑料电缆桥架	市　级	15	15
上海惠联办公设备有限公司	设备租赁维修回收服务管理软件	区　级		15
上海宏赛自动化电气有限公司	空压机综合智能控制设备	区　级		12

续 表

单位名称	项目名称	项目类别	资助金额	区级匹配
上海华固特种门窗有限公司	环保型无机不燃隔音保温材料	区级	-	12
上海麦特密封件有限公司	聚氨酯切削密封件	区级	-	12
上海三盛金属制品有限公司	易经暖通低碳无铅洁净管路系统	区级	-	12
上海远微电子科技有限公司	可锁定的微型磁继电器	区级	-	12
上海力富新能源科技有限公司	1~30千瓦质子交换膜燃料电池电源系统	区级	-	12
上海太极电子科技发展有限公司	全方位应急搜救人体落险报警仪	区级	-	12
上海海光变频电机科技有限公司	适用于起重机的永磁电机	区级	-	12
上海安竞生物科技有限公司	冷冻干燥机	区级	-	10
上海岩龙新材料科技发展有限公司	硅亚胺法生产氮化硅陶瓷粉	区级	-	10
上海富森实业有限公司	太阳能晶硅垫片	区级	-	10
上海泰松信息技术有限公司	基于RFID和GPRS的交通稽查管理系统	区级	-	10
上海策元实业有限公司	智能化大功率LED灯	区级	-	10
上海存泰塑胶制品有限公司	计算机测试高速运动物体全数字显示系统	区级	-	10

（鞠　峰）

2010年奉贤区获国家级、市级重点新产品项目立项情况表

单位：万元

单位名称	项目名称	项目类别	资助金额	区级匹配
上海德圣米高电梯有限公司	Exdeiam IICT4防爆货梯	国家级	-	6
上海埃鲁秘工业炉制造有限公司	ATM型智能化铝合金集中熔解炉	国家级	-	6
上海阿波罗机械股份有限公司	CVP24-20核电站混凝土蜗壳海水循环泵	国家级	-	6
上海双桦汽车零部件股份有限公司	层叠式(CC)蒸发器	国家级	-	6
上海通用风机股份有限公司	ZGF型中压离心通风机	国家级	-	6
上海浦东电线电缆(集团)有限公司	煤矿用动力通讯综合电缆(1.9/3.3千伏及以下)	国家级	-	6
上海阿波罗机械有限公司	RRI2855-64核电站设备冷却水泵	市级	20	2
上海公谊兽药厂	仔猪专用长效保健品-头孢氨苄注射液	市级	20	2
上海永铭电子有限公司	RKF型铝电解电容器	市级	20	2
正英日坩工业燃烧设备(上海)有限公司	SRM蓄热式铝合金熔解炉	市级	10	2
上海通用风机股份有限公司	THF型离心通风机	市级	20	2
上海铭源数康生物芯片有限公司	多肿瘤标志物(6种)定量检测试剂盒	市级	20	2
上海奉贤食品饮料成套设备总厂	PMGJ烧烤膨化米果成套设备	市级	20	2
上海双桦汽车零部件股份有限公司	ZPA-001型平行流蒸发器	市级	20	2
上海源明照明科技有限公司	节能型高压钠灯及控制系统	市级	20	2
上海大一互电力电器有限公司	带电容分压的电流互感器(LZZBJ9)	市级	10	2
金奉源纸业(上海)有限公司	液体无菌包原纸	市级	-	2
上海顺宸液压泵制造有限公司	NBT型直线共轭内啮合齿轮泵	市级	-	2
上海超惠通风环保设备有限公司	环保型玻璃钢多级洗气除臭塔(CH-20)	市级	-	2
上海金力泰化工股份有限公司	KNT-CA-10陶瓷涂料	市级	-	2
威尔凯电气(上海)有限公司	变频软启动器	市级	-	2
上海浦东电线电缆(集团)有限公司	一种改进型加强控制线芯采煤机电缆	市级	-	2
上海腾辉锻造有限公司	PDS13425DA铬青铜推力轴承瓦块	市级	-	2

续 表

单 位 名 称	项 目 名 称	项目类别	资助金额	区级匹配
上海海亮铜业有限公司	C68700(直径46×1.0×24170毫米)热交换器用铜合金无缝管	市 级	–	2
上海长岛生物技术有限公司	纤维蛋白原FIB测定试剂盒(液体)	市 级	–	2
上海瑞河管业有限公司	抗菌型给水用聚乙烯(PE)管材Dn20毫米–Dn630毫米	市 级	–	2

(鞠 峰)

2010奉贤区获国家级、市级火炬计划项目立项情况表

单位:万元

单 位 名 称	项 目 名 称	项目类别	区级匹配
上海美优制药有限公司	复方头孢克洛干混悬剂	国家级	8
上海吴淞电气实业有限公司	LVQBT–500W3电流互感器	市 级	5
上海鑫旺电器成套设备有限公司	XWXGL触摸式低压配电屏	市 级	5
上海兆邦电力器材有限	FEG–12/5型防雷支柱绝缘子	市 级	5
上海雷德电控设备有限公司	QGBD安全型配电柜	市 级	5
上海海兴电器设备有限公司	安全型配电箱HXGP	市 级	5
上海天呈实验仪器制造有限公司	真空冷冻离心浓缩仪	市 级	5

(鞠 峰)

2010年奉贤区获市级、区级高新技术成果转化项目立项情况表

单位:万元

单 位 名 称	项 目 名 称	项目类别	区级匹配
上海中隆轴承有限公司	6202ZZ洗衣机静音轴承	市 级	–
沃姆制冷设备(上海)有限公司	模块式空气源热泵热水机组	市 级	–
上海通用风机股份有限公司	THF型离心通风机	市 级	–
上海通用风机股份有限公司	GCF高温插入式离心通风机	市 级	–
上海宏普通讯器材有限公司	GXF5–66型室外SMC落地式无跳接光缆交接箱	市 级	–
上海太腾机械设备有限公司	TTH(H)伸缩臂叉装机	市 级	–
上海奉天电子有限公司	S08D电动空调控制器	市 级	–
上海锐孜动力机器有限公司	节能小型汽油发动机RZ188F型	市 级	–
上海巴迪生物医药科技有限公司	亚胺培南及培南类的产业化	市 级	–
上海欣昶鑫企业发展有限公司	CXHF–200SA1换向器专用液压机	市 级	–
上海复高无线通信技术有限公司	AIS船舶智能避碰设备	市 级	–
上海昱铠机电科技有限公司	电动防盗锁KYD–B	市 级	–
上海颐坤自动化控制设备有限公司	矿用开关智能保护装置(PIR–250)	市 级	–
上海飞洲电气股份有限公司	8BK98–12/1000–31.5铠装移开式交流金属封闭开关设备	市 级	–
上海华向橡胶履带有限公司	缓冲型装载机实心轮胎	市 级	–
上海西信信息科技有限公司	质量信息跟踪管理系统V1.1	市 级	–
上海庆武排沙水泵有限公司	KL型矿用立泵	市 级	–
上海华向橡胶履带有限公司	连续支撑型减震橡胶履带	市 级	–
上海联鼎软件技术有限公司	联鼎核心业务容灾管理软件V1.0(LanderVault)	市 级	–
上海颖川加固工程技术有限公司	预应力混凝土连续弯箱梁桥顶升技术服务	市 级	–
上海晶龙光电科技有限公司	太阳能电池组件(1～310瓦)	市 级	–
上海瑞原信息技术有限公司	EDGE&TD网络及数据业务优化技术服务	市 级	–

续 表

单 位 名 称	项 目 名 称	项目类别	区级匹配
上海天坛助剂有限公司	糊状树脂专用降粘剂 TX	市 级	-
上海中器环保科技有限公司	废弃食用油脂-生物柴油	市 级	-
上海伽兴电子科技有限公司	伽兴 Adacces 组态实时工业数据库软件	市 级	-
上海磐康网络科技有限公司	磐康智能化医药信息交互服务平台	市 级	-
上海闰铭精密技术有限公司	多角度自平衡装置	市 级	-
上海富地阀门有限公司	自动补偿密封低扭矩球阀(Q347f-16C DN500、AQ347F-600Lb 12")	市 级	-
上海泷晟环保科技有限公司	大武牌可再生塑料与植物纤维复合再生板材	市 级	-
上海开维喜阀门集团有限公司		区 级	10
上海朝昌包装机械有限公司		区 级	10
上海晨光文具股份有限公司		区 级	10
上海上塑控股(集团)有限公司		区 级	10
上海永进电缆(集团)有限公司		区 级	10
上海索谷电缆集团有限公司		区 级	10
上海一山景观工程有限公司		区 级	5

(鞠 峰)

2010 年奉贤区获市级、区级小巨人企业项目立项情况表

单位:万元

单 位 名 称	项 目 名 称	项目类别	资助金额	区级匹配
上海玻璃钢研究院有限公司	小巨人认定企业	市 级	150	75
大山合集团有限公司	小巨人认定企业	市 级	150	75
上海美优制药有限公司	小巨人培育企业	市 级	100	50
上海奉天电子有限公司	小巨人培育企业	市 级	100	50
上海桦厦实业有限公司	小巨人培育企业	市 级	100	50
上海双鸽实业有限公司	小巨人培育企业	市 级	100	50
上海广浩电器有限公司	小巨人培育企业	市 级	100	50
上海施威焊接产业有限公司	小巨人培育企业	市 级	100	50
上海海利生物药品有限公司	小巨人培育企业	市 级	100	50
上海铭源数康生物芯片有限公司	小巨人培育企业	市 级	100	50
上海水星家用纺织品股份有限公司	小巨人企业	区 级	-	40
上海天坛助剂有限公司	小巨人企业	区 级	-	40
上海浦东电线电缆集团矿用电缆有限公司	小巨人企业	区 级	-	40
上海吴淞电气实业有限公司	小巨人企业	区 级	-	40
上海富地阀门有限公司	小巨人企业	区 级	-	40
上海洪铺钢结构工程有限公司	小巨人企业	区 级	-	40
上海智城分析仪器制造有限公司	小巨人企业	区 级	-	40
上海中隆轴承有限公司	小巨人企业	区 级	-	40
上海特种电线电缆(集团)有限公司	小巨人企业	区 级	-	40
上海腾辉锻造有限公司	小巨人企业	区 级	-	40

(鞠 峰)

2010 年奉贤区获上海市产学研联盟项目立项情况表

单位:万元

单位名称	项目名称	资助金额	区级匹配
上海百丽丝家纺有限公司	喷气涡流纺功能性家纺产品开发关键技术的研究	10	10
上海水星家用纺织品有限公司	缓释可控薰衣草精油整理剂的制备及保健家纺产品的开发	10	10
上海劲马车辆有限公司	一种车辆多功能动力输出装置的优化设计	10	10
上海长庚生物科技有限公司	高纯度明月草查尔酮提取工艺研究	10	10
上海实业振泰化工有限公司	高功率电热水器用氧化镁粉	10	10
上海显隆通风设备有限公司	空气分布平衡系统的研制	6	6
上海亚安电站辅机设备制造有限公司	锅炉高温炉渣干式冷却与粉碎系统研究与开发	10	10
上海朝昌包装机械有限公司	机械式无抬板前缘送纸系统	10	10
上海美优制药有限公司	头孢丙烯口崩片	4	4
上海东升焊接集团有限公司	MIG-500 数控逆变气体保护焊机	10	10

（鞠　峰）

2010 年奉贤区新增上海市高新技术企业情况表

单位名称	单位名称	单位名称
上海大一互电力电器有限公司	上海颖川加固工程技术有限公司	上海特种电线电缆(集团)有限公司
上海联鼎软件技术有限公司	上海海维工业控制有限公司	上海点客信息技术有限公司
上海汇珏网络通信设备有限公司	威尔凯电气(上海)有限公司	上海新建重型机械有限公司
上海伽兴电子科技有限公司	上海海光电机有限公司	上海英谷桥梁科技有限公司业
上海耐吉输配电设备有限公司	上海双菱风能电力设备有限公司	上海矿用电缆厂有限公司
上海闰铭精密技术有限公司	上海华群实业股份有限公司	上海艾力克新能源有限公司
上海富士电梯有限公司	上海开维喜阀门集团有限公司	上海江浪流体机械制造有限公司
伽蓝(集团)股份有限公司	上海万溯化学有限公司	上海富顺单向透视材料有限公司
上海妍杰机械工程有限公司	上海铭源数康生物芯片有限公司	上海巴迪生物医药科技有限公司
上海英科实业有限公司	上海鸿冠信息科技有限公司	上海显隆通风设备有限公司
上海化学工业区中法水务发展有限公司	上海丰庆机电设备工程有限公司	上海休伯康特能源设备有限公司
上海采埃孚伦福德底盘技术有限公司	上海亚泽太阳能金属屋面工程有限公司	上海优拜机械有限公司
比真光学(上海)有限公司	上海晨光文具股份有限公司	上海上塑控股(集团)有限公司

（鞠　峰）

【推进生物医药产业发展】 编制完成奉贤区生物医药产业发展三年行动计划，聚焦以星火开发区和上海奉贤经济开发区为主的上海国家生物产业基地(奉贤基地)。围绕市科委高新技术产业化生物医药项目申报指南，申报 2010 年度上海市生物医药产业化项目 11 个，上海美优制药有限公司的国际认证制剂出口基地建设项目等 5 个项目列入 2010 年度上海市生物医药产业化项目，获资助 2925 万元。全区 51 家规模以上生物医药企业实现产值 66 亿元，比上年增长 15%。其中，上海凯宝药业股份有限公司实现产值 10.1 亿元，比上年增长 136%；上海申光食用化学品有限公司实现产值 1.1 亿元，比上年增长 182%。（鞠　峰）

【上海奉贤生物医药产业基地院士专家工作站成立】 7 月 28 日，由上海市科协、奉贤区人民政府主办，区科委、区科协、奉贤现代农业园区和上海市科技咨询服务中心承办的上海奉贤生物医药产业基地院士专家工作站举行揭牌仪式。中国科学院院士陈凯先，中国工程院院士侯惠民、王威琪、王红阳和复旦大学药学院副院长吴伟博士，上海中医药大学药学院院长陶建生教授等 5 名院士专家参加活动。区委书记张立平和市科协党组书记、副主席曹振全为工作站揭牌，区长时光辉向 6 名院士专家颁发聘书。上海中医药大学和凯宝药业公司签署产学研合作协议。

（鞠　峰）

【奉贤创新驿站列入中国创新驿站基层试点】 7 月，奉贤创新驿站被国家科技部正式列为“中国创新驿站”首批试点的基层站点之一。中国创新驿站是国家科技部在借鉴欧盟创新驿站成功经验的基础上，结合国情，依托现有资源，创新技术转移机制和模式，着手建立以企业技术需求为导向，以信息化手段为支撑，跨地区、跨行业、跨领域的技术转移服务体系暨中小企业创新支持系统。（鞠　峰）

知识产权

【概况】 年内，开展保护世博会知识产权专项执法检查，联合区工商分局和区文化执法大队等行政执法部门，分别对上海世博会特许商品和假冒知识产权商品等进行检查。全年开展行政执法检查28次，出动检查人员3769人次。检查涉及专利商品500余件，当场发现专利标识标注不合法的专利商品10件。组织知识产权宣传周活动，举办网上知识产权竞赛。上海通用风机股份有限公司成功创建上海市知识产权示范企业，上海丰科生物科技股份有限公司等3家市级专利试点企业提升至市级专利示范企业，上海大山合集团有限公司和上海瑞河管业有限公司成为市级专利试点企业。新增区级专利试点企业5家。全区申请专利1826项，其中，发明专利316项，实用新型专利947项，外观设计专利563项。办理专利申请资助381件，其中发明108件，实用新型238件，外观设计35件，金额36.29万元。（鞠　峰）

知识产权专利执法检查现场（科委　供稿）

2010年奉贤区专利新产品认定计划项目情况表

产　品　名　称	企　业　名　称
JDQX-126电磁式电压互感器	上海吴淞电气实业有限公司
解毒烧伤软膏	上海金皮宝制药有限公司
TG11特种气镐	上海浦安机械工具厂
热缩管加热机TH80，TH801，TH8001	如冈自动化控制技术（上海）有限公司
半绝缘全封闭电压互感器（JDZXR-10）	上海大一互电力电器有限公司
VM系列高压真空断路器	上海维埃姆电力科技有限公司
GCF型高温插入式离心通风机	上海通用风机股份有限公司
DX单相电能计量箱	上海杭申芝江电气设备有限公司
卷叠汽车发电机定子铁芯	上海申意汽车零部件有限公司
ZCPB油浸式变压器磁屏蔽	上海中标电气有限公司
精密无缝钢管（直径4～76×0.5～8毫米）	上海奉贤钢管厂
复皮革竹凉席（150＊200厘米/180＊200厘米）	上海水星家用纺织品股份有限公司
TS-55SV真空离心浓缩仪	上海天呈实验仪器制造有限公司
合金塑料电缆桥架	上海迅茂实业有限公司
复合型非开挖聚乙烯（PE）管道	上海上塑控股（集团）有限公司
LHS型低阻力倒流防止器	上海上龙供水设备有限公司

（鞠　峰）

【伽蓝集团获中国专博会8项专利大奖】 年内，在第七届中国国际专利与名牌博览会上，伽蓝（集团）股份有限公司获中国专利十佳企业和中国商标十佳企业称号。该集团旗下美素、自然堂、雅格丽白、医婷等四大品牌荣获8项专利大奖，其中特别金奖4项、金奖4项。（鞠　峰）

【开展打击侵犯知识产权和制售假冒伪劣商品专项行动】 12月28日，在市知识产权局现场指导下，区知识产权局协同区商委、工商分局、区文广局、区文化执法大队、区质监局以及区食品药品监督管理局等部门，对南桥镇重点商业区域沿街商铺进行突击检查。检查大型商场1家、连锁药房1家、小商铺近30家，随机抽查到专利商品11件，其中外国专利商品2件。查处涉嫌假冒专利商品3件，责令商家撤柜。 （鞠　峰）

科普事业

【概况】 年内，庄行镇被评为上海市科普示范镇，其“农村低碳经济发展”被列为上海市科普示范项目。上海玉穗特种葡萄种植有限公司的玉穗葡萄文化科普园被列为科普教育基地改造项目。“燃料电池汽车科普馆”科普建设项目顺利通过验收。上海菇菌科普馆、上海海湾国家森林公园、上海申亚农业科技有限公司被批准为上海市科普教育基地，其中上海申亚农业科技有限公司被批准为全国科普教育基地。开展上海科技活动周奉贤地区活动、科普“六进”（进农村、进社区、进企业、进学校、进军营、进家庭）工程主题月活动、大型科普社区巡展、院士专家科普行、科普讲堂、流动科技馆进奉贤等多项科普活动，近15万人次参与。 （鞠　峰）

【区科协二届四次全委会召开】 3月24日，召开区科协二届四次全委会。会议审议并通过区科协主席张德葵所作的《团结鼓劲、乘势而上，为建设现代化滨海新城贡献新的力量》的工作报告，补选6名区科协常委，选举金鸣林为区科协副主席。 （鞠　峰）

3月24日，召开区科协二届四次全委会　（科委　供稿）

【市科普教育基金会流动科技馆落户奉贤】 6月17日，流动科技馆捐赠仪式在南桥镇社区文化活动中心举行。全国政协常委、上海科技馆、上海科普教育发展基金会理事长左焕琛，上海科技馆党委书记毛啸岳，上海市科学技术委员会副巡视员施强华，奉贤区委副书记、区人民政府区长时光辉，副区长唐海龙等领导出席。上海科技馆党委书记毛啸岳与区委副书记、区长时光辉为体验基地揭牌。 （鞠　峰）

【燃料电池汽车科普馆竣工验收】 10月28日，由上海神力科技股份有限公司承担的燃料电池汽车科普馆，通过市科委专家组项目验收。科普馆突出低碳节能的科学主题，不断丰富展览展示手段，集科学性与趣味性于一体，加大科学技术普及力度。 （鞠　峰）

【举行“神力杯”氢能源知识竞赛表彰活动】 10月28日至12月20日，由区委宣传部、区教育局、区科协联合举办，区青少年活动中心承办，上海神力科技有限公司协办的“神力杯”奉贤区中学生“氢”科学知识竞赛在奉贤举行。此次活动是“第九届上海市社会科学普及活动周”区县活动项目之一。活动历时近两个月，32所中学的1.5万余名学生参加初赛，29所中学的200余名中学生参加决赛。 （鞠　峰）

2010年奉贤区科普示范工程立项情况表

单位名称	项目名称	级别
上海申亚农业科技有限公司	科普示范基地	国家级
庄行镇	科普示范镇	市级
上海海湾国家森林公园	科普示范基地	市级
上海申亚农业科技有限公司	科普示范基地	市级
上海都市菜园	专题性科普场馆	市级
上海菇菌科普馆	专题性科普场馆	市级
上海双张果业种植专业合作社	科普示范基地	区级
上海三盛金属制品有限公司	科普示范基地	区级
海湾旅游区林业绿化管理中心	科普示范基地	区级
上海福雨水产养殖专业合作社	科普示范基地	区级

续 表

单位名称	项目名称	级别
上海超日太阳能科技股份有限公司	科普示范企业	区级
上海运佳黄浦制药有限公司	科普示范企业	区级
上海凯宝药业股份有限公司	科普示范企业	区级
上海海湾科技园发展有限公司	科普示范企业	区级
上海东裕电动车有限公司	科普示范企业	区级
南桥镇新南社区居民委员会	科普示范村(居委会)	区级
四团镇三团港村村民委员会	科普示范村(居委会)	区级
庄行镇汇安村村民委员会	科普示范村(居委会)	区级
青村镇陶宅村村民委员会	科普示范村(居委会)	区级
海湾旅游区居民委员会	科普示范村(居委会)	区级
海湾旅游区新港村村民委员会	科普示范村(居委会)	区级
奉贤现代农业园区金水苑社区居民委员会	科普示范村(居委会)	区级
海港综合经济开发区平南村村民委员会	科普示范村(居委会)	区级

(鞠 峰)

信息化建设

【概况】 2010年,区信息化工作紧扣"三区一基地"跨越式发展战略,以"两化融合"为契机,加快推进信息技术在各领域的应用。加强区域信息基础设施的建设和管理,推动南桥新城智慧城市建设;推进重点信息化项目建设,不断提升政府管理水平;完善区电子政务平台系统,提高政府日常办公效率;做好"千村万户"农村信息化培训普及工程,不断提高区新农村信息化水平。 (陆怡婷)

【加强"上海奉贤"门户网站建设】 年内,完成网上信访后台处理流程再造,对网上办事受理平台进行调整。做好区内重大活动专题建设工作,完成区委组织部网站"区管干部任职前公示"栏目和"12380举报网页"、"庄行八宝"网上评选及投票系统、奉贤区典型宣传网("今日贤人"网)的建设。为规范和加强对区政府各部门、各镇和开发区网站的建设和管理,制定《上海市奉贤区部门网站管理办法》(草案)。做好市政府对政府网站测评的迎评准备工作。向"中国上海"网站编辑部报送信息2163条,被采用1907条,采用率88%。做好网站信息审核和发布工作,发布和更新各类信息6577条,日均发布18条。做好对网站信息管理人员的管理工作,及时调整管理人员的名单和权限。以"公益性、公众性"为原则把好网站各类广告的发布关。新增评议、意见征集、知识竞赛、公告等各类广告33条。做好领导信箱的管理和报送工作,收到各类信件2768件,其中已处理2442件,未受理48件,已受理141件,不受理137件,回复率98.9%。 (陆怡婷)

【开展区长网上办公活动】 年内,举办区长网上办公活动11次,区长、副区长围绕推进新农村建设、完善农村社会保障制度、环境建设和保护、旧小区综合整治、科技服务平台建设等与人民群众生活密切相关的主题,与网民展开在线对话。全年"区长网上办公"专栏页面浏览量49674次,现场参与活动网民2147人次,提出问题591个,现场回答500个。 (陆怡婷)

【电子政务办公平台升级】 7月,区电子政务办公平台升级项目经过历时3个月的试运行后,顺利通过测试和验收,正式上线。新版政务平台采用新的SOA模式部署,组织架构模式由原先的AD模式转换为DB模式。部门独立OA采用ASP+SOA模式进行部署,部门OA的数据中不存放当前部门对应的组织架构信息,替换老版本中部门独立OA单独部署的模式。新版奉贤区电子政务应用总体上分成全区性应用(顶级OA)、部门独立OA应用两大部分。全局性应用包括政务网门户、公务邮件、即时通信、短信平台、网络硬盘和公文交换平台等。部门独立OA剥离全局性应用,保留部门内部办公模块,主要包括公文管理、行政管理、待办事宜等。 (陆怡婷)

【完成上海市政务外网商密奉贤试点项目】 10月28日,由区信息化委员会承担的上海市政务外网商密奉贤试点项目通过市科委组织验收。该试点项目于2009年11月30日启动,建设单位在不影响已运行应用系统的前提下,对区内存在安全问题的系统进行改造升级,通过建设终端介质管理系统、远程办公接入等系统,推动区政务信息化安全建设。 (陆怡婷)

【网站预警监控项目通过验收】 11月25日,区网站预警监控项目顺利通过验收。网站预警监控项目自2009年底启动,于2010年4月1日签订采购合同,正式启动实施,并于上海世博会前完成系统架设投入试运行。在运行期间,该系统对区属各委办局网站的访问性、可用性、安全性进行实时监测,监测到6次网站主页无法访问的记录。实时监控预警为网站问题的及时解决起到了作用。（陆怡婷）

【突发事件应急管理示范项目通过验收】 12月9日,召开区突发事件应急管理示范项目专家验收会。与会专家通过听取承担单位的情况汇报、参观实训教室、观看功能演示和查阅相关文档,经讨论形成专家验收意见,同意该项目通过验收。突发事件应急管理示范项目是上海市信息化发展专项资金项目。项目于2008年10月通过原市信息委审核,2009年1月正式启动,2010年11月部署上线,12月初通过安全测评软件测评等工作。（陆怡婷）

【做好信息服务保障工作】 年内,对照世博安保工作责任书,推进信息安全建设,提升信息安全处置应急能力。完成区世博安保海防反恐监控系统的建设。新建和整合区域内600余个监控点的图像监控资源,实现区域内重要、重点目标的24个时监控;6月,组织区内重要部门的68名信息化管理员开展信息化安全培训,增强通信服务和应急保障水平,制定《奉贤区世博会城市运行服务和应急保障工作通信服务工作方案》;同区电信、移动和联通等3家通信运行商成立工作小组,明确工作目标和任务,制定相关专业应急预案,保证上海世博会期间区内通信安全、畅通和稳定;做好区重要系统的等级保护工作。根据"信息系统安全等级保护备案审核结果的通知",9月,区政务公共信息平台及"上海奉贤"政府网站系统完成三级重要信息系统安全等级保护的相关安全测评工作。（陆怡婷）

【加强信息基础设施的建设和管理】 年内,组织编制南桥新城信息基础设施专业规划,完成南桥新城72平方公里(包括上海市大型居住社区南桥基地)信息基础设施的专项总体规划。明确新城区域内通信管线、机房(局房)、无线基站、数据中心的集约化建设近中期建设目标,提出建设南桥新城智慧城市的基础设施建设要求。期间编撰《南桥新城智慧城市建设概要方案》,草拟《关于加强南桥新城信息基础设施工程集约化建设实施意见(试行)》,明确信息基础设施集约化建设先行,整合资源、形成合力,构建南桥新城云计算数据中心,推进在"安全防护、城市管理、数字生活和信息服务"等领域的各类应用项目建设。完成区境内移动通信基站已批在建、已批未建、未批已建、未批在建等情况调查排摸,对相关设施建设进行抽查跟踪,加强境内移动通信基站集约化建设管理。（陆怡婷）

【信息产业稳定发展】 全区电子信息制造业规模以上企业37家,完成产值85.02亿元。电子信息企业数占全区规模以上企业数(1913家)的1.93%,产值占6.57%。区软件和信息服务业注册企业39家,其中上海市认定软件企业28家,非认定企业11家,其中绝大多数企业是注册型企业。39家企业全年营业收入40053万元,较2009年同期增长86%,其中软件收入20378万元,比2009年同期增长29%,主要增长点为系统集成与嵌入式系统软件收入。39家企业利润总额4901万元,比上年同期增长121%。（陆怡婷）

【完成区信息化规划的编制】 年内,在区信息化"十一五"规划的基础上,编制完成《奉贤区信息化规划》。规划以"两化融合"为契机,紧扣"三区一基地"跨越式发展战略,以"提升产业能级、促进产业转型发展"和"推进南桥新城建设实施城乡统筹发展"为重点,同时结合当前区信息化建设和应用的现状。（陆怡婷）

2010年奉贤区主要党政机关、事业单位网站情况表

网站名称	网　址	网站名称	网　址
上海奉贤	http://fxq.sh.gov.cn/shfx/	房管局	http://www.fxcfgj.cn/main/index.asp
区委	http://222.72.135.140/fxqw/index.asp	安监局	http://www.fxaj.gov.cn/main/index.asp
人大	http://222.72.135.140/fxrd/index.asp	农委	http://www.fxnw.cn/
政协	http://www.fxqzx.com/	水务局	http://www.fxwater.gov.cn/shfxsw/
监察局	http://www.shfch.gov.cn/shfxjj/	旅游局	http://www.fengxiantourism.com/Main/index.asp
组织部	http://www.fxzzb.gov.cn/fengxianzzb/	招商办	http://www.fxzs.gov.cn/index/
奉贤文明网	http://fxwm.fengxiannet.com/	统计局	http://tj.fengxian.gov.cn/
统战部	http://www.fxtzb.gov.cn	红十字会	http://www.fx-redcross.org/hsz/
政研室	http://222.72.135.140/fxzys/index.htm	南桥新城	http://www.shnqxc.com/index.asp
机关党工委	http://222.72.135.140/fxjg/index.asp	食药监奉贤分局	http://www.fxfda.gov.cn/main/index.asp
老干部局	http://222.72.135.140/fxlgb_new/index.asp	质监局	http://fx.shzj.gov.cn/

续 表

网站名称	网　址	网站名称	网　址
党校	http://222.72.135.140/fxdx/index.asp	税务局	http://www.csj.sh.gov.cn/gb/zwz/swj/fengxian/index.html
党史研究室(地方志办)	http://www.fxtong.gov.cn	土地储备中心	http://www.fxtdcb.gov.cn/Main/index.asp
人民法院	http://www.fxfy.sh.cn/	疾控中心	http://www.fxcdc.sh.cn/main/index.asp
检察院	http://222.66.48.245/	自来水公司	http://www.fengxianwater.com/
公安奉贤分局	http://fx.police.sh.cn:81/fxga/gweb/index.jsp	公证处	http://www.fx-gongzheng.com/
司法局	http://www.fxqsf.gov.cn/newfxsfj/	文化馆	http://web.fxqwhg.com:8188/cms/web/index
残联	http://www.fxcl.org	奉贤图书馆	http://www.fxlib.cn/index.action
团区委	http://www.fxyouth.cn	奉贤区博物馆	http://www.fxwg.net/bwg/Index.asp
妇联	http://www.fxfl.gov.cn	奉贤广播电视台	http://www.ftv959.com/
综治办	http://www.shzfzz.net/node2/fengxian/index.html	南桥电影院	http://www.nanyingym.com/index.aspx
发改委	http://222.72.135.140/fxfgw/	文化执法大队	http://www.fxwg.net/whzfdd/Index.asp
经委	http://www.fxjw.com	奉贤网	http://www.fengxiannet.com/
教育局	http://www.fx.edu.sh.cn/info/	外资管理服务系统 人才网	http://www.fxq.cn/main/index.asp http://fx.21cnhr.com/
科委	http://www.fxkj.gov.cn/	奉贤农业旅游在线	http://www.nyou.cn/
信息委	http://info.fengxian.gov.cn/Main/Index.asp	反邪教网	http://www.htffaca.org/htf/
民政局	http://fx.shmzj.gov.cn/	南桥镇	http://www.nanqiao.com.cn
建交委	http://www.fxjs.gov.cn/fxjjw/default.aspx	奉城镇	http://www.shfch.gov.cn
环保局	http://www.fxhb.gov.cn	庄行镇	http://www.zhuanghang.cn
卫生局	http://www.fxws.sh.cn/	金汇镇	http://www.jinhui.gov.cn
文广局	http://www.fxwg.net	青村镇	http://www.qingcun.cn
规土局	http://www.fxghtd.gov.cn/fxgh/	海湾镇	http://getest.cccc.h001.59cn.cn/haiwan/index.php
档案局	http://www.shfxda.gov.cn/fxdaweb/	上海市工业综合开发区	http://www.fengpu.com
民防办	http://222.72.135.140/mfb/index.asp	海港综合经济开发区	http://www.shseaport.com/
计生委	http://222.72.135.140/fxjsw/main/index.asp	奉贤现代农业园区	http://www.fxmar.com/
信访办	http://222.72.135.140/xfb/index.asp	化工区奉贤分区	http://www.fscip.cn
审计局	http://www.fxaudit.gov.cn/	星火开发区	http://www.shspark.com/
绿化市容局	http://www.fxsrcgw.com/main/index.asp		

（陆怡婷）

电　信

【概况】 年内,中国电信上海公司奉贤局全年业务收入比上年增长8.6%,CDMA后付费用户新增6万余户,宽带用户净增1.5万余户,IPTV用户净增1万余户,城市光网光纤用户净增1.3万余户。城市光网建设覆盖12余万户,全年建设68个POP点机房,12个C网室内覆盖、12个无线城市热点并投入使用。全年网络接通率超过97%,安全事故率为零,重大服务投诉率为零。（王娴婷）

【城市光网建设覆盖11万用户】 2010年,奉贤电信局将城市光网建设列入全年重点工作,以光纤替代铜缆，重新架设基础宽带网络结构，满足高带宽业务承载要求。全年投入6000万余元，用于区城市光网建设，覆盖136个小区、12万用户。年内，1.3万家庭用户成为第一批城市光网用户，宽带带宽升至2兆～4兆。（王娴婷）

【与奉城医院签订合作协议】 6月，与奉城医院签订共建信息化"无线数字医疗"合作协议，共同推进移动医生工作站、移动护士工作站、医疗业务协同平台及医疗质量安全警示系统四个平台建设。移动医生工作站实现移动医嘱、移动查询、移动任务、移动消息等功能；移动护士工作站通过专用PDA扫描腕带，录入护理记录、确认医嘱、护士随时随地的门急诊输液、住院临床护理业务处理及临床信息查询；医疗业务协同平台实现临床路径、重症预警处置；医疗质量安全警示系统实现检验检查危机值警示、重症监护信息警示、用药安全警示、临床决策警示、医疗质量信息警示等。（王娴婷）

移动营业员为外籍客户服务　（曹欢欢　摄）

移动通信

【概况】 年内，中国移动通信集团上海有限公司奉贤分公司（简称奉贤移动），以"奋进年"为主题统领全局工作，注重效益，巩固优势市场，大力拓展移动数据和信息业务，实现市场价值提升，优化2G网络，提升TD和WLAN信号覆盖，完成各项指标。持续优化2G网络（第二代移动通信技术），不断提升TD-SCDMA（中国自主提出的第三代移动通信标准）和WLAN（无线局域网）信号覆盖，完成各项指标。至年底，累计开通GSM站点418个，WLAN热点119个、TD-SCDMA站点95个、GPON站点10个。设有营业网点20个；"动力100"系列产品得到全区近4000家集团客户认可；有全球通、神州行、动感地带等品牌用户约94万人，运营收入连续四年突破6亿元。全年安全事故率为零，重大服务投诉率为零。（曹欢欢）

【推动市场发展】 至年底，TD客户净增2.4万户，发展家庭宽带客户数1043户；校园市场方面，成功进入8所高校开展迎新赠卡活动，赠送17400张G3体验卡；政企市场方面，加强政府合作，整合片区、农村信息员、工业园区等资源，提升属地集团市场的拓展与维系能力。承办奉贤区经济部门"世博移动信息之旅"活动，体验TD～LTE演示网"准4G"技术。开展"浓情中秋，情系移动"中秋节日关怀、"酽茶七盏"集团客户沟通会、"精彩移动、温馨之旅"集团客户体验游等多项客户关怀活动。（曹欢欢）

【提升服务质量】 围绕"世博保障"核心任务，以构建稳健网络为目标，重视基础工程，深化代维管理，推行"话务量维护"意识，网络质量得到改善。编制上海旅游节、上海应用技术学院10周年校庆、奉贤区世博会城市运行和应急通信、防台防汛等通信保障预案，圆满完成各类通信保障任务。在服务质量方面，始终坚持"客户为根、服务为本"的理念，以客户感知为导向，强化主动服务能力，持续开展世博服务提升工作。全年奉贤移动营业厅综合满意度87.0%，环比上升4.2%，高于全市平均分。（曹欢欢）

【推进社会责任工程建设】 年内，开展与四团镇拾村村、驻奉高炮营部队、惠敏特殊教育学校等单位的共建活动。为贫困老人送上春节慰问品，解决他们的生活困难；制定"心手相牵，关爱特殊儿童"长期共建计划，筹集爱心基金帮助惠敏特殊教育学校儿童；与驻奉高炮营长期共建，定期开展慰问活动。在青村镇陶宅村建成首座抗洪水抗台风大容量超级基站，为政府应急通信指挥提供支持，支持区新媒体建设，为《奉贤手机报》成功上线提供多方位技术支撑，推动"绿箱子行动"，倡导低碳生活，组建分公司"迎世博，践贤保清洁"志愿者队伍，定期开展志愿者活动；开展高校迎新现场服务、科技助老现场服务、电影下乡等活动；派出11名援博人员参与上海世博会服务保障工作。（曹欢欢）

（本栏目编辑　曹　杰）

教　育

教育管理

【概况】 2010年，全区有普通教育机构135所，在校学生101188人，在编教职工8773人，其中专任教师6629人。全区义务教育阶段农民工同住子女共39421人，比上学年增加3156人，其中公办学校就读人数26810人，比上学年增加1915人，农民工同住子女在公办学校就读比例达68.01%。年内，区教育局主动参与和服务南桥新城建设，积极引进优质教育资源，参与上海市教委推出的委托管理，推进优质化工程，促进城乡学校结对交流，构建紧密型办学资源联盟，发挥优质教育资源示范辐射作用，实现优质资源共享，促进区域教育优质均衡发展。积极参与和服务上海世博会，大力开展世博安保工作，有序推进安全文明校园建设。培育师德品牌，构建师德建设长效机制，创办《育贤报》，加强教育政风行风建设。举办第十五届教学节，加强校长课程领导力、教研员课程指导力和教师课程执行力，加强师资队伍建设，提升教师专业素质。加大教育投入，落实教育实事工程，为教育提供良好发展环境。（祝燕国）

【城市语言文字工作达标验收通过】 12月23～24日，以市语言文字工作者协会会长、市教育发展基金会常务副理事长薛喜民为组长的市城市语言文字工作评估组，对区语言文字工作进行达标评估。奉贤区顺利通过验收。（祝燕国）

【首次参加全国汉字应用水平测试】 12月26日，区教育系统52名语言文字工作专管员首次参加上海市语言文字水平测试中心组织的2010年汉字应用水平测试。（祝燕国）

【区教育工作会议召开】 12月27日，区教育工作会议在区会议中心召开。上海市教委主任薛明扬，区委书记张立平，区委副书记、区长时光辉分别作重要讲话。各基层学校的党政主要负责干部等800余人参加会议。会议总结回顾奉贤教育"十一五"工作，全面部署奉贤教育"十二五"工作。会上，区教育局分别与均瑶集团（世界外国语中学）、上海市福山外国语小学举行合作办学签约仪式。（祝燕国）

【制定教育"十二五"规划】 年内，组建区教育事业改革与发展规划工作专题研讨班，分专题对奉贤教育进行规划思考，广泛征求意见，制定《奉贤教育事业发展"十二五"规划》。明确"优先发展、提升内涵、促进公平、多元开放、追求一流"的指导思想；确立推进以人为本、全面发展的素质教育，弘扬敬奉贤人、见贤思齐的"贤文化"，打造品质优越、布局科学的新城教育，促进统筹协调、均衡发展的教育公平，建设结构合理、素质优良的师资队伍等四大发展重点；确定学前教育新三年（2011～2013）行动计划项目、义务教育推进紧密型办学资源联盟建设项目、高中优质化项目、德育和课程教学提升项目、"三五"师德建设项目、教育人才高地建设三大工程项目、教科研和信息化提升区域教育发展项目、奉贤市民终身学习促进项目、平安校园项目、推进教育国际化项目等十大重大项目，以项目推进区域教育发展。（祝燕国）

【制定"十二五"师资队伍建设规划】 年内，制定《奉贤区"十二五"师资队伍建设规划》，明确"十二五"期间的师资队伍建设重点：落实《奉贤区师德规范"五不准"实施细则》和《奉贤区师德建设"五提倡"实施要求》，提高教师育德能力。培养并优化骨干教师梯队，全面实施教师素质提升工程，培养5名～10名在全国有影响、市内起骨干带头作用的校长和教师，培养100名区内名校长和名教师，200名区内优秀骨干校长和优秀骨干教师，300名区内优秀中青年教师。提高教师队伍高层次学历的占比，小学和初中新增教师学历全部达到本科水平，高中新增教师中研究生学历占比达到10%。创新促进教师和干部专业发展机制。优化配置人才资源，满足区域各学段教师基本需求，明显改善学校之间教师资源不均衡状况。创新师资队伍管理机制，健全支持教师发

展的服务体系。重点实施并完善教师职务聘任制与岗位管理制度。积极鼓励优秀干部和教师支援农村学校建设。（祝燕国）

【提升农民工子女学校办学质量】 年内，将民办农民工子女小学办学成本补贴由2008年的每生每年2000元提高到2500元。投入资金232万元，全面实施民办农民工子女小学配备标准图书室及增配体育运动器材项目，改善学校办学条件。推进16所公办学校与16所民办农民工学校签约结对帮教活动，选派16位公办学校管理干部到民办农民工子女小学支教，并召开支教干部座谈会，提高支教质量；选派6名退休的公办学校校长、书记到民办小学任职，提升学校管理水平。合理设置民办三级幼儿园，共设置民办三级幼儿园20所，吸纳农民工同住子女6183人，基本满足农民工同住子女接受学前教育。（祝燕国）

学前教育

【概况】 至年底，全区共有幼儿园59所，幼儿22760人，教职工2275人。其中，公办幼儿园34所，幼儿15175人（包含附属幼儿园幼儿数472人），教职工1535人；民办幼儿园5所，幼儿1383人，教职工219人；民办三级（转制）幼儿园20所，幼儿6202人，教职工521人。全区有市一级园9所，市示范园2所。2010年新开办金池塘幼儿园、树园幼儿园、聚贤幼儿园、新南幼儿园等4所幼儿园（其中，金池塘幼儿园是原奉城幼儿园塘外办学点）。全区户籍人口3周岁~6周岁幼儿入园率达99%以上，2周岁~3周岁幼儿入托率为22%。（祝燕国）

6月，解放路幼儿园举行2010届大班毕业典礼 （教育局 供稿）

【奉贤获全国学前教育工作先进区称号】 2月，奉贤区以全市区县得票第一的成绩成功创建全国学前教育工作先进区。区绿叶幼儿园、金蔷薇幼儿园成功创建上海市一级幼儿园，南中路幼儿园成功创建上海市示范幼儿园。（祝燕国）

【与普陀区4所优质园结对签约】 4月15日，区内4所二级幼儿园与普陀区4所优质园在阳光幼儿园举行结对签约仪式。阳光幼儿园与曹阳新村第八幼儿园、古华幼儿园与长风二村幼儿园、金贝幼儿园与宜川六村幼儿园、金阳幼儿园与美墅幼儿园分别结对签约。（祝燕国）

【引进市知名学前教育机构委托管理】 8月23日，区教育局与上海知名学前教育品牌——上海冰厂田教育管理中心正式签订委托管理聚贤幼儿园的协议，使聚贤幼儿园实现高起点办园。上海冰厂田教育管理中心成为区首家学前教育托管机构。（祝燕国）

【殷一璀视察爱贝早教中心】 10月22日，中共上海市委副书记殷一璀视察爱贝早教中心。殷一璀察看爱贝早教中心1~5个月宝宝的游泳抚触、“宝宝成长屋”的环境创设、宝宝们在各区域的活动情况及各种指导活动。爱贝早教中心主任陈蔚琴向殷一璀等领导汇报早教中心概况及区层面早教指导情况。殷一璀对爱贝早教中心开展的系列工作给予肯定。（祝燕国）

2010年奉贤区幼儿园教育资源情况表

学校名称	班级（个）	学生（人）	教职工（人）	专任教师（人）	占地面积（平方米）	建筑面积（平方米）
合计	712	22760	2275	1441	354914	221007
绿叶幼儿园	12	397	43	31	7500	5180
解放路幼儿园	27	867	88	54	11284	10059
南中路幼儿园	15	431	53	42	4455	3590
实验幼儿园	13	372	50	34	7526	6129

续 表

学校名称	班级（个）	学生（人）	教职工（人）	专任教师（人）	占地面积（平方米）	建筑面积（平方米）
古华幼儿园	9	256	35	25	3308	2375
育秀幼儿园	23	697	76	51	13256	7448
民办贝贝幼儿园	10	257	48	21	5500	3300
新贝艺术幼儿园	9	265	33	23	4000	2800
江海幼儿园	23	723	76	52	13458	6814
星辰幼儿园	20	582	64	48	12592	7346
肖塘幼儿园	14	451	41	32	8076	5950
西渡幼儿园	19	664	50	39	13585	5699
民办阶梯英语幼稚园	12	311	55	25	6800	5770
民办同汇实验幼儿园	20	581	72	40	10005	5950
光明学校附属幼儿园 *	6	184	–	–	–	–
青青草幼儿园	15	470	50	36	7403	6901
阳光幼儿园	12	361	39	32	6388	2918
金贝幼儿园	10	274	31	22	5543	3061
民办天英双语幼儿园	4	90	17	8	2328	1584
民办童梦幼儿园	7	228	26	10	3000	1224
民办好时光幼儿园	7	144	27	14	4313	2434
民办千千幼儿园	8	226	20	9	2360	666
民办培英幼儿园	7	253	23	9	2020	1780
民办金孔雀幼儿园	8	281	21	10	2900	1900
民办宏翔幼儿园	9	320	29	15	3935	2755
奉浦幼儿园	15	420	47	37	9000	5981
爱贝早教服务中心	3	75	26	18	5608	5747
新南幼儿园	8	282	22	13	6600	5059
金星幼儿园	12	420	40	24	12615	2402
群星幼儿园	8	304	24	10	1350	1000
树园幼儿园	4	115	18	10	8404	5200
聚贤幼儿园	4	91	15	10	1733	2459
奉城幼儿园	12	397	42	27	4502	4045
金麦穗幼儿园	15	462	38	29	4914	4308
金豆豆幼儿园	18	591	56	40	8205	5758
金蔷薇幼儿园	13	374	47	34	8785	7218
民办金色阳光幼儿园	10	358	27	12	3621	2028
民办九川千千幼儿园	8	175	21	9	2360	666
金池塘幼儿园	6	201	20	14	1515	1529
民办小逗点幼儿园	8	301	25	16	1240	960
蓝天乐幼儿园	10	375	24	13	1460	1400
庄行幼儿园	9	312	34	22	4062	2656
邬桥幼儿园	10	313	35	25	3900	3038
民办欣乐幼儿园	9	294	25	8	1530	1050
金汇幼儿园	18	578	55	40	7479	4968

续　表

学　校　名　称	班　级（个）	学　生（人）	教职工（人）	专任教师（人）	占地面积（平方米）	建筑面积（平方米）
金阳幼儿园	23	774	66	38	12615	9820
民办亦佳幼儿园	17	591	50	30	2910	1920
百曲幼儿园	10	309	27	14	4742	2100
四团幼儿园	15	518	58	40	8460	6567
满天星幼儿园	18	513	55	37	11113	5517
民办创新幼儿园	11	415	30	18	3220	1420
民办树苗苗幼儿园	8	245	20	13	3960	2500
青村幼儿园	17	564	52	38	10498	5929
民办小童星幼儿园	11	405	33	18	2331	1200
民办七彩童年幼儿园	11	390	33	18	5994	2100
柘林幼儿园	15	531	48	27	7641	3366
绿太阳幼儿园	9	344	26	17	9620	4060
海湾幼儿园	12	438	46	28	4550	1773
民办甜甜幼儿园	4	125	11	4	4800	830
* 海湾小学附属幼儿园	8	288	-	-	-	-
民办红黄蓝艺术幼儿园	4	187	12	8	2042	800

说明：标“*”的附属幼儿园不算幼儿园个数，幼儿数计算在内。（祝燕国）

中小学教育

【概况】 全区有小学33所（包含16所民办小学），初中10所，九年一贯制学校20所，高中5所（上海市实验性示范性高级中学1所、区实验性示范性高级中学2所，普通高级中学2所），十二年一贯制学校1所。有小学生46884人，初中生23114，高中生6165人。（祝燕国）

【开展修学交流活动】 7月，奉贤中学20余位师生在中德友好协会的协助下，前往德国毛里求斯一级文理中学，进行7天的短期修学，并达成合作意向。10月11日，德国毛里求斯一级文理中学一行20余位师生到奉贤中学开展为期7天的交流学习。（祝燕国）

【举办第十五届教学节】 9月，第十五届教学节开幕，历时5个月。教学节以“开展有效教研，促进主动学习”为主题，开展了学校校级副职或中层正职干部课堂教学能力展评、办学资源联盟工作推进现场展示研讨、学校教研特色项目展示、新一轮区“合格、优秀、示范”教研组三级评选验收、骨干教师课程教学高级研修班工作展示、五年期青年教师教育技能与课堂教学能力考核、“人文课堂·教学”教师教育征文评比活动和“书香伴我成长”首届学生“读写节”等系列活动。教学节闭幕式上表彰了本届教学节先进集体和先进个人。（祝燕国）

【高考创佳绩】 年内，全区应届高中毕业生本科上线率超过全市平均水平。奉贤中学、曙光中学、致远高中、齐贤学校、奉城高中、景秀高中等学校一本上线率均有不同幅度增长。奉贤中学本科上线率

10月11日，国际象棋国际大师李祖年与奉教院附小学生车轮对弈（教育局　供稿）

达 97.64%。其中一本上线率 62.16%，比上年增长 10%，该校实验班高考平均分达 510 分，首届新疆班学生一本上线率达 100%。（祝燕国）

【加强“贤文化”教育】 10 月 29 日，上海市学校德育“德尚”系列研究重点课题“以‘贤文化’教育提升区域德育水平的实践研究”中期推进会在江海一小举行。曙光中学、育秀学校、实验中学、南桥小学、南中路幼儿园等 9 所学校课题组参加研讨。11 月 18 日，“贤文化”教育现场推进会在奉贤中学举行。与会人员观摩 6 节“贤文化”课堂教学展示课，观看专题片《走进这片沃土——奉贤中学“贤文化”建设巡礼》，观摩奉贤中学“明贤、立贤、践贤”学生论坛。奉贤中学、洪庙中学和南桥小学就如何推进“贤文化”建设作交流发言。（祝燕国）

【特级校长工作室第二期培养工作启动】 11 月 8 日，区教育系统特级校长工作室第二期培养工作启动仪式在区教育局会议室举行。区教育局党政领导班子、各特级校长工作室主持人以及各工作室专家指导团成员出席启动仪式。金哲民特级校长工作室、张大维特级校长工作室、翁肇桢特级校长工作室和杨连明特级校长工作室 4 个工作室第二期培养工作启动，共 29 名学员进入工作室接受为期两年的培养。（祝燕国）

【举行校园歌曲合唱大赛】 12 月，区“世博旋律”中小学生校园歌曲合唱大赛举行。大赛于 12 月上旬进行初赛，46 所学校的 47 支参赛队参与，16 支参赛队进入决赛。12 月 29 日的决赛评出等第奖和参赛奖。（祝燕国）

10 月 26 日，举办区中小学生“中国馆”模型制作大赛

（教育局　供稿）

【紧密型办学资源联盟启动】 年内，制定《奉贤区建立紧密型办学资源联盟促进区域义务教育均衡发展实施方案》，建立 8 个紧密型办学资源联盟，联盟推行 A+X 模式（“A”是指南桥城区 1～3 所优质九年义务教育阶段学校，“X”是指一个乡镇的几所九年义务教育阶段学校，同时包含该乡镇的民办农民工子女小学），每三年一轮。同时，印制《奉贤区建立紧密型办学资源联盟，促进区域义务教育均衡发展指导手册》，加强联盟内管理，推动联盟内的教师流动、教研联动、管理互动、课程走动，实现城区学校与乡镇学校共建、共赢，联动发展。（祝燕国）

【区教育系统获多种奖项】 在暑期上海市中小学生读书活动中，区学生获一等奖 5 个、二等奖 16 个和三等奖 36 个。阳光外国语学校运动员在市第十四届运动会射箭比赛中，获 5 金 5 银 2 铜。在“上中杯”青少年钢琴比赛中，获 1 金 2 银 2 铜。在“上大实验杯”上海市青少年航海模型竞赛中，包揽中小学全部项目一等奖，获一等奖 6 个、二等奖 1 个和三等奖 4 个。在上海市青少年“白猫杯”应用化学与技能知识竞赛（高中组）中，奉贤中学学生代表奉贤参赛，获二等奖 2 个，三等奖 4 个，区青少年活动中心与奉贤中学获市团体三等奖。在上海市科技艺术教育中心与长宁区教育局共同举办的上海市第五届“小淘气玩科学”亲子/师幼大赛中，奉贤区有 16 组队员参赛，其中获金奖 6 组，获银奖 3 组，获铜奖 7 组；解放路幼儿园、育秀幼儿园、金汇幼儿园获优秀组织奖。市学生艺术单项比赛中，获金奖 4 个，银奖 12 个，铜奖 13 个。奉贤中学、四团中学和四团小学近 30 名选手参加第三届上海市中小学师生识险避险自救互救知识技能展示活动，获二等奖。（祝燕国）

2010 年奉贤区小学教育资源情况表

学校名称	班级（个）	学生（人）	教职工（人）	专任教师（人）	占地面积（平方米）	建筑面积（平方米）
合计	1069	46884	3123	2631	475208	195739
南桥小学	30	1348	90	79	10938	6296
古华小学	20	878	74	60	8668	3670
实验小学	44	1927	144	135	28590	15101

续 表

学校名称	班级（个）	学生（人）	教职工（人）	专任教师（人）	占地面积（平方米）	建筑面积（平方米）
解放路小学	31	1391	102	90	16380	9503
江海第一小学	20	819	63	53	10946	4670
江海第三小学	20	787	65	55	11811	6925
肖塘小学	23	1007	69	64	7762	2963
西渡小学	24	944	68	59	34650	12121
宏翔小学(民办)	24	1190	65	48	7555	7082
民友小学(民办)	18	899	49	37	8500	2690
星光小学(民办)	12	533	30	23	6600	1150
敬贤小学(民办)	16	785	52	35	5000	2087
曙光小学(民办)	13	600	41	26	4076	2228
进修学院附小	26	1121	81	70	19000	11481
童梦小学(民办)	18	910	50	37	7842	3542
青少年业余体育学校*	1	22	6	6	–	–
奉浦学校(民办)*	16	515	34	34	–	–
弘文学校*	25	1181	62	62	–	–
光明学校*	21	928	72	64	–	–
育秀学校*	33	1599	99	99	16320	5085
华亭学校*	25	1143	76	76	–	–
阳光外国语学校*	20	773	63	63	–	–
西渡学校*	16	726	36	36	–	–
奉城第二小学	24	1061	73	58	9963	4780
塘外小学	20	807	56	49	8658	3700
洪庙小学	25	1066	73	64	17238	5961
头桥小学	28	1204	88	73	10270	4451
致和小学(民办)	14	698	41	28	3960	1992
超群小学(民办)	16	813	50	33	5333	2144
奉城第一小学	22	1013	67	56	7152	3688
庄行学校*	19	799	51	41	19000	4700
邬桥学校*	20	820	49	49	11640	3768
福祉小学(民办)	24	1177	67	48	5650	3150
志华小学(民办)	20	911	46	37	4088	2625
金汇学校*	25	1080	70	65	12020	5137
齐贤学校*	24	992	67	63	11801	4670
泰日学校*	25	1066	77	64	15455	5879
四团小学	25	958	78	60	19790	3933
远航小学(民办)	9	458	29	18	4000	1792
平安学校*	21	787	63	51	10656	7319

续 表

学校名称	班级（个）	学生（人）	教职工（人）	专任教师（人）	占地面积（平方米）	建筑面积（平方米）
邵厂学校＊	10	380	34	30	0	0
厚才小学（民办）	20	944	62	42	5646	3150
青村小学	23	1057	69	56	16350	7384
民办青溪小学	16	751	42	26	5500	2622
钱桥学校＊	20	771	45	32	11800	3297
蒲公英小学（民办）	18	888	47	39	11522	4736
柘林学校＊	19	745	28	28	–	–
新寺学校＊	11	459	38	29	–	–
胡桥学校＊	17	750	42	42	–	–
海湾小学	11	440	51	34	9731	4342
福星小学（民办）	14	661	36	29	24000	2589
育才小学（民办）	9	431	25	19	9347	1336
星火学校＊	15	608	38	33	–	–
五四学校＊	9	263	30	24	–	–

说明：标"＊"的学校不算小学个数，小学生数计算在内。

（祝燕国）

2010 年奉贤区中学教育资源情况表

学校名称	班级（个）	学生（人）	教职工（人）	专任教师（人）	占地面积（平方米）	建筑面积（平方米）
合计	723	29279	2939	2295	1160191	442733
古华中学	45	2049	127	101	36271	24526
实验中学	34	1771	134	108	22260	12930
育秀学校	41	1876	166	121	34373	13103
华亭学校	25	1136	98	81	32760	14554
阳光外国语学校	24	1034	102	96	43111	19571
肖塘中学	20	761	79	59	21925	9004
西渡学校	21	907	87	68	33034	12036
弘文学校	21	892	100	93	36500	22834
光明学校	10	428	43	36	34753	9229
民办奉浦学校	21	793	65	47	46420	17898
进修学院附中	32	1292	123	105	45335	21405
奉贤中学	47	1774	237	168	209124	65262
致远高级中学	36	1311	157	131	22160	19420
青少年业余体育学校	4	53	35	20	5000	3700
奉贤中学新疆预高班＊	2	80	–	–	–	–
奉城高级中学	21	859	113	81	42282	17782
奉城第二中学	34	1484	98	73	15159	6844
塘外中学	12	486	46	36	23575	5805

续 表

学 校 名 称	班 级（个）	学 生（人）	教职工（人）	专任教师（人）	占地面积（平方米）	建筑面积（平方米）
洪庙中学	16	603	65	51	11425	5763
头桥中学	18	678	71	51	25751	8868
曙光中学	27	1111	144	114	33511	15185
庄行学校	12	483	54	37	23814	6300
邬桥学校	17	660	64	43	27753	7505
金汇学校	15	619	60	54	15690	5377
齐贤学校	15	542	70	64	19353	7710
泰日学校	19	748	74	59	12812	5974
四团中学	16	620	65	59	22903	14147
平安学校	14	433	54	40	13320	5250
邵厂学校	8	227	28	23	13788	3584
景秀高级中学	13	529	61	49	23300	11574
青村中学	14	571	59	48	15896	5685
钱桥学校	12	383	50	37	15780	6735
柘林学校	10	346	49	22	30000	7988
新寺学校	14	603	44	31	17259	6463
胡桥学校	12	450	44	25	22316	7793
星火学校	11	369	36	32	21978	8349
五四学校	10	318	37	32	89500	6580

说明：标“＊”的不算学校个数。 （祝燕国）

高等教育

【上海师范大学】 上海师范大学是一所以文科见长并具有教师教育特色的文理工学科兼具的综合性大学，是上海市重点大学。学校有徐汇和奉贤两个主校区。奉贤校区位于奉贤区海思路100号，占地面积111余公顷，规划总建筑面积约32万平方米。设学院18个，本科专业84个，覆盖哲学、经济学、法学、教育学、文学、历史学、理学、工学、管理学、农学等10个学科门类。有教职员工2982人，其中专任教师1722人。专任教师中具有正高级专业技术职务者268人、具有副高级专业技术职务者588人；具有博士、硕士学位的教师1212人，占专任教师的70.38%，其中具有博士学位的教师524人。此外，还组建一支有537人的兼职教师队伍，其中包括5名院士级的特聘教授、100余名外籍教师。学校拥有博士学位授权一级学科点2个、博士学位授权二级学科点22个、博士后流动站6个、硕士学位授权点104个、专业学位硕士点5个。至年底，学校有全日制本、专科学生23733人，研究生4625人。其中奉贤校区全日制在校学生15655人（包括旅专）。 （王 俊）

【上师大协办人才招聘会】 4月21日，由区人力资源和社会保障局主办，上师大协办的奉贤区2010大中专毕业生专场招聘会在上师大奉贤校区举行。125家企事业单位参与招聘，提供就业岗位2000个，涉及酒店管理、生物制药、机械制造等多个领域，3000余名本专科应、往届毕业生现场应聘。 （王 俊）

【华东理工大学】 华东理工大学是一所多学科协调发展的研究型全国重点大学。学校设有徐汇校区、奉贤校区和金山科技园区，总占地面积约177公顷，各类建筑总面积81.6万余平方米。学校设有15个专业学院，在校全日制学生2.57万人，其中在校全日制研究生7551人（其中博士生1359人），全日制本科生18102人。教职员工3594人，其中两院院士2人，双聘院士4人，国家教学名师2人，国家“973”计划首席科学家4人，国家“863”计划领域专家2人，长江学者特聘教授12人，长江学者讲座教授1人，上海市教育功臣1人，新世纪百千万人才工程国家级人选8人，教育部“长江学者和创新团队发展计划”创新团队3个，国家级教学创新团队4个，国家级有突出贡献的中青年专家11人。

奉贤校区位于上海市奉贤区

海思路999号，占地102.95公顷，2005年11月开工建设，2007年7月启用。至2010年底，奉贤校区一期各类建筑总面积27.55万平方米，有一、二年级本科生8741人。（金建中）

【获世博上海馆馆型设计最高奖】 4月11日，上海世博会上海馆筹建办公室公布，华东理工大学提交的方案“轻盈舞飞，无障碍城市”在上海世博会上海馆馆型设计方案征集活动中荣获最高奖——杰出设计奖，同时该校获得唯一的最佳组织奖。（金建中）

【举行首届“华理杯”龙舟邀请赛】 6月26日，首届“华理杯”龙舟邀请赛在华东理工大学奉贤校区举行。来自上海市化学工业区发展有限公司、化工区物业管理有限公司、上海石化工业学校、市城市规划设计研究院及华东理工大学龙舟代表队参加比赛。（金建中）

【上海市高校女子曲棍球邀请赛在华东理工大学举行】 12月4日，由中国曲棍球协会主办、上海市大学生体育协会协办、华东理工大学承办的上海市高校女子曲棍球邀请赛在奉贤校区体育场举行。华东理工大学一队获冠军。（金建中）

【庞慧获“外研社杯”全国英语演讲赛冠军】 12月12日，由大学外语教学指导委员会和英语专业教学指导分委员会共同举办的2010年“外研社杯”全国英语演讲大赛北京总决赛中，华东理工大学选手庞慧荣获全国冠军。该大赛先在全国31个省市进行地区选拔赛，庞慧在上海市比赛中以第一名的成绩获得决赛资格。（金建中）

【上海应用技术学院】 年内，上海应用技术学院完成学校主体搬迁至奉贤校区的工作，加快推进内涵建设的步伐。成功举办奉贤校区落成10周年庆典系列活动，完成服务世博的各项任务。加大校企联合培养应用型人才的力度，聘请23名行业专家充实到学校的各级教学委员会等组织中，直接参与各专业人才培养计划的修(制)订、专业建设等工作，形成一支稳定的企业行业教师队伍。2010届学生毕业率94.74%，学位获得率88.33%，全校30%的学生积极参与各级各类学科技能竞赛项目，获得市级以上竞赛奖290项。其中全国特等奖1项、一等奖1项、二等奖74项、三等奖121项，市级一等奖7项、二等奖19项、三等奖26项。参赛人数、获奖奖项和等级都创历史新高。学校有教授(正高)89人，副教授(副高)276人，高级职称比例达38%；具有博士学位的教师280人，硕士以上学位教师达到专任教师总数的80%。至年底，学校有全日制本科学生1.7万人。（李晓晶　程秀岐）

【举办上海应用技术学院奉贤校区落成10周年庆典】 年内，举办奉贤校区落成10周年庆典系列活动。举行庆典大会、院校发展战略中外大学校长论坛、庆典晚会等主题活动；举办校、院学术报告10余次；编撰出版《上海应用技术学院合校10年史》和《上海应用技术学院合校10年成果汇编》；拍摄上海应用技术学院合校10年专题片、举办奉贤校区建设成果展、师生书画作品展等展览活动及部分校园文化景观建设揭幕等活动。庆典期间，陈至立、严隽琪、厉无畏、徐匡迪、韩正、刘云耕、冯国勤等领导分别题词或发贺信表示祝贺，市委副书记殷一璀到学校视察，副市长沈晓明出席学校庆典大会并讲话。（李晓晶）

【厉无畏受聘为上海应用技术学院名誉校长】 6月11日，全国政协副主席、民革中央常务副主席厉无畏应邀到上海应用技术学院奉贤校区视察，并受聘担任学校名誉校长。厉无畏视察上海应用技术学院奉贤校区工程训练中心、特教学生艺术作品展示室等，并以“创意产业”为主题，围绕国际金融危机对中国经济的影响，创意产业发展逆势而上及其原因分析等内容，发表演讲并解答学生提出的关于创意产业与上海世博会等方面的问题。（程秀岐）

【承办全国大学生控制仿真挑战赛决赛】 8月24～28日，由教育部高等学校自动化专业教育指导委员会、西门子(中国)有限公司(工业自动化与驱动技术集团)主办，北京化工大学协办，上海应用技术学院承办的第五届“西门子杯”全国大学生控制仿真挑战赛决赛在奉贤校区举行，来自全国各地高校20支队伍参加比赛。开幕式上，还举行上海应用技术学院—西门子先进自动化与驱动技术联合示范实训中心签约及揭牌仪式。（李晓晶）

【举办中外大学校长论坛】 10月23日，举办中外大学校长论坛。上海市教委副主任王奇、美国中密西根大学校长罗斯、《中国高等教育》杂志总编辑陈浩、加拿大汤姆逊河大学副校长戈登·塔兹韦尔、上海理工大学校长许晓鸣、日本关东学院大学副校长中岛正夫、西门子工业自动化有限公司技术总监范书中、长沙理工大学党委书记王耀中等8位嘉宾出席论坛。（程秀岐）

【举办第七届中国技术管理(MOT)学术年会】 6月19～20日，由中国技术经济研究会与上海应用技术学院主办的以“低碳经济、产业转型与技术创新”为主题的第七届中国技术管理(MOT)学术年会在上海应用技术学院召开。上海市人大常委会副主任郑惠强出席开幕式并致辞，中国技术经济研究会副理事长吴贵生，国务院学位办学科评议组成员、上海交通大学校长特聘顾问王方华，中国技术经济研究会秘书长郑琦出席学术年会。全国70余所高校的学者及知名企业家200余人代表参加年会。（程秀岐）

【上海应用技术学院学校主体搬迁至奉贤】 暑假期间，上海应用技术学院全校30个部门完成搬迁新校区的任务，保证新学期顺利开学。搬迁仪器设备18630台，其中含大型仪器设备57台，价值1.8亿元；图书100万册，价值1600万元,大量办公家具,价值约2500万元,合计搬运1000余车次,实现学校2010年整体搬迁计划。

(程秀岐)

【上海商学院】 2010届毕业生3182人,至10月31日,毕业生就业率为95.16%,与上年基本持平。新增上海市本科精品课程1门,累计4门;新增上海市级重点课程5门,累计21门;新增上海高校示范性全英语教学课程建设项目1个,累计2个;新增学士学位授予权专业5个,累计11个;新设置并开始招生的本科专业2个,累计本科招生专业22个;新增校级本科重点建设课程11门,累计69门;批准立项的2010年度校级教学团队3个,累计6个。推进重点学科建设和教学科研工作。按时组织并落实完成各类科研课题和项目的申报工作,获批中央财政项目4个,上海市教委创新项目立项5项,上海市教育科学研究项目立项1项;2010年新增校级教学研究项目12个;新建设实验室8个,新建商贸类实训中心1个,酒店管理实验实训基地1个,扩建多功能实训室1个,改建实验室4个。学校世博工作获得上海世博外事工作优秀集体、上海共青团"青春世博行动"优秀集体、上海世博会志愿者工作优秀组织奖、世博宣传教育贡献奖、上海世博会教育系统安保稳定工作先进集体等多项市级荣誉。学校1703名师生成为上海世博会志愿者。在校全日制高职学生4879人,有教职工2293人,其中硕士研究生以上学位教师185人。

(林丽娜)

【上海工会管理职业学院】 上海工会管理职业学院是一所公办全日制普通高等院校,前身是上海工会管理干部学院,隶属上海市总工会。学校创办于1951年,1985年发展为成人高等学校,2000年起实施高职学历教育,转型为普通高等职业院校。学校有劳动与社会保障、社会工作、文物鉴定与修复、食品营养与检测、物流管理等20个专业。学院新校区坐落于奉贤区南亭公路,占地面积31.33公顷,建筑面积12万平方米,拥有教学楼、实训中心、图文信息中心等教育设施。

(兰宇新)

【陈豪为大学生实训基地揭牌】 9月19日,上海工会管理职业学院和上海市档案局签署档案人才培养和技术合作协议。市人大常委会副主任、总工会主席陈豪出席签约仪式,并为上海工会管理职业学院大学生实训基地和档案在职教育实训基地揭牌。双方充分发挥学校专业专长和档案行政部门行业管理的优势,共同建立档案修复与保护技术人才培养基地,推动全市档案教育实训工作和大学生社会实践活动,完善学校档案管理课程建设,加强档案安全保护技术研发和推广应用。

(兰宇新)

【上海电子信息职业技术学院】 学院位于奉城镇,占地26.67公顷,建筑面积15万平方米,实践教学基地3.5万平方米,建有教学中心、实训基地、图文信息中心、室内外运动场、中德合作教学区和生活园区等。至年底,学院设有电子工程系、通信与信息工程系、机电工程系、计算机应用系、经济与管理系、思想政治理论研究部、公共基础部、外语教学部等7个教学系部和中德职业技术学院、动画学院、继续教育学院3个二级学院,设27个专业,其中国家级教改试点专业1个、上海市级教改试点专业2个,申报新专业"汽车电子技术"。有全日制在校生6880人。毕业生人数2329人,就业率97.55%。

(陈卫炉)

【建设国家骨干高等职业院校】 年内,上海电子信息职业技术学院高规格、高标准编制"十二五"规划。组织动员全院力量,申报国家高等职业教育示范校建设项目。12月6日,教育部和财政部公布该院为"国家示范性高等职业院校建设计划"骨干高职院校立项建设单位。在2011~2013年建设期内,依靠中央财政、地方财政、行业主管部门经费支持,完成应用电子技术、通信技术、计算机网络技术、校企合作体制、动态适应机制与信息共享和中德合作培训中心等6个项目建设工作,提升办学水平和人才培养质量,提高学院核心竞争力,建设成为优势突出、特色鲜明的国家骨干高等职业院校。

(陈卫炉)

【上海中华职业技术学院】 2010年,以《国家中长期教育和发展规划纲要》为指导,秉承中华职教社的优良传统,坚持"以服务为宗旨、以就业为导向"的办学指导思想,规范办学,加强内涵建设,提高教学质量,开拓就业渠道,创建和谐校园。年内,学院毕业生就业率达到98.75% 比上年同期增长1.75个百分点。至年底,学校有机电工程、计算机与控制等21个专业,在校全日制专科学生3155人,专职教师117人。

(王 芳)

成人职业教育

【概况】 年内,全区有成人教育培训学校(机构)59所,其中区政府举办的区社区学院1所,区老年大学1所,行业主办的学校3所,镇政府举办的镇成人学校8所,职业技术学校1所,民办教育学校45所。全年成人教育有学员662011人次,其中老年教育有学员110258人次。

(祝燕国)

【承办全国新型农民培训联系点华东地区协作组会议】 12月17~18日,由教育部职成教司为指导单位,市推进学习型社会建设与终身教育促进委员会办公室、市教育委员会为主办单位,区人民政府承办的全国新型农民培训联系点华东地区协作组会议在奉贤召开。教育部职成教司相关领导,华东地区省市成职教处处长,华东地区相关市、区、县的分管领导、教育局领导,市推进学习型社会建设指导委员会、市教育委员会终身教育处相关领导,副区长钱雨晴、区教育局党政班子成员、区成职院校负责人等近100人出席会议。会上宣布成立全国新型农民培训联系点华东地区协作组,原则通过全国新型农民培训联系点华东地区协作组章程。华东地区12个市、区、县的代表分别进行工作交流。

（祝燕国）

【区成人职业教育获多项奖励】 年内，奉贤被教育部批准为全国新型农民培训联系点；区教育局被评为全国农村成人教育先进单位，上海市学习型社会建设先进单位。上海市电大奉贤分校被中央电大评为全国示范性基层电大。柘林成校、金汇成校、四团成校等被上海市教委与上海市教育评估院评为上海市成人学校标准化建设达标单位。庄行成校的民间剪纸艺术、柘林学校的滚灯文化被评为全国社区教育特色课程。四团成校成功创建为上海市示范性老年大学。南桥镇杨王村成功创建上海市远程教育示范收视点。12月20～21日，在2010年中国成人教育协会年会上，区教育局局长陆建国作交流发言。（祝燕国）

特殊教育

【概况】 全区有1所特殊教育学校——惠敏学校。该校是上海市第一所实施免费教育的九年一贯寄宿制学校，招收来自全区各镇（开发区）范围内的智障、脑瘫、自闭症等多重残疾学生。学校坐落在上海市工业综合开发区，占地面积11664平方米，其中建筑面积6268平方米。建有脑瘫康复室、游戏室、烹饪室、缝纫室、电脑室等各种教育设施。至年底，学校有教学班13个，学生120人，其中小学班级8个，学生62人；初中班级5个，学生58人。年内，在奉浦幼儿园新开办一个学前特教班，有学生8人。（祝燕国）

惠敏学校学生在第五届全国特奥会上喜获十二金三银

（教育局　供稿）

【第五届全国特奥会获12金3银】 9月19～25日，第五届全国特奥会在福建省福州市举行。惠敏学校的唐进飞、朱丹丹、梁小元、陈丹红等4名学生参加在福建省残疾人体育中心举行的轮滑项目竞赛，获得12金3银。（祝燕国）

【奉浦幼儿园特教班揭牌】 10月29日，区学前特教工作研讨会暨奉浦幼儿园特教班揭牌仪式在奉浦幼儿园举行。市教委基础教育处副处长陈东珍、奉贤区教育局局长陆建国为奉浦幼儿园特教班揭牌。

（祝燕国）

（本栏目编辑　曹　杰）

文化

综述

2010 年，全区文化工作贯彻落实区委《关于加强“贤文化”建设，促进区域文化发展的若干意见》，发挥“贤文化”引领作用，以上海世博会为发展契机，构建和完善三级公共文化服务体系，全面形成区、镇、村三级公共文化设施网络。推进公共文化产品的生产开发，多方面丰富群众精神文化生活。深入挖掘奉贤历史文化底蕴，打造奉贤特色文化品牌。探索创新公共文化服务体系长效管理机制，规范和健全文化市场监管体系，推进和创新文化工作体制机制，促进文化广播影视各项事业协调发展。

（肖丽英）

文化艺术

【概况】 年内，通过创作采风、专题研讨等活动，创作出一批优秀的作品。举办群众文化节目汇演，区内各委、办、局和业余文艺团队 53 个创作节目参加汇演。在美术、书法、摄影等静态艺术方面，以专题、主题为创作源，以作品展览展示带动创作，举办“共贺新年、迎世博”奉贤区上海市美协、书协会员作品展等 14 场展览活动。区内美术、书法、摄影等艺术作品在市、全国、国际上获得奖项，其中美术作品获市级以上大展二等奖 2 个、三等奖 1 个、优秀奖 2 个、入选奖 10 个、优秀组织奖 1 个、优秀组织者奖 1 个；书法获市级以上入选奖 7 个；摄影获市级以上展览金牌和一等奖 6 个、二等奖 3 个、三等奖 3 个、优秀奖 3 个、入选奖 27 个、优秀组织奖 1 个，另有 14 幅作品入选《中国大百科》和《微笑》大型画册。

（肖丽英）

【书画艺术进企业】 3 月 10～26 日，“和风细雨诉情怀”奉贤区文化馆书画艺术展在和汇投资集团有限公司展出，13 位奉贤籍的中国和上海市书法家、美术家协会成员的 35 幅作品参展。（肖丽英）

【举办奉城刻纸艺术品设计大赛】 5 月 25 日，由区图书馆和奉城镇社事中心联合举办的“精彩世博 精妙纸艺”奉城刻纸艺术品设计比赛开始。比赛为期一个多月，收到作品 81 幅，其中 27 幅作品被评为最佳作品奖、最佳创意奖和优秀作品奖。（肖丽英）

【上海民族乐团到奉巡讲巡演】 5 月 28 日，上海民族乐团的演奏家到奉贤开展巡讲巡演。演奏家先后演奏《春江花月夜》《紫竹调》《喜洋洋》《绿野》》等曲目，介绍丝竹等乐器，将讲座与演奏融为一体。（肖丽英）

【举办历代廉洁勤政故事绘画作品精选展】 6 月 25 日，“史海清风”中国历代廉洁勤政故事绘画作品精选展在海湾国家森林公园举办。展出作品均由书画家以工笔画或书法形式展示，内容涉及“宋侍郎不阿权贵”、“白居易筑堤惠民”、“司马光上书辞赏”、“苏东坡抗洪护城”等历代流传的廉政故事。活动旨在通过书画艺术形式传播廉政理念，弘扬新风正气，推进廉政文化建设。（肖丽英）

【结对上海世博会国家参展方到奉开展文化交流】 6 月 29 日，“贤文化”交流之旅结对上海世博会国家参展方到奉开展文化交流活动，40 余个国家 80 余位国际友人应邀参加。传统的滚灯技艺、齐贤皮影戏、川剧变脸、木偶表演等一一呈现给中外宾客。（肖丽英）

【伞面画为世博献礼】 8 月 8～9 日，“魅力会汇展风采，文化共享世博行”庆上海世博会开幕 100 天金汇镇伞面画展示及互动活动在上海图书馆目录大厅举行。这些伞面画全出自金汇镇 5 所小学、幼儿园师生之手。在上海世博会开幕 100 天之际，金汇镇从这些伞面画中挑选出 100 顶，送到上海世博会公众参与馆，供游客参观，作为广大师生送给上海世博会开幕 100 天的礼物。上海世博会公众参与馆、上海图书馆、奉贤图书馆、金汇镇图书馆以及区相关领导出席展示开幕式。（范燕娜）

【《丝路花雨》到奉演出】 11月1日，中国经典舞剧《丝路花雨》在区会议中心大剧场献演，1000余名观众观看演出。该剧被誉为中国民族舞剧的典范，曾到法国、意大利等20余个国家和地区演出。这次应邀为第十二届中国上海国际艺术节在上海东方艺术中心作祝贺演出，也是首次到奉贤演出。

（肖丽英）

【举办"回眸'十一五' 展望新南桥"巡回摄影展】 11月19日，"回眸十一五 展望新南桥"巡回摄影展启动暨南桥镇摄影沙龙成立仪式在南桥镇社区文化活动中心举行。活动从170余幅摄影作品中精选出60幅照片展出，反映南桥在"十一五"期间政治、经济、文化、环境和人文面貌的变化发展。此次摄影展作为南桥镇全民教育之读书节的一项内容，先后在区图书馆、南桥镇江海文化活动中心、西渡社区学校、西渡小学及百联南桥购物中心展出。（肖丽英）

2010年奉贤区部分文艺作品获市级以上奖项情况表

作品名称	作　者	作品形式	奖　项　名　称
《红丝带》	瞿建国 范　颖	小　品	第十届华东六省一市戏剧小品大赛银奖
《竹》	孙怡健	美　术	第三届上海市民艺术大展二等奖
《外白渡印象 二〇一〇》	徐增英	美　术	第三届上海市民艺术大展二等奖
《印迹 N0.64》	卢晓峰	美　术	第三届上海市民艺术大展三等奖
《火凤凰》	李　钟	美　术	第三届上海市民艺术大展优秀奖
《小　芳》	洪　檪	美　术	第三届上海市民艺术大展优秀奖
《舞动青春》	季仁葵	美　术	第三届上海市民艺术大展
《积翠重苍》	胡学东	美　术	第三届上海市民艺术大展
《心飞扬》	项龙官	摄　影	2010上海国际"郎静山摄影艺术大赛"金牌摄影艺术提名奖
《信　步》	阮永雄	摄　影	"城市让生活更美好 我们让城市更美丽"上海规划摄影大赛一等奖
《真舒服，真好》	阮永雄	摄　影	"世博微笑的窗口"摄影比赛金奖
《滚灯银花》	方国政	摄　影	2010上海第十届国际摄影艺术展览邀请展华东六省一市联展优秀作品
《东方之冠》	方国政	摄　影	纪念上海文学艺术界联合会成立60周年"摄影家眼中的世博"摄影作品展优秀作品
《行色匆匆》	方国政	摄　影	纪念上海文学艺术界联合会成立60周年"摄影家眼中的世博"摄影作品展优秀作品
《风筝情一线牵》	孙海东	摄　影	2010上海旅游风筝会新闻摄影大赛一等奖
《风筝会花絮》	钟长根	摄　影	2010上海旅游风筝会新闻摄影大赛一等奖
《待发的小艇》	项龙官	摄　影	2010上海旅游风筝会新闻摄影大赛二等奖
《心放飞 》	潘益飞	摄　影	2010上海旅游风筝会新闻摄影大赛二等奖
《组　照》	张琴妹	摄　影	2010上海旅游风筝会新闻摄影大赛二等奖
《五彩风筝》	韩　毅	摄　影	2010上海旅游风筝会新闻摄影大赛三等奖
《风筝场下》	方海泉	摄　影	2010上海旅游风筝会新闻摄影大赛三等奖
《假　日》	季伯生	摄　影	2010上海旅游风筝会新闻摄影大赛三等奖

（肖丽英）

公共文化服务体系建设

【概况】 年内，继续深入推进公共文化基础设施建设，完善三级公共文化服务阵地。区级层面：规划建设南上海文化中心，积极推进博物馆新馆、文化馆新馆等建设立项工作。镇级层面：全面完成各镇社区文化活动中心建设，5月新落成的南桥镇社区文化活动中心正式对外开放，实现全区镇级社区文化活动中心标准化建设全覆盖，并着手制定关于在各撤制镇社区建立社区文化活动分中心建设标准和配置要求方案，金汇镇齐贤社区文化活动分中心建成并投入使用。村级层面：全区169个村实现农村综合文化活动室标准化建设全覆盖，成为村级主要文化活动场所。提前完成区政府实事项目37个村有线电视"户户通"建设，实现全区农村有线电视全覆盖，全年农村新增有线电视用户6000余户，农村有线电视入户率提高到82%。

（肖丽英）

【降低农村有线电视初装费】 2月初到5月底对农村地区村民申请安装有线电视初装费实行优惠政策，每个终端由480元降低至100元。此项举措旨在鼓励农户安装有线电视，提高农村地区有线电视入户率，优惠政策中的380元差价分别由区、镇两级政府补贴。 （肖丽英）

【各级公共文化设施免费开放】 3月1日起，所有区级文化馆、图书馆，镇级社区文化活动中心、图书馆，全区169个村的农村综合文化活动室（内含文化信息资源共享工程、农村数字电影放映工程和农家书屋）等公共文化设施，全部实现免费开放和提供免费服务。 （肖丽英）

【南桥镇社区文化活动中心新址启用】 5月26日，南桥镇社区文化活动中心新址正式启用。该社区文化活动中心投入资金3500万元，占地面积4300平方米，建筑面积9800平方米，设有数码放映厅、山歌剧陈列室、折纸工作室、少儿图书馆、成人图书馆、电子阅览室、文体培训室、排练室等活动场所。该中心还引入东方信息苑、健身俱乐部等社会团体，为市民提供文化教育、体育健身、科普宣传、信息传播等多功能服务。 （肖丽英）

群众文化活动

【概况】 年内，继续打造群众文化特色品牌，唱响群众文化“四季歌”，让普通老百姓共享文化发展成果。配合菜花节、上海旅游节、金秋新米品尝节、海湾旅游风筝节等市区推广活动，弘扬传承“贤文化”。依托春节、元宵等传统节日，开展丰富多彩节庆活动。各镇、各文艺团队开展各类文化活动2233场，107余万人次参与。在上海世博会期间，积极推进对外宣传，完成上海城市广场周周演演出、上海世博会公众参与馆伞面画展出、上海世博会合唱节、秀空间、上海世博会社区市民活动奉贤专场演出等活动。建立面向社区的公共文化配送机制，努力形成公共文化资源和社会资源的有效整合和优化，丰富市民群众文化生活。全年举办文艺演出130场，图书配送25.35万册，放映公益电影600场，派送专业指导员256人次，展览50场次。上海世博会期间，专题演出154场，参演人员1.01万余人次，观众48.64万人，其中在世博园区举办“贤城和韵”演出近30场，在区文化广场举办周周演47场，赴各区演出10余场。 （肖丽英）

【举办文化拜年巡演】 1月18日，“冬日暖阳”区文化拜年巡演活动在闵浦二桥建设工地开幕。巡演活动历时8天，在社区、企业、学校、福利院等地进行巡演，每场演出时间持续70分钟。演出内容除迎世博、新春拜年等喜庆节目外，还包括深受奉贤民众喜爱的各类民俗表演。 （肖丽英）

【举办“宣传大篷车”演出】 3月22日，由区委宣传部和区文明办联合主办，16家成员单位协办的以“倡导文明新风，喜迎世博盛会”为主题的2010年奉贤区文化科技卫生三下乡“宣传大篷车”演出活动，在柘林镇新塘村开幕。节目集中体现上海世博会“城市，让生活更美好”的主题，汇集观众喜闻乐见的曲艺、小品、杂技、魔术，巡演活动历时8天，演出13场。 （肖丽英）

【参演世博合唱节】 7月21日晚，由上海世博会组委会组织的“世博合唱节”在世博文化中心举行。由区50余位社区市民组成的合唱团参加演出，4家机关单位的360名志愿者参加观摩。 （肖丽英）

【举行“桃”文化系列活动】 8月12日，以上海世博会、非物质文化遗产、特色建设等为主题的青村镇“桃文化”系列活动颁奖暨总结会在青村镇社区文化活动中心举行。该活动持续近1个月，先后开展“锦绣青村、品味传统”黄桃剪纸、刻纸作品征集暨展览展示、“世博盛会、我也骄傲”残疾人士丝网花制作、“锦绣黄桃、香飘世博”青少年扇面绘画、“精彩世博、桃花迎客”图书馆馆员艺术插花、“我和我的文化天地”民俗编创小组现场展示等活动。 （肖丽英）

【“贤城和韵”专场文艺演出亮相普陀区】 10月16日，在普陀区长寿绿地广场举行上海世博会周周演奉贤区专场演出的最后一场对外巡演。演出以“贤城和韵”为主题，富有奉贤地方特色，展示本次世博期间奉贤群众文化艺术的创作成果。 （肖丽英）

【王海名人手迹艺术收藏馆开馆】 12月25日，王海名人手迹艺术收藏馆在庄行镇老街举行开馆仪式。中国书法家协会副主席、著名

“爱世博戏曲大舞台”活动在古华公园举行 （奉贤报社 供稿）

诗人旭宇题写馆名。沪上文艺家及区内文化艺术界人士百余人应邀参加开馆仪式。馆内展出的艺术品有著名作家叶永烈和叶辛、赵丽宏等签名本,书坛泰斗胡问遂的书法等。（俞林泉）

文化市场管理

【概况】 年内,梳理文化行政许可审批事项,优化行政审批流程,确保行政许可程序规范。开展文化娱乐场所“双十佳”评选表彰,评选出2010年区“十佳”娱乐场所和“十佳”网吧,并进行集中表彰;举办网吧从业人员等各类培训,全面提升从业人员服务水准,营造世博良好服务环境。制定文化市场三级联动日常监管巡查员制度,形成市、区、镇三级文化市场监管模式;开展“黑网吧”专项整治百日行动,整治240家,收缴电脑1291台,整治率76.43%。完成南桥电影院改造工程,海上国际影城建成开放。2010年全区各影剧院放映电影4948场,观众308721人次,放映收入542万余元,较上年有所上升。配合市第八届优秀儿童剧展演活动,会同区教育局组织全区中小学生观看大型音乐剧《烽火少年》,该剧在各镇巡演164场次,学生观众96828人次。全年区文化执法大队受理举报150件,文化执法508次,其中联合执法116次,稽查人次7490人次,稽查场所3895家次,当场处罚59件,立案处罚76件,收缴游戏机电路板27块,盗版音像制品(光盘)4199张,盗版图书1022册。（肖丽英　王安娜）

【开展赌博机具违法行为集中整治】 2009年12月至2010年1月10日,区文管办联合公安、工商、文化执法等部门在全区范围开展游戏(艺)机、网吧设置暗房使用赌博机具从事违法行为的集中整治,历时40天。检查各类游戏机房、网吧340家次,查处设置赌博机场所13家,收缴赌博机73台。（王安娜）

【开展营业性歌舞娱乐场所专项执法行动】 3月5日,开展迎世博“冲刺100天”——营业性歌舞娱乐场所专项执法行动。公安、文广、文化执法三部门联合执法检查,出动执法人员10人组成联合执法行动小组,对南桥地区5家大型歌舞娱乐场所进行执法检查。检查发现各场所情况正常,控烟工作也逐步落实。（肖丽英）

【建立文化市场三级联动监管巡查制度】 4月,在现有市、区两级文化市场日常监管的基础上,将日常监管工作延伸到各镇(开发区),建立文化市场市、区、镇(开发区)三级联动日常监管巡查员制度,形成多层面、全覆盖的文化市场监管体系。由区文化广播影视管理局和区文化市场行政执法大队联合组建区文化市场三级联动日常监管巡查工作办公室(简称区巡查办),组织协调本区文化市场三级联动日常监管巡查工作,各镇、开发区建立相应巡查工作组,配备3至8名巡查员负责开展日常巡查工作。至12月底,区巡查办编写工作简报6期,召开工作会议4次,各镇(开发区)出动巡查人次3360人次,巡查场所4011家次,发现违规经营场所214家次。（王安娜）

2月8日,区领导袁晓林、钱雨晴检查印刷企业

（文化执法大队　供稿）

【制定文化市场突发公共事件应急处置预案】 4月,区文化执法大队立足区文化市场特点,制定《奉贤区文化市场突发公共事件应急处置预案》。同月14日,成立大队文化市场突发公共事件应急指挥工作领导小组,并组成3支应急分队,24小时待命,确保第一时间处置文化市场突发事件。全年大队和相关职能部门配合处置“草台班子”非法演出等突发事件3起。（王安娜）

【开展无烟日执法行动】 5月31日,抽调执法人员组成专项检查工作小组,对辖区内文化场所开展控烟检查执法行动。检查场所20家,对1家违规旅馆给予警告。（王安娜）

【清查印刷企业专项行动】 8月6～31日,区文化执法大队联合公安分局治安支队对区内印刷企业开展清查工作。执法人员对辖区内涉及世博产品代加工的印刷企业进行重点执法检查。清查行动中,出动执法人员448人次,清查印刷企业545家次。（王安娜）

【南桥电影院改造完成】 8月25日,区南桥电影院改造工程正式竣工面向市民开放。改造后的南桥电影院设有4个放映厅,全部采用高清数字放映、高保真音响,引进的3D数码放映等设备均为世界顶级产品。继续更新服务理念,做到软件建设与数字化硬件设施同步发展,集休闲娱乐、影片观赏和消费于一体,成为设备一流,服务周

到化、管理现代化的标准影院。 （肖丽英）

【开展“黑网吧”专项整治百日行动】 9月20日至12月31日，由区文管办组织牵头开展“黑网吧”专项整治百日行动，工商分局、公安分局、文化执法、电信、教育、文广及各镇、开发区等成员单位共同参与配合。整治期间，排摸“黑网吧”319家，取缔254家，收缴电脑1341台，赌博机8台，路由器13台。 （肖丽英 王安娜）

【海上国际影城开业】 11月19日，由上海电影集团和美国最大娱乐地产投资商EPR公司携手、以国际化标准在上海打造的第一家影城——南桥海上国际影城正式开业。影城设有5个豪华数字影厅，拥有的3D、数码放映及音响等设备，均为目前世界顶级水准。著名艺人周立波当天亲临影城为开业道贺。 （肖丽英）

图书与文博

【概况】 年内，区内图书馆业务稳步增长，图书馆总流通量157.8万人次，总书刊文献外借数114.9万册次，新购图书8.5万册。区图书馆通过一级图书馆考核验收，“言子讲坛”成为“贤文化”重要宣传阵地，邀请王蒙等文化名家来奉开讲，举行讲座18次，举办各类读书活动124场。农家书屋工作接受国家新闻出版总署督察，成绩名列全市前茅。全国第三次文物普查实地文物调查阶段顺利完成并通过验收，并基本摸清不可移动文物所处的历史、地理、自然、人文环境和保护现状，同时开展有关文物修复工作。完成第二批区级非物质文化遗产传承人申报评审和第二批市级传承人推荐工作，全区有国家级非物质文化遗产项目2个，市级11个，区级15个。完成区内国家级保护项目专题资料片拍摄工作，建立上海市非物质文化遗产专题网站——滚灯专栏，配合做好《上海市国家级非物质文化遗产名录》丛书的编辑、出版工作，多渠道、多方式加大保护和宣传力度，鼓励各镇做好非物质文化遗产保护传承工作。 （肖丽英）

【邵根才、宋雪澄藏品入选上海民政博物馆】 4月27日，市民政局所属上海民政博物馆（筹建中）负责人到邵根才住所，挑选1960年民政科复员退伍军人介绍信、潘垫大队粮食大包开合同、1978年上海郊县邮政编码示意图等16件物品。同时入选的还有宋雪澄捐赠的1956年、1957年救灾捐赠钱款、衣物收据。 （蔡新康）

【王蒙作客“言子讲坛”】 5月24日，著名作家、文化部原部长王蒙为奉贤市民作题为《老庄的治国理政思想》的报告会，800余名市民聆听报告。 （肖丽英）

【举行“科技让阅读更精彩”阅读体验活动】 7月16～18日，区图书馆底楼大厅举办名为“科技让阅读更精彩”的阅读体验活动。读者们通过电子阅读器的实物体展出和亲自操作，体验绿色阅读、低碳阅读和未来阅读的发展方向。 （肖丽英）

【举办暑期青少年读书节】 7～9月，举办“走进世博　同享书香”2010年奉贤区暑期青少年读书节。9月29日，闭幕式在奉贤图书馆举行。读书节活动持续3个月，开展比赛、讲座、展示、培训4大类32次活动。 （肖丽英）

【图书借阅实现“一卡通”】 年内，8个乡镇图书馆全部加入上海市中心图书馆“一卡通”联网系统，率先实现区县乡镇基层服务点“一卡通”全覆盖。读者办理“一卡通”读者证后，可凭证在全市175家“一卡通”通借通还的流通网点进行图书借还，最大化实现联网图书馆之间的图书资源共享。 （肖丽英）

【实地文物调查阶段通过验收】 3月15日，区第三次全国文物普查实地文物调查阶段通过评估验收。第三次全国文物普查工作于2007年4月正式启动，覆盖率及区域村、社区到达率均达100%。普查登记不可移动文物221处，其中复查95处，新发现126处，另有消失文物点41处。普查的所有不可移动文物及时形成纸质和电子文本，并汇总出版《奉贤区第三次全国文物普查集》。 （肖丽英）

【举办“文化遗产，在我身边”系列活动】 5月中旬至6月下旬，区博物馆结合国际博物馆日及文化遗产日，举办以“文化遗产，在我身边”为主题的系列活动。活动内容包括通过报纸、电视等媒体宣传区文化遗产的基本情况及第三次全国文物普查的成果；在全区举办奉贤文化遗产图片巡回展览，重点介绍境内市、区级文物保护单位，登

5月24日，文化部原部长王蒙到奉讲学 （方国政 摄）

记不可移动文物及文物普查成果；组织各校学生参观奉贤区博物馆展厅；邀请市文管会专家到奉举办文化遗产保护和利用专题讲座等。（肖丽英）

【光明社区北街牌坊得到修缮】 10月，对地面文物建筑光明社区北街牌坊进行维护。光明牌坊为四柱三间式石质牌坊，高6米宽8.3米，建造于光绪16年，为当时候补知府阮士彬之妻阮孙氏之坊。“文化大革命”期间牌坊被砌筑砖石，改成宣传牌。通过拆除原砌筑于牌坊上的构筑物，使牌坊得以恢复原貌。（肖丽英）

【土布进上海世博会公众参与馆交流】 10月23～26日，区非物质文化遗产庄行土布、齐贤皮影、奉贤滚灯和奉贤纸艺，进入上海世博会公众馆“秀·空间”舞台参与展示。（肖丽英）

2010年奉贤区图书馆业务情况表

馆名	藏书总量（册）	新增藏量（册）	外借		阅览		活动	
			人次	册次	人次	册次	次数	人次
奉贤区图书馆	567452	35437	678362	693914	551723	2029116	124	32464
南桥镇图书馆	40039	4980	28242	104756	41518	159502	27	9700
金汇镇图书馆	28540	2113	14957	48935	16977	30670	23	3180
奉城镇图书馆	58988	1964	32747	51623	30013	120052	27	6240
四团镇图书馆	20057	2902	18438	46224	17701	71232	14	6347
青村镇图书馆	29415	3264	20959	83836	8425	16850	20	24750
庄行镇图书馆	30835	4656	20899	28799	17966	71265	12	3420
柘林镇图书馆	22828	905	14870	54281	17854	70105	16	3028
海湾镇图书馆	19765	5861	14870	54281	17854	70105	20	6200

说明：2010年起，各乡镇图书馆藏书量和新增藏量均不包括社区图书馆数据。（肖丽英）

2010年奉贤区部分书刊出版情况表

序号	名称或内容	编（著）者	出版社
1	《邮电往事》	邵根才	上海人民出版社
2	《奉贤年鉴2010》	上海市奉贤区史志编纂委员会	学林出版社
3	《奉贤风光》	奉贤区人民政府地方志办公室	上海锦绣文章出版社
4	《话说上海·奉贤卷》	奉贤区人民政府地方志办公室	上海文化出版社
5	《奉贤人民代表大会志》	《奉贤人民代表大会志》编撰委员会	学林出版社
6	《奉贤县物价志（1995～2001）》	《奉贤县物价志》编撰委员会	学林出版社
7	《上海市工业综合开发区志》	《上海市工业综合开发区志》编撰委员会	学林出版社
8	《鲜花开在远方》	高明昌	延边大学出版社
9	《阅读 欣赏 借鉴 创作——初中生作文进步方法读本》	高明昌	延边大学出版社
10	《新中国外交辉煌60年文集》	马振岗（主编）	世界知识出版社
11	《追寻先贤的足音（奉贤卷）》	王宏刚　张安巡	上海百家出版社
12	《岁月拾录》	周正仁	学林出版社
13	南上海方言	沈吉明	上海文化出版社
14	金仲江书画	金仲江	上海人民出版社
15	缩　影	周兆熊	香港心源美术出版社

（档案局）

传　媒

【概况】 年内，奉贤电视台设置专题，加强舆论引导，开设“上下一条心　迎接大发展”专栏。推出“调结构、转方式、促发展”系列报道等。策划推出上海世博会特别报道，包括“世博情”、“市民观博”摄像摄影大赛、100集系列片《世博纪事》、“答世博知识　赢世博门票”有奖竞猜等栏目，收到良好的传播效应。对近10个与各委办局联办的电视专题栏目进行撤并，调整《税务之窗》《在党旗下》《医苑视角》等栏目，重点打造新闻类电视专题栏目《奉视新闻》和《滨海纪事》。外宣工作取得新突破，在上海电视台《新闻坊》栏目和《新闻报道》的用稿量实现区县台发稿前四名。9月中旬，区广播电视台加入中国新闻协作网，直接向中央电视台供片，至年末，向中央电视台新闻频道供稿27篇。《奉贤报》2010年发行量仍保持45000份。年内，《奉贤报》除了增加1～4版常规新闻报道量外，还每月刊出2期整版《图说》《画刊》，每月刊出1期《聚焦》。开办《创卫工作》专版16个，跟踪宣传报道全区在创建国家卫生区中的好经验和做法。开辟了"创建国家卫生区"、"迎世博，文明先行"、"文明世博，礼在奉贤"、"全力以赴办好世博"、"世博之窗"、"当好东道主，办好世博会"、"世博长镜头"、"精彩世博，欢乐你我"等专栏。及时、准确做好"上海奉贤"政府网站《奉贤新闻》信息采编、发布和数字报上网工作。（肖丽英　潘玉明）

【《奉视新闻》扩版增容】 1月25日起，奉贤电视台《奉视新闻》实现"365天，天天有新闻"，同时，栏目时间从18分钟扩版至半小时。《奉视新闻》做大做强主题性报道，同时坚持"贴近生活、贴近实际、贴近群众"，持续关注市民群众所思、所虑、所议，做深做透民生新闻。扩版增容后的《奉视新闻》各板块更加清晰，并推出《热线传递》《本周视点》《视点约见》《媒体点击》4个新栏目。奉贤电视台品牌栏目《一方水土》也由月播改为周播，并改名为《滨海纪事》。（肖丽英）

【奉贤人民广播电台959频率升级改版】 5月，奉贤人民广播电台阳光959频率升级改版，从清晨5：55到深夜22：05全天播音16个小时。整点播出全球资讯。（肖丽英）

【推出历史广播剧《言子与奉贤》】 6月13日，区委宣传部、区文广局、奉贤广播电视台举行奉贤首部10集历史广播剧《言子与奉贤》首发式，该剧在奉贤电台FM阳光959《城市脉动》节目播出。广播剧把一个广泛流传的地方民间传说经过艺术加工创作成丰富的有声语言，使言子的品牌文化价值得到具体体现和延伸。该剧从7月开始在上海市其他8个区县台巡回展播。（肖丽英）

【广播电视台视听网站开通】 8月，奉贤区广播电视台视听网站(www.ftv959.com)开通。网站依托奉贤广播、电视两个平台的信息资源，借助多通道电视新闻自动采集系统等软件技术，实现广播、电视节目的实时网上直播、视频点播和每天电视新闻的及时更新(周末除外)。（肖丽英）

【推出财经栏目】 8月23日起，推出财经栏目《新左道财门》，栏目由电视媒体财经节目著名主持人左安龙策划主持。节目汇集证券投资行业的专家，探讨股市发展趋势。该节目在每周一至周五晚间黄金时段20：00至20：30播出。（肖丽英）

【《奉贤报》扩版】 1月起，《奉贤报》由每周二期12个版面扩为每周二期16个版面。每期新闻版面4个，为时政、要闻、社会、镇区版。（潘玉明）

【开办奉贤手机报】 11月8日，《奉贤手机报》试开通。全区科级以上干部，全区各村、各居委会书记、主任，区人大代表、政协委员成为首批读者。《奉贤手机报》栏目设有，时政要闻、镇区动态、社会新闻、生活百事、消费娱乐等。（潘玉明）

2010年奉贤区广播电视作品获奖情况表

作品名称	获奖情况	授奖部门
《我是传奇》	上海市有线电视协会电视专题一等奖	上海市有线电视协会
《生活如蜜》	上海市有线电视协会电视专题二等奖	上海市有线电视协会
《盘活农村闲置房 开辟农民增收新渠道》	上海市有线电视协会电视新闻二等奖	上海市有线电视协会
《调结构保增长 奉贤关停22家化工企业》	上海市有线电视协会电视新闻三等奖	上海市有线电视协会
《土地经营权入股 庄行58农户变身合作社股东》	上海市有线电视协会电视新闻三等奖	上海市有线电视协会
《飞跃——奉贤医疗60年变迁》	广播专题二等奖	上海经济区协会
《润物细无声》	广播文艺三等奖	上海经济区协会
	上海市广电协会广播文艺区县奖二等奖	上海广播电视协会
	上海市广播电视奖广播文艺三等奖	上海广播电视协会
《春　雨》	上海市广电协会广播专题区县奖一等奖	上海广播电视协会
《水中养鱼虾水面种蔬菜 生态养殖收获多》	上海市广电协会区县奖三等奖	上海广播电视协会
《油菜花开》	第四届"中国农村小康故事"电视专题片优秀作品二等奖	中国电视艺术家协会
	上海市广电协会电视专题一等奖	上海广播电视协会

（肖丽英）

档　案

【概况】 2010年，全区档案系统全面完成档案“十一五”各项工作目标，认真调研、精心编制奉贤档案事业“十二五”规划，加强新馆建设和队伍建设，在档案资源整合、档案科研、档案基础业务建设和档案宣传等方面都有新突破。加强培训与指导，抓好上海世博会档案工作。开展档案法制宣传活动，全面落实档案“五五”普法工作任务，进行考核验收和评先表彰。认真开展行政执法检查，对21家一级立档单位及1项区重点工程项目和转制企业档案管理情况进行重点实地抽查，推动档案工作整体提高。区残联档案管理通过市二级先进考评，工商分局下属8个所的档案工作顺利升级达标。指导各镇、开发区下属170余家单位创建区先进和合格档案室，基本完成“十一五”农业农村档案工作升级达标任务。做好区重要档案的监管和验收工作，年内，工商分局办公大楼、东部污水二期工程、环城东路南延段（新林路—海思路）等重点工程项目档案通过验收。深化档案服务民生的作用，编发《奉贤区民生档案利用便民手册》。积极参与区“三下乡”活动，举行以“世博，档案全记录”为主题的档案馆日系列活动。不断拓宽征集渠道，征集到奉贤籍院士王家楫、袁见齐院士证书等珍贵档案。编辑出版《贤文化研究集锦》《巨变六十年——纪念奉贤解放60周年》画册，参与编写《古华乡贤》，汇编《2010媒体看奉贤》。依法接收区外经委、区委组织部等单位文书档案及杭州湾北岸保滩二期等重点工程项目档案、第三届中国中小企业节等重大活动档案3638卷（件）。加强基础业务建设。年内，开放馆藏1979年部分档案672卷，对馆藏1999～2008年2071卷（件）婚姻专题档案开展数字化工作，著录专题目录50487条，扫描169782页。强化库房安全保管，启动条形码管理新方法，做好民国档案抢救修复，为馆藏乡村医生和婚姻登记专题档案续做检索工具。至年底，馆藏总量为159317卷（件）。全年举办岗位业务知识培训班、继续教育培训班及世博档案、区重大工程项目档案专题培训班等，培训档案干部559人。做好庄行镇档案管理模式的应用推广和完成“中心村档案管理模式研究”课题调研及陶宅村档案馆建馆任务。规范送交与利用，全年接收政府公开信息1321件；接待社会各界利用档案资料2144人次，查（借）阅4892卷（册），查阅政府公开信息21人次63件次。年内，区档案局（馆）荣获2010年度上海市学习型机关创建工作先进单位、上海市档案管理与创新奖、区2007～2009年度先进集体等荣誉称号。

（王继红）

【做好世博会档案工作】 年内，通过成立世博档案志愿者队伍、区档案工作会议发表倡议、开展世博会档案工作专题培训、印发《做好本区世博档案工作的通知》及坚持上门指导服务等多种方式，积极指导做好全区世博会档案工作。经全面收集、规范整理，区世博领导小组“一办四部”形成迎博、办博档案2310件，其中文书档案2050件，实物45件，光盘25张，照片190张。各镇、开发区形成世博档案4315件。

（王继红）

【推广乡镇档案管理模式】 3月17日，庄行镇档案管理模式推广现场会在该镇文化活动中心召开。会上，区档案局和庄行镇分别介绍由两家单位联合承担的2007年上海市档案科研项目“社会主义新农村建设中的乡镇档案管理模式研究”课题的有关情况，以及对课题研究过程中及时将初步研究成果应用到市社会主义新农村建设试点镇庄行镇，建立“档案信息服务中心”这一档案管理新模式，较好地解决镇机关档案室长期以来在体制、机制上存在的诸多问题，试点所取得的成效、经验做法等进行推广介绍。会后各镇、开发区相继成立档案信息服务中心，新模式在全区得以推广。

（王继红）

【向社会开放馆藏第八批档案】 经区政府批准，自4月27日起，区档案馆向社会开放第八批档案。列入此次开放的档案，主要为馆藏中共奉贤县委、奉贤县人民政府及各县级机关、乡镇等52家单位形成于1979年的部分档案，共672卷。

（王继红）

【陶宅村档案馆成立】 12月17日，上海市第一家、全国第四家村级档案馆——陶宅村档案馆举行成立揭牌仪式，市课题验收组、区档案局（馆）及青村镇有关领导等参加成立仪式。陶宅村档案馆占地面积550平方米，有村史陈列室、行政事务档案室、一户一档室、阅览室等。馆内有村民社会保障、党群组织、生产技术等各类档案近2000卷（件），形成文书档案、科技档案、会计档案、照片档案等门类齐全的馆藏档案体系，见证了陶宅村近60年艰苦创业、改革开放的发展历程。

（张积阳）

（本栏目编辑　曹　杰）

卫生·体育

医疗与管理

【概况】 年内,全区有各类医疗卫生机构68所,其中公立医疗卫生机构35所:包括区级医院5所、社区卫生服务中心(分中心)24所、专科防治所1所、妇幼保健所1所、急救中心1所、疾病预防控制中心1所、卫生监督所1所、采供血机构1所;民营医疗机构5所、内设医疗机构21所、个体诊所7所。卫生事业单位在编职工3770人,其中具有高级职称者260人,具有中级职称者1523人。实际开放床位4443张,其中老年护理床位1850张。各医疗机构共完成诊疗376.08万人次,比上年增长9.79%;出院人数8.03万人次,比上年增长3.94%;区级医院手术1.77万人次,比上年增长9.89%;急诊抢救病人0.29万人次,抢救成功率93.37%。（钱菊花）

【加强重性精神病人治疗管理】 3月10日,区精神卫生工作领导小组办公室召开专题会议,区卫生局、公安分局、财政局、民政局、残联等相关部门领导参加。会议下发《上海世博会期间奉贤区重性精神病人治疗管理工作方案》,并分解工作责任。年内,开展重性精神病人排查和风险评估,对基层精神卫生康复机构(日间康复站)技术指导和服务,落实重性精神病人入院收治、接回机制和社区监护措施,开展精神卫生知识培训72场、2860人次接受培训,确保精神病人无肇事肇祸事件发生。（陆　昕）

【支援都江堰卫生建设】 3月15日,筹措资金采购麻醉呼吸机、心电监护仪、手术床、高频电刀等9类14件医疗设备和电脑,投影仪等11件办公设备,捐赠给都江堰柳街镇卫生院和沿江卫生院,总价值17万元。（张华芳）

【南方医科大学附属奉贤医院揭牌】 3月16日,举行南方医科大学附属奉贤医院揭牌仪式。区中心医院依托南方医科大学这一平台,将医学基础教育和医学实践紧密结合,不断完善附属奉贤医院教学体系,提高学科建设和人才培养速度,使医、教、研各方面工作实现跨跃式发展。6月12日,南方医科大学上海心血管病研究所也在区中心医院挂牌。（张华芳）

【区中心医院临床技能培训中心建成启用】 3月中旬,区中心医院临床技能培训中心正式建成启用。该中心投资170余万元,包括多媒体示教室、计算机模拟训练室、模拟ICU、模拟病房、各专业学科培训单元及控制室,并配置高级综合模拟人、医学模拟训练系统、心电除颤模拟器、自动分娩模型等最先进模拟教学设备,主要承担临床实践教学、住院医师规范化培训和技能考核等相关教学任务。（陆　昕）

【开展送医下乡惠民活动】 3月23～30日,参加区"宣传大篷车"巡回下乡活动,历时8天,组建为民医疗服务队,为群众提供包括中医内科、外科、骨科、眼科、口腔科等医疗咨询服务和健康知识宣传,为群众免费测血压、测血糖、验血型及眼底病检查等,出动医务人员150人次,服务群众3000余人,发放各种宣传资料1800余份。（陆　昕）

【区中心医院成立24小时服务受理中心】 3月,区中心医院成立服务受理中心,24小时为病人提供服务。服务内容主要包括:为病人提供问询、接送病人进行各类检查、为病人送检验标本、提供轮椅推车租借、免费提供手机充电等。（陆　昕）

【红十字南丁格尔志愿护理服务队奉贤分队成立】 4月7日,市红十字南丁格尔志愿护理服务队奉贤分队正式成立。从150余名护理志愿者中,挑选出20名具有丰富临床护理经验和管理经验的护理队员,不定期进社区、街道、敬老院等开展一系列护理服务项目。（陆　昕）

【完成世博血液保障任务】 年内,组建应急无偿献血志愿者队伍296人,RH阴性献血者队伍22人,对无偿献血志愿者进行培训。4月、8月，举行无偿献血应急实战演练，紧急采集血量10.4万毫升、RH阴性采集血量4800毫升。出色完成上海世博会血液保障工作，被评为上海世博会期间血液保障先进单位。全年无偿献血完成1.59万人份，完成率109.7%，自愿无偿献血率100%。（陆　昕）

【提高医疗质控力量】　4月，在原有12个质控组的基础上，新成立8个质控组，共有104位专家组成20个医疗质控组。根据市卫生局质控中心要求，统一质控标准。年内抽调专家约380人次，每季度进行一次质量检查，召开分管院长专题会讲评、下发书面整改通知书、复查整改情况，进一步提高医疗质量。（陆　昕）

【举办“健康迎世博”专场讲座】

6月，市卫生局、市健康教育所、新闻晚报健康周刊、东方网、区卫生局联合上海市健康讲堂举办“健康迎世博——控烟与健康”专场讲座，特邀沪上著名肺癌防治专家廖美琳、朱明德教授主讲肺癌防治与控烟等相关内容，健康教育专兼职人员和志愿者250余人听讲。

（陆　昕）

【严厉打击非法行医】　6月，制订《2010～2012年奉贤区打击非法行医专项整治行动方案》。年内出动执法人员1213人次（其中卫生系统690人次），开展联合执法行动106次，监督检查非法行医点402户，取缔非法行医点217户，立案处罚120起，罚款金额41.2万元，收缴非法行医药品394箱，医疗器械8458件，移送公安调查案件27起，依法判决25起。

（陆　昕）

【“临时医院”开进世博安保部队】

7月19～22日，组织内科、外科、骨科、眼科、皮肤科等40余名医护人员，4辆配有B超、心电图机、X光机等设备的医疗大巴，组成“临时医院”驶进世博安保各驻奉部队，为官兵们提供肝肾功能、血常规、心电图、B超、胸透、内、外科等10余项体检服务，为700余名官兵进行体检并建立健康档案。

（陆　昕）

【跨省协作联合开展打击非法行医整治活动】　7～8月，区卫生监督所与安徽省4个县级“两非办”（打击非法接生和非法性别鉴定办公室）联手建立“省市互通、区县互动”机制，由区计生委协调，各镇、开发区共同参与，针对区内非法行医者中从事性别鉴定、人工流产、接生等高危害性违法行为，开展监督检查6次，出动执法人员150余人次，取缔非法行医点9处、立案5起、收缴非法行医药品141千克、医疗器械294件，其中B超检查仪6台。（陆　昕）

3月16日，举行南方医科大学上海心血管病研究所挂牌仪式

（奉贤报社　供稿）

【开展“医疗质量万里行”活动】

8月，制定活动方案，9～12月组织了以医疗安全、麻醉药品精神药品管理、医疗废弃物管理等为主要内容的检查8次，并进行讲评、整改，医疗质量得到进一步提高。在市卫生局组织的“医疗质量万里行”督查中，区中心医院取得二级医院第三名的好成绩。（陆　昕）

【首批重点和特色专科建设启动】

9月，通过自主申报、市级专家评审、张榜公示等程序，选拔和确定首批10个医学重点学科和10个医学特色专科，建设周期3年，专业覆盖骨科、普外科、心血管内科、妇产科、危重症医学、内分泌科、眼科、老年科、不孕症专科、皮肤科、中医科等领域，形成布局科学、技术先进、各具优势、各显特色、人才梯队合理的学科发展体系。（陆　昕）

【创建市级社区中医药服务达标单位】　9月14日，奉城镇、四团镇、南桥镇社区卫生服务中心分别被市卫生局命名为上海市社区中医药服务达标单位。至此，全区有7家单位创建为上海市社区中医药服务达标单位。达标单位发挥中医药特色和优势，为社区群众提供预防、医疗、养生保健、康复理疗、健康教育、计划生育咨询及技术指导等中医药服务。（陆　昕）

【举办新职工岗前培训班】　10月19日，举办新职工岗前培训班，30家医疗卫生单位130余名博士、硕士、本科等卫生类毕业生参加。培训内容主要有岗位成才之路、医疗纠纷防范、政风行风建设和医德医风教育等。培训结束后，新职工进行上岗宣誓仪式。（陆　昕）

【区中心医院创建全国无烟医院】

11月16日，中国控制吸烟协会、上海市健康教育所控烟办等领导专家一行10人，对区中心医院进行创建全国无烟医院评估验收。专家组对医院创建工作给予肯定。

此次评估验收成绩优异。（陆　昕）

【区中心医院顺利通过三级医院预评审】 12月23日，区中心医院接受上海市医院综合评价（评审）中心专家组的指导性预评审。评审专家组认为奉贤区中心医院的三级医院创建工作领导重视、氛围浓厚，推进有力、发展迅速，创建意识强、群众基础好；自评严格、真实可信；根据三级医院评审要求除准入标准尚存在差距外，必备标准和基本标准已基本达标，特别表扬了骨科在创伤骨科和脊椎手术方面的技术能力已达到三级甲等医院水平；同时专家组对科研能力和学科建设等方面存在的不足提出了中肯的意见和建议。（张华芳）

【奉城医院门急诊大楼落成】 12月28日，奉城医院举行门急诊大楼落成启用暨苏州大学教学医院揭牌仪式，副区长钱雨晴、交大九院、苏州大学医学部、区卫生局等有关领导出席。奉城医院成为苏大教学医院后，可为苏大医学生提供实习基地，苏大亦能为奉城医院提供更多储备人才。（陆　昕）

【加强医学科研管理】 年内，卫生科技发展基金招标征集申报课题65项，组织专家论证并从中筛选出57项，分别申报市卫生局、区科委、区卫生局课题，批准立项42项，其中市卫生局7项、区科委20项、区卫生局课题10项、区卫生局青年课题5项。组织验收课题16项，其中6项达到国内领先水平，3项填补区内空白。（陆　昕）

【规范医疗准入管理】 年内，向市卫生局申报第二类医疗技术准入7项：冠心病介入诊疗技术、起搏器介入诊疗技术、髋膝关节置换技术、白内障超声乳化技术、口腔种植诊疗技术、血液透析技术、心脏和大血管外科，全部获得批准，促进区内医疗技术进步。（陆　昕）

2010年奉贤区医疗机构基本情况表

机构名称	床位（张）	诊疗（人次）	入院（人次）	地址
奉贤区中心医院	845	1045882	41362	南桥镇南奉公路9588号
奉贤区奉城医院	590	294574	13801	奉城镇南奉公路9983号
奉贤区中医医院	250	391388	8590	南桥镇江海路338号
奉贤区古华医院	236	77116	1676	南桥镇南奉公路9220号
奉贤区精神卫生中心	362	17391	408	海湾旅游区奉炮公路87号
奉贤区妇幼保健所	–	13658	–	南桥镇华宛路6号
奉贤区牙病防治所	–	58205	–	南桥镇南奉公路9198号
南桥镇社区卫生服务中心	–	273087	–	南桥镇南中路260号
南桥镇社区卫生服务中心贝港分中心	–	42638	–	南桥镇环城西路373号
南桥镇社区卫生服务中心光明分中心	60	19861	333	南桥镇优化路108号
南桥镇社区卫生服务中心西渡分中心	60	156648	468	南桥镇西渡社区肖陈路1号
奉城镇社区卫生服务中心	125	74198	841	奉城镇洪庙社区洪运路11号
奉城镇社区卫生服务中心头桥分中心	160	86370	914	奉城镇头桥社区东街12号
奉城镇社区卫生服务中心塘外分中心	–	285867	–	奉城镇塘外社区奉柘公路941号
庄行镇社区卫生服务中心	150	60797	835	庄行镇南亭公路3073号
庄行镇社区卫生服务中心邬桥分中心	85	66865	836	庄行镇邬桥社区汇中路112号
柘林镇社区卫生服务中心	5	44647	124	柘林镇钦林北路70号
柘林镇社区卫生服务中心新寺分中心	160	24764	520	柘林镇新寺社区沪杭公路2491号
柘林镇社区卫生服务中心胡桥分中心	80	43979	408	柘林镇胡桥社区文化路39号
青村镇社区卫生服务中心	160	89587	998	青村镇镇南路132号
青村镇社区卫生服务中心钱桥分中心	50	52149	382	青村镇钱桥社区长丰路45号
四团镇社区卫生服务中心	30	69521	1178	四团镇天鹏路48号
四团镇社区卫生服务中心平安分中心	50	91323	1100	四团镇平安社区四平公路1471号

续　表

机　构　名　称	床位(张)	诊　疗 (人次)	入　院 (人次)	地　　址
四团镇社区卫生服务中心邵厂分中心	60	3940	158	四团镇邵厂社区青年路3号
金汇镇社区卫生服务中心	410	58121	991	金汇镇金钱公路755号
金汇镇社区卫生服务中心泰日分中心	210	73571	582	金汇镇泰日社区泰青路356号
金汇镇社区卫生服务中心齐贤分中心	30	78337	651	金汇镇齐贤社区金钱公路1926
海湾镇社区卫生服务中心	95	44689	297	海湾镇农工商大道108号
海湾镇社区卫生服务中心奉新分中心	5	17609	19	海湾镇奉炮公路87号
海湾镇社区卫生服务中心五四分中心	55	25720	468	海湾镇五四公路1500号
海湾镇社区卫生服务中心燎原分中心	120	9708	502	海湾镇燎钦公路1395号

（钱菊花）

疾病预防控制

【概况】 年内，全区未报告甲类传染病，本地居民报告乙类传染病11种860例，比上年下降11.64%，发病率164.40/10万人；外来人员报告乙类传染病9种491例，比上年下降8.05%，发病率217.89/10万人。孕产妇死亡率34.90/10万人，婴儿死亡率1.75‰。人均期望寿命81.74岁，其中男性78.91岁，女性84.47岁。（钱菊花）

【落实上海市农村孕产妇住院补助项目】 1月8～9日，区妇幼保健所为2009年分娩的农村孕产妇送上每人800元住院分娩补贴。按照《上海市农村孕产妇住院补助项目实施方案（试行）》要求，从2009年起，凡具有上海市农村户籍、在定点医疗卫生机构住院分娩、符合国家有关政策的孕产妇，可享受住院分娩财政补贴。财政补贴按照住院分娩人均800元标准，由区财政安排专项资金执行。（陆　昕）

【宣传《上海市公共场所控制吸烟条例》】 2月24日，卫生局组织疾病预防控制中心和卫生监督所等相关单位，在区中心医院门诊大厅开展“健康世博，控烟先行”为主题的《上海市公共场所控制吸烟条例》宣传周活动，现场展示控烟版面14块，张贴宣传海报，发放宣传物品，提供控烟和健康知识咨询，引导市民远离烟草，为3月1日《上海市公共场所控制吸烟条例》正式实施营造氛围。（陆　昕）

【开展冬春季呼吸道传染病防治知识宣传】 2月11～28日，区疾控中心与各社区卫生服务中心以“科学防治甲流，共迎健康世博”为主题，通过摆摊设点，制作宣传板报，深入学校、工厂、老年护理院等重点场所，发放自制宣传抽纸、海报、折页等宣传品8500余份，宣传流行性感冒（甲型H1N1流感）冬春季呼吸道传染病防治知识等。（陆　昕）

【开展“世界防治结核病日”宣传】 3月24日，区疾控中心开展“世界防治结核病日”系列活动，与区内其他医疗单位联合设点开展宣传咨询，制作宣传折页3000份，问卷调查300份，购物袋200份、主题雨披100份，展出宣传版面10块，咨询人数600余人。与镇政府、区爱卫办、区教育局、区外管办等部门合作开展社区、学校、医院和外来流动人口结核病防治知识宣传教育。在区电视台播放结核病防治公益广告和专题片，在不同目标群体中开展专题讲座和播放专题片，在各医疗机构电子屏幕上滚动播出宣传主题，发放《结核病防治十项知晓信息》等宣传资料，各社区分别在中心地段、老年活动室、流动人口集聚地、居委及学校张贴宣传画，发放宣传资料和设点宣传结核病防治知识，加大免费筛查和药物补助政策宣传。（陆　昕）

【检查“四小行业”137家】 3月，区卫生监督所抽调人员组建5个创卫专项小组，对奉浦一条街、汽车站附近等重点路线、重点区域内“四小行业”（美容美发、歌舞厅、旅店、浴室）137家单位进行新一轮监督检查，以创卫标准为依据，规范“四小行业”卫生管理。（陆　昕）

【举办企业职业卫生知识培训班】 4月28日，区卫生监督所举办企业职业卫生知识培训班，辖区内38家重点企业负责人、职业卫生管理人员参加。内容主要有通报奉贤区职业病防治工作现状和存在问题，讲解尘肺病防治、职业健康监护等，并对职业健康体检工作提出具体要求。（陆　昕）

【开展职业病防治宣传】 4月29日，区卫生监督所联合区安监局、南桥镇社区卫生服务中心等单位，在南桥汽车站举办主题为“防治职业病，造福劳动者——劳动者享有基本职业卫生服务”的《中华人民共和国职业病防治法》大型宣传咨询活动。接受咨询80余人次，发放宣传折页750份，引导和帮助劳动者提高自我保护意识。（陆　昕）

【开展生活饮用水监督抽检】 6月1～13日，区卫生监督所对辖区内5户三星以上宾馆二次供水单位,67户现制现售水经营单位进行监督检查和水质采样抽检工作。采集各类样品144件,检测370项次,其中不合格样品11件,不合格项次11项次,对水质检测不合格的3家单位责令限期改正,立案拟作行政处罚,并进行跟踪采样和复查,保障世博期间饮水安全。

(陆　昕)

【开展游泳场所卫生监督检查】 7月,区卫生监督所对辖区内9家对外开放室内游泳场所,进行卫生监督检查和水质抽检。检查内容包括卫生许可、卫生管理制度、从业人员健康管理、卫生设施、消毒措施落实情况等,并进行初步量化分级评分,对违反健康管理的2家单位进行立案处罚,对5家水质抽检不合格的单位发出卫生监督意见书并责令其限期整改。 (陆　昕)

【开展麻疹强化免疫】 9~10月,响应国家关于2012年消除麻疹目标承诺,启动麻疹消除工作,设立临时接种点154个,配备标准急救药品、冷链设备等,251名预防接种人员统一培训执证上岗。累计接种疫苗10.9万人,报告一般反应214例,其他异常反应4例。

(陆　昕)

【孕产妇保健管理意见实施】 12月30日,由区卫生局主办、区妇幼所保健承办的“奉贤区孕产妇系统保健全覆盖管理”项目首场区级培训在区妇幼所举行,各镇(开发区)孕产妇保健管理工作小组有关人员参加培训,这标志着《奉贤区进一步加强孕产妇保健管理工作的意见》正式启动实施。 (陆　昕)

2010年奉贤区户籍人口主要死因顺位情况表

顺　位	死　　因	死亡率(1/10万人)	占总死亡%	顺　位	死　　因	死亡率(1/10万人)	占总死亡%
1	肿　瘤	239.67	32.90	6	消化系统疾病	16.14	2.22
2	循环系统疾病	203.35	27.92	7	传染病和寄生虫病	9.23	1.27
3	呼吸系统疾病	93.98	12.90	8	泌尿生殖系统疾病	8.46	1.16
4	损伤和中毒	51.12	7.02	9	神经系统疾病	5.77	0.79
5	内分泌营养代谢病	19.60	2.69	10	精神障碍	3.84	0.53

(钱菊花)

社区卫生

【概况】 年内,继续深化社区卫生服务综合改革,完善服务模式和管理机制,加强资源纵向整合,完善双向转诊和回访工作,加强团队服务工作,巩固“六位一体”(预防、医疗、保健、健康教育、康复、计划生育技术指导)服务功能,落实惠民措施,减轻群众医疗费用负担,切实为社区群众提供“便民、利民、惠民”卫生综合服务。完成新型农村合作医疗实时报销村卫生室全覆盖和庄行、青村、平安3家社区卫生服务中心(分中心)建设试点工作,切实为参保农民提供便捷服务。 (陆　昕)

【为百岁老人提供“五个一”服务】 1月,区21所社区卫生服务中心(分中心)组织开展“送健康、送温暖”爱心活动,上门为40余位百岁老人提供“五个一”服务;免费提供一次健康体检和健康咨询,建立一份动态健康档案,送上一张健康卫生服务联系卡,指定一名全科医生结对提供连续性健康服务,送上一份健康宣传台历。 (陆　昕)

【开展爱国卫生月活动】 3月16日,区爱国卫生月活动启动仪式在柘林镇胡桥村举行,200余名爱国卫生义务监督员代表参加。共开展四项活动:一是爱国卫生大宣传。围绕“清洁奉贤、推进创卫、促进健康、保障世博”主题,深入开展爱国卫生宣传;二是环境卫生大整治。发动干部、群众开展好环境清洁日活动、周四义务劳动和周六党

3月21日为世界睡眠日,奉贤区中心医院为社区居民义诊

(奉贤报社　供稿)

团员回社区劳动；三是有害生物防制设施大落实。全面设置捕蝇笼、毒鼠盒、防鼠网等设施，在景观水体投放柳条鱼。四是爱国卫生大巡查。依托爱国卫生义务监督员队伍，开展全方位多角度督查，力争无卫生死角，无病媒生物防治设施盲点。（陆　昕）

【“橙帽子”服务队被列为市品牌项目】 5月，西渡社区卫生服务分中心“橙帽子”服务队被列为上海市卫生系统108项世博服务品牌项目之一。“橙帽子”服务队是该中心组建的11支社区卫生服务团队，每支团队由全科医师、全科护士、预防保健人员3人～5人组成，负责2个～3个村、居委，以社区居民需求为导向，进行网格式全覆盖医疗卫生服务。（陆　昕）

【创建国家卫生区工作接受全国爱卫办技术评估】 4月20～23日，区创建国家卫生区工作接受全国爱卫办的技术评估。技术评估领导和专家采取集中考核与分组考核相结合的方式。评估组分成综合组、爱国卫生组织管理组、健康教育组、市容环境组、环保组、食品公共场所卫生组、传染病防治组、病媒生物防制组等8组，分别对奉贤环境卫生、健康教育、市容管理、环卫设施、饮水卫生、传染病防治管理、计划免疫、病媒生物防治等工作进行专业考核。（陆　昕）

【开展夏季灭蚊蝇突击活动】 6月10～30日，区爱卫办组织开展夏季灭蚊蝇突击活动。各镇、开发区进行环境卫生整治，清除蚊蝇孳生地，统一进行蚊蝇突击消杀。通过病媒防治专业机构、社区和单位及其他职能部门共同参与，病媒生物密度控制在国家标准内，不断巩固创卫成果，保障世博会顺利举办。（陆　昕）

【新农合信息化建设通过市级验收】 12月29日，由市卫生局带领的市实事项目验收组领导及专家，对区纳入2010年市政府实事项目的130所村卫生室和3家社区卫生服务中心新型农村合作医疗（简称新农合）实时报销项目进行考核验收。通过听取汇报和实地考察，对新农合信息化建设工作给予肯定。至年末，完成新农合实时报销村卫生室全覆盖和庄行、青村、平安等3家社区卫生服务中心（分中心）建设试点工作，为参保农民提供便捷服务。（陆　昕）

【开展社区卫生团队惠民服务】 年内，各社区卫生团队为农村60岁以上参加农村合作医疗农民和低保家庭高血压患者免费体检3.5万人，出院病人回访6000余人次，举办社区健康讲座856次，提供中医适宜技术服务4.7万人次。累计建立健康档案25.2万人（电子健康档案2万人），印发健康教育宣传资料91万份，接受健康教育咨询28万人次。（陆　昕）

【区域内卫生资源纵向整合】 年内，区中心医院、奉城医院和中医医院安排54名医疗专家，定期到对口社区卫生服务中心（分中心）担任“首席医师”，开展带教、查房和健康咨询等工作，为社区群众提供健康服务3万余人次。各社区卫生服务中心（分中心）共安排51名业务骨干进修学习。3个资源纵向整合联合体分别组建医疗质量控制小组，由二级医疗专家指导社区医疗卫生机构学习医疗质量管理标准，开展专项检查和专题评析活动。（陆　昕）

【减免医疗费用1781万余元】 年内，继续实施门急诊诊查费减免、药品零差率等惠民政策，各项医疗服务惠民政策减免1781万余元。其中，社区卫生服务机构门诊诊查费减免132万余人次，减免经费924万元；村卫生室诊查费减免111万人次，减免经费222万元；社区卫生服务机构零差率药品减免经费488万元，村卫生室零差率药品减免经费147万元。（陆　昕）

【农村合作医疗投保获补偿9981.66万元】 年内，应参加农村合作医疗农民13.36万人，实际参保农民13.3万人，参保率99.6%。1.11万名镇保人员参加合作医疗门急诊保障制度。全年有174.44万人次的参保人员得到补偿，补偿医疗费用9981.66万元，比上年增长24.43%。（陆　昕）

体　育

【概况】 年内，区体育工作以增强市民体质为目标，全面推动群众体育活动开展；以迎战市运会为重点，努力提高训练水平；以世博盛会为契机，稳步推进体育产业发展，实现全区体育各项事业新突破，有效推进体育社会化进程。围绕“全民健身与世博同行”这一主题，积极开展全民健身系列活动，组织各类全民健身活动和赛事500余次，30万余人次参与。参加国家、市组织各类比赛32次，参赛人数2300余人次，38人次在全国以上比赛中获奖，获得57金65银64铜。社会力量办训跆拳道项目，在市青少年跆拳道锦标赛上获得1金1银5铜，实现区跆拳道项目在市级大赛上金牌零的突破。在全国中学生射击锦标赛上，取得初中组男子10米气手枪团体冠军、男子10米气步枪团体第三名等7个名次，总分在全国参赛队中排名第二。在青少年全国射击射箭锦标赛上，田雨雷获得青年男子飞碟双向冠军，平青年男子双向全国纪录，并与队友合作获得该项目团体冠军；陈涛与队友合作，收获男子飞碟双多向团体冠军；张丹丹与队友获得女子飞碟多向团体第二名。在第四十七届德国射击世锦赛上，张丹丹获得女子飞碟多向团体第一名、个人第六名。年内，输送2人进入国家队（射击1人，自行车1人），15人达国家一级运动员标准，29人达国家二级运动员标准，18人进二线运动队。（孙　红）

【参赛市运会获佳绩】 年内，在上海市第十四届运动会上，区青少年组参加射击、射箭、田径、自行车、乒乓球、羽毛球、网球、手球、游泳、跆拳道等10个项目的比赛，参赛运动员、教练员297人。大众组参

国家体育总局副局长崔大林(中)视察体育设施　(孙　红　摄)

加风筝、门球、武术(木兰拳)、桥牌、秧歌、排舞、信鸽、钓鱼、中国象棋、国际象棋、游泳、田径、足球、篮球、乒乓球、羽毛球、台球、八十分、拔河等19个项目的比赛，参赛运动员427人。总共取得25.25金、26.125银、24.5铜的好成绩，代表团以总分932分的成绩获得历史性突破。青少年组金牌从上届10块上升至20.25块，8项奖牌排名居全市第十二位，摘得“进步最快奖”桂冠。自选手枪慢射30发获团体冠军，并平上海市运动会纪录，徐展翼以381环破男子气手枪40发上海市运动会纪录。大众组获得5金4银4铜好成绩，9个项目分获单项赛和团体赛前八名，获奖项目数占总参赛项目数的80%以上。风筝作为区群众体育一区一品特色项目，在市运会上取得“三金”优异成绩。　(孙　红)

【承办2项市运会赛事】　年内，区成功承办“漕河泾开发区杯”上海市第十四届运动会“水星家纺杯”射箭比赛和上海市第十四届运动会风筝比赛暨2010年中国上海国际大众体育节中国上海国际友人风筝会两项赛事。两项赛事均被市组委会授予优秀竞赛组织奖。　(孙　红)

【体育彩票销售突破4000万元】　全年体育彩票销售突破4000万元，比上年增长14.85%，其中电脑体育彩票销售2500万元。年内，重点强调即开型体育彩票销售，销售额1500余万元，比上年增长50%。　(孙　红)

【开展全民健身与世博同行主题活动】　年内，深入推进“政府主导、部门推进、社会参与、多方合作”全民健身运行机制，切实抓好“品牌赛事”的开展、“品牌项目”的推广。深入社区、农村开展丰富多彩、方便参与的全民健身活动，形成“社区体育、农村体育、职工体育”竞相发展、共同繁荣的良好局面。加强区内6大品牌赛事的组织规模及宣传力度，做到品牌赛事贯穿全年、品牌效应辐射全区。认真开展好全民健身月、全民健身节等各类主题活动，举办“迎新春”系列健身、“三下乡”集中示范、“庆三八”千人健身游园、全民健身启动仪式系列活动、全国全民健身日展示活动等。做好国庆长假期间公共体育场馆、社区公共运动场向市民开放活动。成功举办金秋奉贤区全民健身节系列赛事活动等，营造“人人运动”的良好氛围。　(孙　红)

【完成第三次国民体质监测任务】　年内，积极探索市民体质监测工作由单纯“监测”向“服务”转变，制定区第三次国民体质监测工作方案。顺利完成2010年国民体质监测人员测试和数据的整理录入工作。针对3周岁~6周岁幼儿、20周岁~59周岁成年人、60周岁~69周岁老年人三类人群，共采集合格样本量2400人份，其中1600人份属国家级监测片。　(孙　红)

【加大游泳场所开放管理力度】　年内，认真落实巡查制度，定期召开各级联席会议，出动检查人员40人次，检查场所80场次，不定期召开游泳场所开放工作例会。完成2010年奉贤区救生员年审工作和健康查验员培训。9家游泳场所实行开放，开放场次2000场，接待人数20万人次。举办暑期学游泳

11月6~7日，上海国际友人风筝会在奉贤举行(奉贤报社　供稿)

培训班 4334 班次，学游泳人数 3099 人，其中小学生 2408 人、初中生 691 人，合格率 96.9%。游泳场馆开放期间，未发生一起重大溺水事故。区体育局获得上海市游泳场所夏季开放服务工作评估优秀单位、区内碧海金沙水上乐园救生组被评为优秀救生组，区体育中心吴双喜被评为市优秀救生员。

（孙　红）

【推进社会体育指导员队伍建设】 年内，积极开展健身项目辅导员、体育设施维修管理人员、救生人员等各类培训，全面提高社会体育指导员队伍的技能水平和指导水平。11 月，组织社会体育指导员培训及科学健身讲座。新培训三级社会体育指导员 60 人，再培训社会体育指导员 72 人，指导员总人数增至 1107 人。在十四届市运会期间，对优秀社会体育指导员进行表彰奖励。顾木君和唐叶被评为市优秀社会体育指导员。

（孙　红）

【规范学校体育场地开放工作】 年内，严格按照《奉贤区学校体育场地向社区开放实施意见（试行）》文件精神，加强规范管理，开展开放评估检查，推进学校体育场地向社区开放工作。54 所中小学，开放学校 46 所（挂牌的 44 所，2 所学校属新增），其中 1 所为中专，开放率 85%，开放场地以篮球场、田径场、足球场为主。区教育局、金汇镇社事中心和区教师进修学院附属实验中学荣获市学校体育场馆开放先进单位，何纪明、黄小华和张立清 3 人被评为上海市学校场馆开放先进个人。

（孙　红）

【加快体育设施建设步伐】 年内，继续加快体育设施建设步伐，完善区、镇、村三级体育健身场地设施网络，方便群众就近健身，提高体育服务能力。新建南桥镇西渡社区和益民村公共运动场 2 个。累计建成健身苑点 483 个、社区公共运动场 19 个、农民体育健身工程 192 个，体育场地面积 119 万平方米，人均体育场地面积 2.3 平方米。（孙　红）

【体育健身团队实现镇村全覆盖】 年内，相继成立柘林镇、四团镇 2 个社区体育协会和奉贤区乒乓球协会，共有体育协会 18 个，健身团队 522 个，各镇（开发区）社区居委建立 2 支以上健身团队，每个村委会建立 1 支以上健身团队，实现健身团队镇村全覆盖。

（孙　红）

【有效推进社区体育设施长效管理】 年初，区政府下发《关于加强奉贤区社区体育设施建设与管理的实施意见》，为社区体育设施长效管理工作有效推进提供制度保障。3 月，在区体育中心成立社区体育设施管理办公室，负责体育设施的督查和管理工作。利用公益性岗位设立体育设施专职维修人员，推动社区体育设施维修队伍专业化建设的步伐。组织维修人员定期对体育健身苑点、农民体育健身工程、社区公共运动场内安装的体育健身器材进行地毯式检查、维修，建立体育设施动态档案，确保体育设施完好率达到 96% 以上。年底，完成对各镇、开发区体育健身设施开放管理工作的评估，推进社区体育设施长效管理，切实做好开放管理、维护、更新工作，确保安全有序开放。区体育局获上海市社区公共体育设施评估检查优秀单位。（孙　红）

10 月 22～24 日，上海市第十四届运动会射箭比赛在奉贤举行

（奉贤报社　供稿）

【完成运动员注册和体育特长生招生工作】 年内，对市运会参赛运动员进行统一筛选，完成 10 个项目、367 名运动员注册工作，比上年注册人数增加 17%，约占全区中学生 1.05%。普通高中录取体育特长生 16 人，其中田径 3 人、射击 4 人、射箭 1 人、篮球 4 人、手球 4 人；初中阶段招收体育特长生 24 人，分布在田径、射击、射箭、网球、国际象棋等项目。（孙　红）

【以赛促训提高运动员竞技水平】 年内，加大各类赛事的组织管理，分别邀请卢湾网球队和市区兄弟单位网球运动员进行训练赛和交流赛。组织少体校与联办单位卢湾少体校开展田径对抗赛。成功举办奉贤区第二届青少年跆拳道比赛暨参加市第十四届运动会选拔赛、区中小幼游泳比赛、区中小学生乒乓球比赛、区中小学生篮球比赛等活动，有效促进区运动员专项运动水平提高。（孙　红）

【推进体育专业人才队伍建设】 年内，加大教练员、裁判员培训力度，组织 9 批次 120 余人次的教练员、裁判员参加国家、市级的各类专业培训和继续教育，其中 2 人获一级裁判员证书，2 人参加市运会青少年组乒乓球执裁，1 人参加广

州亚运会执裁。通过培训,提高带训教练员执教能力和裁判员执裁水平,推动教练员科学施教、科学训练步伐。（孙　红）

2010 年奉贤区新建社区公共运动场情况表

镇(开发区)	运动场名称	地　　址	建　设　内　容
南桥镇	益民村社区公共运动场	益民村村委会院内	篮球场 2 块、人造草笼式足球场 1 块、门球场 1 块、羽毛球场 2 块、百姓健身大舞台 1 块
	西渡社区公共运动场	环城东路延伸段、扶港路西侧、西闸公路南侧	塑胶灯光篮球场 2 块、塑胶灯光网球场 1 块、人造草门球场 1 块、健身广场 1 块

（孙　红）

2010 年奉贤区新建农民体育健身工程情况表

镇(开发区)	点　　位	项　　目
奉城镇	灯民村	篮球场 乒乓室 健身点
	褚聚村	
	卫季村	
	一致村	
	北门村	
	护海村	
	胜利村	
	盐行村	
	墩外村	
	花厅村	
	和平村	
	冯家村	
	戴家村	
	水墩村	
	北宋村	
	三角洋村	
	白衣聚村	
	大门村	
	洪南村	
	八字村	
	二桥村	
	红旗村	
	城东村	
	幸福村	
	南街村	
	分水墩村	

镇(开发区)	点　　位	项　　目
四团镇	镇东村	篮球场 乒乓室 健身点
庄行镇	马路村	篮球场 乒乓室 健身点
	新村村	
	张塘村	
柘林镇	华亭村	篮球场 乒乓室 健身点
工业综合开发区	灵芝村	篮球场 乒乓室 健身点
临海社区	黄沙村	篮球场 乒乓室 健身点
	冯桥村	
海港开发区	红卫村	篮球场 乒乓室 健身点

（孙　红）

2010 年奉贤籍运动员参加全国及以上比赛主要成绩情况表

姓　名	性别	比赛名称	时　间	地　点	具体项目(小项)	比赛名次
高明慧	女	全国室内射箭锦标赛	2010.5.14～19	青海余巴	射　箭	团体第六
高明慧	女	全国青少年射箭锦标赛	2010.9.14	四川宜宾	射　箭	团体决赛第二
陈　琦	男	全国室内射箭锦标赛	2010.5.14～19	青海余巴	射　箭	团体第四
陈　琦	男	全国室内射箭锦标赛	2010.5.14～19	青海余巴	射　箭	个人淘汰第四
郁妙军	男	全国室内射箭锦标赛	2010.5.14～19	青海余巴	射　箭	团体第四
陈　琦	男	全国青少年射箭锦标赛	2010.9.14	四川宜宾	射　箭	团体决赛第三
郁妙军	男	全国青少年射箭锦标赛	2010.9.14	四川宜宾	射　箭	团体决赛第三

续 表

姓 名	性别	比赛名称	时 间	地 点	具体项目(小项)	比赛名次
何晓青	男	全国青少年射箭锦标赛	2010.9.14	四川宜宾	射 箭	团体决赛第八
陈 涛	男	全国飞碟射击锦标赛	2010.7.8	北 京	飞碟双多向	团体第一
李 君	男	全国飞碟总决赛	2010.9.23	郑 州	飞碟双多向	个人第二
李 君	男	全国射击冠军赛	2010.6.4	南 京	飞碟双多向	个人第八名
张丹丹	女	第四十七届德国射击世锦赛	2010.6(青年组)	上 海	飞碟多向	团体第一
张丹丹	女	第四十七届德国射击世锦赛	2010.6(青年组)	上 海	飞碟多向	个人第六
田雨雷	男	青少年全国射击锦标赛	2010.7.8	北 京	飞碟双向	团体第一
田雨雷	男	青少年全国射击锦标赛	2010.7.8	北 京	飞碟双向	个人第一
朱云飞	男	全国室外射箭锦标赛			射箭淘汰赛	团体第二
柴梦佳	女	全国室外射箭锦标赛			射箭淘汰赛	个人第三
柴梦佳	女	全国室外射箭锦标赛			射 箭	团体第二
柴梦佳	女	全国青少年射箭锦标赛	2010.9.14	四川宜宾	射箭双轮 50 米	个人第二
柴梦佳	女	全国青少年射箭锦标赛	2010.9.14	四川宜宾	射箭双轮全能	个人第三
柴梦佳	女	全国青少年射箭锦标赛	2010.9.14	四川宜宾	射箭决赛	个人第四
柴梦佳	女	全国青少年射箭锦标赛	2010.9.14	四川宜宾	射箭双轮 30 米	个人第五
柴梦佳	女	全国青少年射箭锦标赛	2010.9.14	四川宜宾	射箭双轮 60 米	个人第五
徐玉蕾	女	场地自行车世界杯比赛	2010.1	北京老山	自行车竞速赛	第四名
徐玉蕾	女	全国场地自行车锦标赛	2010.8	山东济南	自行车争先赛	第四名
徐玉蕾	女	全国场地自行车锦标赛	2010.8	山东济南	自行车竞速赛	第四名
徐玉蕾	女	全国场地自行车锦标赛	2010.8	山东济南	自行车凯林赛	第四名
唐 晨	男	全国田径锦标赛	2010.8	山东济南	短跑 4×400 米接力	第八名
唐 晨	男	全国田径冠军赛	2010.6.26	四川重庆	田径 200 米	第七名
庄 怡	女	全国体育运动学校暨中学生田径运动会	2010.8 月	牡丹江	田径三级跳远	第二名
庄 怡	女	全国体育运动学校暨中学生田径运动会	2010.8 月	牡丹江	田径跳远	第四名
庄 怡	女	全国少年田径锦标赛	2010.7	江苏淮安	田径撑杆跳高	第六名
瞿文清	女	全国体育运动学校暨中学生田径运动会	2010.8 月	牡丹江	田径五项全能	第四名
廖丹婷	女	全国体育运动学校暨中学生田径运动会	2010.8 月	牡丹江	田径铅球	第三名
廖丹婷	女	全国体育运动学校暨中学生田径运动会	2010.8 月	牡丹江	田径铁饼	第二名
张 军	男	全国体育运动学校暨中学生田径运动会	2010.8 月	牡丹江	田径 800 米	第六名
钱艾雯	女	全国体育运动学校暨中学生田径运动会	2010.8 月	牡丹江	田径五项全能	第四名
张 军	男	全国体育运动学校暨中学生田径运动会	2010.8 月	牡丹江	田径 4×400 米接力	第四名

（孙 红）

（本栏目编辑 曹 杰）

社 会 生 活

人口与计划生育

【概况】 2010年，根据第六次全国人口普查资料，区常住人口108.42万人，其中户籍人口52.18万人。常住人口出生9808人，人口出生率10.86‰，自然增长率6.66‰；户籍人口出生3106人，人口出生率5.97‰，死亡3790人，死亡率7.28‰，自然增长率-1.31‰，计划生育率99.39%；流动人口出生6702人，计划生育率91.38%。常住人口性别比113，其中户籍人口性别比100，流动人口性别比120。户籍人口人均期望寿命81.74岁。

（唐筠芸）

【开展计划生育"普惠+特惠"试点】 2月起，以奉城镇为试点，以关注低保边缘计划生育家庭为重点，通过"普惠+特惠，关怀暖民心"项目的开展，将计划生育利益导向融入大民政保障体系，推动在社会保险、社会救助、社会福利等社会保障中体现对计划生育家庭的优先优待。11月23日，在奉城镇召开区计划生育"普惠+特惠"试点工作推进会。向5名计划生育后遗症代表发放每人3600元的市民综合帮扶金；向10名计划生育困难家庭代表发放每户2000元的慈善医疗救助金；向5户计划生育特困家庭代表发放每户1万元~3万元不等的市民综合个案帮扶金。至年底，试点共惠及家庭26户，发放救助金13.96万元。

（唐筠芸）

【市计生协会到奉调研幸福工程项目】 4月21日，市计生协会副会长沈龙英一行对四团镇幸福工程项目点续建工作作重点调研和实地考察。7月7日，市人口计生委副主任、计生协会常务副会长孙常敏一行到庄行镇上海祉源杜瓜种植专业合作社考察杜瓜种植项目点工作。7月30日，幸福工程庄行镇祉源杜瓜种植项目点签约仪式在庄行镇举行。2010年新建项目点2个，全区共建设幸福工程项目点6个，其中结项4个，在建2个。

（唐筠芸）

【举行"生育关怀与世博同行"活动】 5月24日，举行"生育关怀与世博同行"主题活动，向连续工作15年以上的78名计生工作者赠送健康体检卡，向100户参加独生子女保险的困难家庭赠送上海世博会门票，向南桥镇300对准备怀孕的夫妇赠送孕前优生健康检查卡；与复旦大学附属妇产科医院开展免费孕前优生健康检查签约，与四团镇幸福工程项目点签约；计生系统志愿者代表宣誓，为上海世博会贡献智慧和力量。活动分会场安排专家优生健康讲座和咨询。市人口计生委主任谢玲丽、副主任孙常敏、赵勇出席会议。

（唐筠芸）

【首个集贸市场人口和家庭计划指导室成立】 9月，区人口计生委在南桥集贸市场一楼设立人口和家庭计划指导室，建设成为区流动人口计划生育宣传服务示范点。聘用1名计生专管员负责开展计划生育政策咨询、发放各类避孕节育药具、《流动人口婚育证明》验证、免费技术服务证明出具等各类计划生育服务管理工作。

（唐筠芸）

【家庭计划指导站挂牌】 10月，在13个镇（开发区）人口计生综合服务站增挂家庭计划指导站牌子。设置宣传版面、优生优育科学育儿指导书籍、配备电视机、DVD等电化教育设备；配备专用避孕药具出样柜。开展计划生育政策法规和避孕节育、优生优育、生殖健康咨询与导医多项服务；开展知情选择避孕方法指导，做好婚恋青年、新婚、产后、更年期等重点对象的随访服务；免费发放避孕药具；协助开展生殖健康宣传教育，做好预防艾滋病和其他影响生殖能力疾病的宣教和咨询工作。（唐筠芸）

【新家庭文化屋成立】 10月，区人口计生委在四团镇家庭图书室、庄行镇潘垫村"世博农家"、青村镇北港新苑小区设立新家庭文化屋，倡导"家庭幸福生活从计划生育开始"的科学理念，添置书橱，配备《流动人口生殖健康》《计划生育100问》、各类政策法规、生殖保健、科普读物、文学医学书籍、挂

图、画册等，同时还安置避孕药具免费自取箱。（唐筠芸）

【开展《公开信》发表30周年系列活动】 9月，在《中共中央关于控制我国人口增长问题致全体共产党员共青团员的公开信》（简称《公开信》）发表30周年之际，区人口计生委召开基层计生干部座谈会；分别在村民家庭图书室、世博农家、流动人口集聚地设立新家庭文化屋，赠送婴幼儿早教、青春期教育、孕产期保健、生殖健康、心理健康、更年期保健等人口计生图书、视听宣传品。每个点提供视听类宣传品441件、挂图类宣传品10套、读本类宣传品585本；8月起，邀请专家对工作15年以上基层人口计生干部进行健康体检；探索奉城镇低保边缘计划生育困难家庭帮扶机制；邀请专家对海湾镇驻沪部队官兵开展健康心理知识辅导；组织柘林地区在校大学生、青年志愿者普及生殖健康知识；9月15日，在《新民晚报》社区版推出奉贤人口计生专版；9月25日，在奉贤电视台推出人口计生专题片《走过三十年》；组织人口计生宣讲团、生殖健康咨询师，开展计生政策法规、生殖健康、优生促进等知识宣传咨询；发挥横幅、楼道小黑板、生殖健康墙报、《宣传员之友》等传统宣传优势，营造良好舆论氛围。（唐筠芸）

【计划生育民生政策得到落实】 全年审核发放独生子女父母光荣证4058份，办理符合条件再生育申请358份，审核年老一次性计划生育奖励2435份。其中，独生子女父母退休时奖励2410份，发放奖励金673.67万元；无子女对象退休时奖励48份，发放奖励金8.74万元。审核独生子女意外伤残补助13份，发放补助金3.9万元；审核独生子女死亡补助3份，发放补助金1.5万元；审核2008年度计划生育家庭特别扶助850人，发放扶助金127.128万元；审核2010年农村奖扶9096人，发放扶助金685.88万元。（唐筠芸）

【实施独生子女保险】 自2006年底探索将独生子女父母奖励费转意外伤害保险工作，奉贤区以0周岁～16周岁已领取独生子女父母光荣证的独生子女为对象，在独生子女发生意外伤害、伤残、死亡、发生重大疾病时，产生理赔金。全年参保数共17170份，理赔167例，理赔金额36.98万元；累计参保54564份，理赔519例，理赔金额71.58万元。独生子女保险爱心基金对参与保险生活困难的独生子女给予补助。全年独生子女保险爱心基金助学100例，助学基金3.2万元；医疗费补助160例，补助基金12.95万元。爱心基金累计助学237例，助学基金11.05万元；医疗费补助318例，补助基金25.65万元。（唐筠芸）

【形成"一镇一品"特色项目】 近年来，各镇在"生育关怀"中形成"一镇一品"特色项目。南桥镇以优生优育工程为重点，开展免费孕前优生健康检查试点，通过对准备怀孕的夫妇进行优生健康检查与指导，有效降低出生缺陷发生风险。奉城镇以关爱计生特殊家庭为宗旨，开展计划生育"普惠+特惠"项目试点，积极推动在社会保险、社会救助、社会福利等社会保障中体现对计划生育家庭的优先优待。四团镇以科学育儿为基础，组织早教指导特色活动，受教幼儿由本地户籍散居扩大到流动人口的散居幼儿，早教场所由早教中心延伸到偏僻的农村地区。柘林镇以树立正确的婚恋观为目标，开展"青春健康"讲座，提高青少年对自身性与生殖健康行为的认识，促进青少年健康成长。庄行镇以关怀更年期人群身心健康为抓手，组织更年期贫困妇女免费健康检查。金汇镇以齐缘公寓来奉青年为重点，健全网络，营造人口计生宣传氛围，开展各类活动。青村镇以建立来奉人员计划生育协会为抓手，2010年共建立流动人口计生协会19个，更好地服务及管理来奉人员。海湾镇以关爱老年人身心健康为追求，建立海湾镇晚晴心理健康服务站，开展老年期人群体检。通过志愿结对、协作支持、爱心基金、免费赠送、项目点建设等形式，重点关注关心独生子女死亡了的父母、计划生育困难家庭、基层一线计生工作者，同时也通过孕前优生等措施提高出生人口素质。2010年，区人口计生委整合全区资源，启动人口计生"生命全过程关怀"项目，将关怀关爱拓展到"孕前"、到"摇篮"、到"拐杖"的生命全过程。（唐筠芸）

【推广"早教流动车"送教下乡活动】 12月27日，区"早教流动车"送教下乡总结表彰会在青村镇解放村召开，解放村32户家庭参与活动。与会人员观摩"早教流动车"送教下乡现场活动，专家讲座、育儿咨询、区域活动、亲子游戏等项目深受家长欢迎。会上，一批先进集体和个人受到表彰。"早教流动车"由区教育局、区人口计生委、区妇联共同出资添置。自2009年9月启动至2010年底，"早教流动车"共下乡指导28次，受教人数993余人。（教育局　唐筠芸）

【开展打击"两非"工作】 加大与外省市的联系，接受外省市打击"两非"过程中移交案件。全年接待安徽省各地"两非"专案组46次，接收"两非"案件52件。区人口计生委联合区卫生监督所、公安奉贤分局、外省市打非办及各镇开展取缔行动144次，取缔"两非"窝点139个。没收B超机12台、人流吸引器8台、中期引产药品300余支、人流用器械200余件，收缴药品4155千克。27名非法行医者被判处有期徒刑。（唐筠芸）

2010 年奉贤区第六次全国人口普查基本情况表

镇(开发区)	总户数(户)	常住人口(人)						户籍人口(人)		
		小　计	性　别		户口性质			小　计	男	女
			男	女	农　业	非　农	待定户口			
合　计	439524	1084163	565600	518563	669522	403175	11466	532258	263059	269199
南桥镇	140509	361269	184417	176852	177244	182724	1301	127431	63969	63462
奉城镇	75540	176995	93556	83439	131367	44587	1041	86580	42832	43748
庄行镇	25797	62446	32408	30038	44316	17405	725	44277	21552	22725
金汇镇	43858	108343	56621	51722	81049	26947	347	52433	25792	26641
四团镇	28341	65441	33243	32198	44888	20324	229	50525	24946	25579
青村镇	38303	89186	46914	42272	66400	22321	465	51002	24814	26188
柘林镇	25320	62633	32774	29859	45518	16886	229	40396	19802	20594
海湾镇	11839	28473	16063	12410	16177	12143	153	10562	5934	4628
上海市工业综合开发区	20620	57354	29962	27392	28325	28874	155	19033	9365	9668
临海社区	5869	15436	9151	6285	8683	6651	102	12423	5982	6441
海湾旅游区	12102	29353	15737	13616	10461	12320	6572	12317	5786	6531
现代农业园区	6906	16750	9433	7317	8845	7827	78	13482	6572	6910
海港综合经济开发区	4520	10484	5321	5163	6249	4166	69	11797	5713	6084

说明：第六次全国人口普查登记的标准时点是 2010 年 11 月 1 日零时，表中的户籍人口包括在奉贤区内的武警、消防、边防人员及户口待定人员。（统计局）

民　　政

【概况】 全年民政系统救助城乡低保户 4987 户，救助各类困难群众 36276 人次，救助资金 8544.79 万元。慈善基金会奉贤区分会募集慈善捐款 2866.87 万元，慈善救助 12447 人次，救助资金 2360.53 万元。做好社区市民综合帮困工作，帮扶 1750 人次，帮扶资金 460 万元。实施医疗救助 3384 人次，发放医疗救助金 1946.15 万元。元旦春节期间，民政、劳动、人社、工会、妇联、团委、残联、组织部等部门、社会团体投入资金 2947 万余元，6.9 万人次受益。“世博关爱行动”一次性补助困难群众 11892 人（户），补助金 277.72 万元；国庆补助 7676 户，发放补助金 155.5 万元。发放烈属伤残军人优抚金 1520 万元。创建村级社区事务代理室 46 家，累计 147 家。村级社区事务代理室覆盖所有中心村。结婚登记 4644 对，离婚登记 1465 件，收养登记 42 例。全区福利企业 165 家，其中新办福利企业 5 家，注销福利企业 15 家。福利企业安置残疾职工 3964 人；销售收入 37 亿元，比上年增长 23%；累计实现利润总额 1.6 亿元，比上年增长 15.5%；上缴增值税 1.2 亿元。通过殡葬改革，骨灰集中深埋点达到绿化、美化。依法做好城市流浪乞讨人员的救助，实施网格化管理，救助 303 人。（蔡新康）

【“蓝天下的至爱”捐款 2611.12 万元】 1 月 7 日，慈善基金会奉贤区分会在区会议中心举行“蓝天下的至爱”新年慈善“一日捐”捐赠仪式暨文艺义演，社会各界人士近 800 人出席。现场捐款和街头募捐 2611.12 万元，全年募集慈善款 2866.87 万元。（蔡新康）

【区社会救助事务管理中心成立】 1 月，奉贤区社会救助事务管理中心成立，设在南桥镇科技路 81 号区民政局底楼。根据职责分工，中心主要负责编制区社会救助工作年度计划，组织实施全区社会救助帮困工作，统计、上报社会救助信息，提供救助咨询等。（蔡新康）

【5 项民生工程获资助 270 万元】 1 月，区民政局组织实施市民政局《关于福利院彩票公益金资助项目实施公益招投标的意见》，及时向市招投标中心上报快乐大舞台——送戏下乡、离婚调解服务、爱心献功臣——重点优抚对象关爱、乐夕阳——奉城独居老人关爱、夕阳更灿烂——老年之家等 5 个项目。经过竞标，区老年教育协会、区婚姻服务中心、奉城镇老年协会、老年活动中心和区干休所等获得上述项目承办任务，标的总金额 270.15 万元。（蔡新康）

【组织退役士兵参加企业招聘】 3 月 22 日，区人力资源和社会保障局在区文化广场举办退役士兵专场招聘会，120 名退役士兵参加招聘，36 人当场与用人单位达成协议。4 月 10 日，在区职业介绍所举办退役士兵世博轴项目维护专场招聘会，86 名退役士兵参加应聘，27 名退役士兵被录用。先后与奉贤燃气公司、古华山庄、污水处理厂、殡仪馆等单位协商，提供用人资源 80 余人，经单位面试合格录用 33 人。（蔡新康）

【“牵手同行——特殊人员关爱行动”启动】 3月25日，区思齐社会工作服务中心在南桥镇江海花园广场，举行由上海市慈善基金会资助的公益项目“牵手同行——特殊人员关爱行动”启动仪式。思齐中心社工和志愿者代表200余人参加。市慈善基金会救助部、区有关部门领导应邀出席。活动期间，与会领导为困难家庭代表发放慰问金，现场还举行首次宣传和志愿者招募活动。（蔡新康）

【调整城乡低保标准】 4月起，城乡最低生活保障标准分别由原城镇人均425元/月、农村人均3400元/年，调整为城镇人均450元/月、农村人均3600元/年。全区共有79056人次享受城镇最低生活保障金，发放保障金2470.3万元；33156人次享受农村最低生活保障金，发放救助资金499万元。农村低保对象比上年减少699人，主要原因是农村退养金逐年增加，很多老年人享受社会养老保险后，待遇已经高于低保。（蔡新康）

【调整支内回沪帮困补助标准】 4月起，根据《关于调整本市支援外地建设退休（职）回沪定居人员帮困补助标准的通知》，支内退休（职）回沪定居人员帮困补助标准，由原分档补助8档调整为7档，原600元～1000元，50元一档，调整后700元～1300元，100元一档。配合人保劳动部门做好复核材料收集和汇总工作，全区2874人受益，发放补助金587.17万元，其中节日费139.6万元。（蔡新康）

【调整重残无业困难人员补助标准】 4月起，重残无业人员补助标准由原农村人均4420元/年、原城镇人均553元/月，分别调整为农村人均4680元/年、城镇人均585元/月，另外再增发补贴城镇人均30元/月，农村人均20元/月。年内，享受重残无业困难补助人员2630人，其中城镇1154人，农村1476人，补助金1474万元。（蔡新康）

【救助困难学生】 全年对1302名小学生、1247名初中生共计2549人发放义务教育阶段助学券，享受“两免一补”助学政策。其中低保家庭学生1879人（城镇1384人、农村495人），低收入家庭学生670人（城镇224人、农村446人），比上年净增74人。对401名高中生提供助学救助12.48万元，对1164名高等院校学生提供助学救助158.5万元。全年资助困难家庭学生483.9万元。（蔡新康）

【广泛开展双拥活动】 春节和八一期间，区、镇党政领导走访慰问驻奉各部队，赠送慰问金及立功奖励金。看望重点优抚对象13户，每户送去慰问金500元及慰问品。发挥各双拥成员单位和驻地政府、群众组织的优势，与世博安保部队开展军民共建活动，帮助部队解决实际困难和问题。4～10月，累计为世博部队送去慰问金、慰问品500余万元。为96名随军家属给予人均每月500元生活补助，累计发放24.1万元。为549名重点优抚对象发放优待金82.3万元。做好义务兵家属光荣卡及退役补助金光荣卡的发放工作，为348名义务兵发放优待金765.6万元。为1075名老退伍军人、372名在乡老复员军人遗孀发放生活困难补助金109.9万元。为4名2007年12月入伍的非上海生源大学生义务兵发放优待补助金11.9万元。（蔡新康）

【安置退役士兵士官193人】 2009年12月至2010年4月，共接收退役军人193人，其中，城镇退役士兵112人，转业士官15人。城镇退役士兵自谋职业104人，双向选择8人；农村退役士兵自谋职业66人。转业士官安置15人。退役军人安置率100%。（蔡新康）

【调整部分优抚对象抚恤和生活补助标准】 年内，调整区部分优抚对象抚恤和生活补助标准。烈属补助标准人均每月增加254元；农村的和城镇无工作单位且家庭生活困难的参战人员人均月补助标准，由原来的200元增加至310元，从2009年10月1日起补发；8月1日起，年满60周岁的农村老退伍军人生活困难补助，由原来的人均每月120元调整至每月150元。（蔡新康）

【清明、冬至祭扫人多车多】 清明节，区滨海古园、海湾寝园、永福陵园3家陵园祭扫人流量98.33万人次，车流8.74万辆，落葬355穴；10个镇级公益性骨灰深埋点的人流量20.74万人次，车流量2.55万辆，落葬2287穴。两项合计人流量119.07万人次，车流量11.29万辆，落葬2642穴。冬至期间，3家陵园人流量38.66万人次，车流2.68万辆，落葬3663穴；10个镇级公益性骨灰深埋点的人流量11.41万人次，车流量5.39万辆，落葬2006穴。两项合计人流量51.07万人次，车流量3.22万辆，落葬5669穴。（蔡新康）

【为玉树捐款394.53万元】 4月14日青海玉树地震后，全区各部委办局，各镇（开发区）、集团公司及各人民团体中的党员、干部3.6万人次参与捐赠，募集捐款394.53万元，专项用于青海玉树地震灾区的重建与灾区居民的长期安置。（蔡新康）

【联动救助流浪乞讨群众】 年内，区民政局与公安、城管联合组建联动救助专职服务队，加大对城镇流浪乞讨人员的救助管理力度，尤其加强对流浪乞讨的老年人、残疾人、未成年人的救助服务。上海世博会期间，区慈善救助服务社在联合巡查中共出动工作人员和志愿者600人次，劝离乞讨现场14人次，接回救助站救助8人次，有效遏止街面流浪乞讨现象。全年救助流浪乞讨者303人，其中未成年人22人，60岁以上老人44人，精神病、智障、残疾等人员96人。（蔡新康）

【福利企业年检合格率99.4%】 全区福利企业的年检，通过镇级检查、区级核查、市级抽查的方式开展。重点对残疾人职工安置比例、岗位设置、工资收入、社会保险、劳动合同、无障碍设施等方面进行检查。经过市民政局抽查,认定区合格福利企业 166 家,整改企业 1 家,年检合格率 99.4%。（蔡新康）

【福利企业承接残疾人专产项目启动】 7 月 20 日,举行残疾人专产项目定点采购竞标会。来自全区从事印刷行业的 6 家福利企业参与竞标,其中上海韦银包装有限公司、上海庄美印刷厂、上海均翔包装印刷有限公司等 3 家福利企业分别中标。至年底,3 家专产企业共承接到约 40 万元业务,新增利润 1.7 万元,增加利润全部为残疾人职工转投镇保。（蔡新康）

【发放“世博大礼包”297382 份】 7 月,区户籍家庭 210518 户,持居住证和临时居住证家庭 86732 户,常住奉贤的境外人士家庭 132 户,297382 户家庭领取“世博大礼包”。（蔡新康）

【举办圆梦公益活动】 8 月,由区红十字会、上海慈善基金会奉贤分会、区广播电视台等 13 家单位共同发起的“圆梦古华・爱满贤城”2010 圆梦行动大型公益活动启动。经筛选,100 个梦想入围。12 月 4 日,在区会议中心大礼堂举行圆梦行动大型公益活动汇报演出。600 余名各条战线代表参加。区委副书记陆兴祥为资助者单位、个人代表颁发捐赠证书。（蔡新康 肖丽英）

【6 万余件衣被运往灾区】 12 月,云南、四川部分灾区的群众,急需御寒衣被。在全区开展捐衣赠被活动。至 12 月 7 日上午,区募委会共收到捐款 32460 元,收到衣被 6 万余件。（蔡新康）

【勘界和行政区划核对】 年内,对涉及浦东新区、金山区、松江区、闵行区的浦奉线、奉金线、奉松线和闵奉线上的区级界线和 15 个界桩进行检查和维护。以镇、开发区为单位,对全区的村(居)委会界线图纸进行核对。对有误差的界线予以纠正,并交市测绘院修改,为制作区村(居)委会界线图册提供准确资料。（蔡新康）

福利企业管理员接受手语培训（王菊萍 摄）

【销售福利彩票 9199 万元】 至年底,全区销售各类福利彩票 9199 万元,其中电脑福利彩票 7341 万元,网点即开票 1858 万元。全区共有电脑福利彩票代销网点 83 个。（蔡新康）

【殡仪服务显文明】 区殡仪馆全年完成火化遗体业务量 4474 具,比上年增加 171 具。开展移风易俗,组织各种类型公益活动,坚持济贫帮困,全年减免金额 13.28 万元,其中帮困对象 181 家,减免金额 9.05 万元;来奉帮困对象 7 户,减免金额 1.70 万元;对公安交通事故、刑事案件等困难家庭和无名遗体,减免 2.53 万元。（蔡新康）

【社区殡葬服务社成立】 年内,在已建骨灰深埋点的镇和开发区,成立社区殡葬服务社,以此探索农村公益性骨灰深埋点管理的新模式。殡葬服务社单位性质为民办非企业单位,业务范围包括农村公益性骨灰深埋点管理,殡葬礼仪服务等。服务项目有骨灰深埋、骨灰寄存、殡葬礼仪服务、代购殡葬用品、代理祭扫等。（蔡新康）

人力资源和社会保障

【概况】 年内,区人力资源和社会保障工作实施积极的就业政策,不断优化人才发展环境,逐步提高社会保障待遇,开展事业单位岗位设置管理工作,进一步推进事业单位分类改革,深化人事和收入分配制度改革,全面构建和谐劳动关系,切实提高公共服务能力水平。新增就业岗位 37843 个;城镇登记失业人数 5591 人;扶持成功创业组织 582 户;完成职业技能培训 10008 人。工资集体协议覆盖职工 89333 人;劳动争议仲裁案件结案率 93%,基层劳动争议调解成功率 77%。加大财政扶持,促进创业带动就业。牵头制定《关于做好 2010 年帮企业稳岗位和扩大就业工作的实施意见》,涉及 5 个方面 2800 万元就业专项资金。继续实施稳定岗位、职业培训、就业援助 3 个市级特别计划,划拨资金 1800 万元稳定就业岗位 4.3 万个。社会保障日益完善。参加城镇职工养老保险 14.84 万人,参加城镇职工医疗保险 10.83 万人,参加失业保险 10.32 万人,参加工伤保险 10.23 万人,参加生育保险 10.23 万人;小城镇社会保险参保单位 4240 户,参加小城镇养老和医疗保险 3.61 万人(不包括退休),参加失业保险 5.21 万人;全面实施新农保试点工作,农村社会养老保险参保率 98%,农村合作医疗参保 13.3 万人;完成来奉从业人员参加综合保险 16.04 万人。优化人才发展政策环境,制定“十二五”人才规划。全年通过户籍和居住证引进人才 2580 人,命名表彰 2010 届领军人才、拔尖人才、青年尖子 39 人。审核发放 3 批 95 人的医疗服务卡,慰问和探望 2 位住院高级人才并落实住院补贴;对 231 人发放人才租房和安家费补贴 130.4 万元。协调解决高级人才子女就学 5 人。对符合条件的 258 名优秀人才审批发放特殊津贴 55.02 万元,并组织体检疗养。（王佳艳）

【助推三类重点人员就业】 年内,加强对三类重点人员就业工作的扶持力度。对企业、农业生产合作社等吸纳区农村劳动力就业给予专项补贴,继续对农村富余劳动力开展职业技能培训,培训蔬果栽培工 3756 人,绿化养护工 318 人,实现非农就业 20556 人,新增跨区就业 1566 人。鼓励区规模型企业、重点发展行业和农业生产合作社等吸纳大中专毕业生,组织 821 名未就业青年到 60 家见习基地参加见习,开展见习专场招聘会,见习后就业率为 68%。强化就业托底机制,以创建海湾旅游区、临海社区两个充分就业社区为抓手,重点帮助就业困难人员特别是零就业家庭人员实现就业,安置就业困难人员 562 人。（王佳艳）

【举办多种形式招聘会】 年内,组织多部门联合举办春季大型招聘会、大中专毕业生专场招聘会、秋季大型招聘会、就业援助月专场招聘会、民营企业招聘会以及每月 15 日、第 3 个周六的月度招聘会等。全年举办各类招聘会 36 场,1300 余家单位提供近 2 万个岗位,意向录用 1 万余人。（王佳艳）

【开展公务员津贴补贴检查】 3 月,根据《关于开展本市机关规范公务员津贴补贴实施情况检查工作的通知》文件精神和要求,区人力资源和社会保障局会同区纪委等部门,对 2008 年 1 月至 2009 年 12 月津贴补贴发放情况进行检查。检查采用抽查方式,涉及 33 家机关(含参公事业单位),占全区机关单位的 43.04%,涉及 2762 人,占全区公务员人数的 76.84%,记录 154 笔违规发放,涉及金额 3630 万元。（龚勤芳）

【设立外来农民工就业服务窗口】 4 月,区外地劳动力管理所底楼大厅开设农民工就业服务窗口,宣传贯彻外来从业人员就业管理的各项政策和规定,为外来从业人员提供就业推荐、政策咨询、求职登记、职业指导等服务。全年外来从业人员求职登记 1017 人,成功推荐 173 人。（王佳艳）

【区劳动人事争议仲裁院揭牌】 5 月 13 日,奉贤区劳动人事争议仲裁院揭牌成立,完成实体化建设关键一步。仲裁院办公地址位于南桥镇环城西路 451 号三楼,面积 1200 余平方米。全年仲裁院受理劳动人事争议案件 2039 件,办结 1959 件;各基层调解组织受理劳动争议案件 2607 件,调解成功 1923 件,案外和解 85 件;联合调处中心受理劳动争议案件 103 件,调解成功率 71%。（倪康人）

【开展机关事业单位工资外发放检查】 5 月,区人力资源和社会保障局、财政局、监察局、审计局组成联合检查组,对区级机关事业单位津贴补贴及工资外收入进行专项检查。在要求全部单位自查自纠的同时,按单位总户数的 30% 确定为重点检查范围。共查出超规定发放的单位 36 家,占检查单位的 57.14%,涉及金额 571.88 万元。（龚勤芳）

【开创定单式培训】 年内,创新培训方式,推出定单培训,即企业对其在 2010 年度内新录用的奉贤区户籍人员开展岗位技能培训均可享受定单培训补贴政策。对于定向、定单培训整班就业率达到 80% 以上的,给予全部人员全额培训费补贴;达不到 80% 的,给予录用人员全额培训费补贴。定单培训作为 2010 年培训政策的突破口受到企业普遍欢迎。全年为 16 家企业开展定单培训 16 次,惠及 716 人次,同时重点培养、审批创新型项目,审批设立 13 个等级的项目 11 个。（王佳艳）

【开展技能竞赛活动】 年内,积极参加市、区两级劳动模范竞赛。组织 13 名优秀选手参加市级一类职业技能竞赛。开展涉及 12 个项目的区级职业技能竞赛,538 人参加。其中,针对机关、事业单位的多媒体作品制作员(中级)技能竞赛鉴定合格率 99%。（王佳艳）

【奉贤人才网改版】 11 月 18 日,奉贤人才网(http://fx.21cnhr.com)全面升级更新。网站与国内知名人才网中国就业网合作,为企业和人才搭建交流沟通平台。至年底,奉贤人才网改版后注册简历的个人会员 1068 人,企业会员 168 家。（张杜辉）

【区人才工作会议召开】 11 月 23 日,奉贤区人才工作会议召开。会上下发《奉贤区"十二五"人才发展规划(草案)》和《奉贤区重点领域人才开发目录(2010 ~ 2012 年)》,进一步明确新时期人才工作的基本思路和重点任务。同时,制作人才工作专题片和人才宣传画册,积极宣传全国、市人才工作会议精神和国家、上海市中长期人才发展纲要内容,全面营造人才工作良好氛围。（王佳艳）

【实施领军、拔尖人才和青年尖子换届评选】 年内,实施 2007 届领军人才、拔尖人才和青年尖子期满工作目标考核,全面总结 2007 届高层人才队伍建设成效。命名表彰 2010 届领军人才、拔尖人才、青年尖子共 39 人,注重业绩导向、产业导向,重点支持区六大高新技术产业发展,产业人才占 48.7%。（王佳艳）

【优化人才发展环境】 全年审核发放三批共 95 人的医疗服务卡,慰问和探望 2 位住院高级人才并落实住院补贴;对 231 人发放人才租房和安家费补贴 130.4 万元。积极协调解决高级人才子女就学 5 人。全年通过户籍和居住证引进人才 2580 人,其中办理上海市常住户口 33 人,办理人才引进类居住证 2547 人。办理居住证人员中,博士生 4 人,硕士生 153 人,学

士 1610 人。（王佳艳）

【调整退休人员 3 项补贴】 年内，对全区事业单位共享费、早退休高级知识分子特殊补贴和机关退休人员补贴费 3 项标准进行调整。7 月 1 日起，将区事业单位退休人员的年补贴费（共享费）由原来每人 2160 元调整为 5400 元；完成区事业单位 15 名早退休高级专家发放特殊补贴的汇总和申报工作；完成年度机关退休人员调整补贴费标准的审批和发放工作，审批 1314 人，月增额 769813 元，补发 1 ~ 11 月清算金额 823.14 万元。（龚勤芳）

【开展疗休养 103 批】 研究制定 2010 年疗休养工作计划，重点在公务员健康体检和做好精细化服务。全年组织疗休养 103 批 4009 人次。其中健康体检 89 批 3614 人次，外线疗养人数 6 批 137 人次，优秀人才短线体检疗养 8 批 258 人次。（龚勤芳）

【组织公务员、事业单位人员招录】 年内，招录公务员、参公事业人员 68 人；首次从优秀村干部、大学生村官及“三支一扶”大学生中定向招录镇级机关公务员 7 人；同时，分两次公开招聘事业单位工作人员 60 人，指导教育、卫生系统招录教师 300 人、医护人员 140 人，在临海社区内部招聘事业人员 5 人。（王佳艳）

【科级干部审批和交流】 全年审批公务员正科级 77 人，副科级 29 人，主任科员 93 人，副主任科员 15 人。审批事业单位管理人员正科 44 人，相当于副科 80 人。至年底，全区有公务员科级干部 908 人，事业单位管理人员科级 933 人。公开选调科级干部 8 人，科级干部交流调动 18 人，做好科级干部岗位竞争上岗和交流轮岗的指导和推进工作，区级机关及区直属事业单位 16 个部门进行科级干部轮岗、竞岗交流，涉及人员 48 人。（倪巧英　倪云萍　王佳艳）

【加大对用人单位日常监察】 全年，区劳动保障监察大队共受理举报投诉 177 件，检查用人单位 2692 户，查处违法案件 826 件。其中发出责令改正通知书 198 件；作出行政处理（处罚）决定 12 件，罚款金额 9.27 万元；申请人民法院强制执行案件 5 件。通过监察，追缴社会保险费、责令补发工资和退还押金 1645.5 万元，涉及劳动者 8687 人次。（黄　颖）

【开展各项用工专项检查】 制定上海世博会期间预警处置预案，处置群体性劳资纠纷 5 起。开展农民工工资支付专项行动、清理整顿人力资源市场秩序专项行动、整治非法用工打击违法犯罪专项行动等，检查用人单位及中介机构 3112 户，责令支付农民工工资 1383.487 万元，查处违法案件 145 件。（王佳艳）

【规范信访工作制度和措施】 年内，建立人保局领导信访接待制度，实行疑难案件领导包案制度，完善来访受理登记和信访事项月报分析制度，使信访事项处理落实到位。全年受理群众来电来信来访 2687 件，监察部门受理投诉举报 141 件，投诉请求类信访事项按时办结率达 100%。（王佳艳）

【社会保险覆盖范围扩大】 至年底，参加城镇基本养老保险人数 14.85 万人，比上年增长 15.9%。参加城镇基本医疗保险 10.83 万人，增长 19.1%。参加失业保险 10.32 万人，增长 17.3%。参加工伤保险 10.23 万人，增长 17.7%。参加生育保险 10.23 万人，增长 17.7%。外劳综合保险征缴面扩大，参加外来从业人员综合保险 16.04 万人，增长 15.5%。全区参加农村合作医疗的农民 13.3 万人，应保尽保率 99.6%。有 1.11 万名镇保人员参加合作医疗门急诊保障制度。全年 174.44 万人次的参保人员得到补偿，补偿医疗费用 9981.66 万元，比上年增长 24.4%。全区参加小城镇社会保险单位 4240 户，参加小城镇养老保险和医疗保险有 3.61 万人（不包括退休人员）；参加失业保险 5.21 万人。按月领取养老金 5.77 万人；按月领取生活补贴 1.14 万人。农民月养老金人均提高 60 元，养老金发放 46755 人，发放金额 1.88 亿元。为上海市大型居住社区南桥基地建设落实 415 名征用地人员的小城镇保险。全年，办理新征（失）地农民参加小城镇社会保险 29 件，涉及征（失）地农民 2892 人。（刘成成）

【开展社保卡的申领及补（换）卡工作】 全年完成发放社会保障卡 20960 张，受理老人优惠服务卡 3595 人，补换卡 6869 张，受理市民信箱来信 30 人次。组织对 1.5 万名学生进行学籍卡信息采集。（陆怡婷）

事业单位公开招聘笔试现场（倪云萍　摄）

【失业保险金申领发放过亿元】 失业保险基金全年发放各类补贴1.3亿元,其中发放失业保险待遇1738.96万元,促进就业项目岗位补贴7003.63万元,促进就业项目社会保险费补贴3575.05万元,政府购买培训费532.01万元,职业见习补贴185.24万元。（周利军）

【实行新老农保过渡政策】 全区2010年务农投保人数45168人,务工投保人数15525人;扣缴个人投保资金4385万元,征缴单位农保金3850万元。全年养老金发放总人数46511人,发放总资金18827.83万元。年内,奉贤区被列入上海市新农保试点区,为确保新老农保政策在过渡期顺利衔接,在老农保基础上,结合国家、市对实施新农保的指导意见,调整全区2010年度的农保征缴标准和农民养老金的发放标准。2010年单位征缴标准不变,个人农保金征缴中务农人员由每人每年540元调整至700元,农保养老金人均每月增加60元。（周　峰）

【办理征地镇保项目29件】 年内,全区办理镇保项目29件,涉及失地农民2892人。重点做好上海市大型居住社区南桥基地征用地人员社会保障项目2件,为415人落实小城镇保险;失地项目19件,办理人数2469人;在职到龄乡村医生纳保8件,办理人数8人。牵头开展"奉献大居动迁,参与新城建设"立功竞赛活动,对搬迁、关闭企业用工情况进行摸底指导。（王佳艳）

【超额完成外来人员综合保险指标】 年内,外来从业人员参加综合保险160413人,完成指标140%;完成协办监察案件94家,涉及人数1516人,金额136.72万元;清理系统内关、停、并、转企业82家;办理综合保险卡15671张,换卡、补卡958张,销卡201张;受理调解外劳纠纷案件1667件,其中调解成功1314件,成功率78.8%。（张肇锋）

【加强医保资金监管】 全区医疗机构发生医保总费用56831.65万元,医疗机构结算医保费用(综合保险费用不含)44553.61万元,其中城保29520.69万元,镇保13316.88万元,居保1040.21万元,帮困115万元。结算公务员医疗统筹补助2192人次,经费120余万元。全年检查医疗机构住院病史23家,查阅住院病史411份,查明医疗机构违规使用经费32.3万元,实际追款4.4万元;查阅定点医疗机构门诊数据24家,查明违规使用经费25.6万元;检查定点药店14家,追缴违规使用医保基金4.3万元。配合市医保监督所检查定点医疗机构6家,追缴33.4万元。（陆　霞）

【工伤认定4220件】 年内,实行工伤认定受理、调查、认定三分离原则,坚持疑难案件讨论会商制度,加强对51家事故高发企业监管。做好日常工伤纠纷的化解工作。全年受理工伤认定案件4220件,比上年增长17%,经协调双方和解20件。（王佳艳）

【受理劳动能力鉴定2321件】 年内,调整区劳动能力鉴定委员会成员,建立区劳动能力鉴定医疗卫生专家库,对鉴定委员会办公室工作人员进行业务培训,加强基础管理,规范鉴定程序。受理劳动能力鉴定2321件,比上年增长25.7%,作出鉴定结论2211件。（王佳艳）

【加强工资管理】 年内,加强对义务教育绩效工资实施的后期管理,重点抽查16所义务教育学校,对共享费发放和课时津贴测算等及时进行调整和不断完善。推进公共卫生及社区医疗卫生事业实施绩效工资工作,做好实施前各项基础性准备工作。加强国有企业工资管理,建立健全工资分配激励和约束机制。办理企业工资备案手续3059户,受理其他工时制企业715户,比上年增长23.5%,审批695户。（王佳艳）

2010年奉贤区城镇职工社会保险基本情况表

项　目	城镇职工养老保险			城镇职工医疗保险		城镇职工失业保险		城镇职工工伤保险			城镇职工生育保险	
	单位(户)	缴费人数(人)	离退休(人)	单位(户)	缴费人数(人)	单位(户)	缴费人数(人)	单位(户)	缴费人数(人)	支付人数(人)	单位(户)	缴费人数(人)
合　计	8766	108536	39855	8765	108329	8766	103220	8747	102300	64	8747	102300
企　业	6854	77223	25182	6854	77223	6855	77223	6854	77223	52	6854	77223
内资企业	6099	59510	23520	6099	59510	6100	59510	6099	59510	38	6099	59510
港澳台及外资企业	755	17713	1662	755	17713	755	17713	755	17713	14	755	17713
机关事业	530	19693	9656	530	19693	530	19693	530	19693	9	530	19693
机　关	63	3597	1458	63	3597	63	3597	63	3597	2	63	3597
事　业	467	16096	8198	467	16096	467	16096	467	16096	7	467	16096
其他单位	416	6019	5017	415	5812	415	5812	406	4892	3	406	4892
个体工商户	957	492	–	957	492	957	592	957	492	–	957	492
自由职业者	9	5109	–	9	5109	9	–	–	–	–	–	–
小时工	–	–	–	–	–	–	–	–	–	–	–	–

（刘成成）

2010 年奉贤区小城镇社会保险基本情况表

项　目	养老保险			医疗保险		失业保险		补充保险		
	单位（户）	缴费人数（人）	离退休（人）	单位（户）	缴费人数（人）	单位（户）	缴费人数（人）	单位（户）	账户人数（人）	按月领取人数（人）
合　计	4240	36069	57708	4240	36071	4240	52058	107	91177	11442
企　业	3770	28942	–	3770	28943	3770	42591	55	29141	–
内资企业	3329	23674	–	3329	23675	3329	35848	46	24438	–
港澳台及外资企业	441	5268	–	441	5268	441	6743	9	4703	–
机关事业	22	151	–	22	151	22	165	1	2904	–
机　关	1	–	–	1	–	1	–	–	–	–
事　业	21	151	–	21	151	21	165	1	2904	–
其他单位	270	5474	57708	270	5475	270	8970	51	58702	11442
个体工商户	178	41	–	178	41	178	332	–	430	–
自由职业者		1461	–	–	1461	–	–	–	–	–

（刘成成）

社会组织管理

【概况】 全区社会组织 333 家，其中社会团体 143 家、民办非企业单位 190 家。新成立社会组织 31 家，其中社会团体 10 家，民办非企业单位 21 家。变更登记 49 件，其中社团 30 件，民办非企业单位 19 件；1 家民办非企业单位、1 家社团和 4 家社团分支机构注销登记。做好社会组织工资基金工资手册换证工作，有 167 家社会组织工资基金申报，其中 127 家零申报，40 家重新审核、换证。社会组织年度检查应参加单位 252 家，实际参加 237 家。266 家社团、民非单位接受年检，实际参加 257 家，其中社会团体 123 家，民办非企业单位 134 家。247 家社会组织年检合格，2 家年检基本合格，17 家年检不合格（包括 9 家未填报单位）。

（蔡新康）

【区民间组织促进会一届六次理事会议召开】 1 月 14 日，区民间组织促进会召开一届六次理事会议，审议促进会 2009 年工作、2010 年工作思路及 2009 年度财务收支及理事变动情况。会议选举顾卫兴为区社会组织促进会常务副会长。

（蔡新康）

【推进企业协会政社分开】 稳步推进企业协会政社分开工作。根据市政府关于推进企业协会政社分开工作的要求，广泛听取意见和建议，全面了解企业协会运行情况；做好企业协会在人员、住所、财务、资产与党政机关、事业单位分离情况调查，重新进行资产登记，摸清底数。召开社团负责人和业务主管单位联络员及联席会议有关成员的座谈会、协调会等；协助有关部门制定奉贤区企业协会财务管理制度、奉贤区企业协会资产分开的若干意见，进一步明晰企业协会与国有资产的权属关系。制定奉贤区企业协会政社分开的操作指南、国有资产办公用房租赁协议样张、固定资产无偿划交样张等，使企业协会在政社分开后，办理相关手续时既便捷又规范。组织联席会议成员单位组成联合检查组，到各企业协会业务主管单位进行政社分开工作专项检查。5 月 31 日，19 个企业协会的政社分开工作全部完成。8 月，通过市民政局检查验收。

（蔡新康）

2010 年奉贤区新登记社会团体情况表

登记日期	社团名称	办公地址	法　人
1 月 18 日	奉贤区老年协会	南桥镇新建中路 542 号	汪美杰
2 月 8 日	奉贤区安全生产协会	南桥镇菜场路 1169 号	沈安明
2 月 11 日	奉贤区人力资源协会	南桥镇人民南路 150 号	李　亿
4 月 19 日	奉贤区人民调解协会	南桥镇气象路 139 号	姜岳华
5 月 27 日	奉贤区金汇镇老年协会	金汇镇汇中路 1666 号	潘文萍
7 月 20 日	奉贤区温州企业协会	南桥镇运河北路 258 号	陈余义
9 月 6 日	奉贤区柘林镇社区体育协会	柘林镇胡桥路 1 号	胡国平

续 表

登记日期	社团名称	办公地址	法 人
10 月 11 日	奉贤区南桥镇老年协会	南桥镇南星路 333 号 409 室	潘寿林
11 月 5 日	奉贤食用菌协会	南桥镇解放东路 8 号	李国贤
11 月 15 日	奉贤区四团镇社区体育协会	四团镇新四平公路 2089 号	黄小华

（姚春辉）

2010 年奉贤区新登记民办非企业单位情况表

登记日期	名 称	联系地址	法人（负责人）
2 月 24 日	奉贤区树苗苗幼儿园	四团镇四团村 647 号	孙宝军
3 月 3 日	奉贤区工业综合开发区居家养老服务中心	上海市工业综合开发区国顺路 555 号	尤 吉
3 月 23 日	奉贤区欣乐幼儿园	邬桥镇安乐路 168 号	王康维
3 月 30 日	上海菇菌科普馆	奉贤现代农业园区金海公路 7299 号	毛传福
3 月 30 日	奉贤区兰公馆养老院	青村镇南奉公路 4999 号	张莉颖
4 月 9 日	上海佳华教育进修学院	五四公路 2011 号	方于芬
6 月 4 日	奉贤区金汇镇殡葬服务社	金汇镇行前村陆家一组	李桂忠
6 月 21 日	奉贤区庄行镇殡葬服务社	庄行镇新苑路 4 号	朱浩华
6 月 30 日	奉贤区百曲幼儿园	金汇镇齐贤社区贤百路 175 号	戴传江
7 月 19 日	奉贤区明馨养老院	南桥镇金海路 1698 号	陈忠明
8 月 2 日	奉贤区金星幼儿园	南桥镇光明社区望民路 52 号	杨 萍
8 月 2 日	奉贤区临海社区殡葬服务社	柘林镇苍工路 127 号	徐国芹
8 月 2 日	奉贤区四团社区居家养老服务中心	区四团镇团青公路 187 弄 2 号	金雅蓉
8 月 27 日	奉贤区临海社区居家养老服务中心	柘林镇苍工路 127 号	徐国芹
9 月 25 日	奉贤区种源渔业研究所	四团镇四平公路 19 号	项伟东
10 月 8 日	奉贤区蓝天乐幼儿园	奉城镇头桥东路 255 弄 98 号	张克兵
10 月 8 日	奉贤区小逗点幼儿园	奉城镇头桥社区蔡桥村 990 号	葛 永
10 月 11 日	奉贤区群星幼儿园	南桥镇六墩村红星 720 号	龙 群
10 月 19 日	奉贤区博奥电子竞技社	南桥镇古华路 100 号	周 伟
12 月 22 日	上海贤城书画研究院	南桥镇新建中路 137 弄 5 号	张 侦
12 月 31 日	奉贤区四团镇殡葬服务社	四团镇新四平公路 1 号	张国兴

（姚春辉）

老年人工作

【概况】 全区 60 周岁以上户籍老年人口 120505 人，其中，60 周岁～69 周岁 65285 人，占老年人口的 54.18%；70 周岁～79 周岁 37796 人，占 31.36%；80 周岁～89 周岁 15289 人，占 12.69%；90 周岁～99 周岁 2100 人，占 1.74%；百岁老人 35 人，占 0.03%。全区有养老机构 27 家，年内新增 2 家，拥有床位 3839 张，新增 485 张；老年日托机构 8 家；标准化老年活动室 268 家，新增 23 家；有居家养老服务社 19 家，服务人员 1563 人，新增 340 人，累计完成服务对象 7000 人，新增服务对象 1700 人。继续推广“银发无忧”保障工作，全年全区投保人数 18343 人，投保金额 40.99 万元。老年团队 350 余个，参加老年教育、老年体育、老年文艺及老年书画等人数达 25000 余人次。年内，四团助老服务社助老服务员黄丽华被全国老龄工作委员会授予全国老龄工作先进个人。周丽娟被市老龄办等单位评为上海市孝亲敬老楷模提名奖，郭雪山等 7 人被评为上海市孝亲敬老之星。青村镇敬老院等 4 家单位被评为上海市孝亲敬老模范单位。

（刘奉强）

【冬季为老助浴 8640 人次】 1 月 1 日至 3 月 31 日，在 8 个镇、5 个开发区开展冬季为老助浴工作。提供为老助浴浴室 27 家，为经济较为困难、家中不具备冬季沐浴条件的老人提供助浴服务 8640 人次，助浴经费 69120 元。（刘奉强）

【启动“百千万行动”计划】 3 月，区民政局启动“百千万行动”计划，宣传世博、服务世博。区民政局组织百名老人组成世博讲师团,进社区,下农村,向社区居民和农村群众讲解世博会的由来、历届世博会主办情况等世博知识。成立千名老年人志愿者队伍,维护公共秩序和交通安全,弘扬社会公德。发动万名老年人参加宣传员队伍,协调各镇、各社区的老年文艺体育团队,通过书画展示、歌舞表演、广场健身操等形式,全方位宣传世博。(蔡新康)

【兰公馆养老院开业】 2月,兰公馆养老院正式开业。由原湾张村百能宾馆改建的兰公馆养老院,坐落在南奉公路4999号,由民营企业家张莉颖投资,区政府通过购买服务,资助民办养老机构。兰公馆占地1.13公顷,建筑面积10000余平方米,绿化面积3000余平方米。公馆内医疗、养护、生活和活动等设施一应俱全,拥有床位401张,纳入上海市医保联网结算单位。(蔡新康)

【组织老年人参观世博会】 9月7日,区老龄办组织300名老年人,前往世博园参观,为防止老年人在参观途中发生意外,区、镇老龄办按照3∶1的比例专门配备100名志愿者陪同参观。与此同时,区、镇老龄部门也先后以多种形式组织社区老年人参观上海世博会。(蔡新康)

【多项措施关爱百岁老人】 年内,根据市老龄办等《关于做好赠送"百岁寿星生日贺卡"工作的通知》,凡老年人100周岁生日当天,区老龄部门领导将以上海市政府和上海市市长的名义,上门赠送百岁寿星生日贺卡,为百岁老人送上祝福,同时送上鲜花、生日蛋糕和慰问金。7月起对全区百岁老人提供免费居家养老服务。10月1日起对区户籍年满100周岁入住区养老机构的老人,人均月补贴200元。年内,南桥镇西渡社区王兰英老人被评为上海市十大女寿星。至年底,全区百岁老人35人,其中男性2人。(刘奉强)

2010年奉贤区百岁老人情况表

序 号	姓 名	性 别	出生年月	居住地
1	王兰英	女	1903.12.29	南桥镇西渡社区水闸居委
2	潘月珍	女	1905.12.31	临海社区滧缺村
3	侯彩珍	女	1905.12.15	金汇镇金建村
4	张彩娥	女	1907.11.13	青村镇吴家村
5	顾永珍	女	1908.01.29	青村镇振兴路150号
6	费凤林	女	1908.05.07	南桥镇发展村
7	徐青郎	女	1908.08.08	奉城镇朱新村
8	顾火珍	女	1908.08.12	南桥镇关港村
9	宋云南	男	1908.11.20	柘林镇新塘村
10	俞宝娥	女	1909.06.04	柘林镇胡桥社区花苑新村
11	管引南	女	1909.06.24	南桥镇民旺苑
12	陈秀娥	女	1909.07.08	柘林镇八桥村
13	金德胜	男	1909.07.14	南桥镇古华南路
14	姜小妹	女	1909.09.19	四团镇五古村
15	孙兰珍	女	1909.10.31	四团镇平海村
16	袁翠林	女	1909.11.01	海湾镇中港二村
17	何梅芳	女	1909.12.22	庄行镇浦秀村
18	王大妹	女	1910.01.01	奉城镇北宋村
19	诸月珍	女	1910.01.29	青村镇北唐村
20	徐洁纯	女	1910.02.25	海港开发区红庄村
21	张雪英	女	1910.03.26	奉城镇头桥东路61弄
22	何秀英	女	1910.06.05	青村镇金王村
23	孙桂英	女	1910.06.24	现代农业园区陈谊村
24	唐梅珍	女	1910.07.17	南桥镇沈陆村

续 表

序 号	姓 名	性 别	出生年月	居住地
25	黄爱珠	女	1910.08.16	奉城镇共耕村
26	沈二宝	女	1910.10.05	奉城镇新市村
27	何水泉	女	1910.10.11	柘林镇奉海村
28	徐林珍	女	1910.10.27	奉城镇一居南街
29	庄金英	女	1910.10.28	四团镇五四村
30	陈杏妹	女	1910.11.16	南桥镇菜场二支路529号
31	金福珍	女	1910.11.17	柘林镇前胜村
32	杨飞墨	女	1910.11.27	奉城镇高桥村
33	李秀珍	女	1910.11.27	南桥镇南星新村
34	顾元妹	女	1910.11.30	奉城镇护海村
35	王小妹	女	1910.12.20	南桥镇光明村

（瞿 赟）

【重阳节敬老日延伸为敬老月】 10月，区老龄办精心策划敬老月活动，组织开展街头为老服务活动。区老龄委、团区委联合开展“感恩——我们的责任”主题演讲比赛，49名团员参加。举办“夕阳无限红”区老年人戏曲、歌舞展示汇演，24支演出团队参加展示。（刘奉强）

【完成城乡老年人口状况追踪调查】 12月6～29日，根据全国老龄办及市老龄科研中心部署，区老龄办对140名老年人进行抽样调查，完成中国城乡老年人口状况追踪调查问卷140份。通过抽样调查，了解老年人生活状况和愿望，为政府制定政策提供科学依据。（蔡新康）

【“五保”老人供养】 全区有“五保”供养对象276人（男性208人，女性68人），其中集中供养163人，分散供养113人。按照有关规定，年人均供养费用6804元，共计187.8万元。11月，俞玉莲被评为全国农村“五保”供养工作先进个人。（蔡新康）

残疾人事业

【概况】 全区持证残疾人14324人，比上年增长2.53%。其中肢体残疾6693人，占总数46.73%；视力残疾1277人，占8.92%；听力残疾1094人，占7.64%；言语残疾375人，占2.62%；智力残疾3609人，占25.20%；精神残疾1274人，占8.89%；多重残疾2人，占0.01%。年内，区残联以夯实残疾人社会保障体系和服务体系为契机，巩固和提高残疾人在住房、医疗、保险等保障政策上的水平。全年为2630名重残无业人员发放最低生活保障金339.4万元；为212户农村残疾人家庭改善住房条件，补贴资金60.7万元；为642名困难残疾人发放临时帮困资金24.7万元；为124名大病住院残疾人发放医疗补助23.9万元；为3970名特困对象发放节日帮困金139万元；为126名农村残疾人申请住院医疗商业保险金10.3万元；为6080名农村残疾人参加新型农村合作医疗补助金106.8万元；为490名农村残疾人参加农保补助金42.35万元；为233名高中和大学阶段残疾学生及残疾人家庭子女补助学费49.55万元；对5名贫困残疾人个体工商户自费缴纳养老保险部分补贴3万元；为15名城镇重残无业人员缴纳社会保险费用20.3万元。全年举办各类培训班13期，培训残疾人964人，支出培训费33.5万元。3月，奉贤区被授予上海市创建全国残疾人工作示范城市达标区。11月，奉贤区被国家民政部、卫生部、中国残联正式命名为全国残疾人社区康复示范区。（马月红）

【成功创建全国残疾人社区康复示范区】 1月21日，奉贤区被全国残疾人社区康复示范县（市、区）培育活动领导小组办公室确定为第二批创建全国残疾人社区康复示范区。成立创建领导小组，制定并下发《奉贤区开展创建全国残疾人社区康复示范区活动的实施方案》，完成创建指标材料佐证，制作《聚焦贤城残疾人康复事业发展——奉贤区创建全国残疾人社区康复示范区掠影》专题片，完善23个社区卫生服务中心康复站建设，总计投入创建经费近165万元。5月31日，上海市残疾人社区康复示范区培训活动领导小组专家组对区创建全国残疾人社区康复示范区进行预审，给予103.5分（总分105分）的评审高分。11月，奉贤区通过全国残疾人社区康复示范区检查验收组的评审，被国家民政部、卫生部、中国残联正式命名为全国残疾人社区康复示范区。（马月红）

【阳光职业康复援助基地实现就业201人】 年内，加大对职业康复援助基地的硬件设备投入，开发适合残疾人工作的产品，201名就业困难残疾人在南桥、庄行、金汇、四团、奉城、青村、柘林、海湾等8个镇的阳光职业康复援助基地就业。

其中镇保人员48人，农保人员153人。（马月红）

【3185户残疾人家庭受益一户多残救助政策】 3月，区政府批转《奉贤区一户多残困难残疾人家庭救助实施意见》，按照"定期为全区所有符合救助条件的一户多残困难残疾人家庭按一定标准（一户二残每户每月60元，一户三残每户每月80元，一户四残每户每月100元）提供一些家庭生活必需品"的任务要求，文件明确规定自2010年1月1日起，对符合条件的一户多残困难残疾人家庭给予救助。全年向3185户"一户多残"困难残疾人家庭发放帮困卡，投入帮困资金598320元。（马月红）

【2025名残疾人及志愿者获赠世博门票】 3月30日，区残疾人联合会、金汇镇人民政府、民革奉贤总支联合在金汇镇阳光家园举办助残疾朋友游世博送温暖活动。活动当天收到世博门票捐赠款10.5万元。同时，还收到来自各级党政机关、事业单位、私营企业、个人捐赠款21.5万余元，总计32万余元。5月25日至8月4日，组织45批次2025名残疾人及志愿者参观世博园区。（马月红）

【近万人次残疾人享有个性化康复服务】 着力推进康复工作的社会化、个性化。全年为292名重残无业人员提供机构养护服务；为805名重残无业人员提供居家养护服务；为164户残疾人家庭组合适配辅助器具223件；为5名残疾儿童开展"辅助器具进家庭"6件；配发普通辅助器具4596件；为1120名有康复需求的残疾人提供每月一次的送康复上门服务；为10名盲人提供定向行走训练；为2205名残疾人开展免费健康体检；为315名贫困白内障患者提供手术补助；为90名0周岁～7周岁残障儿童提供康复救助；为40名肢体残疾人安装假肢、矫形器69件；为541名精神残疾人提供免费送药上门服务；为51名成年肢体残疾人、33名脑瘫儿童、7名智残儿童提供社区康复服务；为4名肢体残疾人提供手术救助。（马月红）

【多渠道安置残疾人就业6996人】 全区就业年龄段内持证残疾人中，有一定劳动能力且有就业愿望的残疾人有7109人，实现就业6996人（其中，集中就业3915人，分散就业2230人，自主创业和自谋职业119人，非正规就业366人，其他形式就业366人），就业率98.41%。其中新增分散就业岗位178个。全区在实施残疾人按比例分散就业范围内的单位有11156家，收取残疾人保障金4610.6万元。其中，安排残疾职工单位1105家，对安排残疾人达到或超过比例的669家单位免缴残疾人就业保障金，对669家超比例单位实施奖励金519736.02元。（马月红）

【深入拓展"阳光家园"服务功能】 年内，在完善"阳光家园"硬件设施的基础上，拓展服务领域，围绕完善"阳光家园"服务平台，实现"阳光家园"服务残疾人、服务残疾人家庭、残疾人及其家庭服务社会。全区13个"阳光之家"注册学员868人，开展便民服务106项，服务残疾人1459人次；受理接待各类残疾人咨询、来访28件；120余名残疾人参加技能竞赛；14名"阳光之家"管理服务人员开展教学比赛；70家结对单位与1204人次残疾人开展各类结对活动；13个"阳光心园"管理机制进一步规范，学员入园评估得到加强，管理服务人员应对突发事件的能力得到提高，268名注册精神病患者得到更加有针对性的服务。（马月红）

【陈杰在亚残运会上摘金】 12月15日，在广州举办的第一届亚洲残疾人运动会上，奉贤籍运动员陈杰在男子田径800米T36级比赛中，以2分20秒09的成绩获得金牌。（马月红）

一户多残家庭在指定超市凭帮困卡购买生活必需品

（金梅群　摄）

红十字会工作

【概况】 至年底，全区有镇、开发区红十字会13家，学校红十字会56家，红十字护理院4所，红十字服务站165家，有成人红十字会会员12742人，青少年会员31488人，团体会员单位43家。区红十字会完成红十字救护员培训953人，普及培训6629人，复训630人。巩固完善24支区、镇级红十字救护队和187支村（居委）、企业、学校、医院、行业、楼组级红十字救护队；开展中小学生、婴幼儿住院、门诊大病基本医疗保障工作，完善全区少年儿童基本医疗补充保障网。新学年，全区10万余名婴幼儿和中小学生参加上海市少儿住院基金，筹资总额610余万元，覆盖全区101所公办学校及幼儿园、16所民办农民工子女学校，惠及民工子女12329人。再次争取市儿童健康基金会和区民政局支持，为1069名困难农民工子女、残障、地震灾区学生和1374名低保家庭少儿免费送上“生命绿卡”，学生参加率100%。全年为8200余人次患病少儿支付少儿基金和少儿居保医疗费用1500余万元。完成造血干细胞血检入库347例，累计入库3700余例，与患者配对移植成功2例；新增遗体(角膜)捐献登记23人，累计登记216人，实现捐献3人。募集红十字人道救助基金496.8万元，物资价值147.34万元。其中，为特别需要帮助的特困群众送去帮困款物457.1万元。 (夏 君)

【开展纪念世界红十字日宣传活动】 5月18日，区红十字会和区教育局在致远高级中学联合举办“红十字与世博同行”——纪念第63届世界红十字日宣传系列活动。上海市红十字会党组书记、常务副会长马强、青少年工作部部长李江英应邀出席活动，全区各镇、开发区、学校红十字会会长、专职干部、红十字志愿者、红十字青少年、区红十字会部分理事和爱心企业等600余人参加活动。 (夏 君)

【开展纪念世界急救日系列宣传活动】 9月8日，由区红十字会主办、海湾镇红十字会承办的“急救为人人，健康筑和谐”——纪念世界急救日宣传活动启动仪式在海湾镇拉开全区红十字系统宣传月活动序幕。各镇、开发区红十字会副会长、秘书长，区救护培训督导组成员、急救培训基地负责人，红十字救护队、红十字志愿者、红十字青少年和社区群众等200余人参加活动。 (夏 君)

【华建敏视察关爱老年人工作】
11月16日，全国人大常委会副委员长、中国红十字会会长华建敏在上海市红十字会顾问谢丽娟、常务副会长马强等陪同下，视察奉城红十字老年护理院工作。华建敏在听取区红十字关爱老年人工作汇报后，现场题词“大爱在心，善行天下”。 (夏 君)

【曹嵩生到奉视察红十字会工作】
11月23日，中国红十字会原对外联络部负责人曹嵩生到奉贤视察，并陪同国际红十字运动创始人亨利·杜南家族的后裔、杜南·莫瓦尼埃协会副主席贝尔纳及其夫人等一行考察奉贤红十字工作。 (夏 君)

【举办教育系统红十字初级救护技能邀请赛】 12月17日，区红十字会、区教育局在区级救护培训基地——少年军校联合举办2010年区教育系统红十字初级救护技能邀请赛，12所中学近150名学生参加比赛。 (夏 君)

【举行“千万人帮万家”迎春帮困启动仪式】 12月24日，“春暖贤城 爱满滨海”——奉贤区“千万人帮万家”迎春募捐帮困活动启动仪式在南桥镇社区文化活动中心举行。活动筹集棉被、大米、牛奶、饼干、帮困卡和帮困款等总价值71.75万元，帮困物资和帮困卡全部发送到全区1200余户困难家庭。 (夏 君)

人民生活

【概况】 全年城镇从业人员平均劳动报酬47285元，比上年增长10.0%；职工平均劳动报酬44113元，比上年增长9.2%。据城镇和农村住户抽样调查显示，城镇居民家庭人均年可支配收入23938元，比上年增长10.2%；农村居民家庭人均年可支配收入13180元，比上年增长11.6%。居民储蓄存款385.2亿元，比年初增加18.7%。据城镇和农村住户抽样调查显示，至年末，全年城镇居民人均生活消费支出12762元，比上年增长0.6%；农村居民人均生活消费支出9293元，比上年增长15.5%。平均每百户城镇居民家庭耐用消费品拥有量：家用汽车10辆，家用空调156台，移动电话186部，家用电脑78台。平均每百户农村居民家庭耐用消费品拥有量：家用汽车7辆，彩电169台，洗衣机83台，热水器63台，移动电话163部，家用空调77台，家用电脑39台。 (刘成成)

【居民居住条件继续改善】 年末，城镇居民人均住房面积46平方米，比上年增长0.4%；农村家庭人均住房面积78平方米，比上年增长0.4%。安居工程取得新成效。农民集资房实际竣工113万平方米，改造2.8万平方米直管公房，安置3385户在外过渡动迁户，5万平方米保障性用房正式开工建设，发放廉租租金260万元。全区实际动迁4561户，动迁房屋面积154万平方米。 (刘成成)

【“十一五”期间农村居民家庭收入年平均增速12%】 据国家统计局奉贤调查队最新调查资料显示：“十一五”期末，区700户农村居民家庭年人均获得可支配收入13180元，比上年同期的11814元，增加了1366元，增幅11.6%；与“十五”期末相比，增加5694元，增幅达到76.1%，5年内年均增长速度12%。“ (刘成成)

奉贤区“十一五”期间农村居民家庭收入水平示意图

【租金收入拉动收入增长】 随着区域经济的快速发展，大量外省市劳动力到奉贤打工，从而促使区农村居民家庭的房屋出租收入成倍增长。“十一五”期末，在区700户农村居民家庭中，人均从财产性方面获得的可支配收入710元，比“十五”期末的336元，增加了1.1倍。其中，2010年农村居民家庭人均获得租金收入665元，比“十五”期末增加了1.8倍，租金收入占农村居民家庭财产性收入的90.6%，比“十五”期末提高35.1个百分点。从调查资料中还发现，2010年，在区700户农村住户居民家庭中，200户农户有房屋租金收入，年获得租金收入130.7万元，其中全年租金收入最高的农户5.4万元，全年租金收入超过1万元的49户。

（刘成成）

【农民转移性收入增加】 随着农村养老等社会保障措施的不断完善，农村老年人口的离、退休工资标准在不断提高，推动农村居民家庭从转移性方面所获得的收入逐年增长。从700户农村住户调查资料中看，2010年，区农村居民家庭人均从离、退休金方面获得的收入为2011元，占农村居民家庭全年人均转移性收入总额的78.7%，比“十五”期末的人均679元，增加了1332元，增幅高达近2倍，占农村居民家庭转移性收入总额的比重也增加31.2个百分点。在扣除各类转移支出之后，2010年区农村居民家庭人均从各类转移性方面获得可支配收入1222元，比“十五”期末的765元，增加了457元，增长59.7%。

（刘成成）

2010年奉贤区百户城镇、农村居民人均收支情况表

单位:元

项目	城镇居民			农村居民		
	2010年	2009年	2010年比2009年±(%)	2010年	2009年	2010年比2009年±(%)
全年总收入	24632	22702	8.5	16040	14717	9.0
工资性收入	18317	16879	8.5	9985	8931	11.8
家庭经营性收入	1314	1283	2.4	2760	2862	-3.6
财产性收入	421	407	3.4	741	735	0.8
转移性收入	4580	4133	10.8	2554	2189	16.7
全年总支出	15000	14737	1.8	12072	10914	10.6
家庭经营费用支出	634	666	-4.8	1413	1460	-3.2
生活消费支出	12762	12681	0.6	9293	8046	15.5
财产性支出	0	0	-	30	45	-33.3
转移性支出	1602	1375	16.5	1332	1295	2.9
全年家庭人均可支配收入	23938	21713	10.2	13180	11814	11.6

（刘成成）

（本栏目编辑 马莉苑）

镇·社区

综　　述

2010年，全区8个建制镇，辖有村委会152个、村民小组2801个、居委会77个、居民小组3886个。8个镇户籍人口45.97万人，其中农业人口33.96万人。全年8个镇实现增加值258.59亿元，其中第一产业增加值13.56亿元，第二产业增加值169.54亿元，第三产业增加值75.49亿元；实现工农业总产值888.01亿元，其中工业总产值849.50亿元，农业总产值38.51亿元。（史志办）

南桥镇

【概况】 南桥镇位于奉贤区中西部，东枕金汇港，南至平庄公路，西濒沙港，北靠黄浦江，镇域面积114.66平方公里，耕地面积2842.75公顷，是奉贤区政治、经济、文化、信息中心，也是区委、区政府所在地，是列入上海市杭州湾北岸板块的综合性服务型核心新城，是服务长三角南翼及大浦东地区的重要枢纽和门户。设有西渡社区、第一、二街道、光明社区，辖村委会17个、村民小组365个、居委会43个。全镇常住人口36.07万人，户籍人口12.42万人，农业人口1.99万人，外来人口15.25万人。2010年，全镇实现增加值62.04亿元，比上年增长14.52%，三次产业完成产出426.96亿元，比上年增长13.4%，工农业总产值225.54亿元，其中工业产值221.48亿元，农业产值4.05亿元。全年完成税收14.99亿元，比上年增长22.7%。实现社会消费品零售总额43.21亿元，比上年增长18.3%。完成地方财政收入4.61亿元，比上年增长11.3%。年内，全镇357个党组织、7500余名党员参加到创先争优活动中，并取得阶段性成效。（朱安达）

【南桥镇二届四次、五次人代会召开】 1月28日，南桥镇第二届人民代表大会第四次会议在镇政府二楼会议厅召开，应到代表129人，实到代表115人，列席200余人。会议审议通过由镇长徐正文所作的《政府工作报告》和由龚建平所作的《2009年财政预算执行情况和2010年财政预算报告》。7月26日，南桥镇第二届人民代表大会第五次会议在镇政府二楼会议厅召开，应到代表129人，实到代表115人，列席200余人。会议选举产生邢继光、彭军为南桥镇人民政府副镇长。（朱安达）

【实施全民教育工作】 3月26日，南桥镇全民教育启动大会召开，标志着南桥镇全民教育三年行动计划正式实施。年初，南桥镇制定《全民教育2010～2012年三年行动计划纲要》和《2010年全民教育工作实施意见》，明确8个方面的分众化教育内容，即党员干部教育、村民教育、社区居民教育、职工

南桥镇夜景　　（南桥镇　供稿）

教育、青少年教育、家庭教育、老年教育、来奉人员教育等。在全镇范围内组建5支宣讲队伍,搭建12个教育载体,广泛开展宣传教育。年内,利用宅基课堂、市民学校等平台开展各类教育培训活动3995次,党员群众参与8万余人次。(朱安达)

【新建居委会4个】 4月6日,经区政府批准,建立正阳二居、贝港六居、文怡居委和水岸居委等4个社区居民委员会。至此,南桥镇所属居委会数量由39个增加至43个,其中正阳二居管辖范围:东至S4高速公路,南至环城南路,西至新横泾港,北至育秀东路,总建筑面积41万平方米,总户数2525户;贝港六居管辖范围:东至环城西路,南至解放西路,西至竹港河,北至浦东运河,总建筑面积20万平方米,总户数880户;水岸居委管辖范围:东至沪杭公路,南至灯塔村,西至灯塔村,北至西闸路,总建筑面积20.8万平方米,总户数2344户;文怡居委管辖范围:东至环城东路,南至南渡村,西至横泾港,北至西闸路,总建筑面积18.5万平方米,总户数2524户。(朱安达)

【人口普查工作接受国家级抽查】 11月26~28日,第六次全国人口普查国家级质量抽查组对南桥镇华严村012普查小区,通过实地上门比对、资料复核等进行抽查,并对抽查情况表示满意。此次国家级事后质量抽查工作在全市共抽查20个普查小区,该普查小区也是奉贤唯一被抽查的小区。(朱安达)

【获中共中央、国务院"上海世博会先进集体"称号】 12月27日,在北京人民大会堂召开的中国2010年上海世博会总结表彰大会上,南桥镇获得由中共中央、国务院颁发的"上海世博会先进集体"称号。南桥镇围绕迎博、办博工作中心,加强城市综合管理,广泛开展迎世博600天行动、"三五"集中行动、万名市民环境大整治等活动,开展高速公路、主干道沿线及周边环境综合整治,集中整治茶水炉经营点383个,取缔废旧物资收购点508个。广泛宣传,发放《迎世博市民读本》《迎世博市民志愿者倡议书》等各类宣传材料10万余份;坚持每月组织市民开展"三五"系列活动,安排市、区文明单位交通文明值勤活动,广泛发动市民积极参与环境卫生清扫活动,组织服务行业开展窗口文明活动等。扎实推进安保工作。上海世博会期间,全镇刑事案件比上年同期下降30%,信访受理下降18%,公众安全和社会治安满意度测评指数93.87,列全市前茅。在全镇组建6800余人的志愿者服务队伍,开展各类世博服务保障工作;组织3000余名代表参与世博试运行测试,配合做好奥地利国家馆日活动,组织世博园区内外文艺展演47场。(朱安达)

南桥镇南渡村农家书屋 (王菊萍 摄)

【固定资产投资稳步增长】 全年引进实业型内资项目23个,完成到位资金8.5亿元;引进外资项目20个,到位外资1622万美元,合同外资1985万美元;新增注册型纳税企业1202户。强化服务措施,确保重点项目建设顺利推进,全年实施投资项目54个,完成社会固定资产投资13.03亿元(不含房地产),比上年增长20.7%,其中工业固定资产投资10.51亿元。全年上报招商储备项目33个,计划总投资额80余亿元。(朱安达)

【推进动迁安置工作】 全年完成动迁签约农户612户,商铺和企业128家,为南桥新城开发和区、镇重大项目建设打下基础。建设金海苑、民旺苑二期动迁安置房22.2万平方米,保障动迁居民权益。(朱安达)

【加大农村基础设施建设】 全年完成村庄规划编制和10个村的居民点详细规划;完成村庄改造208户;规范农村土地流转,全镇238公顷农田流转到集体经营;建设五宅村、关港村育秧场;新建改建农村道路9.25千米、改造危桥6座;拆除农村违章建筑1.6万平方米;实施农村退养老人参与社会管理,重点开展茶水炉经营点、废旧物资收购点整治。(朱安达)

【转型发展成效明显】 南桥镇积极实施劣势企业淘汰和"腾笼换鸟",全年调整企业6家,涉及土地7.33公顷,年节约能耗1.26万吨标准煤。大力推进节能减排,规模以上工业企业万元产值能耗比上年下降5.2%。加强自主创新能力建设,全年申报科技创新项目80项,申报技术改造项目18个,完成验收到位资金2.14亿元。(朱安达)

【规模企业完成产值192.04亿元】 南桥镇全年产值500万元以上规模企业368家,完成产值192.04亿元,比上年增长16.9%,占工业总产值比重79%。全年工业产值超亿元企业46家，比上年增加8家，上缴税金超千万元企业20家，区年度纳税百强企业11家。上海超日太阳能科技股份有限公司成功上市。

（朱安达）

2010年南桥镇主要社会经济指标情况表

项　目	单　位	数　值	项　目		单　位	数　值
人口：年末户籍总户数	户	49734	生猪出栏		头	7076
年末户籍总人口	人	124226	家禽出栏		羽	94300
其中：户籍农业人口	人	19935	牛奶产量		吨	2677
常住人口	人	360715	鲜蛋产量		吨	583
增加值	万　元	620418	水产品产量		吨	2137
其中：第一产业	万　元	9434	中小学	公　办	所	18
				民　办	所	5
第二产业	万　元	403618	在校学生	公　办	人	27777
				民　办	人	4391
第三产业	万　元	207366	幼儿园	公　办	所	14
				民　办	所	7
工农业总产值（现行价格）	万　元	2255357	在园儿童	公　办	人	6645
				民　办	人	2038
其中：工　业	万　元	2214824	学校（幼儿园）教职工	公　办	人	2856
				民　办	人	454
农　业	万　元	40534	卫生机构		所	3
财政总收入	万　元	149915	户籍人口出生数		人	890
其中：地方财政收入	万　元	46097	户籍人口出生率		‰	7
社会消费品零售总额	万　元	432142	户籍人口死亡数		人	731
固定资产完成投资额	万　元	130297	户籍人口死亡率		‰	5.75
工业销售收入	万　元	2347918	人口自然增长率		‰	1.25
工业利润	万　元	115462	计划生育率		%	99.7
外贸出口额	万美元	78365	农村社会养老保险投保人数		人	5785
工业企业总户数	户	1715	农村社会养老保险发放人数		人	4629
其中：三资企业	户	97	农村社会养老保险发放金额		万　元	1974
股份合作制企业	户	15	农村合作医疗参加人数		人	17118
私营企业	户	1586	农民劳均所得		元	21979
粮食总产量	吨	8351	农民人均纯收入		元	14300
油菜籽总产	吨	140	年末储蓄存款总额		万　元	1856191
蔬菜总产	吨	85139				

（朱安达）

2010年南桥镇村、居委会基本情况表

村、居委会名称	党支部（总支）书记	村（居）委主任	村民小组（个）	总面积（平方公里）	耕地面积（公顷）	户　数（户）	户籍人口（人）	可支配收入（万元）
沈陆村	王志龙	谢耀齐	32	5.4	209	671	2828	442
江海村	俞保国	韩旗刚	30	5.78	238	1507	4469	624
六墩村	王顺均	王顺均 *	33	4.66	270	1349	4237	495
曙光村	阮仁龙	阮仁龙	17	5.74	27	1189	3169	823
张翁庙村	阮连权	阮连权	27	5.13	59	1415	4546	608

续 表

村、居委会名称	党支部（总支）书记	村（居）委主任	村民小组（个）	总面积（平方公里）	耕地面积（公顷）	户 数（户）	户籍人口（人）	可支配收入（万元）
发展村	陈德兴	陈德兴	14	2.13	67	665	1942	328
灯塔村	万玉龙	万玉龙	25	4.50	193	1178	3450	631
南渡村	张裕明	姜福官	33	7.45	219	2314	6364	1159
金港村	王爱民	王爱民	22	4.38	86	1136	3286	257
华严村	朱新龙	朱新龙	22	4.20	235	919	2779	676
益民村	金勤明	王焕强	21	3.13	157	879	2481	372
关港村	何琴章	何琴章	10	1.92	106	590	1718	71
北新村	唐文忠	张金林	18	3.45	146	818	2330	331
五宅村	陈永强	陈永强	15	2.45	158	738	1970	153
庙泾村	张吉明	张吉明	6	1.48	27	386	1216	363
光明村	万志孝	万志孝	11	2.50	35	632	1942	1439
杨王村	孙跃明	盛 斌	29	5.86	199	1216	3298	3148
古华第一居委会	邹 英	邹 英	–	0.13	–	1674	2929	–
古华第二居委会	吴慰平	吴慰平	–	0.15	–	1350	1739	–
古华第三居委会	费忠辉	费忠辉	–	0.15	–	1996	1812	–
运河居委会	阮德明	阮德明	–	0.31	–	2292	3079	–
曙光第一居委会	赵为伟	赵为伟	–	0.25	–	1730	1806	–
曙光第二居委会	刘春燕	刘春燕	–	0.41	–	1654	1090	–
北街居委会	何兰芳	何兰芳	–	0.21	–	1423	1988	–
中街居委会	余姗妹	余姗妹	–	0.22	–	1495	2296	–
解放第一居委会	蔡耀君	蔡耀君	–	0.24	–	2117	2819	–
解放第二居委会	朱晓燕	朱晓燕	–	0.16	–	1719	3457	–
解放第三居委会	吴春花	吴春花	–	0.33	–	2351	3569	–
贝港第一居委会	范全娟	范全娟	–	0.16	–	2375	2866	–
贝港第二居委会	林卫芳	林卫芳	–	0.10	–	1311	1545	–
贝港第三居委会	周 瑛	周 瑛	–	0.14	–	1957	2323	–
贝港第四居委会	周 兰	周 兰	–	0.15	–	1569	1866	–
贝港第五居委会	张海燕	张海燕	–	0.38	–	1115	1358	–
贝港第六居委会	徐 红	蒋科平	–	0.13	–	841	563	–
江海第一居委会	吴卫群	吴卫群	–	0.17	–	1754	1306	–
江海第二居委会	沈爱莲	沈爱莲	–	0.17	–	2379	1598	–
江海第三居委会	郑卫华	郑卫华	–	0.14	–	1599	1107	–
江海第四居委会	王小英	王小英	–	0.15	–	1819	957	–
江海第五居委会	吴慧萍	吴慧萍	–	0.27	–	2583	1961	–
育秀第一居委会	翁梅龙	李月华	–	0.17	–	1544	2100	–
育秀第二居委会	沈丽华*	徐 英	–	0.22	–	2023	2453	–
育秀第三居委会	蔡春华	蔡春华	–	0.14	–	1726	1637	–
育秀第五居委会	周 俊*	朱梅芹	–	0.15	–	2326	2663	–
育秀第七居委会	夏春花	夏春花		0.11		1566	1374	
南街居委会	王文华	王文华	–	0.22	–	1955	2481	–
阳光第一居委会	陈纪芳	陈纪芳	–	0.31	–	2753	1840	–

续 表

村、居委会名称	党支部（总支）书记	村（居）委主任	村民小组（个）	总面积（平方公里）	耕地面积（公顷）	户 数（户）	户籍人口（人）	可支配收入（万元）
阳光第二居委会	朱 瑛	朱 瑛	–	0.16	–	1318	777	–
富康居委会	张群英	张群英	–	0.13	–	1631	932	–
正阳第一居委会	傅建明	傅建明	–	1.00	–	2288	1340	–
正阳第二居委会	缪引华	陈海莲	–	0.31	–	1154	435	–
肖塘居委会	沈亦农	沈亦农	–	0.35	–	4453	1030	–
浦江居委会	朱伟英	朱伟英	–	0.14	–	1324	756	–
水闸居委会	高建林	高建林	–	0.14	–	1920	1148	–
闸园居委会	张建光	张建光	–	0.22	–	1351	940	–
鸿宝第一居委会	陈爱群	陈爱群	–	0.17	–	1497	1004	–
鸿宝第二居委会	王玲珠	王玲珠	–	0.19	–	2378	1610	–
鸿宝三居委会	陈辉国	陈辉国	–	0.16	–	1903	1242	–
新南居委会	张群连	张群连	–	0.38	–	3274	1271	–
文怡居委会	张明华	张明华	–	0.32	–	2012	986	–
水岸居委会	马国强	马国强	–	0.16	–	1848	1067	–

说明："*"表示为主持工作。 （朱安达）

奉城镇

【概况】 奉城镇位于奉贤区东部之中心，东靠四团镇，南与海湾镇以沿塘河和彭公塘一线之隔，西邻青村镇，西北与金汇镇相接，北以界河港与浦东新区新场镇为邻。镇域面积109.91平方公里，耕地面积5326公顷。设洪庙、塘外、头桥社区办事处3个，辖村委会41个、村民小组625个、居委会9个。全镇常住人口155242人，户籍人口86036人，其中农业人口40873人；外来人口69206人。全年实现增加值38.01亿元，比上年增长11.8%；第一产业增加值3.28亿元，第二产业增加值20.38亿元，第三产业增加值14.35亿元。完成工农业总产值121.51亿元，其中工业总产值112.83亿元，比上年增长8.42%，农业总产值8.68亿元，比上年增长4.8%。全年完成税收7.36亿元，比上年增长22.47%；完成地方财政收入1.89亿元，比上年增长31.6%。实现社会消费品零售总额31.09亿元，比上年增长11.12%。集市贸易交易额5.17亿元，比上年增长13.06%。完成全社会固定资产投资8亿元，比上年增长14.3%，其中工业固定资产投资7.5亿元，比上年增长49.1%。 （王璀莹）

奉城镇夜景 （奉城镇 供稿）

【奉城镇二届五次人代会召开】 1月26日，奉城镇第二届人民代表大会第五次会议在社区文化活动中心召开，应到代表95人，实到代表87人，列席200人。会议审议通过政府工作报告和财政预决算报告。 （王璀莹）

【《高桥村志》和8部村简史印行】 1月，历时3年编成的《高桥村志》作为内部资料印刷发行，并赠与每户村民1本。该书设17卷75章262节，40余万字，详细介绍2007年底以前的高桥村历史演绎、自然环境、经济发展、民风民情、杰出人才等。该书由上海市政协主席冯国勤题词，中共奉贤县委原书记陆嘉书题写书名，镇党委书记蒋德川题词，市地方志办公室原副主任、研究员、1987年版《奉贤县志》主编姚金祥作序。年内，蔡桥、新亚、联工、洪庙、洪南、褚聚、灯民、

二桥等8个村的简史也内部印行。（王璀莹）

【签订土地流转合同15451份】 1月初起，镇村设立服务机构，承担土地流转信息的收集、发布以及流转合同签订的指导和服务等工作，推进农村土地流转工作的规范化、制度化，维护农民合法权益。33个村的15451户农户签订流转合同，涉及土地4216.73公顷。（王璀莹）

【奉城镇职工学校成立】 5月13日，奉城镇职工学校挂牌成立。职工学校在41个村和34家企业设立教学点，授课老师由奉城镇成人文化中等技术学校志愿者老师和企业根据自身要求聘请的专业人员担任。年内，学校开展各项职工培训213批，受训36320人次。（王璀莹）

【上海贤达美尔森过程设备有限公司开业】 9月8日，注册在奉城的法国独资企业——上海贤达美尔森过程设备有限公司开业。区委书记张立平、法国驻沪领事馆代表、商务参赞佛朗西斯·木郎伊、法国美尔森集团总裁陶克努等为新厂房启用揭幕，区长时光辉致辞。公司占地15万平方米，拥有8.2万平方米的车间及办公楼。公司注册资金1000万美元，拥有广泛的高性能材料和设备，高端生产能力可满足大型设备的制造需求。（王璀莹）

【流动人员党支部成立】 10月10日，上饶市横山县新篁办事处流动人员党支部在奉城镇洪东村成立。支部有党员9人，支委成员由流动党员担任，镇党委协调帮助提供办公场所和设备。通过流动党员党支部，组织党员开展党建活动，探索与当地党组织文明共建。（王璀莹）

【加快经济结构优化】 年内，奉城镇着力"调结构、保增长"，转变经济发展方式。在完成塘外化工区整体搬迁调整基础上，上半年以关、停、并、转、迁的方式淘汰落后劣势企业37家，下半年对杭州湾北岸重点调整区域内的5家企业实施产业结构调整。推进闲置厂房招租工作，完成闲置厂房招租10.84万平方米，完成年计划6万平方米的180.8%。同时，完成3个市场全面转型，上海海台农副产品批发市场完成招租1120户，日销售流量超过1200余吨；上海祥奉钢材市场引进公司450家，注册奉城149家，实现新增税收30余家；上海奉贤建材市场签订招商合同600余家，完成工商注册登记40户，商贸将成为奉城新经济增长点。（王璀莹）

【引进项目75个】 全年引进项目75个，其中内资项目57个，到位资金6亿元，比上年增长23.33%；引进外资项目18个，到位资金1230万美元，比上年增长10.51%；落实预备项目6个，合同投资额8.7亿元。（王璀莹）

9月8日，上海贤达美尔森过程设备有限公司开业

（奉城镇　供稿）

【塘外化工区调整完成】 塘外化工区战略性调整工作自2009年4月起实施。年内，由市、区两级财政补偿1.35亿余元，涉及企业19家。其中，上海亿际化工有限公司、上海腾圭精细化工有限公司、上海彩星化工有限公司3家企业在化工区奉贤分区建造新厂，上海凌城石油化工厂待化工区奉贤分区落实土地后建厂，其余企业均歇业，原化工区域腾出土地37.33余公顷。（王璀莹）

【开展迎世博和服务世博工作】 年内，奉城镇全面推进迎世博和服务世博工作，重点加强宣传引导，开展顽症整治，启动志愿服务大行动。1月，招募志愿者3369人，分别提供世博安保宣传、社区治安巡访、驻点守护、收集治安和消防信息、排查化解社会矛盾、重点人员帮教化解以及生产安全检查等服务。3月，启动文明观博全民学习培训和世博安保志愿者培训，举办培训班53场次。4月，组建世博先锋行动党员志愿者应急分队，重点推进平安世博行动、宣传文明行动、清洁城市行动和窗口行业文明服务行动。4月下旬，开展平安志愿服务实践拉练行动，提升服务世博的能力。6月，向50104户家庭发放"世博大礼包"。7月，开展"我为世博展风采，共享世博促发展"的志愿服务大比武行动。9月，奉城镇社区和稳定中心党支部被市委授予"创先争优"世博先锋行动"五好'基层党组织称号。（王璀莹）

【三年结对帮扶资金1938.62万元】 年内，结对帮扶形成由市委大口工作党委与经济薄弱村结对帮扶、城乡共建结对帮扶、局村挂钩结对帮扶、企村联手结对帮扶、"五好"村结对联手共建等多元帮扶局面。2010年到位资金434.51

万元，三年累计收到结对帮扶单位资金1938.62万元。9月16日，杨浦区五角场街道、定海路街道、殷行街道到奉城参加新一轮“城乡共建、和谐发展”结对签约仪式。9月28日，举行新一轮局村挂钩帮扶签约仪式，区级委、办、局与25个结对村签约。（王璀莹）

2010年奉城镇主要社会经济指标情况表

项目	单位	数值	项目		单位	数值
人口：年末户籍总户数	户	36628	生猪出栏		头	151702
年末户籍总人口	人	86036	家禽出栏		羽	330.6
其中：户籍农业人口	人	40873	牛奶产量		吨	-
常住人口	人	155242	鲜蛋产量		吨	6339
增加值	万元	380116	水产品产量		吨	8211
其中：第一产业	万元	32794	中小学	公办	所	13
				民办	所	2
第二产业	万元	203803	在校学生	公办	人	11798
				民办	人	1402
第三产业	万元	143519	幼儿园	公办	所	5
				民办	所	4
工农业总产值（现行价格）	万元	1215092.7	在园儿童	公办	人	2026
				民办	人	1183
其中：工业	万元	1128317.9	学校（幼儿园）教职工	公办	人	1307
				民办	人	183
农业	万元	86774.8	卫生机构		所	4
财政总收入	万元	120259	户籍人口出生数		人	475
其中：地方财政收入	万元	18859	户籍人口出生率		‰	5.6
社会消费品零售总额	万元	310927	户籍人口死亡数		人	652
固定资产完成投资额	万元	80044	户籍人口死亡率		‰	7.6
工业销售收入	万元	1029562	人口自然增长率		‰	-2
工业利润	万元	49419	计划生育率		%	99.3
外贸出口额	万美元	24885	农村社会养老保险投保人数		人	17620
工业企业总户数	户	1435	农村社会养老保险发放人数		人	9800
其中：三资企业	户	78	农村社会养老保险发放金额		万元	3971
股份合作制企业	户	-	农村合作医疗参加人数		人	33437
私营企业	户	1299	农民劳均所得		元	17690
粮食总产量	吨	21508	农民人均纯收入		元	13036
油菜籽总产	吨	653	年末储蓄存款总额		万元	727050
蔬菜总产	吨	66120				

（王璀莹）

2010年奉城镇村、居委会基本情况表

村、居委会名称	党支部（总支）书记	村（居）委主任	村（居）民小组（个）	总面积（平方公里）	耕地面积（公顷）	户数（户）	户籍人口（人）	可支配收入（万元）
灯民村	金伯兴	金伯林	8	1.54	14.2	509	1339	290.15
高桥村	王晓峰	王晓峰	12	1.96	2.0	564	1448	362.15
陈桥村	陈石能	陈石能	13	2.75	53.5	696	1696	47.33
八字村	孙南强	孙南强	8	1.36	71.4	345	930	37.48
路口村	李建华	李建华	9	1.59	43.7	408	991	30.21

续 表

村、居委会名称	党支部（总支）书记	村（居）委主任	村（居）民小组（个）	总面积（平方公里）	耕地面积（公顷）	户 数（户）	户籍人口（人）	可支配收入（万元）
久茂村	杨正超	杨正超	13	2.18	132.8	572	1359	34.53
爱民村	陈德官	谢宝龙	13	2.16	141.5	541	1290	28.37
永民村	杨福才	杨福才	23	3.4	156.4	1047	2459	84.34
联民村	朱仁官	庄 妹	12	2.22	158.6	541	1253	39.14
新民村	苏红权	祝文娟	25	3.69	236.7	966	2327	97.84
东门村	屠彩军	屠彩军	5	1.1	19.3	476	1103	58.17
城东村	何德军	何德军	10	1.1	20.0	490	1183	22.95
南街村	王凤芳	王凤芳	9	0.55	22.0	71	74	183.52
奉城村	屠卫荣	蔡桂平	11	0.57	2.2	682	1507	15.98
北门村	徐建国	冯文华	16	2.08	77.0	654	1492	27.11
白衣村	瞿家台	瞿家台	9	1.2	65.9	388	918	51.65
洪东村	姜仁娟	王明芳	23	3.81	163.5	1073	2612	58.34
洪北村	王建明	刘宝龙	11	1.59	40.2	548	1337	79.16
洪庙村	李秀英	瞿庆华	8	1.51	9.4	439	1074	73.89
洪西村	王朝红	王朝红	12	1.34	61.3	410	971	47.85
洪南村	王志清	王志清	10	1.47	14.1	483	1245	272.22
协新村	何宝明	钱彩萍	16	2.92	164.4	876	2085	189.22
朱新村	陆国坚	陆国坚	23	2.31	269.8	1242	3012	52.35
集贤村	王林华	王林华	15	2.62	87.0	793	1923	92.51
盐行村	陈永贵	蒋国章	11	2.02	95.3	552	1377	36.46
朱墩村	陈德龙	施龙宝	23	4.05	238.3	1077	2604	51.99
大门村	李忠明	吴德龙	11	2.42	113.3	622	1568	146.32
卫季村	蒋建国	蒋林弟	14	2.45	67.5	651	1718	143.1
塘外村	褚品章	褚同章	28	5.3	158.2	1421	3541	100.12
护民村	尹启洪	张纪明	20	3.5	200.9	906	2230	49.18
陆家桥村	朱建荣	陆许华	20	4.37	213.4	1108	2713	42.96
红旗村	冯仁军	冯仁军	12	2.51	101.5	653	1532	27.35
冯家村	杨益官	杨益官	12	2.01	67.7	659	1532	36.61
幸福村	唐桂香	唐桂香	13	2.05	96.1	639	1521	36.71
戴家村	卫介清	卫介清	12	2.24	72.5	825	1905	48.97
分水墩村	王 征	王 征	27	4.03	197.1	1113	2602	78.31
二桥村	盛文军	盛文军	9	2.12	85.0	629	1488	25.69
蔡家桥村	徐长青	李坤龙	20	4.33	182.4	1004	2415	78.35
东新市村	金海荣	吴育清	31	5.84	166.6	1550	3800	301.79
南宋村	方云才	王秋根	18	3.42	170.2	913	2162	31.54
北宋村	陈 锋	陈 锋	30	5.08	192.4	1375	3414	45.53
奉城社区第一居委会	金正荣	金正荣	24	1.12	–	1869	3445	–
奉城社区第二居委会	金亚明	金亚明	20	0.7	–	580	1272	–
奉城社区第三居委会	王吉明	王吉明	30	0.24	–	330	666	–

续 表

村、居委会名称	党支部（总支）书记	村（居）委主任	村（居）民小组（个）	总面积（平方公里）	耕地面积（公顷）	户 数（户）	户籍人口（人）	可支配收入（万元）
奉城社区第四居委会	凌 鑫	凌 鑫	38	0.27	–	218	493	–
洪庙社区第一居委会	王国飞	王国飞	6	1	–	–	–	–
洪庙社区第二居委会	严青芳	严青芳	8	1	–	1329	2362	–
头桥社区第一居委会	顾玉初	顾玉初	8	0.5	–	–	–	–
头桥社区第一居委会	朱群英	朱群英	5	0.46	–	860	1407	–
塘外社区居委会	钱金洪	钱金洪	23	0.8	–	580	1076	–

（王璀莹）

四团镇

【概况】 四团镇位于奉贤区的最东部，东接临港新城，北临浦东新区，南靠杭州湾，西接奉城镇。镇域面积72.92平方公里，耕地面积2180.7公顷。下辖平安、邵厂社区2个、村委会21个、村民小组370个、居委会4个。全镇常住人口67058人，户籍人口50370人，农业人口26308人，外来人口20528人。全年实现增加值251219万元，其中第三产业增加值72176万元；工农业总产值702573.7万元，其中工业总产值665154.8万元，农业总产值37418.9万元。地方财政收入29119万元，完成税收8.31亿元，社会消费品零售总额85654万元。（方 烨）

【四团镇二届六次人代会召开】 1月12日，四团镇第二届人民代表大会第六次会议在四团镇小礼堂召开。大会应到代表76人，实到代表73人，列席190人。大会听取并审议政府工作报告和四团镇人民代表大会工作报告；审议、审查和批准四团镇2009年预算执行情况和2010年预算。（方 烨）

【举行文化“三下乡”巡回活动】 4月8～21日，四团镇举办2010年文化“三下乡”巡回活动。此次巡回活动共举办咨询和文艺表演22场，吸引万余名群众观看。（方 烨）

四团镇新农村风貌 （四团镇 供稿）

【肖贵玉到四团镇考察】 5月20日，市政府副秘书长、上海临港产业区管委会党组书记、副主任肖贵玉率领上海临港产业区管委会有关领导到四团镇考察调研临港奉贤园区推进情况。临港奉贤园区至2015年将首期开发5平方公里，预计总投入150亿元、年产值300亿元、年纳税额15亿元。在临港奉贤园区的辐射带动下，四团新镇区规划面积6平方公里，主要为临港产业园区生活配套，至2015年初步形成1万人口规模。（方 烨）

【“公推竞岗”选拔干部7人】 7月，四团镇改革干部选拔方式，通过“公推竞岗”方式，公开推出社保中心副主任、农保所所长、社事中心医管站站长、事业单位党支部委员等7个岗位。全镇范围各机关事业单位的33名优秀青年干部报名竞争。7月28日，四团镇开展“公推竞岗”现场竞聘演说，镇区管干部、机关事业单位负责人、各村党支部书记等93人参与打分、推荐，在此基础上以1∶3比例确定考察人选。（方 烨）

【四团1线正式通车】 8月26日，四团镇公交1线正式通车。四团1线是四团镇第一条城乡巴士线路，为镇西北部偏僻较远的村民出行提供便利。线路运营时间为6∶00～18∶00，起点站为四团文化活动中心，终点站为长堰村，途经四团小学、团青公路、景秀高中、

新桥、夏家、沈家、小荡、张家、长堰等20个站点。（方　烨）

【举办青年人才培训班】 9月26～29日，四团镇举办青年人才培训班。镇机关、事业单位青年人才、大学生村官、部分企业中层管理人员共40人参加培训。培训内容包括区经济发展形势报告、青年人才的学习力及其提升和区镇发展规划介绍等课程。（方　烨）

【举办“金秋放歌新四团”广场文化系列活动】 9月27～30日，四团镇成功举办“城市，让生活更美好”四团镇2010年“金秋放歌新四团”广场文化系列活动。“金秋放歌新四团”系列广场文化活动是四团镇的文化品牌，已连续举办6届。此届设有开幕式综合文艺专场、“腾辉杯”职工歌手大奖赛专场、电影专场、滑稽剧团专场演出，并设行政复议法、计划生育相关法律法规政策专场咨询1场，观看参与人数达万余人。（方　烨）

【推进重大工程建设】 年内，四团镇完成镇域内S2高速公路南侧50万伏、$G15_{01}$高速公路南侧50万伏、80万伏高压走廊动迁工作，完成老四平公路至四团港地下排水管铺设工作，完成S2高速公路高压线剩余动迁户的安置房分配工作。投入1400余万元，完成港团路、港佳路、港鹏路、港坤路工程建设。（方　烨）

【文明指数测评连续6次居区前列】 全方位开展志愿者活动，完善“三五”志愿者服务日、文明路口全天候值勤、迎世博600天效能督察、周四义务劳动、世博志愿者服务站等工作。加大对乱设摊、乱搭建、乱张贴、乱停车等城镇管理顽疾的治理力度，加大镇域内S2、$G15_{01}$高速公路两侧环境的整治力度，推进标准化集贸市场建设，改善城镇面貌，提升管理水平。展开世博安保工作。累计“文明观博”培训24500人次，在上海市迎世博城市文明指数测评中连续6次位居全区各镇前列。（方　烨）

8月26日，举行四团1线通车仪式　（四团镇　供稿）

【推进新农村建设】 年内，完成小荡村、夏家村共251户自然村落改造工程，启动686户农户的生活污水处理工程建设。完成乡村道路管养22万平方米，改建农村危桥12座，建设村级道路8.3千米，完成小农场路和金黄路改造工程，完成6家农家会所建设，启动三团港护坡工程建设。加快推进农业项目工程建设，完成拾村村“2000亩国家级农业综合开发土地治理项目”建设，全面完成大桥村“300亩高标准设施菜田”建设。投入200余万元整修农村地下渠道9400余米。推进稳定完善农村土地承包关系工作，建立镇土地承包经营权流转服务中心。（方　烨）

【启动新一轮结对帮扶工作】 6月起，四团镇21个村与市大口党委所属27家单位、杨浦区3个街道、区19家委、办、局签订新一轮结对帮扶协议。年内，到位帮扶资金432.97万元，其中市大口党委所属单位和杨浦区有关街道到位150.59万元。3年帮扶资金和实物总计2181.14万元，其中市大口党委所属单位和杨浦区有关街道到位1430万元，局村挂钩到位资金751.14万元。（方　烨）

2010年四团镇主要社会经济指标情况表

项　目	单　位	数　值	项　目		单　位	数　值
人口：年末户籍总户数	户	20361	生猪出栏		头	59680
年末户籍总人口	人	50370	家禽出栏		羽	350.5
其中：户籍农业人口	人	26308	牛奶产量		吨	800
常住人口	人	67058	鲜蛋产量		吨	1693
增加值	万　元	251219	水产品产量		吨	2680.3
其中：第一产业	万　元	12348	中小学	公　办	所	4
				民　办	所	1

续 表

项 目	单 位	数 值	项 目		单 位	数 值
第二产业	万 元	166695	在校学生	公 办 民 办	人 人	3405 458
第三产业	万 元	72176	幼儿园	公 办 民 办	所 所	2 2
工农业总产值(现行价格)	万 元	702573.7	在园儿童	公 办 民 办	人 人	1031 661
其中:工 业	万 元	665154.8	学校(幼儿园) 教职工	公 办 民 办	人 人	444 79
农 业	万 元	37418.9	卫生机构		所	2
财政总收入	万 元	33250.19	户籍人口出生数		人	298
其中:地方财政收入	万 元	29119	户籍人口出生率		‰	5.92
社会消费品零售总额	万 元	85654	户籍人口死亡数		人	386
固定资产完成投资额	万 元	85800	户籍人口死亡率		‰	7.66
工业销售收入	万 元	618040	人口自然增长率		‰	-1.74
工业利润	万 元	23141	计划生育率		%	99.66
外贸出口额	万美元	19538	农村社会养老保险投保人数		人	8468
工业企业总户数	户	643	农村社会养老保险发放人数		人	6152
其中:三资企业	户	41	农村社会养老保险发放金额		万 元	2524.49
股份合作制企业	户	2	农村合作医疗参加人数		人	18273
私营企业	户	591	农民劳均所得		元	16981
粮食总产量	吨	12891	农民人均纯收入		元	11902
油菜籽总产	吨	601	年末储蓄存款总额		万 元	245773
蔬菜总产	吨	57030				

(方 烨)

2010 年四团镇村、居委会基本情况表

村、居委会名称	党支部(总支)书记	村(居)委主任	村民小组(个)	总面积(平方公里)	耕地面积(公顷)	户 数(户)	户籍人口(人)	可支配收入(万元)
三坎村	朱志君	夏国清	19	2.60	49.7	951	2655	5.7
镇西村	张春平	张春平	23	2.72	68.4	1249	3181	7.89
大桥村	邵建明	王仁官	18	3.42	159.3	1051	2601	22.89
团南村	董志军	董志军*	8	0.89	3.5	396	956	1.6
新桥村	赵建平	陈佩新	19	2.73	127.7	1079	2681	13.99
四团村	顾永初	朱永清	26	3.62	163.9	1180	2986	8.56
长堰村	秦兴龙	黄华峰	22	3.51	197.7	901	2289	6.45
小荡村	吴林根	吴林根	19	3.27	172.9	870	2209	14.37
渔墩村	黄建才(6月免) 高建章(6月任)	黄建才 高建章*	23	3.36	92.3	1273	3375	2.13
夏家村	黄世英	黄世英	22	2.77	127.7	1181	2913	11.01
拾村村	宋 军	蒲自云*	25	3.46	148.8	1115	2969	8.32
渔洋村	狄水新	狄水新	21	3.77	145.1	1178	2890	8.44

续 表

村、居委会名称	党支部(总支)书记	村(居)委主任	村民小组(个)	总面积(平方公里)	耕地面积(公顷)	户　数(户)	户籍人口(人)	可支配收入(万元)
向阳村	吴玉明	杨引娟	17	2.51	65.9	791	1934	8.29
龙尖村	薛宏青	刘均才	8	1.47	4.9	510	1279	7.34
平海村	高保国	高保国	10	1.80	64.0	609	1547	18.36
三团港村	蔡赛珠	蔡赛珠	8	1.93	90.3	528	1374	6.69
五四村	徐　芳	徐　芳*	23	4.02	165.8	1298	3067	12.33
新建村	徐金军	徐金军	3	0.58	-	196	516	-
前哨村	张彩平	张彩平	10	2.77	-	633	1619	0.77
横桥村	唐龙兴	唐龙兴	22	3.58	149.2	1148	2834	7.49
杨家宅村	潘月仙	潘月仙(12月免)陈益明(12月任)	24	1.60	111.1	1128	2709	11.07
四团居委会	狄根娟	戴建芹	-	1.25	-	395	632	-
平安居委会	季勤舟	周爱芳	-	1.7	-	392	643	-
平安第二居委会	薛宏青	胡惠娟	-	-	-	-	-	-
邵厂居委会	卫　忠	卫　忠	-	0.42	-	192	271	-

说明：居委会户数和人口统计不包括区、镇大集体户口及自理户；“*”表示主持工作；平安二居委无统计数据。

（方　烨）

柘林镇

6月，柘林镇举行中老年文体巡展活动　　（姚鲜华　摄）

【概况】 柘林镇地处奉贤西南部，东与海湾镇、青村镇接壤，南临杭州湾，西与金山区漕泾镇交界，北与南桥镇、庄行镇相连。镇域面积95.66平方公里，下设柘林、新寺、胡桥3个社区，辖村委会15个、村民小组336个、居委会3个、内河队1个。常住人口62298人，其中户籍人口40466人，农业人口19636人；外来人口22573人。境内沪杭、浦卫、金海、环城东路、奉柘、S4(沪金高速公路)6条主要公路与浦东铁路交错形成二横五纵的道路交通网络。全年实现增加值30.98亿元，比上年增长19.2%；实现工农业总产值92.7亿元，其中工业产值87.4亿元，农业产值5.31亿元；实现社会固定资产投入5.94亿元，比上年降低23.85%；完成社会消费品零售总额11.86亿元，比上年增长16.96%；完成税收7.43亿元，比上年增长17.3%；完成财政收入3.16亿元，比上年增长16.18%。

（褚益宁）

【柘林镇二届四次、五次人代会召开】 2月8日，柘林镇二届四次人代会在柘林镇大礼堂召开，会议应到代表74人，实到代表74人，列席13人。会议听取审议2009年度政府工作报告，指出要紧紧围绕上海世博会大局，确保经济发展方式转变取得新进展。7月28日，柘林镇第二届人民代表大会第五次会议在柘林镇大礼堂召开，会议应到代表73人，实到代表73人，列席15人。会议听取和审议2010年上半年度政府工作报告，并补选李瑞忠为柘林镇人民政府副镇长。

（褚益宁）

【第二届“藏金阁杯”足球联赛开赛】 4月18日，柘林镇第二届

"藏金阁杯"足球联赛在华东理工大学球场正式开赛。联赛由柘林镇团委与镇体育职能部门联合举办,6 支队伍参赛。赛事采取 7 人制循环比赛,旨在倡导健康文体活动,丰富青年业余文化生活,同时营造"全民健身,与世博同行"的良好社会氛围。5 月,比赛结束。 (褚益宁)

11 月,开展科学健身宣传咨询活动 (周仁龙 摄)

【举行党建及文明观博知识竞赛】 7 月 6 日,柘林镇举行党建及文明观博知识竞赛。有 32 支队伍参加初赛,12 支队伍进入决赛。新寺村党支部代表队最终荣获第一名。 (褚益宁)

【三民文化展示获世博城市文化体验日最佳方案奖】 7 月 10 日,在上海世博城市文化体验日最佳方案颁奖晚会上,柘林镇社区文化活动中心策划的"彩灯飞舞赏奇葩"三民文化展演展示获得最佳方案奖。 (褚益宁)

【集中整治镇区夜间市容环境】 7 月 27 日,柘林镇城管、公安、工商、食药监等多部门联手,集中整治镇区夜间乱设摊现象。在为期 4 天的集中行动中,共出动城管执法人员 36 人次,市容协管人员 74 人次,城管执法车辆 12 车次,共依法暂扣违章工具,行政处罚 2 起。多部门联防、联打,有效改善柘林地区夜间城市管理秩序。 (褚益宁)

【整治违规办学点】 8 月 5 日,柘林镇世博安保办联合教育、公安、规划、城管等部门,开展非法办学整治行动,集中力量对胡桥社区原法华学校内的违规办学点进行整治,并当场予以取缔。 (褚益宁)

【举行迎国庆广场文化活动】 9 月 30 日,柘林镇举行"绚丽古镇展风姿"国庆广场文化活动。女声独唱、舞蹈《天堂》、绝技吹热水袋、独脚戏《巧舌如簧》等,沪上著名演员为柘林镇的居民献上精彩节目,还和居民们互动。 (褚益宁)

【开展"黑网吧"专项整治】 10 月 15 日,柘林镇开展"黑网吧"专项整治百日行动,由镇社事科、教管办联合公安等部门进行专项检查。检查中发现 3 所未经政府部门登记的"黑网吧",当即责令自行关闭,若逾期不关,则采取强制措施。 (褚益宁)

【完善三级联动机制促就业】 柘林镇将就业指标分解到保障中心服务窗口、村委、就业援助员,同时组织力量与本镇企业以及邻镇企业上门沟通联系,并采取举办企业用工现场招聘会、主动上门送富余劳动力资源信息到周边大学、企业等方法,增加就业岗位。至 10 月,全镇已完成新增就业岗位 2999 个,名列全区第二。 (褚益宁)

【举行健身气功展示活动】 11 月 9 日,柘林镇举行 2010 年全国百城千村健身气功展示上海市奉贤区柘林镇分会场展示活动。来自柘林、胡桥、新寺 3 个社区和胡桥村健身气功队的健身气功爱好者 80 余人进行健身气功展示。同时,由社会体育指导员对村民进行科学健身宣传、咨询以及反邪教宣传。 (褚益宁)

2010 年柘林镇主要社会经济指标情况表

项　目	单　位	数　值	项　目		单　位	数　值
人口:年末户籍总户数	户	15786	生猪出栏		头	52303
年末户籍总人口	人	40466	家禽出栏		羽	1020000
其中:户籍农业人口	人	19636	牛奶产量		吨	2859
常住人口	人	45423	鲜蛋产量		吨	2475.2
增加值	万　元	309849	水产品产量		吨	4826
其中:第一产业	万　元	20489	中小学	公　办	所	3
				民　办	所	1
第二产业	万　元	193666	在校学生	公　办	人	4226
				民　办	人	885

续 表

项　目	单　位	数　值	项　目		单　位	数　值
第三产业	万　元	95694	幼儿园	公　办	所	2
				民　办	所	1
工农业总产值(现行价格)	万　元	927020.2	在园儿童	公　办	人	904
				民　办	人	282
其中:工　业	万　元	873952.6	学校(幼儿园)教职工	公　办	人	325
				民　办	人	47
农　业	万　元	53067.6	卫生机构		所	3
财政总收入	万　元	31622	户籍人口出生数		人	189
其中:地方财政收入	万　元	22721	户籍人口出生率		‰	4.61
社会消费品零售总额	万　元	118554	户籍人口死亡数		人	328
固定资产完成投资额	万　元	59421	户籍人口死亡率		‰	4.71
工业销售收入	万　元	1213886	人口自然增长率		‰	-0.1
工业利润	万　元	70568	计划生育率		%	99.7
外贸出口额	万美元	34000	农村社会养老保险投保人数		人	6288
工业企业总户数	户	1815	农村社会养老保险发放人数		人	5230
其中:三资企业	户	73	农村社会养老保险发放金额		万　元	2261
股份合作制企业	户	0	农村合作医疗参加人数		人	13478
私营企业	户	1742	农民劳均所得		元	20124
粮食总产量	吨	11311.1	农民人均纯收入		元	13468
油菜籽总产	吨	699.53	年末储蓄存款总额		万　元	165985
蔬菜总产	吨	38275.5				

(褚益宁)

2010 年柘林镇村、居委会基本情况表

村、居委会名称	党支部(总支)书记	村(居)委主任	村(居)民小组(个)	总面积(平方公里)	耕地面积(公顷)	户　数(户)	户籍人口(人)	可支配收入(万元)
华亭村	彭忠欢	彭忠欢	31	4.54	170.34	1332	3429	71
海湾村	张志浩	张志浩	22	3.66	167	863	2256	191.49
王家圩村	李春梅	李春梅	22	4.36	224	716	1864	140.95
新寺村	刘勤华	刘勤华	24	5.13	3746	1211	3141	200.99
三桥村	孙新权	李明华	20	3.76	3250	700	2015	95.06
胡桥村	吴明光	朱玉林	38	7.03	2450	1575	4235	156.52
迎龙村	夏林希	夏林希	25	4.5	3919	920	2380	30.69
新塘村	李银章	李银章	27	5	219.93	1100	3035	245.47
金海村	刘洪士	林岳才	21	5.6	280	1036	2781	178.29
营房村	许文光	戴阿军	12	4.27	118.1	863	2214	40.01
夹路村	-	-	4	2.03	39	454	1142	8.77
南胜村	张明华	张明华	26	4.79	202.4	1105	2818	115.55
内河队	刘文龙	刘文龙	1	0.65	6.83	84	195	76.93
兴园村	蔡国华	孙家栋	19	4.48	207.4	885	2397	33.25

续 表

村、居委会名称	党支部（总支）书记	村（居）委主任	村（居）民小组（个）	总面积（平方公里）	耕地面积（公顷）	户 数（户）	户籍人口（人）	可支配收入（万元）
法华村	陈士葵	陈士葵	31	6.14	276.5	1065	2815	40.12
柘林村	沈国华	沈国华	18	2.94	105.1	808	2080	40.64
柘林居委会	杨蕙菁	杨蕙菁	6	1.1	–	426	687	–
胡桥居委会	卫莲凤	–	6	1.5	–	197	332	–
新寺居委会	刘国妹	–	4	0.6	–	364	581	–

说明：2010 年夹路村暂无书记、主任。（褚益宁）

庄行镇

世博期间接待外国友人 （庄行镇 供稿）

【概况】 庄行镇位于奉贤区西部，东靠南桥镇，西与金山区、松江区接壤，南连柘林镇，北枕黄浦江，与闵行区隔江相望。镇域面积 70 平方公里，耕地面积 4379.3 公顷。设邬桥 1 个社区，辖村委会 16 个、村民小组 354 个、居委会 3 个。全镇常住总人口 70381 人，户籍总户数 16524 户，户籍总人口 44388 人，其中农业人口 21669 人；外来户数 9791 户，外来人口 28025 人。全年实现增加值 24.9 亿元，比上年增长 8.2%，其中一、二、三产业增加值分别为 1.78 亿元、15.22 亿元和 7.9 亿元；实现工农业总产值 78.87 亿元，其中工业产值 74.01 亿元，农业产值 4.86 亿元；缴纳各类税金 8.4 亿元，实现地方财政收入 1.89 亿元；实现社会消费品零售总额 6.99 亿元。（金 珏）

【庄行镇二届人大四次、五次会议召开】 1 月 15 日，庄行镇第二届人民代表大会第四次会议召开。会议听取和审议政府工作报告、人大报告，审议并通过镇 2009 年财政预算执行情况和 2010 年财政预算报告，补选张敏为庄行镇第二届人民政府副镇长。7 月 28 日，庄行镇第二届人民代表大会第五次会议召开。会议补选吴利春为庄行镇第二届人民政府副镇长。（金 珏）

【"庄行八宝"评出】 1 月 28 日至 3 月 7 日，庄行镇通过奉贤门户网站、奉贤政务网、奉贤旅游网、奉贤农游网、庄行乡村旅游网和《奉贤报》，广泛开展"庄行八宝"评选工作。最终从 15 个备选项目中评选出菜花宝宝、庄行伏羊、生态米、土布、蜜梨、麻花郎圆子（又称乌金蛋）、庄行老街、汉光瓷为"庄行八宝"。（金 珏）

【唱响乡村旅游四季歌】 年内，庄行镇多方挖掘旅游资源，形成四季乡村旅游的良好局面。2 月 26 日，在庄行老街举办"闹元宵"行街活动，开展舞狮、舞龙、大头娃娃、蚌壳精、大秧歌、打莲湘、挑花篮、荡河船、猜谜语、抛绣球等一系列民俗活动。3 月 27 日至 4 月 14 日，举办上海奉贤菜花节，游客 43.2 万人次。庄行镇潘垫区域旅游收入 510 万元，带动区内旅游景点和餐饮收入超过 3600 万元。7 月 8 日至 8 月 29 日，举办上海庄行伏羊节，吸引各地游客 18 万人次，乡村美食广场及周边农家乐实现旅游消费 1055 万元，并带动庄行蜜梨及其他农副产品销售 960 余万元。9 月 28 日至 11 月 20 日，举办上海金秋品米节。在 2010 上海优质稻米品评暨上海市民最喜爱新大米颁奖典礼上，庄行大米——奉叶牌"花优 14"以高票荣获"上海市民最喜爱新大米"称号。（金 珏）

【区首家农家风情游专业合作社成立】 3 月 24 日，奉贤区首家农家风情游专业合作社——庄行镇农家风情游专业合作社成立。合作社有 11 家成员单位，多数是在潘垫农家旅游核心区域内从事餐饮接待、蔬果种植、养殖垂钓的农民专业户。合作社以配送农副产品为主，抱团发展，大幅提升庄行农家风情游的接待能力和质量。至年底，合作社销售收入达 50 余万元。（金 珏）

【潘垫旅游景区获评国家 AAA 级旅游景区】 3 月 27 日，潘垫旅游景区荣获国家 AAA 级旅游景区称号。潘垫村位于上海庄行乡村旅游景区的核心区域，作为上海新农村建设示范村，依托乡村丰富的农业资源和浓厚本土特点的民俗文化，形成集田园风光欣赏、生态水乡体验、农副产品贸易为一体的“低碳旅游示范区”，先后创建为首批上海市农业旅游推荐单位、全国农业旅游示范点。 （金 珏）

2 月 26 日，举行“闹元宵”行街活动 （庄行镇 供稿）

【美国氰特公司增建生产线】 年内，世界著名专业制造航空航天新型材料的美国氰特工程材料公司，增资 4000 万美元，在庄行镇厂区内增建一条生产线，专为中国商飞公司制造大型空客飞机生产所需的新型航空材料。 （金 珏）

【万亩水稻种植区成为国家标准化水稻生产示范区】 10 月 19 日，庄行镇丰硕粮食种植合作水稻生产基地以总分 96 分的高分顺利通过国家级水稻生产标准化示范区专家组验收。庄行丰硕粮食种植合作社 2008 年初获国家标准化管理会批准，被列入第五批国家级农业标准化示范区。通过标准化管理，两年总产值累计增加 480.64 万元，提供国家储备粮 3181 吨。2010 年示范区总产值 1385.5 万元，农民户均收入 3958.8 元，实现农业增效、农民增收。 （金 珏）

【开展迎办世博和创卫工作】 庄行镇成立世博工作领导小组和创卫工作领导小组，积极开展迎世博 600 天行动和周四义务劳动；发放“世博大礼包”2.3 万份；组织人员参与上海世博会试运行压力测试和赤道几内亚国家馆日活动；部署42个参展国和国际组织的 85 名代表到庄行进行文化交流活动。 （金 珏）

【景鲜蔬菜直供沃尔玛】 12 月 3 日，沃尔玛（中国）有限公司在庄行镇景鲜蔬菜合作社建立上海市首个农超对接基地。庄行景鲜蔬菜合作社有 473.33 公顷农超对接基地，可为长三角洲地区的沃尔玛商场直接提供各类优质的新鲜蔬菜。此项目预计可以带动 12000 户农民受益。 （金 珏）

2010 年庄行镇主要社会经济指标情况表

项 目	单 位	数 值	项 目		单 位	数 值
人口：年末户籍总户数	户	16524	生猪出栏		头	49851
年末户籍总人口	人	44388	家禽出栏		羽	458800
其中：户籍农业人口	人	21669	牛奶产量		吨	-
常住人口	人	70381	鲜蛋产量		吨	1615.7
增加值	万 元	249008.8	水产品产量		吨	3057.7
其中：第一产业	万 元	17784	中小学	公 办 民 办	所 所	2 0
第二产业	万 元	152221.5	在校学生	公 办 民 办	人 人	2690 0
第三产业	万 元	79003.3	幼儿园	公 办 民 办	所 所	2 1
工农业总产值（现行价格）	万 元	788699.7	在园儿童	公 办 民 办	人 人	630 329
其中：工 业	万 元	740096.7	学校（幼儿园）教职工	公 办 民 办	人 人	272 16

续 表

项 目	单 位	数 值	项 目	单 位	数 值
农 业	万 元	48603	卫生机构	所	2
财政总收入	万 元	24661.4	户籍人口出生数	人	209
其中:地方财政收入	万 元	18890	户籍人口出生率	‰	4.93
社会消费品零售总额	万 元	69858	户籍人口死亡数	人	404
固定资产完成投资额	万 元	75395	户籍人口死亡率	‰	9.26
工业销售收入	万 元	905156	人口自然增长率	‰	-4.33
工业利润	万 元	46048	计划生育率	%	99.5
外贸出口额	万美元	17402.3	农村社会养老保险投保人数	人	5335
工业企业总户数	户	537	农村社会养老保险发放人数	人	5588
其中:三资企业	户	55	农村社会养老保险发放金额	万 元	2335
股份合作制企业	户	26	农村合作医疗参加人数	人	12710
私营企业	户	456	农民劳均所得	元	19034
粮食总产量	吨	24506	农民人均纯收入	元	13443
油菜籽总产	吨	610.8	年末储蓄存款总额	万 元	96000
蔬菜总产	吨	77186			

（金 珏）

2010年庄行镇村、居委会基本情况表

村、居委会名称	党支部（总支）书记	村（居）委主任	村（居）民小组（个）	总面积（平方公里）	耕地面积（公顷）	户 数（户）	户籍人口（人）	可支配收入（万元）
西校村	张 峰	张 峰	16	2.79	197.31	680	1876	141.5
汇安村	俞品莲	宋勇杰	13	3.12	131.03	907	2115	182.73
马路村	宋士华	宋士华	19	3.26	195.42	774	2124	222.01
浦秀村	李建华	庄继强	27	4.68	233.19	1205	3546	213.03
渔沥村	刘建华	刘建华	27	4.77	260.48	1272	3439	242.02
新叶村	姚建中	宋育华	27	5.31	307.37	1269	3539	355.77
张塘村	姚建中	陈建辉	25	5.68	390.34	1296	3465	299.38
吕桥村	何东杰	何东杰	18	3.52	218.69	906	2832	149.41
东风村	杨祖华	杨祖华	12	2.29	96.06	595	1646	51.5
长堤村	陈国池	苏爱道	20	4.28	286.94	874	2474	127.41
长浜村	-	周志文	16	2.79	75.57	592	1608	43.59
芦泾村	鲍友仁	王妹玲	19	3.68	277.2	835	2277	211.61
潘垫村	邬粉娟	王国凡	37	7.33	535.98	1141	3192	407.96
新华村	张留强	段玲芳	30	6.00	399.06	1286	3253	92.87
杨溇村	戴彩英	吴秋高	28	5.63	444.42	1158	3125	212.54
存古村	宋火良	唐海良	21	4.18	288.47	872	2382	163.04
庄行居委会	何 英	王纪英	10	-	-	544	931	-
邬桥居委会	顾淑兰	顾淑兰	11	-	-	250	418	-
新苑居委会	阮粉飞	钱林芳	10	0.14	7.02	68	146	-

说明：庄行畜牧场2010年开始放在新苑居委统计，故新苑居委有耕地面积。

（金 珏）

金汇镇

金汇镇新农村风貌　　（金汇镇　供稿）

【概况】　金汇镇位于奉贤区中北部，东与奉城镇接壤，西隔金汇港与南桥镇及奉贤现代农业园区相望，南与青村镇毗邻，北西段与闵行区浦江镇，北东段与浦东新区航头镇、新场镇相邻。镇域面积71.72平方公里，耕地面积2978公顷。设齐贤、泰日社区2个，辖村委会18个、村民小组367个、居委会3个，常住总人口10.88万人，其中户籍人口52838人。全年实现增加值28.24亿元，完成工农业总产值138.33亿元，其中工业总产值133.2亿元；规模以上工业产值117亿元，比上年增长9.3%。社会消费品零售额11亿元，比上年增长16%。完成税收9.05亿元，比上年增长21.1%。地方财政收入2.2亿元，比上年增长15.7%。（范燕娜）

【金汇镇二届人代会第五、第六次会议召开】　1月15日，召开金汇镇第二届人民代表大会第五次会议，应到代表68人，实到代表68人，列席128人。会议审议通过2009年度政府工作报告。7月26日，召开第二届人民代表大会第六次会议，应到代表68人，实到代表67人，列席128人。会议听取审议并通过2010年上半年政府工作报告，补选费翔为金汇镇人民政府副镇长。（范燕娜）

【金汇镇老年协会成立】　3月10日，金汇镇成立镇老年协会。副镇长潘文萍当选为协会会长，镇党委副书记周华被聘为名誉会长。（范燕娜）

【开展迎办世博服务保障工作】　3月30日，与区残疾人联合会、民革奉贤总支部联合举办助残疾朋友游世博送温暖活动。4月14日，举行上海世博会安全保卫工作誓师大会暨万人签名活动启动仪式。4月17日，“七彩之心”上海世博会城市志愿服务站正式落户金汇。6月17日至7月15日，全面展开世博大礼包发放工作，发放27808份。（范燕娜）

【“三下乡”巡演8场】　4月19～25日，金汇镇科技、文化、卫生“三下乡”巡回宣传活动在全镇展开，共设8个专场，为当地农民送戏、送医、送服务，10余个部门参与活动。（范燕娜）

【承办低碳经济上海论坛】　5月4日，作为上海世博会首个专题论坛，由联合国馆论坛活动组委会主办、金汇镇人民政府承办的低碳经济上海论坛在世博园联合国馆举行，来自国家能源部、环保局、工商联的专家学者和知名民营企业家代表共同探讨低碳生活的城市发展新理念。整个论坛围绕“走进低碳时代、推动低碳转型、引领低碳生活、创造低碳文明”展开。论坛上，金汇镇党委书记钱勤观作交流发言。（范燕娜）

【区农民专业合作社首个党支部成立】　5月20日，区农民专业合作社首个党支部——华日农产品产销专业合作社党支部成立，区委组织部、金汇镇党委专门为该党支部举行揭牌仪式。（范燕娜）

【全面推进大型社区动迁工作】　6月28日，金汇镇召开大型社区动迁工作会议。金汇镇动迁工作涉及4个村委会、1个居委，合计49个村民小组，面积近9.35平方公里。此次动迁涉及动迁户3141户，其中农村宅基地户1872户，齐贤社区涉及商品房、集资房573户，店铺220户。涉及耕地面积386.47公顷，建筑面积80万平方米；企业返征地涉及农村宅基地户228家，面积5.5万平方米；涉及来奉人员近万余人。区域内涉及动迁企业279家，土地面积126.67公顷，建筑面积80余万平方米，有8000余名职工因动迁而受到影响。涉及需办理镇保的农业人口3500人，80岁以上的老年人300人。7月6～12日，金汇镇组织17个动迁工作组，对上海市大型居住社区南桥基地建设涉及的南行、百曲、白沙、行前4个村以及齐贤居委的动迁对象进行大走访。9月18～28日，完成动迁安置基地2、3标段57户动迁农户、4家动迁企业的签约工作。至年底，实现签约2637户，总签约率82.8%，顺利实现12月底完成80%的动迁腾地目标。（范燕娜）

【金汇镇职工学校成立】　7月1日，金汇镇职工学校成立，镇党委委员卫晓安、镇总工会副主席余新明为学校揭牌，并为首批建立的16个教学点发放铜牌。（范燕娜）

【金汇镇二届团代会召开】　7月20日，金汇镇召开共青团金汇镇第二次代表大会，84名团员代表和24名列席代表参加会议。镇团委书记何晓丹作《肩负光荣使命凝聚青年力量在金汇新一轮科学发展的宏伟实践中谱写青春篇章》的工作报告。大会选举产生共青团奉贤区金汇镇第二届委员会。（范燕娜）

【村庄改造通过验收】 12月20日，由区村改办、区规土局、区三农办等部门组成的考评组到金汇镇，对北丁村、光辉村的村庄改造工程进行验收，考察组对改造成果表示满意。金汇镇年内列入村改计划的有北丁、光辉2个村，涉及村民小组6个、农户242户，投入资金484万元。（范燕娜）

4月17日，志愿者服务站点落户金汇镇（金汇镇 供稿）

2010年金汇镇主要社会经济指标情况表

项　目	单　位	数　值	项　目		单　位	数　值
人口：年末户籍总户数	户	18563	生猪出栏		头	74000
年末户籍总人口	人	52838	家禽出栏		羽	1070000
其中：户籍农业人口	人	24706	牛奶产量		吨	3530
常住人口	人	108763	鲜蛋产量		吨	501
增加值	万　元	282438	水产品产量		吨	2139
其中：第一产业	万　元	18592	中小学	公　办	所	3
				民　办	所	2
第二产业	万　元	230930	在校学生	公　办	人	4800
				民　办	人	2120
第三产业	万　元	32916	幼儿园	公　办	所	2
				民　办	所	2
工农业总产值（现行价格）	万　元	1383297.2	在园儿童	公　办	人	1355
				民　办	人	952
其中：工　业	万　元	1331975.3	学校（幼儿园）教职工	公　办	人	530
				民　办	人	144
农　业	万　元	51321.9	卫生机构		所	3
财政总收入	万　元	41886	户籍人口出生数		人	329
其中：地方财政收入	万　元	32615	户籍人口出生率		‰	6.46
社会消费品零售总额	万　元	110502	户籍人口死亡数		人	394
固定资产完成投资额	万　元	78550	户籍人口死亡率		‰	7.74
工业销售收入	万　元	1626108	人口自然增长率		‰	-1.28
工业利润	万　元	68952	计划生育率		%	99.5
外贸出口额	万美元	28800	农村社会养老保险投保人数		人	7382
工业企业总户数	户	1235	农村社会养老保险发放人数		人	7070
其中：三资企业	户	-	农村社会养老保险发放金额		万　元	2984.9
股份合作制企业	户	-	农村合作医疗参加人数		人	27683
私营企业	户	-	农民劳均所得		元	18941

续 表

项　　目	单　位	数　值	项　　目	单　位	数　值
粮食总产量	吨	10129	农民人均纯收入	元	13610
油菜籽总产	吨	-	年末储蓄存款总额	万　元	31666
蔬菜总产	吨	75960			

说明：三资企业、股份合作制企业、私营企业油菜籽总产未作统计。　　　　（范燕娜）

2010 年金汇镇村、居委会基本情况表

村、居委会名称	党支部（总支）书记	村（居）委主任	村民小组（个）	总面积（平方公里）	耕地面积（公顷）	户　数（户）	户籍人口（人）	可支配收入（万元）
金汇村	蔡卫兴	蔡卫兴	14	1.54	59	744	2003	37.76
金星村	夏德荣	王雪芳	29	4.88	218	1381	3808	139.94
东星村	王秀明	王秀明	13	2.43	19	602	1627	207.37
新强村	赵水良	赵水良	22	4.23	177	1032	2830	129.7
白沙村	李革琴	李革琴	14	2.88	89	636	2144	84.89
行前村	徐卫星	徐卫星	15	2.94	154	517	1834	135.32
百曲村	徐荣连	徐秋林	21	5.26	210	1209	3919	75.2
南行村	沈兴弟	费琴仙	17	3.65	129	939	3126	78.75
光辉村	王文华	王文华	28	5.55	256	1462	3852	76.4
明星村	朱国平	朱国平	26	4.46	41	1092	3090	59.89
北丁村	沈国才	沈国才	21	3.26	185	676	1801	83.37
南陈村	沈桂宝	沈桂宝	18	3.44	211	708	1911	42.73
乐善村	闵根章	闵根章	26	4.9	178	1047	2938	55.48
梁典村	钟爱平	王　东	28	5.12	285	962	2693	266.19
资福村	盛桂贤	翁龙官	27	4.28	249	863	2316	45.2
梅园村	王根福	王根福	24	4.84	211	1097	3079	91.25
周家村	范天才	范天才	18	3.71	144	884	2400	39.12
墩头村	吕根明	王良达	18	3.76	163	746	1966	37.89
齐贤村二个组	-	-	-	0.59	-	212	714	-
金汇居委会	陈　妹	陈　妹	-	-	-	327	987	-
泰日居委会	俞启东	俞启东	-	-	-	963	1754	-
齐贤居委会	潘保华	潘保华	-	-	-	485	1292	-

（范燕娜）

青村镇

青村镇宅基地置换试点北唐新苑　　　　（青村镇　供稿）

【概况】 青村镇地处奉贤区中部，西依南桥镇，东与奉城镇接壤，南邻海湾镇，北以青村界河与金汇镇相望，镇域面积 73.15 平方公里，耕地面积 3450.7 公顷，是奉贤经济发展主轴的中段。有钱桥、光明社区 2 个，下辖村委会 24 个，居委会 2 个，村民小组 377 个。全镇常住总人口 90438 人，户籍人口

50935人，其中农业人口21936人；外来人口46056人。拥有4大工业园区，1332家工业企业。全年实现增加值41.83亿元；工农业总产值137.92亿元，其中工业产值131.18亿元，农业产值6.74亿元；全社会固定资产投入10亿元；实现社会消费品零售总额14.2亿元；实现税收收入8.98亿元；实现地方财政收入2.3亿元，比上年增长23.7%。（张积阳）

青村工农村农民欢聚一堂庆丰收迎新春　　（张士荣　摄）

【青村镇二届五次、六次人代会召开】 1月15日，召开青村镇第二届人民代表大会第五次会议，应到代表70人，实到代表70人，列席37人。会议听取并审议通过2009年政府工作报告、2009年财政预算执行情况和2010年财政预算的报告。7月27日，召开青村镇第二届人民代表大会第六次会议，应到代表70人，实到代表64人，列席37人。会议听取并审议通过上半年政府工作报告，补选张铭为青村镇人民政府副镇长。（张积阳）

【青村镇职工学校成立】 4月9日，区首家镇级职工学校——青村镇职工学校揭牌成立。学校在全镇24个行政村及50余家企业内设立教学点。课程主要包括政治理论、职业道德、世博知识、岗位技能、安全生产、科技创新、区情镇情宣传、健康生活、法律法规等方面内容，并采用菜单式送教上门方式。（张积阳）

【举办第二届申亚春桃节】 5月8日至6月8日，由青村镇人民政府主办、上海申亚农业科技有限公司承办的第二届上海申亚春桃节在上海世博观光农园——上海申亚果乡度假农园举办。春桃节为参加上海世博会的中外游客和广大市民献上上海5月第一批鲜果。5月23日，奉贤申亚科普旅游展示周启动，副区长唐海龙等出席启动仪式。（张积阳）

【银轮机械落户青村】 6月18日，青村镇与浙江银轮机械股份有限公司举行新型高效节能环保冷却系统模块化产品生产建设项目投资签约仪式，副区长唐海龙等领导出席签约仪式。该项目占地面积13.33公顷，先期投资7.5亿元，建成后将形成2万台风力发电冷却系统模块、12万套高端工程机械冷却系统模块及12万套压缩机冷却模块生产能力，年产值将达15亿元。（张积阳）

【城乡结对签约】 9月9日，杨浦区大桥街道、四平街道、江浦街道和青村镇李窑、湾张等6个村（居、场）举行第二轮城乡联动发展、共同建设新农村结对签约仪式。在第一轮城乡结对帮扶期间，上海市大口党委和杨浦区街道共扶持青村镇11个村（居）场，投资启动10个项目，落实结对帮扶资金419万元。此次第二轮结对确定17个城乡共建帮扶对子。（张积阳）

【举办群众文化大展示】 青村镇变“送文化”为“种文化”，变“送戏下乡”为“自演自乐”，变“送题材”为“自采自编”，使农民群众在欢笑声中接受先进文化。自4月起，全镇24个村、2个居委的26支群众文化队伍通过小戏小品等原创节目，推出一批反映当代农村生活、农民喜闻乐见的群文精品，共有1000余人参与。10月15日晚，“演绎你我，让生活更和谐”青村镇群众文化大展示活动表彰暨汇报演出在镇青春广场举行。（张积阳　肖丽英）

2010年青村镇主要社会经济指标情况表

项　目	单　位	数　值	项　目		单　位	数　值
人口：年末户籍总户数	户	20119	生猪出栏		头	96764
年末户籍总人口	人	50935	家禽出栏		羽	409100
其中：户籍农业人口	人	21936	牛奶产量		吨	1050
常住人口	人	90438	鲜蛋产量		吨	1815
增加值	万　元	418280	水产品产量		吨	3552
其中：第一产业	万　元	24152.08	中小学	公　办	所	3
				民　办	所	2

续　表

项　　目	单　位	数　值	项　　目		单　位	数　值
第二产业	万　元	293131.81	在校学生	公　办 民　办	人 人	2783 1696
第三产业	万　元	100996.24	幼儿园	公　办 民　办	所 所	1 2
工农业总产值(现行价格)	万　元	1379221.5	在园儿童	公　办 民　办	人 人	565 795
其中:工　业	万　元	1311817.8	学校(幼儿园)教职工	公　办 民　办	人 人	285 154
农　业	万　元	67403.7	卫生机构		所	2
财政总收入	万　元	89800	户籍人口出生数		人	306
其中:地方财政收入	万　元	23000	户籍人口出生率		‰	6.11
社会消费品零售总额	万　元	141813	户籍人口死亡数		人	391
固定资产完成投资额	万　元	100466	户籍人口死亡率		‰	7.81
工业销售收入	万　元	1454641.6	人口自然增长率		‰	-1.7
工业利润	万　元	71120.5	计划生育率		%	100
外贸出口额	万美元	16545.94	农村社会养老保险投保人数		人	6889
工业企业总户数	户	1332	农村社会养老保险发放人数		人	5233
其中:三资企业	户	77	农村社会养老保险发放金额		万　元	2125.79
股份合作制企业	户	19	农村合作医疗参加人数		人	17840
私营企业	户	1185	农民劳均所得		元	18418
粮食总产量	吨	9205	农民人均纯收入		元	13514
油菜籽总产	吨	227	年末储蓄存款总额		万　元	270808
蔬菜总产	吨	89900				

(张积阳)

2010年青村镇村、居委会基本情况表

村、居委会名称	党支部(总支)书记	村(居)委主任	村(居)民小组(个)	总面积(平方公里)	耕地面积(公顷)	户　数(户)	户籍人口(人)	可支配收入(万元)
朱店村	沈明华	沈明华	15	2.61	109.72	643	1688	92
钟家村	毛菊新	毛菊新	10	1.85	100	484	1222	110
姚家村	徐佩华	徐佩华	13	2.66	166.67	674	1710	125
李窑村	谢锦文	彭志芳	18	3.18	137.14	891	2228	353
和中村	邬国良	陈永兴	25	3.78	216.86	996	2456	179
岳和村	张妙清	张妙清	8	1.69	58.53	396	1008	200
陶宅村	季引莲	张惠仙	30	5.29	314.37	1098	2826	250
西吴村	朱静英	吴月芳	25	4.01	220	1096	2639	169
北唐村	季国章	季国章	33	5.86	295.30	1734	4010	168
南星村	马立城	倪德龙	17	3.15	113	1023	2779	120
申隆一村	顾益兴	顾益兴	17	3.24	215.92	927	2317	47
申隆二村	高国民	马伯忠	21	2.89	219.46	913	2251	54.90

续　表

村、居委会名称	党支部（总支）书记	村（居）委主任	村（居）民小组（个）	总面积（平方公里）	耕地面积（公顷）	户　数（户）	户籍人口（人）	可支配收入（万元）
桃园村	黄杏妹	黄杏妹	11	1.87	94.6	524	1324	28
吴房村	平安华	平安华	10	1.98	96.53	484	1216	27.87
钱忠村	吴忠明	吴忠明	18	3.55	175.8	994	2456	130
元通村	王伯才	王伯才	10	2.4	141.12	417	1124	85
金王村	王洪辉	王洪辉	5	1.05	47.6	356	891	228
石海村	沈国平	张明兴	17	3.6	138.94	1250	3100	200
花角村	钱恩弟	钱恩弟	9	1.78	74.93	361	876	100.4
新张村	张德欢	刘国兴	16	2.68	65.3	813	2100	258
湾张村	袁明章	马冬欢	17	4.03	152	757	2400	226.92
解放村	丁月明	胡本凡	15	3.43	166.7	678	1975	156
张弄村	张国林	张国林	11	2.56	39.71	648	1927	212
工农村	焦　锋	焦　锋	7	1.50	71.20	305	828	138.42
青村居委会	徐　伟	徐　伟	5	0.9	-	945	1682	-
钱桥居委会	张国光	陈祖士	11	1.13	-	432	653	-

（张积阳）

海湾镇

海湾镇亲水平台　（海湾镇　供稿）

【概况】　海湾镇位于奉贤区南部，行政区域包括原星火农场、燎原农场、五四农场以及星火开发区、海湾旅游开发区，镇域面积112.42平方公里，下辖社区管理服务中心3个、居委会6个。全镇户籍人口10414人，外来人口13257人。海湾镇主要产业定位是旅游、休闲、度假、现代观光休闲农业。全镇实现增加值7.46亿元，其中第三产业增加值2.32亿元；工业总产值22.89亿元；社会消费品零售总额5.19亿元。区域内税收总量3.06亿元，镇级地方财政收入0.91亿元。（王　颖）

【海湾镇一届四次、五次人代会召开】　1月15日，海湾镇召开第一届人民代表大会第四次会议，应到代表46人，实到代表45人，列席82人。会议听取并审议镇人大工作报告、政府工作报告和财政预决算报告。7月22日，海湾镇召开第一届人民代表大会第五次会议，应到代表46人，实到代表44人，列席47人。大会补选顾军为海湾镇人民政府副镇长。（王　颖）

【海韵帮教工作室成立】　2月3日，海湾镇海韵帮教工作室正式揭牌，成为海湾镇帮教巩固工作的一个新平台。工作室成员由司法干部、社工、国保警、心理咨询师、退休干部、居委干部以及社区志愿者36人组成，遵循“崇尚科学、以人为本、乐于奉献、共建和谐”的宗旨，推广“四不”工作法，即帮教小组不撤、思想教育不断、日常管理不松、生活关心不少，积极开展社会防控、宣传教育等工作。至年底，对多名对象开展帮教活动，成果显著。（王　颖）

【举办南北马术邀请赛】　3月27～28日，由上海、浙江、江苏、北京马友联盟参加，上海市马术协会主办，松声马术俱乐部、海湾镇人民政府、镇社区体育协会联合承办的上海2010迎世博南北马术邀请赛在上海松声马术俱乐部举行，来自北京、山东、江苏、浙江、安徽和上海地区的107名中外马术爱好者携87匹骏马参加绕桶团体赛。比赛分障碍个人单项赛、马主速度

赛、南北混合绕桶对抗等项目，吸引近千名观众观赛。 （王　颖）

【开展"海湾一号"海防防渗透反恐综合演练】 4月26日，海湾镇进行"海湾一号"海防防渗透反恐综合演练，镇世博安保工作小组全体成员及镇域内56名海防连民兵共76人参加演练，整个活动历时1个小时。 （王　颖）

【上海海湾国家森林公园开园】 4月28日，上海海湾国家森林公园举行世博观光农园揭幕及正式开园仪式，全国轻工总会会长步正发为"世博观光农园"揭牌。公园占地1065.1公顷，东西长5300米，南北宽2000米，是以森林为主体，融苗木生产、休闲观光、科学研究和科普教育于一体的大型人工城市生态林。为迎接上海世博会，海湾森林公园于2009年9月起对外试开园，2010年正式对外接待游客，全年接待游客9.7万人次，实现营业收入540万元。 （王　颖）

【建立党代表社区接待日制度】 4月29日，海湾镇党代表社区接待日活动启动仪式暨"海湾先锋工程"党员服务日活动在五四社区广场举行。全镇52名党代表、正科级以上干部、各党（总）支部书记及350名党员群众代表等出席活动，38家驻区单位党组织被授旗命名为"海湾先锋工程"志愿者服务队。镇党委专门制定党员代表接待日制度，把双月的10日定为党代表接待日，将其作为党代表联系广大党员群众的平台，定时、定点、定人听取党员、群众的意见和建议。52名区、镇两级党代表共接待党员群众40人，收到意见和建议53条，全部进行办理或答复，群众满意率达93%。 （王　颖）

【世博"一卡通"活动结束】 5月，为期一年的迎世博600天行动"一卡通"活动结束。世博"一卡通"全程记录在迎世博倒计时一年中市民志愿者参与迎世博活动情况。6月1日，海湾镇召开迎世博志愿者工作总结表彰大会，对在一年中参与各项迎世博活动达60%以上、90%以下的195名志愿者赠送世博纪念品一份，对参加活动达90%以上的347名志愿者组织参加世博展区"一日游"活动，并以抽签的形式从中抽出10名志愿者参加"世博——北京游"活动。 （王　颖）

【举办镇旅游推介会】 7月2日，海湾镇召开旅游推介会，旅游热线（上海）联盟秘书长朱渭秋率旗下50余家旅行社参加。推介会上，通过宣传片播放、实地观览等方式，重点推介都市菜园、五四有机葡萄园、海湾国家森林公园、碧海金沙水上乐园、金海岸度假村、小木屋大酒店、松声马术俱乐部等8家旅游单位的旅游项目。 （王　颖）

4月29日，海湾镇党代表社区接待日活动启动 （海湾镇　供稿）

【开展"串百家门、听百家言、知百家情、解百家难"活动】 8月初，海湾镇在全镇范围内开展"串百家门、听百家言、知百家情、解百家难"活动，旨在发动广大党员干部走家串户，与广大居民群众沟通交流。参加活动人员由镇党政班子全体成员、镇机关职能科室、部门负责人和各社区、居委会书记、主任及全体委员共67人组成。至12月底，共走访居民1283户，听取意见和建议329条，所有意见和建议基本都由相关科室部门予以答复。 （王　颖）

【举办海湾发展论坛】 9月11日，海湾镇庆祝建镇五周年系列活动之一的海湾发展论坛在棕榈滩海景大酒店举行。此次论坛以"打造'低碳、生态、智慧、宜居'的滨海新镇——杭州湾北岸海湾地区发展战略研究"为主题，邀请区长时光辉、市政府政策研究室主任张道根、市政府发展研究中心主任周振华、市委研究室副主任阮青、副区长张小松、市发展与改革研究院副院长、研究员汪胜洋和市发改委规划处副处长马梅等30余名领导及专家参加。 （王　颖）

【举行"海湾人民看海湾"活动】 9月28日，海湾镇庆祝建镇五周年活动之一的"海湾人民看海湾"活动在五四社区举行启动仪式。连续6天，镇党委政府组织全镇各个社区、居委的1000名市民参观海湾国家森林公园、星火社区体育主题公园、海湾镇文化活动中心以及碧海金沙等景点，让居民真实感受到海湾镇建镇5年来的巨大变化。 （王　颖）

【举行金婚庆典活动】 10月15日，海湾镇举办"激情岁月，和谐家庭"为主题的金婚庆典活动，进一步弘扬尊老、敬老、爱老的传统社会美德，营造全镇上下关爱老人、尊重老人的浓厚氛围，29对金婚老人参加庆典。 （王　颖）

2010 年海湾镇主要社会经济指标情况表

项目	单位	数值	项目		单位	数值
人口:年末户籍总户数	户	5189	生猪出栏		头	110000
年末户籍总人口	人	10411	家禽出栏		羽	980000
其中:户籍农业人口	人	-	牛奶产量		吨	4818.5
常住人口	人	28537	鲜蛋产量		吨	278.5
增加值	万元	74569	水产品产量		吨	-
其中:第一产业	万元	-	中小学	公办 民办	所 所	2 2
第二产业	万元	51356	在校学生	公办 民办	人 人	1559 1095
第三产业	万元	23213	幼儿园	公办 民办	所 所	1 2
工农业总产值(现行价格)	万元	228873.6	在园儿童	公办 民办	人 人	439 290
其中:工业	万元	228502	学校(幼儿园)教职工	公办 民办	人 人	215 87
农业	万元	-	卫生机构		所	3
财政总收入	万元	30604.48	户籍人口出生数		人	32
其中:地方财政收入	万元	9141.46	户籍人口出生率		‰	3.06
社会消费品零售总额	万元	51883	户籍人口死亡数		人	97
固定资产完成投资额	万元	25400	户籍人口死亡率		‰	9.28
工业销售收入	万元	214999	人口自然增长率		‰	-6.22
工业利润	万元	27482	计划生育率		%	100
外贸出口额	万美元	1589.65	农村社会养老保险投保人数		人	-
工业企业总户数	户	125	农村社会养老保险发放人数		人	-
其中:三资企业	户	10	农村社会养老保险发放金额		万元	-
股份合作制企业	户	14	农村合作医疗参加人数		人	-
私营企业	户	101	农民劳均所得		元	-
粮食总产量	吨	287.16	农民人均纯收入		元	-
油菜籽总产	吨	-	年末储蓄存款总额		万元	-
蔬菜总产	吨	-				

(王 颖)

2010 年海湾镇居委会基本情况表

居委会名称	党支部(总支)书记	居委主任	总面积(平方公里)	户数(户)	户籍人口(人)
星火第一居委会	何国珍	卢文	13.75	1199	2269
星火第二居委会	朱恩造	王芳	12.36	802	1437
燎原居委会	张惠法	朱士芳	18.00	992	1824
中港居委会	陈国金	金建南	10.80	2284	2719
一兴居委会	黄美	黄美	10.00	454	1196
洪卫居委会	李洪兵	李洪兵	4.87	392	634

说明:居委总面积中,2010 年统计的为实际行政管辖区域,前几年的数据均为居住区面积。 (王 颖)

临海社区

【概况】 上海化学工业区自2009年底实施一体化管理,原上海化学工业区奉贤分区管理委员会撤销,成立奉贤区临海社区办事处。临海社区办事处是区政府派出的地区性管理机构,担负着13.6平方公里的社会公共事务管理职能。社区东邻奉贤海湾大学城,西毗金山石化,南靠上海化学工业区,下辖村委会2个、居委会4个,户籍人口1.2万人,外来人口0.7万人。（沈莉凤）

【完成社会保障事业各项任务指标】 全年新增就业岗位1591个,失业人数控制在85人指标内。推荐上岗人数337人,实际录用191人。参加外劳综合保险3694人,完成指标的138%。农村合作医疗参保率100%。户籍和流动人口计划生育人口指标完成率100%。组织开展“蓝天下的至爱”筹集捐款45万元;重阳节、中秋、国庆分别下拨帮困资金63万余元。对90位患大病及重病的困难群众及时给予医疗补助34万余元。春节期间对600余户困难家庭发放慰问金50余万元。为25名重点优抚对象发放生活补助21万元。（沈莉凤）

临海社区活动中心（临海社区 供稿）

【完善农村基础设施】 全年完成安置800千伏、500千伏高压线建设动迁,易地建房村民“敲桩”74户,建筑面积19124.59平方米。对辖区内15户村民计941平方米、2家企业计2230平方米违法建筑以及4449平方米的存量违法建筑进行整治。投入世博及创卫资金588万元。对S4高速公路两侧、沪杭公路、苍工路两侧等城乡结合部进行市容环境整治。（沈莉凤）

【开展联合执法整治行动】 4月8日,社区对苍工路、奉柘公路两侧不规范经营行为及无证无照废旧物品经营摊点进行联合专项执法整治行动。执法人员采取劝说和处罚相结合的办法,对近30户经营摊点的业主,进行正面引导和思想教育,督促其规范经营行为。对3家无证无照废品回收摊点进行处罚,没收非法经营工具。同时,对沪杭公路、奉柘公路两侧的商业网点存在跨门经营、乱设广告牌等突出问题,开展全面整治,拆除广告牌3块、灯箱10只。（沈莉凤）

9月27日,开展安全生产大检查（临海社区 供稿）

【开展突发事件应急疏散撤离演练】 4月20日,由党群科牵头在海畔居委会举行应急疏散撤离演练活动。活动组织海畔家园60余人参与,从警报响起到参加演练人员到达应急疏散场地集合,整个疏散过程约五分钟。（沈莉凤）

【开展安全大检查】 9月27日,社区联合各职能部门,分4组对辖区内的重点企业、居(村)委进行国庆节前维稳与安全生产工作大检查。实地查看16家重点单位、4个村(居)委及一批消防整治场所。主要对世博安保台账记录情况、重点人、事、物稳控落实、值班安排、世博安保等级知晓、外来人员管理等情况进行检查。发出督查意见书7份,提出整改意见14条。（沈莉凤）

【临海社区老年协会成立】 12月16日,社区老年协会成立大会在社区事务受理中心举行,47名会员参加。大会听取协会筹备小组所做的筹备工作报告,审议并通过《临海社区老年协会章程》,选举产生协会理事会。（沈莉凤）

2010 年临海社区主要社会经济指标情况表

项　　目	单　位	数　值	项　　目	单　位	数　值
人口:年末户籍总户数	户	4334	生猪出栏	头	-
年末户籍总人口	人	12323	家禽出栏	羽	-
其中:户籍农业人口	人	1700	牛奶产量	吨	-
常住人口	人	-	鲜蛋产量	吨	149.2
增加值	万　元	110218	水产品产量	吨	324
其中:第一产业	万　元	382	中小学	所	-
第二产业	万　元	98116	在校学生	人	-
第三产业	万　元	11720	幼儿园	所	-
工农业总产值(现行价格)	万　元	810631.6	在园儿童	人	-
其中:工　业	万　元	809163.6	学校(幼儿园)教职工	人	-
农　业	万　元	1468	卫生机构	所	-
财政总收入	万　元	51762	户籍人口出生数	人	75
其中:地方财政收入	万　元	-	户籍人口出生率	‰	6.09
社会消费品零售总额	万　元	-	户籍人口死亡数	人	73
固定资产完成投资额	万　元	18025	户籍人口死亡率	‰	5.92
工业销售收入	万　元	-	人口自然增长率	‰	0.17
工业利润	万　元	-	计划生育率	%	100
外贸出口额	万美元	-	农村社会养老保险投保人数	人	223
工业企业总户数	户	63	农村社会养老保险发放人数	人	175
其中:三资企业	户	-	农村社会养老保险发放金额	万　元	72.39
股份合作制企业	户	-	农村合作医疗参加人数	人	776
私营企业	户	-	农民劳均所得	元	14333
粮食总产量	吨	1252	农民人均纯收入	元	10483
油菜籽总产	吨	-	年末储蓄存款总额	万　元	16897
蔬菜总产	吨	-			

(沈莉凤)

2010 年临海社区村、居委会基本情况表

村、居委会名称	党支部(总支)书记	村(居)委主任	村(居)民小组(个)	总面积(平方公里)	耕地面积(公顷)	户　数(户)	户籍人口(人)	可支配收入(万元)
黄沙村	陈为民	陈为民	12	2.7	112	703	2048	64.84
漴缺村	吴志明	吴志明	15	1.26	-	654	1901	81.37
目华居委会	夏秀娥	夏秀娥	19	0.1	-	1078	2966	26.11
海畔居委会	冯仁华	徐仁奎	10	0.1	-	693	1967	8.96
冯桥居委会	刘友军	刘友军	12	4.4	-	998	2827	186.44
渔业居委会	马天忠	马天忠	3	0.18	-	208	614	47.51

(沈莉凤)

(本栏目编辑　马莉苑)

人　物

新任领导简介

【陆兴祥】 男，汉族，1955 年 10 月生，江苏省张家港市人，大学学历，高级政工师，中共党员。

1974 年 12 月参加工作，1976 年 10 月加入中国共产党。历任空军某师学员、战士、机械师，政治部组织处干事、宣传处干事、组织处副处长、秘书处副处长，政治部副主任、主任，部队转业后任上海市组织人事报社编委，中共上海市委组织部研究室副主任，西藏日喀则地委组织部常务副部长，中共上海市卢湾区委常委、组织部部长等职。2010 年 9 月任奉贤区委副书记、组织部部长。

【马天龙】 男，汉族，1960 年 5 月生，上海市奉贤区人，研究生学历，中共党员。

1983 年 3 月参加工作，1982 年 8 月加入中国共产党。历任奉贤县胡桥公社团委副书记，奉贤县胡桥乡党委秘书、团委书记，共青团上海市奉贤县委员会副书记、书记，奉贤县泰日乡党委书记，奉贤县泰日镇党委书记、镇人大主席，奉贤县副县长，奉贤区南桥镇党委书记等职。2010 年 10 月任奉贤区人大常委会副主任。

【高　翔】 男，汉族，1963 年 9 月生，安徽省芜湖市人，大学学历，大校军衔，中共党员。

1981 年 10 月入伍，1983 年 9 月在第一地面炮兵学校学习，1984 年 9 月加入中国共产党。1985 年 7 月毕业后，历任南京军区守备某团炮营二连排长、政治处副连职干事，上海警备区某团政治处组织股副连职干事、正连职干事，上海警备区政治部组织处正连职干事，上海警备区党委秘书（副营职、正营职、副团职），上海警备区政治部组织处副处长、处长，上海警备区某团代理政治委员，奉贤区人民武装部政治委员等职。2010 年 3 月任中共奉贤区委常委、奉贤区人民武装部政治委员。

2010 年奉贤区党政机关、镇（开发区）、团体主要负责人名录

中国共产党奉贤区委员会

书　记：张立平
副书记：时光辉
　　周林官（3 月免）
　　陆兴祥（9 月任）
常　委：钱城乡（7 月免）
　　程云华（女）
　　袁晓林
　　王贤福
　　张贵龙
　　张小松
　　吴培根
　　徐晓明（3 月免）
　　高　翔（3 月任）
区委办公室主任：
　　包蓓英（女，10 月免）
　　周龙华（10 月任）
组织部部长：
　　钱城乡（9 月免）
　　陆兴祥（9 月任）
宣传部部长：
　　袁晓林
精神文明建设委员会办公室主任：
　　陆　琴（女）
统战部部长：
　　程云华（女）
政法委员会书记：
　　周林官（3 月免）

4～12月空缺
社会工作党委书记：
钱城乡(9月免)
陆兴祥(9月兼)
盛梅娟(女,常务副书记,6月免)
防范和处理邪教问题领导小组办公室主任：
钟林章
机关党工委书记：
徐明云
老干部局局长：
张辉凤(女)
区委信访办公室主任：
苏徐平(10月免)
汤士龙(11月任)
区委政策研究室主任：
谭士军
区委党史研究室主任：
丁惠义
党校校长：
钱城乡(9月免)
陆兴祥(9月兼)
何燧初(常务副校长)
台湾工作办公室主任：
薛祖亮
社会主义学院院长：
程云华(女,兼)
奉贤报社总编：
杨安安
人民法院党组书记：
席建声
人民检察院党组书记：
孙　静(女)
总工会党组书记：
金国强
共青团奉贤区委员会党组书记：
邵丹华(女)
妇女联合会党组书记：
滕卫华(女)
残疾人联合会党组书记：
马小平
工商业联合会党组书记：
陈祖明
发展和改革委员会党组书记：
汪　鸣(8月免)
蒋仁辉(8月任)
经济委员会党委书记：
张秀珍(女)
教育局党委书记：
王森龙
科学技术委员会党组书记：
朱珍梅(女)
市公安局奉贤分局党委书记：
吴培根
民政局党委书记：
陈祖培
司法局党委书记：
韩权民
人力资源和社会保障局党委书记：
吴　梅(女)
财政局党组书记：
施新官
建设和交通委员会党委书记：
邵惠娟(女)
环境保护局党组书记：
王文飞
规划和土地管理局党委书记：
陈纪荣
文化广播影视管理局党委书记：
金拥军
卫生局党委书记：
朱国平
人口和计划生育委员会党组书记：
周晓春(女)
审计局党组书记：
陶永平(10月免)
苏徐平(10月任)
国有资产监督管理委员会党委书记：
张小松(兼)
刘德仁(常务副书记,10月免)
陶永平(常务副书记,10月任)
体育局党组书记：
张惠康
绿化和市容管理局党委书记：
瞿　军
住房保障和房屋管理局党委书记：
谢敬党
安全生产监督管理局党组书记：
杨金章
民防办党组书记：
陈洪明
农业委员会党委书记：
沈金华
区委农村工作办公室主任：
吴四军
沈金华(常务副主任)
水务局党委书记：
王德火
统计局党组书记：
陆新贤(8月免)
李　安(8月任)
档案局党组书记：
屠　晓
海洋局党组书记：
戴光岳
旅游局党组书记：
鲁　瑛(女)
机关事务管理局党委书记：
李家球
投资管理服务中心党组书记：
褚建平
南桥新城建设发展有限公司党组书记：
刘　平
建设投资有限公司党组书记：
钱凤亭
上海市工业综合开发区党工委书记：
唐　韧
临海社区党工委书记：
潘　军
海湾旅游区党工委书记：
姚林章
奉贤现代农业园区党工委书记：
陶建雄
上海海港综合经济开发区党工委书记：
季法明
化工区奉贤分区发展有限公司党委书记：
黄祖光

奉贤区人民代表大会常务委员会

主　任：周伟民
副主任：张根舟
李吉瑞(9月免)
汪黎明(女)
季伯明
马天龙(10月任)
汤芷萍(女)
人大常委会办公室主任：
朱立夫
人大常委会代表工作室主任：
沈梦龙

奉贤区人民政府

区　长：时光辉
副区长：张贵龙
张小松
俞凯丰
徐剑萍
唐海龙

钱雨晴(女)
区政府办公室主任(合作交流办、地区办主任):
陈建庆(9月免)
宗 斌(9月任)
区政府外事办公室主任:
许国田(10月免)
11~12月空缺
区政府法制办公室主任:
1~12月空缺
发展和改革委员会主任:
汪 鸣
经济委员会主任(商务委员会主任、粮食局局长):
张 琪
教育局局长:
陆建国
科学技术委员会主任:
朱珍梅(女)
信息化委员会主任:
张正林
市公安局奉贤分局局长:
吴培根
民政局局长:
戚爱国
司法局局长:
黄保卫
人力资源和社会保障局局长:
周龙华(11月免)
吴雅奎(11月任)
机构编制委员会办公室主任:
蒋仁辉(6月免)
盛梅娟(女,6月任)
公务员局局长:
吴 梅(女)
财政局局长:
施新官
建设和交通委员会主任:
施连规
环境保护局局长:
王文飞
规划和土地管理局局长:
杨汉荣
文化广播影视管理局局长:
王建华(女)
卫生局局长:
宋志红(女)
人口和计划生育委员会主任:
周晓春(女)
审计局局长:
陶永平(11月免)
苏徐平(11月任)
国有资产监督管理委员会主任:
刘德仁(11月免)
陶永平(11月任)
体育局局长:
张惠康
绿化和市容管理局局长:
宗 斌(9月免)
瞿 军(9月任)
住房保障和房屋管理局局长:
宋宝明
安全生产监督管理局局长:
杨军民
民防办公室主任:
陈洪明
农业委员会主任:
吴四军
水务局局长:
马建根
统计局局长
陆新贤
海洋局局长:
戴光岳
旅游局局长:
鲁 瑛(女)
监察局局长:
王少峰
民族宗教事务办公室主任:
余浩洁
台湾事务办公室主任:
薛祖亮
侨务办公室主任:
陆金莲(女)
社会治安综合治理委员会办公室主任:
侯国华
区政府信访办公室主任:
苏徐平(10月免)
汤士龙(12月任)
区政府政策研究室主任:
谭士军
区政府地方志办公室主任:
丁惠义
档案局局长:
屠 晓
行政学院院长:
张贵龙(兼)
何燧初(常务副院长)
机关事务管理局局长:
李家球
投资管理服务中心主任:
顾雷钟
招商办公室主任:
顾雷钟
南桥新城建设发展有限公司董事长:
刘 平
南桥新城建设发展有限公司总经理:
顾 佾(5月任)
建设投资有限公司董事长、总经理:
殷宜礼
建设投资管理中心主任:
钱凤亭
轨道交通建设投资公司董事长、总经理:
邢正才
上海市工业综合开发区管理委员会主任:
唐 韧(5月免)
蒋仁辉(5月任,9月免)
陈建庆(9月任)
临海社区办事处主任:
潘 军
海湾旅游区管理委员会主任:
吴保国
现代农业园区管理委员会主任:
朱德才
上海海港综合经济开发区管理委员会主任:
徐建龙
上海市工业综合开发区有限公司总经理:
李 臻(11月免)
陈建庆(11月任)
化工分区发展有限公司(上海杭州湾工业开发有限公司)董事长、总经理:
黄祖光
星火开发区联合发展有限公司董事长:
刘德仁(5月任,11月免)
陶永平(11月任)

中国人民政治协商会议奉贤区委员会

主 席:韦 源
副主席:程云华(女)
迟岳峰
张 琪
张开明
顾德平
政协秘书长:
杨林才
政协办公室主任:
杨林才
政协专委会办公室主任:
空缺

中国共产党奉贤区纪律检查委员会

书　记：王贤福
副书记：王少峰
　　　　朱洪仁
常　委：吴雪莲（女，11 月免）
　　　　徐秋官
　　　　石伟杰
　　　　徐林章

区人民法院、人民检察院

法院院长：
　席建声
检察院检察长：
　孙　静（女）

镇党委、政府、人大

南桥镇党委书记：
　马天龙（10 月免）
　包蓓英（女，10 月任）
南桥镇镇长：
　徐正文
南桥镇人大主席：
　唐耀兴
奉城镇党委书记：
　蒋德川
奉城镇镇长：
　阮戟斐
奉城镇人大主席：
　陈国法
四团镇党委书记：
　吴晓华
四团镇镇长：
　王　震
四团镇人大主席：
　顾冲明
柘林镇党委书记：
　张　弛
柘林镇镇长：
　孙　毅
柘林镇人大主席：
　金虎龙
庄行镇党委书记：
　吴雅奎（10 月免）
　许国田（10 月任）
庄行镇镇长：
　朱秀官
庄行镇人大主席：
　陈亚玲（女）
金汇镇党委书记：
　钱勤观
金汇镇镇长：
　宗全林
金汇镇人大主席：
　陈鹤森
青村镇党委书记：
　吴召忠
青村镇镇长：
　宋　正
青村镇人大主席：
　陆纪平
海湾镇党委书记：
　陈　静（女）
海湾镇镇长：
　陈建国
海湾镇人大主席：
　钱鹤葵

区群团部门

总工会主席：
　季伯明（兼）
　金国强（常务副主席）
团区委书记：
　邵丹华（女）
妇女联合会主席：
　滕卫华（女）
科学技术协会主席：
　张德葵
残疾人联合会理事长：
　马小平
归国华侨联合会主席：
　唐　韧
工商业联合会会长：
　张　琪
　陈祖明（常务副会长）
红十字会会长：
　钱雨晴（女，兼）
　沈春梅（女，常务副会长）

新闻人物

【张立平】　男，汉族，1953 年 11 月生，上海市人，经济学硕士，高级经济师，中共党员。1969 年 11 月参加工作，1979 年 3 月加入中国共产党，现任中共奉贤区委书记、奉贤区人大常委会主任。

张立平同时兼任奉贤区人武部党委第一书记、某预备役团第一政委。近几年，他带领区人武部和预备役团完成抗击台风"麦莎"和"卡努"、东方 2009 演习、迎世博清洁家园行动等任务，奉贤区人武部连续被上海市政府评为征兵工作先进单位、安全管理先进单位；预备役团先后获得全军预备役部队军事训练先进单位；奉贤区被评为全国双拥模范城。他个人也被南京军区表彰为党管武装好书记，被《解放军报》等单位评为 2010 年度全国国防后备力量建设十佳新闻人物光荣称号。

张立平对武装工作始终高度重视。他给自己定了三条规矩：凡是民兵预备役的法规必学，凡是武装工作的重大活动必参加，凡是武装工作需要解决的事项必须及时答复解决。每年的国防教育日，他都要带领区委、区政府、区人武部和预备役团的干部到当年日军上海登陆旧址开展警示教育。他将国防建设纳入地方整体发展规划，做到五个统一：武装工作纳入区经济建设、社会发展的整体规划，统一谋划；武装工作纳入区委、区政府年度工作计划，统一部署；武装工作纳入各级党委领导岗位职责，统一考评；武装工作经费纳入政府财政预算，统一安排；专武干部和预备役军官纳入地方干部培养使用计划，统一管理。

为了增强党委班子成员的国防观念，他经常向其他领导介绍民兵预备役工作特点，定期组织党委班子成员开展"军营一日"活动。在上海军民开展同学创新理论、同树文明新风、同建和谐平安活动中，他发动区所有部委办局与驻区 10 多家部队联组结对共学，让地方党委更好地了解国防,使部队党委更好地支持地方建设。

2005 年,上级赋予预备役团“全员额、全要素、全装备、全物资、全过程”实兵实弹综合演练先行试点任务。受领任务后,张立平先后 4 次组织人员召开常委会和碰头会,现场办公,解决训练经费、演练场地等难题,确保先行试点任务按时间节点高标准、高质量地完成“五全”演练。

2010 年举办上海世博会,驻区部队担负了大量保障任务。张立平两次召集有关人员研究部署世博期间的双拥工作。他自己亲自带队顶着烈日,到园区周边驻区部队的每个点看望官兵,大到几百人的“屯兵点”,小到两个人的哨位,送去新鲜蔬菜和副食品,送去 60 台电脑和图书。并为执行世博任务的驻区部队官兵家属发放补助,全力帮助部队解决后顾之忧。

【张育青】 女,汉族,1965 年 12 月生,上海市奉贤区人,中共党员,教育硕士。现任奉贤中学发展研究和质量保障中心主任。1999 年被评为上海市英语特级教师。2001 年被教育部师范司认定为首批国家级骨干教师。2003 年被评为上海市教育系统三八红旗手。2004 年被评为上海市首届师德标兵、全国师德先进个人。2006 年获上海市五一劳动奖章。2007 年被评为上海市劳动模范。2009 年被评为全国三八红旗手、新中国 60 年上海百位杰出女教师。2010 年被国务院评为全国先进工作者。

张育青在英语教学第一线工作了 25 年,其中 8 年担任班主任,积累了丰富的经验。她对英语教育和学生管理有自己独特的理解,创新了多项教学方法。她主张“教法学法并重,知识能力同举”,“得法于课内,得益于课外”,努力培养学生可持续发展能力,每届学生都在高考中成绩突出。

她注重通过科研提高教学水平,教育研究成果显著,主编《高中英语阶梯写作》和《英语双基训练》,参与编写出版《特级教师帮你复习》《京津沪特级教师导读丛书——中学英语写作》《英语知识大全》《高中英语阅读》《高中英语阶梯阅读》《初中英语导读》等书籍。多篇论文在国家级和市、区级刊物上发表。完成“高中教师课堂管理观念和管理方式的现状分析与研究”、“关于教师课堂提问作用的分析与研究”、“高中英语课堂教学中优化教师课堂用语的对策研究”等课题,组织、管理和指导学校英语小班化分层教学实践课题的开展工作,对学校英语教学改革有重要的指导作用。2006 年申报课题“高中英语新课标下学科发展的实践研究”,为推动奉贤中学英语学科发展和提高教师专业素质起到积极作用,成果也在市教育系统得到推广。2001 年、2002 年、2005 年、2009 年受聘于上海市教育考试院参加上海市高考英语卷命题工作。2002 年至今被上海市教育评估院聘任为上海市教师高级专业技术职务任职资格评审委员会英语学科专家组成员。2008 年起担任上海市“双名”工程英语名师培养基地副主持,上海师范大学特聘、兼职教授。

【陈 庆】 女,汉族,1981 年 12 月生,湖南长沙人,中共党员,硕士研究生。现为上海市奉贤区绿化管理署建设计划科负责人。2010 年被评为全国五一巾帼标兵。

陈庆 2007 年进入奉贤区绿化管理署工作后,参加多项科研课题。2007 年参加由上海市绿化管理局、上海市水务局和华东师范大学合作研究的上海市河道绿化建设导则项目;2008 年作为主要成员参加奉贤区“三区一基地”建设重要课题“上海奉贤滨海生态居住区建设与发展战略研究”,负责生态指标的确定,该研究通过综合性生态评价,为奉贤滨海生态居住区建设绘制了一幅科学蓝图;2009 年负责向奉贤区科委申请课题“绿化废弃物资源化利用研究”,该课题为园林废弃物的有效利用和后续产品开发找到一条新的出路;2010 年她作为课题组主要成员参与奉贤区塘外化工区生态修复工程研究,此课题为奉贤区政府转变经济增长方式,促进环境可持续发展提供了一项重要参考。

2008 年奉贤是上海市园林城区首个复验年。陈庆作为园林城区复验小组成员,参加复验的筹备工作,负责绿化“三大指标”统计事宜。为保证指标统计的准确性,她连续两个月加班加点,将全区数千块绿地的图形、边界、位置、面积、苗木种类等信息输入计算机,建立起奉贤区绿地信息基础数据库,为绿化信息平台的运用奠定基石。奉贤区绿化林业信息系统是全区绿林地基础信息平台,她负责对信息系统数据进行维护。面对艰巨的信息输入任务,她经过思索实践,摸索出一套将网络操作与单机操作相结合的方法,利用地理信息软件简化输入模式,使工作效率大为提升,节省大量时间和人力,同时也大大提高了信息输入的准确度。

每当看到奉贤日益优化的城市面貌时,她都由衷地感到骄傲,同时也深感责任重大:与发达国家的先进城市相比,奉贤在改善城市的环境、提升城市品位方面还有很长的一段道路要走,这是奉贤市容绿化行业工作者继续前进的方向,是她孜孜不倦的追求。

【金海荣】 男,汉族,1958 年 7 月生,上海市奉贤区人,高中学历,中共党员。1976 年 7 月参加工作,现任奉城镇东新市村党支部书记。

1996年被评为上海市劳动模范，2010年被国务院评为全国劳动模范。

20世纪90年代初，金海荣看到村里落后的面貌和父老乡亲贫困的生活，放弃了苦心经营多年的汽车配件厂，回到当时的新北村，担任村党支部书记兼村主任。他制定三年扭亏为盈、脱贫致富的发展规划。当时村里仅有2家企业，也都是负债累累，面临倒闭。金海荣凭借自己多年经商经验，对企业管理人员进行调整，抽出自己原来公司的资金投入到村集体企业的运转中来，并将公司业务全部转到村办企业，使村办企业走出困境。1995年，村办企业由原来的2家发展到6家，工农业总产值达5000万元，村可支配收入近百万元，新北村从贫困村一举成为全镇排名前列的经济强村。

2009年，金海荣组织筹建村企业招商服务公司，以商引商，完善服务，吸引更多的企业落户发展。截至2010年末，全村共有注册型企业70余家，个体工商业主200余人。在招商引资的同时，他积极推动老企业的改造和发展，提高科学管理水平和生产能力，调整产品结构，提高产品附加值，增加企业的经济效益。农业方面，金海荣重视引进优良品种和先进技术，积极扶持小流通、小加工行业，大力引导村民多渠道致富，全村工农业生产总值以每年两位数的速度增长，成为远近闻名的经济示范村。

金海荣自上任初就致力于改善村容村貌，注重路面硬化、墙面白化、河道净化、村庄绿化的“四化”建设。自2005年以来，东新市村共新建道路5000平方米，改建道路8000平方米，主干道拓宽到8米~10米，清理河道40余条，建设公共绿化0.67公顷，新装路灯100余盏，增建、翻建垃圾房6座，完成广播电视入户计划，完善农业基础设施，并对95户农户实施村庄改造。2007年度建造完工的农家会所内设健身房、超市、科学图书馆、农技咨询室和农副产品陈列室等，深受村民欢迎。

金海荣重视扶贫帮困工作，每年对村里的困难户和60岁以上老人实行物质和现金救助，人均每年2000元。对因病致贫、因病返贫家庭进行排摸造册，根据家庭收入情况制定救助方案，至今已有140余名村民从中受益。金海荣还积极为村民创造就业机会，全村所有富余劳动力都得到妥善安排，2009年全村人均收入近2万元，生活水平显著提高。

2008年9月，原新北村、新市村和朝阳村三村合并成为东新市村。合并后的新东市村，拥有常住人口3700余人，加之外来务工人员数以千计地涌入，总人数5800余人。金海荣针对村里的外来人口多、流动性大的特点，组建8个村联防小队，对村庄实行网格化管理，对全村的实有房屋和实有人口进行全覆盖登记，真正做到底数清、动态清、台账清，并形成长效管理机制，确保一方稳定。

金海荣数十年如一日的辛苦工作，换来了东新市村发展的累累硕果，该村先后获得上海市农口系统文明村、上海市“五好”村党支部、上海市文明村等荣誉称号。

【蔡仁刚】 男，汉族，1969年7月生，上海市奉贤区人，中共党员，本科学历。1995年7月参加工作，现任上海市公安局奉贤分局刑侦支队八队队长。2010年被中共中央、国务院评为上海世博会先进个人。

在世博安保工作中，蔡仁刚始终战斗在侦查破案的第一线，侦破一起又一起重特大案件，确保了地区社会治安的持续稳定。他带队破获各类刑事案件90起，涉案人员105人。在他的带领下，刑侦队快速侦破“3·28”杀人抢劫强奸案、“4·22”抢劫杀人焚尸等具有较大社会影响的命案。侦办案件期间，他连续两个月不休不眠，肾结石几度发作，疼痛难忍时，他吞下一把止痛药，继续挑灯夜战或分析研判或辗转奔波于各地开展调查取证，研究审讯策略，始终奋战在刑侦破案的第一线。

2010年4~6月，南桥地区发生多起入室抢劫案。蔡仁刚带队走访调查和研判案情信息，制定详尽方案。7月初成功抓获犯罪嫌疑人张某。经审讯，犯罪嫌疑人张某交代了在南桥镇、奉浦等地抢劫作案4起的犯罪事实。7月，古华山庄和南桥汽车站作为世博志愿者接待点，发生2名世博志愿者财物被窃案件。由于2名志愿者未能提供有价值线索，报案时距案发时已有数日，案件侦破难度较大。但蔡仁刚从细微处入手，缜密排查每一个线索，于8月底在徐汇区建国路将2名流窜作案的犯罪嫌疑人抓获归案。

在世博安保工作中，蔡仁刚废寝忘食，以队为家，超负荷工作，难以顾家，家庭的重担全压在妻子身上。由于连续劳累，妻子心脏病复发住进医院。蔡仁刚父亲又因手上肿块住进上海华山医院。父亲动手术那天，蔡仁刚因处理一起棘手的案件，不能陪伴在父亲身边。妻子住院，蔡仁刚将儿子交给邻居照顾，并叫儿子自己乘车上下学。他说：“忠孝难以两全，家人会理解我的选择！”

逝世人物

【李聚如】 （1924.9~2010.5）男，汉族，安徽省六安县人，1924年9月生，2010年5月17日逝世，享年86岁。

1945年4月加入中国共产党。1943年2月参加革命，历任淮南四分区贸易局贸易队、淮南四分区特货统制局、淮南三分区裕民分公司、苏中总仓库合德分站会计，山东驻鲁办事处总仓库保管员，东北大连处委会供给处会计，山东华东生产部经理科科员，济南火柴厂营

业科长。1949年2月南下，历任山东青州总队三大队四中队分队长，上海第四棉纺厂接管组组员、主任，华东纺织管理局工作人员训练班三大队副大队长、机关保卫科科员、副科长。1959年4月调至奉贤县工作，历任青村公社副社长、党委副书记，塘外公社党委代理书记、书记，泰日公社党委书记、革委会主任，县革委会组织组组长，南桥镇党委书记兼主任，县卫生局党委书记兼局长、党委书记。1984年12月离休，参照司局级待遇。（李　娜）

【李建民】（1920.11～2010.10）

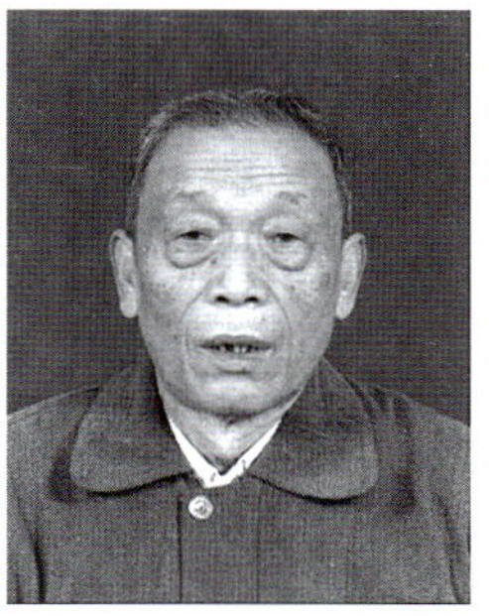

男，汉族，山东省汶上县人，1920年11月生，2010年10月11日逝世，享年90岁。

1949年6月加入中国共产党。1944年4月参加革命，在冀鲁豫军区抗日学院学习后，历任冀鲁豫军区第八军分区敌伪工作团干事，冀鲁豫军分区敌工部汶上县情报站干事，汶上县支前战勤指挥部股长。1949年随军南下，历任浙江省寿昌县一区副区长，中共中央华东局组织干事，华东联运公司主任，上海铁路局管理运输营业所主任，上海铁路局装卸作业所所长，上海铁路分局建筑段长。1959年调至奉贤县工作，历任萧塘公社副主任、党委委员，邬桥公社党委委员、社长、主任，胡桥公社社长，县交通建设局党委副书记兼副局长，县建设局党委书记兼局长。1984年2月离休，参照司局级待遇。（李　娜）

（本栏目编辑　沈红梅）

城市雕塑《启航》

城市雕塑《紫气东来》

荣 誉 榜

先进集体

国家级

【2006～2010 年全国法制宣传教育先进区】

奉贤区

【上海世博会先进集体】

南桥派出所

南桥镇人民政府

【全国先进基层检察院】

奉贤区人民检察院

【全国检验检疫系统"文明服务窗口"】

奉贤出入境检验检疫局综合业务科

【全民健身活动优秀组织奖】

奉贤区体育局

【2006～2010 年全国特奥工作先进单位】

奉贤区残疾人联合会

【全国人民防空先进单位】

奉贤区民防办工程管理站

【发展海洋经济先进单位】

奉贤区海洋局

【人口和计划生育基层群众自治示范村居】

庄行镇张塘村

【全国计划生育协会先进单位】

庄行镇张塘村

【中国特色村】

庄行镇潘垫村

【中国幸福村】

南桥镇杨王村

【中国十佳小康村】

南桥镇杨王村

【中国家庭教育知识传播激励计划杰出组织奖】

育秀幼儿园

【深入学习实践科学发展观　推动学校德育工作创新先进学校】

惠敏学校

上海市教师进修学院附属实验学校

【全国学校艺术教育先进单位】

南桥小学

【中央台办"两刊"对台宣传工作先进单位】

奉贤区人民政府台湾事务办公室

【第一次全国污染源普查工作先进集体】

奉贤区农业委员会

【全国农村土地承包纠纷仲裁试点先进集体】

奉贤区农业委员会

【全国生态建设林木种苗先进集体】

奉贤区农业委员会

【全国先进联社】

奉贤工业总公司

市　　级

【上海市平安城区】

奉贤区

【上海市"反邪教优秀城区"】

奉贤区

【上海世博工作优秀集体】

奉贤区世博会志愿者工作站(奉贤区精神文明建设委员会办公室、共青团奉贤区委员会)

奉贤区城市管理监察大队

上海市公安局奉贤分局指挥处指挥中心

上海市公安局奉贤分局刑侦支队

奉贤区社会治安综合治理委员会办公室

奉贤区绿化市容局城市管理行政执法大队

南桥派出所

奉贤区看守所拘留所

【上海世博工作先进集体】

奉贤区文明办

奉贤区经济委员会服务业发展科

金汇镇社稳办

上海奉贤巴士公共交通有限公司

【上海市先进基层党组织】

南桥镇杨王村党委

上海南方经济发展(集团)有限公司党委

奉贤公路建设发展有限公司党支部

【上海市"创先争优，世博先锋行动""五好"基层党组织】

南桥镇北街居民区党支部

奉城镇社区和稳定服务中心党支部

柘林镇规划和环境服务中心党支部

金汇镇来奉人员党支部

青村镇解放村党总支

奉贤区食品药品监督所党支部

上海市公安局奉贤分局交警支队党总支

奉贤区航务管理所党总支

奉贤区城市网格化管理指挥处置中心(受理监督中心)党支部

奉贤区机关服务中心会议中心管理科党支部

上海广电电气(集团)股份有限公司党委

【2008~2010年度上海市"五好"乡镇党委】

南桥镇党委

庄行镇党委

【2008~2010年度上海市"五好"村党组织】

南桥镇杨王村党委

南桥镇发展村党总支

南桥镇江海村党总支

南桥镇南渡村党总支

南桥镇金港村党总支

奉城镇大门村党支部

奉城镇东新市村党支部

奉城镇高桥村党总支

奉城镇洪北村党支部

四团镇小荡村党支部

四团镇拾村村党支部

柘林镇金海村党总支

柘林镇南胜村党总支

庄行镇潘垫村党支部

庄行镇新叶村党支部

金汇镇东星村党总支

金汇镇北丁村党总支

青村镇李窑村党总支

青村镇金王村党总支

青村镇新张村党总支

上海市工业综合开发区公谊村党支部

【上海市三八红旗集体】

奉贤区蔬菜技术推广站

奉贤区海湾镇经济园区

奉贤区爱贝早教指导服务中心

【上海市重点工程立功竞赛先进集体】

奉贤区建筑企业管理所建筑市场整顿办公室

上海东奉电力工程(集团)有限公司工程部

上海嘉奉建筑工程公司

【2009~2010年度上海市检察机关集体二等功】

奉贤区人民检察院

【上海市全民国防教育先进单位】

奉贤区少年军校

海湾女子民兵哨所

【上海市文化科技卫生"三下乡"活动先进集体】

奉贤区委政法委

【上海检验检疫局世博保障工作先进集体】

奉贤出入境检验检疫局

【中国2010年上海世博会志愿者工作优秀组织奖】

上海市奉贤区世博会志愿者工作站(奉贤区精神文明建设委员会办公室、共青团奉贤区委员会)

【中国2010年上海世博会志愿者工作优秀团队】

奉贤区平安志愿者支队

上海应用技术学院AB片区B06&B07活动组

奉贤区教育局志愿者服务队

奉贤区爱国卫生运动委员会办公室

【上海市志愿者服务先进集体】

奉贤区青年志愿者服务总队

上海应用技术学院"白玉兰"志愿者服务队

【上海青工系统先进团组织】

奉贤团区委

【上海世博会"扫黄打非"专项工作有功集体】

奉贤区文化市场行政执法大队

【文化市场综合执法暨世博保障先进单位】

奉贤区文化市场行政执法大队

【文化市场综合执法系统"创新工作奖"】

奉贤区文化市场行政执法大队

【世博会期间社区综合协管队达标创优争创活动先进集体】

奉贤现代农业园区社区综合协管队

【上海市"十佳"反邪教优秀社区】

奉城镇

【党委(党组)中心组学习实践创新成果】

中共奉贤区委中心组

【"精彩世博,文明先行"上海市民学双语活动优秀组织奖】

奉贤区精神文明建设委员会办公室

奉贤区妇联

【世博食品药品安全奖】

上海市食品药品监督管理局奉贤分局

【上海市食品药品监督管理局系统优秀基层党组织】

上海市奉贤区食品药品监督所党支部

【上海市食品药品监督管理局系统青年突击队】

奉贤区食品药品监督所采样组

奉贤区食品药品监督所监督二科

【上海市2009~2010年度"共青团号"】

上海市工商行政管理局奉贤分局企业注册科

【上海市五四红旗团委】

上海市工商行政管理局奉贤分局团委

【上海市工商行政管理局系统服务世博、奉献世博"五好"先进基层党组织】

南桥工商所党支部

奉城工商所党支部

【上海市工商行政管理局系统"世博和谐窗口"优秀注册大厅】

上海市工商行政管理局奉贤分局企业注册科

【上海市迎世博志愿无偿献血应急演练先进集体】

上海市星火开发区管理委员会

【上海市耕地保护工作先进集体】

奉贤区规划和土地管理局柘林所

【上海市青年文明号】

奉贤区海湾镇社区事务受理服务中心

【服务"中国2010上海世博会"优秀组织奖】

奉贤区海湾镇红十字会

奉城镇红十字会

【上海市民健康自我管理小组先进】

奉贤区海湾镇五四一兴居委

【上海市健康社区先进】

奉贤区海湾镇

【上海市健康单位先进】

奉贤区教育保障服务中心

【上海口岸服务保障世博工作先进集体】

上海闵行出口加工区管委会管理部

【上海世博会窗口服务先进集体】

奉贤区经济委员会

上海市工商行政管理局奉贤分局

奉贤区卫生局

【上海市民政事业统计工作先进单位】

奉贤区民政局

【上海市学习型党组织(机关)创建工作先进单位】

奉贤区委政法委

奉贤区人民法院

奉贤区委老干部局

奉贤区档案局

奉贤区委党校

奉贤区发改委

奉贤区科委

奉贤区财政局

奉贤区环保局

奉贤区人口和计划生育委员会

奉贤区体育局

奉贤区安全生产监督管理局

工商奉贤分局

奉贤区质量技术监督局

【上海职工职业道德建设先进单位】

奉贤区绿化和市容管理局

【"保平安、促运行、重服务、创一流"立功竞赛先进集体】

奉贤区网格中心监督分队五分队

奉贤区绿化和市容管理局机关

【绿化(林业)和市容(城管)投诉处理工作先进集体】

奉贤区市容环卫投诉中心

奉贤区城管大队

【上海市绿化市容行业"保障世博、服务民生、提升管理"立功竞赛先进集体】

奉贤区南桥镇市容环境卫生管理所综合业务科

奉贤区城市管理行政执法十中队二分队

【上海市市容环境行业工会"当好主力军,建功世博会,展示新风采"主题实践活动工会优秀组织奖】

奉贤区城市网格化管理指挥处置中心(受理监督中心)工会委员会

奉贤区林业署工会

【上海市"优秀平安志愿者服务队"】

奉城镇平安志愿者服务大队

教育行业平安志愿者服务大队

四团镇平安志愿者大队人民调解中队

金汇镇平安志愿者大队重点人员帮教中队

南桥镇杨王村平安志愿者服务队

【上海市第一次全国污染源普查工作先进集体】

奉贤区污染源普查领导小组办公室

奉贤区环境监测站

奉贤区金汇镇农业服务中心

【世博环境综合整治和安全保障秸秆禁烧专项奖】

奉贤区环境监察支队

【上海市环境监察工作队伍建设优胜奖】

奉贤区环境监察支队

【迎世博建筑整治先进集体】

嘉奉建筑工程有限公司

【上海市房管行业世博运行保障先进单位】

奉贤区南桥住房保障和房屋管理中心

奉贤区房屋应急管理中心

奉贤区住房保障和房屋管理局住房综合管理科

【上海市住宅建设实事立功竞赛先进公司】

上海嘉奉建筑工程有限公司

【上海市住宅建设实事立功竞赛先进集体】

奉贤区住房保障和房屋管理局物业科

上海同盛南桥置业有限公司工程部

奉贤建筑安装有限公司施工管理科

奉贤区住宅建设发展中心工程管理科

上海绿地集团房地产事业四部奉贤区域中心

上海江海置业有限公司工程部

大型居住社区奉贤区南桥基地金汇动迁工作指挥部

青村镇人民政府动迁办公室

上海铭邦奉贤置业有限公司工程部

奉贤区房屋维修应急中心

【2007～2010年度上海市群众体育先进单位】

奉城镇人民政府

奉贤区体育局

庄行镇人民政府

南桥镇社会事业服务中心

青村镇社会事业服务中心

柘林镇人民政府

四团镇人民政府

【2007～2010年度上海市学校场馆开放先进单位】

奉贤区教育局

金汇镇社会事业服务中心

奉贤区教师进修学院附属实验中学

【上海市体育场馆世博服务优秀集体】

奉贤区体育中心

【中国2010年上海世博会上海市体育系统服务保障工作贡献奖】

奉贤区体育局

【"十一五"上海市社区公共体育场建设先进单位】

奉贤区体育局

【"一区一品"赛事优秀组织奖】

奉贤区体育局

【中国上海国际大众体育节优秀组织奖】

奉贤区体育局

【援疆维稳工作二等功】

上海市公安局奉贤分局特警支队

【世博安保先进党支部】

新寺派出所党支部

【"世博安保先锋"集体】

南桥派出所

【世博安保功臣(集体)】

上海市公安局奉贤分局治安支队

奉贤区看守所拘留所

【"集中整治执法过程中涉案人员非正常死亡专项工作"先进集体】

奉贤区看守所

【上海法院司法新闻宣传工作专栏宣传奖】

奉贤区人民法院

【上海法院司法新闻宣传工作"综治网"信息奖】

奉贤区人民法院

【上海法院司法新闻宣传工作庭审直播奖】

奉贤区人民法院

【上海法院法制宣传工作优胜单

位】

奉贤区人民法院

【上海法院信息工作三等奖】

奉贤区人民法院

【上海市综治社区保安工作先进集体】

四团镇综治社保队

金汇镇综治社保队

【上海政法综治宣传阵地建设先进集体】

奉贤区委政法委

【第五届"上海市网上禁毒知识竞赛"优秀组织奖】

奉贤区禁毒办

南桥镇

【上海市标准化工作先进集体】

庄行镇农业服务中心

【上海市农民专业合作社示范社】

上海丰硕粮食种植合作社

【上海市农村村庄改造先进集体】

庄行镇潘垫村

【美好家园示范村】

庄行镇潘垫村

【科学生活社区】

庄行镇潘垫村

【2009～2010年度上海市教育系统三八红旗集体】

上海应用技术学院英语应用能力培养教学团队

【"世博先锋行动"先进基层党组织】

上海应用技术学院化学与环境工程学院圣马力诺展馆临时党支部

【全国大学生数学建模竞赛上海赛区优秀组织奖】

上海应用技术学院

【上海世博会教育系统安保稳定工作先进集体】

上海应用技术学院香料香精技术与工程学院实验中心

上海师范大学保卫处

上海商学院保卫处

实验幼儿园

实验小学

【校园"绿箱子"环保公益活动组织奖】

奉贤区教育局

【上海市教育系统优秀工会组织】

解放路幼儿园工会

奉贤区教育事务受理中心工会

【上海与台湾网涉台宣传工作先进单位】

奉贤区人民政府台湾事务办公室

【2009～2010年度上海对台工作(调研)先进单位】

奉贤区人民政府台湾事务办公室

【上海市民族宗教系统"服务世博、奉献世博"先进集体】

奉贤区少数民族世博志愿者服务分队

奉贤区基督教两会

南桥天主堂

南桥耶稣堂

万佛阁

二严寺

上真道院

【上海市少数民族联合会"服务世博、奉献世博"先进集体】

奉贤区南桥镇西渡社区少数民族世博志愿者服务小队

【上海市卫生系统第三批学习实践活动指导工作先进集体】

奉贤区卫生局学习实践活动指导小组

【上海医疗卫生对口支援都江堰市援建先进基层党组织】

奉贤区第一批对口援建都江堰医疗卫生队临时党支部

【上海市卫生系统世博医疗卫生保障工作先进集体】

奉贤区疾病预防控制中心精神卫生分中心

奉贤区医疗救护站世博保障组

【上海市敬老模范单位】

奉贤区中医医院

【2008～2010年度上海市社区民防建设先进单位】

南桥镇人民政府

【2008～2010年度上海市社区民防建设先进居委会】

南桥镇阳光第一居委会

南桥镇贝港第五居委会

现代农业园区金水苑居委会

【上海市司法行政系统先进集体】

金汇司法所

奉贤区司法局矫正(安帮)科

【上海市司法行政系统记功集体】

金汇司法所

【上海市依法治市信息工作先进集体】

奉贤区普治办

【上海市档案管理与服务创新奖】

奉贤区档案局馆

【上海市平安社区】

上海市工业综合开发区

奉贤区海湾旅游区

奉贤现代农业园区

上海海港综合经济开发区

奉贤区临海社区办事处

南桥镇

四团镇

柘林镇

金汇镇

奉城镇

海湾镇

青村镇

庄行镇

【上海市平安小区】

南桥镇正阳第二居委

南桥镇贝港第六居委

南桥镇文怡居委

南桥镇水岸居委

星火开发区世茂海滨新城

【上海市平安单位】

上海申明湖度假村

青村镇住房保障和房屋管理中心

青村镇敬老院

青村工商所

上海中韩晨光文具制造有限公司

上海浦东电线电缆集团矿用电缆有限公司

上海西张春光电梯导轨有限公司

上海同瑞生物科技有限公司

上海华沪电工交通器材有限公司

上海丹乐船舶钢构件有限公司

上海汉福空气处理设备有限公司

上海青村磷肥厂

上海水泵制造有限公司

上海三贡钢结构工程有限公司

上海新建重型机械有限公司

上海亚亚服装厂

上海嘉韵不锈钢制品有限公司

上海多菱门业有限公司

金汇水务管理所

爱舍(上海)新型建材有限公

司

古河凿岩机械(上海)有限公司

雷盛化妆品喷雾器(上海有限公司)

上海景兴制衣有限公司

上海明珠阀门制造有限公司

上海海融食品工业有限公司

上海益家电器有限公司

上海渊信建筑材料有限公司

上海佑诚服饰有限公司

上海莱克皮件有限公司

米丝莱纺织(上海)有限公司

博禄塑料(上海)有限公司

海港司法所

上海芯哲微电子科技有限公司

雷文密封材料(上海)有限公司

上海艾力克新能源有限公司

上海晶澳太阳能科技有限公司

钧泰(上海)精密金属制品有限公司

上海树园盆景花木有限公司

上海南桥变压器有限责任公司

奉贤区国家税务局

奉贤区绿化和市容管理局

中国工商银行奉贤支行

上海浦东发展银行奉贤支行

奉贤区水闸管理所

奉贤区城市交通行政执法大队

奉贤区南桥水务管理所

奉贤区水务稽查大队

上海市水环境监测中心奉贤分中心

奉贤区有线网络中心

上海新时代药业有限公司

上海人和堂国药连锁经营有限公司

上海德华国药制品有限公司

奉贤区环境监测站

奉贤区环境监察大队

上海南方中意国际家具广场经营管理有限公司

奉贤区人力资源和社会保障局

奉贤农业生产资料有限公司

奉贤商业供销有限公司

上海欣隆木材钢模有限公司

上海南奉生产资料有限公司

奉贤区南桥军粮供应站有限公司

奉贤区民政福利企业管理站

金阳幼儿园

上海松昊钢结构有限公司

上海祥群塑胶工业有限公司

上海杜玛轻纺有限公司

上海冷博实业有限公司

上海天信能源设备有限公司

上海高中压阀门股份有限公司

上海港基餐饮管理有限公司

上海易同信息科技有限公司

上海正英燃烧机器有限公司

上海全仕泰车业有限公司

上海西更玛纺织品有限公司

上海亿星制衣有限公司

上海宇洋特种金属材料有限公司

上海捷杰机电设备制造有限公司

上海彩铺工艺品有限公司

上海明功塑料有限公司

上海关港机械有限公司

上海振光脚轮有限公司

上海米氏兄弟商贸实业有限公司

上海九源别克销售有限公司

上海平安门窗有限公司

上海诺望实业有限公司

上海黑鹰金属制品有限公司

上海纽恩特实业有限公司

青村镇社区卫生服务中心

柘林镇社区卫生服务中心新寺分中心

金汇镇社区卫生服务中心齐贤分中心

【2009~2010 年度(第十五届)上海市文明单位】

上海悦华大酒店

上海施威焊接产业有限公司

上海百富勤(集团)有限公司

上海营巢房地产开发有限公司

上海江海置业有限公司

上海海湾寝园有限公司

上海和汇安全用品有限公司

奉贤区气象局

奉贤二建股份有限公司

奉贤区人民检察院

上海坤明湖度假村

奉贤区特种设备监督检验所

上海妍杰机械工程有限公司

奉贤区国家税务局第二税务所

上海美纳庄印实业有限公司

奉贤区人民法院

上海南华换热器制造有限公司

奉贤区航务管理所

庄行镇社会事业服务中心

上海奉贤公路建设发展有限公司

上海新天和树脂有限公司

上海古越市政建筑工程有限公司

上海奉贤燃气有限公司

奉贤区中医医院

上海古华公园发展有限公司

青村镇社区卫生服务中心

奉贤区动物疫病预防控制中心

奉贤区广播电视台

奉贤区排水运行管理中心

江海派出所

奉贤区海塘管理所

南桥派出所

上海鼎丰酿造有限公司

奉贤区殡仪馆

奉贤烟草糖酒有限公司

曙光中学

上海金叶商厦

育秀实验学校

上海实业振泰化工有限公司

解放路幼儿园

上海南桥变压器有限公司

解放路小学

上海南方国际购物中学有限公司

实验小学

上海福达制药有限公司

奉贤区教师进修学院

上海德华国药制品有限公司

育秀幼儿园

中国电信上海奉贤电信局

齐贤学校

上海市电力公司奉贤供电公司

实验中学

奉贤海关

南桥小学

奉贤出入境检验检疫局

弘文学校

上海阿波罗机械股份有限公司

华亭学校

上海水星家纺有限公司
致远高级中学
上海申光洗涤机械集团有限公司
奉贤区奉城医院
上海海亮铜业有限公司
上海井上高分子制品有限公司
奉贤区水闸管理所
上海恒业化工有限公司
庄行社区卫生服务中心
上海申能星火热电有限责任公司
奉贤区中心医院
上海树园盆景花木有限公司
上海航星通用电器有限公司
上海奉贤园林绿化工程有限公司
农业银行上海市奉贤支行
上海奉贤城乡建设投资开发有限公司
绿地新发展置业有限公司
奉贤区国家税务局第一税务所
奉贤区农业技术推广中心
四团派出所
奉贤区进修学院附属实验学校
上海人本集团有限公司
奉贤区图书馆
上海美优制药有限公司
工商行政管理局奉贤分局
南桥工商所

【2009～2010 年度上海市文明小区】

南桥镇贝港一村小区
南桥镇贝港二村小区
南桥镇贝港三村小区
南桥镇古华二村小区
南桥镇塘南小区
南桥镇古华 A 区小区
南桥镇育秀二村小区
南桥镇江海新村四小区
南桥镇古华一村南区小区
南桥镇贝港花苑小区
南桥镇浦江花苑小区
南桥镇新南家园小区
南桥镇曙光新苑小区
南桥镇江海花园小区
南桥镇育秀二小区
南桥镇育秀十一小区
南桥镇良友新村小区
南桥镇万龙新村小区
南桥镇华龙公寓小区
南桥镇南亭小区
南桥镇普康苑小区
南桥镇阳光一期小区
南桥镇阳光四季园
南桥镇名仕苑
南桥镇蓝天苑
南桥镇鸿吉苑
南桥镇古华一村北区小区
奉城镇紫苑小区
奉城镇银欣小区
四团镇天鹏小区
四团镇天鹏三小区
四团镇平绿小区
四团镇平安新苑小区
金汇镇东街小区
金汇镇泰南一村小区
金汇镇大昌新村小区
金汇镇南百小区
庄行镇汇安小区
庄行镇庄南小区
庄行镇庄行新苑
青村镇岳和花苑小区
青村镇北唐新苑小区
海湾镇中港小区
海湾镇星火一小区
海湾镇星火二小区
海湾镇五四一兴小区
工业区奉浦苑小区
工业区九华苑小区
海湾旅游区棕榈滩小区

【2009～2010 年度上海市文明村】

南桥镇金港村
南桥镇南渡村
南桥镇灯塔村
南桥镇五宅村
南桥镇杨王村
南桥镇发展村
南桥镇六墩村
南桥镇光明村
南桥镇益民村
奉城镇高桥村
奉城镇洪北村
奉城镇洪西村
奉城镇永民村
奉城镇大门村
奉城镇洪南村
奉城镇联民村
奉城镇灯民村
四团镇小荡村
四团镇拾村村
四团镇大桥村
四团镇横桥村
柘林镇南胜村
柘林镇新塘村
柘林镇金海村
柘林镇胡桥村
柘林镇法华村
柘林镇新寺村
庄行镇潘垫村
庄行镇西校村
庄行镇张塘村
庄行镇存古村
庄行镇马路村
庄行镇新叶村
庄行镇浦秀村
庄行镇新华村
庄行镇汇安村
庄行镇长堤村
金汇镇北丁村
金汇镇南陈村
金汇镇乐善村
金汇镇光辉村
金汇镇新强村
金汇镇东星村
青村镇金王村
青村镇新张村
青村镇岳和村
青村镇李窑村
青村镇钟家村
青村镇湾张村
青村镇工农村
青村镇解放村
青村镇石海村

区　　级

【奉贤区财富百强企业】

上海广电电气（集团）股份有限公司
上海南方经济发展（集团）有限公司
亚东石化（上海）有限公司
上海江海置业有限公司
上海柘中（集团）有限公司
上海世贸汽车贸易有限公司
上海弘晔房地产发展有限公司
上海凯宝药业股份有限公司
上海烟草集团奉贤烟草糖酒有限公司
晨光控股（集团）有限公司
远纺工业（上海）有限公司
上海招商奉盛置业有限公司
上海绿地景汇置业有限公司
上海电装燃油喷射有限公司
上海超日太阳能科技股份

有限公司
上海雷允上药业有限公司
上海聚贤房地产开发有限公司
伽蓝（集团）股份有限公司
马肯依玛士（上海）标识科技有限公司
上海水星家用纺织品股份有限公司
上海自然美富丽化妆品有限公司
上海日野发动机有限公司
上海采埃孚伦福德底盘技术有限公司
上海金力泰化工股份有限公司
康仕广告（上海）有限公司
上海欧格米兰化妆品厂
上海同丰房地产开发有限公司
上海康司逊建设管理有限公司
先锋高科技（上海）有限公司
上海马勒滤清系统有限责任公司
上海绿地能源集团煤炭销售有限公司
上海绿地奉贤置业有限公司
上海地通建设（集团）有限公司
上海化学工业区中法水务发展有限公司
上海奉贤正阳置业有限公司
克莱门特捷联制冷设备（上海）有限公司
上海鑫世纪恒源电力燃料有限公司
中国建设银行股份有限公司上海奉贤支行
如新（中国）日用保健品有限公司
斯必克（上海）流体技术有限公司
东北证券股份有限公司上海西渡证券营业部
上海菲林格尔木业股份有限公司
中国农业银行股份有限公司上海奉贤支行
百加得洋酒贸易有限公司
上海玻璃钢研究院有限公司
帝斯曼维生素（上海）有限公司
上海欣旺壁纸有限公司
上海中河金属加工有限公司
上海西渡房产开发有限公司
米思米（中国）精密机械贸易有限公司
上海华明高压电气开关制造有限公司
上海申江压力容器有限公司
上海海利生物药品有限公司
上海新湾投资发展有限公司
上海浦东星火开发区联合发展有限公司
上海华世置地有限公司
伟星集团上海实业发展有限公司
氰特表面技术（上海）有限公司
上海奉贤二建股份有限公司
上海兰布拉房地产发展有限公司
上海绿地南桥置业有限公司
上海天万国际物流有限公司
德马格起重机械（上海）有限公司
达能乳品销售（上海）有限公司
上海碧橙房地产有限公司
上海双鸽实业有限公司
上海海螺水泥有限责任公司
人本集团上海轴承有限公司
上海营巢房产开发有限公司
上海华燕置业发展有限公司
科丝美诗（中国）化妆品有限公司
上海诺华动物保健有限公司
上海塞维斯玻璃有限公司
上海雅培制药有限公司
上海万溯化学有限公司
上海亚虹塑料模具制造有限公司
上海奉庄资产经营发展有限公司
上海奉贤燃气有限公司
宜家分拨（上海）有限公司
上海乳品四厂有限公司
上海凌港贸易有限公司
上海井上高分子制品有限公司
上海天万服饰有限公司
上海海亮铜业有限公司
上海滨海古园
上海华群实业股份有限公司
确信乐思化学贸易（上海）有限公司
上海奉贤建工（集团）
上海环恒房地产有限公司
奥托立夫（中国）汽车方向盘有限公司
上海百富勤（集团）有限公司
中国电信股份有限公司上海奉贤电信局
上海奉贤建设发展（集团）有限公司
上海新发展房地产开发有限公司
上海腾绪建筑工程有限公司
艾森曼机械设备（上海）有限公司
雷盛塑料包装（上海）有限公司
上海巨臣金狮服饰有限公司
上海奉贤大众汽车客运有限公司
上海通用风机股份有限公司

【2008～2010 年度奉贤区先进基层党组织标兵】

南桥镇杨王村党委
上海南方经济发展（集团）有限公司党委
奉贤公路建设发展有限公司党支部
四团镇规划和环境服务中心党支部
庄行镇邬桥居民区党支部
上海金力泰化工股份有限公司党支部
惠敏学校党支部
区就业促进和人才开发服务中心联合党支部
上海杭州湾经济园区党支部
上海良友物业管理有限公司联合党支部

【2008～2010 度奉贤区先进基层党组织】

南桥镇杨王村党委
南桥镇江海村党总支
南桥镇发展村党总支
南桥镇庙泾村党支部
南桥镇第一街道办事处党总支
南桥镇西渡经济园区党总支
南桥镇新南居民区党支部
南桥镇古华第一居民区党支部
南桥镇正阳第一居民区党支部

肖塘中学党支部
江海中心小学党支部
南桥镇社区卫生服务中心党支部
上海水星家用纺织品有限公司党支部
奉城镇分水墩村党支部
奉城镇洪北村党支部
奉城镇联民村党支部
奉城镇大门村党支部
奉城镇第一居民区党支部
奉城镇机关党支部
奉城镇社会事业服务中心党支部
奉城镇社区卫生服务中心党支部
洪庙中学党支部
上海申光洗涤机械集团有限公司党支部
四团镇拾村村党支部
四团镇平海村党支部
四团镇规划和环境服务中心党支部
四团镇财经服务中心党支部
四团镇党技校党支部
上海百里鹿制衣有限公司党支部
柘林镇金海村党总支
柘林镇海湾村党总支
柘林镇农业服务中心党支部
柘林镇社会事业服务中心党支部
上海井上高分子制品有限公司党支部
上海开维喜阀门集团有限公司党总支
庄行镇新叶村党支部
庄行镇潘垫村党支部
庄行镇邬桥居民区党支部
庄行镇农业服务中心党支部
庄行镇社会事业服务中心党支部
上海德奎久保田模具有限公司党支部
金汇镇东星村党总支
金汇镇南行村党总支
金汇镇经济服务中心党支部
金汇镇社区和稳定服务中心党支部
上海中发电气(集团)股份有限公司党委
金汇镇来奉人员党支部
青村镇新张村党总支
青村镇钟家村党总支
青村镇光明社区党总支
青村镇社区和稳定服务中心党支部
上海金力泰化工股份有限公司党支部
上海浦东电线电缆集团有限公司党委
上海华向橡胶履带有限公司党总支
海湾镇机关党支部
海湾镇绿化和市容管理所联合党支部
工业开发区灵芝村党支部
工业开发区第六社区党支部
爱思帝(上海)驱动系统有限公司党支部
上海索谷电缆集团有限公司党支部
临海社区冯桥新村社区党总支
海湾旅游区社会保障服务中心党支部
现代农业园区齐贤村党支部
海港开发区平南村党支部
区委党校党支部
区检察院机关党委
区妇联党支部
区财政局党总支
区国家税务局机关党委
区特种设备监督检验所党支部
区气象局党支部
区经委机关第二党支部
惠敏学校党支部
奉贤中学党总支
贝贝幼儿园党支部
区看守所党支部
公安奉贤分局星火派出所党支部
公安奉贤分局网安支队党支部
区殡仪馆党支部
区司法局金汇司法所党支部
沈国英律师事务所党支部
区就业促进和人才开发服务中心联合党支部
奉贤公路建设发展有限公司党支部
区城乡建设投资开发有限公司党支部
区燃气管理署党支部
区规土局庄行所党支部
区文化资源配送管理中心党支部
区中心医院党总支
区古华医院党支部
上海杭州湾经济园区党支部
上海金佰利纸业有限公司党支部
上海奉供实业发展有限公司党支部
上海实业振泰化工有限公司党总支
上海永福园陵有限公司党支部
奉贤烟草糖酒有限公司党总支
上海南桥变压器有限责任公司党总支
上海良友物业管理有限公司联合党支部
区城市管理行政执法机动中队党支部
南桥住房保障和房屋管理中心党支部
区农业技术推广中心党支部
区排水运行管理中心党总支
区机关服务中心会议中心管理科党支部
工商奉贤分局南桥工商所党支部
上海南方经济发展(集团)有限公司党委
上海奉贤建工(集团)有限公司党委
上海华龙集团启东申港城党支部
上海南方经济发展(集团)有限公司招商中心党支部

【奉贤区“创先争优,世博先锋行动”先进基层党组织】

南桥镇社会保障服务中心党支部
南桥镇光明村党总支
南桥镇发展村党总支
南桥镇江海村党总支
南桥镇杨王村党委
南桥镇解放一居党支部
南桥镇正阳一居党支部
南桥镇新南居委党支部
悦华大酒店党支部
上海超日太阳能科技股份有限公司党总支
奉城镇机关党支部
奉城镇规划和环境服务中心

党支部

奉城镇绿化和市容服务中心党支部

奉城镇经济服务中心党支部

奉城镇奉城社区第四居民区党支部

奉城镇塘外社区居民区党支部

四团镇社会事业服务中心党支部

四团镇社区和稳定服务中心党支部

四团卫生院党支部

四团镇绿化和市容管理所党支部

四团镇四团居委党支部

柘林镇社会事业服务中心党支部

柘林镇社区和稳定服务中心党支部

柘林镇海湾村党总支

柘林镇新寺村党总支

柘林镇新塘村党总支

庄行镇社会保障服务中心党支部

庄行镇潘垫村党支部

庄行镇西校村党支部

庄行镇庄行居民区党支部

上海华兴包装材料有限公司党支部

金汇镇社会事业服务中心党支部

金汇镇规划土地和环境管理科党支部

金汇镇农业综合服务中心党支部

金汇镇经济服务中心党支部

奉贤区城管大队金汇中队党支部

金汇镇南行村党总支

青村镇社会事业服务中心党支部

青村镇新张村党总支

青村镇石海村党总支

青村镇北唐村党总支

青村镇青村居委党总支

海湾镇绿化和市容管理所联合党支部

海湾镇星火第二居民区党总支

上海市工业综合开发区第六社区党支部

上海神力科技有限公司党支部

上海树园花木盆景有限公司党支部

临海社区海畔居委党支部

奉贤现代农业园区金水苑居委党支部

上海碧海金沙投资发展有限公司党支部

上海海港开发区邵靴村党支部

奉贤区委政法委党支部

奉贤报社党支部

奉贤区法院司法警察大队党支部

奉贤区检察院机关第二党支部

共青团奉贤区委党支部

奉贤区财政局第二党支部

奉贤区体育中心党支部

奉贤区安监局党支部

奉贤区税务局机关党委

奉贤区食品生产监督所党支部

新发展圣陶沙大酒店有限公司党支部

曙光中学党支部

爱贝早期教育指导服务中心党支部

齐贤派出所党支部

青村派出所党支部

柘林派出所党支部

上海市公安局奉贤分局网络安保支队党支部

上海市公安局奉贤分局科技科党支部

奉贤区殡仪馆党支部

奉贤区律师党总支

奉贤区医疗保险事务中心党支部

奉贤区公路市政管理署党总支

奉贤区建筑企业管理所党支部

奉贤区图书馆党支部

奉贤区医疗救护站党支部

奉贤区中心医院党总支

奉贤区绿化市容局机关党支部

奉贤区绿化管理署党支部

奉贤区房地产交易中心党支部

奉贤区动物疫病预防控制中心联合党支部

奉贤区海塘管理所党支部

奉贤区排水运行管理中心党总支

奉贤区机关服务中心机关车辆管理科党支部

工商奉贤分局检查支队党支部

国安奉贤分局机关党支部

南桥新城建设发展有限公司机关党支部

上海恒逸聚酯纤维有限公司党支部

上海华樱激光模板有限公司党支部

上海保容劳动服务公司党总支

上海鼎丰酿造有限公司党支部

上海振泰化工厂总厂党总支

上海良友物业管理有限公司党支部

奉贤城建(集团)公司机关党支部

上海金叶商厦党支部

烟草专卖局奉贤分局烟草专卖党支部

南桥变压器有限公司党总支

奉贤区国资委党支部

上海奉贤建工(集团)有限公司机关党支部

上海华龙企业集团机关党支部

上海南方国际购物中心有限公司党支部

上海柘中电气股份有限公司党支部

上海广电电气(集团)股份有限公司第二党支部

先进个人

国家级

【全国国防后备力量建设十佳新闻人物】

张立平

【上海世博会先进个人】

蔡仁刚

【全国劳动模范】

金海荣

【全国先进工作者】

张育青

【全国地方志系统特别嘉奖先进工作者】

丁惠义

【全国五一巾帼标兵】

陈　庆

【2010 年国务院津贴】

曹欢欢

【全国环境信访工作荣誉工作者】

瞿立平

【全国质量监督检验检疫系统上海世博会保障工作先进个人】

冯冬春

【全国种粮大户标兵】

邬龙官

【全国农村五保供养工作先进个人】

俞玉莲

【第一次全国污染源普查工作先进个人】

顾伟杰　宋　慎　范承杰
沈　强　杨宝仙　盛祖兴
姚慧红　朱　萍　翁吉明
黄　平　戴智春

【2006～2010 年全国特奥工作先进个人】

沈国义

【中国改革优秀人物】

林志彬

【1995～2010 年幸福工程求助贫困母亲行动先进个人】

张林娟

【第二十届中国新闻奖消息类一等奖】

张　敏

【2010 年上海世博会气象服务及参展工作先进个人】

徐相明

【重大气象服务贡献奖先进个人】

张春荣

【2010 年上海世博会水上交通安全保障工作三等功】

徐士奎

【民革全国基层工作先进个人】

蔡鸿亮

【世博会知识产权保护专项行动先进个人】

吴育衡

【全国机关集中整治网络赌博违法犯罪活动专项行动突出个人嘉奖】

乔　鹰

【第八届全国中小学和中职学校思想道德建设德育工作先进校长】

鞠雪华

【第八届全国中小学和中职学校思想道德建设德育工作先进个人】

孙卫红

【第八届全国中小学和中职学校思想道德建设德育工作先进教师】

孙卫红

【第八届全国中小学和中职学校思想道德建设青年教师科研创新奖】

慕　蓉

【全国乡镇卫生院优秀院长】

吴秉德

【创建无烟医院贡献奖】

张建中

【全国老龄工作先进个人】

黄丽华

【首届全国创建和谐寺观教堂先进个人】

康　宁

【全国模范人民调解员】

张勤龙

【“服务世博、奉献世博”先进个人】

缪　青

市　级

【上海市优秀共产党员】

房同盟　徐卫星　孙桂英

【上海市优秀党务工作者】

金海荣

【上海市五一劳动奖章】

傅　强

【上海市三八红旗手】

倪慧芳　唐亚琴　王一青
赵　伟　黄红英　唐　叶
徐　洪　蔡赛珠　李继红
缪　青　原　静　于雪梅
方林恩　周小理

【“服务世博、奉献世博”先进个人】

钟洪葵　张群贤　吴晓华
王宝弟　刘洪士　陈祖士

【上海世博工作优秀个人】

周　芸　张群贤　王翠芳
钟洪葵　朱卫芳　胡根明
于生东　夏春雷　高梅香
卫安定　高建新　邬新权
薛　锋

【上海市世博会“扫黄打非”专项工作有功个人】

蒋益峰

【上海市“创先争优，世博先锋行动”“五带头”共产党员】

胡连国　冯藕华　周建龙
沈　健　杨新华　范纪土
顾菊林　潘文萍　张国林
陆尚书　钱忠兴　钱国平
李永兴　朱琴书　陈　雅
钟林章　陈晓卿　唐国兴
杨春华　顾剑波　吴林龙
杨金贤　邢　德　宋银龙
朱坤祥　缪　青　薛　锋
郭永进　朱文忠　刁　辉
屠　伟　诸　跃　陈德章
金季平　徐建军　钱忠群

【“服务世博、奉献世博”一等功】

陶　清　蔡仁刚

【“服务世博、奉献世博”二等功】

潘　琪　孙　强

【“服务世博、奉献世博”三等功】

路吉华　吴　费　王　晖
顾　洁　施春辉　张　立
张　婝　谢海波　张卫清
杨　华　马家洁　张　刚
费　渊　龚荣华　葛　宏
李丙楼　黄　骅　王　华
池涛勇　费　琪　王　卫
张　震　卫安定　王　震
周冬亮　张忠平　杨冬春
张　杰　韩琳玫　钱　平
曹向东　全桂林　王　峰
李　晶　曹其飞　金　晖
唐　军　潘明弟　万　赟
施建华　张恩愿　邹益初
周春权　仇懿倩　高志育
张　华　梁朱伟　俞振飞
朱钢勇　王亚壮　马　骥
施佳琛　蓝善涵　龚继来
胡锋杰　陆利民　邹永强
潘冬青　沈　煜　陈　华
胡佳灏　李建国　潘金章
顾　雷　张胤康　陈　越
盛　军　俞　刚　高建新
姚志平　须　峰　沈　伟
陈　龙　苏网才　邹　雷
宋杰锋　唐文忠　朱　鸣
李　伟　徐　林　徐伟峰
王　超　金　成　唐卫峰
王慧虹　徐　进　钱　轶
姚　昉　沈文军　金建成
韩丹虹　丁元杰　陆仁忠
徐　刚　沈志刚　邵仁德

【“服务世博、奉献世博”嘉奖】

周国平　胡万华　唐伯生
周国兴　金一平　陈立波
石仁根　庄雪军　丛永生

顾国丰　吴　行　马正龙
周晓平　孙迅箭　何晓弟
徐龙标　仇亚光　刘伟平
唐建平　平爱国　张兴盘
卫永明　王水章　乔志良
沈国平　张心亮　李志成
朱　强　金德兴　肖振兴
庄新华　陆纪平　张宝维
卫正杰　陈海国　钱忠鸣
褚震宇　王汉新　徐　洁
徐　进　王建平　高　迅
杨海彬　顾永余　杨慧平
万志刚　邹　震　吴文明
钱贵兴　顾菊欢　孙可均
沈　杰　顾文革　陈军羽
刘　林　张斌辉　卫文忠
黄安安　潘建兵　顾文忠
臧启海　王　林　汤连忠
罗玉峰　曹金鱼　顾　涛
罗忠于　蒋文军　吴正辉
王　吉　钱成才　张洪斌
陆润福　张一兵　马少杰
陈建明　钟彬龙　王　英
刘桂平　张　源　翁国光
陈　宏　王一峰　金蓉道
高群飞　陆　军　陆球元
陶海平　陆　赟　李军明
唐　辉　徐吉明　陈卫忠
倪忠明　唐建忠　张文军
沈　军　陆卫平　陈志华
宋红兵　陆　惠　唐卫峰
潘卫清　钱月英　乔　鹰
高正华　杨东平　范军华
陈伟明　沈　强　朱梅英
潘冬子　潘正军　高　峰
金高峰　朱国荣　董　斌
陶海华　王　琳　韩丹虹
姚莲花　宋剑锋　潘明弟
张忠华　李　力　顾雷强
倪东柱　钟志明　卫　平
陈忠辉　金光闪　冯　丽
唐红刚　华王生　李　磊
杨春辉　杨春辉　张海荣
董闻庆　江　山　储春荣
徐　新　顾　杰　须　峰
宋春雷　高　翔　李　良
赵　卿　徐　毅　蔡海粟
刘　斌　潘军海　张洁锋
巫勇杰　巫勇杰　褚东华
钱　炜　姜　曾　李金军
朱　明　张　杰　方　华
蔡　炜　吴海军　于利明
张　亮　施燕军　巫　磊
曹纪华　史　雯　韩玉成
瞿南贤　曹　隽　杨　勇
陈思航　李立超　张　卫
徐　汇　陆晓峰　张　杨
吴晨刚　张　一　胡俊杰
刘鑫晔　唐　剑　张东升
孙启岚　章　赟　李　斌
潘英锋　洪国文　洪国文
张　志　陆生峰　励　益
凌　清　方彬彬　付　震
叶　霖　刘晓晶　曹金华
陶跃华　吴　帆　曹　杰
俞晓强　缪峰雷　缪峰雷
周　斌　陈增祥　庄卫东
朱文斌　陈　龙　王　颐
朱盛军　徐　平　黄　勤
杨海华　宋懿峰　唐荣昊
余碧文　谢永辉　冯　凯
钱　凯　王　斌　周　杰
周　杰　吴　强　陆亚斌
王　超　邬响民　毛晓明
张　平　陈　凯　张　俊
乔明洁　孙毅君　张金秋
潘如愿　徐　清　吴　晓
高晓璐　陈众乐　陈春明
周陆军　陈　辉　唐　斌
何一平　徐丹亮　陈　捷
沈　力　祝　明　陈　惠
朱　聪　周　犇　钱　昂
陈　聪　张文韬

【上海市重点工程立功竞赛建设功臣】

陈　涛

【上海市重点工程立功竞赛优秀组织者】

邱宜方

【上海市重点工程立功竞赛记功】

张之华　李　静　沈红阳
马永明　孙自立　万石龙

【上海市区县报第三届“十佳”新闻工作者】

余童欢

【上海市国防教育先进个人】

祝燕国　石建英

【上海市创建全国残疾人工作示范城市先进个人】

李红英　徐建平

【上海市气象局“党员先锋岗”】

倪春欢

【上海市气象局世博工作嘉奖】

屠学明　倪春欢　沙欣欣
徐　佳　张百乐　顾品强
潘银官

【上海检验检疫局世博保障工作先进个人】

连　超

【上海检验检疫局系统“服务世博、奉献世博”立功竞赛嘉奖】

白志伟

【上海市青年女性职业飞翔计划优秀志愿者】

叶妍婷

【上海口岸服务保障世博工作先进个人】

童晓颖

【上海市优秀共青团干部】

沙丽娜　邵丹华　张雪英

【上海市“优秀平安志愿者”】

周　萍　金俞凤　杨榴妹
项品国　石晓华　陆莉萍
陶忠平　梁　爽　张　峰
唐全明　李桂忠　邱建南
朱王军　汪元军　曹龙官
邵文龙　蔡　军　卫志清
张越英　张群连

【中国2010年上海世博会优秀志愿者】

周　萍　徐　晖　王惠华
陈建勤　金俞凤　黄爱平
王　磊　梁多良　潘小飞
顾中演　王　英　薛国强
乐雪菁　谢　婷

【中国2010年上海世博会志愿者工作先进个人】

张　征　唐丹凤　董丽红
张品莲

【中国2010上海世博会志愿服务奖】

朱祖红

【上海世博水务（海洋）服务保障工作先进个人】

殷金木

【“迎世博争创一流服务”示范服务明星】

吴雯磬

【世博会期间社区综合协管队员岗位建功争创活动先进个人】

顾建平

【上海市质量技监系统“服务世博、奉献世博”立功竞赛三等功】

查　红

【上海市质量技监系统“服务世博、奉献世博”立功竞赛嘉奖】

陈　悦

【上海市迎世博志愿无偿献血应急演练先进个人】

王春玲　仲伟民

【上海市第一次全国污染源普查工作先进个人】

吕　钢　金建明　盛文奎
张春荣　卫季根　卫昌其
方　卫　王德龙　叶建全
邬永昌　阮钦崎　吴新弟
李　剑　李　斌　苏建华
程志军　范　春　郑　厦
俞金明　夏玉姬　徐春花
翁振华　傅　雷

【上海市优秀气象信息员】

张春荣

【上海市农村土地征使用专项工作先进个人】

王祖国

【上海市城建档案先进个人】

何晓红

【上海市耕地保护工作先进个人(突出贡献奖)】

张　峰

【上海市耕地保护工作先进个人(岗位奉献奖)】

王伟红　袁春辉

【上海市土地利用规划编制先进个人】

刘阳辉

【第三届上海市"平安英雄"入围奖】

孙桂英

【上海市优秀志愿者】

杨晓东

【上海市志愿者活动优秀组织者】

陈蔚琴

【上海市开发区统计工作先进个人】

陆　彬

【上海市爱国卫生世博运行保障志愿者先进个人】

顾月贤　黄爱平　路勤芳

【上海市民政事业费财务决算报表编制工作先进个人】

卫晓峰

【上海市见义勇为先进分子】

倪　华

【上海市"平安家庭"创建活动优秀组织者】

陆卫清

【上海市"当好主力军、建功世博会、展示新风采"主题实践活动优秀组织者】

张向军　蔡叶红　王月君
谢冬敏　蔡忠观　罗国文
李　浩

【"上海世博运行保障先锋"先进个人】

徐新根　蒋　萍　吴政华
蒋国强　王建国　翁　晔

【"保平安、促运行、重服务、创一流"立功竞赛先进个人】

徐丹萍　吕　俊　谢晓峰

【上海市市容环境行业工会"当好主力军,建功世博会,展示新风采"主题实践活动工会优秀组织者】

陆伟东　瞿　红　张炳龙

【上海市城管执法系统"优秀分队长"】

胡根明

【绿化(林业)和市容(城管)投诉处理工作优秀组织者】

马半穷　胡根明

【绿化(林业)和市容(城管)投诉处理工作先进个人】

朱曹琴

【上海市绿化市容行业"保障世博、服务民生、提升管理"立功竞赛先进个人】

张建平　顾晖晖　程玮珏
万新忠

【上海市绿化市容行业"保障世博、服务民生、提升管理"立功竞赛优秀组织者】

陶　峥

【上海市环境监察总队世博环境综合整治和安全保障先进个人】

杨剑珑

【"上海市百万市民学环保"先进工作者】

肖　伟

【上海市重大工程立功竞赛记功】

宋宝明

【上海市住房保障和房屋管理局迎世博建筑整治工作先进个人】

盛文芳

【上海市房管行业世博运行保障先进个人】

陆　群　张　建　王泽涛
金惠东　王建军　王世根
管建国　黄耀金

【上海市孝亲敬老楷模提名奖】

周丽娟

【上海共青协和"青春世博行动"优秀个人】

周丽娟

【上海市住宅建设实事立功竞赛建设功臣】

李秋弟　韦　东　干毓斌
朱明才　周　华

【上海市住宅建设实事立功竞赛记功】

顾方略　黄卫兵　谭国良
丁宇峰　李英雄　徐　俊
陆　贤　龚刘凤　郁宝林
丁　琰　徐晓红　邵天亭
安纪东　曹水昌

【上海市住宅建设实事立功竞赛优秀组织者】

王　燕

【2007～2010年上海市群众体育先进个人】

刘彩珍　张惠康　邓志刚
严建秋　周仁龙　茅建春

【上海市体育场馆世博服务优秀个人】

谢东鸣　沈　洁

【2007～2010年度上海市优秀社会体育指导员】

唐　叶　顾木君

【2007～2010年度上海市学校场馆开放先进个人】

何纪明　黄小华　张立清

【上海市推进学习型党组织(机关)建设先进工作者】

徐明云

【上海市公安局治安保卫先进个人】

吴正林

【上海市法院系统二等功】

余　红　王卫民

【上海市法院系统三等功】

方　煜　张　英　甘青峰
陈建国　孙　健　唐祖峰
张　慧　何吉英　杨雪龙

【上海法院系统办案标兵】

余　红　何吉英

【上海法院系统优秀信息员】

张　静

【上海法院司法新闻宣传工作优秀个人】

严爱华

【反映社情民意信息工作优秀信息联络员】

严爱华

【优秀人民陪审员】

宋勇杰

【集中清理执行积案活动先进个人】

戴劲松

【上海市综治社区保安工作先进个

人】

朱冬梅　廖　静　顾跃飞

蒋利民　钱绿叶

【第五届"上海市网上禁毒知识竞赛"优秀禁毒指导老师】

姜　颖　杨文英　陆　颖

【上海市文明安全机动车驾驶人】

龚罗兰

【上海市建设健康城市爱国卫生先进工作者】

薛国强　宋志红　翁吉丽

【上海市爱国卫生世博运行保障志愿者先进个人】

顾菊林

【上海市教卫党委系统"世博先锋行动"优秀共产党员】

顾　燕

【上海市2006～2010年成人教育先进工作者】

刘　晨　顾行健

【2010年全国大学生数学建模竞赛上海赛区优秀教练员奖】

李俊玲

【上海世博会教育系统安保稳定工作先进个人】

夏三祥　王　珂　张　青

褚秀连

【上海市大学生暑期社会实践活优秀指导教师】

杨　梅

【上海市大学生暑期社会实践活动先进个人】

武　琳

【2009～2010年度上海市教育系统优秀妇女工作者】

陆李莉

【2009～2010年度上海市教育系统三八红旗手】

杨益群　顾春华

【上海市第十三届小青蛙讲故事活动园丁奖】

金　芸

【上海市教育系统优秀工会工作者】

徐新国

【上海市教育系统心系教职工的好领导】

陆建国

【上海市教育系统第七届比翼双飞模范佳侣】

蒋东标　朱辉花

【2009～2010年度上海市为退休妇女和生活困难妇女免费安排妇科及乳腺病筛查工作先进个人】

沈俭英

【上海市民族宗教系统"服务世博、奉献世博"先进个人】

朱涂非　马长战　叶圣禧

卢庆林　蒋忠林　刘红宝

康　宁　潘银芳　慧　芝

圣　怀　智　能　性　康

马志平

【上海市民族宗教政府事务部门世博工作先进个人三等功】

余浩洁

【上海市民族宗教政府事务部门世博工作先进个人嘉奖】

万　泉

【上海市少数民族联合会"服务世博、奉献世博"先进个人】

温建萍　唐莉青　雷惠根

马彦龙

【上海医疗卫生对口支援都江堰市援建优秀基层党组织书记】

吕晓建

【上海医疗卫生对口支援都江堰市援建优秀共产党员】

王兆平

【上海医疗卫生对口支援都江堰市灾后重优秀共产党员】

王兆平　顾绍权　顾群辉

吴勇刚　黄建华　钱　美

韩　韬　黄观明

【上海市卫生系统世博工作先进个人】

曹　华　徐　红

【上海市司法行政系统先进个人、记功个人】

陈木龙

【上海市司法行政系统服务保障2010年上海世博会先进工作者】

陈　岚　徐卫红

【上海市依法治市信息工作先进个人】

王　勇

【上海市食品药品监督管理局系统嘉奖】

吴沛萍　王安丞　李　剑

【上海市食品药品监督管理局系统年度考核优秀】

姜　军　沈　莹　黄峰鹰

段懿花

【上海市食品药品监管卫士】

黄观明　高　扬

【上海市食品药品监督管理局系统优秀共产党员】

李　青　王安丞　黄峰鹰

【上海市食品药品监督管理局系统优秀党务工作者】

唐玲琳

【上海市食品药品监督管理局监管之星】

陈　腾　沈益华　金　翠

卫　红　仰美丽　钱　丁

蔡　佳　沈光辉

【上海市食品药品监督管理局重大活动保障功臣】

姜　军　陈漪丽　高　扬

张　劼　陈　健　周钟嶙

吴玮萍　程　红

【上海市食品药品监督管理局系统世博立功竞赛三等功】

吴国伟

【上海市食品药品监督管理局系统世博立功竞赛嘉奖】

谭士洁　唐剑凡　艾　华

金雪飞

【上海市对口支援都江堰市灾后重建优秀共产党员】

黄观明

【上海市文明服务标兵】

杨焱炯

【上海市工商行政管理局系统"服务世博、奉献世博""五带头"优秀共产党员】

张　伟　王　琦　王爱忠

俞彩虹　胡　宾　陈　骏

潘晓华　曹　伟　陈洪林

侯立龙　黄春晖　高　源

蒲秋芳　唐峥嵘　陈　骏

【上海市工商行政管理局系统"服务世博、奉献世博"立功竞赛三等功】

黄宝贵　潘小飞　吴　伟

刘珍云　庞法庭　曹　栋

褚　英　俞　里　梁多良

夏从文　吴乐天　高　源

许　烨　王　琦

【4.17利用银行POS机套现案分局三等功】

潘　琪

【上海市公安局援疆维稳工作突出二等功】

潘月龙　潘冬青

【上海市公安局援疆维稳工作突出三等功】

于　卿　顾其荣　夏晓东

王　冲

【上海市公安局即时性破案二等

功】

董福明　储　谷

【上海市公安局世博安保先锋二等功】

杨冬春

【上海市公安局优秀带教民警】

丁冬青

【上海市公安局世博安保优秀党员】

蔡仁刚　潘　华　王　琳
任晓萍　肖振兴

【上海市公安局十大监控能手】

王　磊

【上海市公安局世博安保功臣】

杨冬春

【上海市公安局打击"三贩"违法犯罪活动专项行动三等功】

钱　炜

【"上海公安机关警车和涉案车辆违规问题专项治理工作"先进个人】

唐　军

【2009～2010 年度上海市公安局三八红旗手】

韩琳玫　王　琳　沈　伟

【上海市公安局增援世博会警犬安检工作嘉奖】

彭　伟

区　级

【2008～2010 年度奉贤区优秀共产党员标兵】

房同盟　徐卫星　孙桂英
刘　峰　王永斌　张爱国
杨伟强　刘宜善　张　惠
沈　强

【2008～2010 年度奉贤区优秀共产党员】

何琴章　万志孝　张裕明
朱新龙　费金华　吴德江
汪亚萍　潘龙华　周如意
周春东　丁翠英　张　惠
杨福才　王晓峰　张福根
严爱忠　陶翠萍　计　妹
朱庆杰　刘　瑾　沈　琪
金　军　张品国　宋炳元
姚　斌　邵根才　潘晋尧
王建华　陆　平　刘文荣
沈云林　姜永良　吴若愚
鲍友仁　宋士华　唐建龙
龚国仁　沈延峰　俞文华
徐卫星　闵根章　张　英
王　清　吴恩花　钱金平
殷国兴　朱静英　焦　锋
沈国平　王章才　何春新
费振华　张海燕　顾文龙
孙桂英　汪莲华　王丹花
陆文龙　房同盟　周　美
刘宜善　陈忠义　乔金凤
彭雪军　樊国红　王建国
马卫东　曹翠英　吴中华
初　玲　施士荣　冯忠明
薛晨红　刘　峰　阮纪龙
陆仁龙　邢　德　朱为群
钟晓春　刘阳辉　张鲁一
王永斌　顾正贤　李甲伟
蔡金根　卫道河　黄继刚
杨建明　张爱国　黄建光
夏　平　沈　强　方跃骏
顾瑞冠　沈云平　计　红
江为民　徐才明　杨伟强

【2008～2010 年度奉贤区优秀党务工作者】

孙跃明　郑木林　张　英
苏国贤　金海荣　姚　铭
俞正飞　戴明华　杨福林
黄世英　潘月仙　刘勤华
姜金浦　张　峰　徐　俊
王建国　唐　燕　陈　智
陈爱清　高吉良　陈国珊
钟洪葵　曹吉芳　冯仁华
平　珏　屠国平　卫连清
张忠清　何文浩　朱健峰
生晓燕　李　红　陈军华
邱鲜红　姜岳华　李　亿
高　裕　王祖国　瞿建国
卫　萍　张爱清　铁　伟
吴政华　方　燕　顾生章
盛安忠　王　捷　俞彩虹
蔡法强　朱　婧　邹元放
宋秋霞　翁焕平

【奉贤区"服务世博、奉献世博"二等功】

陆　琴　马天龙　邵天亭
潘顺贤

【奉贤区"服务世博、奉献世博"三等功】

郑　毅　周　斌　闵玮蓉
许国田　王　捷　刘　巍
聂　琦　姚杏珠　蒋礼沁
沈新章　徐克俭　朱丽雅
李建元　张　英　冯藕华
胡藕松　陶月华　李　莲
余仲威　姚　红　濮忠涛
陶　杰　顾斌泉　洪　光
卫连清　顾　军　谢仁国
刘　焕　刘翠红　朱爱琴
李翠华　李　梅　刘达周
吴德耀　张红兵　戴国民
卫志强　王　勇　方爱平
陆国明　卫　文　毕　锋
凌　军　寿余军　黄建光
卫校忠　宋鲁军　曹国平
卫永明　何兴杰　郑国杰
吴建华　陈国栋　袁文杰
倪孝忠　叶蓓香　黄海斌
沈　辉　朱　卫　顾玉莲
高洁萍　陈　涛　姚雪峰
陆伟东　傅朝辉　王建国
盛梦君　陆　艳　李永杰
项　华　周　华　张　宏
高　平　王建兴　刘　杭
吴宝国　方保明　朱建明
高晓峰　蔡巍巍　倪　莎
沈建国　胡耀群　倪黎明
蔡伟明　刘淑世　吴永强
沙丽娜

【"服务世博、奉献世博"嘉奖】

沈德良　姚　强　郭　俊
屠志强　杨素英　李光清
吴利春　范　瑾　万　泉
何迎春　陈　佳　沈世忠
陆金桂　蒋联洪　张群贤
徐欣帮　瞿建新　俞　英
吴中华　廖　源　潘红星
王桂龙　朱海龙　孙　夏
晋为民　高　平　施菊飞
陈旻旻　朱为群　董连云
孙莉莉　沈洪才　张林雪
唐月莲　张卫国　沈志刚
姜洪娟　汤　民　顾小英
倪新华　韦　东　王杏才
诸德仁　唐　立　盛　城
蔡叶蓉　沈国义　王莉婷
沈永明　程晓峰　沈建国
高正余　徐碗华　唐寿林
夏国英　严爱忠　殷国兴
黄超芹　严芳芳　张海凤
汪冬青　翁文燕　张林余
张卫东　傅正华　邱培成
张建华　刘文荣　袁呈炜
王永吉　徐皇美　陈木龙
殷立红　徐治飞　顾德清
莫海斌　马光辉　廉敬武
平建军　周炳旭　胡军妹
夏文明　周艳华　柴龙根
费正权　管继余　金　杰
钱东君　马　燕　苏　姝
陶一青　张明浩　许　慧

王永平　李立华　乔晶
褚旭俊　杨剑珑　资勇
徐瑾　傅军　陈民
陈盛　张彪　杨维勤
俞春　吴春晨　王正
王谦　孙恺　慕晨昊
陆健　何文　陈杰
施震武　叶维明　沈朝阳
陆志华　曹利生　许翔
徐国贤　董荣　刘侃炜
张纪春　姚凤妹　徐林章
李丹　孙坚　钱威
陆淼　张莉　屠晓
王洪权　闵盛英　王东辉
余浩洁　蔡培红　钟凌
张继强　宋永辉　高志光
汤华琴　徐明云　陈秀华
张春辉　金春元　沈忠伟
钟友斌　陈纪忠　朱英
冯云　陈海英　陈盛
刘成成　袁飞　张伟民
卫春妹　方德强　王育明
郑群　戚卫东　周卫中
姚淑英　张德葵　蔡澄
张开明　顾瑞存　金建华
金宏毅　顾辉良　王莉红
徐文艳　尤正贵　蔡新康
俞月仙　范林强　李斌
宋文红　张斌　沈鸣
陆卫　张卫仙　王万宽
袁军辉　朱银莲　章劲夫
寿俞萍　孙连进　张惠康
宋慎　阮林仁　李秋弟
徐晓红　陈德官　史新锋
潘建华　富龙　梁洁
金火根　顾壹壹　屠勤英
丁峰　许华　吴成华
周卫忠　沈权　马列
蔡冬萍　王士良　金仲琚
陈聪　徐欢　叶权红
秦颖　王云飞　周光华
沈宝国　闻涛　何文浩
王智华　李红英　邵丹华
刘勤元　钟天龙　赵水贤
徐燕　马永明　郭连勤
徐兴龙　沈红　冯新
李建良　唐全明　余新明
孙梅芳　卫忠　薛宏青
宋军　宋建华　韩建国
朱静英　谢品泉　陈祖士
张敏　秦专斌　缪芬莲
唐葵英　曹峥珍　沈云林
张卫锋　张德兴　朱伟刚
姚斌　范洪　陈国平
王友来　朱雄　金晓晔
张勤龙　林志平　汪元军
方耀明　阮雷红　唐雄鹰
丁海东　曹志德　陆冬杰
王保帅　田娜　方红
张华　宋燕英　刘峥
沈勇忠　钱引芳　胡秀华
刘锋　陈士刚　顾威
徐菁　屠朝辉　张劲松
蒋斌　谭文忠　赵英
王臻　孙健　沈秋锋
吴耀军　金国强　刘丽
宋春艳　陈继锋　管富强
严小军　马莉苑　肖云
卫炜　尹耀章　沈雪峰
陶晔　金佰才　金季平
庄志国

【奉贤区“创先争优，世博先锋行动”优秀共产党员】

夏强　张冬妹　严建华
屠平　沈明君　姚仁均
尹龙章　薛玲　沈天明
张宝龙　万坚强　王爱民
董明芳　王顺均　张吉明
施龙官　袁伯弟　唐本豪
阮连权　潘六妹　朱晓燕
阮德明　吴卫群　翁梅龙
马国强　王洪义　唐文杰
唐正明　郁伟　周雪原
徐卫忠　苏国林　倪伟平
施秀燕　夏爱国　瞿建军
张静　潘莉莉　陈盛
陈勇　王勇　陈石能
褚品章　沈春平　杨才龙
严青芳　瞿龙　徐三忠
唐军兵　夏军芳　陈育梅
施海华　邬俊杰　毛春红
金雅蓉　朱建军　王秀国
程志军　赵鑫妹　狄建峰
马彩平　邵英　李林芳
何秀丽　刘文荣　李凤英
胡天明　胡国平　方巍锋
徐瑛　叶小弟　何春锋
金爱法　沈国华　陈士葵
陈雪余　陆仙华　夏忠
张晔　翁春元　尤燕红
施国明　阮丹凤　周梁亮
尹维林　唐建龙　华忠文
王湘军　张南仁　姚建中
顾水明　姚兴龙　陆林章
邹寿林　崔真林　卫晓安
陈军　唐燕　卫明星
余晓明　李桂忠　王士良
王叶英　李银余　张辉
严纪强　周兴　张英
沈国才　王文华　费琴仙
陈妹　朱明才　陆国明
周雪章　邹伟峰　刘福良
张菊花　郭裕　张国光
沈明华　俞勤仙　吴向华
徐佩华　袁明章　谢锦文
焦锋　郭士国　陆玉琴
潘益飞　卫建军　陈国金
王林芳　瞿剑平　尤吉
梁荣飞　戚银华　王永红
汪学优　张平辉　徐国芹
吴志明　王海燕　曹德官
吴春芳　周叶华　沈春结
袁群妹　张国良　杨仁智
张德忠　董大妹　张勇
韩冲　王建恩　王秋萍
胡红兵　肖云　高志光
陈播军　王建国　张海强
叶妮　瞿蓉　汤爱萍
卫明　翁振华　陈罗真
张炯　王瑾　宋春华
何永红　沈建平　程军
胡建新　陆纪红　施志强
王引龙　吴正林　鞠雪华
陈晓华　丁小群　王宏勋
冯丽　李志平　汪健
姚志平　唐益波　徐龙标
顾明兴　薛鸣　韩丹
陈岚　顾德清　唐秀芳
俞杰　金刚　徐正
王强　戚永明　何纪微
王桂君　方军　董益忠
倪爱国　陆耀忠　丁志勇
刘诗连　张大通　韩韬
顾璟浩　张爱国　韩永权
姜宝国　韦东　陆群
金昕　张晓伟　沈宏
李雷　万国兵　吴国峰
刘珍云　赵登云　王群
陈纪聪　王红琴　方伟
毛来　包颂荣　王兴旺
朱钰敏　张芳　邹英
柳擎峰　沈亮明　方金新
朱永征　王萍　宋英明
范华　张其林　高利军
杨福顺　钟爱华　翁焕平
卫新华　张辰骥　莫政权
王建华　路雷　徐之敬
汪海良　王斌　赵继红
胡根明

【奉贤区区管干部年度考核三等功】

张惠康　马建根　陆新贤
朱秀官　钱勤观　吴召忠
瞿剑平

【奉贤区区管干部年度考核嘉奖】

朱洪仁　徐林章　盛　军
周龙华　张建龙　蔡士良
杨知行　宗　斌　张夏清
杨林才　陈学哲　曹国平
董丽红　陈建平　陈祖明
蔡培红　朱建明　钟林章
徐明云　吴召华　郑　毅
谭士军　屠　晓　苏建忠
吴国强　金国强　邵丹华
滕卫华　陈立峰　沈春梅
陈纪忠　吴永强　郑国杰
王森龙　唐　瑛　曹　峥
张开明　戚爱国　顾卫兴
张　弘　周克勤　褚国华
吴红梅　臧雪龙　王文飞
杨汉荣　王建华　张品莲
周晓春　沈洪才　姜永涛
瞿　军　宋宝明　李秋弟
杨军民　王桂龙　孙鸿萍
鲁　瑛　陆卫平　顾雷忠
殷宜礼　顾　佾　陶建兴
徐正文　王　萍　李　群
周梅君　蒋德川　王惠平
郑小平　王晓弟　吴晓华
施才明　王永飞　孙　毅
何秀丽　张　宏　宋公明
江顺标　沈文君　周　华
潘文萍　张之华　陆纪平
朱明才　陆爱强　陈建国
吴建平　张德兴　钟洪葵
黄祖光　刘　杭　洪　光
朱德才　卫连清　方保明
洪　萍

【奉贤区机关年度考核三等功】

李　丹　胡军妹　赵广萍
狄雪芳　丁水琴　唐晓锋
金　杰　倪陆聪　王叶青

【奉贤区机关年度考核嘉奖】

李　丹　丁欢华　杨　莲
曹锋杰　方玉龙　范海红
徐　明　陈文浩　陈　刚
曹建国　狄　彩　郭东海
贺占伟　徐建军　杨　萍
庄建英　朱　雄　宋春艳
沈世忠　陈　佳　刘亚仙
杨素英　管艺花　顾建春
柴龙根　方　煜　费正权
顾　威　顾煜麟　胡耀群
黄金中　李卫星　林庆强
刘　丹　刘　锋　倪黎明
钱东君　唐祖峰　王　蕾
徐　菁　徐晓丽　张　欢
张　慧　张　静　周　艳
王秋官　戴劲松　顾慧芬
刘　丽　唐军芳　张劲松
姜　斌　倪慧芳　彭丽娜
濮清杰　马光辉　田　娜
张海强　陆新君　倪　莎
倪　琳　刘金龙　叶　妮
李　晶　瞿　蓉　李月红
陆　艳　狄海英　王雪忠
徐增清　胡菊华　陆纪红
毛敏琴　刘　巍　谢维君
张桂英　韩菊莲　张伟国
何海英　王崇贤　曹新国
徐林德　吴刚强　卫晓峰
李　婷　刘军芳　阮雷红
姜岳华　林志平　顾益群
万卫华　施幸法　孙建翔
盛一萍　唐群燕　鞠　峰
徐美丽　周雪梅　张建春
庄亚芳　朱益萍　蒋美芬
俞淑娟　邬卫舟　俞　杰
许志仁　张　艳　刘阳辉
朱坤祥　何纪微　金　军
张华芳　吕晓建　吴建芳
顾瑞存　汤顺贤　谢红梅
吴　蓉　徐　峻　唐　立
韦　东　顾丽娜　张能兴
施玲玲　王正乙　宋　亮
邵贵明　张卫芳　俞金林
顾瑞冠　夏树华　马永明
徐碗华　张　冲　宋　霞
王　平　严爱忠　夏国英
丁　辉　严芳芳　张国兴
沈志清　曹峥珍　张卫锋
沈云林　沈美英　顾　丽
朱　瑾　李建良　王　清
殷国兴　钱金平　张　正
沈士平　胡伟平　马明芳
陆嫒辉　洪　强　孔莉莉
朱伟刚　陈　钟　沈宇峰
汤　伟　杨桂芳　高国明
王友来　奚玉英　马莉苑
乔　晶　徐文艳　王佳艳
徐菊英　耿南山　朱　敏
张　群　顾军花　倪斌霞
刘朝辉　吴兰花　金德龙
资　勇　孙　蕾　王安娜
胡会刚　翁　晔　唐铁英
唐剑锋　范庆官　潘海红
曹海吉　吴春晨　唐会良
乔　莉　周　懿　王　正
褚　琦　高春磊　高忠明
许　丹　薛忠余

【奉贤区专业技术领军人才】

陈　瑶　胡里清　金哲民
谢晓红　王国平　张　聪
李守军　薛　锋　褚可龙

【奉贤区专业技术拔尖人才】

曹欢欢　王　平　原　静
卫秀余　尤丽娜　乔增勇
孙赤婴　张学利　茅仁刚
林定多　柳飞舟　贾永锋
徐　方　翁大钢　高学锋
郭长建　陶　立

【奉贤区专业技术青年尖子】

卫　强　王　坚　黄　伟
程继红　王讯华　李长岭
李月河　何哲慧　张树林
林春辉　姚学良　凌　军
廖雪玲

相关链接：

【奉贤区重大工程立功竞赛优秀公司】

上海奉贤建设发展（集团）有限公司

【奉贤区重大工程立功竞赛优秀集体】

曙光中学迁建工程项目组

二建股份公司轨道交通 5 号线西渡站配套工程项目部

奉贤区中心医院升级迁建办公室

南桥镇人民政府动拆迁办公室

奉贤区规划和土地管理局规划管理站

【奉贤区重大工程立功竞赛建设功臣】

江为民　张伯时　朱　英

【奉贤区重大工程立功竞赛优秀组织者】

蒋德良　朱顺贤　周卫忠
于美杰　蔡伟恩

【奉贤区重大工程立功竞赛记功】

钱正刚　顾元欢　王永斌
刘晓红　房　昉　陈　强
顾伟杰　宋　亮　凤建军
朱坤祥　姜水彬　谢　锋
刘士权　姚　辉　黄木仁

（本栏目编辑　沈红梅）

统计资料

2010 年奉贤区的一天

指　标	单　位	2010 年	2009 年
增加值	万元	13521.0	11756.0
财政收入	万元	3485.8	2916.7
工农业总产值	万元	39671.6	34046.8
规模以上工业企业主营业务收入	万元	36000.8	28747.6
固定资产投资完成额	万元	5697.5	4493.8
出口产品总额	万美元	1288.0	984.3
社会消费品零售总额	万元	6872.2	5840.4
城乡居民储蓄余额	万元	10552.8	8891.8
用水量	万吨	26.8	27.1
用电量	万千瓦时	1680.8	1411.2
邮电业务总量	万元	29.2	40.3
生猪出栏数	头	1389	1384
家禽产量	羽	26329	24986
鲜　蛋	吨	42.4	36.7
牛奶产量	吨	44.5	42.0
水产品产量	吨	81.9	76.0
房屋竣工面积	平方米	3810.3	6746.0
医院诊疗总人次数	人次	10303	9384
人口出生数	人	9	9
人口死亡数	人	10	10
结婚登记数	对	13	13

2010 年奉贤区行政区划基本情况表

单位：个

镇(开发区)名	镇政府	村民委员会	村民小组	居民委员会	居民小组
合　计	8	178	3137	92	4269
南桥镇	1	17	372	43	3333
奉城镇	1	41	625	9	143
庄行镇	1	16	354	3	27
金汇镇	1	18	367	5	45
四团镇	1	21	370	4	63
青村镇	1	24	377	3	29
柘林镇	1	15	336	3	26
海湾镇	1	0	0	7	220
海湾旅游区		1	8	1	8
上海市工业综合开发区		9	106	8	305
上海化工区奉贤分区		2	27	4	45
奉贤现代农业园区		9	105	1	17
海港综合经济开发区		5	90	1	8

说明：1. 上海市工业综合开发区和奉贤现代农业园区行政区域属于南桥镇；化工区奉贤分区行政区域属于柘林镇；海湾旅游区行政区域属于海湾镇；海港综合开发区行政区域属于四团镇。

2010 年奉贤区土地面积情况表

项　　目	单　位	2010 年	2009 年	2010 年比 2009 年±(%)
一、土地面积	平方公里	720.44	720.44	0.0
二、人口密度	人/平方公里	724.27	720.07	0.6
三、区属耕地面积	公顷	26877.30	27349.50	-1.7
其中：国有耕地	公顷	83.90	29.40	185.4
集体耕地	公顷	25249.40	25764.10	-2.0
农民自留地	公顷	1544.00	1556.00	-0.8
四、平均每一农村劳动力负担耕地	市亩/人	2.01	1.98	1.1
五、平均每一纯农村劳动力负担耕地	市亩/人	10.39	9.49	9.5

2010 年奉贤区各镇行政区域土地面积情况表

单位：平方公里

镇(开发区)名	土地面积	镇(开发区)名	土地面积
合　计	720.44	海湾镇	112.42
南桥镇	114.66	海湾旅游区	20.72
奉城镇	109.91	奉贤海边	15.79
庄行镇	70.00	五四农场	27.19
金汇镇	71.72	燎原农场	18.12
四团镇	72.92	星火农场	18.01
青村镇	73.15	部　队	4.01
柘林镇	95.66	星火开发区	8.58

2010 年奉贤区主要社会经济指标发展情况表

项　　目	单　位	2010 年	2009 年	2010 年比 2009 年±(%)
一、人口				
年末户籍总户数	户	205583	207258	-0.8
年末户籍总人口	人	521794	518767	0.6
其中:非农业人口	人	337283	329711	2.3
常住人口	人	1083463	819000	32.3
二、社会劳动者				
1. 城镇单位从业人员	人	84609	83592	1.2
2. 年末职工人数	人	84286	82660	2.0
其中:在岗职工	人	76873	75948	1.2
3. 农村从业人员	人	201029	206804	-2.8
其中:第一产业从业人员	人	38813	43233	-10.2
第二产业从业人员	人	129053	132409	-2.5
第三产业从业人员	人	33163	31162	6.4
其中:交运业、仓储及邮政业	人	5631	6172	-8.8
批发零售及餐饮业	人	7463	6932	7.7
三、全区增加值	万元	4935173	4290934	12.1
其中:第三产业增加值	万元	1570749	1344893	13.2
第三产业增加值占比重	%	31.83	31.34	0.48
四、工农业总产值(现行价格)	万元	14480152	12427067	16.5
其中:工　业	万元	14082664	12052651	16.8
五、农　业				
1. 年末耕地面积	公顷	26877	27350	-1.7
其中:水田	公顷	14170	24482	-42.1
水浇地	公顷	12707	2868	343.1
人均占有耕地	平方米/人	847.5	846.8	0.1
2. 农业总产值(现行价格)	万元	397488.0	374416	6.2
其中:种植业	万元	192431.2	189003	1.8
林　业	万元	9356.6	6925	35.1
畜牧业	万元	113714.9	106382	6.9
渔　业	万元	77565.3	68356	13.5
农林牧副渔服务业	万元	4420.0	3750	17.9
3. 主要农副产品				
粮食总产(不包括豆类)	吨	105489	108311	-2.6
油菜籽总产	吨	3408	4391	-22.4
蔬菜总产	吨	470068	479090	-1.9
生猪出栏	万头	50.68	50.53	0.3
家禽出栏	万羽	961	912	5.4
鲜蛋产量	吨	15468	13405	15.4
牛奶产量	吨	16250	15334	6.0
水产品产量	吨	29900	27736	7.8
其中:淡水产量	吨	29270	27423	6.7

续 表

项　　目	单　位	2010 年	2009 年	2010 年比 2009 年±(%)
六、工业、建筑业				
1. 工业总产值(现行价格)	万元	14082664	12052651	16.8
规模以上	万元	12975576	10958798	18.4
2. 主营业务收入	万元	14190111	11562249	22.7
规模以上	万元	13140299	10492890	25.2
3. 利润总额(含所得税)	万元	848812	637604	33.1
规模以上	万元	825473	608480	35.7
4. 税金总额	万元	580469	341402	70.0
5. 固定资产原值	万元	4838290	4499111	7.5
6. 建筑业总产值	万元	1151148	946995	21.6
七、商业、邮政				
1. 商品销售额	万元	6456229	5480670	17.8
2. 社会消费品零售总额	万元	2508348	2131739	17.7
3. 集市贸易成交额	万元	263347	214977	22.5
4. 邮政业务总量	万元	10647	14708	-27.6
八、固定资产投资				
1. 完成投资额	万元	2079577	1640234	26.8
第一产业	万元	13522	3642	271.3
第二产业	万元	1059211	840884	26.0
其中:工　业	万元	1039931	835068	24.5
第三产业	万元	1006844	795708	26.5
其中:房地产	万元	731928	391111	87.1
2. 房屋竣工面积	平方米	1390746	2462272	-43.5
其中:住宅	平方米	318283	949920	-66.5
3. 房地产中房屋销售面积	平方米	864832	1295828	-33.3
实际销售额	万元	965878	936290	3.2
九、对外贸易				
1. 外商直接投资签约项目数	个	151	121	24.8
其中:中外合资	个	32	32	0.0
中外合作	个	0	1	-100.0
外商独资	个	119	88	35.2
2. 三资企业合同总投资	万美元	41397	50886	-18.6
其中:中外合资	万美元	17001	5838	191.2
中外合作	万美元	0	30	-100.0
外商独资	万美元	24396	45018	-45.8
3. 进出口总额	万美元	792932	615514	28.8
其中:出口总额	万美元	470121	359264	30.9
进口总额	万美元	322811	256250	26.0
十、财　政				
1. 财政收入	万元	1272333	1064601	19.5
其中:区级财政	万元	404306	319597	26.5
2. 财政支出	万元	1147453	1173493	-2.2

续 表

项　　目	单　位	2010 年	2009 年	2010 年比 2009 年±(%)
其中:一般预算财政支出	万元	771223	650314	18.6
十一、教育卫生				
1. 各类学校(基础)	个	135	125	8.0
教职员工数	人	8773	8381	4.7
其中:教　师	人	6629	6269	5.7
在校学生人数	人	101188	94424	7.2
2. 各类卫生机构数	个	68	66	3.0
职工人数	人	4793	4575	4.8
其中:医生、护士	人	2949	2821	4.5
病床张数	张	4553	4583	-0.7
十二、人民生活				
1. 城镇从业人员年工资总额	万元	395278	357922	10.4
2. 城镇职工年工资总额	万元	371201	332107	11.8
3. 城镇从业人员年平均工资	元	47285	42972	10.0
4. 城镇职工年平均工资	元	44113	40392	9.2
5. 农民劳均所得	元	18314	18961	-3.4
6. 农民人均纯收入	元	13211	11962	10.4
7. 居民储蓄余额	万元	3851780	3245504	18.7
附:城镇居民人均可支配收入(根据城镇住户调查)	元	23938	21713	10.2
农民人均可支配收入(根据农村住户调查)	元	13180	11814	11.6

2010 年奉贤区增加值情况表

单位:万元

项　　目	2010 年	2009 年	2010 年比 2009 年现价增长±(%)	2010 年比 2009 年可比增长±(%)	2010 年比重(%)	2009 年比重(%)	2010 年缩减指数(%)
增加值(GDP)	4935173	4290934	15.0	12.1	100.00	100.00	102.6
1. 第一产业	158782	145260	9.3	2.1	3.22	3.39	107.1
2. 第二产业	3205642	2800781	14.5	12.0	64.95	65.27	102.2
其中:工业	2982984	2605809	14.5	12.2	60.44	60.73	102.0
建筑业	222658	194972	14.2	8.9	4.51	4.54	104.9
3. 第三产业	1570749	1344893	16.8	13.2	31.83	31.34	103.1
运输邮电仓储	106452	70667	50.6	42.1	2.16	1.65	106.0
信息传输、计算机服务和软件业	188711	152855	23.5	23.5	3.82	3.56	100.0
批发零售	377366	288462	30.8	28.8	7.65	6.72	101.6
住宿和餐饮	90319	56993	58.5	37.8	1.83	1.33	115.0
金融保险	206556	172801	19.5	16.1	4.19	4.03	103.0
房地产	166812	194214	-14.1	-19.0	3.38	4.53	106.0
其他服务业	434533	408901	6.3	4.2	8.80	9.52	102.0

2010年奉贤区各镇(开发区)增加值情况表

单位:万元

镇(开发区)名	总计			第一产业			第二产业			第三产业			第三产业比重(%)
	2010年	2009年	同比±(%)	2010年	2009年	同比±(%)	2010年	2009年	同比±(%)	2010年	2009年	同比±(%)	
合　计	3484413	3006139	15.91	138718	135912	2.06	2431540	2063622	17.83	914154	806605	13.33	26.2
南桥镇	620418	541743	14.52	9434	9118	3.47	403618	360120	12.08	207366	172505	20.21	33.4
奉城镇	380116	340276	11.71	32794	31181	5.17	203803	178455	14.20	143519	130640	9.86	37.8
庄行镇	249009	230178	8.18	17784	17557	1.30	152222	138537	9.88	79003	74083.[illegible]	6.64	31.7
金汇镇	282438	251514	12.30	18592	17087	8.81	230930	203935	13.24	32916	30492	7.95	11.7
四团镇	251219	218451	15.00	12348	12056	2.42	166695	143845	15.89	72176	62550	15.39	28.7
青村镇	418280	370022	13.04	24152	24020	0.55	293132	239869	22.21	100996	106133	-4.84	24.1
柘林镇	309849	259916	19.21	20489	18811	8.92	193666	157022	23.34	95694	84083	13.81	30.9
海湾镇	74569	64063	16.40	0	2540	-100.00	51356	41601	23.45	23213	19922	16.52	31.1
海湾旅游区	76468	66043	15.78	397	318	24.84	47058	38784	21.33	29013	26941	7.69	37.9
上海市工业综合开发区	352687	300683	17.30	0	221	-100.00	288859	241678	19.52	63828	58784	8.58	18.1
上海化工区奉贤分区	110218	85352	29.13	382	798	-52.13	98116	65244	50.38	11720	19310	-39.31	10.6
奉贤现代农业园区	88777	44198	100.86	278	264	5.30	54560	37223	46.58	33939	6711	405.72	38.2
海港综合经济开发区	20142	15119	33.22	2068	1942	6.52	4391	7325	-40.06	13683	5852	133.81	67.9
星火开发区	250223	218582	14.48	0	0	-	243135	209984	15.79	7088	8598	-17.56	2.8

注:此表按各镇、开发区的上报数。

2010年奉贤区工农业总产值情况表

(现行价格)

单位:万元

项　目	2010年	2009年	2010年比2009年±(%)
合　计	14480151.7	12427067.1	16.5
一、农业总产值	397488.0	374416.3	6.2
1. 种植业	192431.2	189002.8	1.8
2. 林　业	9356.6	6924.7	35.1
3. 牧　业	113714.9	106382.6	6.9
4. 渔　业	77565.3	68356.1	13.5
5. 农林牧副渔服务业	4420.0	3750.1	17.9
二、工业总产值	14082663.7	12052650.8	16.8

续 表

项　　目	2010 年	2009 年	2010 年比 2009 年±(%)
其中:内　资	7785736.9	6757575.5	15.2
港澳台	1216325.2	1222996.8	-0.5
外　商	5080601.6	4072078.5	24.8

2010 年奉贤区各镇(开发区)工、农业总产值情况表

(现行价格)　　单位:万元

镇(开发区)名	合　计	工　业	农　业
合　计	13945798.3	13551077.6	394720.7
南桥镇	2255357.9	2214824.1	40533.8
奉城镇	1215092.7	1128317.9	86774.8
庄行镇	788699.7	740096.7	48603.0
金汇镇	1383297.2	1331975.3	51321.9
四团镇	702573.7	665154.8	37418.9
青村镇	1379221.5	1311817.8	67403.7
柘林镇	927020.2	873952.6	53067.6
海湾镇	228873.6	228873.6	
海湾旅游区	179524.3	178322.1	1202.2
上海市工业综合开发区	2513779.4	2512950.3	829.1
上海化工区奉贤分区	810631.6	809163.6	1468.0
奉贤现代农业园区	239978.8	239184.4	794.4
海港综合经济开发区	25609.9	20306.7	5303.2
星火开发区	1296137.7	1296137.7	-

说明:海湾镇农业产值归入市农工商集团统计,故该镇无农业产值数据。

2010 年奉贤区公有资产情况表

项　　目	单位户数(户)		资产总额(亿元)		负债总额(亿元)		所有者权益(亿元)	
	2010 年	2009 年	2010 年	2009 年	2010 年	2009 年	2010 年	2009 年
合　计	500	811	636.53	687.87	521.39	531.65	115.14	156.22
1. 国有资产小计	197	538	528.55	604.76	449.18	479.61	79.37	125.15
经营性	197	193	528.55	479.72	449.18	416.93	79.37	62.79
非经营性	0	338		119.63		61.76		57.87
建设项目	0	7		5.41		0.92		4.49
2. 城镇集体小计	21	20	5.33	5.17	1.84	1.68	3.49	3.49
集体企业	21	20	5.33	5.17	1.84	1.68	3.49	3.49
金融企业								
3. 农村集体小计	282	253	102.65	77.94	70.37	50.36	32.28	27.58
镇　级		46	76.54	54.59	59.14	40.33	17.39	14.25
村　级		207	26.11	23.35	11.23	10.03	14.89	13.33

说明:由于国有资产统计分别划归国资委、财政局和农委统计,仍处于交接状态,故统计数据不全。

2010年奉贤区户籍总数、总人口情况表

镇(开发区)名称		总户数(户)		总人口(人)		其中					
						男(人)		女(人)		非农业人口(人)	农业人口(人)
		2010年	2009年	2010年	2009年	2010年	2009年	2010年	2009年	2010年	2010年
合计		205583	207258	521794	518767	257555	255951	264239	262816	337283	184511
南桥镇	小计	49734	51565	124226	129970	62040	64933	62186	65037	104291	19935
	南桥	19406	20565	48071	52594	24021	26358	24050	26236	44899	3172
	江海	16575	17522	41533	44244	20634	21925	20899	22319	35869	5664
	西渡	13753	13478	34622	33132	17385	16650	17237	16482	23523	11099
奉城镇	小计	36628	36634	86036	85159	42539	41947	43497	43212	45163	40873
	奉城	12925	13031	29621	29587	14546	14538	15075	15049	18580	11041
	头桥	11397	11326	26646	26358	13153	12956	13493	13402	9987	16659
	塘外	5880	5848	14268	13923	7068	6868	7200	7055	6809	7459
	洪庙	6426	6429	15501	15291	7772	7585	7729	7706	9787	5714
庄行镇	小计	16524	16583	44388	42844	21591	20910	22797	21934	22719	21669
	庄行	8871	8875	23866	23092	11532	11216	12334	11876	12522	11344
	邬桥	7653	7708	20522	19752	10059	9694	10463	10058	10197	10325
金汇镇	小计	18563	18468	52838	48987	25970	24010	26868	24977	28132	24706
	金汇	4087	4082	11479	11194	5645	5477	5834	5717	7428	4051
	齐贤	3985	3915	13233	10671	6437	5173	6796	5498	8234	4999
	泰日	10491	10471	28126	27122	13888	13360	14238	13762	12470	15656
四团镇	小计	20361	20466	50370	50296	24869	24856	25501	25440	24062	26308
	四团	11653	11685	29487	29359	14519	14465	14968	14894	11978	17509
	平安	8708	8781	20883	20937	10350	10391	10533	10546	12084	8799
青村镇	小计	20119	20139	50935	49179	24771	23884	26164	25295	28999	21936
	青村	9341	9315	22521	21980	10958	10678	11563	11302	13766	8755
	钱桥	8404	8462	21204	20723	10342	10105	10862	10618	10933	10271
	光明	2374	2362	7210	6476	3471	3101	3739	3375	4300	2910
柘林	小计	15786	15829	40466	39725	19850	19461	20616	20264	20830	19636
	柘林	3831	3872	9453	9468	4686	4690	4767	4778	7430	2023
	新寺	5856	5861	14989	14488	7336	7076	7653	7412	7505	7484
	胡桥	6099	6096	16024	15769	7828	7695	8196	8074	5895	10129
海湾镇	小计	5189	5154	10411	10498	5856	5904	4555	4594	10411	0
	五四	2170	2140	4552	4571	2549	2550	2003	2021	4552	0
	星火	3019	3014	5859	5927	3307	3354	2552	2573	5859	0
海湾旅游区		1881	1885	5905	6109	2778	2889	3127	3220	5905	0
上海市工业综合开发区		7483	7232	18802	18662	9208	9138	9594	9524	16699	2103
上海化工区奉贤分区		4334	4314	12323	12277	5904	5881	6419	6396	10623	1700
奉贤现代农业园区		4323	4348	13371	13431	6507	6502	6864	6929	12390	981
海港综合经济开发区		4658	4641	11723	11630	5672	5636	6051	5994	7059	4664

2010 年奉贤区财政收入情况表

单位:万元

项　　目	2010 年	2009 年	2010 年比 2009 年±(%)
合　计	1272333	1064601	19.5
其中:财　政	82546	62772	31.5
税　务	1185305	997673	18.8
代　征	4481	4156	7.8
一、中央级收入	637122	542820	17.4
其中:增值税	367574	359475	2.3
消费税	7874	6284	25.3
企业所得税	180008	119820	50.2
个人所得税	80967	56506	43.3
二、市级收入	230906	202184	14.2
其中:增值税	49010	47930	2.3
营业税	83349	68918	20.9
企业所得税	47284	31719	49.1
个人所得税	16275	11625	40.0
城镇土地使用税	6677	8620	-22.5
耕地占用税	9150	15471	-40.9
契　税	6675	4535	47.2
行政事业性收费收入	7320	6084	20.3
三、区级收入	404306	319597	26.5
其中:财　政	59144	35984	64.4
税　务	345161	283613	21.7
其中:增值税	74343	71895	3.4
营业税	125024	103376	20.9
企业所得税	70926	47579	49.1
个人所得税	37703	26046	44.8
城市维护建设税	4947	4449	11.2
印花税	14285	11882	20.2
土地增值税	11463	15029	-23.7
契　税	37825	25563	48.0
行政事业性收费收入	15075	4758	216.8
附:区级基金收入	371550	480144	-22.6
其中:土地出让总价款	321481	475402	-32.4
城市基础设施配套费	29150	4272	582.4

2010 年奉贤区财政支出情况表

单位:万元

预算科目	2010 年	2009 年	2010 年比 2009 年±(%)
合　计	1147453	1173493	-2.2
一般预算支出合计	771223	650314	18.6
其中:市专项支出数	93029	80007	16.3
区本级合计	475515	388904	22.3
一、一般公共服务	45227	32496	39.2

续 表

预算科目	2010 年	2009 年	2010 年比 2009 年±(%)
二、国　防	1349	998	35.1
三、公共安全	41852	34481	21.4
四、教　育	119528	97787	22.2
五、科学技术	11193	8962	24.9
六、文化体育与传媒	7297	5354	36.3
七、社会保障和就业	54167	46127	17.4
八、医疗卫生	31838	27875	14.2
九、环境保护	8537	7590	12.5
十、城乡社区事务	42245	30576	38.2
十一、农林水事务	40852	32418	26.0
十二、交通运输	18059	17057	5.9
十三、资源勘探电力信息等事务	28425	27807	2.2
十四、商业服务业等事务	815	880	-7.4
十五、金融监管等事务支出	10	30	-66.7
十六、国土资源气象等服务	10050	2042	392.1
十七、住房保障支出	5732	5894	-2.8
十八、粮油物资储备管理事务	1481	1306	13.4
十九、其他支出	6858	9223	-25.6
转移性支出	295708	261410	13.1
基金预算支出合计	376230	523179	-28.1

2010 年奉贤区固定资产投资完成情况表

单位：万元

项　目	总　计	城镇投资	农村非农户投资	房地产开发投资
一、本年完成投资额	2079577	775576	572073	731928
按构成分：				
1. 建筑工程	1083931	427952	267870	388109
2. 安装工程	105714	22841	11940	70933
3. 设备. 工具. 器具购置	422990	199581	222347	1062
4. 其他费用	466942	125202	69916	271824
按产业结构分				
1. 第一产业	13522	5835	7687	
2. 第二产业	1059211	546160	513051	
3. 第三产业	1006844	223581	51335	731928
本年新增固定资产	1060912	429039	441990	189883
二、资金类				
本年资金来源合计	3139431	1014918	620687	1503826
1. 上年末结余资金	338384	65915	36336	236133
2. 本年资金来源小计	2801047	949003	584351	1267693
其中：国家预算内资金	6345	4040	2305	
国内贷款	530279	117036	35439	377804
引进外资	84195	76100	8095	

续 表

项目	总计	城镇投资	农村非农户投资	房地产开发投资
自筹资金	1684473	750877	536218	397378
市自筹	29495	28977	518	-
区县自筹	115426	111888	3538	-
自有资金	1528497	610012	532162	386323
其他资金	495755	950	2294	492511
三、本年房屋施工面积(平方米)	8684216	2278731	1822644	4582841
四、本年竣工房屋面积(平方米)	1390746	308857	714334	367555
其中:住宅	318283			318283
五、本年施工项目个数(个)	592	245	347	-
本年全投项目个数(个)	279	86	193	-

2010 年奉贤区固定资产投资完成额表

按注册类型分

单位:万元

名称	计划总投资	本年完成投资额合计	本年完成投资额中				本年新增固定资产	房屋施工面积(平方米)	房屋竣工面积(平方米)	施工项目数(个)	竣工项目数(个)
			建筑工程	安装工程	设备购置	其他费用					
合计	3596170	1347649	695822	34781	421928	195118	871029	4101375	1023191	592	279
国有	755325	193360	155727	6397	17883	13353	96160	585698	31888	88	28
集体	73701	65080	45546	438	2206	16890	35185	69820	14580	56	10
股份合作	800	800	800	0	0	0	800	4000	4000	1	1
集体联营	4500	4500	4500	0	0	0	4500	40000	40000	1	1
国有独资公司	4893	2441	2084	3	354	0	339	16162	1447	4	1
其他有限责任公司	373582	123643	75165	3197	25030	20251	30058	356267	87825	59	20
股份有限公司	57119	30160	16024	2442	9999	1695	32330	114797	51918	8	2
私营独资	87953	37833	16493	558	14465	6317	26111	149101	49450	15	9
私营合伙	670	670	350	0	320	0	670	3512	3512	2	2
私营有限责任公司	1564612	558603	269995	10916	171281	106411	386753	2075498	585056	237	126
私营股份有限公司	154875	79840	26482	669	36953	15736	50246	318900	81216	52	41
合资经营(港或澳、台资)	650	620	205	110	305	0	0	1400	0	1	0
港澳台商独资	27900	17917	7620	500	9797	0	10277	53721	0	7	4
港澳台商投资股份有限公司	36800	19884	13204	0	1900	4780	900	45000	3000	2	1
中外合资经营	174082	60059	18140	3764	36004	2151	28934	138830	6200	23	11
外商独资	266335	141758	39867	2522	93481	5888	165266	123669	58099	34	21
外商投资股份有限公司	12373	10481	3620	3265	1950	1646	2500	5000	5000	2	1

2010 年奉贤区百户城镇住户人均全年收支情况表

单位:元

项目	2010 年	2009 年	2010 年比 2009 年±(%)
一、全年总收入	24632	22702	8.5
(一)工资性收入	18317	16879	8.5
其中:非企业组织收入	7555	6367	18.7

续 表

项　　目	2010 年	2009 年	2010 年比 2009 年±(%)
本地企业得到收入	8490	8713	-2.6
外出从业得到	2272	1798	26.4
(二)家庭经营性收入	1314	1283	2.4
其中:第一产业	21	14	50.0
第二产业	85	72	18.1
第三产业	1208	1197	0.9
(三)财产性收入	421	407	3.4
其中:利　息	29	87	-66.7
租　金	388	309	25.6
(四)转移性收入	4580	4133	10.8
亲友赠送收入	389	423	-8.0
二、全年总支出	15000	14737	1.8
其中:家庭经营费用支出	634	666	-4.8
生活消费支出	12762	12681	0.6
财产性支出	0	0	-
转移性支出	1602	1375	16.5
三、全年家庭人均可支配收入	23938	21713	10.2

2010 年奉贤区百户农村住户人均全年收支情况表

单位:元

项　　目	2010 年	2009 年	2010 年比 2009 年±(%)
一、全年总收入	16040	14717	9.0
(一)工资性收入	9985	8931	11.8
其中:非企业组织收入	2081	2103	-1.0
本地企业得到收入	5229	4464	17.1
外出从业得到	2674	2364	13.1
(二)家庭经营性收入	2760	2862	-3.6
其中:农业收入	1217	1209	0.7
牧业收入	305	387	-21.2
渔业收入	299	308	-2.9
(三)财产性收入	741	735	0.8
其中:利　息	24	35	-31.4
租　金	665	604	10.1
(四)转移性收入	2554	2189	16.7
其中:亲友赠送收入	233	194	20.1
二、全年总支出	12072	10914	10.6
其中:家庭经营费用支出	1413	1460	-3.2
生活消费支出	9293	8046	15.5
财产性支出	30	45	-33.3
转移性支出	1332	1295	2.9
三、全年家庭人均可支配收入	13180	11814	11.6

2010年奉贤区百户城镇住户人均生活消费现金支出情况表

单位:元

项目	2010年	2009年	2010年比2009年±(%)
合计	12751	12664	0.7
一、食品	5095	4469	14.0
购买食品	3681	3444	6.9
食品消费服务支出	1414	1024	38.1
二、衣着	1183	1015	16.6
服装	784	689	13.8
三、居住	1366	2688	-49.2
住房	83	1627	-94.9
四、家庭设备	807	682	18.3
购买家庭设备用品支出	690	616	12.0
家庭设备服务消费支出	117	66	77.3
五、医疗保健	762	658	15.8
六、交通通讯	1699	1412	20.3
七、文化娱乐用品及服务	1471	1543	-4.7
文化教育娱乐用品	401	376	6.6
文化教育娱乐服务	1070	1167	-8.3
八、其他商品和服务	368	197	86.8
商品性支出	235	151	55.6
服务支出	133	46	189.1

2010年奉贤区百户农村住户人均生活消费现金支出情况表

单位:元

项目	2010年	2009年	2010年比2009年±(%)
合计	8969	7762	15.6
一、食品	2856	2662	7.3
购买食品	2438	2310	5.5
食品消费服务支出	418	352	18.8
二、衣着	495	437	13.3
服装	316	280	12.9
三、居住	2167	1645	31.7
住房	970	681	42.4
四、家庭设备	488	437	11.7
购买家庭设备用品支出	463	414	11.8
家庭设备服务消费支出	24	23	4.3
五、医疗保健	869	663	31.1
六、交通通讯	1136	986	15.2
七、文化娱乐用品及服务	795	717	10.9
文化教育娱乐用品	207	214	-3.3
文化教育娱乐服务	588	503	16.9
八、其他商品和服务	163	215	-24.2
商品性支出	134	183	-26.8
服务支出	29	32	-9.4

(本栏目编辑　李红伟)

文件选目

中共上海市奉贤区委文件目录

奉委〔2010〕1号　中共上海市奉贤区委常委会2010年工作要点(2010.1.14)
奉委〔2010〕8号　奉贤区关于传达贯彻十七届中央纪委五次全会、九届市纪委五次全会精神情况的报告(2010.3.1)
奉委〔2010〕9号　关于印发《奉贤区推进社会主义新农村建设2010～2012年三年行动计划纲要》的通知(2010.3.16)
奉委〔2010〕11号　关于开展深入学习实践科学发展观活动的总结报告(2010.3.16)
奉委〔2010〕12号　关于进一步加强人民政协工作的实施意见(2010.4.6)
奉委〔2010〕14号　关于进一步加强人大工作的实施意见(2010.5.18)
奉委〔2010〕19号　关于命名表彰2010年度奉贤区专业技术领军人才、拔尖人才和青年尖子的决定(2010.6.17)
奉委〔2010〕20号　印发《奉贤区关于2010年度区级机关目标管理绩效考核工作的实施意见》的通知(2010.6.17)
奉委〔2010〕22号　关于表彰奉贤区世博先锋一线行动先进基层党组织和优秀共产党员的决定(2010.6.29)
奉委〔2010〕23号　关于进一步加强社会建设的实施意见(2010.7.20)
奉委〔2010〕30号　中共上海市奉贤区委关于制定奉贤区国民经济和社会发展第十二个五年规划的建议(2010.11.18)
奉委〔2010〕31号　奉贤区关于落实党风廉政建设责任制检查整改情况的报告(2010.12.9)
奉委〔2010〕32号　2010年奉贤区贯彻落实《关于实行党风廉政建设责任制的规定》情况的自查报告(2010.12.9)

上海市奉贤区人民政府文件目录

沪奉府〔2010〕20号　奉贤区人民政府关于印发2010年区政府重点工作安排的通知(2010.2.24)
沪奉府〔2010〕22号　奉贤区人民政府关于做好2010年帮企业稳岗位和扩大就业工作的实施意见(2010.2.26)
沪奉府〔2010〕24号　奉贤区人民政府关于批转《奉贤区消费者权益保护委员会各镇(开发区)分会工作实施意见》的通知(2010.3.5)

沪奉府〔2010〕29号　奉贤区人民政府关于印发《奉贤区企业设立并联审批工作实施办法（试行）》的通知（2010.3.17）

沪奉府〔2010〕35号　奉贤区人民政府关于印发《奉贤区生物医药产业发展行动计划》的通知（2010.4.1）

沪奉府〔2010〕44号　奉贤区人民政府关于批转区安委会办公室制定的《奉贤继续深入开展“安全生产年”活动方案》的通知（2010.4.30）

沪奉府〔2010〕54号　奉贤区人民政府印发《关于奉贤区新型农村合作医疗保障制度的实施意见》的通知（2010.6.18）

沪奉府〔2010〕56号　奉贤区人民政府印发奉贤黄桃地理标志产品保护管理办法的通知（2010.7.19）

沪奉府〔2010〕63号　奉贤区人民政府关于印发《奉贤区新材料产业发展行动计划（2010～2012年）》的通知（2010.8.19）

沪奉府〔2010〕75号　奉贤区人民政府关于印发奉贤区进一步深化人口和计划生育工作综合改革实施意见的通知（2010.10.22）

沪奉府〔2010〕78号　奉贤区人民政府印发关于加强南桥新城新建居住及公共建筑低碳建设的实施意见（试行）的通知（2010.10.28）

沪奉府〔2010〕80号　奉贤区人民政府关于批转区环保局关于“十一五”奉贤区污染物总量减排考核实施意见的请示的通知（2010.10.29）

沪奉府〔2010〕83号　奉贤区人民政府关于印发《2011年度奉贤区新型农村合作医疗筹资和补偿规定》的通知（2010.11.5）

沪奉府〔2010〕98号　奉贤区人民政府关于开展新型农村社会养老保险试点的请示（2010.12.10）

中共上海市奉贤区委办公室文件目录

奉委办〔2010〕6号　中共上海市奉贤区委办公室转发《区综治委关于贯彻落实市委加强基层维护稳定工作电视电话会议精神的实施意见》的通知（2010.2.9）

奉委办〔2010〕7号　中共上海市奉贤区委办公室印发《中共上海市奉贤区委党的建设工作领导小组2010年工作要点》的通知（2010.2.12）

奉委办〔2010〕9号　中共上海市奉贤区委办公室关于对《奉贤区推进社会主义新农村建设2010-2012年三年行动计划纲要（征求意见稿）》征求意见的通知（2010.2.25）

奉委办〔2010〕10号　中共上海市奉贤区委办公室关于印发《中共上海市奉贤区委督促检查工作实施细则（修订）》的通知（2010.2.26）

奉委办〔2010〕11号　中共上海市奉贤区委办公室、上海市奉贤区人民政府办公室转发《关于进一步贯彻落实〈中共上海市奉贤区委关于进一步加强“贤文化”建设　促进区域文化发展的若干意见〉的责任分解》的通知（2010.2.26）

奉委办〔2010〕12号　中共上海市奉贤区委办公室、上海市奉贤区人民政府办公室关于组织开展本区“十二五”规划重点课题调研的通知（2010.3.9）

奉委办〔2010〕13号　中共上海市奉贤区委办公室、上海市奉贤区人民政府办公室转发《区综治委关于2010年奉贤平安建设实事项目安排的意见》的通知（2010.3.15）

奉委办〔2010〕14号　中共上海市奉贤区委办公室、上海市奉贤区人民政府办公室转发《区爱卫会、区文明办和区迎世博600办关于在全区组织开展“星期四爱国卫生义务劳动”的工作方案》的通知（2010.3.16）

奉委办〔2010〕15号　中共上海市奉贤区委办公室、上海市奉贤区人民政府办公室印发《奉贤区世博工作总体方案》的通知（2010.3.22）

奉委办〔2010〕17号　中共上海市奉贤区委办公室、上海市奉贤区人民政府办公室印发《2010年奉贤区党风廉政建设和反腐败工作部门分工》的通知（2010.4.6）

奉委办〔2010〕19号　中共上海市奉贤区委办公室、上海市奉贤区人民政府办公室印发《2010年奉贤区信访工作要点》的通知（2010.4.13）

奉委办〔2010〕20号　中共上海市奉贤区委办公室、上海市奉贤区人民政府办公室关于切实加强上海世博会期间信访稳定工作的通知（2010.4.13）

奉委办〔2010〕21号　中共上海市奉贤区委办公室、上海市奉贤区人民政府办公室转发《奉贤区信访稳定工作例会制度》的通知（2010.4.13）

奉委办〔2010〕22号　中共上海市奉贤区委办公室关于对《中共上海市奉贤区委关于进一步加强人大工作的实施意见（征求意见稿）》征求意见的通知（2010.4.21）

奉委办〔2010〕23号 中共上海市奉贤区委办公室转发《区委组织部、区委宣传部关于2010年在全区党的基层组织和党员中广泛深入开展以“世博先锋行动”为主题的创先争优活动的实施意见》的通知(2010.6.12)

奉委办〔2010〕24号 中共上海市奉贤区委办公室关于做好本区“区委领导信箱”、“区长信箱”工作的通知(2010.6.13)

奉委办〔2010〕27号 中共上海市奉贤区委办公室印发《奉贤区党员教育培训工作实施意见》的通知(2010.7.2)

奉委办〔2010〕28号 中共上海市奉贤区委办公室关于对《中共上海市奉贤区委、上海市奉贤区人民政府关于进一步加强社会建设的实施意见(征求意见稿)》征求意见的通知(2010.7.2)

奉委办〔2010〕29号 中共上海市奉贤区委办公室转发《奉贤区居民区党员代表议事会制度实施细则(试行)》的通知(2010.8.3)

奉委办〔2010〕30号 中共上海市奉贤区委办公室印发《关于进一步加强和改进群众思想政治工作的若干意见》的通知(2010.8.31)

奉委办〔2010〕31号 中共上海市奉贤区委办公室印发《奉贤区开展中国人民抗日战争胜利65周年纪念活动方案》的通知(2010.8.31)

奉委办〔2010〕32号 中共上海市奉贤区委办公室、上海市奉贤区人民政府办公室关于保障村级组织运转经费扶持经济薄弱村的实施意见(2010.9.6)

奉委办〔2010〕33号 中共上海市奉贤区委办公室、上海市奉贤区人民政府办公室关于贯彻落实《中央纪委、监察部、财政部关于进一步落实党政机关厉行节约要求的通知》的实施办法(2010.9.7)

奉委办〔2010〕34号 中共上海市奉贤区委办公室、上海市奉贤区人民政府办公室关于进一步加强来奉人员服务管理工作的实施意见(2010.9.17)

奉委办〔2010〕35号 中共上海市奉贤区委办公室、上海市奉贤区人民政府办公室关于进一步加强住宅小区物业管理的实施意见(2010.9.26)

奉委办〔2010〕36号 中共上海市奉贤区委办公室、上海市奉贤区人民政府办公室转发《区文广局、区国资委关于奉贤区广播电视有线网络整合的实施方案》的通知(2010.9.28)

奉委办〔2010〕38号 中共上海市奉贤区委办公室印发《奉贤区党政机关科级干部选拔任用工作监督检查暂行办法》的通知(2010.10.13)

奉委办〔2010〕39号 中共上海市奉贤区委办公室、上海市奉贤区人民政府办公室关于进一步促进我区老龄事业发展的若干意见(2010.10.15)

奉委办〔2010〕40号 中共上海市奉贤区委办公室、上海市奉贤区人民政府办公室印发《奉贤区基层人民武装部工作规范化建设标准》的通知(2010.10.15)

奉委办〔2010〕41号 中共上海市奉贤区委办公室关于对《中共上海市奉贤区关于制定奉贤区国民经济和社会发展第十二个五年规划的建议(征求意见稿)》征求意见的通知(2010.10.22)

奉委办〔2010〕42号 中共上海市奉贤区委办公室关于转发《区纪委、区委组织部关于召开2010年度党政机关党员领导干部民主生活会的通知》的通知(2010.11.2)

奉委办〔2010〕44号 中共上海市奉贤区委办公室、上海市奉贤区人民政府办公室转发《区纪委、区委组织部、区监察局、区人保局关于奉贤区贯彻落实〈于规范本市公务员离职后从业行为的若干规定〉的实施办法》的通知(2010.11.16)

奉委办〔2010〕45号 中共上海市奉贤区委办公室、上海市奉贤区人民政府办公室转发《区双拥办关于做好随军随调家属安置工作的实施意见》的通知(2010.11.19)

奉委办〔2010〕47号 中共上海市奉贤区委办公室关于对《中共上海市奉贤区委常委会2010年工作报告(征求意见稿)》和《中共上海市奉贤区委常委会2011年工作要点(征求意见稿)》征求意见的通知(2010.12.21)

奉委办〔2010〕48号 中共上海市奉贤区委办公室、上海市奉贤区人民政府办公室印发《奉贤区大规模群体性事件专项应急预案》的通知(2010.12.22)

奉委办〔2010〕49号 中共上海市奉贤区委办公室、上海市奉贤区人民政府办公室转发《上海市奉贤区经营性文化事业单位改制工作方案》的通知(2010.12.27)

上海市奉贤区人民政府办公室文件目录

沪奉府办〔2010〕2号 奉贤区人民政府办公室关于转发《奉贤区定向培养社区医生(乡村医生)的实施意

见》的通知(2010.1.8)

沪奉府办〔2010〕4号	奉贤区人民政府办公室关于转发《奉贤区中心医院升级引进人才住房补贴实施办法》的通知(2010.1.13)
沪奉府办〔2010〕5号	奉贤区人民政府办公室《奉贤区处置雨雪冰冻灾害应急预案》和《奉贤区处置大雾灾害应急预案》(2010.1.12)
沪奉府办〔2010〕6号	奉贤区人民政府办公室关于印发《关于鼓励企业入住南桥中小企业总部商务区若干政策的实施细则》的通知(2010.1.15)
沪奉府办〔2010〕8号	奉贤区人民政府办公室关于奉贤区组织开展社区和基层单位突发事件人员疏散撤离和应急防护预案编制工作的意见的通知(2010.1.20)
沪奉府办〔2010〕9号	奉贤区人民政府办公室关于印发2010年区政府要完成的与人民生活密切相关的实事的通知(2010.1.25)
沪奉府办〔2010〕12号	奉贤区人民政府办公室关于转发区水务局《奉贤区农村生活污水处理设施2010年管理养护办法》的通知(2010.2.4)
沪奉府办〔2010〕13号	奉贤区人民政府办公室关于区农委《关于加强奉贤区生态公益林养护管理的工作意见》的通知(2010.2.4)
沪奉府办〔2010〕15号	奉贤区人民政府办公室关于转发区体育局《关于加强奉贤区社区体育设施建设与管理的实施意见(试行)》的通知(2010.2.11)
沪奉府办〔2010〕18号	奉贤区人民政府办公室关于切实加强安全生产工作的通知(2010.2.25)
沪奉府办〔2010〕19号	奉贤区人民政府办公室关于2010年度本区促进就业和社会保障工作目标责任考核的通知(2010.2.25)
沪奉府办〔2010〕21号	奉贤区人民政府办公室关于印发2010年本区应急管理重点工作安排的通知(2010.3.10)
沪奉府办〔2010〕22号	奉贤区人民政府办公室关于建立奉贤区企业设立并联审批工作推进领导小组的通知(2010.3.17)
沪奉府办〔2010〕23号	奉贤区人民政府办公室转发区规土局《关于开展奉贤区2009年度土地卫片执法检查工作的实施意见》的通知(2010.3.17)
沪奉府办〔2010〕24号	奉贤区人民政府办公室关于转发区发改委2010年奉贤区“三区一基地”建设主要任务和责任分工方案的通知(2010.3.19)
沪奉府办〔2010〕26号	奉贤区人民政府办公室关于转发区水务局《奉贤区处置水务行业突发事件应急预案》的通知(2010.3.24)
沪奉府办〔2010〕27号	奉贤区人民政府办公室转发区发改委关于2010年度奉贤区政府投资项目安排的意见的通知(2010.3.19)
沪奉府办〔2010〕29号	奉贤区人民政府办公室关于转发区残联《奉贤区一户多残困难家庭救助实施意见》的通知(2010.3.25)
沪奉府办〔2010〕31号	奉贤区人民政府办公室转发区建交委关于加强建设工程施工管理的意见的通知(2010.4.1)
沪奉府办〔2010〕32号	奉贤区人民政府办公室转发区建交委关于加强村民住房建筑施工管理的意见的通知(2010.4.1)
沪奉府办〔2010〕33号	奉贤区人民政府办公室转发区监察局关于2010年奉贤区行政监察工作的意见的通知(2010.4.1)
沪奉府办〔2010〕34号	奉贤区人民政府办公室转发纠风办关于2010年奉贤区纠风工作的意见的通知(2010.4.1)
沪奉府办〔2010〕35号	奉贤区人民政府办公室关于转发区教育局等九部门制定的《奉贤区特殊教育三年行动计划(2009～2011年)》的通知(2010.4.1)
沪奉府办〔2010〕36号	奉贤区人民政府办公室关于转发区农委《2010年奉贤区农业工作考核实施意见》的通知(2010.4.6)
沪奉府办〔2010〕38号	奉贤区人民政府办公室关于转发《关于奉贤区巩固水环境治理与渔业资源保护的实施意见》的通知(2010.4.12)
沪奉府办〔2010〕39号	奉贤区人民政府办公室关于印发《奉贤重点区域规划专项资金管理办法》的通知(2010.4.19)
沪奉府办〔2010〕44号	奉贤区人民政府办公室转发区人保局、区财政局《关于加强公益性劳动组织管理的实施意见》的通知(2010.4.28)
沪奉府办〔2010〕47号	奉贤区人民政府办公室关于印发《奉贤区处置重大植物疫情应急预案》的通知

（2010. 4. 28）

沪奉府办〔2010〕48号 奉贤区人民政府办公室关于印发《奉贤区绿化林业突发性有害生物灾害事件应急预案》的通知（2010. 4. 28）

沪奉府办〔2010〕49号 奉贤区人民政府办公室关于印发《奉贤区处置森林火灾应急预案》的通知（2010. 4. 28）

沪奉府办〔2010〕50号 奉贤区人民政府办公室关于印发《上海市奉贤区财政应急保障预案》的通知（2010. 4. 28）

沪奉府办〔2010〕51号 奉贤区人民政府办公室关于印发《奉贤区生活必需品市场供应应急预案》的通知（2010. 4. 28）

沪奉府办〔2010〕52号 奉贤区人民政府办公室关于印发《奉贤区重要物资应急保障应急预案》的通知（2010. 4. 28）

沪奉府办〔2010〕53号 奉贤区人民政府办公室关于印发《奉贤区处置桥梁隧道运行事故应急预案》的通知（2010. 4. 28）

沪奉府办〔2010〕54号 奉贤区人民政府办公室关于印发《奉贤区处置气象灾害应急预案》、《奉贤区应对高温天气应急预案》、《奉贤区处置大风灾害应急预案》和《奉贤区处置雷电灾害应急预案》的通知（2010. 4. 28）

沪奉府办〔2010〕55号 奉贤区人民政府办公室关于印发《奉贤区处置旅游突发事件应急预案》的通知（2010. 4. 28）

沪奉府办〔2010〕56号 奉贤区人民政府办公室转发公安分局《关于进一步扩充社区综合协管队员的请示》的通知（2010. 5. 5）

沪奉府办〔2010〕57号 奉贤区人民政府办公室关于印发《上海市奉贤区安全生产事故灾难专项应急预案》的通知（2010. 5. 12）

沪奉府办〔2010〕58号 奉贤区人民政府办公室关于印发《上海市奉贤区处置突发药品安全事件应急预案》和《上海市奉贤区处置突发食品安全事件应急预案》的通知（2010. 5. 12）

沪奉府办〔2010〕60号 奉贤区人民政府办公室关于印发《奉贤区突发公共事件新闻及公众信息发布应急预案》的通知（2010. 5. 14）

沪奉府办〔2010〕61号 奉贤区人民政府办公室关于印发《奉贤区突发公共事件医疗卫生救援应急预案》的通知（2010. 5. 14）

沪奉府办〔2010〕63号 奉贤区人民政府办公室关于加强区域资源保护的通知（2010. 5. 26）

沪奉府办〔2010〕67号 奉贤区人民政府办公室关于印发《2010 年奉贤区政府信息公开工作要点》的通知（2010. 6. 3）

沪奉府办〔2010〕68号 奉贤区人民政府办公室关于印发《奉贤区处置地质灾害应急预案》的通知（2010. 6. 4）

沪奉府办〔2010〕70号 奉贤区人民政府办公室关于转发区残联等部门《奉贤区开展创建全国残疾人社区康复示范区活动的实施方案》的通知（2010. 6. 7）

沪奉府办〔2010〕75号 奉贤区人民政府办公室关于组建上海市奉贤区应急救援支队的通知（2010. 6. 21）

沪奉府办〔2010〕76号 奉贤区人民政府办公室关于转发区经委《关于配合做好世博会特许产品销售工作的通知》的通知（2010. 6. 21）

沪奉府办〔2010〕77号 奉贤区人民政府办公室关于转发《2010 年奉贤区产业结构调整工作方案》的通知（2010. 6. 21）

沪奉府办〔2010〕78号 奉贤区人民政府办公室关于成立奉贤区大型居住社区推进工作小组的通知（2010. 6. 21）

沪奉府办〔2010〕79号 奉贤区人民政府办公室关于开展本区国民经济和社会发展“十二五”各镇、开发区区域规划和区级专项规划编制工作的通知（2010. 6. 23）

沪奉府办〔2010〕80号 奉贤区人民政府办公室关于印发《奉贤区污水输送干线非正常运行应急排放处置预案》的通知（2010. 6. 25）

沪奉府办〔2010〕81号 奉贤区人民政府办公室转发区人保局等部门《关于奉贤区深入开展劳动关系和谐企业创建活动的实施意见》的通知（2010. 6. 25）

沪奉府办〔2010〕82号 奉贤区人民政府办公室关于做好本区规范性文件清理工作的通知（2010. 6. 28）

沪奉府办〔2010〕83号 奉贤区人民政府办公室关于转发 2010-2012 奉贤区打击非法行医专项行动实施方案的通知（2010. 7. 7）

沪奉府办〔2010〕85号 奉贤区人民政府办公室转发区食品安全联席会议关于 2010 年奉贤区食品安全整顿工作安排的请示的通知（2010. 7. 13）

沪奉府办〔2010〕86号　奉贤区人民政府办公室关于进一步整治不规范畜禽养殖工作的通知(2010.7.19)
沪奉府办〔2010〕88号　奉贤区人民政府办公室关于转发区发改委《奉贤区开展治理和规范涉企收费工作的通知》的通知(2010.7.22)
沪奉府办〔2010〕89号　奉贤区人民政府办公室关于印发《2010年区政府实事项目各镇、开发区完成情况考核实施细则》的通知(2010.8.2)
沪奉府办〔2010〕91号　奉贤区人民政府办公室转发区财政局等四部门关于本区开展强农惠农资金专项管理和检查工作的实施意见的通知(2010.8.3)
沪奉府办〔2010〕96号　奉贤区人民政府办公室转发区统计局《关于进一步加强我区统计基础规范化建设的实施意见》的通知(2010.8.23)
沪奉府办〔2010〕99号　奉贤区人民政府办公室转发公安分局关于本区构筑社会消防安全"防火墙"工程实施意见的请示的通知(2010.8.30)
沪奉府办〔2010〕101号　奉贤区人民政府办公室转发区食品安全联席会议关于进一步加强本区地沟油整治和餐厨废弃物管理的实施方案的请示的通知(2010.9.9)
沪奉府办〔2010〕104号　奉贤区人民政府办公室关于进一步加强河道整治工程和岸线管理的通知(2010.9.25)
沪奉府办〔2010〕111号　奉贤区人民政府办公室关于整治"加拿大一枝黄花"工作的通知(2010.10.25)
沪奉府办〔2010〕115号　奉贤区人民政府办公室转发区财政局制订的《奉贤区2011年政府采购集中采购目录和采购限额标准》的通知(2010.11.1)
沪奉府办〔2010〕116号　奉贤区人民政府办公室转发区民政局《关于建立和完善奉贤区社会救助"一口上下"运行机制若干意见》的通知(2010.11.2)
沪奉府办〔2010〕118号　奉贤区人民政府办公室关于转发区卫生局、区财政局《奉贤区新型农村合作医疗基金实行专户管理的实施意见》的通知(2010.11.8)
沪奉府办〔2010〕119号　奉贤区人民政府办公室关于转发《奉贤区进一步加强孕产妇保健管理工作的意见的请示》的通知(2010.11.10)
沪奉府办〔2010〕121号　奉贤区人民政府办公室关于切实做好防火及安全工作的通知(2010.11.18)
沪奉府办〔2010〕122号　奉贤区人民政府办公室关于在全区迅速开展安全大检查的实施方案的通知(2010.11.18)
沪奉府办〔2010〕124号　奉贤区人民政府办公室关于转发区农委等部门《关于加强农村集体资金、资产、资源管理的实施方案》的通知(2010.11.26)
沪奉府办〔2010〕126号　奉贤区人民政府办公室关于印发上海市奉贤区打击侵犯知识产权和制售假冒伪劣商品专项行动实施方案的通知(2010.11.3)
沪奉府办〔2010〕127号　奉贤区人民政府办公室关于区政府领导每周开展安全生产大检查的通知(2010.12.6)
沪奉府办〔2010〕128号　奉贤区人民政府办公室关于转发区农委等部门《关于推进奉贤区基层农业服务体系建设的实施方案》的请示(2010.12.7)
沪奉府办〔2010〕129号　奉贤区人民政府办公室关于奉贤区户外招牌设置管理工作实施意见的通知(2010.12.7)
沪奉府办〔2010〕131号　奉贤区人民政府办公室关于转发进一步加强奉贤区新型农民培训工作的实施意见的通知(2010.12.14)
沪奉府办〔2010〕137号　奉贤区人民政府办公室转发区农委、区财政局《关于进一步加快发展粮食蔬菜规模化经营标准化生产的意见》的通知(2010.12.31)

2010 年报刊要目摘要

经济建设

文 章 名 称	媒　体	日　期
政府全力帮助企业“加速跑”	《解放日报》	1 月 8 日
中职实训设备有了“维修保姆”	《文汇报》	1 月 13 日
生物疫苗项目落户奉贤农业园区	上海新闻网	1 月 20 日
德国“艾森曼”牵手奉贤占据中国涂装半壁江山	上海新闻网	1 月 20 日
奉贤民企收购东欧最大光伏电站	《解放日报》	1 月 22 日
奉贤区成立安全生产协会	《劳动报》	1 月 30 日
奉贤区委领导帮扶企业结硕果	上海新闻网	1 月 31 日
奉贤新材料产业年产值突破 150 亿	中国新闻网	2 月 1 日
奉贤——南上海的生态花园、投资热土	《农民日报》	2 月 4 日
上海奉贤区长质量奖促民营中小企业发展	中国新闻网	2 月 4 日
人勤春来早　共兆此年丰(节选)	《解放日报》	2 月 21 日
奉贤奉城镇出台三大举措确保招商引资迈大步	中国新闻网	2 月 26 日
重点分解计划　齐心协力完成任务	新民网	2 月 26 日
奉贤南桥镇助企业盘活资源实现双赢	中国新闻网	3 月 3 日
今年起奉贤调结构突出两大重点区域	中国新闻网	3 月 16 日
奉贤绿地小贷公司一年放贷近八亿元	中国新闻网	3 月 16 日
奉贤南桥新城建设迈大步　9 个住宅和商业地产项目集中开工	中国新闻网	3 月 17 日
奉贤区金融工作会议提出两扶持、两推进、两突破	中国新闻网	3 月 23 日
奉贤区获市总工会组建先进“六连冠”	中国新闻网	3 月 23 日
主动联姻院校　共享市场回报	《解放日报》	3 月 26 日
奉贤区确保世博期间特种设备安全可控	中国新闻网	3 月 26 日
奉贤洪铺钢结构公司靠科技创新飞速发展	中国新闻网	3 月 26 日
工人“返厂率”如何实现超 100%	《解放日报》	4 月 6 日
奉贤区抓科技创新促经济增长方式转变	中国新闻网	4 月 8 日
奉贤金汇镇经济首季开门红　工业规模企业户均产出位列各镇第一	中国新闻网	4 月 9 日
奉贤规模企业一季度产值同比增三成	中国新闻网	4 月 9 日
奉贤区举办“真牌真品迎世博”知识产权讲座	中国新闻网	4 月 29 日
奉贤区一季度经济保持平稳快速发展	中国新闻网	4 月 29 日
中小企业经济纠纷调解工作室在奉贤成立	中国新闻网	4 月 29 日
自主研发疫苗生产成本骤减百倍	《解放日报》	5 月 8 日
上海南桥镇劳动争议调解“无遗漏无死角”	《工人日报》	5 月 12 日
浦星公路浦江段改造工程竣工	《新民晚报》	5 月 19 日
奉贤扶持福利企业发展提升残疾职工保障	上海新闻网	5 月 21 日
奉贤企业与在奉的都江堰学生签实训订合同	上海新闻网	5 月 21 日
海湾板块:起飞箭在弦上	《新闻晨报》	5 月 28 日
“超日”规模扩张与技术争先“两翼齐飞”	中国新闻网	6 月 8 日
奉贤:调整产业结构,推进经济社会和谐发展	人民网	6 月 17 日
上海奉贤:借世博之力调结构	《国际金融报》	6 月 18 日

续 表

文章名称	媒体	日期
外资物流巨头加速细分市场	《东方早报》	6月21日
申城奉贤工地安全监管无“盲角”	《建筑时报》	6月21日
珊瑚湾海居特色倍受追捧	《新民晚报》	6月22日
奉贤生物医药产业基地院士专家工作站昨挂牌	《文汇报》	7月29日
庄行镇:合力推进工资集体协商成效显着	《劳动报》	7月31日
把社会管理作为“十二五”重大课题	《解放日报》	8月6日
奉贤小额贷款规模全市第一	新民网	8月15日
奉贤游艇母港基地建设初见成效	新民网	8月28日
奉贤游艇母港基地初露端倪	《城市导报》	9月2日
上海亿丰五金家居广场启动盛典取得成功	《新民晚报》	9月16日
奉贤区质监局召开化妆品企业监管工作会议	东方网	9月17日
“区长谈质量”首场访谈举行	《解放日报》	9月21日
统一标准“救活”白切羊肉	《文汇报》	9月25日
奉贤区上海购物节活动正式拉开帷幕	网易	9月30日
奉贤南桥之商业瑰宝百联南桥购物中心全新升级开业	《新闻晚报》	10月15日
南方集团为奉贤现代服务业发展建功	《解放日报》	10月25日
奉贤区委书记张立平调研上海市工业综合开发区	东方网	10月29日
奉贤海湾独栋破冰	《新闻晚报》	11月4日
本市最大规模沿海水闸开建	《解放日报》	11月8日
助力中小企业领跑高新产业	《解放日报》	11月11日

城市发展

文章名称	媒体	日期
奉贤将投1.86亿建造“上海之鱼”	《新闻晚报》	1月12日
南桥新城总体规划通过	《解放日报》	1月17日
南桥新城将成杭州湾北岸新“引擎”	《青年报》	1月18日
轨交8号线可能向南延伸入奉贤	《新闻晨报》	1月19日
沪奉贤南桥新城将建低碳城	《香港商报》	1月21日
上海郊区规划建设南桥青浦嘉定三座新城	《新闻晨报》	1月25日
官员“论剑”畅想新城(节选)	《新闻晚报》	1月27日
南桥新城　未来的低碳生态城市	《上海商报》	1月29日
沪“卫星城”南桥新城将建成杭州湾北岸产业重镇	中国新闻网	1月31日
轨交1号线北延伸段春节前加开列次(节选)	《新闻晨报》	2月5日
闵浦二桥上层公路桥面贯通	《新民晚报》	3月15日
闵浦二桥通车在即	《城市导报》	4月15日
国内跨度最大公轨两用双层斜拉桥公路层今晚通车	中国新闻网	5月21日
闵浦二桥通车　部分公交将调整	《新闻晨报》	5月27日
离世界级湾区有多远?	《新闻晨报》	6月4日
专家把脉南桥新城生态绿核	中国新闻网	6月8日
好地块建经适房　新科技扮新水乡	《解放日报》	6月21日
海湾森林公园4折开放	《新闻晚报》	7月5日
置业安家看好三大新城(节选)	《解放日报》	7月15日

续　表

文　章　名　称	媒　　体	日　　期
让当地百姓成为未来新城主人	《解放日报》	8月5日
漂亮新城如何不成空城　世博中就有“产城融合”好案例	《东方早报》	8月24日
“上海之鱼”瞄准迪拜棕榈岛　南桥要吸引20万市区人入住	《东方早报》	8月24日
不来梅“汽车共享”有望在上海试点	《解放日报》	8月29日
城市建设，以人为本	《经济日报》	9月10日
南桥新城金汇港大型居住社区今开工	《东方早报》	9月29日
奉贤南桥基地规划3至5年建成	《文汇报》	9月30日
第二批大型居住社区建设启动	《新闻晚报》	9月30日
奉贤，含着微笑，看着海洋	《今日中国》	第10期
上海贤城　南桥新城	《新民晚报》	10月1日
南桥新城借鉴世博做规划	《解放日报》	10月7日
奉贤大型居住社区动迁取得阶段性成果	东方网	10月29日
南桥新城成申城楼市“后起之秀”	《解放日报》	12月20日
奉贤：乘势而上　建现代化滨海新城	《人民日报(海外版)》	12月22日

新农村建设

文　章　名　称	媒　　体	日　　期
奉贤农民培训实现专业化多类型	中国新闻网	2月1日
大学生加盟奉贤农民合作社获双赢	中国新闻网	2月1日
奉贤区3076户农居生活污水排放达标	《文汇报》	2月23日
发展特色农业增强贫困村“造血”功能	中国新闻网	2月26日
送钱送物不如共育致富项目	《解放日报》	3月3日
奉贤区三级干部大会提要求　农村干部“四个能力”要提高	中国新闻网	3月16日
奉贤黄桃成为“一村一品特色产业”	中国新闻网	3月16日
人在林间走宛如花中游	《解放日报》	4月5日
奉贤“十项制度”确保蔬菜安全	中国新闻网	4月8日
奉贤庄行镇潘垫村推进土地流转开展乡村旅游	中国新闻网	4月8日
奉贤农业今春抓三项	中国新闻网	4月9日
海湾国家森林公园明天开园　位于奉贤区五四农场境内	《解放日报》	4月27日
老外奉贤摘春桃	《解放日报》	5月12日
阳光田园采草莓	《新民晚报》	5月20日
奉贤区“大学生超市”受到村民欢迎	上海新闻网	5月21日
让创意果蔬为农民致富	《解放日报》	5月24日
确保申城市场蔬菜稳定供应	《文汇报》	5月25日
农村产权交易艰难中前行	《解放日报》	5月28日
奉贤新增6个农产品供应基地	《农民日报》	6月15日
沪郊首个“宅基课堂”奉贤挂牌	《文汇报》	6月20日
玉穗绿苑对外开放	《新民晚报》	6月22日
奉贤提高“农保”报销比例	《解放日报》	7月9日
一条出水沟难倒“五好村”	《文汇报》	7月14日
品质就是生命力	《劳动报》	7月30日
奉贤万亩“上海蜜梨”昨起上市	《东方早报》	8月1日

续 表

文章名称	媒体	日期
奉贤农场开放让你开心偷菜	《东方早报》	8月2日
去奉贤摘“有机葡萄”	《新民晚报》	8月10日
奉贤黄桃获国家地理标志保护	《解放日报》	8月19日
政府200万元补贴果农用专用包装箱	《东方早报》	8月19日
奉贤庄行古镇迎来金秋品米节	网易	9月30日
奉贤庄行办“金秋品米节”	《新民晚报》	10月2日
千亩“世博稻”开割售罄	《解放日报》	10月3日
上海金秋品米节日前开幕	《文汇报》	10月8日
奉贤区水稻、蔬菜生产国家级农业标准化示范区通过验收	东方网	10月29日
奉贤健全土地流转制	《城市导报》	11月18日
沪郊优质稻米品评揭晓	《文汇报》	11月21日
资本大规模下乡带来了什么(节选)	《解放日报》	11月26日

和谐社会

文章名称	媒体	日期
招收16名海防哨所大学生民兵	《文汇报》	1月15日
奉贤庄行镇实现企业零“欠薪”	上海新闻网	1月20日
十五万元工资款七天执行到位	《解放日报》	1月27日
奉贤“阳光家园”让残疾人生活充满阳光	上海新闻网	1月20日
区总工会帮工伤职工讨回公道	《劳动报》	1月30日
奉贤法院2009年取得“两增一减”好局面	中国新闻网	2月1日
上海奉贤区工会会员热捧互助会增资计划	《工人日报》	2月2日
奉贤出台政策优化人才发展环境	中国新闻网	2月4日
拿走烟灰缸	《解放日报》	2月24日
奉贤农民工子女享受同等职业技能教育待遇	中国新闻网	3月3日
奉贤“千万人帮万家”关注弱势群体	中国新闻网	3月5日
奉贤女法官四番调解　化解一起案件隐患	中国新闻网	3月5日
去年信访办结率、化解率奉贤居各区县前列	中国新闻网	3月5日
奉贤春季大型招聘会火热异常	中国新闻网	3月17日
奉贤区深入推进新一轮“平安奉贤”创建工作	中国新闻网	3月17日
奉贤区全力推进“法治城区”创建	中国新闻网	3月23日
发公开信支招　助农民工维权	《工人日报》	3月29日
奉贤成立民兵情侦机构	《文汇报》	3月31日
破产企业工人拿到劳动报酬	《解放日报》	5月7日
法官给村干部上法律课	《解放日报》	5月19日
上海奉贤公安分局首创“涉案财物认领”网站受欢迎	东方网	6月24日
“奉贤区公民警校”首批学员恋恋不舍离开警营	东方网	6月29日
奉贤检察长做客东方网谈举报宣传	东方网	7月2日
上海将推广“奉贤模式”打黑车	《东方早报》	7月16日
上海奉贤加强律师会见被告人的法律监督秩序	东方网	7月19日
奉贤交警世博安保期间进一步做好警车和涉案车辆管理工作	新民网	7月20日
阳光计划暑期爱心课堂开课	《文汇报》	7月23日

续　表

文　章　名　称	媒　　体	日　　期
来沪打工伤残后家里又遭洪水灾害	《解放日报》	8月16日
奉贤招聘近千名高新技术人才	《新闻晚报》	10月28日
奉贤区双拥模范(先进)考评工作启动	东方网	10月29日
柏万青等34人受聘为奉贤警察公共关系顾问	东方网	10月29日
工会指导员奔走在维权第一线	《劳动报》	10月30日
奉贤中专实习基地授牌	《解放日报》	11月2日
上海金汇镇法制宣传“四有五进”	《法制日报》	11月14日
奉贤建立双拥制度保障	《解放日报》	11月15日

党的建设

文　章　名　称	媒　　体	日　　期
支书村长定了不算,村民通过才算	《解放日报》	1月6日
奉贤南桥镇居民区党支部破解物业管理“三大难”	中国新闻网	2月26日
奉贤团区委开展大学生“村官”结对贫困青少年活动	中国新闻网	3月3日
沪基层侨界党员积极投入　世博先锋行动深入推进	中国新闻网	7月7日
建功世博,促生产经营	《解放日报》	7月25日
奉贤团区委大力推进“青春世博”创先争优行动	东方网	10月29日

百姓生活

文　章　名　称	媒　　体	日　　期
奉贤城建处处惠民生	《城市导报》	1月7日
沪剧院新年送戏下乡	《解放日报》	1月9日
18区县将有三级医院步行1小时内可到达	《新闻晨报》	1月28日
奉贤出台三项政策吸引高级人才	《劳动报》	1月30日
奉贤区庄行镇向社会征集评选旅游“八宝”	上海新闻网	1月31日
就要搬离老房子了	《解放日报》	2月1日
50元,化解村庄“保洁难”	《解放日报》	2月2日
奉贤中学生喜受“通识教育”	《新闻晚报》	2月3日
奉贤区加入少儿住院基金人数持续上升	中国新闻网	2月4日
奉贤柘林镇打造“百姓课堂”宣教品牌	中国新闻网	2月4日
百姓事,才下眉头又上心头	《解放日报》	2月15日
“冬日暖阳”专场送出文化“年礼”	《解放日报》	2月20日
上海奉贤给人才送上特别年礼	《光明日报》	2月21日
上海奉贤区举行社区医生为老归侨保健服务座谈会	中国新闻网	2月22日
改善公交硬件设施　奉贤投用70余个港湾式公交站	《新闻晨报》	2月24日
卡通牌倡导文明乘车	《新民晚报》	2月25日
相约星期四　义诊廿二年	《解放日报》	2月25日
奉贤四团镇城乡结对帮扶　真情传递关爱	中国新闻网	2月26日
为有源头活水来	《劳动报》数字报	2月27日
行街表演闹元宵	《新民晚报》	2月28日
“红十字示范社区”奉贤又添四镇	中国新闻网	3月3日
上海奉贤区30余位侨界人士在游园活动中展风采	中国新闻网	3月3日
迎接技术考评奉贤区创卫再动员	中国新闻网	3月5日
奉贤南桥镇居委心系辖区　用辛勤浇灌出群众满意之花	中国新闻网	3月5日

续 表

文 章 名 称	媒 体	日 期
奉贤水务部门加强河道保洁养护为世博营造水清岸绿优美环境	中国新闻网	3月10日
奉贤区红十字募捐箱去年募款320万	中国新闻网	3月10日
“知青林”在奉贤上海知青广场落成	《文汇报》	3月15日
让“搁浅”学生重返课堂	《解放日报》	3月16日
奉贤区今年将建设十项水务工程	中国新闻网	3月16日
奉贤菜花节在即 “庄行八宝”评选揭晓	中国新闻网	3月16日
确保清明祭扫安全文明 奉贤区政府部署相关处置预案	中国新闻网	3月23日
借优势打造软实力 奉贤中心医院挂牌南方医科大学附属医院	中国新闻网	3月23日
文物普查 奉贤新发现古桥80余座	文新传媒	3月23日
双休日去海湾看赛马	《解放日报》	3月26日
80万居民喝上优质浦江水	《解放日报》	3月28日
华东理工志愿者慰问奉贤福利院老人	中国新闻网	4月8日
奉贤区全力确保成功创建国家卫生区	中国新闻网	4月9日
奉贤市民踊跃捐款支援灾区	中国新闻网	4月9日
清明期间奉贤区祭扫人流量达119万人次	中国新闻网	4月9日
奉贤昨起调高水价所有区县完成调整	《新闻晨报》	4月21日
奉贤南桥镇关怀特殊老年人群体贴入微	中国新闻网	4月21日
奉贤古华公园举办“石文化”游园会	中国新闻网	4月21日
石文化游园会奉贤呈现	《新民晚报》	4月22日
60元奖励费“盘”出10万元保险费	《新民晚报》	4月27日
迎世博马术公开赛日前举行	《新闻晨报》	4月30日
社区综合保险成为奉贤市民“保护神”	上海新闻网	5月5日
城市文化广场吹起“海上风”	《东方早报》	5月8日
购买柴米油盐,直接凭卡消费	《解放日报》	5月15日
上师大八千志愿者岗前实训	《新闻晚报》	5月19日
幼儿园开展预防手足口病宣传周(节选)	《新闻晚报》	5月20日
沪首家公馆式养老院收费相对低廉	《东方早报》	5月25日
杏福林中华养生基地5月29日在上海奉贤揭幕	搜狐网	5月29日
强化全程监督匡正选人风气	《解放日报》	6月8日
青村“的哥”	《新民晚报》	6月16日
解放日报报业集团新一轮结对帮扶签约	《解放日报》	6月19日
知青广场志愿者颁证	《新闻晚报》	6月26日
奉贤水电率先联合收费	《文汇报》	6月29日
奉贤率先试点水电联合收费	《解放日报》	7月2日
公交虹桥枢纽5路投运	《新闻晨报》	8月13日
足不出沪“好吃好玩”免费游(节选)	《新闻晚报》	9月30日
奉贤区开展“美好家园”文明建设专项活动检查指导	东方网	9月28日
对付心梗又有“好帮手”	《新民晚报》	10月7日
生态养生示范基地落沪	《新闻晚报》	10月19日
奉贤生态园养生基地开放	《新民晚报》	10月26日
巡访促文明 和谐暖人心	《新闻晚报》	10月31日
李毓毅局长调研奉贤区体育工作	东方网	10月29日

续 表

文 章 名 称	媒 体	日 期
上海首个知青广场落成	《文汇报》	11月14日
合资影城落户奉贤	《新民晚报》	11月20日

重大活动

世博宣传

文 章 名 称	媒 体	日 期
第五次测评,文明指数攀升9.42	《解放日报》	1月21日
上海奉贤区落实“四个确保”力保世博安全	上海新闻网	1月31日
让百年世博梦在我们手中成真	《解放日报》	2月26日
上海市奉贤区侨界踊跃参加“文明观博”市民培训	中国新闻网	2月26日
微笑上海喜迎宾朋	《解放日报》	3月2日
上海奉贤区侨界志愿者将在30个世博服务站点服务	中国新闻网	3月15日
迎世博奉贤金汇镇启动“万户家庭学礼仪”培训活动	中国新闻网	3月16日
奉贤区启动世博会志愿者候选人培训	中国新闻网	3月23日
启动“全民教育” 打造“文明细胞”	《文汇报》	4月4日
奉贤区投入专项资金确保世博安保海防安全	中国新闻网	4月8日
奉贤四团镇千名妇女志愿者清洁家园迎世博	中国新闻网	4月9日
奉贤23家农产品生产基地全力供博	中国新闻网	4月9日
上师大为中小学教师开讲礼仪	《解放日报》	5月8日
“贤文化”下的世博行动	《解放日报》	5月15日
奉贤首批4户“世博农家”正式授牌	上海新闻网	5月21日
奉贤供博农产品基地又增六家	中国新闻网	6月9日
上海世博会国际参展方在奉贤进行文化互动交流活动	东方网	6月29日
世博参展方代表雨中体验上海市郊风情	中国新闻网	6月29日
世博国际参展方代表在沪郊领略中国江南风情	新华网	6月29日
“世博农家”顾客增多不涨价	《东方早报》	7月14日
奉贤抓住契机提升乡村旅游品质	《劳动报》	7月30日
魅力金汇展风采 文化共享世博行(节选)	《解放日报》	8月6日
伞绘展示活动开幕	《新民晚报》	8月9日
奉贤滚灯	《解放日报》	8月21日
“贤城和韵”彰显“贤文化”	《新民晚报》	8月21日
“贤城和韵”迎来灾区孩子	《新民晚报》	8月27日
放飞世博“心”愿	《解放日报》	9月27日
“临时医院”进世博营区	中国新闻网	10月12日
奉贤区“贤文化”引领志愿风尚	《上海青年报》	10月15日
奉贤区非物质文化遗产现身世博“秀・空间”舞台	东方网	10月29日

菜花节

文 章 名 称	媒 体	日 期
春的气息:风中来,花中生	《解放日报》	3月5日
菜园体验田间野趣	《新民晚报》	3月26日
赏花海游奉贤 这个春天精彩不断	中国新闻网	3月26日
上海郊区菜花节预热世博乡村游(图)	中国新闻网	3月27日
奉贤菜花节昨拉开帷幕	《解放日报》	3月28日
菜花香 尽情欢	《新民晚报》	3月29日

上海低碳城市论坛

文 章 名 称	媒 体	日 期
低碳城市高峰论坛今在奉贤举行　南桥新城将建低碳城	《新民晚报》	3月23日
上海在南郊建设低碳生态新城	新华网	3月23日
中外专家聚沪共探低碳城市经济	中国新闻网	3月23日
低碳城市高峰论坛聚焦南桥	《解放日报》	3月24日
奉贤:南桥新城开启低碳之旅	《上海青年报电子报》	3月24日
上海举行低碳城市论坛	《香港商报》	3月24日
南桥新城"低碳城市"建设启动　50%居民出行靠步行、骑车	《东方早报》	3月24日
上海低碳城市高峰论坛举行	《中华工商时报》	3月25日
上海正在南郊建设低碳生态新城	《杭州日报》	3月25日
上海南郊谋划低碳生态新城	《科学时报》	3月31日

伏羊节

文 章 名 称	媒 体	日 期
庄行伏羊节即将开幕	《解放日报》	7月6日
奉贤庄行"伏羊节"明日开幕	《新闻晚报》	7月7日
庄行伏羊节今开幕	《新民晚报》	7月8日
奉贤庄行伏羊节今天开幕	《新闻晚报》	7月8日
上海奉贤"伏羊节"开幕　世博带旺沪郊"美食潮"	中国新闻网	7月8日
"伏羊"习俗进入上海市非遗名录	《中国文化报》	7月9日
土布剪羊贴画吸引游客参与	《解放日报》	7月18日

政府管理创新论坛

文 章 名 称	媒 体	日 期
"政府管理创新论坛"在沪举行	《解放日报》	10月21日
专家认为政府管理创新的目标是向服务型政府转型	新华网	10月26日
加快推进服务型政府建设——"政府管理创新前沿论坛"述要	《人民日报》	11月8日
GDP崇拜的时代已经远去,建立"人民满意政府"的时代		
即将到来——政府转型须提速	《光明日报》	11月19日

人物风采

文 章 名 称	媒 体	日 期
上海奉贤:反渎局局长受到高检院通报表彰	正义网	2月26日
奉贤居民陈国民五年情注孤老	中国新闻网	3月1日
奉贤上榜"中国企业创新成果"奖	中国新闻网	3月3日
奉贤居民周继光爱上"红娘"这档事	中国新闻网	3月10日
奉贤南桥镇表彰"十路百佳"群英	中国新闻网	4月8日
态度决定一切　努力就有收获	中国新闻网	6月9日
廿二载,小诊室里有大爱	《文汇报》	7月14日
"80后"农民做起"世博后"	《解放日报》	8月8日
国防后备力量建设新闻人物揭晓	《解放日报》	9月12日

(本栏目编辑　李红伟)

索　　引

说　　明

（1）本索引采用主题分析方法编制，按主题词首字汉语拼音字母顺序排列。

（2）栏目标题用黑体标明。表格标题在页码后另注有“表”字，图片后另注有“图”字样。

（3）索引名称后面的数字表示内容所在的页码，数字后面的a、b、c表示该页码版面从左至右的栏别。通栏文章所做的索引，页码后面无栏别之分。

（4）为便于读者检索，党政机关、企事业单位名称一般不冠以“上海”、“奉贤”、“区”，如“政府”、“民政局”，易产生歧义的除外，如“奉贤中学”、“奉贤旅行社”等。

（5）内容有交叉的，在本索引中将重复出现。

A

B

C

D

E

F

G

H

J

K

L

M

N

O

P

Q

R

S

T

W

X

Y

Z

(本栏目编辑 马莉苑)

上海奉贤城乡建设投资开发有限公司

奉贤城投
FENG XIAN TOWNINVESTMENT

上海奉贤城乡建设投资开发有限公司成立于1993年，是一家具有房地产开发二级资质的国有企业，2010年正式通过ISO9001：2008版质量体系认证，上海市文明单位。公司拥有开发施工、物业4家公司和1家管理服务站，形成了较完善的房地产开发一条龙经营服务体系。

建设管理的贝港花苑荣获上海市优秀住宅小区

公司先后完成吴泾30万吨乙烯管道、上海浦东铁路、西气东输、50万和80万高压走廊和奉贤段前期动拆迁及奉贤川南奉公路BT工程等国家和市级重点项目的建设工作，为城市建设作出了奉献。2010年9月，参与奉贤南桥新城大型居住社区的动迁基地建设工程，顺利获得此动迁基地二标段，J2-1、J2-3地块开发面积为25.6万平方米的居住项目开发建设任务。2010年10月，参与占地面积30266平方米的中小企业大厦工程项目开发建设任务。2010年12月，又参与区两条220千伏高压线路改造工程（漕泾目华线与漕泾江海线）前期动拆迁工作。在主业房地产开发方面，2009年初完成松江鹿都国际商业广场，建筑面积约7.7万平方米。2010年4月周浦基地项目开始动工，地块总开发面积14万平方米。公司更是走出上海，开发江苏苏州沁怡家园及青海西宁宏达花苑。累计开发商品房达265万平方米，开发项目获市“白玉兰”工程、区“曙光杯”工程、江苏优秀住宅称号、区五一劳动奖状等各种荣誉，工程优良率达100%以上。

鹿都国际商业广场

中企联合大厦

地址：上海市奉贤区南桥镇南桥路178弄8号
电话：021-57106516
传真：021-57106563
邮编：201400
E-mail：zh0312106hz@163.com

文明单位
Model Unit
上海市人民政府颁发
Issued by Shanghai Municipality

1.鹿都国际商业广场启用仪式
2.大型居住社区南桥基地开工典礼
3.中小企业大厦桩基工程试桩仪式
4.奉浦九华新园别墅区
5.苏州沁怡家园
6.浦东铁路工程
7.西气东输工程
8.高压走廊工程

上海奉贤建设发展（集团）有限公司

SFC
地址：上海市奉贤区南桥镇城乡路333号　　邮编：201400
电话：021-67185849　传真：021-67185849　E-mail：shfxjfjt@163.com

公司办公楼

上海奉贤建设发展（集团）有限公司隶属于奉贤区建交委，注册资金3.2亿元，拥有固定资产22亿元，是集工程施工、房产开发和资产经营为一体的大型国有企业，下设全资子公司12个。集团公司拥有市政公用工程施工总承包一级资质、房屋建筑施工总承包一级资质、城市园林绿化施工总承包一级资质、公路路面工程专业承包一级资质、公路工程施工总承包二级资质、工程监理甲级资质、房地产开发二级资质、风景园林设计乙级资质等资质证书。

集团公司本着“高效、诚信、团结、奉献、求实、创新”的企业精神，本着“质量第一、信誉第一、用户第一”的经营宗旨，为业主和客户提供一流产品、一流服务、一流管理。近年集团承担了区内的全部重大路桥工程建设任务，如新川南奉公路、平庄公路、年丰路景观大道、林海公路7标等主干道路；承担了区内的重要市政设施建设任务，如南桥镇区路网、区内雨污水工程、原水管网工程、第三水厂改造等工程；承担区内主要绿化建设工程、如南桥城区绿化创建、古华公园改造工程等；承担区内部分房建工程，如南桥新城恒盛湖畔豪庭住宅、农科院重点实验室工程、“景源名墅”住宅工程、聚贤煌都幼儿园工程、上海大型居住社区奉贤南桥基地动迁安置基地（J2-1、J2-3）等。集团还在区外承担了大量的建设工程，工程项目遍布上海、无锡、苏州、泰州、金华、山东、湖南、河南、青海等地。

集团公司视质量和声誉为企业的生命，近年通过严格管理和规范操作，赢得多项大奖和荣誉。平庄公路、浦东铁路跨线桥等工程获上海市市政金奖，环城东路、古华公园改造工程、年丰路工程等获得上海市白玉兰奖，七浦路服饰商场获上海市金刚奖，龙吴输变电工程获上海市电网优质工程奖，获区优质结构“曙光杯”奖的工程近60个；环城东路、望园路、平庄公路、区建交委大楼等工地获上海市文明工地，苏州天河花园获苏州市文明工地，中邦MOHO（无锡）研发楼工程获江苏省文明工地；集团公司在2010年度奉贤区重大工程立功竞赛活动中荣膺“优秀公司”称号，同时获得当年度区财富百强企业、上海市建筑业诚信企业等。

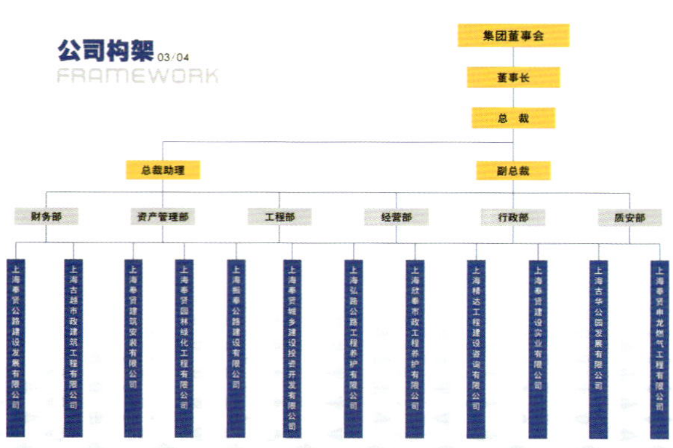

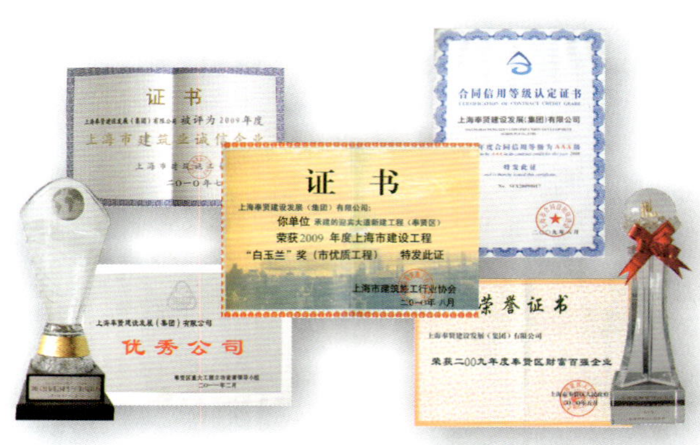

1.领导检查建筑工地
2.建设中的丽江苑
3.林海公路施工现场
4.道路沥青摊铺施工现场
5.桥梁施工现场
6.恒盛湖畔豪庭
7.古华山庄日月楼效果图
8.五星花园二期景观绿化工程
9.四季生态园
10.林海路跨线桥
11.平庄公路

TSi 上海创斯达 TRI-STAR SHANGHAI

上海创斯达热交换器有限公司

总经理：卫道河

上海创斯达热交换器有限公司是一家专业设计、制造各类热交换器产品的中美合资企业，由浙江银轮机械股份有限公司（证券代码：002126）控股管理。

公司坐落于上海市奉贤区青村镇，占地面积38亩，位于上海的南大门，地理位置优越，交通便利，十二五期间，公司在上海市奉贤区青村镇征地210亩，开工建设新的工厂，预计于"十二五"中迁入新工厂。

上海创斯达目前产品主要分为四大类型：一、不锈钢机油冷却器总成（包括不锈钢油冷器、压铸座、机油滤清器）；二、铝制管带式空气冷却器、散热器及其模块，工业用冷却器和蒸发器；三、铝制板（封条）式油冷器、空气冷却器、液压油冷却器、散热器及其模块；四、用于冷却水和机油的管壳冷却器、海淡水热交换器。

产品主要应用于工程机械、通用机械（压缩机）、柴油机、汽车、船舶领域。在通用机械方面，主要与上海英格索兰压缩机有限公司、维尔泰克（上海）压缩空气系统技术有限公司、上海埃尔特压缩空气系统工程有限公司、上海斯可络压缩机有限公司等进行配套；在工程机械方面，主要与美国卡特皮勒、上海三一科技、上海龙工进行模块化配套；在柴油机方面，主要与上海柴油机股份有限公司、全椒柴油机有限公司等主机配套，同时还制造潍柴、锡柴、朝柴、玉柴、大柴等柴油机用不锈钢油冷却器；在中冷器方面，还生产北汽福田、长城汽车、中兴汽车用各类中冷器。

公司核心价值：追求在热交换器领域，实现股东、顾客、合作伙伴、员工的共同成长，并通过持续改进，不断创新，使上海创斯达成为国内热交换器优秀供应商。

公司追求的目标：以优异的产品，可靠的质量、优越的性能价格比和有效的服务，满足顾客日益增长的需求。

地址：上海市奉贤区青村镇南奉公路2529号　邮编：201414
电话：021-57560634 57561301　传真：021-57565484

1

2 3 4

1.NOCOLOCK 连续钎焊炉

2. 焊接机器人

3. 滚齿机

4. 自动氩弧焊机

公司核心价值

追求在热交换器领域，实现股东、顾客、合作伙伴、员工的共同成长，并通过持续改进，不断创新，使上海创斯达成为国内热交换器优秀供应商。

公司追求目标

以优异的产品、可靠的质量、优越的性能价格比和有效的服务，满足顾客日益增长的需求。

卡特管壳式油冷器

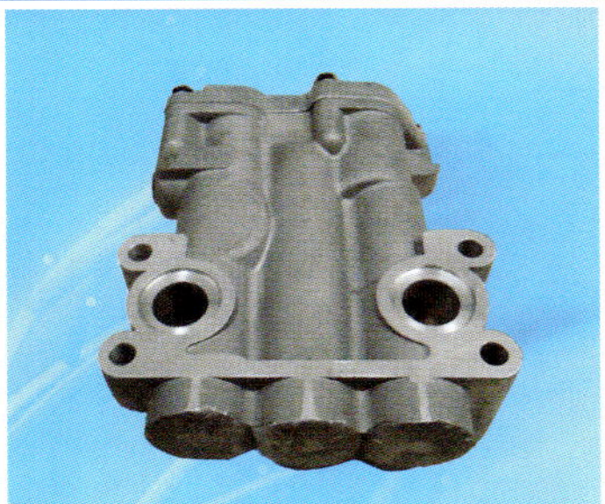

机油冷却器

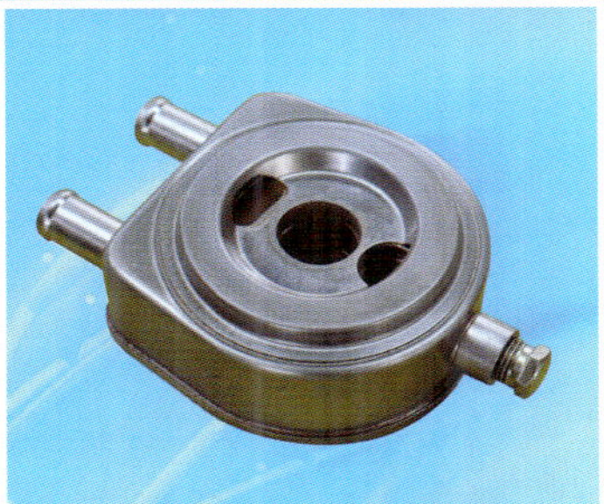

圆盘式油冷却器

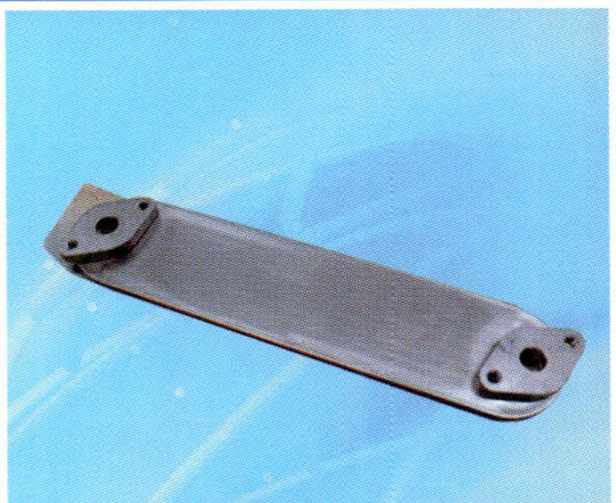

板式油冷却器

封条冷却器模块

封条中冷器

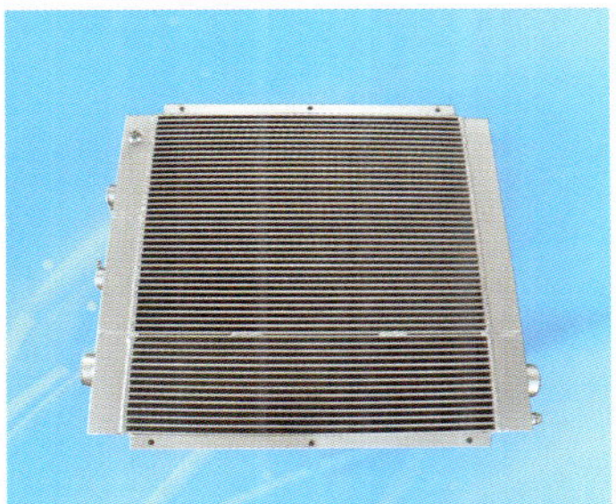

封条式冷却器模块

管带中冷器

上海江海置业有限公司

Shanghai Jianghai House Property Co.,Ltd.

董事长、总经理：张伯时

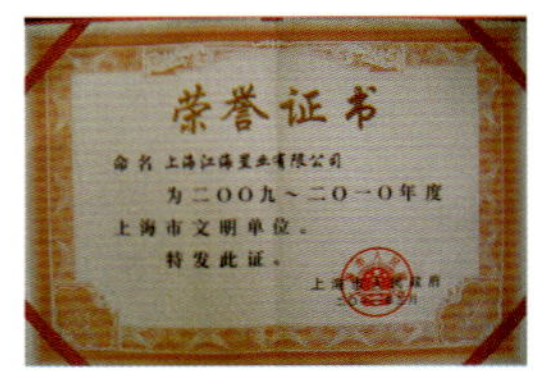

公司简介

上海江海置业有限公司是南桥镇集体全资企业，成立于1995年11月，注册资本1.50亿元，是国家建设部二级房地产开发企业、是上海市房地产行业协会理事单位。

公司在镇党委、政府的英明领导与董事长兼总经理张伯时同志的领导下，发扬了团队精神，从1987年开始创建成立江海镇农民集资进城办公室，建设农民集资房，创造改写了原江海镇无镇区面积的历史。1995年11月成立上海江海置业有限公司，至今共开发建设住宅、商业用房、公建配套300余万平方米，2010年度上缴国家税金12962.2万元，名列奉贤区财富百强第四位、南桥镇企业纳税第一名，取得了社会效益和经济效益的显著业绩。

阳光园一期实景

阳光园二期实景

阳光园小区实景

阳光园四期实景

企业经营理念

“精心运作，创一流企业”是上海江海置业有限公司永久不衰的精神，准确定位、开拓进取、求持续发展是上海江海置业有限公司求真务实的经营理念。

地址：上海市奉贤区南桥镇环城南路1338号　电话：021-67196111　传真：021-57108822　邮编：20140

阳光家园效果图

荣获区级荣誉

2000～2010年度连续11年获奉贤区（县）明星企业、财富五十强、财富百强企业
2007～2009年度荣获奉贤区先进集体
2007～2009年度荣获奉贤区劳动关系和谐企业

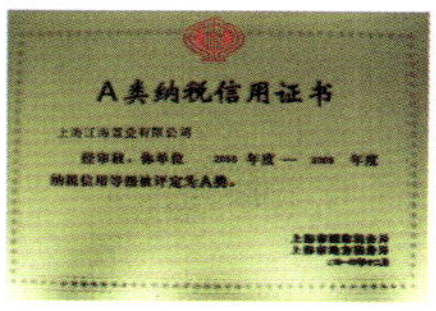

荣获市级荣誉

2008年度获上海市房地产开发企业诚信承诺先进单位
2009年度获第四届“2005～2008年”上海市房地产开发企业50强
2000～2002年度、2005、2008、2009、2010年度分别荣获上海市住宅建设重大工程、实事工程立功竞赛优秀集体、先进集体
2005～2006年度、2007～2008年度、2009～2010年度连续三届荣获上海市文明单位
2008年度公司经上海市企业资信等级评估委员会审核评定为上海市“企业资信等级AAA级”企业
2008～2009年度被上海市国税、地税局评定为纳税信用等级为A级
2011年度获第五届“2009～2010年”上海市房地产开发企业50强

荣获国家级荣誉

2005～2010年度连续六年获中国房地产500强企业
2009年度获中国房地产协会评为中国房地产诚信品牌企业
2009年度获中国市场学会信用工作委员会授予中国房地产杰出贡献企业
2010年8月被中国企业信用评级评审委员会评定为企业信用管理达标示范单位

阳光春城实景

阳光春城实景

金海苑南区

金海苑小区会所

建精品住宅　创优秀小区

公司始终“以人为本”打造品牌住宅，坚持管理规范科学，营造高品位的居住环境。开发建设的江海花园住宅小区获上海市住宅局授予的上海市完整街坊，奉贤县住宅发展局授予的“最佳小区”。阳光园小区二、三、四期2004～2006年度分别被上海市房屋土地资源管理局评定为上海市“四高”优秀小区。2005年度阳光园二、三期住宅小区第四届上海市优秀住宅评选荣获“银奖”楼盘，同年被上海市绿化委员会命名为园林式居住区。阳光园四期住宅小区在第五届上海市优秀住宅评选中荣获规划建筑奖、绿化环境奖、节能环保奖。2006年阳光园住宅小区被国家建设部文化中心，联合国人类居住中心信息办公室评为中国知名品牌地产、全国人居经典楼盘、全国绿化健康住宅典范。开发建设的阳光春城住宅小区被上海市住房保障和房屋管理局评为2010年度上海市节能省地型“四高”优秀小区，南桥新城·金海苑配套商品房基地已列入2010年度创建上海市节能省地型“四高”优秀小区。

上海四季生态科技有限公司

绿庭爱心捐赠

上海四季生态科技有限公司成立于1999年2月，位于上海奉贤区南桥新城。公司前期是由上海市农业科技服务中心与上海绿庭集团有限公司共同投资6000万元组建而成，承接农业科技项目重点课题。随着开发新农村时代的来临，公司领导准确把握时机，在房地产领域中迅速崛起。

百合苑

作为较早进入奉贤的房地产开发企业，公司非常注重实现企业本土化发展，积极参与社会公益活动，在企业发展的同时不忘回报社会。如根据开发区文件精神，积极组织广大干部职工踊跃参与“蓝天下至爱”慈善一日捐活动，历年来累计慈善捐赠7万元。又如“5·12”四川汶川地震发生后，公司积极响应“抗震救灾爱心捐赠”的号召，踊跃捐款，在企业的带动和感召下，公司员工也纷纷伸出了援助之手，捐赠资金与物资总计10余万元。公司综合管理部定期组织员工参加各项慈善活动，慈善活动已成为公司不可缺少的一项活动。

四季生态园

地址：上海市奉贤区南桥镇航南公路5000号
电话：021-37599860
　　　021-37599866
邮编：201400

公司全力参与新城建设，先后完成了绿庭四季花城百合苑、绿庭四季花城玫瑰苑、绿庭四季休闲广场、四季生态园等诸多住宅、商业及城市基础项目的开发建设，赢得了市场和消费者的一致好评。

2011年，公司有多个项目将在南桥启动，38350平方米的办公项目绿庭国际中心目前已完成前期设计工作；总建筑面积近3万平米的大型公园商业绿庭汇四季休闲广场项目也已进入火热招商阶段，未来公司参与新城建设的步伐将随着奉贤经济的发展而不断加快。

玫瑰苑

四季休闲广场

恒盛·湖

南桥新城央区，45万平米滨

恒盛·湖畔豪庭是由港交所上市公司恒盛集团继滨江豪宅尚海湾等项目之后在上海
小区一期占地面积约 9.6 万平米，建筑面积约 14 万平米，容积率 1.5，绿化率 35%。项目

项目承袭了欧洲建筑风格，彰显出尊贵、优雅的居住品质，周边的交通四通八达，地
分钟可以直达徐家汇，通达杭州湾；社区还自设休闲、购物、餐饮等约 11 万平米的商业
髓，尽显欧式园林的"几何之美"，给生活平添几分浪漫情怀。

恒盛·湖畔豪庭凝聚人居规划精华理念，汇精粹于一身，筑就优品生活空间，倾力打

开发商：上海弘晔房地产发展有限公司

区域板块：奉贤区南桥新城板块

物业类型：联排别墅、小高层、多层

周边配套：

交通：5 号线金海湖站（建设中）、年丰路景观大道，金海路
沪海线、南梅线、南桥 4 路、南桥 5 路、南桥 6 路

配套：上海之鱼（建设中）、奉贤中学、奉贤中心医院、南郊

畔豪庭

邦，轨道交通5号线，金海湖站

大盘巨作，位于奉贤区南桥新城核心，位置优越。总建筑面积 45 万平米，共分三期开发，
中心，北倚约 10 平方公里自然生态园林区，东望“上海之鱼”国际游艇文化主题公园
湖站（建设中）、金海路连接虹梅路隧道（在建中）、S4 高速公路、浦星公路、闵浦二桥，30
区即享繁华生活。恒盛•湖畔豪庭的景观园林也颇具格调，汲取了欧洲古典皇家园林的精

第一人居大盘。

（在建中）、S4 高速公路、浦星公路、闵浦二桥。

品牌：港交所上市集团恒盛地产
地址：上海市奉贤区泽丰路 1 号（金海路口）
电话：021-37580000

上海大祥化学工业有限公司是日本 Senka Corporation(日本染化株式会社) 旗下的全资子公司，是在中国专业生产销售纺织、印染助剂的企业。自 1994 年创业以来，面向中国与海外市场生产销售各类印染助剂，其主要设备和精密仪表控制系统及关键原料均为日本进口。所有生产工艺技术和质量保证体系均由日本 SENKA 株式会社提供并派员长期驻厂监制和品管，产品质量达世界先进水平。1999 年，公司通过 ISO 9002 质量认证体系，更进一步完善和保证了质量体系。

进入 2010 年之际，公司更新了领导班子：新任董事长兼总经理富原健之、新任副总经理日比幸一均为日本染化界的知名人物；总工程师茅建玉从事染整工作 20 余年，熟悉染整工艺及技术应用，具有丰富的专业技术工作经验。

公司自创业以来，一直致力于绿色环保事业。公司的奋斗目标是为纺织印染行业提供：全程、高品质、多功能、环保型助剂。

公司宗旨

品质上乘　价格公道

服务一流　信誉至上

地址：上海市奉贤区青村镇城乡路 47 号　邮编：201414　电话：021-57566103 57568240　传真：021-57568640

上海大祥化学工业有限公司

Shanghai Daxiang Chemical Industry Co., Ltd.

上海南郊宾馆

南郊宾馆坐落于奉贤南桥新城，距上海市中心繁华地段30公里，距S4高速航南公路出口仅数百米之遥。酒店地理位置优越，交通十分便捷，是观光旅游、商务、公务的理想下榻之处。

南郊宾馆于2008年6月建成，7月29日对外试营业，是奉贤第一家五星级宾馆。酒店以“西班牙风情”景观为主题，宾馆建筑总面积53000多平方米，主体分东楼、西楼，有2幢8层形态对称的主题建筑，呈折射状分布，并通过八楼的人行天桥相连。宾馆南侧为50米滨河景观带，北侧为主入口广场，大堂位于二层，规模庞大的汽车坡道、西班牙式的大台阶将外环境与主体相连，气势恢宏。

宾馆拥有可同时容纳500人就餐的800平方米的大型豪华宴会厅，不同档次、格调的雅座厅30多个，以及风格迥异的中餐厅、西餐厅及日本料理各1个。

宾馆拥有286间豪华舒适的行政套房、标准房、淑女房、总统套房等。客房装饰温馨典雅，卫生洁具均从国外进口，客房地板一律采用目前市场最高档次的。每间客房都配有迷你吧，并在开放式衣柜中配有私人保险箱。客房内接入宽带网络，全部安装了中央空调、卫星闭路电视、程控电话、智能门锁及消防设施。并且根据宾客需求设置了商务楼层、行政楼层和无烟楼层。

南郊宾馆将以先进的专业管理技术和卓越的服务水准，让中外旅客有宾至如归的感觉，秉承南郊品质，创五星品牌。

地址：上海市奉贤区南桥新城望园路8号　　邮编：20140
电话：021-67105888　　传真：021-37525886

上海新发展圣淘沙大酒店

地址：上海市奉贤区南桥镇南桥路1号　邮编：201400　电话：021-57429999
传真：57420888　网址：http://www.sentosahotel.com　邮箱：sentosa@sentosahotel.com

2010 年，圣淘沙大酒店在世博期间承接了大批的海内外游客。前厅部组织开展“关注我们的客人”的“真心”活动，通过换位思考、抓住细节服务的方式，在日常接待服务中更贴近、更关注客人的需求。应世博团队的特殊需求，客房部专门成立一支“翻房队”。餐饮部以“贴心”的服务送温馨，研究每个世博团的客源地和客人情况，有针对性地调整早餐菜肴的品种。后勤保障部门全力以赴地支持着前台的正常运转：手持金属探测仪，为每一位宾客进行安检，仔细地勘察着进店的每一部车辆，确保上海世博会的万无一失。

世博接待外宾

优秀员工表彰

世博安保检查

消防安全知识竞赛

歌咏比赛

灭火比赛

趣味体育游戏活动

圣淘沙文化：用我的心来感受您的感受。

圣淘沙精神：以情服务，用心做事。

圣淘沙宗旨：以诚待客及彰显个性的服务。

圣淘沙愿景：使圣淘沙成为奉贤区域内最受羡慕和称赞的相聚场所。

百联集团
BAILIAN GROUP

坐落在上海南部海滨中小企业总部商务区的百联南桥购物中心是奉贤地区的商业龙头。购物中心于2010年9月30日升级开业后，总建筑面积近12万平方米，新增建筑面积67332平方米，成为上海郊区规模最大、功能最齐、品牌最全、服务最好、档次最高的一站式购物中心。2010年，东方商厦奉贤店的销售在上海各大百货商店单店排名中位列第十八，在郊区各大百货商店中名列第二。

百联南桥购物中心已经成为奉贤人民新的生活地标，提升了奉贤百姓的生活品质，改善了他们的生活质量，优化了他们的生活观念。

地址：上海市奉贤区南桥镇百齐路588号
邮编：201400
电话：021-33610000（总服务台）
传真：021-33611211

上海凯宝药业股份有限公司

（股票代码300039）

公司成立于2000年，主要剂型有小容量注射剂、口服固体制剂、口服液体制剂。公司属于上海市高新技术企业、高新技术成果转化项目企业，2010年实现销售收入6亿元，利润1.2亿元，上缴税金1.2亿元，奉贤区经济百强排名第八。2010年1月8日在深圳A股上市，走上了中国市场经济的大舞台。

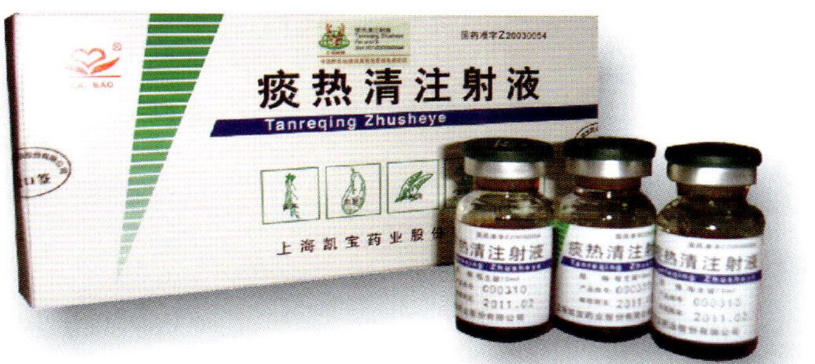

公司主导产品痰热清注射液，具有清热解毒、止咳化痰作用。用于肺炎、急慢性支气管炎以及上呼吸道感染，广泛应用于内科、外科、儿科、传染病、肿瘤、职业病的治疗。由于痰热清组方科学、工艺先进、疗效确切，在国家历次重大疫情中均被列为临床指定用药。2003年，入选上海市“抗非典新产品”；2005年被卫生部列为《人禽流感诊疗方案》用药；2006年，被国家发改委列为“流感防治中成药储备用药”；2009年被国家卫生部列为《中医药防治手足口病临床技术指南》用药；同年，被国家卫生部列为《人感染甲型H1N1流感诊疗方案》用药。2010年4月21日，痰热清再次被卫生部列为手足口病治疗用药。目前，痰热清注射液以22. 29%的市场份额成为清热解毒类中药注射剂该细分行业的龙头。

地址：上海市工业综合开发区程普路88号
电话：021-37572039
传真：021-37572036
邮编：201401

上海鼎丰酿造食品有限公司

SHANGHAI DINGFENG FERMENTATION FOOD CO., LTD

党支部副书记、总经理：沈仲华

上海鼎丰酿造食品有限公司，是始创于 1864 年的中华老字号企业。公司注册资金 1351.7 万元，占地面积 8 万多平方米，现有员工 410 多人。公司主要生产乳腐、酱油、食醋、酱、调味品等 120 余种酿造食品。1982 年起注册为上海市著名商标，2009 年已申报中国驰名商标。

2010 年，年产乳腐、甜面酱近 2 千吨，酱油、食醋近 2 万吨，南乳汁近 3.3 千吨。产品远销除西藏外的全国各地，出口亚非欧 18 个国家和地区。实现销额 1.32 亿元。鼎丰牌进京乳腐、南乳汁、面酱、香糟卤等产品已成为具上海特色的拳头产品。

公司相继获得：全国精神文明建设工作先进单位，上海市文明单位“九连冠”，上海名牌产品“十连冠”，上海市守合同重信用 AA 级企业，鼎丰牌乳腐的传统工艺被列入《上海市非物质文化遗产名录》，奉贤区先进集体、百强企业、先进基层党支部等荣誉称号。

www.dingfeng.cn

地址：上海市奉贤区南桥镇新建中路 450 号　邮编：201400

电话：021-57420319　传真：021-57412316

上海神仙酒厂

酒文化展示馆

上海神仙酒厂

上海神仙酒厂创建于1958年7月，现有职工300余人，占地70000平方米，是专业白酒生产企业，年产各类白酒6000余吨，每年上缴国家税金千余万元，是中国白酒工业百强企业，中国酿酒工业协会、中国食品工业协会理事厂，是上海市酿酒协会副会长厂，是上海市食品协会和上海市商标协会首批会员单位，连续多年荣获市守合同重信用单位。神仙牌商标蝉联上海市著名商标，神仙牌曲酒多次荣获市优、部优称号，已连续13年被评为上海名牌产品，近年来先后荣获全国白酒行业重质量守信用诚信联盟单位和中国名优白酒殊荣以及中国成长型中小型企业100强等称号。

神仙酒厂作为上海国际大都市唯一的曲酒生产厂家，2005年起，神仙酒还出口日本、美国、东南亚地区，实现了上海本地产白酒走出国门零的突破。

2006年6月，神仙酒厂投资近千万元建设了工业旅游项目“神仙酒城”。这个占地5000平方米，建筑3000平方米的酒城以博大精深的中华酒文化为底蕴，以知识性、趣味性、参与性为宗旨，成为一处集游览、观赏、娱乐、休闲为一体的人文旅游胜地，目前已列入上海市工业旅游经典线路9号线、奉贤一日游景点、区青少年教育基地、区新郊区、新农村青少年实践体验基地。

上海神仙酒城

近年来，神仙酒厂不断开发新产品，在激烈的市场竞争中站稳脚跟、不断前进，继2004年开发“上海老窖1608”取得成功后，于2006年底开发了能代表上海水平的神仙新品申酒系列，得到国家酿酒权威的肯定。2009年又开发了新产品神仙原浆酒系列。

地址：上海市奉贤区四团镇新四平公路2888号
邮编：201412
电话：021-57533181　57533150
传真：021-57533150

上海高榕食品有限公司

公司地址：上海市奉贤区高丰路999号　　电话：021-67104620　　邮编：201401

上海高榕食品有限公司创立于 1997 年，总部坐落于上海市奉贤现代农业园区，经过 15 年的发展，已经由传统的保鲜蔬菜出口种植加工企业转变为工厂化食用菌生产的现代生物农业企业集团。

集团旗下拥有上海直属金针菇工厂、上海雪国高榕生物技术有限公司、上海高榕生物科技有限公司、成都雪国高榕生物科技有限公司、长春雪国高榕生物技术有限公司等众多的高新技术企业。2011 年集团公司日产金针菇 123 吨，真姬菇 15 吨，白玉菇 5 吨，各单品产能稳居国内行业第一，日总产能 143 吨，稳居同行业龙头地位。2002 年，上海高榕食品有限公司被农业部等八部委联合授予“农业产业化国家重点龙头企业”，同年被推选为“上海蔬菜行业协会”会长单位；是“中国食品土畜进出口商会”常务理事、副会长单位，“中国食品土畜进出口商会蔬菜分会”理事长单位。“高榕牌”被授予“上海市名牌产品”称号，“高榕”商标被评为“上海市著名商标”。“雪榕”牌金针菇被评为上海市名牌产品，并获第七届“中国国际农产品交易会”金奖。

工厂化食用菌是高榕近年发展的核心产业。2005 年始，高榕先后在上海、吉林、四川等地区投资建设了集科研、生产、销售于一体的综合性食用菌工厂化生产企业，并走向规模化和全国战略发展布局。作为工厂化食用菌行业的翘楚，高榕工厂化食用菌产能和品质均处于同业领先水平。在菌种、工艺、培养基配方等方面，具有核心自主知识产权，在工厂化食用菌行业已经完全具备自主发展能力，具备生产金针菇、蟹味菇、杏鲍菇、双孢蘑菇、舞茸等多种产品的能力。

集团当前主要食用菌企业有：日产 40 吨金针菇的上海高榕食品直属工厂、日产 23 吨金针菇的上海雪国高榕工厂、日产 40 吨金针菇的成都雪国高榕工厂、日产 20 吨金针菇的长春雪国高榕工厂以及日产 20 吨蟹味菇和白玉菇的上海高榕生物科技工厂。为了巩固东北、华东和西南市场，公司 2011 年下半年计划在长春新建日产 50 吨的金针菇工厂、在上海周边地区新建日产 20 吨杏鲍菇工厂，在成都新建日产 60 吨金针菇工厂。同时为了开拓华北市场，公司今后 3 年内还将在山东德州建设日产 150 吨双孢蘑菇工厂、日产 50 吨金针菇工厂及日产 20 吨蟹味菇工厂。

高榕以“绿色、环保、安全”的责任意识，始终把食品安全放在首位，在生产过程中不使用任何农药和化学品，为消费者提供安全、绿色、健康的食用菌产品。依托自主创新和科技进步，高榕成功解决了发展食用菌产业与保护生态环境之间相互矛盾的难题，坚持走可持续发展道路，努力推动我国食用菌产业的现代化、规模化、标准化发展，促进农业产业结构调整。

作为农业产业化国家重点龙头企业，高榕将进一步实施全国战略布局和产品多元化战略布局，进一步扩大食用菌品种，发展杏鲍菇、双孢蘑菇、舞茸等食用菌产品。随着华东、东北、西南、华南、华中五大区域战略布局的推进，预计到 2015 年，高榕将实现日产食用菌 500 吨，年产食用菌 18 万吨的目标，为引领我国食用菌行业健康快速发展做出贡献。

伽蓝厂区

伽蓝办公楼

伽蓝（集团）股份有限公司

厂长：郑春彬

伽蓝集团创立于1997年，2001年总部落户上海，2009年完成企业重组，成立伽蓝（集团）股份有限公司。集团一直专注于研究、生产、销售美容化妆品，与法国、日本、德国等多家世界级科研机构合作，先后创立了自然堂、美素、雅格丽白、医婷4大品牌，其中最为引人瞩目的就是旗下两大主力品牌：自然堂和美素。

伽蓝集团始终坚持正确的营销理念。发展至今，已连续13年保持高速增长，2010年在奉贤完税1.04亿元。旗下拥有沈阳、广州、上海等4个生产基地，在全国31个省、市（自治区、直辖市）建立各类零售网络26818个，覆盖百货商场、KA、药店、化妆品店等，拥有外观设计、产品配方等专利技术73项。目前已发展成为集研发、生产、销售、服务于一体，规模最大、实力最强的中国化妆品集团企业之一。2009年成为中国2010年上海世博会民企馆参展企业，迈入中国民营企业第一阵营。

集团以“正直、信任、坦率、负责”为核心价值观。注重人性，从员工主体地位和人的本性出发，注重人的精神、品格和领导的风格等软性管理因素。

伽蓝以“创造中国人自己的世界级品牌”为目标，以“传播美的文化，引领美丽时尚”为使命。2011年集团将在国际化品牌战略思想指导下，致力于打造中国人自己的世界级品牌。

地址：上海市丽丰路12号　　邮编：201403
电话：021-37511000（总机）　　传真：021-37511000-8800

水星控股集团

上海水星家用纺织品有限公司

SHANGHAI SHUIXING HOME TEXTILE CO.,LTD.

水星控股集团是国内最早涉及家用纺织品并形成优势品牌的大型家纺企业之一，经过 22 年发展，已成为集研发、设计、生产、销售于一体，聚焦于家用纺织品行业的专业化、多品牌产业集团。集团家纺板块下辖上海水星家用纺织品有限公司、上海百丽丝家纺有限公司，分别拥有“水星”、“百丽丝”两大著名家纺品牌。

公司产品涵盖床罩多件套、被子、枕芯、单件组合、靠坐垫、儿童用品、夏令用品、床垫沙发、餐厨卫浴、毛毯等 10 大系列 300 余个品种。坚持“人无我有、人有我优”的产品开发原则，每年推出新品 50 余款，拥有专利和版权等知识产权保护 80 余项。

公司自主生产能力处于同行业领先地位，拥有国内先进的电脑绗缝、制被等多条生产线，具备年产多件套 100 万套、单层四（六）件套 200 万套、被子 360 万条、枕芯 500 万只、床垫（床护垫）50 万条的生产能力。2000 年在同行业内率先通过 ISO9001 国际质量管理体系认证、ISO14001 国际环境管理体系认证和 OHSAS18001 国际职业安全卫生管理体系认证，是国内第一家将该三个体系整合为一的家纺企业。

公司采取以专卖店为主要销售方式的特许营销模式，在全国各地拥有 2000 余家专卖店，并以每年 30% 的速度增长，“水星”已成为中国家纺行业营销网络品牌。公司于 2004 年全面导入 CIS 形象工程，分别聘请国际影后刘嘉玲、著名影星陈好分别出任水星、百丽丝品牌形象代言人，倾情演绎“恋一张床•爱一个家”的美家情缘，在国内外树立良好的品牌形象。2007 年，水星产品成为中国奥林匹克体育中心指定产品，奥运冠军莫慧兰、王丽萍、邢傲伟共同成为水星品牌形象大使。

公司始终坚持品牌战略管理，并获得一系列荣誉。水星产品于 1999 年被列为向欧盟市场推荐产品，2003 年荣获上海名牌产品称号，2004 年荣获国家免检产品称号；“水星”商标于 2001 年被认定为浙江省著名商标，2006 年被认定为上海市著名商标，同年获中国驰名商标称号，并成功在美国、法国、英国、德国、澳大利亚和俄罗斯等国家进行商标注册。水星品牌是中国 500 最具价值品牌，2008 年水星品牌价值 12.52 亿元。百丽丝品牌于 2006 年被认定为上海市著名商标，2009 年获中国驰名商标称号。

MERCURY 上海名牌

地址：上海市奉贤区沪杭公路1487号
邮编：201401
电话：021-57435888
传真：021-57435777
http://www.shuixing.com.cn

库夫纳纺织品制造（上海）有限公司

库夫纳集团由Bartholomaeus Kufner于1862年建于德国慕尼黑。总部位于德国慕尼黑的库夫纳集团是纺织衬料市场上的领先企业。

传统与创新的业务模式，使库夫纳纺织有限公司在纺织行业发展新解决方案和新产品领域已成为一流的问题处理专家和有经验的合作伙伴。从初期的家族公司，经过快速发展，公司现在已在3大洲的7个国家建立了9个生产基地，全球雇员达1500人。库夫纳集团通过全球85个机构，建立全球仓储网络，保证了对当地客户的短距离供货。

公司开工典礼

双点涂层技术是由库夫纳集团在多年前首先推向全球纺织品市场并且不断发展的。库夫纳集团对于这种非常先进的技术拥有全球范围的专利。

以服务为导向，遍布全球的服务中心和仓储网络及实验室，是公司成功的关键。另一重要因素是统一的生产保证了每个环节的质量监督。

当然，公司还非常强调自身和供应商的高质量，这提高了产品质量和多元化方面的竞争力，使公司成为知名企业。

地址：上海市奉贤区化学工业区苍工路1588号　邮编：201424
电话：021-57448366　传真：021-57448522

ATOM——
裁断行业值得信赖的一流企业

阿通公司是一家总部设在意大利的集团公司，切割技术居世界领先地位。

全世界有超过 30 万台的裁断机被安装使用，60 余年的生产经验使公司成为一个真实可靠的合作伙伴。

阿通公司于 2000 年进入中国市场，并于 2003 年在奉贤区成立上海阿通裁断机械有限公司，为中国市场提供最佳的并具有价格竞争力的意大利技术。上海阿通希望更接近中国用户，更了解用户需求，为用户提供更精确的生产方法。

意大利：

阿通公司
Via Morosini 627029 bigevano PV
电话：+39 0381 3021
传真：+39 0381 344303
E-mail: info.atom@atom.it
web site: www.atom.it

中国：

上海阿通裁断机械有限公司
上海市奉贤区柘林镇南华亭经济小区
电话：021-57442589 57442588
传真：021-57442585
E-mail: sales@atom.sh.cn